■2025年度中学受験用

海城中学校

6年間(＋3年間HP掲載)スーパー過去問

容一覧

入試問題と解説・解答の収録内容

年度	教科	
2024年度　1回	算数・社会・理科・国語	実物解答用紙DL
2024年度　2回	算数・社会・理科・国語	実物解答用紙DL
2023年度　1回	算数・社会・理科・国語	実物解答用紙DL
2023年度　2回	算数・社会・理科・国語	実物解答用紙DL
2022年度　1回	算数・社会・理科・国語	実物解答用紙DL
2022年度　2回	算数・社会・理科・国語	実物解答用紙DL
2021年度　1回	算数・社会・理科・国語	
2021年度　2回	算数・社会・理科・国語	
2020年度　1回	算数・社会・理科・国語	
2020年度　2回	算数・社会・理科・国語	
2019年度　1回	算数・社会・理科・国語	
2018～2016年度(HP掲載) 「カコ過去問」 (ユーザー名) koe (パスワード) w8ga5a1o	問題・解答用紙・解説解答DL **◇著作権の都合により国語と一部の問題を削除しております。** ◇一部解答のみ(解説なし)となります。 ◇９月下旬までに全校アップロード予定です。 ◇掲載期限以降は予告なく削除される場合があります。	

～本書ご利用上の注意～　以下の点について，あらかじめご了承ください。

★別冊解答用紙は巻末にございます。実物解答用紙は，弊社サイトの各校商品情報ページより，一部または全部をダウンロードできます。
★編集の都合上，学校実施のすべての試験を掲載していない場合がございます。
★当問題集のバックナンバーは，弊社には在庫がございません(ネット書店などに一部在庫あり)。

合格を勝ち取るための
『スーパー過去問』の使い方

本書に掲載されている過去問をご覧になって，「難しそう」と感じたかもしれません。でも，多くの受験生が同じように感じているはずです。なぜなら，中学入試で出題される問題は，小学校で習う内容よりも高度なものが多く，たくさんの知識や解き方のコツを身につけることも必要だからです。ですから，初めて本書に取り組むさいには，点数を気にしすぎないようにしましょう。本番でしっかり点数を取れることが大事なのです。

過去問で重要なのは「まちがえること」です。自分の弱点を知るために，過去問に取り組むのです。当然，まちがえた問題をそのままにしておいては意味がありません。

本書には，長年にわたって中学入試にたずさわっているスタッフによるていねいな解説がついています。まちがえた問題はしっかりと解説を読み，できるようになるまで何度も解き直しをしてください。理解できていないと感じた分野については，参考書や資料集などを活用し，改めて整理しておきましょう。

このページも参考にしてみましょう！

◆どの年度から解こうかな　「入試問題と解説・解答の収録内容一覧」

本書のはじめには収録内容が掲載されていますので，収録年度や収録されている入試回などを確認できます。

※著作権上の都合によって掲載できない問題が収録されている場合は，最新年度の問題の前に，ピンク色の紙を差しこんでご案内しています。

◆学校の情報を知ろう‼「学校紹介ページ」

このページのあとに，各学校の基本情報などを掲載しています。問題を解くのに疲れたら息ぬきに読んで，志望校合格への気持ちを新たにし，再び過去問に挑戦してみるのもよいでしょう。なお，最新の情報につきましては，学校のホームページなどでご確認ください。

◆入試に向けてどんな対策をしよう？「出題傾向＆対策」

「学校紹介ページ」に続いて，「出題傾向＆対策」ページがあります。過去にどのような分野の問題が出題され，どのように対策すればよいかをアドバイスしていますので，参考にしてください。

◇別冊「入試問題解答用紙編」

本書の巻末には，ぬき取って使える別冊の解答用紙が収録してあります。解答用紙が非公表の場合などを除き，（注）が記載されたページの指定倍率にしたがって拡大コピーをとれば，実際の入試問題とほぼ同じ解答欄の大きさで，何度でも過去問に取り組むことができます。このように，入試本番に近い条件で練習できるのも，本書の強みです。また，データが公表されている学校は別冊の１ページ目に過去の「入試結果表」を掲載しています。合格に必要な得点の目安として活用してください。

本書がみなさんの志望校合格の助けとなることを，心より願っています。

株式会社　声の教育社　編集部

海城中学校

所在地	〒169-0072 東京都新宿区大久保3-6-1
電　話	03-3209-5880（代）
ホームページ	https://www.kaijo.ed.jp/
交通案内	JR山手線「新大久保駅」より徒歩5分/ JR中央線「大久保駅」より徒歩10分 東京メトロ副都心線「西早稲田駅」より徒歩8分

トピックス

★2021年7月に，新理科館（Science center）が完成した。
★入試当日の持ち物に，定規とコンパスがある（参考：昨年度）。

創立年 明治24年　男子校　高校募集なし

応募状況

年度	募集数	応募数	受験数	合格数	倍率
2024	①145名	538名	477名	160名	3.0倍
	②145名	1381名	1005名	345名	2.9倍
2023	①145名	602名	545名	160名	3.4倍
	②145名	1418名	1076名	304名	3.5倍
2022	①145名	545名	489名	163名	3.0倍
	②145名	1315名	1006名	305名	3.3倍
2021	①145名	552名	481名	165名	2.9倍
	②145名	1277名	957名	294名	3.3倍
2020	①145名	539名	472名	167名	2.8倍
	②145名	1276名	921名	290名	3.2倍

2025年度入試情報

出願期間：2025年１月10日０時
　　　　　～2025年１月25日24時
　　　　　〔インターネット出願〕
試 験 日：一般入試①　2025年２月１日
　　　　　一般入試②　2025年２月３日
　　　　　※いずれも８時集合
合格発表：一般入試①　2025年２月２日
　　　　　一般入試②　2025年２月４日
　　　　　※いずれも12時～
　　　　　〔インターネット発表〕

本校の特色

・教育方針：海城の教育の目的は，「新しい紳士」の育成です。「フェアーな精神」で物事を判断し，「思いやりの心」で人に接する。「民主主義を守る意思」を強く持ち，「明確に意思を伝える能力」に溢れている。本校では，そんな若者だけが，社会の変化に対応し，未来を担っていけると考えています。また，「国家・社会に有為な人材を育てる」という建学の精神に即して，時代が求める「新しい学力」「新しい人間力」を育成していきます。
・体験学習：自然や文化に触れることで，自発的な学習意欲を引き出していきます。
・国際理解教育：地球的規模で物事を考える力を持ち，国際的に行動できる人間を育成します。
・学校行事：四季を感じさせる多彩な学校行事で，豊かな情操を育てていきます。
・生徒会活動，クラブ活動：青春に情熱を注ぎ，チャレンジ精神に磨きをかけます。

2024年春の主な大学合格実績

＜国公立大学・大学校＞
東京大，京都大，東京工業大，一橋大，東北大，北海道大，筑波大，千葉大，東京外国語大，横浜国立大，東京医科歯科大，埼玉大，東京学芸大，電気通信大，大阪大，防衛医科大，東京都立大
＜私立大学＞
慶應義塾大，早稲田大，上智大，国際基督教大，東京理科大，明治大，青山学院大，立教大，中央大，法政大，学習院大，成蹊大，成城大，東京慈恵会医科大，順天堂大，昭和大，日本医科大，東京医科大，星薬科大

編集部注―本書の内容は2024年4月現在のものであり，変更されている場合があります。正確な情報は，学校のホームページ等で必ずご確認ください。

出題傾向＆対策

◆基本データ（2024年度１回）

試験時間／満点	50分／120点
問　題　構　成	・大問数…６題 計算・応用小問１題（５問） ／応用問題５題 ・小問数…19問
解　答　形　式	解答だけを書きこむ形式になっており，必要な単位などは解答用紙に印刷されている。作図問題は見られない。
実際の問題用紙	Ｂ５サイズ，小冊子形式
実際の解答用紙	Ｂ４サイズ

◆過去６年間の出題率トップ５

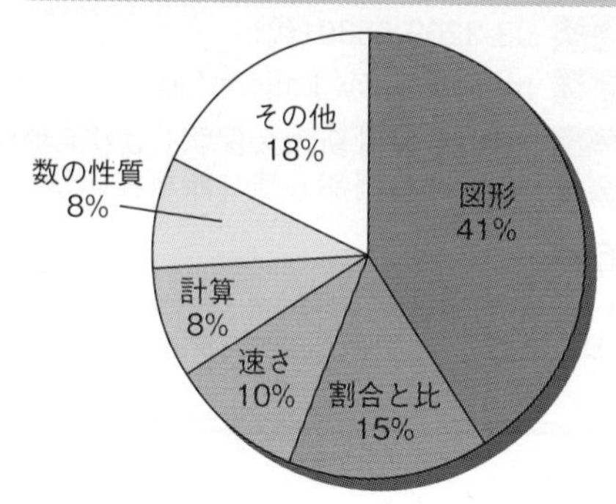

※　配点（推定ふくむ）をもとに算出

◆近年の出題内容

【 2024年度１回 】			【 2023年度１回 】		
大問	1	四則計算，濃度，年齢算，素数の性質，角度，消去算	大問	1	四則計算，整数の性質，消去算，濃度，体積
	2	平面図形―辺の比と面積の比		2	整数の性質
	3	仕事算，比の性質		3	平面図形―辺の比と面積の比
	4	条件の整理		4	平面図形―図形の移動，長さ，面積
	5	立体図形―分割，体積		5	平面図形―角度，構成
	6	図形上の点の移動，旅人算		6	方陣算，条件の整理

◆出題傾向と内容

全体的に問題を見わたすと，**推理力，思考力，判断力などをためそうとしている**点に特ちょうがあり，問題集でよく見られる形のものとは一味ちがうもの，つまり**新しい傾向の問題もときおり出されます**。問題数はそれほど多くありませんが，一問一問がよく練られているため，時間的に余裕があるとは決していえません。

●計算・応用小問…はじめの大問では，例年，計算問題に加えて応用小問が２～４問出されます。計算問題では，小数・分数をふくむ四則混合計算，逆算などがおもなものです。内容はやや複雑なので，計算のくふうを行って式を整理できるかをさぐることが大切です。また，応用小問では，数の性質，食塩水の濃度，場合の数，角度，長さ，面積比などが見られます。

●応用問題…中心は図形問題で，例年５題ほど出されます。内容は，点や図形の移動にともなう面積変化，図形上を周期的に移動する点，立方体の転がり方などで，複雑なものも多く，新しい傾向の問題もふくめバラエティーに富んでいます。また，水深の変化や速さなどにグラフをからめた問題がしばしば出されるのも本校の特ちょうです。特殊算からは，時計算，旅人算，相当算などが顔を見せています。

◆対策～合格点を取るには？～

計算力は算数の基本となるものですから，**毎日少しずつでも計算練習**を行ってください。標準的な計算問題集を，時間を区切ってくり返し練習するとよいでしょう。

応用問題を解くのに必要な，的確な**推理力・思考力**の養成法については，いたずらに難問にいどむことでは身につきません。**問題を選び，十分に時間をかけて，さまざまな角度から検討することが大切**です。つねにほかの解き方がないかよく考えてみることも忘れずに。このような勉強法を心がけると，しだいに考える力，つまり思考力がついてきます。

算数 出題分野分析表

分野＼年度		2024 1回	2024 2回	2023 1回	2023 2回	2022 1回	2022 2回	2021 1回	2021 2回	2020 1回	2020 2回	2019
計算	四則計算・逆算	○	○	○	○	○	○	○		○	○	
	計算のくふう								○			○
	単位の計算											
和と差	和差算・分配算											
	消去算	○	○	○								
	つるかめ算				○					○		○
	平均とのべ											
	過不足算・差集め算											
	集まり											
	年齢算	○										
割合と比	割合と比									○		
	正比例と反比例							○			○	
	還元算・相当算								○		○	
	比の性質	○			○		○		○			
	倍数算											
	売買損益		○									
	濃度	○		○		○	○	○	○	○		○
	仕事算	○										
	ニュートン算		○			○					○	
速さ	速さ				○							
	旅人算	○						○	○	○		
	通過算				○	○	○					
	流水算											○
	時計算		○		○					○		
	速さと比								○	○		
図形	角度・面積・長さ	○	○	●	◎	○	○	◎	○	◎	○	●
	辺の比と面積の比・相似	○	◎	○		◎		○	○	◎	○	◎
	体積・表面積	○	○	○	○	○	◎	○	◎	○	◎	○
	水の深さと体積										○	○
	展開図						○					
	構成・分割	○		○	●	○				○	○	○
	図形・点の移動	○		○	○							○
表とグラフ						○					○	○
数の性質	約数と倍数										○	
	N進数		○									
	約束記号・文字式						○					○
	整数・小数・分数の性質	○	○	◎		○	○	○			○	○
規則性	植木算											
	周期算											
	数列					○			○			
	方陣算			○								
	図形と規則							○				
場合の数			○		◎		○	◎	○	○	○	○
調べ・推理・条件の整理		○		○		○						
その他												

※　○印はその分野の問題が１題，◎印は２題，●印は３題以上出題されたことをしめします。

出題傾向＆対策

◆基本データ（2024年度１回）

試験時間／満点	45分／80点
問題構成	・大問数…１題 ・小問数…７問
解答形式	適語の記入，記号選択と記述問題がバランスよく出題されている。記述問題は２問で，190字以内で書くものと，160字以内で書くものが出されている。
実際の問題用紙	Ｂ４サイズ
実際の解答用紙	Ｂ４サイズ

◆過去６年間の分野別出題率

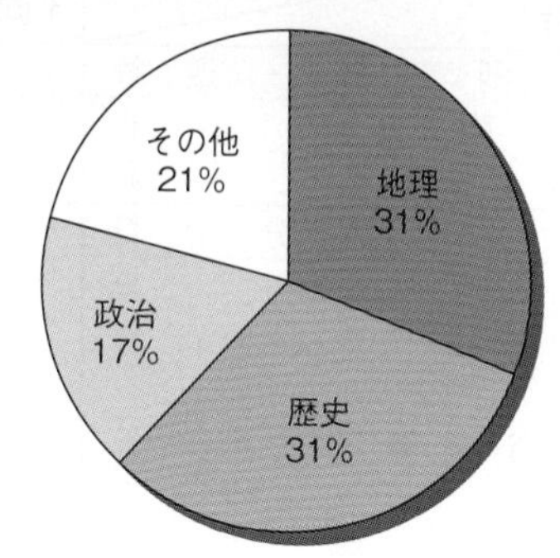

※　配点（推定ふくむ）をもとに算出

◆近年の出題内容

【 2024年度１回 】	【 2023年度１回 】
〔総合〕学力を題材とした問題	〔総合〕地図を題材とした問題

◆出題傾向と内容

本校の社会は，ほかの中学でもあまり類を見ないユニークな出題形式になっており，グラフや写真などを見て論述させる総合問題１題だけです。問題の構成を見てみると，はじめにある説明文や資料を読み取ったうえで，あとに続く小問に答えるようになっています。

以下に，取り上げられたテーマをいくつかピックアップしてみます。

◎学力と入試をテーマに，共通テストで記述式問題を出すことのむずかしさや，経験を評価される入試を批判する意見を答えるもの。

◎中央区の銀座の発達をテーマに，明治政府の近代化政策や，百貨店の登場に対して銀座通りの専門店がとった経営方針を書かせるもの。

◎日本における近世から現代の地図をテーマに，インターネット上で見るハザードマップと紙で見るハザードマップの特ちょうの違いなどを答えるもの。

◎つくられる伝統行事をテーマに，鉄道会社が伝統行事をつくり出そうとした背景や，明治神宮を東京に建設することについての反対意見を書かせるもの。

◆対策～合格点を取るには？～

地理は，白地図を利用した学習をおすすめします。自分の手で実際に作業することによって，より理解が深められるでしょう。また，資料の引用先としてひんぱんに取り上げられる『日本国勢図会』などにも注目しておきたいものです。いうまでもなく，グラフは丸暗記するものではありません。そのグラフから著しい特ちょうを見出して，自分の考えと照合するのです。その特色を文章化してみるのもよいでしょう。

歴史は，全体の大きな流れをつかんでから，細かい事象について身につけていくようにしてください。歴史上大きなできごとが起こった年はできるだけ覚えておくこと。有名な人物の伝記を読むのもおすすめです。

政治は，日本国憲法の基本的な内容をしっかりおさえること。とくに三権のしくみについて理解しておきましょう。また，この分野は時事問題がからむことがよくあるので，つねに新聞やニュースに関心を持つことも必要です。国際関係や国内情勢はめまぐるしい変化を見せていますから，それをつかむことで政治に関する知識を増やしていきましょう。

出題分野分析表

分野 ＼ 年度			2024		2023		2022		2021		2020		2019
			1回	2回	1回	2回	1回	2回	1回	2回	1回	2回	
日本の地理	地図の見方		○		○								
	国土・自然・気候					○	○	○			○	○	○
	資源											○	
	農林水産業				○			○	○	○	○	○	○
	工業				○		○				○		
	交通・通信・貿易												
	人口・生活・文化		○	○	○			○		○	○		
	各地方の特色			○			○						
	地理総合												
世界の地理						○			○		○		○
日本の歴史	時代	原始～古代	○		○	○	○	○		○		○	
		中世～近世	○	○	○	○	○	○	○				○
		近代～現代	○	○	○	○			○	○	○		○
	テーマ	政治・法律史											
		産業・経済史											
		文化・宗教史											
		外交・戦争史											
		歴史総合											
世界の歴史													
政治	憲法		○		○					○			
	国会・内閣・裁判所					○		○				○	
	地方自治		○				○	○	○				○
	経済												○
	生活と福祉			○		○							
	国際関係・国際政治				○			○	○				
	政治総合												
環境問題													
時事問題			○	○							○		
世界遺産						○			○				
複数分野総合			★	★	★	★	★	★	★	★	★	★	★

※　原始～古代…平安時代以前，中世～近世…鎌倉時代～江戸時代，近代～現代…明治時代以降

※　★印は大問の中心となる分野をしめします。

理科 出題傾向＆対策

◆基本データ(2024年度1回)

試験時間／満点	45分／80点
問題構成	・大問数…4題 ・小問数…21問
解答形式	記号選択や記述，数値や用語記入など，解答形式は多彩である。また，作図の問題も出されている。記述の問題は，1～2行程度のものが数問見られる。
実際の問題用紙	B5サイズ，小冊子形式
実際の解答用紙	B4サイズ

◆過去6年間の分野別出題率

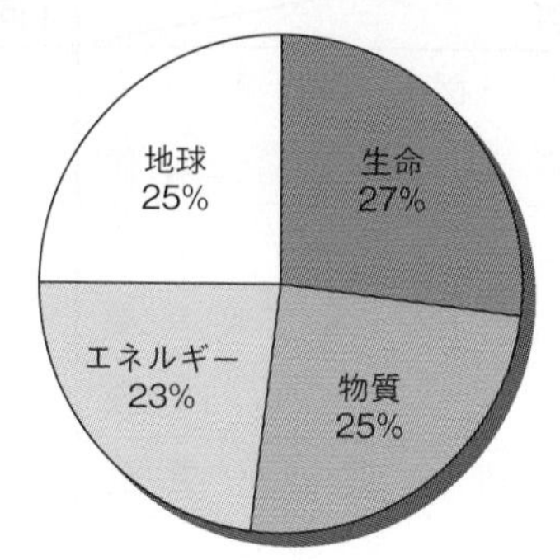

※ 配点(推定ふくむ)をもとに算出

◆近年の出題内容

【 2024年度1回 】			【 2023年度1回 】		
大問	1	〔エネルギー〕音の伝わり方	大問	1	〔エネルギー〕電流と電圧
	2	〔物質〕硫酸銅の溶け方		2	〔物質〕乾燥剤と脱酸素剤
	3	〔生命〕高山植物		3	〔生命〕メダカ，外来生物
	4	〔地球〕道路と周辺環境		4	〔地球〕砂のでき方

◆出題傾向と内容

大問数は4題で，**「生命」「物質」「エネルギー」「地球」の各分野から1題ずつ**の構成となっています。小問の数はどれもかなり多く，記述式の設問もめだちます。計算問題も豊富で，なかには複雑なものも見られます。

本校の理科の大きな特ちょうは，取り上げられる素材が新しいことです。たとえば，チョウの幼虫の細かい観察，自転車における力のつり合い，鉄の製錬について，氷河をテーマにした問題など，これまでの中学入試でほとんどあつかわれていないものばかりです。出題者が見ようとしているのは，**あたえられた情報をもとに基礎的な知識をフル活用して問題を解き進められるかどうか**です。つまり，真の**応用力が試される**のです。

◆対策～合格点を取るには？～

よく研究された高度な問題が多く，ほかの中学にはあまり見られないような出題スタイルとなっているので，早い時期から本校受験に向けた対策が必要となるでしょう。しかし，いくら考えさせる問題が多いからといって，最低限の知識すら身につけないようでは，とても合格することはできません。したがって，**全分野の学習がひと通り終わるまでは知識の習得に専念**し，問題に取り組むのに必要な基礎知識を完ぺきにすることをめざしてください。

また，理科という科目の性質上，どうしても実験・観察に関する問題が多く出されます。そこで，さまざまな実験・観察について，その方法・目的・結果・結論などをノートに整理してみてはいかがでしょうか。正しい実験・観察の方法を身につけておけば，実験器具の使い方などの問いにもあわてることはありません。実験などについてはいつも「なぜこのような結果になるのだろう」といった疑問を持ちながら行う姿勢が大切です。理科を学習するのにふさわしい態度，つまりふだんから**身のまわりのものごとを注意深く見るクセをつける**ようにしましょう。新しい発見や理解が生まれ，さらに興味が持てるようになるはずです。

なお，作図問題や，表・グラフをもとにして計算させる問題にも積極的に取り組み，いろいろなタイプの問題に対応できるようにしておくことも大切です。

出題分野分析表

分野＼年度		2024 1回	2024 2回	2023 1回	2023 2回	2022 1回	2022 2回	2021 1回	2021 2回	2020 1回	2020 2回	2019
生命	植物	○							★	★		○
	動物	○		○			★	★				○
	人体		★		★							
	生物と環境	★		★		★						
	季節と生物											
	生命総合										★	★
物質	物質のすがた										○	
	気体の性質		○	○		★			★			
	水溶液の性質					○	★			○		
	ものの溶け方	★						○			○	
	金属の性質		○									
	ものの燃え方				★							
	物質総合		★	★				★		★	★	★
エネルギー	てこ・滑車・輪軸						★					
	ばねののび方				★							
	ふりこ・物体の運動											★
	浮力と密度・圧力		★						○			
	光の進み方					★					★	
	ものの温まり方								★	★		
	音の伝わり方	★						★				
	電気回路			★								
	磁石・電磁石											
	エネルギー総合											
地球	地球・月・太陽系		★				★				★	
	星と星座										○	
	風・雲と天候							★		○		
	気温・地温・湿度					★						
	流水のはたらき・地層と岩石			★				○		★	○	★
	火山・地震				★							
	地球総合	★							★			
実験器具												
観察												
環境問題												
時事問題												○
複数分野総合												

※　★印は大問の中心となる分野をしめします。

出題傾向＆対策

◆基本データ（2024年度１回）

試験時間／満点	50分／120点
問題構成	・大問数…２題 文章読解題２題 ・小問数…23問
解答形式	記号選択と記述問題で構成されており，書きぬきなどは見られない。記述問題は，80字程度で内容をまとめさせるものとなっている。
実際の問題用紙	Ｂ５サイズ，小冊子形式
実際の解答用紙	Ｂ４サイズ

◆過去６年間の分野別出題率

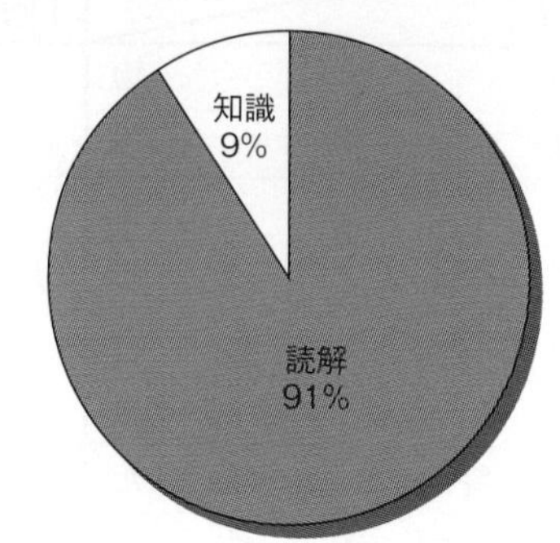

※　配点（推定ふくむ）をもとに算出

◆近年の出題内容

【 2024年度１回 】			【 2023年度１回 】		
大問	一	〔小説〕三浦しをん『墨のゆらめき』（約4100字）	大問	一	〔小説〕窪美澄『夜に星を放つ』所収「星の随に」（約4000字）
	二	〔説明文〕為末大『熟達論』（約3900字）		二	〔説明文〕『季刊アンソロジスト　二〇二二年夏季号』所収「科学と文学について自分なりに考えてみた（川添愛著）」（約2900字）

◆出題傾向と内容

　本校の国語は例年，**長文読解題が２つ出題**されます。取り上げられる文章は，**小説・物語文のジャンルから１つ，説明文・論説文のジャンルから１つ**という形式が多いです。小説・物語文では高学年向けの話題作，説明文・論説文では世相を反映した文章が取り上げられる傾向があります。

　設問の内容は，全般に要点をおさえたオーソドックスなものです。小説・物語文では，心情が中心に問われ，正しく状況をはあくすることと人物像をつかむことが必要になります。また，表現の特色や，細部の表現の効果を読み取らせる問題，文脈整序の問題なども見られます。説明文・論説文では，内容を正確に読み取ることができているかを記述でためす問題がほぼ毎年出されています。適語の補充や指示語の問題は，ジャンルにかかわりなく出題されています。

　ほかにも目を向けると，慣用句やことわざといった知識問題は，長文に組みこまれるかたちで出題されます。また，文中の語句の意味を問われることもあります。漢字の書き取りは，必ず５問程度出されています。難語はありませんが，細かなトメ・ハネまで正しく書いてあるかがチェックされていると思われます。

　思考力・表現力・知識・感性を総合的にためす，ハイレベルな内容といえるでしょう。

◆対策～合格点を取るには？～

　まず，本校の国語の特色でもある**記述問題をクリアすることがもっとも重要**です。記述が苦手だという場合，最大の原因は，文章力の不足というよりは考える習慣の欠如にあります。まずはいろいろな問題にあたって，選択式の問題も，選択肢を見る前に，自分なりの記述解答を作ってみましょう。そのさい，「ＡだからＢである」という根拠づけを必ず加えることが，考える訓練になります。選択式の問題も，記述の演習を重ねるうちに，驚くほどすっきりと選べるようになります。

　漢字や熟語については，読み書きはもちろん，同音（訓）異義語，その意味についても辞書で調べましょう。また，文法や慣用句，ことわざといった知識問題については，いずれもはば広い知識を身につけることが必要ですから，参考書などを使ってまとめておきましょう。

出題分野分析表

分野 ＼ 年度			2024		2023		2022		2021		2020		2019
			1回	2回	1回	2回	1回	2回	1回	2回	1回	2回	
読	文章の種類	説明文・論説文	★	★	★	★			★	★	★	★	★
		小説・物語・伝記	★	★	★	★	★	★	★	★	★	★	★
		随筆・紀行・日記					★	★					
		会話・戯曲											
		詩											
		短歌・俳句											
解	内容の分類	主題・要旨											
		内容理解	○	○	○	○	○	○	○	○	○	○	○
		文脈・段落構成											
		指示語・接続語	○	○			○						
		その他										○	
知	漢字	漢字の読み											
		漢字の書き取り	○	○	○	○	○	○	○	○	○	○	○
		部首・画数・筆順											
	語句	語句の意味							○				
		かなづかい											
		熟語											
		慣用句・ことわざ											
	文法	文の組み立て											
		品詞・用法											
		敬語											
識	形式・技法												
	文学作品の知識												
	その他												
	知識総合												
表現	作文												
	短文記述												
	その他												
放送問題													

※　★印は大問の中心となる分野をしめします。

2024年度

海城中学校

【算　数】〈第１回試験〉（50分）〈満点：120点〉

注意　１．分数は最も簡単な帯分数の形で答えなさい。

２．必要であれば，円周率は3.14として計算しなさい。

1　次の問いに答えなさい。

(1)　$9\div\left\{4\frac{1}{6}+\left(2.25-1\frac{1}{2}\right)\div0.75-2\frac{1}{2}\right\}\div1.125$ を計算しなさい。

(2)　８％の食塩水80g，６％の食塩水120g，４％の食塩水150g，水□gを混ぜて５％の食塩水をつくりました。□にあてはまる数を求めなさい。

(3)　現在，父の年齢(れい)は兄の年齢の３倍と弟の年齢の和より４歳(さい)上です。24年後，父の年齢は兄と弟の年齢の和に等しくなります。父と弟の年齢の差を求めなさい。

(4)　100以上300以下の整数のうち，約数の個数が９個である整数をすべて求めなさい。

(5)　右の図において直線ABとCDは平行で，長さの等しい辺には同じ印がついています。図の角アの大きさを求めなさい。

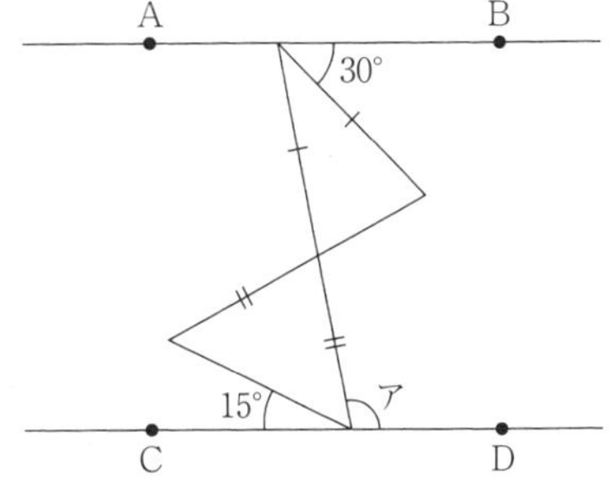

2　右の図のような三角形ABCにおいて，辺ABを２：３に分ける点をD，辺BCを２：１に分ける点をE，辺CAの真ん中の点をFとします。また，AEとBF，AEとCDが交わる点をそれぞれP，Qとします。

(1)　AQ：QEを最も簡単な整数の比で求めなさい。

(2)　AP：PQ：QEを最も簡単な整数の比で求めなさい。

(3)　三角形ABCと三角形FPQの面積の比を最も簡単な整数の比で求めなさい。

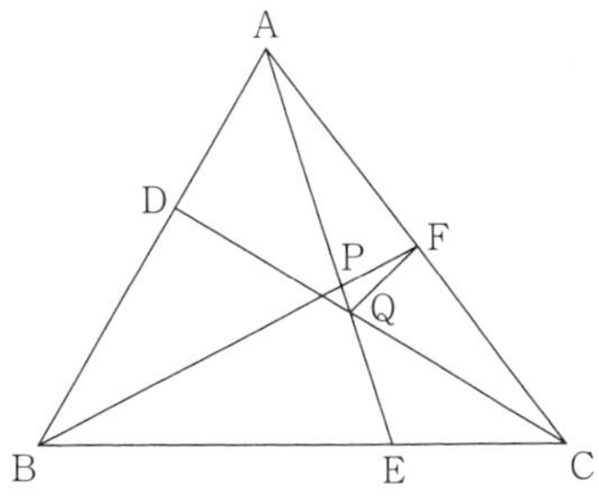

3　ある倉庫には毎朝，同じ量の荷物が届きます。Aさん，Bさん，Cさんの三人で倉庫からすべての荷物を運ぶことにしました。倉庫からすべての荷物を運ぶのに，Aさん一人では20分，Bさん一人では24分，Cさん一人では40分かかります。

(1)　１日目は，はじめにAさん一人で荷物を運び，その後BさんとCさんが同時に加わり三人で運んだところ，すべての荷物を運ぶのに全部で16分かかりました。はじめにAさん一人で荷物を運んでいた時間は何分ですか。

(2)　２日目は，はじめにAさんとBさんの二人が一緒(しょ)に同じ時間だけ荷物を運び，最後にCさん一人で残った荷物をすべて運びました。このとき，Cさんが荷物を運んだ時間は他の二人の

３倍でした。すべての荷物を運ぶのにかかった時間は何分ですか。

(3)　３日目は，はじめにＢさん一人で荷物を運び，その後Ａさん一人でＢさんが運んだ時間の２倍の時間だけ荷物を運びました。最後にＣさん一人でＢさんよりも４分少ない時間だけ荷物を運んだところ，すべての荷物を運び終えました。すべての荷物を運ぶのにかかった時間は何分何秒ですか。

4　Ａ君，Ｂ君の二人で，次の石取りゲームをします。

- はじめに何個か石があります。
- はじめに石を取る人はＡ君とします。
- 交互（こうご）に１個から６個までの石を取ることができます。
- 最後に残った石をすべて取った人が勝ちとします。

例えば，はじめに20個の石があります。

①　Ａ君は５個の石を取りました。

②　Ｂ君は残った15個の石から６個の石を取りました。

③　Ａ君は残った９個の石から１個の石を取りました。

④　Ｂ君は残った８個の石から５個の石を取りました。

⑤　Ａ君は残った３個の石から３個すべてを取ったので，ゲームに勝ちました。

(1)　はじめに15個の石があります。そこからＡ君は３個の石を取りました。次にＢ君は何個の石を取れば，Ａ君の石の取り方によらず，Ｂ君は必ず勝つことができますか。

(2)　はじめにある石が40個，41個，42個，43個のうち，Ａ君の石の取り方によらず，Ｂ君が必ず勝つことができるはじめの石の個数をすべて選びなさい。

(3)　はじめにある石が10個以上100個以下の場合，Ｂ君の石の取り方によらず，Ａ君が必ず勝つことができるはじめの石の個数は何通りありますか。

5　下の図のように１辺の長さが6 cmの立方体ABCD−EFGHがあり，各辺上の点Ｐ，Ｑ，Ｒ，Ｓ，Ｔ，ＵはAP＝FQ＝CR＝BS＝DT＝GU＝1 cmとなる点とします。ただし，角すいの体積は(底面積)×(高さ)÷3で求められるものとします。

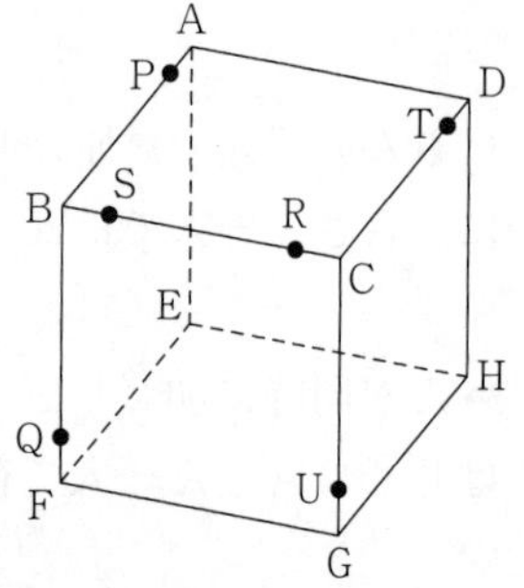

(1)　３点Ｐ，Ｑ，Ｒを通る平面と辺AE，CG，DHの真ん中の点を通る平面でこの立方体を切断します。切断したときにできる立体のうち，点Ｅをふくむ立体の体積を求めなさい。

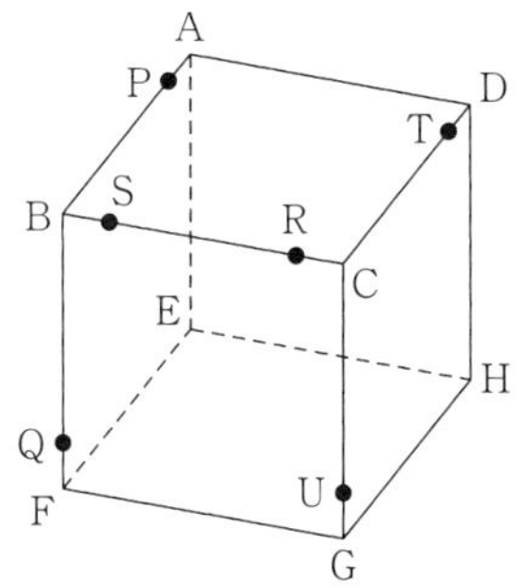

(2)　３点P，Q，Rを通る平面と３点S，T，Uを通る平面でこの立方体を切断します。切断したときにできる立体のうち，点Eをふくむ立体の体積を求めなさい。

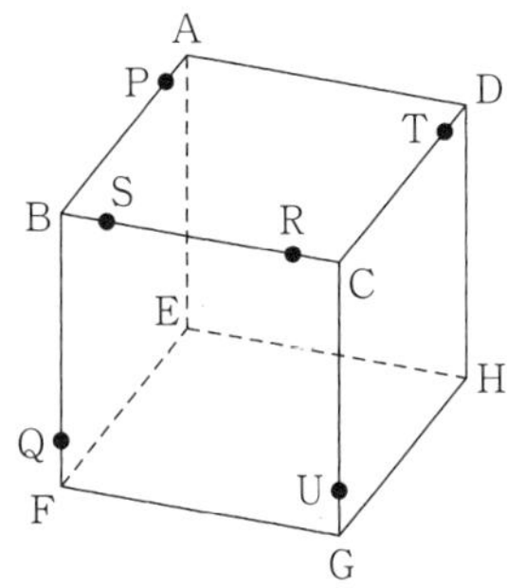

6　右の図のように長さ120cmの円周上に，はじめ，等間隔(かく)に３点A，B，Cがあります。A，B，Cは同時に出発し，Aは時計回りに毎秒4cm，Bは時計回りに毎秒6cm，Cは反時計回りに毎秒4cmの速さで円周上を進みます。ただし，Cは５秒進むごとに３秒その場で停止するものとします。

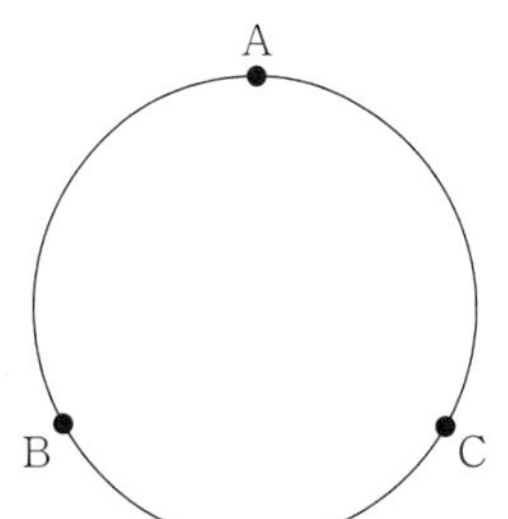

(1)　２点B，Cがはじめて重なるのは出発してから何秒後ですか。

(2)　２点A，Cが２回目に重なるのは出発してから何秒後ですか。

(3)　３点A，B，Cがはじめて重なるのは出発してから何秒後ですか。

【社　会】〈第１回試験〉（45分）〈満点：80点〉

問題　次の文章をよく読んで，あとの問いに答えなさい。

みなさんは今日の試験のために，たくさん勉強をしてきましたよね。でも，勉強をしながら，なぜ入試で試されるのが国算理社の「学力」ばかりなのか，疑問に思ったことはありませんか。例えば，「足の速さ」や「気持ちのよいあいさつ」が中学入試で評価されれば…と思う人もいるのではないでしょうか。最近では学力以外の能力を評価する試験も増えていますが，今も多くの入試では学力が試されています。それはなぜでしょうか。一歩立ち止まって，少し考えてみることにしましょう。

①江戸時代までは，一般庶民が学力を試されることはあまりありませんでした。なぜなら，江戸時代まで日本には身分制度が残っていたからです。しかし，②明治維新以降，形式的には身分制度が廃止されたことで，多くの人々にとって努力することに意味が生まれてきました。というのは，努力次第で優れた学歴をつけることができ，生まれた家庭よりも高い収入を得て，経済的に豊かな生活を送ることができると考えられるようになったからです。特に高度経済成長期以降は，働く人々に学力や専門的な知識などがますます求められるようになっていきます。その中で，経済的余裕をもった一般家庭の多くは「努力の積み重ねこそが，豊かな生活につながる」と考え，子どもの学力を伸ばすために，塾や習い事に積極的に通わせるなど，教育にお金と労力をかけるようになっていきました。

勉強は自分の工夫で努力を重ねやすく，学力試験の点数はおおむね客観的であるため，努力の成果を学力で評価されることに対しては多くの人々が納得していました。また，学力には③多くの仕事にとって必要な能力が含まれるので，その水準が高いほど，大学や会社に評価されると考えるのは自然なことです。しかし，それを先ほどの「気持ちのよいあいさつ」で考えてみると，採点者の好みで点数が変わると思いませんか。例えばある人は「声の大きさ」が，別の人は「おじぎの角度」が一番大事だと考えるかもしれません。「『気持ちいい』と感じる声の大きさ」も採点者によって違います。そうなると，採点者の好みという「運」によって自分の評価が変わってくることになるので，答えが１つしかなく客観的に点数化しやすい学力こそが，能力を評価する基準として，④多くの人々が納得する公正なものだと考えられてきたのです。

《写真》　マークシート

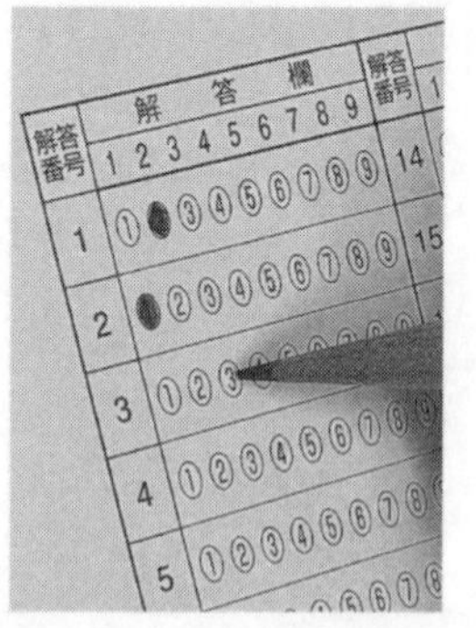

このような考え方は，現代の社会にも深く根付いています。2017年の「2021年度から実施される『⑤大学入学共通テスト』の国語・数学において記述式問題を導入する」という文部科学省の方針の発表を受けて起こった世間の混乱は，それを浮き彫りにした出来事でした。長らく続いた「大学入試センター試験」では「すべて選択式の問題で，解答を《**写真**》のようなマークシートに記入し，機械で読み込んで採点する」という方法であったため，この方針発表は入試システムの大転換を意味していました。しかし，発表を受けてすぐに⑥「共通テストに記述式問題を導入することで，試験の公平性が著しく損なわれる」として，導入への激しい反対が日本各地で起こったのです。その結果，文部科学省は2019年に記述式問題の導入の見送りを正式に決定しました。

一方で，多くの人々が，今までの学力重視の入試のあり方に疑問をもっているのも事実です。高度経済成長期以降の日本の教育における学力とは，多くの場合「知識の量」を意味し，勉強の努力を重ねるということは，多くの知識を覚えることでした。しかし，多くの知識を覚えたとしても，それは判断力や行動力，上手に人間関係を築く能力とは別です。そのため，1990年代以降，知識に偏った学力や試験は批判され，実際の社会の中でより役に立つ力を重視すべきであるという主張が多くなっていきました。こうした中，最近の大学入試は，積極的に知識以外の能力も評価するものに変化してきています。発想力や表現力，対話力などに加え，学級委員や部活動，さらには留学・ボランティアといった学校内外での経験などを評価する入試が増えてきているのです。⑦その試みは，学力というひとつの側面だけではなく，受験生の能力を総合的に評価しようとするものです。しかし，受験生にとっては選択肢が増えることにつながる一方で，現在のところ多くの課題を抱えていて，時には批判を受けることもあります。

いったい，どのような入試が望ましいのか，今後も議論は続きそうです。とはいえ確かなことは，この議論とは別に，みなさんがこの数年間の努力で獲得してきた知識と経験は，かけがえのないものだということです。そして，そうした努力の積み重ねの中で「点数化できない素敵な側面」をみなさんは多く培ってきているはずです。この入試でどのような結果になったとしても，４月からは中学生として，それぞれの場所で，その素敵な側面を家族や友人，先生たちにたくさん見せてあげてください。それらは間違いなく，みなさんがこれから公平・公正な社会を形作る上で，「点数」や「偏差値」，「学歴」よりも，はるかに価値があるものなのですから。

問１．下線部①に関連して，江戸時代の教育について述べた文として**誤っているもの**を，次の**ア**～**エ**から１つ選び，記号で答えなさい。

ア．全国各地の藩では，藩校とよばれる学校をつくり，武士の子弟を教育した。

イ．最も有名な学校といわれた足利学校は，藩校のひとつである。

ウ．江戸幕府は，中国で生まれた儒学という学問を尊重していた。

エ．寺子屋という私塾では，武士や僧侶などが先生をつとめた。

問２．下線部②に関連して，明治時代に政府に国会を開くよう求めた運動の名前と，その運動の中で，多摩地域の若者たちが学習会を重ねて作った憲法草案の名前を，それぞれ答えなさい。

問３．下線部③に関連して，古代の役人が仕事をする上で求められた能力などに関する記述として**ふさわしくないもの**を，次の**ア**～**エ**から１つ選び，記号で答えなさい。

ア．十七条の憲法に「地方の役人が勝手に税を取ることを禁止する」と書かれていることからわかるように，大和朝廷の指示に従うことが求められた。

イ．遣隋使や遣唐使として古代の役人が中国に送り出されていることからわかるように，中国の進んだ制度や学問を学んでいることが求められた。

ウ．税として納められた物産に付けられた木簡に物品名や地名などの文字が書かれていることからわかるように，文字を読み書きできることが求められた。

エ．藤原氏が政治の中心となっていく過程において平安京で戦がさかんにおこなわれたことからわかるように，馬に乗りながら弓を引くなどの武芸に秀でていることが求められた。

問４．下線部④に関連した以下の問いに答えなさい。

(1)　公正な社会を形作るためには，私たち一人ひとりに，社会の担い手という意識をもちながら地域社会やその政治に積極的にかかわろうという姿勢が求められます。次の図は，地方自治(東京23区の場合)のしくみをまとめたものです。図中のＡ～Ｃにあてはまる語句の組み合わせとして正しいものを，下の**ア**～**カ**から１つ選び，記号で答えなさい。

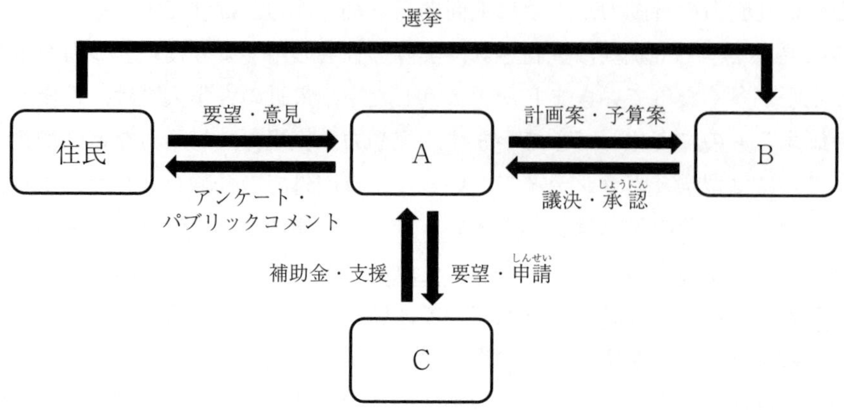

	ア	イ	ウ	エ	オ	カ
A	国・都	国・都	区議会	区議会	区役所	区役所
B	区議会	区役所	国・都	区役所	国・都	区議会
C	区役所	区議会	区役所	国・都	区議会	国・都

⑵　選挙の公正さに関して，議員１人あたりの有権者数に選挙区の間で大きな差が生じていることが問題であるとされています。以下の表に示すような選挙区Ｘおよび選挙区Ｙを例に考えたとき，どのような現象が生じやすくなるでしょうか。①～④の文のうち**正しいものの２つの組み合わせ**を，下の**ア**～**エ**から１つ選び，記号で答えなさい。

	有権者数	議員定数
選挙区Ｘ	4,000人	２人
選挙区Ｙ	12,000人	３人

①　選挙区Ｘの有権者は，選挙区Ｙの有権者に比べて自身の１票の価値が低くなっていると考え，選挙区Ｘに割り当てられる議員定数の拡大を主張するようになる。

②　選挙区Ｙの有権者は，選挙区Ｘの有権者に比べて自身の１票の価値が低くなっていると考え，選挙区Ｙに割り当てられる議員定数の拡大を主張するようになる。

③　選挙区Ｘで落選した候補者の得票数と，選挙区Ｙで当選した候補者の得票数を比べたとき，前者よりも後者の得票数の方が少ないという現象が起きやすくなる。

④　選挙区Ｘで当選した候補者の得票数と，選挙区Ｙで落選した候補者の得票数を比べたとき，前者よりも後者の得票数の方が多いという現象が起きやすくなる。

ア．①と③
イ．①と④
ウ．②と③
エ．②と④

問５．下線部⑤に関連して，大学入学共通テスト(2020年度までは「大学入試センター試験」)は例年１月に実施されます。また，受験生は，志望する大学とは関係なく，大学入試センターによって試験会場を指定されます。これをふまえて，以下の問いに答えなさい。

(1) 次の地図は，2020年度の九州地方(沖縄県を除く)の試験会場の分布と，試験会場ごとに割り振られた人数を示したものです。この地図から読み取れることとして**誤っているもの**を，下の**ア**～**オ**から**２つ**選び，記号で答えなさい。

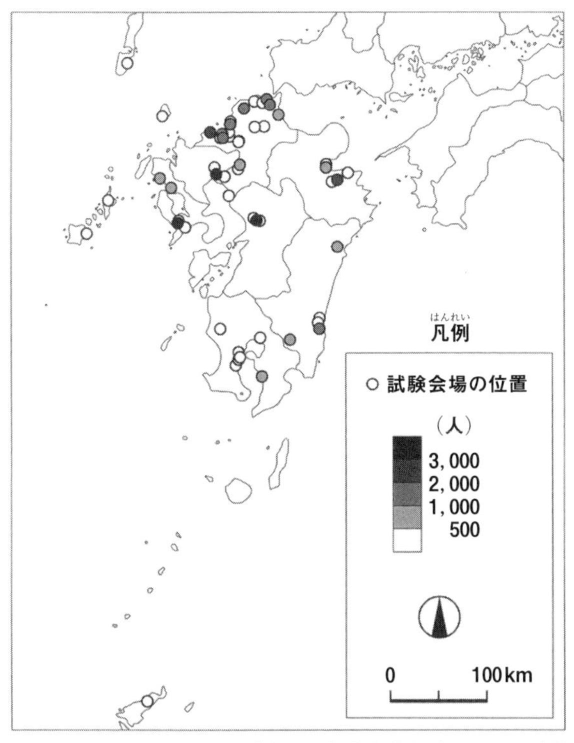

(大学入試センター「令和２年度大学入試センター試験試験場一覧」より作成)

ア．大分県では，となりの県の試験会場の方が自宅から近い受験生がいると考えられる。

イ．熊本県では，場所によっては共通テストを受けるために直線距離で50km 以上移動しなくてはいけない受験生がいる。

ウ．福岡県，長崎県，鹿児島県では，一部の島にも試験会場が分布するが，それぞれの島の試験会場に割り振られた人数はいずれも500人を下回っている。

エ．佐賀県の試験会場は，すべて県庁所在地付近に集中している。

オ．宮崎県では福岡県よりも試験会場が少ないが，１か所あたりに割り振られた人数は多い。

(2) 次の地図は，2016～2023年度の，＊交通機関の遅延や運休により試験開始時刻の繰下げがおこなわれた試験会場を示しており，地図中の記号■・▲・●は，大雪，強風，人身事故によるいずれかの遅延・運休理由を示しています(◇はその他です)。遅延・運休理由と記号との組み合わせとして正しいものを，下の**ア**～**カ**から１つ選び，記号で答えなさい。

＊同じ試験会場で同じ理由で２回以上繰下げがあった場合は，その回数分並べて記載している。
(大学入試センタープレス発表資料「繰下げ状況について」(各年度)より作成)

	ア	イ	ウ	エ	オ	カ
大雪	■	■	▲	▲	●	●
強風	▲	●	■	●	■	▲
人身事故	●	▲	●	■	▲	■

問６．下線部⑥について，共通テストにおいて，選択式の問題に加えて新たに記述式問題を導入することが検討(けんとう)された際に，多くの人々が「公平性が損なわれる」と考えたのはなぜでしょうか。本文や《**資料１**》～《**資料３**》からわかることをもとに，共通テストの特徴と，記述式問題の解答内容や採点方法の特色を明らかにしながら，190字以内で説明しなさい。

《資料１》　共通テストの概要と，文部科学省による記述式問題の採点に関する想定

共通テストは毎年１月中旬に行われ，約50万人が受験します。共通テストの答案は大学入試センターに送られたあと採点されます。その点数は，受験生が出願した大学に２月上旬まで(試験日からおよそ20日以内)には提供されなければいけません。マークシートの場合，採点自体はすべて機械が行うので時間はあまりかかりませんが，マークシートは全国各地から集まってくるので，その集約やデータの整理をミスなく行うのに，20日間は決して余裕(よゆう)のある日数ではありません。文部科学省は，共通テストに記述式問題を導入した場合には，このようなスケジュールを変更(へんこう)しないことを前提とすると，

１万人程度の採点者を動員する必要があると想定していました。

(文部科学省「大学入学共通テストにおける記述式問題の導入に係る検討経緯の整理」より作成)

《**資料２**》 **共通テスト(国語)で記述式問題が実施される場合に想定された採点基準**

正答の条件

① 80字以上，120字以内で書かれていること。
② 二つの文に分けて書かれていて，二文目が，「それが理解できるのは」で書き始められ，「からである。」で結ばれていること。ただし，「理解ができるからである。」で結ばれているものは正答の条件②を満たしていないこととなる。
③ 一文目に，話し手が地図上の地点を示しているということが書かれていること。
④ 一文目に，話し手が指示しようとする対象が実際の場所だということが書かれていること。
⑤ 二文目に，次のいずれかが書かれていること。なお，両方書かれていてもよい。
・指さした人間の視点に立つということ。
・指さした人間と同一のイメージを共有できるということ。

正答の条件を満たしている解答の例

・話し手が地図上の地点を指さすことで，指示されているのは地図そのものではなく，地図が表している場所であることが聞き手には理解できる。それが理解できるのは，他者の視点に立つ能力があるからである。(95字)
・地図上の地点を指さして「ここに行きたい」と言った場合，「ここ」が示しているのは地図の実際の場所である。それが理解できるのは，指さした人間の位置に身を置くことで，指さされた人間が指さした人間と同一のイメージをもつことが可能になるからである。(119字)
・地図上の地点を指さして「ここに駅がある」と言った場合，「ここ」が示しているのは地図に対応している実際の駅である。それが理解できるのは，指さされた人間が指さした人間の視点に立つことで，実際に示したいものを想像するからである。(111字)

(大学入試センター「平成30年共通テスト試行調査　問題，正解等(国語)」より抜粋)

《**資料３**》 **共通テストで記述式問題が実施される場合に想定される採点のようすと，大学による個別の記述式試験の採点のようす**

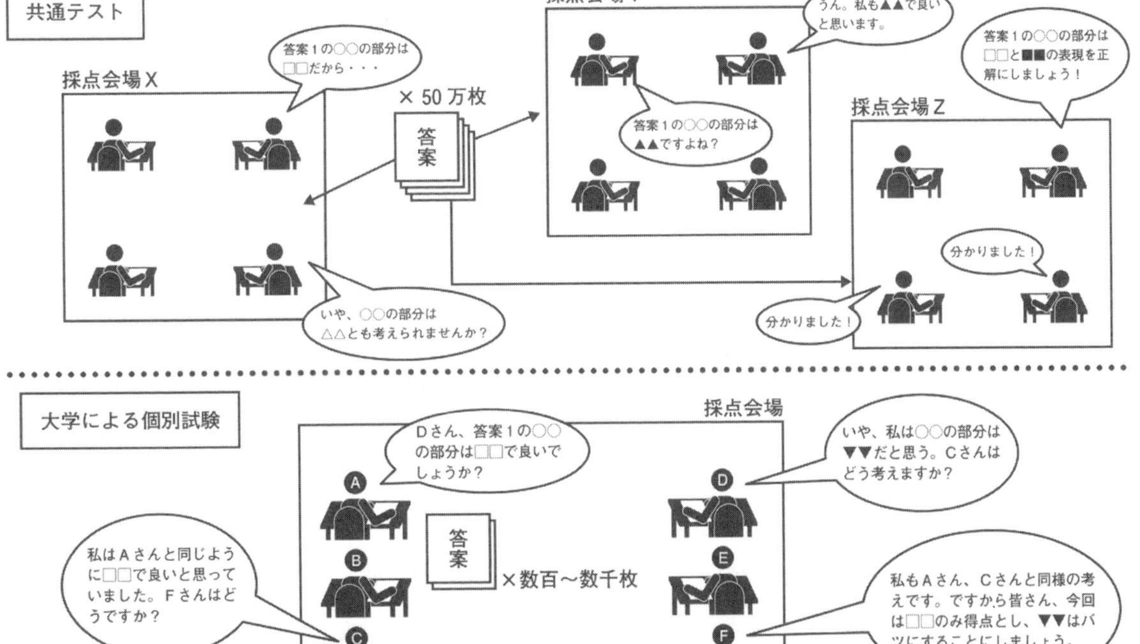

(文部科学省「大学入学共通テストにおける記述式問題の導入に係る検討経緯の整理」などをもとに想定し作成)

問７．下線部⑦について，経験が評価される入試に対しては，実際にどのような批判があると考えられますか。学力テスト型の入試に対する人々の一般的なとらえ方にふれながら，本文や以下の《**資料４**》～《**資料７**》からわかることをもとに，160字以内で述べなさい。なお，解答には経験が評価される入試を「新型入試」，学力テスト型の入試を「従来型入試」と表記すること。

《資料４》　大学が新型入試で求めている高校在学中の活動歴や成績の例

・全国レベルまたは国際レベルのコンテストやコンクールでの入賞記録や論文の掲載(けいさい)記録
・留学を含むさまざまな国際的活動の経験
・語学力試験などの成績
・数学オリンピックや科学オリンピックなどにおける成績

（各大学の募集要項（令和５年度）より作成）

《資料５》　高校生の留学にかかる費用の目安

		期間	
		約２週間	約３カ月間
行先	アメリカ	45万円	160万円
	カナダ	35万円	130万円
	オーストラリア	35万円	130万円

＊航空券は上記の費用に含まれない。

（ISA ウェブサイト「高校生の留学費用 出発前から帰国までに必要な費用について」より作成）
（https://www.isa.co.jp/highschool/cost/）

《資料６》　短期留学をした小中学生やその保護者の声

・来年もまた行きたいです。来年はきっと，もっと楽しくなるんだろうなぁと今からワクワクしています。（小４本人）
・お母さんが「百聞は一見にしかず」って言っていました。できれば来年の夏もサマースクールに行ってみたいと思います。（小６本人）
・イギリスに行かせてくれたお母さん，みんなに感謝の気持ちでいっぱいです！（中３本人）
・今回２度目のホームステイでしたが，今後も年に１回くらい参加させたいと思っています。（小５保護者）
・とても貴重な経験ができて，このプログラムに参加させて良かったと思いました。（小６保護者）
・また行きたい！　カナダに住みたい！　というほど，夢が膨(ふく)らんだようです。（中１保護者）

（エディクム　ウェブサイト「小学生の留学」「中学生の留学」「保護者の声」を参考に作成）
（https://www.edicm.jp）

《資料７》 世帯年収別の，１家庭における１年間の＊学校外活動費(子どもが公立小学校に通う家庭)

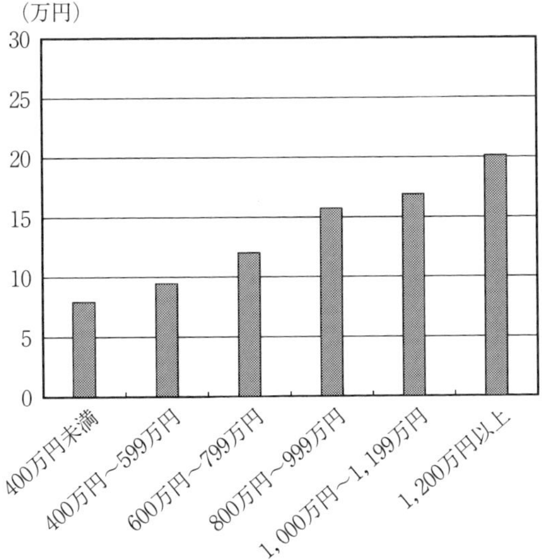

＊「学校外活動」には，体験活動，地域活動，ボランティア，芸術活動，スポーツ活動，国際交流体験活動などが含まれる(塾や家庭教師などの学習補助費は含まない)。
(文部科学省「令和３年度子供の学習費調査」より作成)

【理　科】〈第１回試験〉（45分）〈満点：80点〉

1　次の文章を読んで，以下の各問いに答えなさい。特に指示がなければ，数値で答えるものは，必要であれば四捨五入して小数第二位まで答えなさい。

音の伝わる時間を測ることによって得られる情報があります。たとえば，稲光が見えてから雷鳴が聞こえるまでの時間を測ると，雷が落ちたところまでのおよその距離が分かります。光は速さが大変大きく一瞬で伝わりますが，音は空気中を毎秒340mの速さで伝わるので，この違いを利用しています。

図１のように，単発的な音を発することができる機器１と，音を受け取ることができる機器２があり，この２つを一緒にした装置があります。

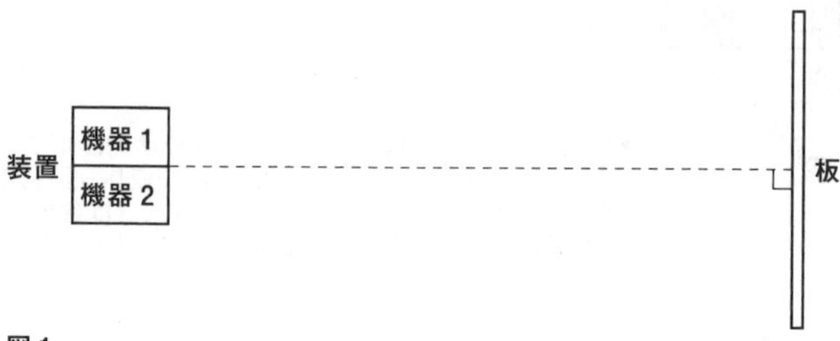

図１

機器１から発した音は板で反射し，戻ってきた音を機器２で受け取ります。２つの機器は小さく，機器１から発した音は，板で垂直に反射し，機器２に戻ってくるものとします。また，音の伝わる速さは，音を発するものや反射するものが静止していても動いていても，変化することはありません。

装置と板がともに静止している場合を考えてみます。

問１　装置と板の距離は300mとします。機器１から発した音が機器２に戻ってくるまでにかかる時間は何秒ですか。

静止した板に向かって，装置が点線上を毎秒10mの一定の速さで動いている場合を考えてみます。

問２　装置と板の距離が300mのとき機器１から音を発すると，音が機器２に戻ってくるまでにかかる時間は何秒ですか。

静止した装置に向かって，板が点線上を毎秒10mの一定の速さで動いている場合を考えてみます。

問３　装置と板の距離が300mのとき機器１から音を発すると，音が機器２に戻ってくるまでにかかる時間は何秒ですか。また，音が板で反射されたときの装置と板の距離は何mですか。ただし，この距離については，必要であれば四捨五入して，**整数**で答えなさい。

問３で求めた時間は，問３で求めた距離のところに板が静止している場合と同じ値になります。つまり，板の動きが目視できない場合は，音が戻ってくるのにかかる時間を測っても，板が静止しているか動いているかを判断することは困難です。

そこで，装置が静止しているか動いているかでどのような影響が現れるのかを考えてみることにします。図２のように，音を発する機器１と受け取る機器２を分け，点線上を一定の速さで動いている機器１から機器２に向けて発した音を，静止した機器２で受け取るようにします。

図２

機器１は，毎秒10mの速さで機器２に近づいているとします。機器１と機器２の距離が300mのとき，機器１から単発的な音を発し，その２秒後と４秒後，つまり２秒間隔で計３回の単発的な音を発するとします。

問４　機器２が１回目の音を受け取ってから２回目の音を受け取るまでの時間は，何秒ですか。

問５　機器１と機器２の距離は時間とともに短くなります。このことが機器２の音を受け取る時間にどのように影響するかを考えてみます。機器２が２回目の音を受け取ってから３回目の音を受け取るまでの時間は，何秒ですか。

機器１と機器２の距離が300mのとき機器１から１回目の単発的な音を発し，その２秒後に２回目の単発的な音を発したところ，機器２が１回目の音を受け取ってから２回目の音を受け取るまでの時間は2.04秒でした。

問６　２回の音を発する間，機器１はどのような動きをしているでしょうか。次の文中の□内には数値を入れ，｛　｝内は機器１が動いている向きを○で囲み，文を完成させなさい。

機器１は毎秒□mの速さで，機器２｛に近づいている・から遠ざかっている｝。

2　**次の文章を読んで，以下の各問いに答えなさい。なお，数値で答えるものは，必要であれば四捨五入して整数で答えなさい。**

硫酸銅は水の検出に用いられることがある物質です。これは，白色の硫酸銅が水を取り込むと青色に変化する性質を利用しています。

水を取り込むことで青くなると別の物質に変化したように感じますが，この色の違いは水を取り込んでいるかどうかだけでどちらも硫酸銅です。まったく水を取り込んでいない白色のときを無水塩と呼び，水を取り込んで青色になったときは水和物と呼びます。

この硫酸銅を用いて，以下の実験Ⅰ～Ⅲを行いました。

実験Ⅰ　33℃の水100gに硫酸銅の無水塩を限界まで溶かしたところ，25g溶けて青色の硫酸銅水溶液が得られた。

実験Ⅱ　実験Ⅰの水溶液の温度を53℃まで上げて再び硫酸銅の無水塩を限界まで溶かしたところ，さらに11g溶けた。

実験Ⅲ　実験Ⅱで得られた硫酸銅水溶液を33℃に冷却したところ，青色の結晶が20g得られた。

問１　水の検出について，次の(1)，(2)に答えなさい。

(1)　水の検出に用いられる試験紙として適当なものを次の**ア**～**ウ**から１つ選び，記号で答えなさい。

ア　赤色リトマス紙

イ　青色リトマス紙

ウ　塩化コバルト紙

(2)　硫酸銅のように水を取り込むことで色が変わる性質をもつ物質が用いられる例として最も適当なものを次の**ア**～**エ**から１つ選び，記号で答えなさい。

ア　乾燥剤

イ　消臭剤
ウ　防腐剤
エ　防虫剤

問2　33℃の硫酸銅の飽和水溶液の濃度は何％ですか。

問3　53℃の水150gに硫酸銅の無水塩は最大何g溶かすことができますか。

問4　実験Ⅲで得られた青色の硫酸銅の水和物の結晶について，次の(1)，(2)に答えなさい。

(1)　実験Ⅲで得られた結晶20gを加熱すると，硫酸銅の無水塩が12.8g得られました。実験Ⅱで温度を上げて溶かした量よりも多くなっている理由を簡潔に説明しなさい。

(2)　実験Ⅲで結晶が得られた後の硫酸銅水溶液の濃度は何％ですか。

問5　実験Ⅲで得られた結晶と同じ割合で水を取り込んでいる硫酸銅の水和物について，次の(1)，(2)に答えなさい。

(1)　この硫酸銅の水和物を33℃の水100gに溶かすとき，最大何g溶かすことができますか。

(2)　この硫酸銅の水和物100gを加熱していくと，次の図のように重さが変化して64gの無水塩になることが知られています。この図からわかることを述べた下の文中の【X】～【Z】に当てはまる数値をそれぞれ答えなさい。

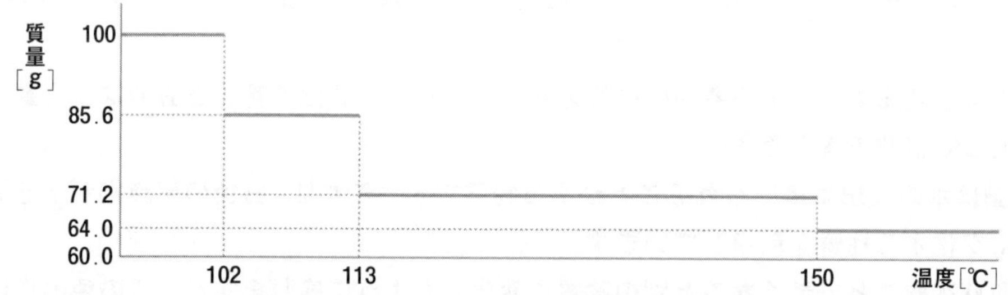

十分な水を取り込んだ硫酸銅の水和物が無水塩になるまでに3回重さが減少をすることがわかる。

取り込んでいた水の量を100％とすると，102℃のところで【　X　】％の水分が，113℃のところでさらに【　Y　】％の水分が，最終的に150℃のところでさらに【　Z　】％の水分が放出されることで無水塩になることがわかる。

3　**次の文章を読んで，以下の各問いに答えなさい。**

夏に高山に登ってみると一面のお花畑が広がっています(図1)。どうしてお花畑が広がっているのでしょうか。

図1　高山のお花畑

高山で花を咲かせるのは背の低い植物が多いです。こうした植物が育つには光が必要です。高山の山頂付近は風が強く，その風によって樹木は折れたり倒れたりするため，高木が存在することができません。そのため背の低い植物でも光を受けることができます。また，夏まで雪が残る谷や窪地では，雪が溶けるとその水を吸収して花々が咲き誇ります。

植物が花を咲かすのは自身の子孫を残すためです。花を咲かせて虫などに花粉を運んでもら

うことで，受粉をして種子を作ります。植物は花粉を運んでもらうため，虫を呼ぶ様々な工夫をしています。図2は日本の高山の花に訪れる昆虫の割合を表し，①ハエ類が最も多く，その次に②ハチ類が多くなっています。

高山は低地と比べて気温が低く，花粉を運んでもらう虫の活動時期が限られています。そのため，花には，虫を呼び寄せ，より確実に受粉をするための特徴が見られます。

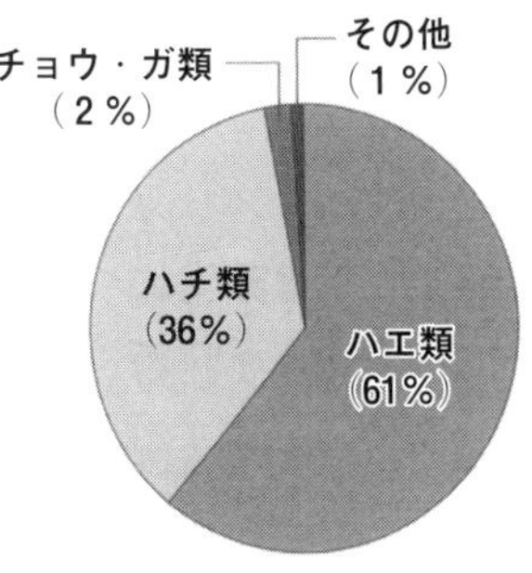

図2　日本の高山の花に訪れる昆虫の割合

例えば，高山に生息するマルハナバチといったハチ類は視覚によって花を探していると言われています。花は，マルハナバチなどが訪れやすい黄色や紫色，桃色などの花の色になっているものもあります。それが結果的にマルハナバチから見れば目立つ色になっています。また，花と言えば，良い香りというイメージがある人もいるかと思いますが，③高山にはイブキトラノオのように，くさいにおいが出る植物もあります。花が目立つか，においを出すかはどのような虫が花粉を運ぶかに関連していると考えられています。

問1　**図3**はアブラナ科の花の構造の断面図を示しています。**A**，**B**の名称を答えなさい。また，花の蜜が存在する部分はどこですか。図中の**ア**～**オ**から1つ選び，記号で答えなさい。

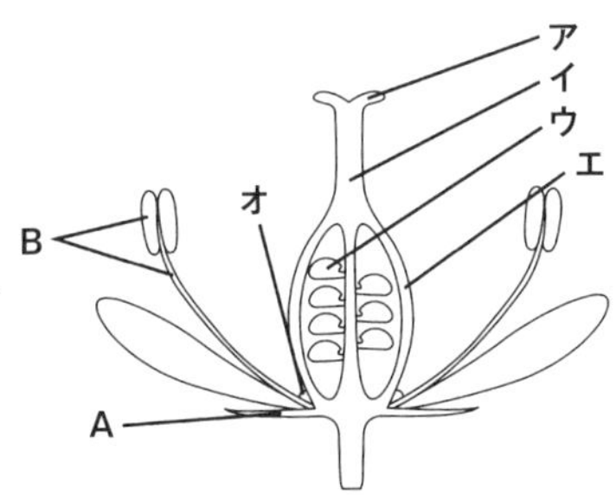

図3　アブラナ科の花の構造

問2　**下線部**①について，次の(**1**)，(**2**)に答えなさい。

(**1**)　**図4**はハエの頭部を拡大したものです。図中の**X**の部位の名称を答えなさい。

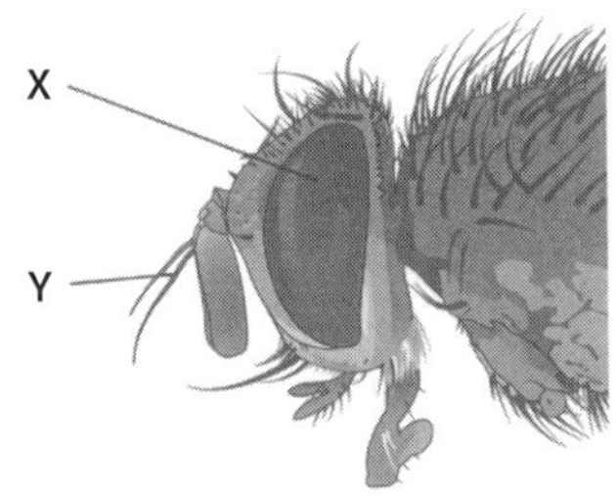

図4　ハエの頭部

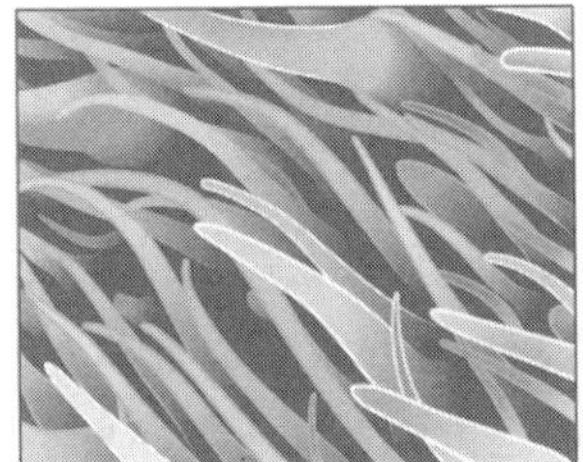
図5　Yを拡大した様子

(**2**)　**図5**は**図4**の**Y**の表面部分をさらに拡大したものです。ハエはここで，くさいにおいなど空気中に漂うにおい物質を感知しています。**Y**の部分にこうした細い毛がたくさんあることの利点を簡潔に説明しなさい。

問3　**下線部**②について，ハチ類の中には女王バチと働きバチからなる集団で生活をしているものもいます。こうした生活様式をもっている昆虫を次の**ア**～**オ**からすべて選び，記号で答えなさい。

ア　チョウ　　　**イ**　アリ
ウ　シロアリ　　**エ**　ゴキブリ
オ　ユスリカ

問４　**下線部③**について，高山においてイブキトラノオ(**図６**)の花が，くさいにおいを出すことの利点を花粉を運ぶ昆虫の特徴をふまえて簡潔に説明しなさい。

図６　イブキトラノオ

問５　**図７**はニュージーランドの高山の花に訪れる昆虫の割合を示しています。また，次の**ア**，**イ**は日本もしくはニュージーランドのある地域における高山植物の花の色の割合を示しています。ニュージーランドの高山植物の花の色の割合は**ア**と**イ**のどちらになりますか。記号で答えなさい。また，そのように考えた理由を**図７**を踏まえて説明しなさい。

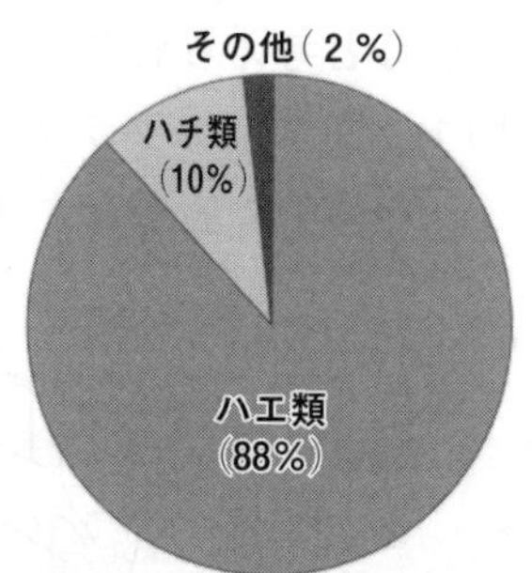

図７　ニュージーランドの高山の花に訪れる昆虫の割合

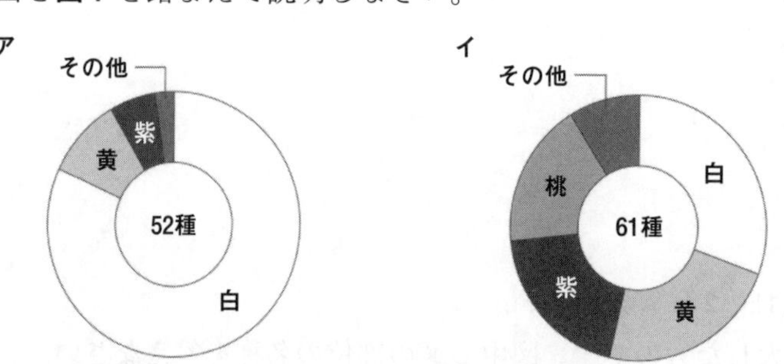

4　次の文章を読んで，以下の各問いに答えなさい。

わたしたち人間は，陸地に道路を張り巡（めぐ）らせることで人や物の行き来を盛（さか）んにしています。道路を人工的に設置するときに，地形などの自然を無視することはできません。張り巡らされた道路がどのように自然環境（かんきょう）とつながっているのか見てみましょう。以下の地図はすべて，真北(北極点のある方向)が図の上方向となっています。

問１　京都市街地周辺の道路のみを示した**図１**を見ると，中心部に比べて図の端（はし）の方の道路は曲がっており数も少ないことがわかります。**図１**の中央には，二条城があり，二条城を囲む道路は周辺道路とずれた方角を向いています。建設当時，周辺道路の方角は太陽の方位から，二条城の方角は方位磁針の向きから決められたのではないかと言われています。また，現在の方位磁針のＮ極が指し示す方向は**図１**の通りです。以上のことから言えることとして適当なものを次の**ア**～**エ**からすべて選び，記号で答えなさい。

ア　現在の京都周辺では，方位磁針のＮ極が指し示す方向は真北よりも少し西にずれる。

イ　地球において，方位磁針のＮ極が指し示す方向は時とともに変化する。

ウ　月は一年を通して同じ時刻に同じ方位から昇(のぼ)るため，月を基準にすれば正確な方位がわかる。

エ　二条城が建てられた時代には，方位磁針のＳ極は現在の真南よりも東に数度ずれた方向を指し示していた。

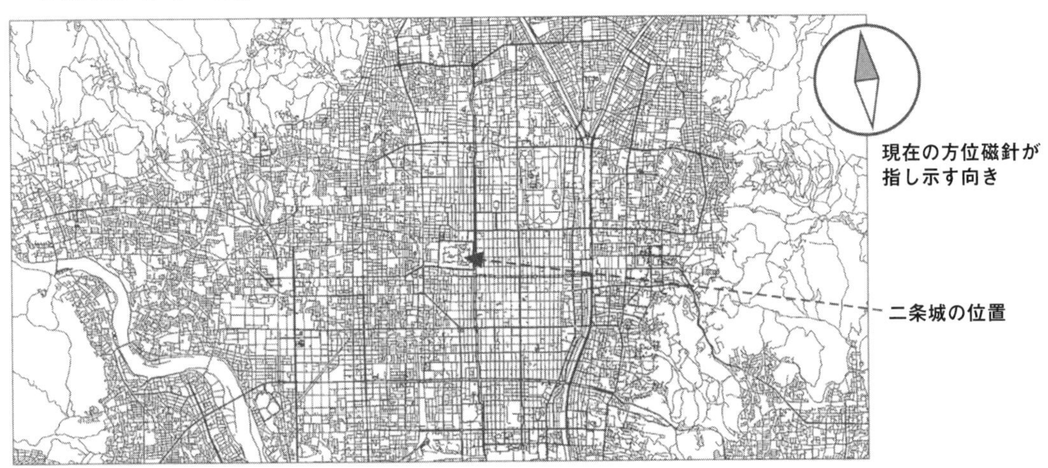

図１　京都市街地周辺の道路地図

問２　**図２**は，沖縄県にある波照間島の道路のみを示した地図です。島の西部を中心に東西南北に新しい道路が建設されているのに対して，中心部のような古い街並みでは道路および家の向きが異なっています。古い街並みはこの地域の自然環境を反映して作られたと考えられているのですが，何の方角を基準にしていると考えられますか。**表１**を参考にして，最も適当なものを次の**ア**～**エ**から１つ選び，記号で答えなさい。

図２　沖縄県波照間島の道路地図

ア　海流　　**イ**　季節風　　**ウ**　太陽　　**エ**　星座

表１　沖縄県波照間島の様々なデータ（月ごとのデータ）

要素	周辺の海流の平均的な向き	最多だった風向	日の入りの方位	南十字星がよく見える方角
1月	東	北北東	南西	南
2月	東	北北東	西南西	南
3月	南西	北北東	西	南
4月	西南西	北東	西北西	南
5月	東	南	北西	南
6月	東	南南西	北西	南
7月	南東	南	北西	見えない
8月	西南西	南	西北西	見えない
9月	東	北東	西	見えない
10月	南東	北北東	西南西	見えない
11月	南南西	北東	南西	見えない
12月	東北東	北北東	南西	南

問３　**図３**は，メキシコのテオティワカンという場所の道路で，テオティワカン遺跡(いせき)を貫(つらぬ)く道路(図中の矢印)は南北の方向からずれていることがわかります。この地域の神話で世界が始まったとされる日の日没(にちぼつ)の光が，道路と直角な方向になるように作られたと考えられています。この日として適当なものを次の**ア**～**エ**から１つ選び，記号で答えなさい。ただし，この地域は北緯(ほくい)20°付近に位置しています。

図３　メキシコ・テオティワカンの道路地図

ア　１月10日　　**イ**　３月15日　　**ウ**　８月13日　　**エ**　11月11日

問４　**図４**，**５**は同じ範囲(はんい)を表しており，それぞれ山口県にある青海島の道路のみを示した地図と河川(かせん)や海などの水域のみを示した地図です。この地域出身の金子みすゞは，この島の自然に関する詩として次のようなものを詠(よ)んでいます。下の**(1)**，**(2)**に答えなさい。

波の橋立よいところ，
右はみずうみ，もぐっちょがもぐる，
左ゃ外海，白帆(しらほ)が通る，
なかの松原，小松原，
さらりさらりと風が吹(ふ)く。

　　海のかもめは
　　みずうみの
　　鴨(かも)とあそんで
　　日をくらし，
　　あおい月出りゃ
　　みずうみの，
　　ぬしは海辺で
　　貝ひろう。

波の橋立，よいところ，
右はみずうみ，ちょろろの波よ，
左ゃ外海，どんどの波よ，
なかの石原，小石原，
からりころりと通りゃんせ。

　「金子みすゞ童謡全集」(JULA出版局)より

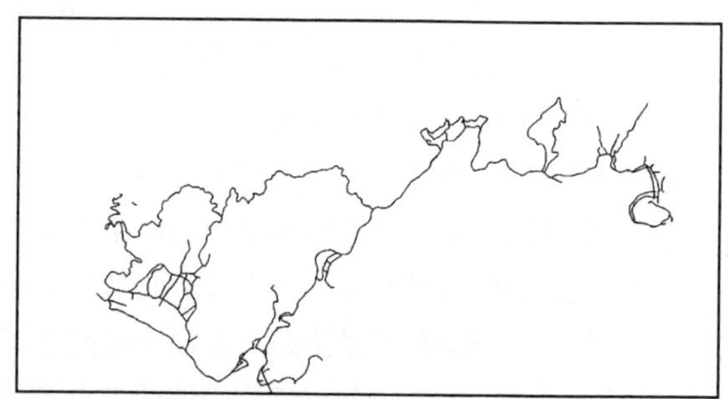

図４　山口県青海島の道路地図

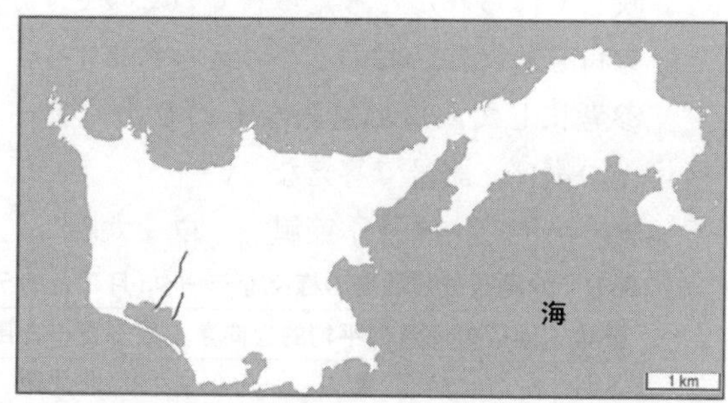

図５　山口県青海島の地図(グレーの部分は海，細い線は河川を示す)

(1)　この詩が**図４**の道路上で詠まれたと仮定すると，どの場所に立ってどの向きを向いて詠まれていますか。**図５**と同じ解答欄の図中に，場所を●で，向きを矢印で示しなさい。

(2)　詩の最後の二行にある通り，この場所にはコロコロとした丸い礫(れき)が堆積(たいせき)しています。こうした礫や，この詩の場所の地形のでき方に関する説明として最も適当なものを次の**ア**～**エ**から１つ選び，記号で答えなさい。

ア　火山が噴火(ふんか)して吹き飛ばされた大小様々な石が，そのまま堆積してできた。

イ　川の上流からとても穏(おだ)やかな流れで運ばれてきた石が，海底に堆積してできた。

ウ　海岸を強い海流で流されてきた石が，波に揺(ゆ)られながら堆積してできた。

エ　大雨によって発生した土石流が，扇状地(せんじょうち)に厚く堆積してできた。

問５　**図１，２，３**のように，道路の形やつながりを調べることで，地形や文化，交通輸送などについて考えることができるようになります。道路網(どうろもう)において，どの方角にどのくらいの割合の道路がのびているかを調べてみましょう。次の**(1)**〜**(3)**に答えなさい。

(1)　**図６**は海城中学校周辺の道路のみを示した地図です。道路の端もしくは交差点を●で示し，となりあった●と●を結ぶ直線を道路の１区間とします。**図６**において「どの方角にどのくらいの割合の道路がのびているか」を以下の**【ルール】**で数えることにしたとき，どのようなグラフになるか作図しなさい。

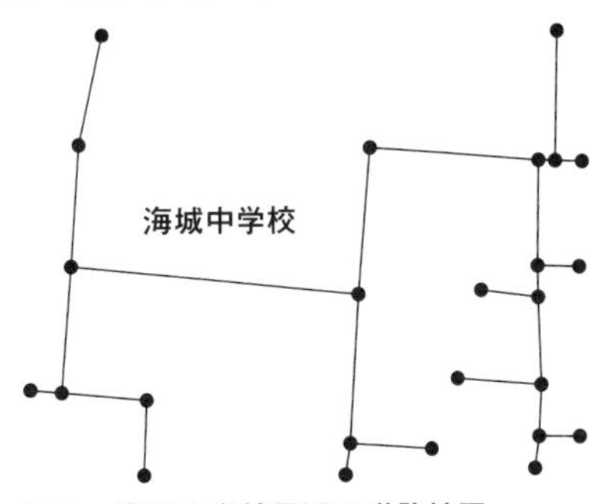

図６　海城中学校周辺の道路地図

【ルール】

360°の方位を図７のように８等分し，方位ごとに各区間の本数を数える。結果は図８のように，全本数に対する各方位の本数の割合が半径となるような扇形(おうぎがた)を斜線で示し，扇形は中心点をはさんで両側に同じものを描(か)く。

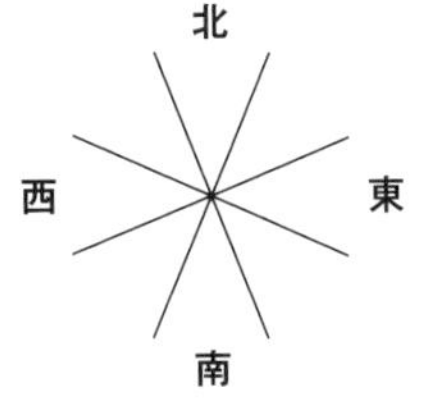

図７　方位を８分割した様子

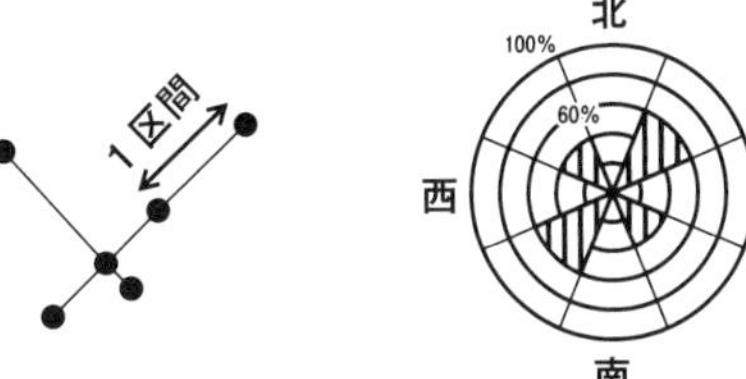

図８　左のような道路の場合に数えた例(右)

(2)　この**【ルール】**では「どの方角にどのくらいの割合の道路がのびているか」という道路網の傾向(けいこう)をうまく表現できません。この**【ルール】**にどのような問題点があり，どのような工夫をすればいいか，「方位を細かく分ける」以外のものを１つ説明しなさい。

(3)　**図１**のような京都市の道路の向きについて適切な方法でより詳(くわ)しく調べると，**図９**のように偏(かたよ)りのある図になります。それに対して，**図10**の地域では，道路の方位がバラバラになっており，この地域の地形の影響を受けています。どのような地形であれば，どのような理由によって**図10**のような道路の方位分布になりますか。可能性の１つを説明しなさい。

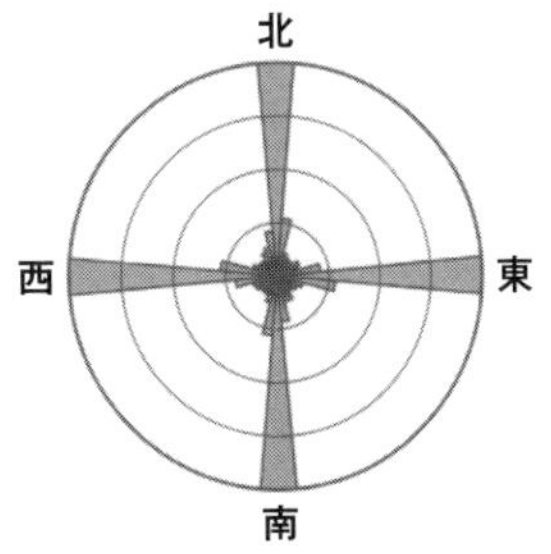

図９　京都市の道路の方位分布

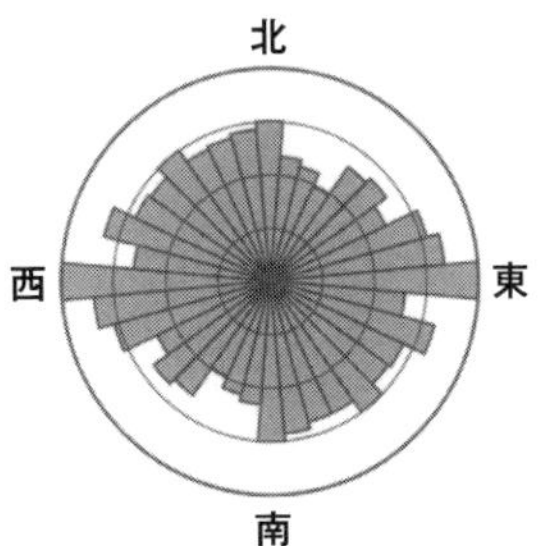

図10　ある地域の道路の方位分布

うこと。

エ　孤独を恐れて他者に同調していくのではなく、むしろ自分自身がこの世界を感じ取る過程を大切にし、その喜びに没頭することで、結果的には孤独を感じることすらなくなるということ。

問十一　――線部「そこには孤独がどうしても付きまとう」とあるが、「熟達の道」を進んでいくと、なぜ「孤独」が付きまとうのか。次の書き出しに続けて、六〇字以上、八〇字以内で説明しなさい。ただし、次の二語を必ず使うこと。

集団の中で人間は

同調　　**オリジナル**

定できないために、自分としてはそのものの本質をつかんだつもりでも、それが実は見せかけにすぎない場合もあるから。

ウ　評価の基準というものは勝ち負けがつく世界以外はあいまいであり、本質をつかんだと思う自分もそれを批評する他者も、それぞれの基準を振りかざして評価しているだけだから。

エ　評価するための基準があいまいだったり時代によって変化したりするために、自分としてはそのものの本質をつかんだつもりでも、他者が理解してくれない可能性が常にあるから。

問八　――線部**7**「他者の承認が欲しくても、それを直接追いかけると翻弄されてしまう」とあるが、その結果どうなってしまうと筆者は述べているか。次の中から最も適当なものを選び、記号で答えなさい。

ア　世間の評価を正しさの判断基準にするために、わかりやすい成果が出るかどうかということしか考えられなくなり、そこに至るまでの過程を大事にしなくなってしまう。

イ　世間からの評価を気にするために、一時的な評判の良し悪し（あ）に振り回されることになり、自分が本当に適切な方法を選べているのかが判断できなくなってしまう。

ウ　世間から評価されることを重視するために、誰もが認める方法と自分なりの方法との間でどっちつかずになり、自分なりの方法が大事だということを忘れてしまう。

エ　世間で評価されている方法を探そうとするために、他者から過度に影響を受けるようになり、自分なりのやり方を考える必要が出てきてもうまく選べなくなってしまう。

問九　――線部**8**「とても行動的で社交的なのに、自分のことを驚くほどわかっていない人がいる」とあるが、「自分のことを驚くほどわかっていない」状態が生まれるのはなぜか。次の中から最も適当なものを選び、記号で答えなさい。

ア　他者に関心を持ち、他者について多くのことを知っている人であっても、自分に注意を向けることがその分おろそかになってしまい、自分自身を十分理解できていない場合があるから。

イ　他者のことに関しては詳（くわ）しくて常に注意と関心を向けることをおこたらない人であっても、自分自身に関しては興味を持てずに、まったく我（わ）が身をかえりみようとしない場合があるから。

ウ　他者に働きかけて自分のペースに巻きこむことが得意な人であっても、他者の気持ちを受け止め期待にこたえるのに必死で、自分の本当に求めているものを見失ってしまう場合があるから。

エ　他者に強い関心を持ち、他者を理解することには優れている人であっても、自分のことを理解するのはそれとはまた別の能力であり、その能力に関して言えば欠けている場合があるから。

問十　――線部**9**「逆説的だが孤独を恐れず集中していくことで孤独感は和らぐ」とあるが、どういうことか。次の中から最も適当なものを選び、記号で答えなさい。

ア　他者への同調から距離を取り、むしろ夢中になることで自分自身をオリジナルな存在へと高めていく喜びを感じることができれば、結果として孤独であることを楽しめるようになるということ。

イ　他者との関わり方にばかり注意を向けるのではなく、自分が面白いと思うものに対して意識を集中することで、結果的には自分が孤独な状況に陥（おちい）っていることにすら気がつかなくなるということ。

ウ　孤独を避けて周囲の人々に合わせようとするよりも、自分にしかできないような独創的なやり方を追求していった方が、かえって高い評価を得ることができて孤独からも解放されるといくる結果の違い。

エ　その人の努力によって変わってくる、人間が将来的に生み出せる成果の違い。

問四　――線部3「皮肉ではあるが」とあるが、どのような点が「皮肉」なのか。次の中から最も適当なものを選び、記号で答えなさい。

ア　機械よりも優れていたはずの人間が作業効率を求めた結果、機械に任せて人間は手出ししない方がよいという考えに行き着いた点。

イ　合理的なものを追求すればするほど、あらゆる面で人間よりも機械の方がまさっているということが明らかになってしまった点。

ウ　様々な分野で質の高い仕事をするために、人間にしかできないことよりも機械だからこそできることが優先されるようになった点。

エ　これまでは人間が機械をうまく使いこなしてきたが、今後は機械が行う作業を人間が手助けするという形になりかねなくなった点。

問五　――線部4「考える私より、感じて動く私に『人間にしかできないこと』が潜んでいる」とあるが、なぜそのように言えるのか。次の中から最も適当なものを選び、記号で答えなさい。

ア　単に思考し行動することは機械にもできるが、夢中になって身体を動かすことで世界を多様なものに変化させるのは、人間であるからこそ可能なことだから。

イ　人間は身体を使って世界を感じ取るが、自分自身の感覚をたよりにしながら何かに夢中になっていくという過程は、機械には起こり得ないものだから。

ウ　人間が身体的な経験を通して物事に夢中になり、リアリティを持って世界を感じ取ることは、機械が世界を大づかみにとらえることとは決定的に異なるから。

エ　機械は思考を通して世界を感じ取るが、人間は自分の身体で何かを感じ取ったり夢中になったりするのであり、それこそが人間にしかできないことだから。

問六　――線部5「群れに適応している我々は孤独に弱い」とあるが、なぜか。次の中から最も適当なものを選び、記号で答えなさい。

ア　人間は他の動物と比較して未熟な子供の期間が圧倒的に長く、その期間中に、孤立してはとうてい生きてはいけないのだということを植え付けられてしまうから。

イ　人間には他者に認められたい、他者を喜ばせたいという思いがあり、仲間はずれにされれば辛い思いをするように、生まれつき孤立を恐れる性質を持っているから。

ウ　人間は、個としては弱く、集団として協力しなければ生き抜くことが難しいので、集団内での評判を気にかけて孤立しないように生きていこうとするものだから。

エ　人間は社会性を持つ生き物で、集団の中にいると必ず周囲の影響を受けてしまうので、孤立してでも自分独自の道を追求して生きていくような生き方が難しいから。

問七　――線部6「何かを極めても、他者に認められるとは限らない」とあるが、そうなるのはなぜか。次の中から最も適当なものを選び、記号で答えなさい。

ア　本質をつかんだという自分の中の手ごたえは信用できるのに対し、正しさをめぐる他者の評価がひっくり返ったことは歴史上多くあり、そちらは信用ならないものでしかないから。

イ　何かを評価する時には、他者と自分のどちらが正しいのか決のだ。オリンピックの決勝のような舞台ですら、トップスプリンター同士の足の回転のリズムがシンクロすることが知られている。リズムだけではなく、相手の動きや、話し方、考え方にも影響される。集団にいると、どんなに意識しても集団に自分がすり寄っていくことになる。当然、常識とされるものも似通っていくのだ。

孤独でいれば、集団に対しての同調から距離を取ることができる。集団の「当たり前」に影響されにくくなるのだ。「当たり前」に影響を受けるからこそ私たちは逸脱した行為をせず円滑に社会を回していられるが、裏を返せば集団に同調することで、他との差異がなくなっていくとも言える。集団と折り合えているならば、少なからず集団の中央値に寄っているはずなのだ。孤独は人をオリジナルな存在にする。一人の人間が独創的なアイデアを孤独の時間に生み出した例は、歴史上たくさんある。孤独だからこそ、今までにない何かが生まれたのだ。

他者といる時、私たちの注意は他者に向かう。誰かと一緒にいるということは、そこに注意が向かうということだ。人間の意識は、外に向かっている間は内側には向かない。寂しさはなくなるかもしれないが、自分と向き合うことはできない。自分を知るためには、他者との関わりを断つ時間が必要だ。自分自身を理解し、自分の見方の癖に気がつくには自分の内側に目を向ける必要がある。**8**とても行動的で社交的なのに、自分のことを驚くほどわかっていない人がいる。それは外的世界を理解することと、自分の内側を理解することが根本的に違うからだ。

孤独の時間は今まで気づかなかったことを浮かび上がらせる。何かに対し面白いと感じる時、なぜ自分はそれを面白いと思ったのだろうかという問いかけを行うこともできる。風が吹いて心地よいと感じる自分を観察することもできる。だが、外に注意を向けていれば、自分が感じていることに気づかない。熟達の道をいくと、孤独が怖くなくなっていく。それは夢中になる喜びがあるからだ。人は夢中になると、他者からどの程度離れているかを忘れている。**9**逆説的だが孤独を恐れず集中していくことで孤独感は和らぐ。夢中になっている時間は孤独を認識する自我すらなくなるからだ。

（為末　大『熟達論』）

問一　〰〰線部**a**～**e**のカタカナを漢字に直しなさい。

問二　――線部**1**「別の領域で探求してきた人と話をする時、同じ学びの話をしているように感じられることがある」とあるが、「同じ学びの話」と感じられるのはなぜか。次の中から最も適当なものを選び、記号で答えなさい。

ア　ある世界で確かな技能を身につけた人の考えは、成功したという点で他の領域の成功者の考えと似てくるものだから。

イ　ある領域で自分ならではの認識を深めた人の考えは、ある程度の工夫を加えれば違う世界でも使えそうであるから。

ウ　一つの世界で高みを追求してその大事な部分をつかめた人の考えは、他の世界にも当てはめて生かせるものであるから。

エ　一つの領域で何かをつかみとれた人の考えは、違う分野においてもそのまま使い回せることが時にはあるものだから。

問三　――線部**2**「振れ幅」とあるが、ここでいう「振れ幅」とはどういうことを表した言葉か。次の中から最も適当なものを選び、記号で答えなさい。

ア　遺伝子と環境要因の違いによって決まってしまう人それぞれの能力の差。

イ　人工知能の発達で無限の可能性を持つようになった機械と人間の技能の差。

ウ　同じように努力をしたとしても、個々の人によって変わって自身のバックグラウンドがアスリートであることも影響しているが、人間と機械を分ける決定的な差だと考えるからでもある。自分の身体で外界と内部の変化も感じ取り、試行錯誤しながら上達し、上達している自分を内観する。この一連のプロセスから得る「主観的体験」こそが人間にしかできないことではないか。

熟達していく過程で、私たちは夢中という状態に入る。この状態では外界の感じ取り方も変容し、リアリティが**c**イッソウ高まる。熟達のプロセスで遭遇する夢中の瞬間こそが人間の生きる実感の中心だと私は考えている。それは他ならぬ「私」を通して、世界を感じていくプロセスでもある。**4**考える私より、感じて動く私に「人間にしかできないこと」が潜んでいるのではないか。

この夢中に連なる熟達の道だが、そこには孤独がどうしても付きまとう。技能が向上していけばオリジナルを追求せざるを得なくなるから仕方がないことかもしれない。

私たちは社会で生まれ、育っていく。個としてはか弱い私たち人類の生存戦略は、群れで力を合わせて生きていくことだった。他の動物と比較して未熟な子供の期間が圧倒的に長い人間は、その時間を使って社会という群れの中で生きていく能力を育む。孤立したまま成長すれば、生き抜くことすら難しいだろう。

5群れに適応している我々は孤独に弱い。他者に認められたいと**d**ネガうことも、他者を喜ばせたいと思うことも、仲間はずれにされて**e**キズつくことも、群れに属していることで起きる。群れの中では、集団内での評判が自らの生存と遺伝子を残すことに影響しているからだろう。

孤独感を和らげるわかりやすい方法は、集団に受け入れられることだ。どこかに所属し、なんらかの役割を見出すことで私たちは安心する。だが、辛いのは、**6**何かを極めても、他者に認められるとは限らない。

そもそも正当な評価などない。勝ち負けがはっきりしているスポーツのような世界は、まだ評価しやすい。だが、世の中の多くの領域は何を基準にするかがとても難しい。評価基準が時代と共に変わってしまうこともよくあるだろう。

他者が正しいかもしれないし、自分が正しいかもしれない。多くの人に評価されたとしてもそれが正しいのかどうかもわからない。皆が散々に否定したのに評価がひっくり返ったことは、歴史上山ほどある。結局何が正しいのか答えは出ない。

7他者の承認が欲しくても、それを直接追いかけると翻弄されてしまう。追いかけているうちに自分のやり方が正しいのかどうかもわからなくなってくる。初心者の段階ではわかりやすいが、段階を経るとこうすればいいという方法はなくなり、自分に合ったやり方を選ぶしかなくなる。正しいことをやったからうまくいくわけでもなく、うまくいったから正しいわけでもない。たまたま最初がうまくいかなかっただけなのに、反省して正しいやり方を諦めてしまうかもしれない。たまたま一度うまくいったやり方を正しいと思い込んで、間違えたやり方に固執してしまうかもしれない。結果だけで、いい決定だったとか悪い決定だったと世間からの評価が下る。何一つ正解がなく誰も教えてくれない中で、この方向だと自分で見当をつけて進んでいかなければならない。

結局、その時に尋ねる相手は自分自身しかいない。

外部に答えを求めるならば、孤独は辛いものとなる。だが、孤独でなければ得られないものもある。人間は社会性を持つ生き物で、かならず周囲の影響を受ける。人間は他者に同調することを避けられない

二　次の文章を読んで後の問いに答えなさい。

（熟達を探求していく）プロセスには普遍的な要素がある。だから**1**別の領域で探求してきた人と話をする時、同じ学びの話をしているように感じられることがある。

将棋の羽生善治さんとお話をした時に「すべての手を考えるのではなく、考えるべき手が二つ三つほど浮かんできてその手を**a**ケントウします。それらは直感で上がってきます」とおっしゃっていた。競技者が没頭している時に、考えるより勘で決めた方が早く論理的な結果を生む状態と同じだ。

また映画監督の北野武さんは「いい役者は自分から見たカメラと監督から見たカメラの二つを持ってる。その次にいい役者は自分のカメラだけのやつだ。一番ダメな役者は中途半端に監督から見たカメラを意識しているやつだ」とおっしゃっていた。スポーツで言えば、無意識で行っていた選手が客観的になり、考え始めた時にスランプにハマる「考え始めの谷」と同じである。

具体的な技能が領域を跨ぐことは少ない。ハードルがうまく跳べても、料理がうまく作れるとは限らないし、マネジメントがうまくできるとも限らない。しかし、ある世界で技能の探求を通じて得た「学びのパターン」は他の世界でも応用可能だと私は考えている。

昨今、人間の能力に関して知見が蓄積されていく中で、努力の価値が疑われつつある。人間の行先は遺伝子と環境要因によって決まっているという意見もあり、そうであれば努力は意味をなさない。

人間についての謎が解明されるにつれ、人間の可能性を信じることが難しくなった。可能性とは、別の言い方をすれば、**2**振れ幅のことである。「可能性がある」とは「未来はどうなるかわからない」ということだ。だからあらゆることがはっきりするならば可能性はなくなっていく。

また人間の卓越した技能を機械が再現できないことが、人間の神秘性を支える一つの理由だったが、少しずつ人間の技能が勝てる領域は小さくなってきた。実際に、複雑性が高いため、当面は人間を超えるのは難しいだろうと言われた囲碁の世界でも人工知能に人間が敗れた。身体操作は複雑だから、歩行ひとつとっても機械は満足にできないと言われていたが、自由に走る四足ロボットが登場し、二足走行も数年前と比べかなりスムーズになっている。身体操作の領域でもいずれ追い越されるのだろう。

ひとつの技能を極めていくことは、目的とされるものに最適化することでもある。例えば仕事とは何かの機能を果たすことであり、良い仕事をするには仕事の役割に自らを最適化することが求められる。ネジを締める時に、ドライバーを使うのが最も効率が良いように、いつも安定して質の高いパフォーマンスが**b**ハッキできることが良いこととされてきた。だが、その最適化だけを求める技能は機械にとって換わられつつある。

どの分野でも問われ始めたのは、人間にしかできないことは何か、だ。合理性を追求してきたのは私たち自身なので**3**皮肉ではあるが、機械にやらせるのが最も合理的であるとしたら人間は何をやるべきなのだろうか。新しい技術に対して投げかけられる「何の役に立つのか」という問いはこちらに投げ返された。人間の存在意義とはなんだろうか、という問いだ。

私は熟達こそが「人間にしかできないこと」を理解する鍵になると考えている。機械と人間の最大の違いは「主観的体験」の有無だ。私たちは身体を通じて外界を知覚し、それを元に考え行動している。思考し行動する部分はいずれ機械が行えるようになるかもしれないが、知覚は身体なしでは行えない。本書では身体の例を多用している。私に伝え、子どもたちもまた遠田の言葉に従って、上達することを目指さずに楽しんでいるから。

ウ　書道は自分なりの表現を追求しなければならないことを子どもたちに伝え、子どもたちもまた遠田の助言を受けて、自分の個性を見つけ出そうとしているから。

エ　書道の楽しさや自分なりに表現することの大事さを子どもたちに伝え、子どもたちもまた遠田のそうした指導を受け止めて、実に生き生きとしているから。

問十　――線部**10**「震える『風』にもゆったりと花丸を描いた」とあるが、この時の遠田の気持ちはどのようなものか。次の中から最も適当なものを選び、記号で答えなさい。

ア　吹く「風」ではなくわざと病気のカゼを思い浮かべたのは良くないが、それを自分なりに実感をこめて表現できていることは認めてあげたいと思っている。

イ　吹く「風」ではなく病気のカゼによる悪寒をいたずら心から思い浮かべているのは問題だが、あえて褒めることで手なずけてしまった方が良いと感じている。

ウ　吹く「風」ではなく病気のカゼによる悪寒を思い浮かべて書いた子の字の方が、他の子たちの文字と比べてもはるかに出来ばえが良く、ひそかに感心している。

エ　吹く「風」ではなく病気のカゼを思い浮かべたために、「風」の字のあらゆる線が震えてしまって出来ばえは良くないが、それも大目に見ようと考えている。

問十一　――線部**11**「へのへのもへじの男の子は照れ笑いしたが、いたずらが成功してうれしそうでもあった」とあるが、この時の男の子の気持ちはどのようなものか。次の中から最も適当なものを選び、記号で答えなさい。

ア　わざと指示に背いた自分の字が褒められて、あまりに幼稚ないたずらをしたことを恥ずかしくも思いつつ、いたずらを受け止めてくれてありがたいと思っている。

イ　自分なりに気持ちをこめて書いた字の出来ばえを褒められて、どこか照れくさくもありつつ、あえて遠田の言うとおりにしなかった意図が伝わりうれしく思っている。

ウ　思い浮かべたことが伝わる字であることを褒められて、どこかくすぐったい気持ちもありつつ、自分の遊び心に遠田が気づいてくれたことに喜びを感じている。

エ　遠田に自分の字の意図していなかった点について褒められて、きまりが悪いという思いもありつつ、悪ふざけの内容が遠田に伝わったことには面白さを感じている。

問十二　――線部**12**「正座したまききちんと礼をし」とあるが、生徒たちのこの様子からどのようなことがわかるか。次の中から最も適当なものを選び、記号で答えなさい。

ア　バカなことや下品なことを言う遠田に対して、生徒の方が大人で、節度をわきまえ礼儀正しくふるまうことを当然だと思っていること。

イ　書道教室の生徒たちは、いいかげんなところもあるし品のないことも言う遠田に、親しみだけではなく敬意をもって接していること。

ウ　いいかげんに見える遠田も実はしつけには厳しく、書道教室の生徒たちは、遠田に叱られないように緊張感をもって過ごしていること。

エ　書を書き上げた生徒たちは、一刻も早く遠田の許しを得てすぐにでも遊びに行けるように、行儀よくあいさつをしようとしていること。

風があるのだということには気づけず、何を聞かれていてどう答えたらよいかわからずにいる。

エ　「どういう『風』」と言われても、風は目に見えないので、形として思い浮かべることができず、どう字に表したらよいのかもわからなくてとまどっている。

問六　――線部**6**「そういう習慣をつけときゃ、そのうち真夏にも冬の『風』を書けるようになる」とあるが、どういうことを言おうとしているのか。「そういう習慣」とはどのような習慣であるかが明確になるように、次の書き出しに続けて、六〇字以上、八〇字以内で説明しなさい。

文字を書くときに

問七　――線部**7**「生徒たちは気を取られることなく、～真剣に半紙に向きあい」とあるが、ここには生徒たちのどのような様子が表れているか。次の中から最も適当なものを選び、記号で答えなさい。

ア　これまでは季節による風の違いに注意を向けたことがなかったが、夏の風を自分の肌で感じたことによって、他の季節の風との違いを文字で書き表す意欲がわいてきて、これまでにない程のやる気を見せている。

イ　これまでは自分の中にある思いをうまく形にできなかったが、夏の風を受けたことによって、自分の表現したいことが明確になり、その思いを忘れないうちに書こうという強い気持ちをみなぎらせている。

ウ　これまでは特に何かを考えることもなく文字を書いていただけだったが、不意に遠田に窓を開けられたことによって、仕切り直しをしようという気分になり、本気で書に取り組もうと決意を新たにしている。

エ　これまではただ半紙に文字を書くだけだったが、実際に夏の風を感じたことで、その体験にもとづいたそれぞれの夏の風を文字で表現しようと意気ごむようになり、周囲をかえりみない程に集中している。

問八　――線部**8**「俺もいつしか文机ににじり寄って、生徒たちが遠田に差しだす半紙に夢中で見入った」とあるが、この時の「俺」の気持ちはどのようなものか。次の中から最も適当なものを選び、記号で答えなさい。

ア　これまで自分には適切だと思えなかった遠田の指導を受け、その前よりも明らかに良くなったように見える生徒たちの作品に、いつのまにか関心を引き付けられている。

イ　指導法には疑問を感じてしまう遠田の手本から、生徒たちは何かを吸収することができたのかどうか、作品を見て確かめてみたいという気持ちが生まれている。

ウ　遠田の指導にはやや型破りな印象があるものの、先ほどよりはずっと手本に近づいてきた生徒たちの作品を次々と目の当たりにして、いつしか心を奪われている。

エ　独りよがりなところの目立つ遠田の指導から、どうにかして何かを学ぼうとする生徒たちの熱意にふれ、どれほど上達したのか自分の目で確かめたいと思っている。

問九　――線部**9**「やはり逸材なのだろうと察せられた」とあるが、なぜ「俺」はそう思うのか。次の中から最も適当なものを選び、記号で答えなさい。

ア　書道の奥深さを力強く端整な手本の文字を通じて子どもたちに伝え、子どもたちもまた遠田の手本にあこがれを持ち、少しでも近づこうと努力しているから。

イ　書道は気楽に取り組めば十分であるということを子どもたち

イ　教室の様子をすぐにでも見たいのだが、遠田と会ったばかりで緊張していることに加え、遠田からも生徒たちからも突然の訪問を歓迎されていないように感じられ、このまま居続けていいのか不安に思っている。

ウ　生徒たちに関心を持たれていることは感じ取りつつも、子どもとの接し方に慣れていない上に、まだ自分がどういう用事で来たのかがわかってもらえていないこともあって堂々とふるまえず、気まずく思っている。

エ　遠田の教室でのふるまいを早く確認したくて仕方がないものの、生徒たちの不真面目な様子に困惑したことに加え、来たばかりで教室の雰囲気が十分につかみきれていないので、まずは様子を見ようと思っている。

問三　――線部**3**「書道教室とはこんなににぎやかでいいかげんなものなのだろうか」とあるが、「俺」はどのような様子を見てこのように思ったのか。次の中から最も適当なものを選び、記号で答えなさい。

ア　おしゃべりをしながらも書くことには常に熱心な生徒たちが、やる気の感じられない指導者に対して、さほど違和感を持つこともなく、口では文句を言いながらも慕っているように見える様子。

イ　失礼な言動を繰り返す生徒たちを指導者が注意せず、大人に対する礼儀を教えないばかりか、生徒の取り組みに関心すら持っておらず、基本的な指導をおろそかにしているように感じられる様子。

ウ　生徒たちが真剣に書道に取り組もうとしないばかりか、指導者もそれを気にとめず、常識とかけ離れた指導ばかりすることで、自分の並外れた才能を見せつけているように感じられる様子。

エ　生徒たちが書くことに集中せずに余計なことばかりしている上に、指導者もそれを正そうとせず、書についての指導も粗っぽく雑なものであるため、軽くあしらっているように見える様子。

問四　――線部**4**「書への冒瀆もはなはだしい」とあるが、「俺」は遠田のどのような点について「冒瀆」だと感じているのか。次の中から最も適当なものを選び、記号で答えなさい。なお、「冒瀆」という言葉は「神聖なものをけがすこと」を意味する。

ア　はしたない言葉を意味もなく連発し、書道の格式の高さを教えようとしない点。

イ　道具や書くときの心構えを、ことさらに品のない言葉でたとえて悪びれもしない点。

ウ　書を軽んじる思いを隠そうともせずに、不適切な言葉ばかりを口にしている点。

エ　静かに書に集中すべき場なのに、生徒が汚い言葉で悪態をつくのを容認している点。

問五　――線部**5**「風は風だよね」とあるが、この言葉から、遠田の言葉に対する生徒たちのどのような反応が読み取れるか。次の中から最も適当なものを選び、記号で答えなさい。

ア　「どういう『風』」と言われても、初めから遠田の言うことなどまじめに聞く気持ちはなく、どうでもいいこととしてみんなで知らない振りを決めこんでいる。

イ　「どういう『風』」と言われても、風は風に決まっているではないかと思い、わけのわからないことばかり言う遠田のことを困った人だという目で見ている。

ウ　「どういう『風』」と言われても、同じ吹く風にもいろいろな

「こりゃあ……」

と遠田は言った。「おまえもしかして、吹く『風』じゃなく、引く『カゼ』を思い浮かべながら書いたんじゃないか」

「すげえ！　なんでわかったの若先！」

へのへのもへじの男の子は手を叩いて喜び、まわりの子たちは「そのカゼじゃないよ！」と口々に叫んで笑い転げた。小学生の笑いのツボがわからなかったが、それはともかく、なぜ遠田がカゼだと見抜いたのか、俺も知りたい。

「やっぱりな。悪寒って感じがする」

と遠田は言った。

「オカンってなに？」

「ママのこと？」

「『ママ』って呼んでんのかよ、だっせえ」

「じゃあなんて呼ぶの」

「『母ちゃん』だろ」

「嘘だあ。あんたが『ママ』って呼んでるの見たことあんだからね」

子どもたちの会話はどんどん脱線していったが、遠田はいたってマイペースで、**10**震える「風」にもゆったりと花丸を描いたのち、

「カゼ引いたとき、熱が高いのに寒くてぶるぶるするんだろ。あれが悪寒だ」

と律儀に説明した。「俺がすごいんじゃなく、悪寒っぽさを伝えてきたおまえの字がすごいんだよ。その調子で、今度から『風』の一字には吹く風の意味をこめろ。いきなり反則技かましてくんじゃねえ」

「はーい」

11へのへのもへじの男の子は照れ笑いしたが、いたずらが成功してうれしそうでもあった。

全員の書を確認し終えた遠田は、

「よっしゃ、また来週な。気をつけて帰れや」

と立ちあがった。生徒たちは、

「ありがとうございましたー」

と**12**正座したままきちんと礼をし、半紙をぱたぱた振って墨を乾かしながら長机に散った。帰り仕度ができたものから、(注)三々五々、教室を出ていく。

（三浦しをん『墨のゆらめき』）

(注)　闖入者…突然入ってきた者。
三々五々…少しずつまとまって行動するさま。

問一　――線部**1**「二人は俺を見てくすくす笑った」とあるが、この時の女の子たちの説明として最も適当なものを次の中から選び、記号で答えなさい。

ア　どぎまぎしている「俺」の様子がおかしくてたまらず、笑ってはいけないと思いつつもおさえられないでいる。

イ　見慣れない「俺」が突然現れたことに興味がわいてきて気持ちがたかぶり、思わず笑いが出てしまっている。

ウ　何の紹介もあいさつもなく入ってきた「俺」に反感を持ち、あざけるような笑い方でその気持ちを表現している。

エ　急に現れた「俺」のことが気になり、書道に気が乗らないこともあって、笑いかけて注意をひこうとしている。

問二　――線部**2**「遠慮がちに遠田のかたわらに正座した」とあるが、この時の「俺」はどう思っているか。次の中から最も適当なものを選び、記号で答えなさい。

ア　自分を好奇の目で見てくる生徒たちに早く素性を明かしたいのだが、自分に対して自信がない上に、紹介される前にこちらから声をかけるわけにもいかないので、なるべく目立たないようにしようと思っている。

生徒たちは悲鳴を上げたが、人工の冷気が夏の威力にかき乱され、薄まっていくのを体感し、どこかはしゃいでいるようでもあった。

「ほら、これが夏の風だ」

遠田がそう宣言するのを見はからったように、暑気を切り裂いて一陣の風が吹き抜け、庭の桜の葉を、そして生徒たちの手もとの半紙を、さわさわと揺らした。

「どんな風だった？」

窓を閉めながら遠田が尋ねると、

「ぬるかった」

「そうかな、けっこう涼しかったよ」

と生徒たちは口々に答える。

「じゃ、いま感じたことを思い浮かべながら、もう一度『風』って書いてみな」

遠田は再び文机に向かって腰を下ろした。「6そういう習慣をつけときゃ、そのうち真夏にも冬の『風』を書けるようになる」

エアコンが「一からやりなおしだ」とばかりにゴウゴウと音を立てる。でも7生徒たちは気を取られることなく、また涼しくなっていく部屋のなかで真剣に半紙に向きあい、それぞれの夏の「風」を書きはじめた。

納得のいく書を書きあげたものが、つぎつぎと遠田に見せにくる。最終的には生徒全員が文机のまわりに集結した。

遠田は一人一人の書を丁寧に眺め、

「うん、軽やかでいい感じの風が吹いてる。この『虫』みたいな部分の角っちょは、つぎからもう少し筆を立てて書くようにしたほうがいいかもな」

「夏の蒸し暑さがよく出てるじゃねえか。だが、そこを重視しすぎて、二画目のハネがちょっともたついちまったな。ま、滞留する風もたまにはあるってことで、よしとするか」

などと感想を述べつつ、各人の書に朱墨で大きく花丸を描いて返した。正座した生徒たちは、自分以外の書の講評にも耳を傾け、遠田の言葉にうなずいたり笑ったりする。

素人の俺の目にも、窓からの風を感じたあとの生徒たちの字は生き生きと躍動して見えた。もちろん、生徒たちの長机にある、遠田が手本として書いた「風」とはレベルがまるでちがう。遠田の手本は、夏の嵐のような猛々しさを秘めながらも、いわゆる「習字のお手本的なうまい字」だった。それに対して生徒たちの「風」は、いびつだったりたどたどしかったりする。

でも遠田は、手本に無理に近づけるためのアドバイスはしなかった。

8俺もいつしか文机ににじり寄って、生徒たちが遠田に差しだす半紙に夢中で見入った。それぞれが感じた夏の風が、思い思いの形で文字にこめられていた。まとわりつくような「風」。清涼でホッと一息つける「風」。やっぱりエアコンの利いた部屋のほうがいいなという「風」。

俺は感心した。なるほど、「風」という一文字だけでも、こんなに多種多様で自由なものだったのか。書道とはこんなにのびのびと気楽に取り組めるものなのか。なにより、遠田に書を褒められ、改善点を教えてもらう子どもたちの、誇らしげで楽しそうな表情といったらどうだ。

たとえや指導法に少々下品だったり型破りではと思われるところはあるが、遠田は書道教室の先生として、9やはり逸材なのだろうと察せられた。書家としてのレベルは、俺にはよくわからない。ただ、手本の文字が力強く端整で、目を惹かれるものなのはたしかだ。

へのへのもへじを書いていた男の子の「風」は、あらゆる線がなんだか震えていた。

が泣いていそうだ。

俺の疑念と非難の眼差しを察知したのだろうか。耳掃除を終えた遠田は、耳垢を落とした半紙を丸め、文机のそばにあった屑籠にぽいと捨てると、立ちあがって教室内をまわりはじめた。生徒たちの手もとを覗きこみ、ときに筆を持つ手に手を添えてやって、「だいたいこんな感じ」と筆づかいを伝授する。

ようやく俺が思い浮かべていた書道教室のありさまに近くなってきた。

座ったままのびあがって観察したところ、子どもたちはみんな「風」と書いているようだ。たしかに、バランスを取るのがむずかしそうな気がする。生徒のなかには一年生ではと思しき小柄な男の子も一人いて、あの子は書道云々以前に、「風」という漢字をまだ習っていないのではと気が揉めたが、遠田はそんなことにはおかまいなしだ。

「ほい、手首ぷらーん。そうそう。リラックスしたまま筆先に気持ちを集中させて、『いまだ！』ってときに半紙に下ろせ」

「『いまだ！』っていつ？」

と、小柄な男の子が中空で手首を揺らしながら尋ねた。

「筆をちんこにたとえると、『もうしょんべん漏れそう！』ってぐらい気合いが充満したときだ」

「バカじゃん、若先」

小柄な男の子はあきれたような眼差しを遠田に向け、

「あたしたちそんなもんないんだけど」

と後方の長机から女の子たちも抗議の声を上げた。

「不完全なたとえをして悪かった。筆を膀胱だと思ってほしい」

「ボウコウってなに？」

「そうか、おまえらおしっこ我慢しないから、存在に気づいてないんだな。体んなかにある、しょんべん溜まるところだよ」

「ほんとバカじゃないの、若先」

教室のあちこちでブーイングが起きる。

まったく同感だ。**4**書への冒瀆もはなはだしい。五分も経たず前言撤回したくはないが、俺が思い浮かべていた書道教室のありさまでは全然ない。

遠田はブーイングを気にする様子もなく、ひととおり生徒たちの「風」を見てまわり、

「なにかがたりないっていうか、堅いんだよなあ」

と敷居をまたいで仁王立ちした。「いったいどういう『風』を思い浮かべて書いてんだ？」

「どういうって……」

「**5**風は風だよね」

教室のあちこちで困惑の囁きが交わされる。

「漠然と書いてるから、面白味がねえんだよ」

と遠田は断じた。「いつも言ってるだろ。手本なんか参考程度にしときゃいい。大事なのは文字の奥にあるもんを想像することだ。『朝顔』って書くことになったら、『どんな色の花を咲かせてる朝顔かな。もしかしたら小便用の便器かも』って、文字を通して自分が伝えたいことはなにかを考えてみるんだ」

「よくわかんないけど、おしっこから離れてよ」

女の子のうちの一人が顔をしかめ、

「すまん」

と素直に謝った遠田は、なにを思ったか六畳間と八畳間の掃きだし窓をすべて開け放った。

熱と乾いて埃っぽい庭土の香りがドッと室内になだれこむ。

「暑いー！」

「熱中症になったらどうすんの」

2024年度　海城中学校

【国語】〈第一回試験〉（五〇分）〈満点：一二〇点〉

注意　字数指定のある問いは、句読点なども字数にふくめること。

一　次の文章を読んで後の問いに答えなさい。

ホテルマンである「俺」は、ホテルの筆耕士（宴会場で行われるパーティーや披露宴の招待状の宛名書きなどをする仕事）を長年務めてきた遠田康春が亡くなり、新たにその跡を継いだ書家遠田薫の書道教室を、あいさつと仕事の依頼を兼ねて訪れた。

「遠田薫さん？」
床の間のほうへと長机のあいだを進む男の背に、俺は遠慮がちに呼びかけた。
「あん？」
とちょっと振り返った男は、生徒が筆を走らせている半紙が目の端に映ったようで、
「うおーい、へのへのもへじ書いてるんじゃねえ」
と三年生ぐらいの男の子の頭をぐしゃぐしゃ撫でた。
「バレた」
と男の子は笑う。「若先、戻ってくんの早いよ」
わかせんというのは、若先生の略だろう。この男が遠田薫だったか。女にモテそうなうえに書の腕前も達者なのか。しかも生徒にも慕われている様子だ。容姿や才能の配分に不公平が生じているのではないか、と内心で天への恨み言をつぶやいていたら、
「ねえねえ、そのひとだあれ？」
と教室後方から女の子の声がした。これまた小学校中学年ぐらい、もう一人の同じ年ごろの女の子と並ぶ形で、庭がわの長机を一緒に使っている。1二人は俺を見てくすくす笑った。職場でも子どものお客さまと言葉を交わす機会はさほどないので、どう応答したらいいかわからない。とりあえず軽く頭を下げたら、女の子たちのくすくすが激しくなった。ふいの(注)闖入者にテンションが上がっているのだろうとは思ったが、困惑した。
「夏休み初日で、こいつら気もそぞろなんだよ」
と遠田は言い、文机に向かってどっかと腰を下ろした。生徒たちに俺を紹介する気はないらしい。突っ立っていてもしょうがないので、俺も2遠慮がちに遠田のかたわらに正座した。
「おら、ちゃっちゃと書け。書いてとっととどっか遊びにいってくれ」
「だってさあ、バランス取るのむずかしいよ」
「若先がなかなか花丸くれないんじゃん」
子どもたちが口々に文句を言い、
「手本書いてやっただろうが。適当になぞれや」
と遠田が応戦する。
3書道教室とはこんなににぎやかでいいかげんなものなのだろうか。驚いて推移を見守っていると、子どもたちはひとしきり騒いだことで気がすんだのか、勝手に集中力を取り戻して半紙に向かいはじめた。そのあいだ遠田はといえば、梵天つきの耳かきで耳掃除をしていた。生徒の自主性に任せると言えば聞こえはいいが、いつもこの調子で指導などろくすっぽしていないのではと疑念が湧いた。筆とともに自身の硯の横に置いてあった耳かきを、遠田が視線もやらず迷いなく手に取ったからだ。こんな男が書道教室の跡継ぎとは、草葉の陰で康春氏

2024年度

海 城 中 学 校　▶解説と解答

算 数　＜第１回試験＞（50分）＜満点：120点＞

解 答

1 (1)　3　(2)　42　(3)　34歳　(4)　100，196，225，256　(5)　110度　**2** (1)　2：1　(2)　9：1：5　(3)　90：1　**3** (1)　13分　(2)　24分　(3)　22分24秒　**4** (1)　5個　(2)　42個　(3)　78通り　**5** (1)　$106\frac{2}{3}$cm^3　(2)　177cm^3　**6** (1)　9.2秒後　(2)　24.5秒後　(3)　80秒後

解 説

1　四則計算，濃度，年齢算，素数の性質，角度，消去算

(1)　$9\div\left\{4\frac{1}{6}+\left(2.25-1\frac{1}{2}\right)\div0.75-2\frac{1}{2}\right\}\div1.125=9\div\left\{\frac{25}{6}+\left(2\frac{1}{4}-\frac{3}{2}\right)\div\frac{3}{4}-\frac{5}{2}\right\}\div1\frac{1}{8}=9\div\left\{\frac{25}{6}+\left(\frac{9}{4}-\frac{6}{4}\right)\div\frac{3}{4}-\frac{5}{2}\right\}\div\frac{9}{8}=9\div\left(\frac{25}{6}+\frac{3}{4}\times\frac{4}{3}-\frac{5}{2}\right)\div\frac{9}{8}=9\div\left(\frac{25}{6}+1-\frac{5}{2}\right)\div\frac{9}{8}=9\div\left(\frac{25}{6}+\frac{6}{6}-\frac{15}{6}\right)\div\frac{9}{8}=9\div\frac{16}{6}\div\frac{9}{8}=\frac{9}{1}\times\frac{3}{8}\times\frac{8}{9}=3$

(2)　８％の食塩水80ｇ，６％の食塩水120ｇ，４％の食塩水150ｇにふくまれている食塩の重さの合計は，80×0.08＋120×0.06＋150×0.04＝19.6（ｇ）とわかる。ここへ水を加えても食塩の重さは変わらないから，水を加えた後の食塩水の重さを□ｇとすると，□×0.05＝19.6（ｇ）と表すことができ，□＝19.6÷0.05＝392（ｇ）と求められる。よって，加えた水の重さは，392−(80＋120＋150)＝42（ｇ）である。

(3)　24年間で父の年齢は24歳増え，兄と弟の年齢の和は，24×２＝48(歳)増えるので，右の図１のように表すことができる。よって，現在，父の年齢は兄と弟の年齢の和よりも，48−24＝24(歳)上だから，現在の兄の年齢を①とすると，右の図２のように表すことができる。図２で，③−①＝②にあたる年齢が，24−４＝20(歳)なので，①＝20÷２＝10(歳)となり，現在の父と弟の年齢の差は，10＋24＝34(歳)と求められる。

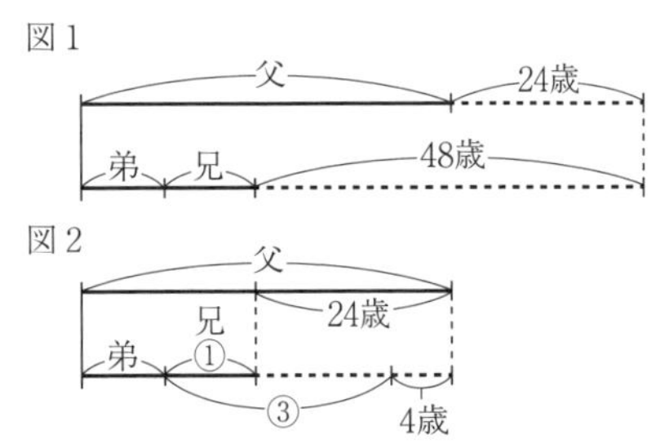

(4)　約数の個数が９個である整数は，素数の積で表したときに，㋐□×□×□×□×□×□×□×□，または，㋑○×○×△×△と表すことができる。㋐の場合，□＝２とすると，２×２×２×２×２×２×２×２＝256，□＝３とすると，３×３×３×３×３×３×３×３＝6561となるから，条件に合うのは256だけである。また，㋑の場合，(○×△)×(○×△)と表すことができ，この値が100以上300以下になるので，(○×△)の値は10以上17以下である。よって，（２×５）×（２×５）＝100，（２×７）×（２×７）＝196，（３×５）×（３×５）＝225の３個あることがわかる。したがって，100，196，225，256の４個である。

(5)　二等辺三角形の２つの底角の大きさは等しく，対頂角の大きさも等しいから，右の図３のように表すことができる。よって，右の図４のア，イの式を作ることができる。また，平行線の錯角の大きさも等しいので，$30+a=15+c$より，$a=c-15$となり，これをアの式にあてはめると，ウ→エのようになる。さらに，イの式の等号の両側を２倍するとオのようになり，オの式からエの式をひくと，$c=(360-195)\div(4-1)=55$(度)と求められる。したがって，角アの大きさは，$180-(15+55)=110$(度)である。

図３

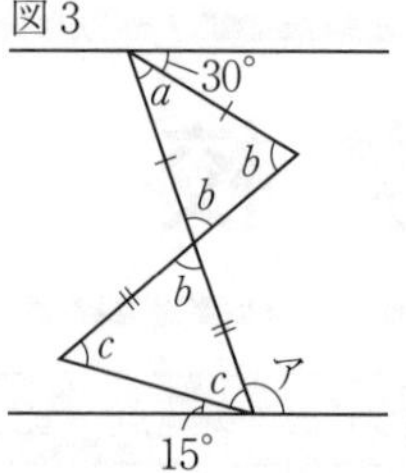

図４

$a+b\times2=180$(度)　…ア
$b+c\times2=180$(度)　…イ
$c-15+b\times2=180$(度)…ウ
$b\times2+c\times1=195$(度)…エ
$b\times2+c\times4=360$(度)…オ

2　平面図形―辺の比と面積の比

(1)　右の図１のように，ＢとＱを結んで太線の図形に注目する。三角形QBEの面積を２，三角形QECの面積を１とすると，三角形QBCの面積は，２＋１＝３になる。また，三角形QBCと三角形AQCの面積の比は，BD：DA＝３：２だから，三角形AQCの面積は，$3\times\frac{2}{3}=2$とわかる。よって，三角形AQCと三角形QECの面積の比は２：１なので，AQ：QE＝２：１となる。

図１

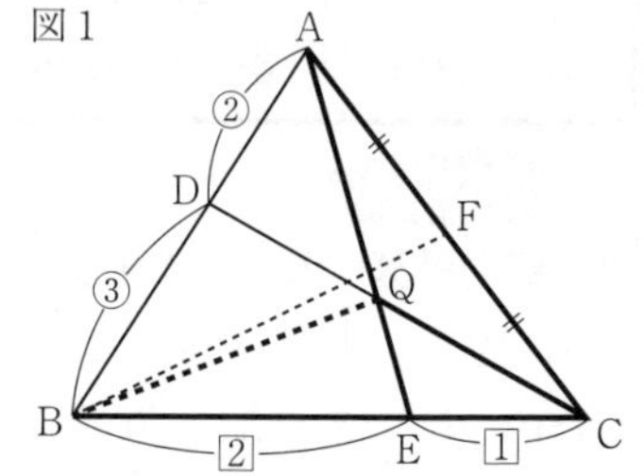

(2)　右の図２のように，ＣとＰを結んで太線の図形に注目する。三角形PBEの面積を２，三角形PECの面積を１とすると，三角形PBCの面積は，２＋１＝３になる。また，三角形ABPと三角形PBCの面積の比は，AF：FC＝１：１だから，三角形ABPの面積も３とわかる。よって，三角形ABPと三角形PBEの面積の比は３：２なので，AP：PE＝３：２となる。次に，AEの長さを１とすると，$AP=1\times\frac{3}{3+2}=\frac{3}{5}$となる。また，(1)より，$QE=1\times\frac{1}{2+1}=\frac{1}{3}$となるから，$PQ=1-\frac{3}{5}-\frac{1}{3}=\frac{1}{15}$とわかる。したがって，$AP:PQ:QE=\frac{3}{5}:\frac{1}{15}:\frac{1}{3}=9:1:5$と求められる。

図２

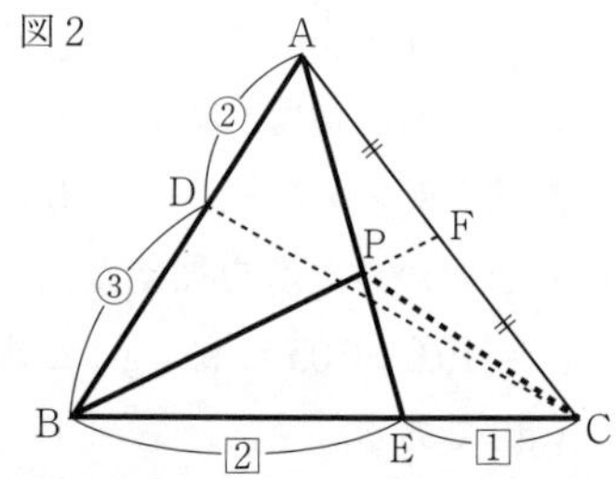

(3)　三角形ABCの面積を１とすると，三角形AECの面積は，$1\times\frac{1}{2+1}=\frac{1}{3}$，三角形FAEの面積は，$\frac{1}{3}\times\frac{1}{1+1}=\frac{1}{6}$となる。よって，(2)より，三角形FPQの面積は，$\frac{1}{6}\times\frac{1}{9+1+5}=\frac{1}{90}$となるので，三角形ABCと三角形FPQの面積の比は，$1:\frac{1}{90}=90:1$と求められる。

3　仕事算，比の性質

(1)　１日に届く荷物の量を20，24，40の最小公倍数の120とすると，Ａさん，Ｂさん，Ｃさんが１分間に運ぶ荷物の量はそれぞれ，120÷20＝６，120÷24＝５，120÷40＝３となる。１日目はＡさんが16分運び続けたから，Ａさんが運んだ荷物の量は，６×16＝96である。すると，ＢさんとＣさんが運んだ荷物の量は，120－96＝24になるので，ＢさんとＣさんが運んだ時間は，24÷（５＋３）＝３(分)と求められる。よって，Ａさん一人で運んでいた時間は，16－３＝13(分)とわかる。

(2)　Ａさん，Ｂさん，Ｃさんが運んだ時間の比は１：１：３だから，Ａさん，Ｂさん，Ｃさんが運んだ荷物の量の比は，（６×１）：（５×１）：（３×３）＝６：５：９である。この合計が120なので，

Ａさんが運んだ荷物の量は，$120\times\frac{6}{6+5+9}=36$となり，Ａさんが運んだ時間は，36÷６＝６(分)と求められる。すると，Ｃさんが運んだ時間は，６×３＝18(分)となるから，すべての荷物を運ぶのにかかった時間は，６＋18＝24(分)とわかる。

(3)　Ｃさんがあと４分運んだとすると，運んだ荷物の量の合計は，120＋３×４＝132になる。また，このときＡさん，Ｂさん，Ｃさんが運んだ時間の比は２：１：１なので，Ａさん，Ｂさん，Ｃさんが運んだ荷物の量の比は，(６×２)：(５×１)：(３×１)＝12：５：３となる。この合計が132だから，Ｂさんが運んだ荷物の量は，$132\times\frac{5}{12+5+3}=33$となり，Ｂさんが運んだ時間は，33÷５＝6.6(分)と求められる。よって，３人が運んだ時間の合計は，6.6×(２＋１＋１)＝26.4(分)となるが，実際にＣさんが運んだ時間はこれよりも４分短いので，すべての荷物を運ぶのにかかった時間は，26.4－４＝22.4(分)とわかる。60×0.4＝24(秒)より，これは22分24秒となる。

４　条件の整理

(1)　Ａ君が３個を取ると残りは，15－３＝12(個)になる。次に，Ｂ君が５個を取ると残りは，12－５＝７(個)になる。この後は，Ａ君が１個を取ればＢ君は６個，Ａ君が２個を取ればＢ君は５個，…，Ａ君が６個を取ればＢ君は１個のようにＢ君が取ることにより，Ｂ君が必ず勝つことができる。よって，Ｂ君は５個を取ればよい。

(2)　(1)の＿と同じことをくり返せばよいから，残りの個数を７の倍数にすればＢ君は必ず勝つことができる。つまり，はじめにＡ君が石を取ったときに，残りの個数が７の倍数にならなければよいから，Ｂ君が必ず勝つことができるのは，７の倍数の42個である。

(3)　(2)より，はじめの個数が７の倍数であれば，後に取るＢ君が必ず勝つことができる。反対に，はじめの個数が７の倍数でなければ，残りの個数を７の倍数にし続けることによって，先に取るＡ君が必ず勝つことができる。100÷７＝14余り２より，１から100までに７の倍数は14個あり，そのうちの１個は10未満だから，10以上100以下の７の倍数は，14－１＝13(個)ある。また，10以上100以下の整数の個数は，100－10＋１＝91(個)なので，10以上100以下で７の倍数でない数は，91－13＝78(個)ある。よって，Ａ君が必ず勝つことができるはじめの石の個数は78通りある。

５　立体図形―分割，体積

(1)　点Ｅをふくむ立体は，下の図１のかげをつけた直方体から，斜線(しゃせん)部分の三角すいQ－IJKを取り除いた形の立体である。はじめに，直方体の体積は，６×６×３＝108(cm³)である。また，三角形IQJと三角形IQKは直角二等辺三角形であり，IQ＝IJ＝IK＝３－１＝２(cm)だから，三角すいQ－IJKの体積は，$2\times2\div2\times2\div3=\frac{4}{3}$(cm³)とわかる。よって，点Ｅをふくむ立体の体積は，

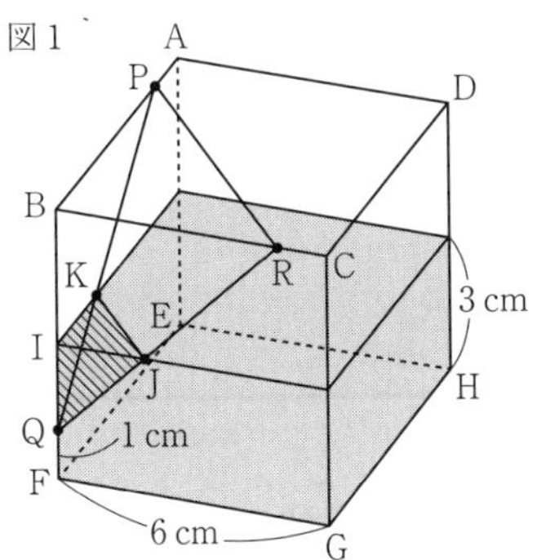

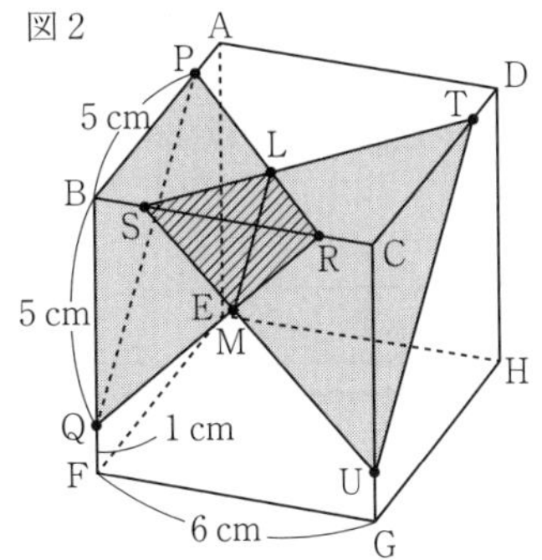

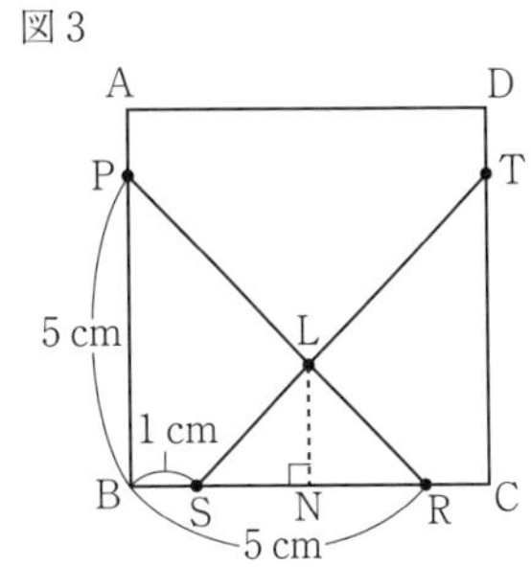

$108-\frac{4}{3}=106\frac{2}{3}$(cm³)と求められる。

⑵　立方体の体積から，上の図２のかげをつけた部分の体積をひいて求める。また，かげをつけた部分の体積は，２つの三角すいR－BQPとS－CUTの体積の合計から，斜線部分の三角すいM－LSRの体積をひいて求めることができる。はじめに，立方体の体積は，６×６×６＝216(cm³)である。また，三角すいR－BQPとS－CUTの体積はどちらも，$5\times5\div2\times5\div3=\frac{125}{6}$(cm³)となる。次に，図２を真上から見ると上の図３のようになる。図３で，三角形LSRは直角二等辺三角形であり，SR＝５－１＝４(cm)なので，LN＝４÷２＝２(cm)とわかる。よって，三角形LSRの面積は，４×２÷２＝４(cm²)であり，図２の三角形MRSとLSRは合同だから，三角すいM－LSRの体積は，$4\times2\div3=\frac{8}{3}$(cm³)と求められる。したがって，かげをつけた部分の体積は，$\frac{125}{6}\times2-\frac{8}{3}=39$(cm³)だから，点Eをふくむ立体の体積は，216－39＝177(cm³)である。

6　図形上の点の移動，旅人算

⑴　はじめの点と点の間隔(かんかく)は，120÷３＝40(cm)である。またCは，５＋３＝８(秒)で，４×５＝20(cm)動くことをくり返す。さらに，Bが８秒で動く長さは，６×８＝48(cm)だから，出発してから８秒後には右の図のようになる。このときのBとCの間の長さは，40×２－(48＋20)＝12(cm)であり，このときからCは再び動くので，BとCがはじめて重なるのはこの図の，12÷(６＋４)＝1.2(秒後)と求められる。これは出発してから，８＋1.2＝9.2(秒後)である。

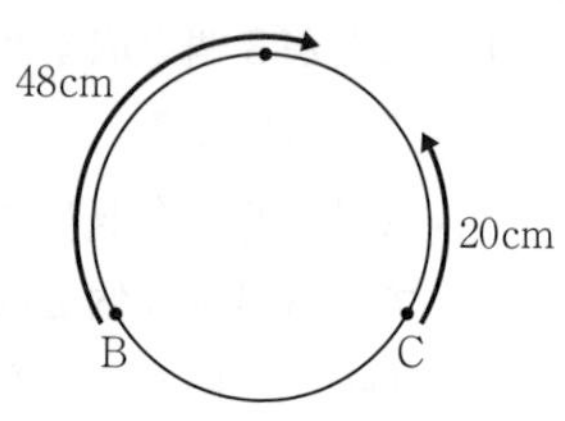

⑵　AとCが２回目に重なるのは，AとCが動いた長さの和が，40＋120＝160(cm)になるときである。また，Aが８秒で動く長さは，４×８＝32(cm)だから，AとCが８秒で動く長さの和は，32＋20＝52(cm)となる。これを周期と考えると，160÷52＝３余り４より，AとCが２回目に重なるのは，４周期目にAとCが合わせて４cm動いたときとわかる。よって，４周期目の時間は，４÷(４＋４)＝0.5(秒)なので，出発してから，８×３＋0.5＝24.5(秒後)と求められる。

⑶　AとBが１回目に重なるのは，40÷(６－４)＝20(秒後)であり，その後は，120÷(６－４)＝60(秒)ごとに重なる。そこで，20秒後，80秒後，140秒後，…のAとCの位置を調べる。Aは20秒で，４×20＝80(cm)動くから，Aは20秒後に，はじめにBがいた地点にいる。一方，20÷８＝２余り４より，Cは20秒後までに，５×２＋４＝14(秒)動くので，４×14＝56(cm)より，Cは20秒後に，はじめにBがいた地点とは異なる地点にいることがわかる。次に，Aは80秒で，４×80＝320(cm)動くから，320÷120＝２余り80より，Aは80秒後に，はじめにBがいた地点にいる。一方，80÷８＝10より，Cは80秒後までに，５×10＝50(秒)動く。その間にCが動く長さは，４×50＝200(cm)なので，200÷120＝１余り80より，Cも80秒後に，はじめにBがいた地点にいることがわかる。よって，A，B，Cがはじめて重なるのは出発してから80秒後である。

社　会　＜第１回試験＞（45分）＜満点：80点＞

解　答

問１　イ　　**問２**　**運動名**…自由民権運動　　**草案名**…五日市憲法草案　　**問３**　エ　　**問４**

(1) カ　(2) エ　**問５** (1) ウ，オ　(2) イ　**問６** (例) 共通テストでは，大量の答案を短時間で採点する必要があるため，記述式問題を採点するためには多くの人手と複数の会場が必要になる。また，記述式問題では１つの問題に対してさまざまな書き方の正答例が出てくると考えられる。そのため，採点が複数の離れた会場で行われると，公平性を保つための採点者全員での話し合いが難しくなり，正答の基準を統一することが事実上不可能になると考えられたから。　**問７** (例) 本人の努力が結果に表れやすいと考えられている従来型入試に比べ，新型入試で評価される留学などの活動には多額の費用が必要であるうえに，親から受ける助言が，それらの活動へ参加するきっかけとなる場合もある。そのため，家庭の経済格差や教育意識の差による結果への影響が，従来よりも拡大するのではないかという批判が出ると考えられる。

解　説

入試のあり方をテーマとした総合問題

問１　栃木県足利市にある足利学校は，1439年に関東管領(鎌倉府の長官である鎌倉公方(くぼう)を補佐する役職)であった上杉憲実(のりざね)が再興した教育機関であるから，イが誤り。足利学校の起源には諸説がありはっきりしないが，再興後の16世紀初期には，全国から多いときで約3000人もの生徒が集まり，イエズス会宣教師のフランシスコ＝ザビエルが「坂東(ばんどう)の大学」(坂東は関東地方の古い呼び方)と手紙に書くほどだった。授業は儒教(じゅきょう)をはじめとする漢学を中心としたもので，学校としては江戸時代まで続いたが，明治時代初期に廃校となり，現在は史跡(しせき)として保存されている。

問２　1870年代後半に広まった議会(国会)の開設を政府に求める運動は自由民権運動と呼ばれ，1874年，板垣退助らが民撰議院設立建白書を政府に提出したことをきっかけに始まった。1877年の西南戦争を最後に士族の武力による反抗が終わり，政府を批判する動きは言論による運動へと発展していった。そうした動きの中で，民間による憲法草案の作成が各地で進められた。私擬(しぎ)憲法と呼ばれる憲法の私案のなかでもよく知られるのは，現在の東京都多摩地域の若者たちによって作成された「日本帝国憲法」草案である。東京都あきる野市(当時の五日市町)で1968年に民家の土蔵から発見されたことから，一般に「五日市憲法草案」と呼ばれるこの草案は1881年につくられたもので，表現・出版の自由や信教の自由など，基本的人権を多方面にわたって保障したことで知られる。

問３　古代の日本の社会では，貴族・豪族はもちろん，役人にも文武にすぐれていることが求められた。律令制度が整備された後においてもそれは変わらず，貴族階級でも弓や馬術などの武芸を身につけることはたしなみの１つとされていた。しかし，藤原氏が権力をにぎった平安時代中期になると各地で武士が誕生し，やがて都で皇族・貴族に仕える者も現れたことから，治安の維持など軍事・警察の仕事は武士が担当し，役人は文官としてもっぱら政務を担当するようになっていった。そうした中で，武芸に秀(ひい)でていることが求められたのは役人ではなく武士であるから，エがふさわしくない。

問４　(1)　ＡからＢに対して「計画案・予算案」が出され，Ｂがそれに対して「議決・承認」を与(あた)えていることから，Ａが区長を中心とした「区役所」で，Ｂが「区議会」と判断できる。したがって，図中にある住民による「選挙」は，区議会議員を選出するものということになる。また，Ａの「区役所」から「要望・申請(しんせい)」を受け，それに対して「補助金・支援」を与えているＣは「国・都」ということになる。　(2)　表を見ると，選挙区Ｘでは有権者数4000人に対して議員定数は２人であるから，議員１人あたりの有権者数は，4000÷２＝2000より2000人，選挙区Ｙでは有権者数12000人に対して議員定数は３人であるから，議員１人あたりの有権者数は，12000÷３＝4000より，4000人である。したがって，１票の価値は選挙区Ｘの方が高いことになる(この場合，選挙区Ｘにおける１票は選挙区Ｙにおける１票の２倍の価値を持つことになる)。また，実際に選挙が行われた場合，選挙区Ｘで当選した候補者の得票数よりも，選挙区Ｙで落選した候補者の得票数の方が多いというケースが発生する可能性が高い。したがって，ここでは②と④が正しいことになる。

問５　⑴　ア　大分県では県の中心部に試験会場が集中しているため，県北部では福岡県の会場の方が，県南部では宮崎県の会場の方が近いという受験生がいると考えられる。　イ　熊本県では，県庁所在地の熊本市に試験会場が集中している。そのため，特に県南部などに住む受験生の中には，直線距離で50km以上の移動が必要な者もいると考えられる。　ウ　対馬(つしま)，壱岐(いき)，五島列島(以上長崎県)と奄美(あまみ)大島(鹿児島県)にも試験会場は設定されているが，福岡県の島にはない。　エ　佐賀県の試験会場は，すべて県庁所在地の佐賀市付近に集中している。　オ　宮崎県に設定された試験会場は，1000から2000人の間の会場が１か所，500から1000人の間の会場が２か所，500人以下の会場が２か所あるので，１か所あたりに割り振られた人数が福岡県より多いとはいえない。　⑵　北陸地方などを中心に多く起こっている■は「大雪」，東京都や神奈川県，大阪府といった大都市に多い▲は「人身事故」と判断できる。したがって，残る●は「強風」ということになる。

問６　≪資料１≫からわかるように，共通テストの受験者は約50万人におよぶ。その大量の答案を20日間という限られた時間の中で採点し，データを集約・整理して各大学に提供することは大変な作業であり，これに記述式の問題が加われば，さらに多くの手間や人手が必要になる。また，≪資料２≫には「国語」の記述式問題における「正答の条件」と「正答の条件を満たしている解答の例」が示されているが，これを見ると，同じ問題でもさまざまな解答が正答となり得るので，その解答が正答の条件を満たしているかどうかを判断するのは，手間を要する作業であることがわかる。さらに，≪資料３≫には，記述式問題の採点が複数の会場で行われた場合に，採点基準が会場によって異なる可能性があることが示されており，採点基準を統一することの難しさが読み取れる。以上の点から，共通テストに記述式問題を導入することに対し，多くの人々は公平性が損なわれると考えているのである。

問７　文章の第３段落に「勉強は自分の工夫で努力を重ねやすく，学力試験の点数はおおむね客観的であるため，努力の成果を学力で評価されることに対しては多くの人々が納得していました」，「答えが１つしかなく客観的に点数化しやすい学力こそが，能力を評価する基準として，多くの人々が納得する公正なものだと考えられてきたのです」とあるように，多くの人々が学力を重視する「従来型入試」を公正なものととらえてきた。これに対して「新型入試」は，知識以外の能力や学校内外での経験などを積極的に評価しようとするものであり，≪資料４≫には新型入試で求められる活動歴や成績の例として，全国レベル・国際レベルのコンテストやコンクールでの入賞記録，留学などの国際的活動の経験などがあげられている。しかし，≪資料５≫には，留学に多額の費用がかかること，≪資料６≫には，保護者の意向や助言が留学のきっかけとなっている例が多いことが示されている。また，芸術活動やスポーツ活動などの「学校外活動」においても，全国大会やコンテスト，コンクールなどに出場できるレベルに達するまでには多額の費用が必要になると考えられるが，≪資料７≫を見ると，年収の高い家庭ほど，そうした「学校外活動」に多くの費用をかけていることがわかる。つまり，「新型入試」に求められる知識以外の能力を身につけたり，学校内外での経験を積んだりするためには，受験生本人の努力だけでなく，親の経済力や教育に対する意識を含めた家庭環境が必要ということがわかる。以上のことから，「新型入試」では，親の経済格差や教育意識の差が入試の結果に大きな影響を与える可能性が大きく，公平性に問題があるのではないか，という批判が出ることが考えられる。

理 科 ＜第１回試験＞（45分）＜満点：80点＞

解 答

1 **問１** 1.76秒 **問２** 1.71秒 **問３** 1.71秒，291m **問４** 1.94秒 **問５** 1.94秒 **問６** （機器１は毎秒）6.8（mの速さで，機器２）から遠ざかっている（。） 2 **問１** (1) ウ (2) ア **問２** 20% **問３** 54g **問４** (1) （例） 得られた硫酸銅の水和物の結晶に水が含まれることで，硫酸銅を溶かすことができる水の量が少なくなっているから。 (2) 20% **問５** (1) 45g (2) **X** 40 **Y** 40 **Z** 20 3 **問１** **A**…がく **B**…おしべ **記号**…オ **問２** (1) 複眼 (2) （例） 表面積を大きくすることで，におい物質を効率的に感知することができる。 **問３** イ，ウ **問４** （例） 高山に訪れる昆虫で最も割合が高く，くさいにおいを感知するハエ類を集められるので，受粉しやすくなること。 **問５** **記号**…ア **理由**…（例） ハエ類はにおいをたよりに花を探すため，ハエ類の多いニュージーランドは白色で目立たない花が多いと考えられるから。 4 **問１** ア，イ **問２** イ **問３** ウ **問４** (1) （例） 右の図① (2) ウ **問５** (1) 右の図② (2) （例） 短い道路があった場合，道路網全体の傾向とは異なる方位の割合が増える可能性があるという問題がある。そのため，道路を同じ長さで区切って本数を数えればよい。 (3) （例） 急斜面の山岳地帯では，斜面を登るために道路が様々な方位に曲がりながらう回するように伸びるため，道路の方位分布の偏りが小さくなる。

図①
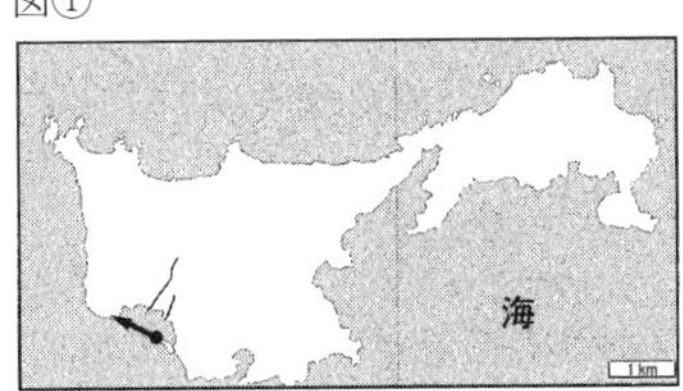

図②
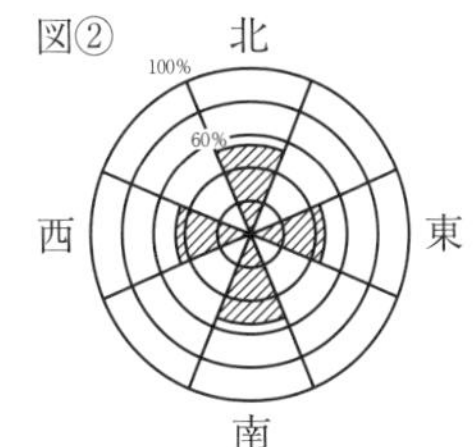

解 説

1 音の伝わり方についての問題

問１ 音は装置と板の間の300mを往復するので，かかる時間は，300×２÷340＝1.764…より，1.76秒である。

問２ 音と装置が進む距離は合わせて，１秒あたり，340＋10＝350(m)である。音が機器２に戻ってくるまでの間に，音と装置は合わせて，300×２＝600(m)進むから，音が機器２に戻ってくるまでの時間は，600÷350＝1.714…より，1.71秒とわかる。

問３ 機器１から出た音が板にぶつかるまでの時間は，300÷(340＋10)＝$\frac{6}{7}$(秒)だから，音が板で反射したときの装置から板までの距離は，340×$\frac{6}{7}$＝291.4…より，291mである。また，音はこの距離を往復するから，音が発せられてから機器２に戻るまでの時間は，$\frac{6}{7}$×２＝$\frac{12}{7}$＝1.714…より，1.71秒である。

問4　機器1が1回目に発した音が機器2に届くのは，$300\div340=\frac{15}{17}$(秒後)になる。また，1回目の音を出してから2秒後に，機器1は機器2から，$300-10\times2=280$(m)の位置にあるので，このとき発せられた音は，$280\div340=\frac{14}{17}$(秒後)に機器2に届く。よって，機器2が1回目の音を受け取ってから2回目の音を受け取るまでの時間は，$\left(2+\frac{14}{17}\right)-\frac{15}{17}=1\frac{16}{17}=1.941\cdots$より，1.94秒である。

問5　機器1が3回目に発した音が機器2に届くのは，音が発せられた，$\frac{280-10\times2}{340}=\frac{13}{17}$(秒後)なので，求める時間は，$\left(4+\frac{13}{17}\right)-\left(2+\frac{14}{17}\right)=1\frac{16}{17}=1.941\cdots$より，1.94秒である。

問6　問4，問5より，機器1が機器2に近づいていれば音を受け取る時間の間隔は短くなるので，機器1は機器2から遠ざかっていると考えられる。このとき，機器1が遠ざかる速さを毎秒□mとすると，1回目の音が進んだ距離は300m，2回目の音が進んだ距離は，(300＋□×2)mと表せる。よって，問4と同様に考えると，$\left(2+\frac{300+\square\times2}{340}\right)-\frac{300}{340}=2.04$となるから，$\frac{\square\times2}{340}=2.04-2=0.04$，□×2＝0.04×340＝13.6，□＝6.8より，機器1は毎秒6.8mの速さで機器2から遠ざかっているとわかる。

2　硫酸銅の溶け方についての問題

問1　(1)　塩化コバルト紙は乾燥しているときは青色だが，水にふれるとうすい赤色に変化する。(2)　乾燥剤は，使用済みのものと未使用のものを区別できるように，水を吸収すると色が変わる塩化コバルトなどで着色した物質(シリカゲルなど)が用いられている。

問2　33℃の水100gには硫酸銅の無水塩が25gまで溶けるので，飽和水溶液の濃度は，25÷(100＋25)×100＝20(%)である。

問3　53℃の水100gには硫酸銅の無水塩が，25＋11＝36(g)まで溶けるので，150gの水には最大で，$36\times\frac{150}{100}=54$(g)まで溶ける。

問4　(1)　実験Ⅲで得られた青色の結晶は，硫酸銅の水和物である。実験Ⅱまでは水100gに硫酸銅の無水塩が溶けていたが，実験Ⅲで硫酸銅の水和物の結晶ができるときには，水を結晶の中に取り込むため，容器内の水の重さが100gより少なくなる。そのため，溶かすことのできる硫酸銅の無水塩の重さも減少し，実験Ⅱで溶かしたものより多くの結晶が取り出せたと考えられる。　(2)　実験Ⅲで結晶が得られた後の硫酸銅水溶液全体の重さは，100＋36－20＝116(g)，溶けている硫酸銅の無水塩の重さは，36－12.8＝23.2(g)だから，その濃度は，23.2÷116×100＝20(%)となる。

問5　(1)　硫酸銅の水和物に含まれる硫酸銅の無水塩と水の重さの比は，(硫酸銅の無水塩)：(水)＝12.8：(20－12.8)＝16：9である。また，33℃の水100gには硫酸銅の無水塩は25gまで溶ける。よって，加える硫酸銅の水和物の重さを，$\boxed{16}+\boxed{9}=\boxed{25}$(g)とすると，33℃の水100gに限界まで硫酸銅の水和物を溶かしたときの硫酸銅の無水塩と水の重さの比は，(硫酸銅の無水塩)：(水)＝$\boxed{16}$：(100＋$\boxed{9}$)＝25：100＝1：4となるので，4×$\boxed{16}$＝1×(100＋$\boxed{9}$)，$\boxed{64}$＝100＋$\boxed{9}$，$\boxed{64}-\boxed{9}=\boxed{55}$＝100より，$\boxed{1}=\frac{100}{55}$(g)になる。よって，加えた硫酸銅の水和物の重さは，$\boxed{25}=\frac{100}{55}\times25=45.4\cdots$より，45gと求められる。　(2)　**X**　硫酸銅の水和物100g中に含まれる水の重さは，100－64＝36(g)である。102℃のところで減少した水の重さは，100－85.6＝14.4(g)だから，14.4÷36×100＝40(%)の水が放出されている。　**Y**　113℃のときに減少した水の重さは，85.6－71.2＝14.4(g)なので，はじめに含まれていた水の40%となる。　**Z**　150℃のところで放出された水の重さは，はじめに含まれていた水の，100－(40＋40)＝20(%)である。

3 高山植物についての問題

問１　Aは“がく”で，花がつぼみのときには全体を包みこんで内部を守り，花が咲いた後は花びらを支えるはたらきをしている。Bは“おしべ”で，花糸とよばれる細い部分の先端に花粉の入ったふくろである“やく”がついている。オは蜜せんで，この場所から花の蜜が出される。なお，アは柱頭，イは花柱，エは子房でこれらを合わせて“めしべ”とよぶ。子房の中には将来種子になるウの胚珠が入っている。

問２　(1)　Xは複眼という。個眼という簡単なつくりの眼が多数集まっていて，物の形や動き，色などを感知する。　(2)　Yは触角で，においなどを感知している。触角には細かい毛がたくさんあり，全体の表面積を大きくすることで，空気とふれる面積を大きくして，空気中のにおい物質を効率的に感知している。

問３　アリのなかまは女王アリを中心とする社会を作って生活する。また，シロアリはゴキブリに近いなかまだが，女王アリを中心とする集団を作って生活する。

問４　図２より，高山の花に訪れる昆虫ではハエ類が最も多いことがわかる。したがって，ハエ類を引きつけるようなくさいにおいを出すことで，ハエ類の昆虫による受粉がしやすくなるようにしていると考えられる。

問５　図７より，ニュージーランドの高山では，花に訪れる昆虫のほとんどがハエ類である。ハエ類はくさいにおいに引き寄せられて集まるので，花びらの色で引き寄せる工夫をする必要があまりないと考えられる。よって，花の色の種類がほぼ白色で占められているアの図がニュージーランドのものとして適する。

4 道路と周辺の環境についての問題

問１　ア　図１で現在の方位磁針のＮ極が示している方向は，真北よりやや西側に振れているので，正しい。　イ　方位磁針をもとに決めたとされる二条城の向きが，現在の方位磁針の南北の向きとずれていることから，正しいといえる。　ウ　月が昇る方位や時刻は毎日変化するので，誤り。エ　二条城の向きが建てられた時代の南北の向きに合わせられていたとすると，当時の真南の位置は，現在の真南の位置と比べて西にずれた位置にあると考えられる。

問２　波照間島の古い街並みの道路の多くは，南南西から北北東の方角と，それに垂直な方向に沿っている。この向きと最も関係が深いと考えられるのは，表１で，南南西や北北東の方角が最も多かった風向である。波照間島では季節によって強い風が吹くため，その風に対する対策として家などの建物を風の向きに対して垂直な方向に建て，それに沿うように道路が作られたと考えられる。

問３　図３の地域は，北半球の北緯20度付近にある地域である。テオティワカン遺跡を貫く道路に垂直な方向から日没の光が届くのは，太陽が真西よりもやや北寄りに沈むころだから，夏至（６月21日ごろ）と秋分（９月23日ごろ）の間の８月13日が適する。

問４　(1)　図５の青海島で，島の南西部に砂州と思われる地形が見られ，その砂州によって海と隔てられてできた湖が見られる。詩では右が湖，左が外海と詠まれているので，解答の図①のように，この砂州上の地点に立ち北西を向いて詩を詠んでいるとわかる。　(2)　島の南西方向を流れる海流で流されてきた石が，湾になっていて流れの影響を受けにくい部分に堆積し，図５の左下にあるような砂州ができたと考えられる。

問５　(1)　図６で，区間は全部で24本あり，そのうち，南北の方位に入る区間は13本になる。これは全体の，13÷24×100＝54.1…より，54％である。また，東西の方位に入る区間は11本で，全体の，11÷24×100＝45.8…より，46％である。よって，ルールにしたがって作図すると解答の図②のようになる。　⑵　ルールでは，長い道路も短い道路も区別をせず本数を数えている。短い道路の方が，本数が多くなりやすく，道路網全体の傾向に与える影響が大きくなる可能性があるという問題点がある。そのため，道路の長さも考える必要がある。この問題点を解消するには，たとえばすべての道路を同じ長さに区切り，その区間の本数を数えたものをデータとするとよい。そうすれば，短い道路の本数は長い道路の本数に比べて少なくなるので，全体の傾向が反映された結果を得られる。　⑶　京都市のように，平野を人工的に区切って道路を作る場合，図９のように方角が整った道路網を作ることができる。しかし，急な斜面が多い山岳地帯では，道路の勾配をなるべく小さくするために，ジグザグに道路をつけたり，大きくう回するように道路を作ったりするので，さまざまな方角を向いた道路が作られることになる。そのため，図10のように，道路の方位は偏りが小さくなると考えられる。

国　語　＜第１回試験＞（50分）＜満点：120点＞

解　答

一　**問１**　イ　**問２**　ウ　**問３**　エ　**問４**　イ　**問５**　ウ　**問６**　（例）（文字を書くときに）その文字の奥にあるものを想像する習慣をつけておけば，いつどんな文字を書くにしても，自分の感じたことを文字を通して表現できるようになるということ。　**問７**　エ　**問８**　ア　**問９**　エ　**問10**　ア　**問11**　ウ　**問12**　イ　**二**　**問１**　下記を参照のこと。**問２**　ウ　**問３**　エ　**問４**　ア　**問５**　イ　**問６**　ウ　**問７**　エ　**問８**　イ　**問９**　ア　**問10**　エ　**問11**　（例）（集団の中で人間は）他者に同調することを避けられないので，熟達のために自分に合ったオリジナルなやり方を追求していくには，同調から距離を取って孤独に身を置く必要があるから。

●漢字の書き取り

二　**問１**　a　検討　b　発揮　c　一層　d　願　e　傷

解　説

一　**出典：三浦しをん『墨のゆらめき』**。仕事の依頼のために書家・遠田薫の書道教室をおとずれた「俺」は，子どもたちに指導する遠田の姿からさまざまな印象を受ける。

問１　続く部分で「俺」は，部外者の自分が突然登場したことで女の子たちは「テンションが上がっているのだろう」と推測している。また，遠田は「夏休み初日」で子どもたちは「気もそぞろ」だと発言している。「俺」がもたらす非日常の空気が女の子たちの気持ちを浮つかせているとわかるので，イが合う。

問２　前の部分で「俺」は，女の子たちに笑われて「困惑」しながらも，遠田が生徒たちに自分を「紹介する気はないらしい」ことをさとり，「突っ立っていてもしょうがない」と考えている。見慣れない存在として教室から浮いていることを自覚しつつ，かといって遠田が親切にしてくれるわけでもないので，居心地が悪いまま，半ばあきらめの気持ちに至っていることがわかる。よって，ウがふさわしい。

問３　前の部分では，遠田が子どもたちに「ちゃっちゃと書け」「適当になぞれや」などとぞんざいな口をきき，子どもたちも口々に文句を言っている。書道に集中するでもなく，先生と生徒がくつろいだ雰囲気で言いたいことを言い合うようすが「俺」にとっては意外だったとわかるので，エがよい。

問４　前の部分で遠田は，字の書き方や筆の使い方について「筆を膀胱だと思ってほしい」など下品な「たとえ」で説明し，子どもたちから「バカじゃないの」とブーイングを受けている。書道への敬意が感じられない表現に，「俺」があきれていることが読み取れるので，イが正しい。

問５　“どんな「風」を思い浮かべて字を書いたか”と遠田から問われた生徒たちは，困惑したようすで答えあぐね，これに対し遠田は「漠然と書いている」だろうと指摘している。生徒たちにとっては，一言で「風」と言っても色々な風があるという考えや，どんな「風」か具体的にイメージして書くという発想がそもそもなく，遠田からの問いかけは思いもよらないものだったことがわかる。よって，ウがよい。

問６　前の部分で遠田は，「文字の奥」にあるものを想像し，「自分が伝えたいことはなにか」を考えるよう強調している。言葉が表すものを実感もまじえて想像し，何を表現したいか意識する習慣をつけることで，その場にないもののイメージも鮮明に伝わる字が書けるようになる，という教えだと考えられる。

問７　窓から入ってきた「夏の風」を「体感」し，イメージをつかんだ子どもたちは，おしゃべりをやめて黙々と書き始めている。「ぬるかった」「けっこう涼しかった」など，それぞれが風に対して感じた印象を字で表現しようと夢中になっていることが読み取れるので，エが合う。生徒たちは，遠田の指導を受ける前は，自分の中の思いを形にしたいという発想は持っていなかったので，イは合わない。

問８　遠田から言われるままに「窓からの風を感じたあと」は生徒たちの字が変わり，「生き生きと躍動して」見えるようになったことに気づいた「俺」は，一人ひとりの「多種多様」な字をじっくりと見つめ始めている。当初は，自分の思う書道教室と遠田のいい加減なありさまとの落差ばかり気になっていたが，遠田の指導の力を目のあたりにし，引きこまれていったことがわかるので，アがふさわしい。

問９　前の部分で「俺」は，子どもたちの「自由」で多様な表現や，「のびのびと」書道に取り組むようす，遠田から「改善点」を教えてもらうさいの「楽しそうな表情」などを見て，思わず「感心」している。遠田に少々「下品」で「型破り」なところがあるにせよ，書道の本質を楽しさとともに教えられる素晴らしい先生なのだと認識を改めたことがわかるので，エが正しい。

問10　遠田は，吹く「風」ではなく引く「カゼ」を表現した字にも，ほかの作品と同じように花丸をつけ，“字から「悪寒」のイメージが伝わってきた”と褒めている。本来の「風」とは別の意味をこめたこと自体は「反則技」だとしながらも，男の子の表現力については真っ当に評価しているので，アが合う。

問11　前の部分で，引く「カゼ」を思い浮かべながら書いたことを遠田から言いあてられた男の子は，「なんでわかったの」と手を叩いて喜んでいる。男の子は，線を震わせるなど自分なりに工夫した表現を「すごい」と言われて照れると同時に，こっそり仕掛けた「いたずら」を理解してもらえて「うれし」く思っていると想像できる。よって，ウがよい。

問12　生徒たちは遠田に「なかなか花丸くれない」と軽口を叩いたり，下品なたとえにすかさず文句を言ったりと，遠慮を見せず親しく接している。一方で，最後は「ありがとうございました」と正座で礼儀正しく挨拶していることから，先生として敬う気持ちも忘れていないことがわかる。よって，イが正しい。

二　**出典：為末大『熟達論』**。筆者は，人間が何かに熟達する過程では，孤独を恐れず自分と向き合う時間や，世界を自分の身体で感じながら夢中になる瞬間が不可欠だと論じている。

問１　a　物事の良し悪しをじっくり考えること。　b　実力を出し切ること。　c　程度が増すさま。　d　音読みは「ガン」で，「悲願」などの熟語がある。　e　体や心に受けたダメージの痕。

問２　続く部分で筆者は，棋士や映画監督の言葉を例にあげながら，「ある世界」で技能を探求して得た「学びのパターン」は，「他の世界でも応用可能だ」と述べている。高いレベルまで熟達してつかんだ物事の真髄は，別の分野にもあてはまるという主張なので，ウがふさわしい。「具体的な技能が領域を跨ぐことは少ない」と書かれているので，エは正しくない。

問３　前後の部分で筆者は，「可能性」と「振れ幅」を同じ意味の言葉として使っており，それがあるとは「未来はどうなるかわからない」ということだと説明している。また，昨今は「人間の行先」は「遺伝子」や「環境」により決められるという意見があり，「努力の価値が疑われつつある」とも書かれている。本来の「人間の可能性」とは，本人の努力次第で変えられる未来のあり方を指すとわかるので，エが合う。

問４　前の部分には，かつては「人間の卓越した技能」を機械は再現できなかったが，技術が進歩した結果，人間が機械に「勝てる領域」が小さくなっていったとある。このように，合理性を追求した結果，人間が担ってきたさまざまな技能が機械に「とって換わられつつある」ことを筆者は「皮肉」だと表現しているので，アがよい。

問５　前の部分で筆者は，機械と人間の最大の違いは「主観的体験」の有無だと主張している。人間は身体を使って世界や自分を「知覚」し，思考や行動を重ねて熟達のプロセスをたどるが，「知覚」には身体が必要だと述べられている。機械は人間のように外界を「感じ取」ることはできないことがわかるので，イが合う。

問６　前の部分には，「個としてはか弱い」人間は「群れで力を合わせ」ることを「生存戦略」としており，「子供の期間」に「社会という群れの中で生きていく能力を育む」とある。群れの一員としての生き方を身につけ，結果として孤独を恐れるようになることがわかるので，ウが正しい。

問７　続く部分には，「勝ち負けがはっきりしているスポーツ」以外では，「世の中の多くの領域」にはっきりとした評価基準はなく，自分も他者も絶対的に正しいとはかぎらないことや，時間とともに評価がくつがえる場合さえあることが書かれている。よって，エがふさわしい。

問８　続く部分では，正解がない中で他者の評価ばかり意識すると，「自分のやり方が正しいのかどうかもわからなく」なっていき，「正しいやり方」をやめてしまったり，あるいは「間違えたやり方に固執」してしまったりすると説明されている。よって，イがよい。

問９　前の部分で筆者は，他者と一緒にいると意識が外に向かうので，その間は「自分と向き合うことはできない」と述べている。「他者との関わりを断つ時間」を持たなければ，「自分自身を理解」できないという主張なので，アが正しい。

問10　前後の部分には，人間は「孤独の時間」を持って「自分が感じていること」に注意を向け，熟達の道を進んで「夢中になる喜び」を味わううちに，他者から離れていることすら忘れるとある。孤独を怖がらずあえて自分と向き合うことで，人は孤独を「認識」しなくなると筆者は述べているので，エが選べる。

問11　本文の後半には，正解がない世界で熟達していくには「自分に合ったやり方を選ぶしかなく」，技能の向上には「オリジナルを追求」することが不可欠だが，人間とは「他者に同調する」生き物であり，集団の中にいると周りに影響されて「差異がなくなっていく」と書かれている。集団からあえて距離を取り，孤独に自分と向き合うことで，人は「オリジナルな存在」になり，熟達の道を進めると筆者は主張しているのである。

Dr.福井の
入試に勝つ！ 脳とからだのウルトラ科学

寝る直前の30分が勝負！

みんなは，寝る前の30分間をどうやって過ごしているかな？　おそらく，その日の勉強が終わって，くつろいでいることだろう。たとえばテレビを見たりゲームをしたり――。ところが，脳の働きから見ると，それは効率的な勉強方法ではないんだ！

実は，キミたちが眠っている間に，脳は強力な接着剤を使って海馬（脳の，知識をためる倉庫みたいな部分）に知識をくっつけているんだ。忘れないようにするためにね。もちろん，昼間に覚えたことも少しくっつけるが，やはり夜――それも“寝る前”に覚えたことを海馬にたくさんくっつける。寝ている間は外からの情報が入ってこないので，それだけ覚えたことが定着しやすい。

もうわかるね。寝る前の30分間は，とにかく勉強しまくること！　そうすれば，効率よく覚えられて，知識量がグーンと増えるってわけ。

では，その30分間に何を勉強すべきか？　気をつけたいのは，初めて取り組む問題はダメだし，予習もダメ。そんなことをしても，たった30分間ではたいした量は覚えられない。

寝る前の30分間は，とにかく「復習」だ。ベストなのは，少し忘れかかったところを復習すること。たとえば，前日の勉強でなかなか解けなかった問題や，１週間前に勉強したところとかね。一度勉強したところだから，短い時間で多くのことをスムーズに覚えられる。そして，30分間の勉強が終わったら，さっさとふとんに入ろう！

ちなみに，寝る前に覚えると忘れにくいことを初めて発表したのは，アメリカのジェンキンスとダレンバッハという２人の学者だ。

Dr.福井（福井一成）…医学博士。開成中・高から東大・文Ⅱに入学後，再受験して翌年東大・理Ⅲに合格。同大医学部卒。さまざまな勉強法や脳科学に関する著書多数。

2024年度 海城中学校

【算　数】〈第２回試験〉(50分)〈満点：120点〉

注意　１．分数は最も簡単な帯分数の形で答えなさい。

　　　２．必要であれば，円周率は3.14として計算しなさい。

1　次の問いに答えなさい。

(1)　次の□にあてはまる数を求めなさい。

$$(2.75+\square)\div 0.5-3\frac{3}{4}\times\left(\frac{1}{4}+1.75\right)=5$$

(2)　積が1152，最大公約数が８である２つの整数の組み合わせをすべて求めなさい。

(3)　一定の同じ水量が流れこむ，ため池ＡとＢがあります。満水時の水量はＢがＡの３倍です。満水時，Ａはポンプ１本を使うと27時間で空にできました。満水時，Ｂは同じポンプ２本を使うと何時間で空にできますか。ただし，ポンプは流れこむ量の５倍で排(はい)水できます。

(4)　０，１の２つの数字のみを使って数をつくり，次のように小さいほうから順に並べます。

　１，10，11，100，101，110，111，1000，1001，1010，1011，…

　このとき，21番目の数を求めなさい。

(5)　下の図において，印をつけた７つの角の大きさの和を求めなさい。

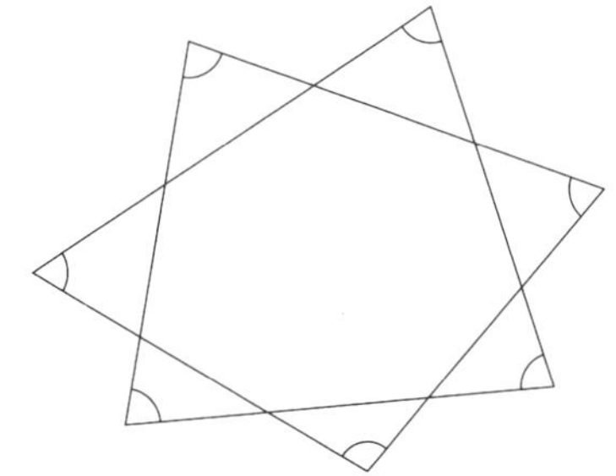

2　右の図のような平行四辺形ABCDにおいて，辺ADを２：１に分ける点をＥ，辺CDを３：２に分ける点をＦとします。直線EFが辺AB，BCの延長と交わる点をそれぞれＧ，Ｈとし，三角形DEFの面積を８cm²とします。

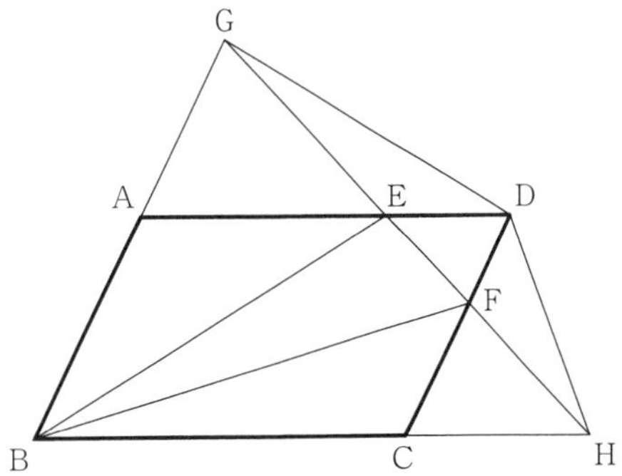

(1)　三角形DGHの面積を求めなさい。

(2)　GE：EF：FHを最も簡単な整数の比で求めなさい。

(3)　三角形EBFの面積を求めなさい。

3　下の図のような台形ABCDを，直線ADを軸として１回転してできる立体について考えます。ただし，円すいの体積は(底面積)×(高さ)÷3で求められるものとします。

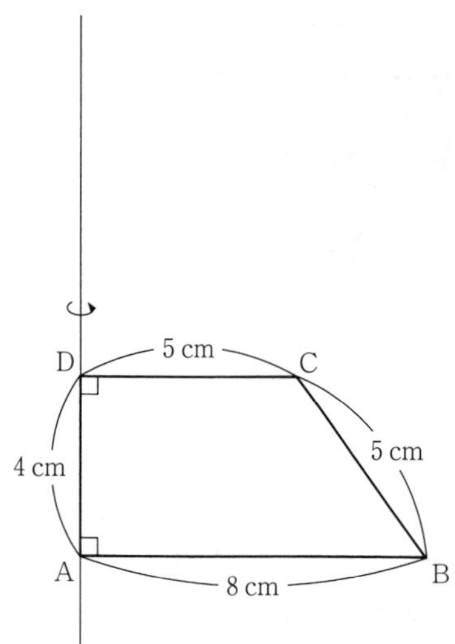

(1)　立体の体積を求めなさい。

(2)　立体の表面積を求めなさい。

4　針のまわり方が通常の時計と異なる時計AとBがあります。時計Aは長針が30分で１周まわり，短針が12時間で１周まわります。時計Bは長針が１時間で１周まわり，短針が６時間で１周まわります。例えば下の図では，時計Aも時計Bも９時10分を表しています。

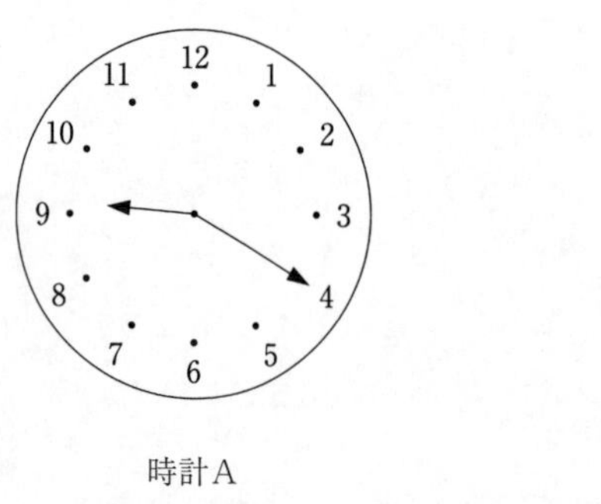

時計A

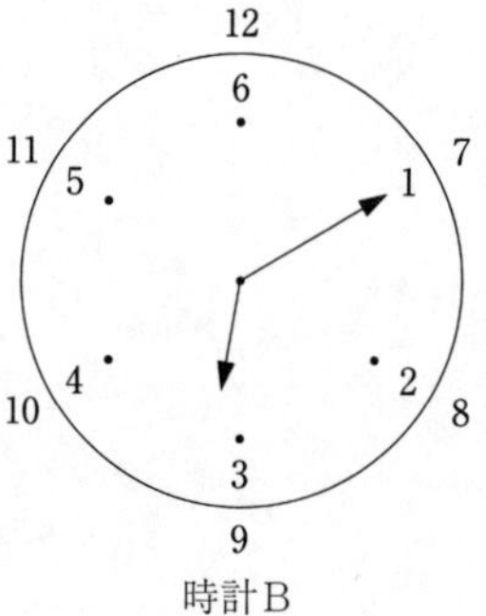

時計B

(1)　９時48分のとき，時計Aの長針と短針の間の角の小さいほうは何度ですか。

(2)　９時から10時までの間で，時計Bの長針と短針の間の角がはじめて20°となるのは９時何分ですか。

(3)　９時から10時までの間で，時計Aの長針と短針の間の角が３回目に124°となるとき，時計Bの長針と短針の間の角の小さいほうは何度ですか。

5　ある商品を1000個仕入れ，３割の利益を見込んだ定価で販売しました。いくつか売れたところで残りを定価の２割引きの値段で売り，すべて売り切ったところ，46000円の利益がありました。

翌日，同じ商品を同じ値段で1000個仕入れ，今度は２割の利益を見込んだ定価で販売しました。そして前日に割引きした個数と同じ個数を定価の１割引きの値段で売り，すべて売り切ったところ，52000円の利益がありました。

(1)　商品１個の原価を求めなさい。

(2)　定価で販売した商品は１日何個でしたか。

6　Ａ君，Ｂ君，Ｃ君，Ｄ君の四人で，次の「とり・から・バンバン」ゲームをします。

①　はじめにＡ君が，自分以外の一人を「とり」と言いながら指名します。
②「とり」と指名された人が，自分と指名した人以外の一人を「から」と言いながら指名します。
③「から」と指名された人が，自分と指名した人以外の一人を「バンバン」と言いながら指名します。
④「バンバン」と指名された人が，自分と指名した人以外の一人を「とり」と言いながら指名します。
⑤　これ以降は，誰かがミスをするまで，②から④を繰り返します。

(1)　２回目の「から」でＡ君が初めて指名されました。ここでＡ君は「ボンボン」と言ってしまい，ミスをしました。Ａ君からスタートして指名された人の順番は，例えば

$\mathrm{A}\xrightarrow{\text{とり}}\mathrm{B}\xrightarrow{\text{から}}\mathrm{C}\xrightarrow{\text{バンバン}}\mathrm{D}\xrightarrow{\text{とり}}\mathrm{B}\xrightarrow{\text{から}}\mathrm{A}$（ボンボン）など

が考えられます。これをふくめて，指名された人の順番は全部で何通り考えられますか。

(2)　２回目の「から」でＤ君が指名されました。ここでＤ君は「ババーン」と言ってしまい，ミスをしました。Ａ君からスタートして指名された人の順番は，例えば

$\mathrm{A}\xrightarrow{\text{とり}}\mathrm{B}\xrightarrow{\text{から}}\mathrm{C}\xrightarrow{\text{バンバン}}\mathrm{A}\xrightarrow{\text{とり}}\mathrm{B}\xrightarrow{\text{から}}\mathrm{D}$（ババーン）や

$\mathrm{A}\xrightarrow{\text{とり}}\mathrm{B}\xrightarrow{\text{から}}\mathrm{D}\xrightarrow{\text{バンバン}}\mathrm{A}\xrightarrow{\text{とり}}\mathrm{B}\xrightarrow{\text{から}}\mathrm{D}$（ババーン）など

が考えられます。これらをふくめて，指名された人の順番は全部で何通り考えられますか。

(3)　１回目と２回目の「から」はＡ君以外が指名されましたが，３回目の「から」はＡ君が指名されました。ここでＡ君は「ボンボン」と言ってしまい，ミスをしました。このとき，Ａ君からスタートして指名された人の順番は全部で何通り考えられますか。

【社　会】〈第２回試験〉（45分）〈満点：80点〉

問題　次の文章をよく読んで，あとの問いに答えなさい。

《写真１》 現在の「銀座通り」

みなさんは「銀座」と聞いて何を想像するでしょうか。百貨店や高級ブランド店，高級飲食店などが多く立ち並ぶ，東京都中央区の銀座を思い浮かべますか。それとも，中央区の銀座のにぎわいにあやかろうと名づけられた，全国各地にみられる①「○○銀座」を思い浮かべる人もいるでしょうか。

しかし，現在は日本有数の商業地としてにぎわっている中央区の銀座は，江戸時代には②街道が南北を貫いていたものの，街のようすは比較的落ち着いていました。むしろ商業地として発展していたのは，銀座から１kmほど北にある日本橋でした。銀座が一大商業地として発展した背景には，どのような事情があったのでしょうか。

その最初のきっかけは，③明治時代のはじめに起こった大火災でした。④1872年の「銀座の大火」により，銀座だけでなく隣接する築地一帯まで焼失してしまいました。これを境に，銀座の中央を通っている大通り（通称「銀座通り」）の幅を広げて，防災上の理由から火災に強い煉瓦街が建設されることになったのです。煉瓦街には，西洋から輸入した洋服，雑貨，時計，カバン，書籍，家具，食品などを販売する専門店が多く開業しました。当時，西洋風の生活を送り始め，海外からの輸入品を求める買い物客が銀座に訪れました。これらの専門店では，買い物客の注目を集めようと，販売している商品の一部を，通りに面した店頭のショーウィンドウ（大きなガラス張りの飾り窓）に展示しました。そのため，銀座通りを歩く人々は，店内に入らなくても，通りから珍しい商品をながめることで買い物気分を味わうことができました。

銀座を訪れた人々が楽しんだのは，買い物だけではありません。銀座の周辺には歌舞伎座や帝国劇場が建ち，人々は歌舞伎やオペラ，バレエや西洋演劇を鑑賞することもできました。落ち着いた空間でコーヒーやお菓子，お酒や料理を楽しみながら会話できるカフェの開店も相次ぎました。それに加え，全国に最新の情報を発信する新聞社や出版社も集まり，銀座は流行の発信地にもなっていきます。こうして銀座は，歩くだけで西洋風の文化にふれることができる最先端の商業地となっていったのです。銀座をぶらぶら歩く，いわゆる「銀ぶら」という言葉は，このころに生まれました。

銀座が発展した次のきっかけは，1923年に発生した関東大震災でした。煉瓦街の大部分が倒壊・焼失してしまいましたが，専門店の経営者たちの多くは，すぐに復興に取り組み始めました。がれきの中から手づくりの木造の仮店舗を次々とつくり，震災からわずか２か月後には一斉に営業を再開させたのです。一方，⑤震災復興の過程で，新たな経営手法をとる大型店が日本橋に次いで銀座にも進出してきました。この新しい競争相手の出現に，銀座の専門店は経営のあり方を見直すことになりました。こうして，専門店と大型店がすみ分ける銀座の特徴がつくられたのです。またこの時期に，震災によって打撃を受けた日本橋の魚市場が，築地に移転してきました。すると，築地から仕入れた新鮮な食材をあつかう寿司屋などの料理店が銀座に多く出店し，銀座は食文化の豊かな地としても有名になりました。このように，銀座は大災害を乗り越える中で新たな魅力を獲得し，日本有数の一大商業地になりました。結果として，1920年代末には，ビルや土地の賃貸価格において銀座は日本橋を抜いて全国１位になったのです。

その後，銀座は⑥アジア・太平洋戦争末期の空襲により，大きな被害を受けましたが，地元の経営者たちの努力により，三たび復興をとげました。次々と⑦鉄筋コンクリートで造られた商業ビルがすき間なく立ち並ぶようになり，銀座は現代的な都市へと発展していきました。一方，1990年代には，銀座の人々が中心となり建物の高さを規制する独自の「銀座ルール」を定めることで，超高層ビルの建設計画に反対するなど，景観を守る努力が続けられています。

現在まで銀座が商業地として栄えてきたのは，立地に恵まれていたという要因も大きいといえます。しかし，その与えられた立地条件を最大限に生かし，⑧街がもつ価値を大切にしながら，たび重なる災害や困難な状況を乗り越えてきた地域の人々の努力も見逃すことはできません。みなさんが銀座を訪れた時には，銀座の積み重ねてきた歴史を思い出しながら，路地を歩いてみると面白いかも知れませんね。

問１．下線部①に関連して，各地に「○○銀座」がたくさんあるように，日本には「○○の小京都」が通称となっている都市が各地にみられます。「○○の小京都」は一般に江戸時代以前の古い町並みや風情が残る都市をさす言葉で，観光案内や小説・ドラマなどでしばしば使われています。下のＡ～Ｃの説明文にあてはまる都市を，地図中の**ア～カ**から１つずつ選び，記号で答えなさい。

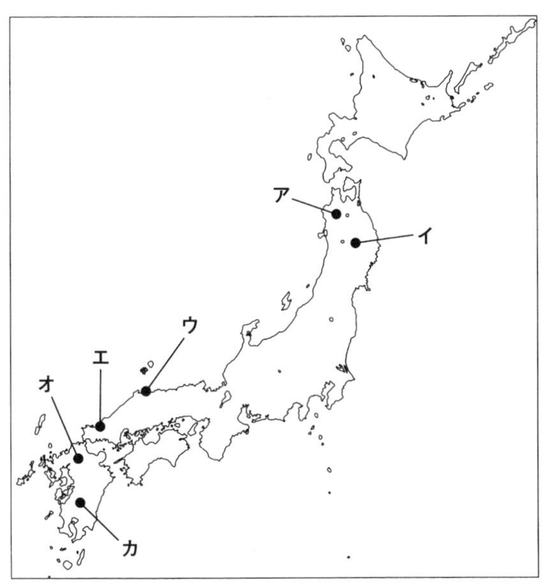

Ａ 「みちのくの小京都」とも呼ばれ，江戸時代には城下町として栄えた。新幹線の駅があり，石川啄木や宮沢賢治が住んでいたことでも知られている。

Ｂ 「筑前の小京都」とも呼ばれ，筑後川の流域に位置している。明治初期の士族反乱のひとつである秋月の乱が起きたことでも知られている。

C 「山陰の小京都」とも呼ばれ，江戸時代には城下町として栄えた。高杉晋作や伊藤博文らが学んだ松下村塾があったことでも知られている。

問2．下線部②に関連して，江戸時代の五街道とその宿場町の組み合わせとして適当なものを，次の**ア**～**オ**から**すべて**選び，記号で答えなさい。

ア．東海道・小田原
イ．中山道・高崎
ウ．甲州道中・甲府
エ．奥州道中・会津
オ．日光道中・水戸

問3．下線部③に関連して，明治時代以降の日本における国政選挙の有権者比率(人口に占める有権者数の割合)の変化を示した図として適当なものを，次の**ア**～**エ**から1つ選び，記号で答えなさい。

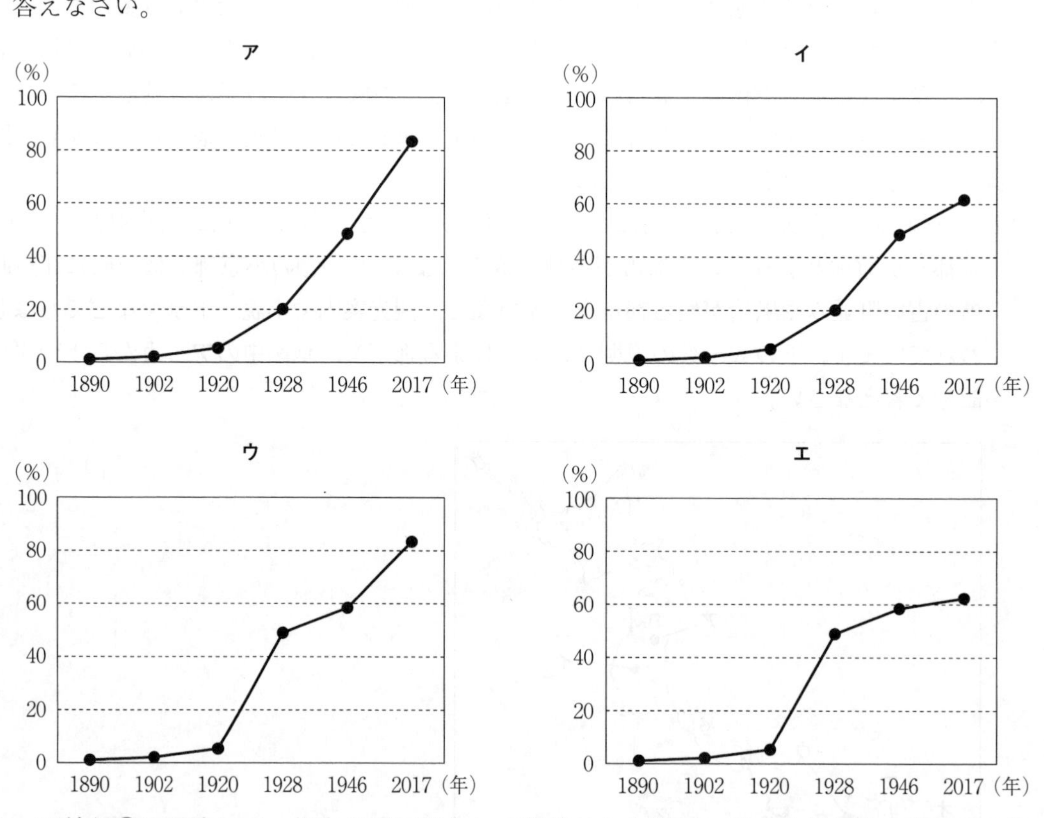

問4．下線部④に関連して，銀座が煉瓦街として整備された背景には，火災に強い街にするという防災上のねらい以外に，外交上のねらいも関係していたといわれます。それはどのようなねらいであったと考えられるでしょうか。《**資料1**》～《**資料4**》を参考にしながら，190字以内で説明しなさい。その際，当時の日本政府がめざしていた外交上の目標をあげること。また，空欄(**A**)・(**B**)にあてはまる地名を用いて，開港場から東京を訪れる外国人にとって銀座がどのような場所であったのかについてふれること。

《資料１》　幕末～明治初期の年表

1858年	日米修好通商条約が結ばれる
1859年	（　A　）が開港場となる
1869年	築地に，外国人が住むことを認められた居留地が設置される
1871年	岩倉(いわくら)使節団が欧米に向けて出発する
1872年	（　B　）と（　A　）の間に鉄道が開通する

《資料２》　明治初期の銀座とその周辺

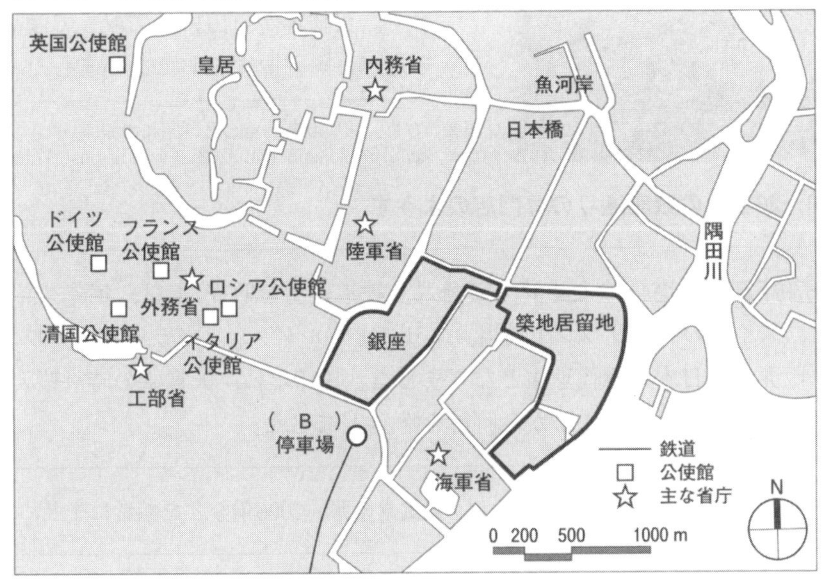

（岡本哲志『銀座四百年　都市空間の歴史』2006年より作成）

《資料３》　19世紀から続くロンドンの街並み

＊撮影は1905年。
（ONLINE ジャーニー https://www.japanjournals.com/culture/dayslondon/8267-vol5.html より）

《資料４》　整備中の銀座煉瓦街

（資生堂『資生堂百年史』1972年より）

問５．下線部⑤に関連して，当時の銀座通りの専門店にはどのような競争相手が現れ，その競争相手はどのような経営をおこなっていたのでしょうか。また，それに対して銀座通りの専門店は生き残りのため，どのような客を対象に，どのような経営をおこなったのでしょうか。**《資料５》**～**《資料８》**を参考にしながら，空欄（**C**）にあてはまる語句を用いて160字以内で説明しなさい。

《資料５》 1924年に開業した銀座松坂屋と周辺の専門店のようす

銀座松坂屋は，欧米の（ **C** ）と呼ばれる大型店の経営をまねて，大型の店舗に呉服だけでなく，洋服，靴，化粧品，宝石，家具，生活用品，食料品などまで，商品を種類ごとに売り場に並べて，買物客が自由に手に取って商品を選べる陳列販売をおこないました。

（『親父の写真』銀座今昔…その２「昭和の銀座」
https://ken8756.blogspot.com/2021/04/blog-post_17.html より）

《資料６》 1910〜20年代の銀座通りの専門店のようす

天賞堂(1879年創業，高級輸入時計，宝飾品，鉄道模型を販売)では，毎年スイスに社員を派遣し，スイスの高級ブランド時計「ユリス・ナルダン」,「ジラール・ベルゴー」などを輸入・販売する日本の総代理店となりました。1919年に，天賞堂の時計輸入額は日本全体の70％を占め，皇室もここから時計を購入しました。

（T-130プロジェクト『天賞堂の眼』2006年などを参考にまとめました）

ギンザのサヱグサ(1869年「伊勢與」として創業，1925年「銀座サヱグサ」と改称，高級輸入服飾品を販売)について，次のような紹介が残っている。「この店頭には，いつもメッシュ(メルセデス・ベンツ　ドイツの高級自動車)か，パカード(パッカード　アメリカの高級自動車)が１，２台とまっているが，店内はひっそりしている。とびきり上等ぜいたくな装身具に御用のある方はお立ち寄り下さい。」

（今和次郎『新版　大東京案内』1929年をわかりやすく書き直しました）

《資料７》 銀座通りの専門店を利用していた人物の日記(一部)

「1921年12月７日　銀座にて靴を買う。26円なり。」
「1923年12月14日　夜，連れの女性と銀座を歩き，田屋(1885年創業，ネクタイや帽子などの洋品小物を販売)の支店にて帽子を買う。金27円，ただし５分引(５％引)という。女性にはハンカチ６枚を買ってあげた。金８円。」
「1925年12月23日　銀座を歩き……震災後に開店した松坂屋に入った。私は，もともとこの種のデパートに出入りすることが嫌なので，これまで館内に入ったことがなかった。……買い物客はゲタ履きのまま歩くため，館内に騒音が反響したり，ホコリが舞い上がっていて，とても長くとどまっていられない。」

（『荷風全集』第19・20巻　1964年の一部をわかりやすく書き直しました）

《資料８》 1921年当時の給与生活者の平均月収額

官公吏(公務員)：112.55円	教員：101.09円	会社員：97.63円

(永藤清子「大正期における俸給生活者と職工の生活実態」
(『甲子園短期大学紀要』30 2012年)より)

問６．下線部⑥に関連して，アジア・太平洋戦争において起こった次の**ア**～**エ**のできごとを，古い年代順に並べなさい。

ア．沖縄各地で激しい地上戦がおこなわれ，たくさんの民間人が亡くなった。

イ．アメリカ・イギリス・中国は日本に無条件降伏をうながすポツダム宣言を発表した。

ウ．昭和天皇が日本の降伏についてラジオで国民に伝えた。

エ．東京が空襲を受け，一夜にして10万人以上の人が亡くなった。

問７．下線部⑦に関連して，かつて日本では木造家屋が主でしたが，戦後はコンクリート造りの家屋も増えてきました。次の《**写真２**》が写された道府県を，下の**ア**～**エ**から１つ選び，記号で答えなさい。

《写真２》

(浜島書店『アクティブ地理 総合』2022年より)

ア．大阪府　　**イ**．沖縄県　　**ウ**．長野県　　**エ**．北海道

問８．下線部⑧に関連して，以下の問いにそれぞれ答えなさい。

(1) 近年は，身近に使用するものだけでなく，まちづくりにおいても，年齢や障がいの有無，国籍などに関係なく，誰にとっても快適でくらしやすい設計が重視されるようになっています。このような設計や考え方を何というか，カタカナで答えなさい。

(2) 近年は，働きやすい環境や子育てしやすい環境の整備なども，持続可能なまちづくりをめざす上で地域社会に求められる重要な課題のひとつとなっています。その点では，各地域において子育て中の保護者が保育園や学童保育施設などに入所を申しこんでも入れない子どもが存在することは大きな問題といえます。このような子どもを一般に何というか，漢字で答えなさい。

【理　科】〈第２回試験〉（45分）〈満点：80点〉

1　次の文章を読んで，以下の各問いに答えなさい。ただし，水 1 cm^3 あたりの重さは 1 g とします。また，特に指示がなければ，数値で答えるものは，必要であれば四捨五入して小数第一位まで答えなさい。

浮力（ふりょく）を利用して液体の濃度（のうど）や密度（1 cm^3 あたりの重さ）を測る器具にボーメ計という「浮（う）き」があります。例えば，図1は観賞魚用の海水の塩分を確認（かくにん）するボーメ計です。ボーメ計は用途（ようと）によって様々な種類があり，測る液体も石油製品，お酒，清涼（せいりょう）飲料など多数あり，液体の品質管理をする一つの方法としても使われます。

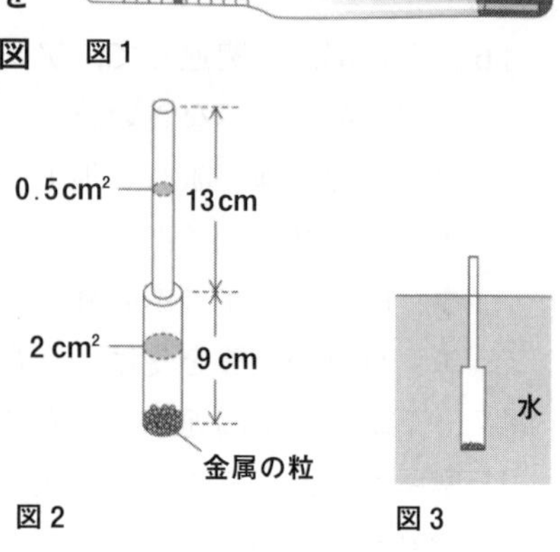

図２のように，太さの異なる円筒（えんとう）がつながった形の細長い容器におもりとして粒状（りゅうじょう）の金属を入れてボーメ計に似た「浮き」を作りました。上部円筒の断面積は 0.5 cm^2，下部円筒の断面積は 2 cm^2 で，浮き全体の重さは 23 g です。図３のように，この浮きを水に入れたら，上部の少しを水面上に出して浮きました。

問１　水中に沈（しず）んでいる部分の体積は何 cm^3 ですか。**整数で答えなさい。**

図４のように，500 g の水を入れた 200 g の容器を台はかりの上にのせたのち，浮きに糸を付けてつり下げ，容器の側面に触（ふ）れないようにして，ゆっくり水に沈めていきます。このとき，浮きの底が水面にある位置を 0 cm として，浮きの沈んだ深さ（水面と浮きの底との距離（きょり））x [cm] のときの台はかりの値 y [g] を調べました。

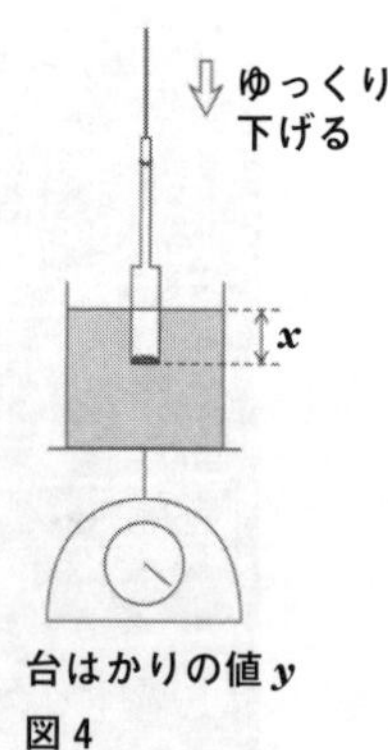

問２　沈んだ深さ x と台はかりの値 y の関係をグラフにするとどのようになりますか。最も適当なものを次の**ア**～**キ**から１つ選び，記号で答えなさい。

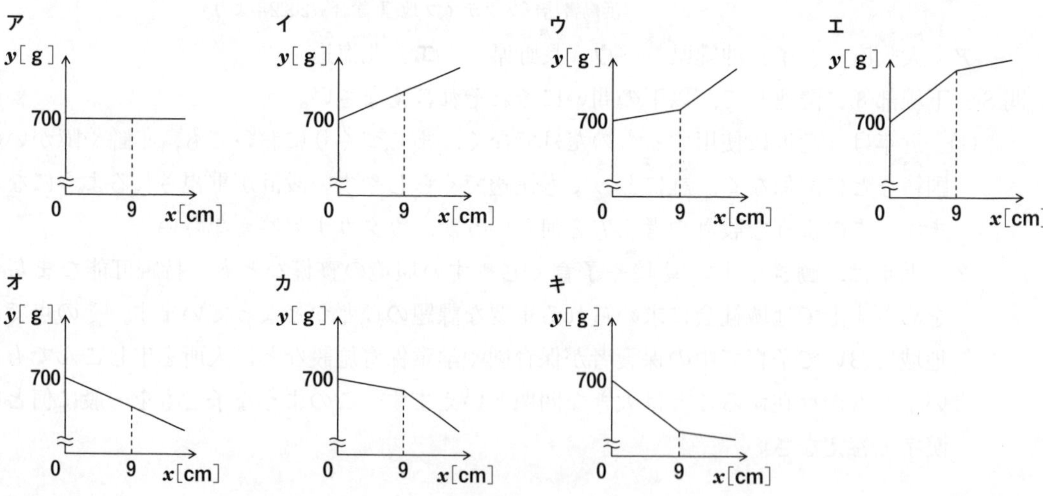

図５のように，浮きの上部の細い管の部分に 0 ～10 cm の目もりを付け，水に浮かせたときの水面の位置が分かるようにします。このときの浮きの重さは 23 g のままとします。

この目もりを付けた浮きを水に浮かべたところ，水面の位置は2cmでした(図６)。そこで，水面の位置がちょうど０cmになるようにおもりの金属を少しだけ加えて調整しました。この調整した浮きを「浮きＦ」とします。

図５　図６

問３　金属を少し加えたことにより，**「浮きＦ」**の重さは何gになりましたか。

この「浮きＦ」を使って実験することにします。

まず400gの水の入った３つの容器Ａ，Ｂ，Ｃを用意します。そしてＢには食塩140g，Ｃには砂糖140gを溶かし，Ａはそのままとします。このとき，Ｂの溶液は飽和食塩水となり，濃度は26%，１cm^3あたりの重さは1.2gとなりました。このＡ，Ｂ，Ｃに「浮きＦ」を浮かべて水面の位置を比較してみました。そして，結果を表のようにまとめました。

	１cm^3あたりの重さ	「浮きＦ」の目もり
Ａ(水)	1g	0cm
Ｂ(食塩水)	1.2g	ア
Ｃ(砂糖水)	イ	4.6cm

問４　**Ｂ**に**「浮きＦ」**を浮かべたときの水面の位置(表の**ア**の値)は何cmになりますか。

問５　**Ｃ**の砂糖水１cm^3あたりの重さ(表の**イ**の値)は何gになりますか。

問６　**Ｂ**の食塩水と**Ｃ**の砂糖水に浮かべた**「浮きＦ」**の目もりの値に関する次の文について，最も適当なものを次の**ア～ク**から１つ選び，記号で答えなさい。

ア　２つの溶液は，濃度，密度ともに等しいので，目もりの値は等しい。
イ　２つの溶液は，濃度，密度ともに等しいが，目もりの値は異なる。
ウ　２つの溶液は，濃度は等しいが，密度は異なるので，目もりの値は異なる。
エ　２つの溶液は，濃度は異なるが，密度は等しいので，目もりの値は等しい。
オ　２つの溶液は，密度は等しいが，濃度は異なるので，目もりの値は異なる。
カ　２つの溶液は，密度は異なるが，濃度は等しいので，目もりの値は等しい。
キ　２つの溶液は，濃度，密度ともに異なるので，目もりの値は異なる。
ク　２つの溶液は，濃度，密度ともに異なるが，目もりの値は等しい。

さて，水に食塩や砂糖を溶かしたとき，体積は変化するのでしょうか。容器Ａ，Ｂ，Ｃ内の水および溶液をそれぞれメスシリンダーに入れて体積を比較してみました。

Ａ：水400gのみ
Ｂ：水400gに食塩140gを溶かした飽和食塩水
Ｃ：水400gに砂糖140gを溶かした砂糖水

問７　メスシリンダーに入れた水および溶液を比較すると，その様子はどのようになっていますか。最も適当なものを次の**ア～キ**から１つ選び，記号で答えなさい。

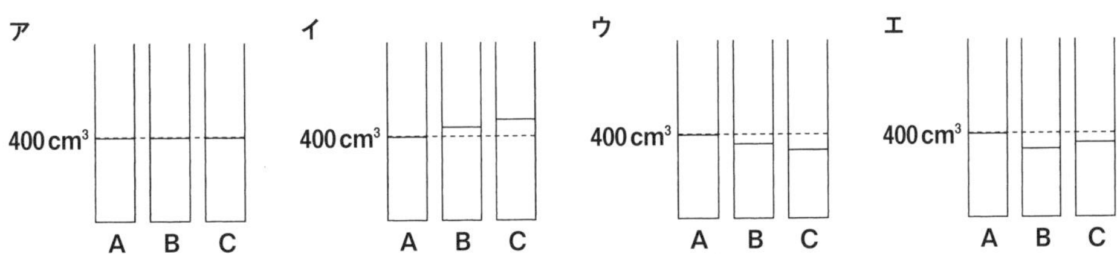

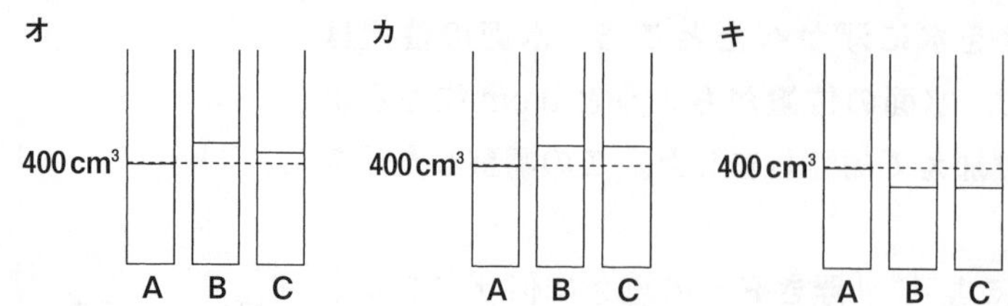

2 次の文章を読んで，以下の各問いに答えなさい。なお，数値で答えるものは，必要であれば四捨五入して小数第二位まで答えなさい。

塩酸に金属を加えると，金属が溶けながら気体が発生します。このとき発生する気体の体積の最大量は，金属の種類に関係なく，塩酸の量だけで決まります。

塩酸にアルミニウムを加えると，アルミニウムが溶けながら気体が発生します。またこのとき，アルミニウムが完全に溶けてできた水溶液中の水分を蒸発させると，塩化アルミニウムの固体が残ります。アルミニウムの量が多く，未反応のアルミニウムがある場合には，塩化アルミニウムに加えてアルミニウムの固体が残ります。これらの量の関係を調べるために，次のような実験をしました。

【実験】

ある濃度の塩酸10mLとアルミニウム粉末0.1gを混ぜて，発生した気体の体積を測定した。その後，加熱して水溶液中の水分を蒸発させて得られた固体を十分に乾燥(かんそう)させて重さを測定した。塩酸の濃度と体積は変えずに，アルミニウム粉末の重さを変えて同様の実験を行った。

【結果】

① アルミニウム粉末の重さと発生した気体の体積の関係

アルミニウムの重さ[g]	0.1	0.2	0.3	0.4	0.5
気体の体積[mL]	125	250	375	400	400

② アルミニウム粉末の重さと蒸発後に残った固体の重さの関係

アルミニウムの重さ[g]	0.1	0.2	0.3	0.4	0.5
固体の重さ[g]	0.5	1.0	1.5	A	B

問１ 【実験】で発生した気体は何ですか。名称(めいしょう)を答えなさい。また，この気体の性質としてふさわしい組み合わせを次の**ア**～**ク**から１つ選び，記号で答えなさい。

	空気より軽い	においがある	燃える
ア	○	○	○
イ	○	○	×
ウ	○	×	○
エ	○	×	×
オ	×	○	○
カ	×	○	×
キ	×	×	○
ク	×	×	×

問２ 【実験】で用いた塩酸10mLとちょうど反応するアルミニウム粉末の重さは何gですか。

問３ 【結果】②のA，Bに当てはまる数値はそれぞれいくらですか。

塩酸の濃度と体積は変えずに，亜鉛（あえん）粉末0.1gを用いて同様の実験を行ったところ，アルミニウム粉末のときと同じ気体を発生して，亜鉛粉末はすべて溶けました。そのとき発生した気体は35mLで，蒸発後に残った塩化亜鉛の固体の重さは0.2gでした。

問４　実験で用いた塩酸10mLとちょうど反応する亜鉛粉末の重さは何gですか。

問５　蒸発後に残った固体の重さが３gだったとき，用いた亜鉛粉末の重さは何gですか。

塩酸の濃度と体積は変えずに，アルミニウム粉末と亜鉛粉末の混合物0.4gを反応させたところ，混合粉末はすべて溶けて，気体が275mL発生しました。

問６　この混合粉末中のアルミニウム粉末の重さは何gですか。

問７　反応後の水溶液を加熱して水溶液中の水分を蒸発させて得られた固体の重さは何gですか。

3　**次の文章を読んで，以下の各問いに答えなさい。**

＜文１＞

わたしたちは日々食事をとります。食物がどのようにして消化，吸収されるのか，その流れを追ってみましょう。

まず食物は口内でそしゃくされます。①そしゃくによって食物は飲み込まれやすくなります。②飲み込まれた食物は胃に入り，胃液のはたらきで途中まで消化されます。胃液は塩酸を含んでいるので，強酸性を示します。その後，消化途中の食物（かゆ状液）は小腸に入り，最終的な消化と栄養分の吸収が行われます。不消化分が大腸に入り，便となり排出（はいしゅつ）されます。

問１　**下線部①**について，そしゃくによって，食物は細かくなります。このことは，食物を飲み込みやすくすること以外にどのような利点となりますか。簡潔に説明しなさい。

問２　**下線部②**について，次の(1)～(4)の筋肉で，意識的に動かすことができるものには「○」を，そうでないものには「×」を書きなさい。

(1)　食道の手前にある，飲み込むときに使われる筋肉

(2)　食道の筋肉

(3)　胃の入り口部分の筋肉

(4)　胃の出口部分の筋肉

問３　小腸の表面に無数に存在するつくりを何とよびますか。

＜文２＞

小腸における消化について，少しくわしく流れを追ってみましょう。

小腸のはじめの（　1　）cmほどの長さの部分は（　2　）とよばれます。ここで，胃からやってくるかゆ状液が，すい臓，胆（たん）のうからの消化液と混ぜ合わされます。

すい臓はすい液をつくり，すい管とよばれる管に分泌（ぶんぴつ）します。一方，胆のうは，肝臓でつくられた胆汁をためていて，胆のう管とよばれる管に胆汁を分泌します。胆のう管は，肝臓から出る総肝管（そうかんかん）と合流し総胆管（そうたんかん）となります。すい管と総胆管は，（　2　）につながる直前で合流しています。すい液と胆汁は，必要に応じてこれらの管を通って（　2　）にやってきます。すい液はアルカリ性を示すので，かゆ状液に含まれる胃液とまざることで，かゆ状液は中性に近くなります。これにより，すい液に含まれる消化酵素（こうそ）がはたらきやすくなります。

問４　文中の（１）に入る最も適当な数値を次の**ア**～**エ**から１つ選び，記号で答えなさい。

ア　2.5　　**イ**　7　　**ウ**　25　　**エ**　70

問５　文中の(**２**)に入る語を答えなさい。

問６　胃と(**２**)に対して，肝臓，胆のう，すい臓は，管によってどのようにつながっていますか。右の(例)にならって，管を線で表すことによって，各臓器の正しいつながり方を完成させなさい。

(例)

肝臓　胃　胆のう　すい臓　(２)

問７　空腹時にたくさん食事をとった後，胃から(**２**)に大量のかゆ状液が入ってくると，胃で消化していたときと比べて，次の(**1**)～(**3**)はどのようになると考えられますか。下の**ア**～**ウ**からそれぞれ選び，記号で答えなさい。

(**1**)　すい臓からのすい液の分泌

(**2**)　胆のうからの胆汁の分泌

(**3**)　胃からの胃液の分泌

ア　うながされる　　**イ**　変わらない　　**ウ**　おさえられる

4

影(かげ)に関する次の文章を読んで，以下の各問いに答えなさい。ただし，必要であれば，場所は東京(北緯(ほくい)36度)と考えなさい。

①月食は月面をスクリーンにして地球の影がうつる現象ですが，②地球の大気をスクリーンにして地球の影がうつる現象もあり，これを地球影といいます。地球影は，(　１　)の東の空と(　２　)の西の空に観察できます。地球以外の天体の影を私たちが観察する機会はあまりありませんが，例えば，口径の大きな望遠鏡を使うと③木星表面に天体の影が見られることがあります。また，影を活用して天体の情報を得るという意味では，④水平な地面に垂直に立てた棒の影の変化の仕方を調べれば，太陽の動きを知ることができます。

より身近な場面で影が強く意識されるのは，猛烈(もうれつ)な暑さの夏の日ではないでしょうか。酷暑(こくしょ)だった昨夏には，⑤日傘(ひがさ)をさしたり，スマートフォンで「日かげマップ」などとよばれる機能を使ったりした人もいたかもしれません。「日かげマップ」は，⑥建物の高さと太陽高度などから，日かげ部分を算出して表示するものですが，日かげがどこにできるかという情報は，建物を建てるときにも大変重要です。⑦建築基準法には「日影規制」が定められており，周辺の土地に長時間にわたって影をつくる高い建物が建てられないよう，一定のルールが設けられているのです。

問１　下線部①について，月食が起こっているときに撮影(さつえい)された月の写真を次の**ア**～**エ**から１つ選び，記号で答えなさい。

ア

イ

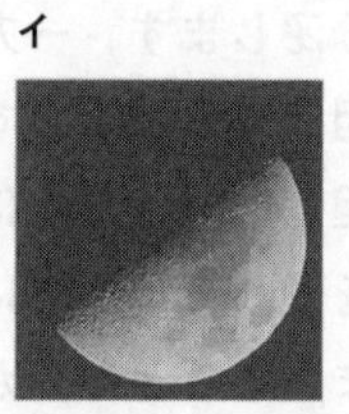

ウ

エ

問２　下線部②について，次の(**1**)，(**2**)に答えなさい。

(**1**)　文中の(**１**)，(**２**)に入る語を次の**ア**～**エ**からそれぞれ選び，記号で答えなさい。

ア　日の出直前　　**イ**　日の出直後　　**ウ**　日の入り直前　　**エ**　日の入り直後

(2) 地球の大気がスクリーンのはたらきをするのはなぜですか。簡潔に説明しなさい。

問３ **下線部**③の天体に当てはまるものを次の**ア**～**エ**から１つ選び，記号で答えなさい。

ア 土星　　　**イ** 北極星

ウ シリウス　**エ** エウロパ

問４ **下線部**④について，水平な地面に垂直に立てた棒の影の長さがその日のうちで最短になるとき，棒と影の長さがちょうど一致(いっち)しました。この日は１年のうちのいつ頃(ごろ)だと考えられますか。最も適当なものを次の**ア**～**エ**から１つ選び，記号で答えなさい。

ア ５月下旬(げじゅん)　**イ** ８月上旬

ウ 10月中旬　**エ** 12月下旬

問５ **下線部**⑤について，よく晴れた夏の昼間に，日なたの高さ２ｍのところに日傘を設置しました。設置30分後に日傘の下の影の部分と，その周りの日なたの部分とで，地面の温度(地温)と1.5ｍの高さの気温を測りました。これについて述べた文として，**誤っているもの**を次の**ア**～**エ**から１つ選び，記号で答えなさい。

ア 地面の温度が，日なたより影の部分の方が低くなるのは，太陽からの放射による熱がさえぎられるからだと考えられる。

イ 地面の温度が，日なたより影の部分の方が低くなるのは，空気からの伝導による熱がさえぎられるからだと考えられる。

ウ 日なたと影の部分の気温差が，地温差より小さくなるのは，空気の対流による熱の移動が影響しているからだと考えられる。

エ 日なたと影の部分の気温差が，地温差より小さくなるのは，地面からの熱の伝導に時間がかかるからだと考えられる。

問６ **下線部**⑥について，次の**図１**は，北緯36°，東経140°における今年の春分の日(2024年３月20日)の太陽の方位角(北を0°として時計回りに360°)と高度の変化を示したものです。これを参考にしながら，高さ140ｍの直方体の建物が９時46分から13時49分までの約４時間に地表面につくる影のおおよその形を解答欄の図に描(か)き，影の部分を斜線(しゃせん)で示しなさい。ただし，この時間内で最も短い影は，長さが100ｍになるものとします。解答欄の図は建物を真上から見たもので，１マスは縦横とも20ｍです。

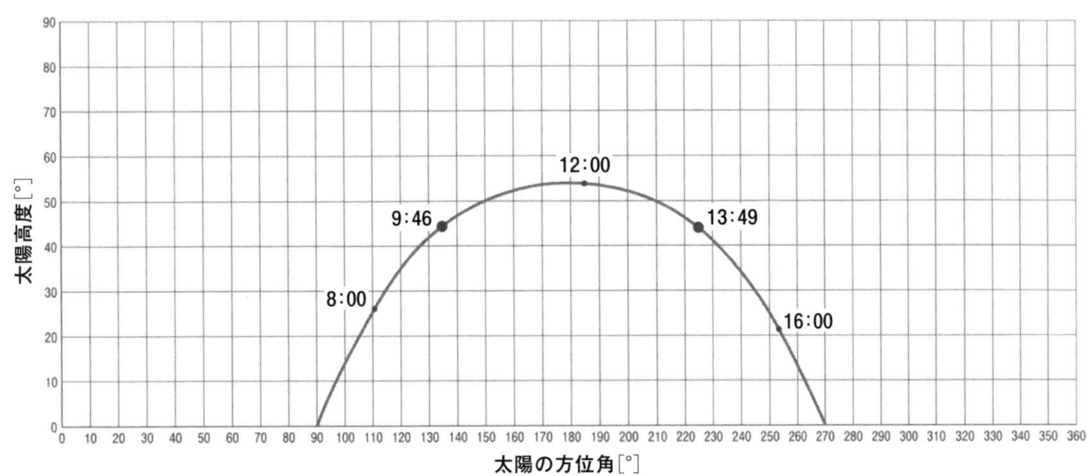

図１ 2024年３月20日の北緯36°，東経140°における太陽の方位角と高度(国立天文台暦計算室HPのデータをグラフ化)

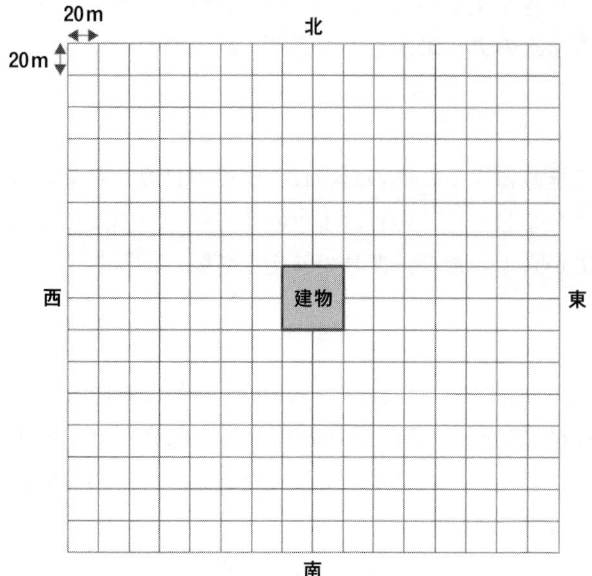

(解答欄の図と同じものを掲載しています)

問７　**下線部⑦**について，日影規制について述べた次の文中の**下線部ア～カ**のうち，**誤っているもの**を１つ選び，記号で答えなさい。また，誤りを正しい語に直しなさい。

日影規制は，最も影が長くなる$_{ア}$**冬至**の日を基準としている。影の長さは，時期だけではなく$_{イ}$**緯度**(いど)によっても異なる。そのため，例えば青森と鹿児島を比較すると，他の条件がもし完全に同じであれば，$_{ウ}$**鹿児島**の方が高い建物を建てられるということになる。また，太陽が南中する時刻は$_{エ}$**経度**によって変わる。午前８時から午後４時までの影の範囲(はんい)を青森と鹿児島の同じ建物で比較すると，兵庫県明石市基準の日本標準時を用いた場合，青森では鹿児島に比べて$_{オ}$**西側**にかたよった形となってしまう。そのため，対象とする時間帯は，$_{カ}$**各地の南中時刻**を基準にして決められている。

リーダーには適さないと判断される。

イ　子どもっぽい顔の人は、かわいらしく守るべき対象と見られる一方で、未熟にも見えるため、人を率いる力はなく、簡単に罪を犯すような人だと判断される。

ウ　子どもっぽい顔の人は、大人っぽい顔の人よりも格下と見られる一方で、正直者にも見えるため、リーダーのもとで働く人としては信頼(しんらい)が置けると判断される。

エ　子どもっぽい顔の人は、優しく誠実そうに見える一方で、未熟で弱々しくも見えるため、人を率いていくには適さず、悪事にも巻き込まれやすいと判断される。

問十　――線部**10**「他の生物と比べた人間社会の複雑さ、そしてそれぞれの文化についても思いをはせることができそうです」とあるが、ここからは筆者のどのような考えが読み取れるか。本文全体をふまえた説明として最も適当なものを次の中から選び、記号で答えなさい。

ア　「かわいい」は、動物や人間などに対して保護したいという思いや愛着を呼び起こすものとして広く社会で受け入れられている一方で、使う相手によっては不都合や行き違いが生じたり、未熟な存在とみなされたりする場合もあるように、さまざまな要素がからみ合ったものである。

イ　「かわいい」は、その言葉をかけられた個体に対して良い影響(えいきょう)を与えることは人間と動物に共通した現象である一方で、成長しても未成熟な性質を保持したままの個体があったり、子どもらしい反応が実は本能にもとづくものであったりするように、種や個体によって様態は異なる。

ウ　「かわいい」は、人間や動物の本能をも刺激する不思議な効果を持つものであることが実証されている一方で、現代社会ではむやみに「かわいい」と言うとトラブルになったり、何をかわいいと感じるかは個人差があったりするように、人間社会は動物の世界のように単純ではない。

エ　「かわいい」は、幼いことと同じ意味で用いられ、動物にとっては人間の保護本能を引き出すのに役立つものである一方で、人間社会では「かわいい」という性質が子どもじみた未熟なものとして否定的にとらえられるように、動物の世界と人間社会では対照的な意味合いを持つ。

ナを観察し、何がヒナの行動を引き起こすかを調べた」とあるが、この調査で分かったことはどういうことか。次の中から適当なものを**二つ**選び、記号で答えなさい。

ア　反応を引き出す特徴をきわだたせたものの方が、ヒナ鳥はより大きく反応する。

イ　ヒナ鳥はくちばしの特徴を中心に見て親鳥かどうかを判断し口を開けている。

ウ　ヒナ鳥はくちばしを見たら餌を求めるという生まれつきの性質に従っている。

エ　ヒナ鳥はある特徴を持ったくちばしの形だけを見て反射的に口を開けている。

オ　特定の形が誇張されていれば、ヒナ鳥は親鳥に対するのと同じような反応をする。

問六　――線部**5**「機械や車にも、ベビースキーマは利用されている」とあるが、なぜか。次の中から最も適当なものを選び、記号で答えなさい。

ア　人間はか弱い子どもを保護したいという本能を持っているため、ベビースキーマの丸っこくてふっくらとした特徴は、子どもにとって安全だという安心感に結び付くから。

イ　子どもの特徴を表すベビースキーマを見ると生じる、それを保護したいという人間の本能にうったえかけることで、多くの人に愛される商品を作ろうとしているから。

ウ　ベビースキーマの特徴は非常に単純で、対象が機械や車であっても、その画像を処理すればすぐに子どもらしい画像に変換できるので、それを手軽に利用できるから。

エ　ベビースキーマの魅力は非常に強いので、おもちゃや人形に利用するだけでは満足できなかった人々が、機械や車にも応用しようと考え、数多くの商品が生み出されたから。

問七　――線部**6**「大人になっても『かわいい』ままでもよいことが、日本から海外へと進出してきている」とあるが、それに関連して本文に述べられている内容として**適当でないもの**を次の中から選び、記号で答えなさい。

ア　大人になっても「かわいい」ままで許されるという日本の特徴は、広く海外で通用し、今や世界における標準となっている。

イ　本能と結び付いている「かわいい」は強力だが、海外の文化では、大人になっても「かわいい」のは必ずしもよいことではない。

ウ　日本のアニメに見られるような「かわいい」顔が、文化の違う海外で受け入れられていることは、新しい傾向だと言える。

エ　「かわいい」は子どもに見られる特徴であるが、日本では大人になっても「かわいい」ままで許されるという文化がある。

問八　――線部**7**「リカちゃん人形と初期のバービー人形の容姿」とあるが、筆者はこのような具体例を挙げてどのようなことを説明しようとしているのか。後の文の空らんに入る適当な言葉を、八〇字以上、一〇〇字以内で答えなさい。ただし、次の語を必ず使うこと。

魅力

リカちゃん人形は（　　　　　　　　　　　　）ということ。

問九　――線部**8**「第一印象の研究者のアレクサンダー・トドロフによると」・**9**「第一印象と判決の関係を調べた研究」とあるが、この二つの研究からどのようなことが分かるか。次の中から最も適当なものを選び、記号で答えなさい。

ア　子どもっぽい顔の人は、正直であたたかみがあると見られる一方で、体力がなくひ弱である点で他の人に劣（おと）っているため、それぞれの文化についても思いをはせることができそうです。

（山口真美「『かわいい』のマジックはどこにある？」）

㊟ うりざね顔…やや面長（おもなが）な美人の典型的な顔の一つ。
四方田…四方田犬彦『「かわいい」論』（二〇〇六年）のこと。

問一 〰〰線部**a**～**e**のカタカナを漢字に直しなさい。

問二 ――線部**1**「『かわいい』は、動物に共通するキラーワード」とあるが、その説明として最も適当なものを次の中から選び、記号で答えなさい。なお「キラーワード」とは、「その一言で、それを聞いた者が思わず反応してしまうような強力な言葉」という意味である。

ア 「かわいい」は、人間だけでなく、それを聞いたどんな動物にもその意味を理解させ、こちらに心を開いて振り向かせることができるような不思議な言葉である。
イ 「かわいい」は、飼育員のやさしい声かけを連想させ、餌をもらうことと結び付けて動物が学習しているため、動物を簡単にあやつることができる便利な言葉である。
ウ 「かわいい」は、動物に向かってそう言った本人が幸せな気持ちになり、その声を聞いた動物たちも警戒をゆるめるというような働きをする特別な言葉である。
エ 「かわいい」は、野良猫だけでなく、動物園の動物たちや散歩する犬にも通用する、その言葉を受け取ったすべてのものを喜ばせることができる魅力的な言葉である。

問三 ――線部**2**「幼さと『かわいい』は連動している」とあるが、それに関連して本文に述べられている内容として最も適当なものを次の中から選び、記号で答えなさい。

ア 成長してオトナになってもかわいいままである動物の種のことをいうネオテニーは、幼い性質が残っているからこそ「かわいい」のだということ。
イ オトナになっても未熟な性質が残るネオテニーの外見上の特徴は、人間がそれを見ると思わず「かわいい」と感じてしまうものだということ。
ウ ウーパールーパーが多くの人から「かわいい」と言われるのは、それが成体になる前の未成熟な状態にあるネオテニーの段階だからだということ。
エ 人間が「かわいい」と感じるものの正体は、幼いままオトナになったことを指す、ネオテニーと呼ばれているもののことであるということ。

問四 ――線部**3**「ローレンツが評価されるゆえんは、動物の本能を研究として深化させたことにあります」とあるが、ローレンツが「評価される」のはなぜか。次の中から最も適当なものを選び、記号で答えなさい。

ア 生物の本能とは、生きるために必要な行動をとろうとする意欲と、他の個体よりも早く特定の刺激に反応してより多く餌を確保する能力だと明らかにしたから。
イ 生物が生きるためにまず学ばなければならないのは、外界にある特定の刺激に反応して生き延びるのに最低限必要な行動をとることだと明らかにしたから。
ウ 生物がある特定の刺激に反応して、生きてゆくために必要な行動をとるのは、あらかじめそのような本能を持って生まれてくるからだと明らかにしたから。
エ 生物が外界からの特定の刺激に反応するのは、その行動が生き残るために必要だと生まれてすぐ学ぶ本能がもともと備わっているからだと明らかにしたから。

問五 ――線部**4**「親鳥らしい特徴を取り出した模型を呈示してはヒ

的な人気の着せ替え人形である、7リカちゃん人形と初期のバービー人形の容姿が挙げられます。

リカちゃん人形の丸顔で大きな目、鼻と顎の小さい顔は、幼い雰囲気で、ふっくらした頬におちょぼ口も、アニメ顔に共通しています。対する切れ長の目で㊟うりざね顔のバービー人形は、ちょっと生意気なティーンエイジャーといった雰囲気で、リカちゃん人形と比べるとスタイルも大人です。歯を見せてにっこり笑っている大きめな口は、幼げなリカちゃん人形と比べると、ちょっといじわるな感じにすら思えます。つまり、幼く従順そうな風貌の日本のリカちゃんに対し、欧米のバービーは成長してしっかりした容姿です。

　子ども向けの人形ではありますが、リカちゃんとバービーは、それぞれ日本と欧米で考えられている魅力をdハンエイしているようです。欧米では成熟に魅力を求めるのに対し、日本では「かわいい」に象徴されるように、未熟さやあどけなさに魅力を求めるのです。海外では日本の「かわいい」に該当する言葉は存在せず、「kawaii」がそのまま流通しています。そもそも欧米では、子どもっぽいかわいさは、決してよいものではなかったからです。kawaii に相当する cute という言葉にも、子どもっぽさや未熟という印象が混じっています。欧米だけでなくお隣の国の韓国でも、「美しい」は賛美であっても、「かわいい」は必ずしも賛美とは言えない形容でした。かわいいには、多少の軽蔑や否定が含まれていたのです。

　一方で、日本の「かわいい」の歴史をさかのぼってみると、古くは「鳥獣戯画」の動物たちに、現代のキャラクターのeガンソを見出すことができそうです。また、㊟四方田によれば、かわいいものをいとおしむことは、『枕草子』の「もののあはれ」や『今昔物語集』にもさかのぼることができそうだとのことです。当時からすでに、日本人には「はかなきもの」を慈しむという心情があり、未成熟を慈しむ文化があったのです。（中略）

　海外で「かわいい」が認められなかった理由に、「かわいい」は生得的解発機構として働くものの、それはあくまでも保護を誘発するものだということがあります。大きくなった子どもが、かわいいと言われるのを嫌う理由も、ここにあります。要するに、保護すべき未熟で格下な存在に見られるからです。

　それを裏付けるデータが、アメリカで出されています。8第一印象の研究者のアレクサンダー・トドロフによると、子どもっぽい顔は、正直で優しくあたたかく見られる一方で、身体的に弱く劣位に見えるというのです。彼らは実験で、アメリカの大学生にリーダーとしてふさわしい顔を選ばせました。すると、子どもっぽい顔より大人っぽい長い顔を選ぶことがわかりました。子どもっぽい顔は、リーダーにはふさわしくないと判断されるのです。

　さらに、アメリカのマサチューセッツ州の一般公開された犯罪者の顔写真を使って、9第一印象と判決の関係を調べた研究からは、子どもっぽい印象が判決を左右することがわかりました。軽微な犯罪に限定された結果ですが、大人っぽい顔の人は意図的な罪、子どもっぽい顔の人は不慮の罪を犯したと判断される傾向があったのです。つまり、子どもっぽい顔の人は誠実で悪いことはしないものの、きちんとしていないため、うっかり犯罪に巻き込まれると思われるのです。これらの研究からわかるのは、子どもっぽい顔の人はリーダーには向かないと判断され、未熟でしっかりしていないと見られるということです。

　保護を誘発するベビースキーマの持つ「かわいい」の魅力は、複雑な人間社会では、誰もが好むキャラクターに利用され、圧倒的な存在感がある一方で、未熟とみなされることもあり、社会の中で様々な色づけをされるのです。10他の生物と比べた人間社会の複雑さ、そしてその結果、ヒナはくちばしの形に反応することがわかりました。しかも実際の親よりも、こうした特徴を誇張した模型に強く反応したのです。親という実態から切り離された単純な特徴の模型に反応するということは、ヒナは生まれつきある種の鋳型のようなものを持っていて、それに反応すると考えられるのです。

こうした特徴は「超正常刺激」と呼ばれ、身の回りにも観察できます。たとえば、鳥害を防ぐために畑などに取り付けられた「目玉」です。鳥が嫌う目を表したものですが、顔から切り離した片目だけで、実際の目よりもずっと大きく、まつげなどもなくて白目と黒目だけが誇張されています。

この超正常刺激は、人間世界にも存在します。そのひとつが、子どもの特徴を示す「ベビースキーマ」です。相対的に大きな頭、過大な頭蓋重量、大きな下方にある目、ふっくらと膨らんだ頬、太く短い手足、しなやかで弾力性のある肌、そして不器用な動きなどが特徴です。こうした特徴を見ると、ヒトは保護したくなる欲求が生じるというのです。

ベビースキーマは超正常刺激なので、実物よりも特徴を強調するとパワーが増します。それは商品にも生かされ、誰にも愛されるぬいぐるみやキャラクター、キティちゃんやポケモンなどにも使われています。頭でっかちでぷっくりしたお腹のキャラクターや、ゆるキャラの着ぐるみがぎこちなく歩く様子なども、ベビースキーマにあてはまります。しかもその対象は生物に限りません。丸っこい車種のニュービートルに根強い人気があるように、5 機械や車にも、ベビースキーマは利用されているのです。

これほど多くのベビースキーマがあるのは、その魅力の強さのためでしょう。魅力が生物としての本能に結び付いているためです。生物にとって子孫を残すことは重要な使命で、外敵に狙われやすい、か弱い子どもを保護するのは最も重要です。そのため、か弱い子どもを保護することは、本能として備わっていると考えるのです。このように、子どもを表す特徴は超正常刺激として働き、ベビースキーマはヒトの保護本能をくすぐるのです。生物の本能に結び付いているからこそ、ベビースキーマはパワフルなのです。

一方でベビースキーマの特徴は単純で、シミュレーションも可能です。顔や車の画像にカージオイド変換という関数で処理すると、子どもらしい画像に変換できます。そんな単純な特徴にかわいらしさを感じることから、ベビースキーマは超正常刺激として、生まれつきのひな型としてヒトに備わっているのだと考えられるのです。

一〇年ほど前になりますが、ペットフード会社の方に意外な文化差を聞きました。住宅事情もありますが、日本ではチワワやトイプードルなど鼻先が短くベビースキーマに該当する犬種が好まれますが、対するドイツではシェパードのように鼻先がしっかり長い犬種が好まれるそうなのです。

大人になっても「かわいい」ままで許されるのは日本の特徴です。たとえば日本のポップカルチャーの象徴として、「カワイイ：kawaii」が世界に広がっています。ポケモンやキティちゃんが海外に広く受け入れられているのは、ご存知の通りと思います。同様に日本のアニメ顔が非「かわいい」文化圏である海外に受け入れられているのは、興味深いことです。中国や韓国や東南アジアやヨーロッパ各国にも、「美少女戦士セーラームーン」などの日本のアニメ番組を、子どもの頃から楽しんできた人々が数多くいるのです。6 大人になっても「かわいい」ままでもよいことが、日本から海外へと進出してきていると言えるかもしれません。

そんな日本と欧米の好みの違いを知る題材として、それぞれの代表まるで動物たちが「かわいい」を理解してふるまっているようですが、「かわいい」マジックは、かわいいと口にする自分自身に効くのだと思います。「かわいい」と口にしたとたん、幸せホルモンと呼ばれるオキシトシンが分泌されて、口にした自分の声の調子や動作などから、動物を警戒させる雰囲気を消し去るように思うのです。もちろん、飼育員や餌やりの人たちのやさしい声かけを、動物たちが学習した可能性も大きいでしょう。いずれにせよ、これは実証されていない、筆者個人の感想ですが。

その a サヨウは謎としても、「かわいい」は口にする自身の感情に働きかけ、受け取る側の人をいい気持ちにさせる、潤滑油のような働きをするのだと思います。小さな赤ちゃんや子どもに「かわいい」と言うと、言われた子を持つ親も、うれしくなることでしょう。

とはいえ、現代社会では、むやみに「かわいい」と言えない時もあります。ある程度の年齢になった子どもに対して使うには、注意が必要でしょう。いつまでも子ども扱いするな、ばかにするなと思われるかもしれませんし、セクシャルハラスメントと受け取られる恐れもあります。そこからわかるのは、「かわいい」は使いようによっては b キケンであることです。複雑な人間社会では、「かわいい」の持つ意味が錯綜しているためです。その流れを読み解くべく、まずは人間社会とは対照的な、動物世界を見ていきましょう。

動物社会では、成長してオトナになってもかわいいままの種があります。かわいいの感じ方には個人差もありますが、手のひらにのせられるくらい小さなサルのマーモセットは、成長してもかわいく見える部類に入るでしょう。つぶらな瞳をして丸っこくて大きな頭のウーパールーパーやヤモリも、かわいく見えるのではないでしょうか。より身近なものとして犬種を比べると、小さくてつぶらな瞳のチワワは、ほっそりとした顔のシェパードやコリーと比べ、成長してもかわいく見えると思うのです。

性的に成熟したオトナになっても未成熟な性質が残ることを、ネオテニーと呼びます。（中略）

ネオテニーとは日本語では「幼形成熟」と表されますが、その名の通り、幼いままオトナになったことを指します。そんな状態にあるウーパールーパーがかわいいとされるように、2 幼さと「かわいい」は連動しているのです。このからくりを説明したのが、ノーベル医学・生理学賞を受賞した動物行動学者コンラート・ローレンツです。ローレンツは、生物が生存する上で c フカケツな生まれつきの性質を解明し、動物行動学の分野を開拓しました。そして、「かわいい」も動物行動学から説明したのです。

3 ローレンツが評価されるゆえんは、動物の本能を研究として深化させたことにあります。本能とはどのような行動で、どのように起動するかを具体的に明らかにしました。ローレンツは、本能とは生物が生きるために必須な行動で、生まれつき備わっていると考えたのです。この生まれつきの仕組みを「生得的解発機構」と名付け、この行動を誘発する外界にある刺激を「リリーサー」と呼びました。

ともにノーベル賞を受賞したニコラス・ティンバーゲンとの研究では、親鳥から餌をもらう巣の中のヒナ鳥の行動に着目しています。生まれたばかりのヒナ鳥は、誰が教えるわけでもなく、親鳥が来るとわれ先にと口を大きく開けます。こうした行動は生き延びるために必須で、生得的に備わった行動と見なしました。それを証明するため、彼らはこの行動を誘発する刺激「リリーサー」を探しました。4 親鳥らしい特徴を取り出した模型を呈示してはヒナを観察し、何がヒナの行動を引き起こすかを調べたのです。

親友どうしとして話すことができるので、その喜びで我を忘れてしまったから。

ウ　次に「ぼく」と会うことで、これまで最も深い関係を結んできた黒野よりも「ぼく」との関係が深まってしまうことが不安だったから。

エ　次に「ぼく」と会ったら、自分が抱えてきた問題についての話を深めざるを得なくなると思い、そのことにはまだためらいがあったから。

問十一　――線部**11**「自覚のない加害者の群れ」とあるが、これは女子たちのどのような様子を表したものか。次の中から最も適当なものを選び、記号で答えなさい。

ア　女子たちが「ぼく」のことを、ケーキを焼くのが好きなかわいらしい男子だと決めつけて悪気もなくおもしろがり、「ぼく」の心を傷つけていることに思い至っていない様子。

イ　女子たちが「ぼく」のことを、ケーキを焼くという趣味が男の子らしくないと思って知らず知らずのうちにばかにした態度をとり、「ぼく」に対して失礼なことを言う様子。

ウ　女子たちが「ぼく」のことを、ケーキを焼くのが好きだというだけで女の子どうしであるかのように感じ、無意識のうちに「ぼく」になれなれしい態度をとっている様子。

エ　女子たちが「ぼく」のことを、彼女にケーキを焼いてきたのだと勝手に判断し、根も葉もないうわさを流していつの間にか「ぼく」をおとしめていることに気づいていない様子。

問十二　――線部**12**「大きく息を吸いこみ、精いっぱいの声でさけんだ」とあるが、この場面の説明として最も適当なものを次の中から選び、記号で答えなさい。

ア　女子たちの言葉やふるまいが、自分に対してだけでなく祇園寺先輩にも向けられていると気づいていらだち、女子たちに対して攻撃的な言葉を思わず口ばしってしまった。

イ　女子たちとの会話の中で祇園寺先輩とのやり取りがよみがえり、これまではっきり形になっていなかった自分の思いをしっかり言葉にして女子たちにぶつけた。

ウ　女子たちの態度や行いを見ていると祇園寺先輩が言った言葉が思い出され、先輩の気持ちを代わりに伝えなければならないと思って、女子たちに向かってさけんだ。

エ　女子たちとのやり取りの中で、これまで押し殺してきた不満がだんだんふくれ上がり、その感情とともに祇園寺先輩が使っていた言葉をそのまま言い放った。

問十三　――線部**13**「自分が自分であるために、闘えるように」とあるが、これは「ぼく」のどのような気持ちを表しているか。「闘う」ということがどういうことか分かるように、後の文の空らんに入る適当な言葉を、六〇字以上、八〇字以内で答えなさい。ただし、次の語を必ず使うこと。

ありのまま

自分に対して（　　　　　　）という気持ち。

二　**次の文章を読んで後の問いに答えなさい。**

心理学者ではなくて、単なる動物好きの感想として、**1**「かわいい」は、動物に共通するキラーワードと思っています。実際に「かわいこちゃんだね」と口にして近づくと、野良猫（のらねこ）だけでなく、動物園の檻（おり）の中の動物たちも、こちらを振（ふ）り向いて近づいてくるように感じられます。散歩する犬に「かわいこちゃんだね」とつぶやくと、「あら、うれしい」と飼い主の心が開き、当の犬も喜んでくれているように見えるのです。

エ　祇園寺先輩の経験してきたことが自分と重なるような気がしはじめ、これから自分も祇園寺先輩と同じように苦しむことになるのだろうかと不安になってきている。

問六　――線部**6**「本末転倒だってことは」とあるが、どのようなことを指して「本末転倒」だと言っているのか。次の文の空らんに入る同じ語を、本文中より三字で抜き出して答えなさい。ただし、「らしさ」以外の語で答えること。

「女の子らしさ」という（　　）にとらわれたくないと思うあまり、かえって「ボーイッシュな女の子らしさ」という（　　）にとらわれてしまっているということ。

問七　――線部**7**「おごそかな表情でタルトタタンを口に運んだ」とあるが、なぜそのような表情で食べているのか。次の中から最も適当なものを選び、記号で答えなさい。

ア　友達をさける原因となったタルトタタンを食べることで、過去ときっぱり決別しようと決心しているから。

イ　ずっとさけていたタルトタタンを食べることで、過去の自分の頑なさと真剣に向き合おうとしているから。

ウ　嫌いになってしまったタルトタタンを食べることで、思い出されるつらい記憶を乗り越えようとしているから。

エ　いかにも「女の子」が好みそうなタルトタタンを食べることは、女の子らしいものを受け入れる試練だから。

問八　――線部**8**「黒野先輩と別れたあと」とあるが、「黒野先輩」はここまでの本文全体を通して、どのような人物として描かれているか。次の中から最も適当なものを選び、記号で答えなさい。

ア　正義感にあふれており、偏見を許さずに立ち向かっていこうとする、堂々とした人物。

イ　周囲の子どもっぽい言動をいつも皮肉っぽく見ている、大人びていて近寄りがたい人物。

ウ　ひょうひょうとした態度で、固定観念にとらわれずに物事を見て率直な発言ができる人物。

エ　おどけてその場をなごませようとする、人一倍気づかいができてだれにでもやさしい人物。

問九　――線部**9**「それは、おたがいにそうなのかもしれない」とあるが、どういうことか。次の中から最も適当なものを選び、記号で答えなさい。

ア　「ぼく」が周囲から押しつけられる「男らしさ」にずっと苦しんできたのと同じように、兄も同じ「男らしさ」を周囲から常に期待されて苦しんできたのかもしれないということ。

イ　「ぼく」が自分の道を行くことを兄から求められているように、「ぼく」も兄に対して無自覚に「文武両道の優等生」としてのふるまいを求めているのかもしれないということ。

ウ　「ぼく」が抱えているつらさは兄には分からないだろうと思っているように、「優等生」の兄も「ぼく」の知らないところで自分なりのつらさを感じているのかもしれないということ。

エ　「ぼく」が本当は「文武両道の優等生」である兄のことをうとましく思っているように、兄も男らしくふるまえない「ぼく」のことを内心では嫌っているかもしれないということ。

問十　――線部**10**「返信はなかなか来なかった」とあるが、なぜ祇園寺先輩はすぐに返信しなかったのだと考えられるか。その説明として最も適当なものを次の中から選び、記号で答えなさい。

ア　次に「ぼく」と会ったときは、「ぼく」の抱えるなやみの相談をされることになると思われるが、それに答えを出す自信がまだなかったから。

イ　次に「ぼく」と会うときには、初めから共通のなやみを持つと違うことをからかわれることがあるという話に共感している。

問二　――線部**2**「祇園寺先輩はしみじみとうなずいて言う」とあるが、この時の祇園寺先輩の説明として最も適当なものを次の中から選び、記号で答えなさい。

ア　自分の理想の姿を維持したいと思うあまり、本当は大好きなケーキを食べることなくこれまで我慢し続けてきたことを二人の前で認めている。

イ　自分が作り上げてきた自己像に縛られていることは分かっているのだが、その縛りから自由になるのも簡単ではないことを改めて感じている。

ウ　これまで守ってきた自分のイメージは、周りの人が言う自分の姿に合わせたものだったことに気づいたが、今さら変えられないと思っている。

エ　これまでの自分の、ケーキを食べてしまったら何か不幸なことが起こると決めつけていた気持ちを、ばかみたいだったとふりかえっている。

問三　――線部**3**「あの子、ほっとしたように笑って」とあるが、この女の子はなぜ「ほっとしたように笑っ」たと考えられるか。次の中から最も適当なものを選び、記号で答えなさい。

ア　手の届かない存在だと思っていたのが、自分に好意を示してくれたことにおどろき、意外に遠い存在ではないと思えてうれしくなったから。

イ　自分とはかけはなれた存在だと思っていたのが、いっしょに食べたケーキに自分と同じ感想を言ったのを聞いて、一気に親近感がわいたから。

ウ　男の子みたいで乱暴な存在だと思っていたのが、わざとそうふるまっていたと知り、心は女の子なんだと分かってこわくなくなったから。

エ　理解しきれない存在だと思っていたのが、案外自分と変わらない一面もあるのだと感じ、分かり合えるかもしれないと安心したから。

問四　――線部**4**「私はぶんなぐられたようなショックを受けた」とあるが、この時の祇園寺先輩の説明として最も適当なものを次の中から選び、記号で答えなさい。

ア　心の底では自分も女の子らしい服や食べ物を楽しみたいと思っていたことに初めて気づかされてうろたえた。

イ　友達だと思っていた相手が実は自分のことを「こわい」と思って嫌っていたのだということを知って動揺した。

ウ　ケーキをおいしいと言っただけで突然「女の子」と決めつけるように言われてしまったことに衝撃を覚えた。

エ　あまいケーキを食べるなんて普段のイメージに全然合わないとおかしそうに笑われたことにひどく傷ついた。

問五　――線部**5**「いろんな言葉が、声が、ぼくの内側で響いては消える」とあるが、この時の「ぼく」の説明として最も適当なものを次の中から選び、記号で答えなさい。

ア　祇園寺先輩が言われた言葉と自分に向けられた言葉とが、次々とわき上がってきてからまり合い、二人の思いが自分の中で一つに重なっていくように感じられている。

イ　祇園寺先輩から聞いた話をきっかけにして、今まで自分も言われて嫌な思いをしてきた言葉を次々と思い出し、その嫌な思いを自分の中から消し去ろうと努めている。

ウ　祇園寺先輩の思いと自分の思いには重なるものがあり、そのことを確認するために今まで自分にも向けられてきた言葉を思い出し、頭の中を整理しようとしている。

既読(きどく)はすぐについた。だけど、10返信はなかなか来なかった。

「あれ、虎じゃん。どこ行ってたの？」

その声に顔をあげると、クラスメイトの女子たちがこっちを見ていた。

部活帰りだろうか。数人、かけよってきて、勝手に頭をなでてくる。

「家、こっちのほうじゃないよね？　お出かけ？　いいなあ」

「……秘密」

ぼくはかわいた声で答える。すると、女子のひとりが言った。

「あれ？　なんか、あまいにおいがする。もしかしてケーキ焼いた？」

ぼくは無視する。女子たちがキャッキャと言いあう。

「においますね」

「においますねえ」

「どこで焼いたんだろ。よそのおうち？」

「よそのおうちって、だれのおうちよ」

「そりゃあ……あれですよ、彼女(かのじょ)、とか」

黄色い笑い声。はじけるような笑顔(えがお)。

無邪気(むじゃき)にはしゃいでいる、11自覚のない加害者の群れ……。

ぼくは歯を食いしばった。

背中を向けて、その場を立ち去る。一刻も早く。

「あれ、待ってよ虎。なに？　おこっちゃった？」

頭の中がぐらぐらする。胸のおくでなにかが燃えている。ちりちりとのどをこがす、不愉快(ふゆかい)な熱。口の中に残っているタルトタタンの味。断りもなく頭をなでてくる手の感触。どこからかこだまする、今にも泣きそうな祇園寺先輩の声。

——ばかみたい。こんなにおいしいのに。むかつく。

「虎ちゃん、かわいい顔が台なしですよ～？」

「ほんとほんと！　ほら、いつもみたいに笑って！」

ぼくはふり返って、さわいでいる女子たちをにらみつける。

それから、12大きく息を吸いこみ、精いっぱいの声でさけんだ。

今までずっと押さえこんできた思いが、明確な言葉となって夕日の下に響く。

女子たちの表情が固まるのを見ながら、ぼくは思った。

強くなりたい。ゆれないように。

13自分が自分であるために、闘(たたか)えるように。

（村上雅郁『きみの話を聞かせてくれよ』）

㊟　龍一郎…「ぼく」の兄。背が高く、「ぼく」とはあまり似ていない。

問一　――線部1「ぼくはうなずいた」とあるが、この時の「ぼく」の説明として最も適当なものを次の中から選び、記号で答えなさい。

ア　いくら「男勝り」であったとしても、女性に対して「ライオン」というあだ名をつけるのはひどいと彼女に同情している。

イ　祇園寺先輩の性格をよく言い当てているのは、「ウサギ」よりも「ライオン」の方だと思い、彼女の話に同意している。

ウ　名前から受けるイメージと本人の性格との差が大きければ、それを周りから言い立てられるのも仕方ないと思っている。

エ　性質やふるまい、見た目などが、名前の持っているイメージ黒野先輩は言った。

「人は、枠組みから外れたやつがいるのがこわいんだよ。だから、自分がわからないものに出会うと、おかしいって言って攻撃したり、わかりやすいでたらめに押しこんで、わかった気になったり、する」

くっくと笑う先輩。ぼくはなにも言えなかった。

焼きあがったタルトタタンをすこし冷まして、ケーキ型から外す。ぼくたちはそれを切り分け、一切れずつお皿に取った。黒野先輩がいそいそと、あめ色のリンゴを頬張って笑う。

「ふぐふぐ。すばらしいね」

祇園寺先輩は、7おごそかな表情でタルトタタンを口に運んだ。ひと口。もうひと口。

しずしずと味わうようにそれをかんで、こくんとのみこむ。

「……おいしい」

先輩はつぶやいた。そうして、泣きそうな声で続けた。

「ばかみたい。こんなおいしいのに。むかつく」

そのまま、祇園寺先輩はうつむいて、なにかを考えこんでいた。ぼくはやっぱり、なにも言えなかった。だまってタルトタタンを食べた。リンゴとカラメルの香り。

あまずっぱい味が口いっぱいに広がって、だけど、今日はただただ、かなしい。

帰り道。

8黒野先輩と別れたあと、学校の近くを歩きながら、ぼくは(注)龍一郎のことを考えた。

サッカー部のキャプテン。文武両道の優等生。あの人はいつもぼくに言う。

「人がなんて言おうと関係ない。自分の道を行けよ」

でも、龍一郎はきっと、ぼくが歩いている道のけわしさを知らない。ぼくの歩幅を、体力を、道に落ちているちいさな石のひとつひとつが、はだしの足をきずつける感触を……9それは、おたがいにそうなのかもしれないけれど、少なくともぼくは、だれかに「人がなんて言おうと関係ない」なんて、言えない。

人になにかを言われることは、つらい。

自分の道を歩いているだけで、その道に勝手な名前をつけられるのは、歩き方に文句をつけられるのは、どんなに好意的でも笑われるのは、ほんとうにつらい。

祇園寺先輩の思いつめた表情。ウサギ王子の抱えた秘密。

——女の子みたいって、女の子らしいって、そう言われるの、ほんとにこわい。

そうだ。

ぼくらは自分のままでいたいだけ。そうあるように、ありたいだけ。それを関係のないだれかに、勝手なこと、言われたくなかった。

ポケットでスマホがふるえる。ぼくはそれを取りだして、ラインアプリを開いた。

「今日はありがとう。いろいろぐちを言ってしまってごめん」

祇園寺先輩からのメッセージ。

ぼくはしばらく考えて、ちいさくうなずいた。フリック入力で、画面に文字をつむぐ。

「先輩。また、タルトタタンを焼きに行ってもいいですか?」

「ぼくは、もっと先輩と話がしたいです」

それからちいさく笑った。なつかしむように、だけどかなしそうに。

「六年生のころ、友だちになった女の子がいたの。世間一般に言われている意味で、つまりはそれも偏見だけど、女の子らしい女の子だった。フリフリしたかわいい服を着て、絵を描くことと、お菓子作りが好きで。その子が私にタルトタタンの味を教えてくれた」

そう言って、祇園寺先輩は、ぎゅっと眉間にしわをよせる。

「その子の家で、その子が作ってくれたタルトタタンを食べたとき。こんなにおいしいものがあるのかって、そう思った。だから、そう伝えた。そしたら、**3**あの子、ほっとしたように笑って、言ったんだ」

――私さ、羽紗ちゃんのこと、ちょっとこわいって思っていたけど、気のせいだった。

――なあんだ。やっぱり羽紗ちゃんも女の子なんだ。

「その声はひどく弾んでいて。だけど**4**私はぶんなぐられたようなショックを受けた」

ぼくは黒野先輩の顔をちらりとうかがった。とくに感想はないようだ。もしかすると、すでに知っている話なのかもしれない。祇園寺先輩は続けた。

「それから、私はその子と距離を置いた。ううん、その子だけじゃない。あまいものや、女の子らしいとされるものからも、ますます距離を置くようになった」

私は「らしさ」にとらわれたくなかったんだ――そう、先輩は言った。

自由でありたかった。そんな自分のことが好きだった。

「……だから、やっぱり女の子じゃんとか、女の子らしいところもあるんだねとか、言われたくなかった。そういう目で見られるくらいなら、死んだほうがまし」

思いつめた顔で、先輩は言った。

ぼくは、いつになくしずかな、なにか、神聖なものにふれたような気持ちになった。

心はしんとしていて、だけど、そこのほうではふつふつとなにかが燃えている。

らしさ。

男の子らしさ。女の子らしさ。自分らしさ。

ボーイッシュ女子。スイーツ男子。

虎は虎だから。羽紗は羽紗だから。

轟くん、かわいいし。ケーキ焼く男子とか、アリよりのアリっしょ。

今はいろんな趣味があっていいと思う。羽紗を見てると勇気が出る。

自由でいていいんだって思える。なあんだ、やっぱり女の子なんだ……。

5いろんな言葉が、声が、ぼくの内側で響いては消える。

黒野先輩が言った。

「『ボーイッシュな女子らしさ』にとらわれてないか？」

ぼくはおずおずとうなずいた。祇園寺先輩はちいさく笑った。

「そうだね。わかってるんだ。**6**本末転倒だってことは。私はけっきょく、べつのらしさにとらわれていて、ぜんぜん自由なんかじゃない。でも……」

紅茶の入ったマグを両手で包むように持って、先輩は続ける。

「無理なの。私、女の子みたいって、女の子らしいって、そう言われるの、ほんとにこわい。そんなの、その人の偏見だってのも、わかってる。だけど、だめなんだよ。そう言ってくる人たちは、私のことを『無理して男子ぶってる女の子』っていうふうに見る。そういうありふれた話に落としこもうとする。それが、ほんとうにいやなんだ」

2024年度 海城中学校

【国語】〈第二回試験〉（五〇分）〈満点：一二〇点〉

注意　字数指定のある問いは、句読点なども字数にふくめること。

一　次の文章を読んで後の問いに答えなさい。

「ぼく」（轟 虎之助）はケーキを焼くのが趣味で、背が低くかわいらしい外見もあって、周囲から「スイーツ男子」と評されている。ある日、「ぼく」は黒野良輔先輩に呼び出され、生徒会長で剣道部副部長の通称「ウサギ王子」こと祇園寺羽紗先輩に、タルトタタンの作り方を教えてあげてほしいと頼まれ、祇園寺先輩の家でタルトタタンを焼くことになった。

祇園寺先輩は紅茶をいれてくれた。

それから、ケーキが焼けるまで、ぽつぽつとぼくらは話をした。

なんでもないような話。どうでもいい、くだらない話。

だけど、時間とともに、それは大切な話に変わっていく。

「私さ、むかしから、男勝りって言われてたんだ」

祇園寺先輩はそんなことを言った。

「男子相手にけんかもしたし、スポーツも得意だったし。ほら、見た目もこんなだし。名前はウサギなのに、ライオンみたいって、みんなに言われてた」

1 ぼくはうなずいた。

「ぼくは虎なのにハムスターみたいだって言われます」

「まじでよけいなお世話だな」

うんざりしたようにそう言って、黒野先輩が紅茶をすする。

ぼくは、気になっていたことをたずねた。

「あの……だけど、先輩はどうして、そこまで自分のイメージにこだわるんですか？」

祇園寺先輩はしばらくだまっていた。黒野先輩もなにも言わない。

聞いちゃまずかったかなと、心配になってきたころ、ようやく祇園寺先輩は口を開いた。

「私はさ、うれしかったんだよ。小三で剣道をはじめて。どんどん強くなって。ボーイッシュだとか、かっこいいとか、そういうふうに言われるのが」

紅茶をひと口飲んで、先輩は続けた。

「誇らしくてならなかった。べつに女子らしくなくていいんだって、いや、こういう女子もいるんだって、私が生きていることで、証明できている気がした。羽紗を見てると勇気が出るって、自由でいていいんだって思えるって、そんなふうに言ってくれる子もいた」

大切な思い出をなぞるように、そう言う祇園寺先輩。

「だけど……」と、ぼくは言いよどんだ。

先輩はだまってぼくの言葉を待っている。だけど、なんだろう。言っていいのかな。失礼かもしれない。迷っていると、黒野先輩が笑った。

「そうだな。あんまり、今の王子は自由には見えないよな」

そのとおりだった。

今まで作りあげてきたイメージを守ろうとするあまり、ケーキを食べることすら、自分にゆるせずにいる。少なくとも、それを他人に知られたくないと思っている。

「そうだね。こんなのはもう、呪いみたいなもの」

2 祇園寺先輩はしみじみとうなずいて言う。

2024年度

海 城 中 学 校　▶解説と解答

算 数　＜第２回試験＞（50分）＜満点：120点＞

解 答

[1] (1) 3.5　(2) ８と144，16と72　(3) 36時間　(4) 10101　(5) 540度　[2] (1) $36cm^2$　(2) ４：２：３　(3) $36cm^2$　[3] (1) $540.08cm^3$　(2) $483.56cm^2$　[4] (1) 78度　(2) ９時32分　(3) $8\frac{16}{23}$度　[5] (1) 500円　(2) 200個　[6] (1) ６通り　(2) 14通り　(3) 54通り

解 説

[1] 逆算，整数の性質，ニュートン算，N進数，角度

(1) $3\frac{3}{4}\times\left(\frac{1}{4}+1.75\right)=\frac{15}{4}\times\left(\frac{1}{4}+1\frac{3}{4}\right)=\frac{15}{4}\times2=\frac{15}{2}$より，$(2.75+\square)\div0.5-\frac{15}{2}=5$，$(2.75+\square)\div0.5=5+\frac{15}{2}=\frac{10}{2}+\frac{15}{2}=\frac{25}{2}$，$2.75+\square=\frac{25}{2}\times0.5=\frac{25}{2}\times\frac{1}{2}=\frac{25}{4}$　よって，$\square=\frac{25}{4}-2.75=6.25-2.75=3.5$

(2) ２つの整数は，$8\times A$，$8\times B$と表すことができる（AとBの最大公約数は１）。このとき，$(8\times A)\times(8\times B)=1152$より，$A\times B=1152\div8\div8=18$となるから，$A$，$B$の組み合わせは，（１，18），（２，９）とわかる。よって，２つの整数の組み合わせは，$(8\times1,\ 8\times18)=(8,\ 144)$と，$(8\times2,\ 8\times9)=(16,\ 72)$である。

(3) １時間に流れこむ量を１とすると，１時間に１本のポンプが排水（はいすい）する量は，$1\times5=5$となるので，ポンプ１本で排水するときに１時間に減る量は，$5-1=4$となる。よって，ため池Aの満水時の量は，$4\times27=108$だから，ため池Bの満水時の量は，$108\times3=324$とわかる。また，ポンプ２本で排水すると１時間に，$5\times2-1=9$減るので，ため池Bが空になるまでの時間は，$324\div9=36$（時間）と求められる。

(4) 二進数を１から順に並べたものである。下の図１の計算から，十進数の21を二進数で表すと10101になることがわかるから，21番目の数は10101である。

(5) 多角形の外角の和は360度なので，下の図２の●印をつけた角の大きさの和と，○印をつけた角の大きさの和はどちらも360度になる。また，かげをつけた７個の三角形の内角の和は，$180\times7=1260$（度）だから，求める７つの角の大きさの和は，$1260-360\times2=540$（度）とわかる。

図１

```
2 ) 21
2 ) 10 … 1
2 )  5 … 0
2 )  2 … 1
     1 … 0
```

図２

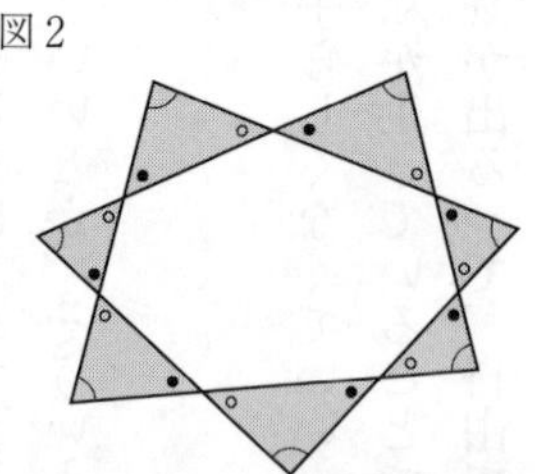

図３

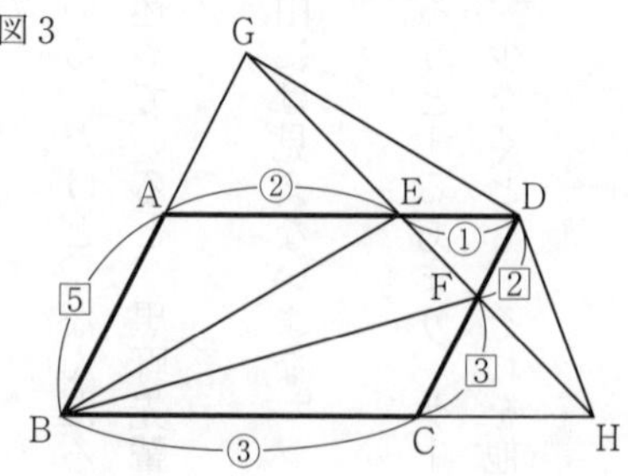

2　平面図形―相似，辺の比と面積の比

(1)　上の図３で，三角形DEFと三角形CHFは相似であり，相似比は，DF：CF＝２：３だから，EF：FH＝２：３となる。また，三角形GAEと三角形FDEも相似であり，相似比は，AE：DE＝２：１なので，GE：EF＝２：１とわかる。そこで，EF＝２，FH＝３とすると，GE＝$2\times\frac{2}{1}=4$となるから，GE：EF：FH＝４：２：３と求められる。よって，三角形DEFと三角形DGHの面積の比は，EF：GH＝２：（４＋２＋３）＝２：９なので，三角形DGHの面積は，$8\times\frac{9}{2}=36$(cm^2)とわかる。

(2)　(1)より，GE：EF：FH＝４：２：３とわかる。

(3)　三角形GAEと三角形FDEの面積の比は，（２×２）：（１×１）＝４：１だから，三角形GAEの面積は，$8\times\frac{4}{1}=32$(cm^2)となる。また，三角形GAEと三角形GBHも相似であり，GA＝②×$\frac{2}{1}$＝④より，相似比は，GA：GB＝４：（４＋５）＝４：９とわかる。よって，面積の比は，（４×４）：（９×９）＝16：81だから，三角形GBHの面積は，$32\times\frac{81}{16}=162$(cm^2)と求められる。したがって，三角形EBFの面積は，$162\times\frac{2}{4+2+3}=36$(cm^2)である。

3　立体図形―相似，体積，表面積

(1)　右の図のように，ADとBCをそれぞれ延長して交わる点をOとすると，三角形OABを１回転してできる円すい㋐から，三角形ODCを１回転してできる円すい㋑を取り除いた形の立体(円すい台)になる。ここで，三角形OABと三角形ODCは相似であり，相似比は，AB：DC＝８：５だから，２つの円すい㋐と㋑の体積の比は，（８×８×８）：（５×５×５）＝512：125となる。よって，円すい台の体積は円すい㋑の体積の，$(512-125)\div125=\frac{387}{125}$(倍)とわかる。また，OD：DA＝５：（８－５）＝５：３より，OD＝$4\times\frac{5}{3}=\frac{20}{3}$(cm)となるので，円すい㋑の体積は，$5\times5\times3.14\times\frac{20}{3}\div3=\frac{500}{9}\times3.14$(cm^3)と求められる。したがって，円すい台の体積は，$\frac{500}{9}\times3.14\times\frac{387}{125}=172\times3.14=540.08$(cm^3)である。

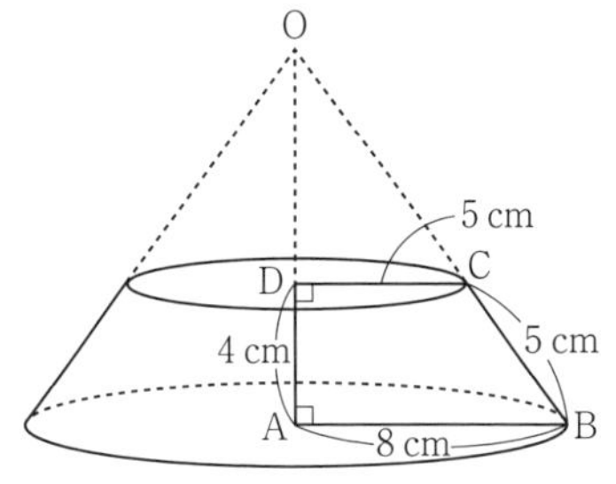

(2)　円すい台の上下の円の面積の合計は，$5\times5\times3.14+8\times8\times3.14=(25+64)\times3.14=89\times3.14$(cm^2)となる。また，２つの円すい㋐と㋑の側面積の比は，（８×８）：（５×５）＝64：25だから，円すい台の側面積は円すい㋑の側面積の，$(64-25)\div25=\frac{39}{25}$(倍)になる。さらに，円すいの側面積は，(母線)×(底面の円の半径)×(円周率)で求めることができ，OC：CB＝５：３より，OC＝$5\times\frac{5}{3}=\frac{25}{3}$(cm)とわかるので，円すい㋑の側面積は，$\frac{25}{3}\times5\times3.14=\frac{125}{3}\times3.14$(cm^2)と求められる。よって，円すい台の側面積は，$\frac{125}{3}\times3.14\times\frac{39}{25}=65\times3.14$(cm^2)となるから，円すい台の表面積は，$89\times3.14+65\times3.14=154\times3.14=483.56$(cm^2)とわかる。

4　時計算

(1)　時計Ａについて，９時ちょうどのときの長針と短針の間の角の大きさは，$360\div12\times9=270$(度)である。その後，長針は１分間に，$360\div30=12$(度)，短針は１分間に，$360\div12\div60=0.5$(度)動くから，長針は短針よりも１分間に，$12-0.5=11.5$(度)多く動く。よって，48分間では，$11.5\times48=552$(度)多く動くことになる。これは１周と，$552-360=192$(度)なので，９時48分の長針と短針の間の角の大きさは，$270-192=78$(度)と求められる。

(2)　時計Ｂについて，９時ちょうどのときの長針と短針の間の角の大きさは180度である。その後，長針は１分間に，360÷60＝６(度)，短針は１分間に，360÷６÷60＝１(度)動くから，長針は短針よりも１分間に，６－１＝５(度)多く動く。長針と短針の間の角の大きさがはじめて20度になるのは，長針が短針よりも，180－20＝160(度)多く動いたときなので，160÷５＝32(分)より，９時32分とわかる。

(3)　９時ちょうどから考える。右の図のように，１回目は時計Ａの長針が短針よりも，124－90＝34(度)多く動いたとき，２回目は長針が短針よりも，270－124＝146(度)多く動いたとき，３回目は長針が短針よりも，270＋124＝394(度)多く動いたときである。よって，３回目は，394÷11.5＝$\frac{788}{23}$(分後)だから，その間に時計Ｂの長針は短針よりも，$5\times\frac{788}{23}=\frac{3940}{23}=171\frac{7}{23}$(度)多く動く。したがって，そのときの時計Ｂの長針と短針の間の角の大きさは，$180-171\frac{7}{23}=8\frac{16}{23}$(度)と求められる。

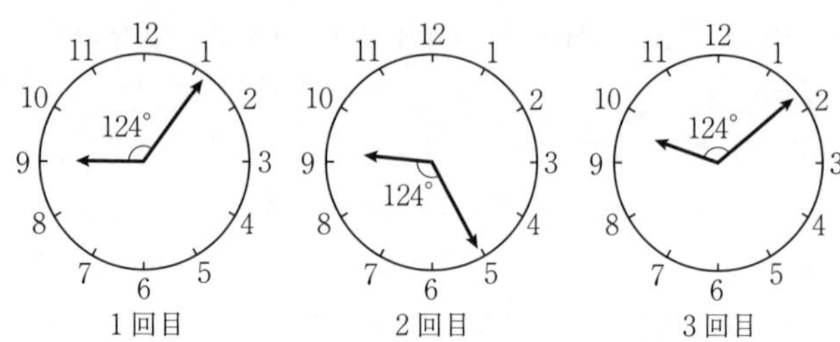

１回目　２回目　３回目

5　売買損益，消去算

(1)　１個の原価を□円とすると，初日は，定価が，□×(１＋0.3)＝□×1.3(円)，定価の２割引きが，□×1.3×(１－0.2)＝□×1.04(円)となる。また，翌日は，定価が，□×(１＋0.2)＝□×1.2(円)，定価の１割引きが，□×1.2×(１－0.1)＝□×1.08(円)となるから，定価で販売した個数をA個，割引きして販売した個数をB個とすると，上のア，イの式を作ることができる。次に，アの式の等号の両側を２倍してからイの式との差を求めると，□×0.6×A－□×0.2×A＝□×0.4×Aが，92000－52000＝40000(円)となるので，□×A＝40000÷0.4＝100000(円)とわかる。さらに，これをアの式にあてはめると，100000×0.3＋□×0.04×B＝46000，□×0.04×B＝46000－30000より，□×B＝16000÷0.04＝400000(円)とわかる。ここで，A＋B＝1000(個)だから，□×A＋□×B＝□×(A＋B)＝□×1000が，100000＋400000＝500000(円)となり，□＝500000÷1000＝500(円)と求められる。

□×0.3×A＋□×0.04×B＝46000(円)…ア
□×0.2×A＋□×0.08×B＝52000(円)…イ
□×0.6×A＋□×0.08×B＝92000(円)…ア×２

(2)　(1)より，□×A＝100000(円)で，□＝500だから，定価で販売した個数(A)は，100000÷500＝200(個)とわかる。

6　場合の数

(1)　右の図１で，㋐には{B，C，D}の３通りが入る。たとえば㋐にＢが入ったとすると，㋑にはＡとＢを除いた{C，D}の２通りが入る。さらに，㋑にＣが入ったとすると，㋒にはA，B，Cを除いた{D}が入り，㋓にはA，C，Dを除いた{B}が入る。よって，全部で，３×２×１×１＝６(通り)考えられる。

図１
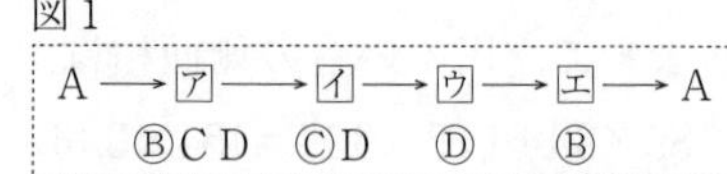

(2)　下の図２の(i)～(iii)の場合があり，いずれも㋐～㋓にはＤ以外が入る。また，(iv)は，㋓がＤを指名することはできないから，条件に合わない。(1)と同様に考えると，(i)は，２×１×１×１＝２(通り)，(ii)は，２×２×１＝４(通り)，(iii)は，２×２×２＝８(通り)となるので，全部で，２＋４

＋８＝14(通り)と求められる。

(3)　下の図３の⊛にはＡ以外が入る。また，それ以外の□ではＡを入れる場合と入れない場合で分ける必要があるから，(Ⅰ)～(Ⅲ)の場合が考えられる。(Ⅰ)は，３×２×１×２×２×１×１＝24(通り)，(Ⅱ)は，３×２×１×１×２×２×１＝24(通り)，(Ⅲ)は，３×２×１×１×１×１×１＝６(通り)あるので，全部で，24＋24＋６＝54(通り)と求められる。

図２

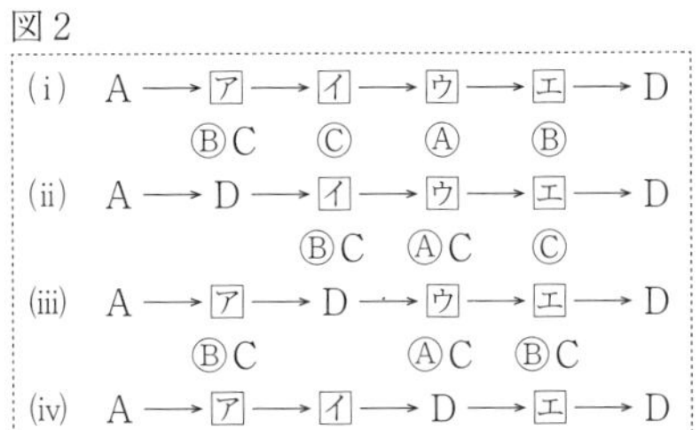

図３

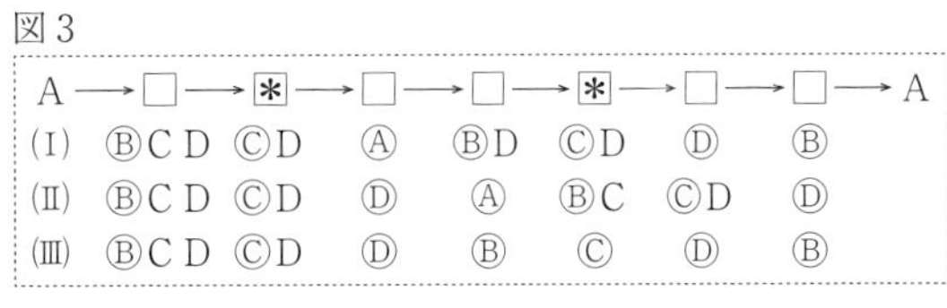

社　会　＜第２回試験＞（45分）＜満点：80点＞

解　答

問１　Ａ　イ　　Ｂ　オ　　Ｃ　エ　　**問２**　ア，イ，ウ　　**問３**　ア　　**問４**　(例)　当時の日本政府は，幕末に欧米諸国と結んだ不平等条約の改正を目指し，日本の近代化を外国に示そうとしていた。この頃に外国人が東京を訪れようとする場合，開港地の横浜から鉄道で新橋へ行き，そこから各国の公使館や築地の居留地へ向かったが，その途中で銀座を必ず目にすることになった。そこで銀座を西洋に似た街並みとして整備することで，日本の近代化を外国人にアピールするねらいがあった。　　**問５**　(例)　競争相手として大型店である百貨店が現れ，多種多様な商品を気軽に手に取って選びながら一度に買いそろえられる便利さで多数の客を引きつける経営を始めた。これに対し，銀座通りの専門店は，高い収入を得ている少数の客を対象に，百貨店には売られていないような高価な輸入品を販売する経営を強化することで生き残りを図った。　　**問６**　エ→ア→イ→ウ　　**問７**　イ　　**問８**　(1)　ユニバーサルデザイン　　(2)　待機児童

解　説

銀座の歴史を題材とした総合問題

問１　各地にある「小京都」と呼ばれる都市は，市内に江戸時代以前の街並みが残り，京都を思わせる景観が見られるのが特色で，かつて城下町であったところが多い。Ａは岩手県の盛岡市。東北地方には「みちのくの小京都」と呼ばれる都市が何か所かあり，青森県の弘前市や秋田県仙北市の角館，秋田県の湯沢市のほか，南部藩の城下町であった盛岡市も豪商の家や土蔵などが残ることから，そう呼ばれる。盛岡駅は1982年の東北新幹線開業時には，その終着駅であった。また，歌人・詩人の石川啄木(たくぼく)や詩人・童話作家の宮沢賢治の出身地としても知られる。Ｂは福岡県の朝倉市。市内の秋月地区はかつて秋月藩(黒田氏の福岡藩の支藩)の城下町として栄えた。秋月の乱は，1876年，熊本県で起きた神風連(じんぷうれん)(敬神党)の乱に呼応して旧秋月藩の士族たちが挙兵したが，政府軍によって鎮圧(ちんあつ)されたできごとである。Ｃは山口県の萩市。毛利氏の城下町だったところで，明治維新で活躍した木戸孝允(たかよし)や伊藤博文の旧宅，松下村塾などが保存されている。松下村塾は，江戸時代末期に吉田松陰(しょういん)が身分に関

係なく若者を教えたことで知られる私塾である。

問２　アの小田原(神奈川県)は東海道，イの高崎(群馬県)は中山道，ウの甲府(山梨県)は甲州道中(甲州街道)の代表的な宿場町で，いずれも城下町である。なお，エの「会津」は会津藩の城下町である会津若松(福島県)のことで，奥州道中(奥州街道)は白河(福島県)を終点としており，会津若松は通っていない。オの日光道中は江戸の日本橋から北に向かい，千住(東京都)や草加・越谷(いずれも埼玉県)などを通ってさらに北上し，宇都宮(栃木県)で奥州道中と分かれて西に進み，日光にいたる街道。水戸徳川家の城下町である水戸(茨城県)は，千住から北東に向かう水戸街道の終点の地であった。

問３　日本における国政選挙の有権者比率は，1890年が1.1％，1902年が2.2％，1920年が5.5％，1928年が20.0％，1946年が48.7％となっており，2017年は80％を超えている(ア…○)。1928年に比率が大きく増えたのは，1925年に普通選挙法が制定されたことにより納税額による選挙権の制限がなくなったからであり，1946年に比率が大きく増えているのは，前年の衆議院議員選挙法の改正により，それまでの「満25歳以上の男子のみ」に代わり「満20歳以上のすべての男女」に選挙権が拡大されたからである。なお，1970年代以降，有権者比率は増え続けている。増加が続いた最大の理由は，少子化の進行により満20歳以上の人口の割合が相対的に増えたためである。なお，2015年の公職選挙法の改正により有権者の年齢が満18歳以上に引き下げられたことで，比率はさらに上がることとなった。

問４　江戸時代末期の1858年，幕府はアメリカなど５か国と通商条約(安政の五か国条約)を結び，江戸と大阪の開市と神奈川(実際には横浜)など５港を開港して貿易を行うことや，開港地の近くに外国人が滞在するための居留地を設けることなどを認めた。この取り決めにより，横浜や神戸などのほか，東京と大阪にも外国人居留地が設けられた。一方，これらの通商条約は日本に滞在する外国人に治外法権(領事裁判権)を認め，日本に関税自主権のない不平等な内容のものであり，それらを改正することは明治新政府にとって最重要課題の１つであった。しかし，1871年，岩倉使節団が欧米に派遣され，最初に訪れたアメリカと条約改正交渉を行ったが，アメリカが日本の諸制度が整っていないことを理由に条約改正に応じなかったこともあり，国内の近代化を進めることは，国力を高めるだけでなく，条約改正のために欠かせないものとなっていった。さらに，東京の場合，築地に居留地が設けられていたが，居留地の周辺は外国人も自由に移動できた(原則として日本人の護衛がついた)ことから，銀座は訪れる機会の多い場所であった。また，1872年に新橋と横浜の間に鉄道が開通したことにより，横浜経由で来日した外国人の多くは，新橋駅から銀座を経由して各国の公使館や居留地に向かうことにもなり，銀座の街並みが外国人の目に触れる機会も多かった。そこで明治政府は，≪資料３≫のロンドンのように銀座を西洋風の煉瓦街として整備することで，日本が近代化していることを諸外国にアピールしようとしたのである。

問５　≪資料５≫からは，関東大震災後に銀座に開業した松坂屋のような百貨店(デパート)は，大型の店舗にさまざまな商品を種類ごとに並べ，客が自由に手に取って商品を選べる陳列販売を行うことで，多くの客を集めようとしていたことがわかる。これに対し，≪資料６≫にあるように，それ以前の明治時代に開業した銀座の専門店では，高級輸入時計や宝飾品，高級輸入服飾品など高価な商品を経済力のある一部の客を相手に商売していた。さらに，≪資料７≫によると，作家の永井荷風は銀座の専門店で靴や洋品の小物などを買うのに，１日で26円や35円を使っているが，≪資料８≫を見ると，当時の会社員の平均月収額が100円未満であった時代には，それがいかに大金であったかがわかる。つまり，百貨店が豊富な品ぞろえで一般庶民を相手に商売していたのに対して，銀座通りの専門店は，輸入品を中心とした高価な品々を富裕層の人々に販売することで，生き残りを図っていたのである。

問６　全て1945年の出来事である。アは４～６月，イは７月26日，ウは８月15日，エは３月10日のことである。よって，年代の古い順にエ→ア→イ→ウとなる。

問７　多くの家々の屋上に給水(貯水)タンクが備えられていることから，沖縄県と判断できる。沖縄県は年間降水量は多いが，サンゴ礁が隆起してできた石灰岩の土地が広がるため，保水力が弱く，降った雨水は短時間で海に流れ出てしまう。また，大きな河川がないため，ダムをつくれる場所も限られている。その結果，水不足になりやすく，昔から断水や給水制限に備えて，屋根の上などに給水タンクが設けられてきた。

問８　(1)　年齢や障がいの有無，国籍，能力などに関係なく，誰でも使いやすいように工夫された製品や施設などの設計，デザインは，ユニバーサルデザインと呼ばれる。身近な例としては，側面に細かいギザギザをつけたシャンプーの容器，右利きの人でも左利きの人でも使えるはさみ，車いすの人でも通りやすいように幅を広くとった駅の自動改札などがあげられる。日本語が読めない人にもすぐわかるように施設の種類などを絵文字(図記号)で表したピクトグラムも，そうしたデザインの一種ということができる。　(2)　保護者が子どもを保育園や学童保育施設などへ入所させようとしても，定員がいっぱいで入所できないケースが各地で多く発生している。「待機児童」と呼ばれるそうした子どもが増えた背景には，働く女性が増える一方で，保育施設の整備が進んでいない現状がある。少子化対策という面からも，国や地方自治体にいっそうの努力が求められている。

理　科　＜第２回試験＞（45分）＜満点：80点＞

解　答

[1] **問１**　$23cm^3$　**問２**　エ　**問３**　24g　**問４**　8cm　**問５**　1.1g　**問６**　ウ　**問７**　イ　[2] **問１**　**名称**…水素　**記号**…ウ　**問２**　0.32g　**問３**　*A*　1.68　*B*　1.78　**問４**　1.14g　**問５**　1.86g　**問６**　0.15g　**問７**　1.25g　[3] **問１**　(例)　消化液にふれる食物の表面積が大きくなり，消化の効率が高くなる。　**問２**　(1)　○　(2)　×　(3)　×　(4)　×　**問３**　じゅう毛　**問４**　ウ　**問５**　十二指腸　**問６**　(例)　右の図　**問７**　(1)　ア　(2)　ア　(3)　ウ　[4] **問１**　ア　**問２**　(1)　**1**　エ　**2**　ア　(2)　(例)　大気の粒子が，太陽光を反射したり，散乱させたりするため。　**問３**　エ　**問４**　ウ　**問５**　イ　**問６**　解説の図を参照のこと。　**問７**　**記号**…オ　**正しい語**…東側

肝臓
胃
胆のう
すい臓
(2)

解　説

[1] 浮力とボーメ計(比重計)についての問題

問１　浮きは，液体中に沈んでいる部分と同じ体積の液体の重さに等しい大きさの浮力がはたらいている。図３のように浮きが浮いているとき，浮きの重さと浮力の大きさがつりあっている。よって，浮きの重さが23gなので，浮きにはたらく浮力の大きさも23gだから，水中に沈んでいる部分

の浮きの体積は，23ｇの重さの水の体積と等しく，23÷１＝23(cm^3)である。

問２　台はかりには，浮きが受けた浮力と同じ大きさの力が加わる。よって，沈んだ深さ(xの値)が９cmまでは断面積の大きい部分が水に入っていくので台はかりの値(yの値)の増え方は大きく，沈んだ深さが９cmをこえると断面積の小さい部分が水に入っていくので台はかりの値の増え方は小さくなる。よって，エが適する。

問３　金属を少し加えたことで，水中に入った部分の体積が，0.5×２＝１(cm^3)だけ増えて，23＋１＝24(cm^3)になる。このとき，浮きにはたらく浮力も１ｇだけ大きくなっているので，浮きＦの重さは，23＋１＝24(ｇ)になったとわかる。

問４　浮きにはたらく浮力の大きさは24ｇだから，食塩水の中に入っている部分の体積は，24÷1.2＝20(cm^3)になる。これは水の場合より，24－20＝４(cm^3)少ないので，水面の位置は，４÷0.5＝８(cm)の目もりのところになる。

問５　砂糖水に入れた場合，水に入れた場合より浮きＦが4.6cm上にあがっているので，浮きＦの砂糖水に入っている部分の体積は，24－0.5×4.6＝21.7(cm^3)である。浮きＦにはたらいている浮力の大きさは24ｇなので，砂糖水１cm^3あたりの重さは，24÷21.7＝1.10…より，1.1ｇと求められる。

問６　Ｂ，Ｃとも，水400ｇに食塩，砂糖をそれぞれ140ｇずつ溶(と)かしているので，濃度(のうど)は等しい。しかし，問４，問５より，密度は異なるため目もりの値も異なっている。よって，ウが適する。

問７　Ａに入っている水の体積は400cm^3，Ｂに入っている食塩水の体積は，(400＋140)÷1.2＝450(cm^3)，Ｃに入っている砂糖水の体積は，(400＋140)÷1.1＝490.90…より，490.9cm^3である。よって，イが選べる。

2　金属と水溶液(すいようえき)，気体の発生についての問題

問１　アルミニウムが塩酸に溶けると，気体の水素が発生する。水素は空気より軽い，無色無臭(むしゅう)の気体で，空気中で点火すると燃えて水ができる。

問２　アルミニウム0.1ｇが塩酸と反応すると125mLの水素が発生している。10mLの塩酸がすべて反応すると400mLの水素が発生するので，塩酸10mLとちょうど反応するアルミニウムの重さは，$0.1\times\frac{400}{125}=0.32$(ｇ)である。

問３　アルミニウムが塩酸と反応して塩化アルミニウムになると，重さが５倍に増えている。この塩酸10mLにアルミニウム0.4ｇを加えると，問２より，0.32ｇのアルミニウムが反応して，0.32×５＝1.6(ｇ)の塩化アルミニウムが生じ，0.4－0.32＝0.08(ｇ)のアルミニウムが残る。よって，Aの値は，1.6＋0.08＝1.68(ｇ)である。アルミニウムの重さを0.5ｇにしたときは，0.4ｇから増やした0.1ｇのアルミニウムは反応せず残るので，Bの値は，1.68＋0.1＝1.78(ｇ)となる。

問４　塩酸10mLがすべて反応したときに発生する水素の体積は，亜鉛(あえん)の場合も400mLで変わらない。よって，塩酸10mLとちょうど反応する亜鉛の重さは，$0.1\times\frac{400}{35}=1.142\cdots$より，1.14ｇである。

問５　亜鉛が塩酸と反応して塩化亜鉛になると，重さが２倍に増えているので，塩酸10mLが亜鉛1.14ｇとちょうど反応して塩化亜鉛になると，固体の重さは，1.14×２＝2.28(ｇ)になる。よって，残った固体の重さが３ｇのときに，反応せずに残った亜鉛は，３－2.28＝0.72(ｇ)だから，用いた亜鉛の重さは，1.14＋0.72＝1.86(ｇ)である。

問６　混合粉末0.4ｇがすべて亜鉛粉末だとすると，すべて溶けたときに発生する気体の体積は，$35\times\frac{0.4}{0.1}=140$(mL)である。これは実際に発生した気体の体積より，275－140＝135(mL)少ない。

0.4ｇのうち0.1ｇをアルミニウム粉末にかえるごとに，発生する気体の体積は，125－35＝90(mL)ずつ増えるので，混合粉末中のアルミニウム粉末の重さは，0.1×135÷90＝0.15(ｇ)と求められる。

問７　0.15ｇのアルミニウムが塩化アルミニウムになると，0.15×５＝0.75(ｇ)になる。また，0.4－0.15＝0.25(ｇ)の亜鉛が塩化亜鉛になると，0.25×２＝0.5(ｇ)になる。よって，残る固体の重さは，0.75＋0.5＝1.25(ｇ)である。

3　消化と吸収のはたらきについての問題

問１　そしゃくして食物の大きなかたまりを小さくすることで，食物の表面積が大きくなり，消化液にふれる面積が大きくなるので，食物が消化されやすくなる。

問２　食物を飲み込む動作は意識的に行われるので，飲み込むときに使われる筋肉は意識的に動かすことができる。しかし，ヒトのからだをつくっている筋肉のうち，食道，胃，小腸，大腸などの消化器官の筋肉や，心臓の筋肉などは意識的に動かすことはできない。

問３　小腸の内側の壁はひだ状になっていて，表面は無数のじゅう毛でおおわれている。じゅう毛があることで表面積が大きくなり，効率的に消化・吸収を行うことができる。

問４，問５　小腸のはじめ25cmほどの部分は十二指腸とよばれている。十二指腸には，すい臓からすい液が，胆のうから胆汁がそれぞれ分泌される。

問６　肝臓から出る総肝管は，胆のうから出る胆のう管と合流して総胆管となり，十二指腸につながっている。また，すい臓からはすい管が伸びて，十二指腸につながる直前で総胆管と合流する。このようすを表すと解答の図のようになる。

問７　胃から十二指腸にかゆ状液が入ってくると，それらを消化するため，十二指腸にすい液や胆汁が分泌される。このとき，胃の中には食物が少なくなるので，胃液の分泌はおさえられる。

4　影についての問題

問１　月食では，月のかがやいている部分とかげになっている部分の境界が月の満ち欠けとはちがいはっきりせず，ぼんやりして見える。よって，アが選べる。なお，イ～エは月の満ち欠けのときに観察されるようすである。

問２　(1)　地球影は，地球の影が大気にうつる現象なので，地球影が観察されるとき，太陽は地平線の少し下にある。また，太陽の反対方向の地平線上に見えるから，日の出前の西の空や日の入り後の東の空の地平線に近い部分がうす暗く見える。　(2)　大気中には水蒸気やチリなどの細かい粒子などが含まれていて，これらの粒子に光が当たると反射したり，いろいろな方向に散ったりする(散乱)。そのため，光が当たっているところは明るく，光が当たらないところは暗くうつって見える。

問３　木星など惑星の表面に影をつくるのは，主にその惑星の衛星である。よって，木星の衛星の１つであるエウロパが選べる。

問４　１日のうち，水平な地面に垂直に立てた棒の影の長さが最も短くなるのは太陽が南中したときであり，このとき影の長さと棒の長さが等しくなるのは，太陽の南中高度が45度の日である。東京(北緯36度)での太陽の南中高度は，春分の日(３月21日ごろ)・秋分の日(９月23日ごろ)では，90－36＝54(度)，冬至の日(12月22日ごろ)では，90－36－23.4＝30.6(度)なので，南中高度が45度になるのは冬至の日と春分の日の間，もしくは秋分の日と冬至の日の間になる。よって，ウの10月中旬が適する。

問５　地面は太陽からの熱の放射によって温められ，地面の熱がその上の空気に伝導し，空気が対流して気温が上がる。そのため，影の部分の地面の温度が日なたより低くなるのは，太陽の放射熱がさえぎられるからである。よって，イが誤り。

問６　最も短い影は，太陽が最も高くなったとき，すなわち，太陽が南中したときにでき，建物の北側の辺から真北に100mの長さまで伸びる。また，この日は春分の日なので影の先端は東西方向の直線上を動く。さらに，図１より，９時46分の太陽の方位は北から時計回りに135度の方位(南東)なので，建物の影は北西に伸び，13時49分の太陽の方位は北から225度の方位(南西)なので，建物の影は北東に伸びる。建物の南北の辺の長さは２マス分(40m)であることに注意して図に示すと，右の図のようになる。

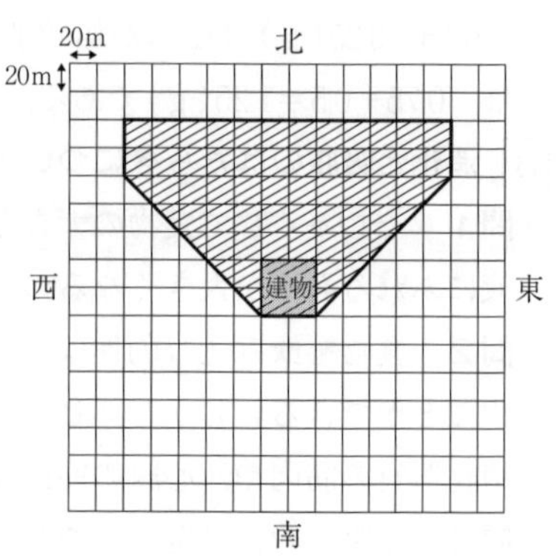

問７　日本標準時を用いたとき，同じ時刻では青森の方が鹿児島よりも東に位置しているので，太陽が西寄りに見える(太陽の南中は鹿児島の方が遅い)ので，青森で見られる影は，鹿児島よりも東側にかたよった形になる。

国　語　＜第２回試験＞（50分）＜満点：120点＞

解　答

一　**問１**　エ　**問２**　イ　**問３**　エ　**問４**　ウ　**問５**　ア　**問６**　枠組み　**問７**　イ　**問８**　ウ　**問９**　ウ　**問10**　エ　**問11**　ア　**問12**　イ　**問13**　(例)　(自分に対して)関係のない誰かが勝手なイメージを決めつけて言い立ててくることにあらがったり，ありのままの自分でいることを貫いたりすることができる強さを持ちたい(という気持ち。)

二　**問１**　下記を参照のこと。　**問２**　ウ　**問３**　イ　**問４**　ウ　**問５**　ア，エ　**問６**　イ　**問７**　ア　**問８**　(例)　(リカちゃん人形は)幼くてかわいい容姿をしていて，日本では未熟さやあどけなさに魅力を求めるのに対して，バービー人形は成長していてしっかりした容姿であり，欧米では成熟に魅力を求めていることがわかる(ということ。)　**問９**　エ　**問10**　ア

●漢字の書き取り

二　**問１**　a　作用　b　危険　c　不可欠　d　反映　e　元祖

解　説

一　**出典：村上雅郁「タルトタタンの作り方」(『きみの話を聞かせてくれよ』所収)**。ケーキを焼くのが好きなために祇園寺先輩と話す機会を得た「ぼく」は，先輩が自分と似た悩みを抱え，息苦しさを感じてきたことを知る。

問１　祇園寺先輩が，名前は「ウサギ」(羽紗)でも「男勝り」で「ライオンみたい」だと言われてきたと話すのに対し，「ぼく」はうなずき，自分も似たことを言われると明かしている。周りからの印象と自分の名前との開きを指摘されるという経験談に「ぼく」が共感したことがわかるので，

エが正しい。

問２　「今まで作りあげてきた」自分のイメージにこだわってばかりで「自由」には見えないと言われた祇園寺先輩は，昔は誇らしかった「自分のイメージ」も今では「呪いみたいなもの」だと言ってかなしそうに笑っている。“自分らしさ”にとらわれている自覚はあるものの，かといってそのイメージを打ち破るのも容易ではないと実感していることが読み取れるので，イが合う。

問３　続く部分には，祇園寺先輩がタルトタタンを喜んで食べた後，「やっぱり羽紗ちゃんも女の子なんだ」と「あの子」が発言したことが書かれている。男子相手にけんかする，強くて「こわい」印象すらあった「羽紗ちゃん」にも，ケーキを好むという“女の子らしい”一面があるのだと「あの子」はとらえ，その点は自分と同じだと感じて安心したことが想像できる。よって，エがふさわしい。

問４　続く部分で祇園寺先輩は，「あの子」の言葉がきっかけで「あまいもの」や「女の子らしいとされるもの」から距離を置くようになったと話し，「やっぱり女の子」なんだとは言われたくないと発言している。ケーキと「女の子らしさ」を結びつける発想に衝撃を受けた先輩が，女子であっても「女子らしさ」にとらわれない自分を守ろうとしたことが読み取れるので，ウがよい。

問５　祇園寺先輩の過去を知った「ぼく」の頭の中では，先輩が言われた言葉と，自分が今までに周りから言われた言葉が交互に響いては消えている。性別こそ異なるものの，周りから受けてきたあつかいがよく似ている先輩の苦悩に「ぼく」の心が共鳴していることがわかるので，アが合う。

問６　続く部分で先輩たちは，人は「わからないもの」に出会うと，わかりやすい「枠組み」に落としこもうとすると話している。祇園寺先輩は，「女の子らしさ」という枠組みから自由でいるために「ボーイッシュ」なイメージを守ってきたが，それに固執するあまり，今では「ボーイッシュな女子らしさ」という枠組みに縛られていると指摘されている。

問７　長らく避けてきた因縁のタルトタタンを食べた祇園寺先輩は，「こんなおいしいのに」，「ばかみたい」と泣きそうな声でつぶやき，なにかを考えこんでいる。「女の子らしさ」の押しつけをおそれるあまり，おいしいと思ったタルトタタンも一切食べないほど“自分らしさ”にこだわってきた自分自身のこれまでに思いをはせていると想像できるので，イがよい。

問８　黒野先輩は，祇園寺先輩と「ぼく」のやりとりを聞きながら，言葉に迷う「ぼく」に助け舟を出したり，話の流れに沿って人間の本質を指摘したりしている。黒野先輩が，公平な視点を持つ賢明な人物として描かれていることがわかるので，ウがふさわしい。

問９　前の部分で「ぼく」は兄の龍一郎について，「文武両道の優等生」である兄は「自分の道を行け」といつも言うが，「ぼく」の歩く「道のけわしさ」は知らないだろうと考えている。裏を返せば，「ぼく」自身も兄が見ている景色はわからず，「おたがい」さまであることが読み取れるので，ウが正しい。

問10　タルトタタンがきっかけで過去の経験や自分らしさへの思いを打ち明けた祇園寺先輩は，「ぼく」に感謝を伝えたものの，「もっと先輩と話がしたい」という「ぼく」のメッセージには返信できずにいる。先輩と「ぼく」は似た悩みを抱えているが，今まで「思いつめ」てきたことを再び会ってさらに深く話してよいものか，先輩は軽い気持ちで約束ができずにいると考えられる。よって，エが合う。

問11　祇園寺先輩の家からの帰り道で会ったクラスメイトの女子たちは，「ぼく」からただようケーキのあまいにおいを茶化してはしゃいでいる。これに対し「ぼく」は，女子が「断りもなく頭をなでてくる」不快感と，思いつめて「泣きそうな祇園寺先輩」の記憶を自分の中で重ねている。偏見の押しつけに悩む先輩の話の余韻がさめないうちに，ありがちな偏見で人を「わかった気」になり「無邪気に」笑ってくる女子たちを目のあたりにし，「ぼく」が苦々しく感じていることが想像できる。よって，アが選べる。

問12　祇園寺先輩の家を出た直後の「ぼく」は，先輩との会話をふまえ，自分たちは「自分のままでいたいだけ」であり，それについて「関係のない」人に「勝手なこと」を言われたくないと結論づけている。女子たちに対しても，このような心のさけびをぶつけたと考えられるので，イがよい。

問13　祇園寺先輩と話す前の「ぼく」は，兄と違って自分は，自分の道を進むことに「人がなんて言おうと関係ない」とは言えないと感じてきた。しかし，先輩との会話を経て，自分が自分であることに「勝手な名前をつけられ」たり文句を言われたりしたくないという気持ちが確固としたものになり，クラスメイトの女子たちにも思いをぶつけている。「ぼく」は，ありのままの自分として生きるため，必要なら周りとの衝突もおそれない強い人になろうと決意したことが読み取れる。

二　**出典：山口真美「『かわいい』のマジックはどこにある？」（「UP」2023年10月号掲載）**。筆者は「かわいい」という言葉の力や，関連する日本の文化について，動物界や海外文化とも比較しながら論じている。

問1　a　何らかの力がはたらくこと。　b　災難や苦痛がふりかかるおそれがあること。　c　なくてはならないこと。　d　別のものの影響が表れること。　e　起源となるもの。

問2　筆者は，「かわいい」と言うと動物たちの態度が好意的になる「ように感じられ」ると述べた後，実際には「かわいい」と言った本人に「幸せホルモン」が分泌されて，声や動作から「動物を警戒させる雰囲気」が消えるなどの形で「自分自身に効く」のだろうと分析している。よって，ウが合う。

問3　前の部分では，動物社会で成長して「オトナ」になっても体が小さかったり瞳がつぶらだったりと「未成熟な性質が残る」ことを「ネオテニー」と呼び，その外見の幼さが人間にとっては「かわいく見える」ことが書かれている。よって，イがふさわしい。

問4　続く部分で筆者は，ローレンツの研究によると「本能」とは生物が「生きるために」とる行動であり，生物に「生まれつき備わっている」ものであることや，「外界」の「刺激」によって引き起こされるしくみであることなどを説明している。よって，ウが正しい。

問5　続く部分には，親鳥が来ると口を大きく開けるというヒナの行動を調査した結果が書かれている。ヒナは「くちばしの形に反応する」とあるので，エがよい。また，実際の親よりも，「特徴を誇張した模型」に「強く反応した」と述べられているので，アも正しい。

問6　前の部分には，人間は子どもの特徴を示す「ベビースキーマ」を見ると「保護したくなる欲求」を感じるようにできており，その性質はぬいぐるみやキャラクターなどの「商品にも生かされ」，「誰にも愛される」ものがつくられているとある。このように，人間が子どものような外見に魅力を感じる性質を生かした商品づくりの一例として，筆者は「機械や車」にも言及したと考えられるので，イが合う。

問7　前の部分で筆者は，かわいらしさを志向する日本文化は海外でも「広く受け入れられて」おり，「興味深い」と述べている。一方で，欧米や韓国では「子どもっぽいかわいさ」は必ずしも

「よいもの」ではなく，「多少の軽蔑や否定」のニュアンスがある形容だとも述べられている。よって，アが正しくない。

問８　続く部分には，「リカちゃん人形」が「幼く従順そう」な容姿であるのに対し，「バービー人形」は顔もスタイルも「大人」に近く，「しっかりした」印象だとある。これは，「未熟さやあどけなさ」に魅力を求めるか，「成熟」に求めるかという日本と欧米の「好みの違い」の表れだと筆者は述べている。

問９　筆者は二つの研究によると，「子どもっぽい顔」には「正直」さや「優し」さのほか，「身体的に弱」い印象もあり，「リーダーにはふさわしくないと判断され」がちなことや，「未熟でしっかりしていない」，「うっかり犯罪に巻き込まれる」などと思われることを説明している。よって，エが正しい。

問10　本文を通じて筆者は，「かわいい」という言葉の力や，人間が本能として感じる魅力などを論じている。一方で，現代社会において「かわいい」という言葉の意味は「錯綜して」おり，相手の気分を害する可能性があることや，海外ではネガティブな印象を与えうることも書かれている。よって，アがよい。

Memo

2023年度 海城中学校

【算　数】〈第１回試験〉(50分)〈満点：120点〉

注意　１．分数は最も簡単な帯分数の形で答えなさい。

２．必要であれば，円周率は3.14として計算しなさい。

1　次の問いに答えなさい。

(1)　$\left\{1\frac{1}{63}\div\left(6\frac{5}{21}-5\frac{6}{7}\right)+2\frac{11}{15}\right\}\times\frac{10}{27}-2.75\times\frac{1}{11}$ を計算しなさい。

(2)　5880の約数の個数を求めなさい。

(3)　Ｋ中学１年生320人の通学時間を調べてみたら，片道１時間以上かかる人は，東京都に住んでいる人の15％，東京都以外に住んでいる人の35％で，合わせて60人いました。東京都以外に住んでいる人で片道１時間未満の人数を求めなさい。

(4)　３％の食塩水［　ア　］gと８％の食塩水［　イ　］gを混ぜると，6.2％の食塩水が100gできます。［ア］と［イ］にあてはまる数を求めなさい。

(5)　右の図のような位置に三角形ABCがあります。この三角形ABCを直線ADのまわりに１回転させるとき，三角形ABCの面が通過してできる立体の体積を求めなさい。必要であれば，円すいの体積は(底面積)×(高さ)÷３で求められることを使いなさい。

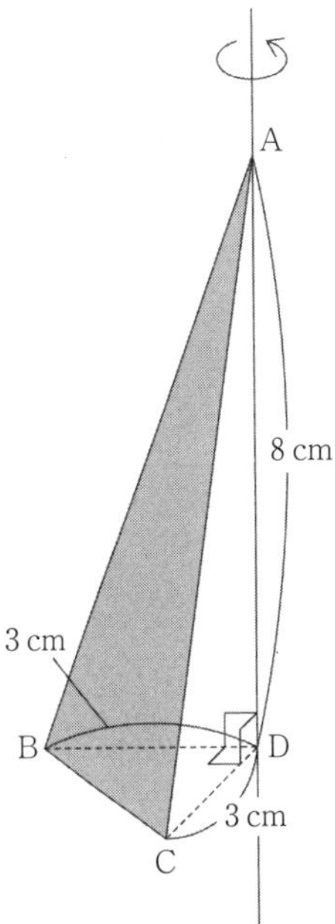

2　100以上200以下の整数について，次の問いに答えなさい。

(1)　６で割り切れない整数は何個ありますか。

(2)　６で割ると４余る整数の和を求めなさい。

(3)　６で割り切れない整数の和を求めなさい。

3　図のような三角形ABCにおいて，辺ABのまん中の点をD，辺BCを２：５に分ける点をE，辺CAを１：３に分ける点をFとし，AEとDFの交わった点をGとします。

(1)　三角形AEFと三角形ABCの面積の比を最も簡単な整数の比で求めなさい。

(2)　DG：GFを最も簡単な整数の比で求めなさい。

(3)　AG：GEを最も簡単な整数の比で求めなさい。

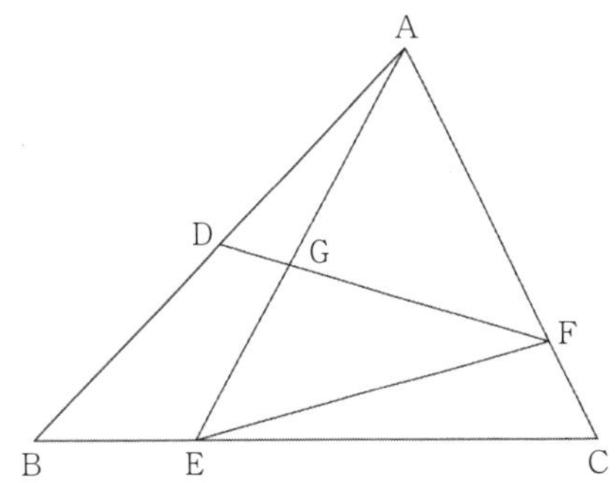

4　右の図のような，長方形と正方形とおうぎ形を使ってかいた図形を考えます。

半径１cmの円が，この図形の辺や弧（こ）からはなれることなく図形のまわりを１周します。

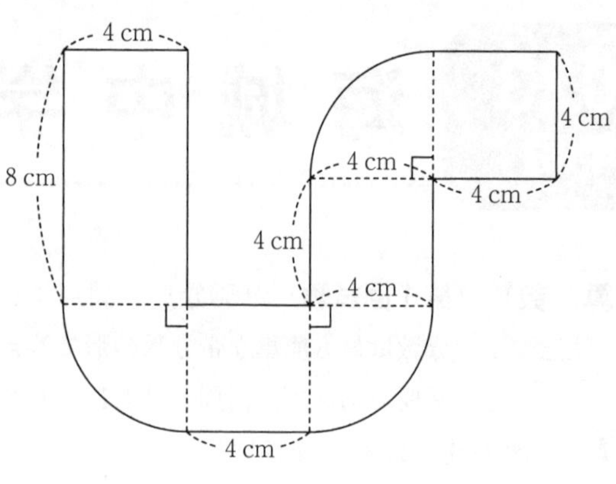

(1)　円が図形の外側を１周するとき，円の中心の点Pが通ってできる線の長さを求めなさい。

(2)　円が図形の内側を１周するとき，円が通過する部分の面積を求めなさい。

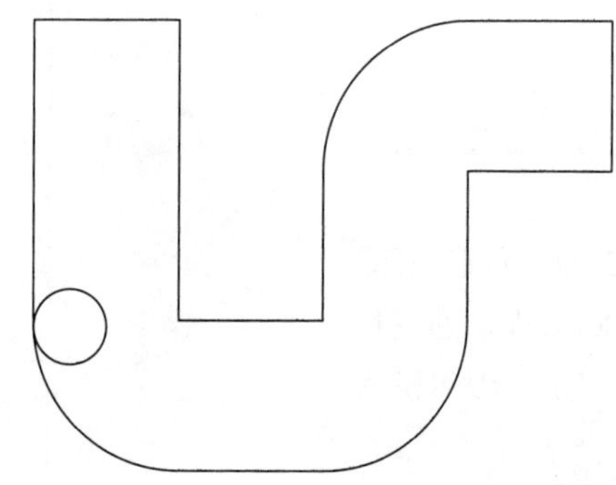

5　２つの鏡ＬとＭではさまれた区域があります。ＬとＭがつくる角の大きさはxです。図のように，光線はＬと平行に入ってきて，鏡に反射して直進します。ただし，光線が鏡に反射するときには，図のように角アと角イが等しくなります。

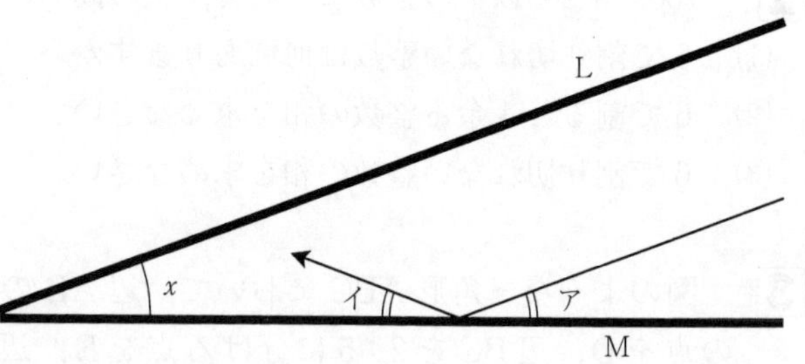

(1)　xが30°のとき，光線は鏡に何回か反射して，ＬとＭのどちらかと平行に出ていきます。それは何回で，ＬとＭのどちらと平行ですか。

(2)　xが20°のときも，光線は鏡に何回か反射して，ＬとＭのどちらかと平行に出ていきます。それは何回で，ＬとＭのどちらと平行ですか。

(3)　光線が，鏡に何回か反射してＬと平行に出ていくのは，xが次のうちどの角度のときですか。すべて選んで○で囲みなさい。

5°　　15°　　25°　　35°　　45°　　55°　　65°　　75°　　85°

6　mとnはともに３以上の整数で，mはnより大きいとします。横m個，たてn個の$m\times n$個のマスに，左上から時計回りの渦巻(うずまき)状に，１から$m\times n$までの整数を順に書いていきます。このように作られる表を表[m，n]と表すことにします。

例えば，表[4，3]は右のようになります。

1	2	3	4
10	11	12	5
9	8	7	6

また，表[m，n]の左からa個目，上からb個目のマスに書かれた数を(a，b)と表すことにします。

例えば，表[4，3]における(2，3)は８です。

(1)　表[8，7]における(4，3)を求めなさい。

(2)　(2，2)が27となる表[m，n]は何通りありますか。

(3)　ある表[m，n]における(1，1)，(2，2)，(3，3)，(4，4)は順に，１，31，53，65でした。このとき，mとnの値を求めなさい。

【社　会】〈**第１回試験**〉（45分）〈満点：80点〉

問題　次の文章をよく読んで，あとの問いに答えなさい。

伊能忠敬といえば，日本で最初に測量をして日本地図を作成した人物として，小学校の教科書に出てきます。しかし，①1821年に完成した《**資料１**》『大日本沿海輿地全図』（以下，伊能図）は，幕府が国防のために秘蔵とし，人々の目にふれることはありませんでした。一方，江戸時代の後半にもっとも社会に普及したとされるのは，長久保赤水が作成した《**資料２**》『改正日本輿地路程全図』（以下，赤水図）です。すでに作成されていた各地の地図を編集し，文献調査や，旅人や知人から得た情報をもとに20年以上かけて1779年に完成させました。伊能図の完成より40年以上も前に完成した赤水図は，最初は約4200の地名を記載し，その後少なくとも５回以上，情報を追加しながら出版されました。

明治時代になると，日本の公式の地図作成は②陸軍がおこなうようになります。ヨーロッパの近代的な測量技術を取り入れ作成した地図の一種で，等高線などの地形や土地利用などが記された地図を地形図と呼び，③大正時代には全国を掲載範囲としました。④戦後は，⑤日本の公的な機関である国土地理院が地形図作成を担い，衛星画像や航空写真，測量の結果をもとに，職員が建物の形をなぞったり，表現方法を工夫したりして地形図を作成し，約５～10年程度で更新しています。

インターネットが普及するようになると，ウェブサイト上の地図（以下，デジタル地図）も充実していきます。国土地理院は「地理院地図」という⑥日本全国の地形図のデジタル版をウェブ上で無料公開しています。また，現在と⑦昔の地形図を並べて表示できる「今昔マップ on the web」というサイトが研究者によって無料公開されています。かつては，大都市の大型書店や国土地理院で入手していた地形図を，いつでもウェブ上で他の情報と重ね合わせてみられるようになりました。

デジタル地図は，地図をみることだけでなく，一般の人々が地図の編集や作成，共有することも可能になりました。そうした中，注目されているのが，オープンストリートマップ（Open Street Map.　以下，OSM）です。OSM は全世界対象の地図作成・編集プロジェクトで，「地図版のフリー百科事典」ともいわれます。OSM は世界中の誰もがインターネット上で参加することができ，利用費用が無料です（デジタル地図としては，Google 社の「Google Map」などが有名ですが，多くの場合，商業利用には登録や費用が必要となります）。地図データの作成や編集をするアカウント登録数は，2021年５月時点で7500万を超えています。GPS で計測した位置情報や，公開されている衛星画像や航空写真をコンピュータ上でなぞって作成した地図データを⑧世界中の人々が協力して提供，編集しています。確かに，OSM にはフリー百科事典と同様で，誤った情報や特定の立場の主張や差別的な表現が載ってしまうという問題もあります。しかし，長所が評価されて海外では多くの企業が OSM を利用しています。比較的身近な例では SNS や位置情報ゲームの「ポケモン GO」があげられます。さらに，一般市民が地図作成に参加する⑨デジタル地図の特徴は災害時にも活かされ，クライシスマッピングという災害時に地図作成をおこなうボランティアまで存在します。

《画像》 OSM を編集している画面の一部

(©GIS Open Educational Resources WG, CC BY-SA 4.0 https://gis-oer.github.io/gitbook/book/materials/26/26.html，Open Street Map より)

このように，近年では，紙の地図に加えてデジタル地図も普及してきました。また，自動車の自動運転やドローンの活用を見据え，人ではなく機械が使うための3Dの地図が求められる動きもあります。今後は，紙の地図とデジタル地図のどちらが主流になるか議論になるかもしれませんが，この２つはあくまで地図の表現上の違いであり，そのもととなる地図の作成や利用のされ方にこそ注目すべきなのです。ウェブ上で容易に大量の情報を取得し，それらを共有できるこれからの時代では，常に世界中の市民がもつ大量で多様な情報や知識を地図に表現し，利用しあえる「場」がより重要になっていくのかもしれません。

問１．下線部①に関連して，次の問いに答えなさい。

(1) 次の文章は，伊能図と赤水図を見た生徒と先生の会話です。

> 生徒：現代の地図とほとんど形が変わらない日本地図を作った伊能忠敬は本当にすごいですね。ぼくが当時の人だったら赤水図よりも伊能図の方を使いたいと思います。
>
> 先生：そうですね。ただし赤水図がすべての面で劣っていたわけではないようですよ。もし，当時伊能図が人々に公開されていたとしても，伊能図の方が赤水図よりも普及していたとは断言できません。

先生が波線部のように発言するのはなぜでしょうか。**《資料１》**・**《資料２》**を参考に，江戸時代後半の人々の暮らしの変化や，伊能図と比べたときの短所にもふれながら，赤水図の長所について150字以内で説明しなさい。

《資料１》　伊能図の一部

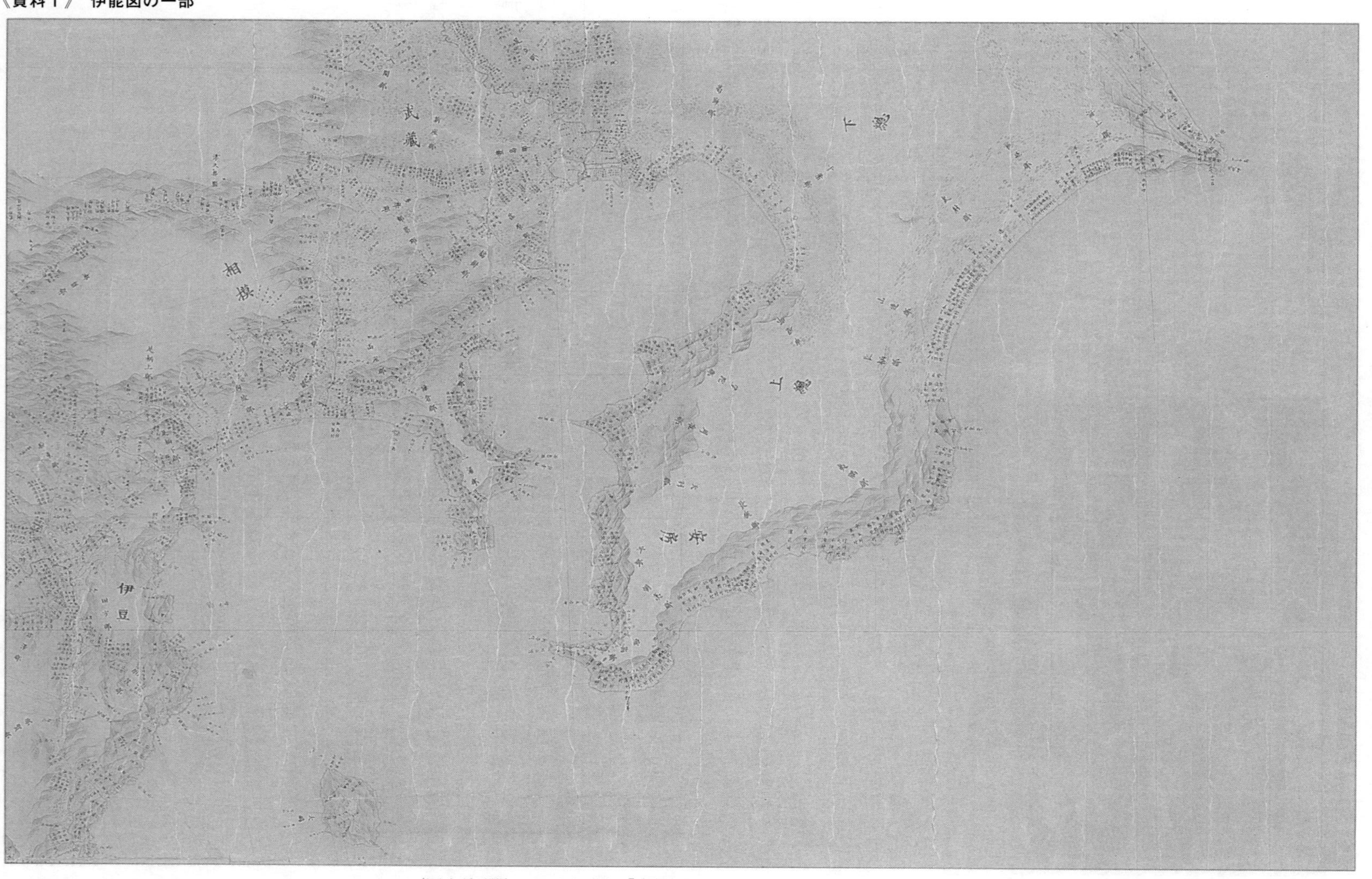

（国土地理院ウェブサイト「古地図コレクション」https://kochizu.gsi.go.jp/items/167?from=category,10,index-table より）

《資料２》　赤水図の一部

（高萩市・高萩市教育委員会「改正日本輿地路程全図　第二版　原寸大レプリカ」より）

(2) 伊能たちの測量事業は，幕府の支援(しえん)や許可があったとはいえ，必ずしも順調に進んだわけではありませんでした。伊能が記した次の文章から読み取れることがらとして，もっともふさわしいものを，下の**ア**～**エ**から１つ選び，記号で答えなさい。

> 「(村の代表者に)村の石高(こくだか)(米の取れ高)や家の数などを問いかけたが，『殿様(とのさま)(領主)からは何の指図もない』といって答えようとしない。また，山や島のことを問いかけたが，答えない。やっと，これから測量をしようとする村の名前を聞けただけだった。」
>
> (伊能忠敬『測量日記』第６巻をもとに，やさしく書き改めました)

ア．村の代表者は，幕府が藩を支配している事実をよく知らなかった。そのため，幕府をうしろだてにした伊能たちであっても村の事情を教えたがらなかった。

イ．藩の領地の問題は，その地域をおさめる藩に権限があった。そのため，村の代表者は幕府をうしろだてにした伊能たちであっても村の事情を教えたがらなかった。

ウ．村の代表者は，座などで話し合い自分たちの村は自分たちで守るという意識でいた。そのため，幕府であろうが，大名であろうが，村の事情を伊能たちに教えたがらなかった。

エ．藩の土地からの年貢(ねんぐ)の取り立ては，藩の家臣たちがおこなった。そのため，村の代表者は自分たちの住む村の全体像をよく知らず，伊能たちに村の事情を教えられなかった。

問２．下線部②に関連して，次の図版**ア**～**オ**は，日本の歴史上の戦いに関係するものです。その戦いを古い時代から新しい時代に順番に並べたとき，**２番目**と**４番目**にあたるものをそれぞれ選び，記号で答えなさい。

ア．

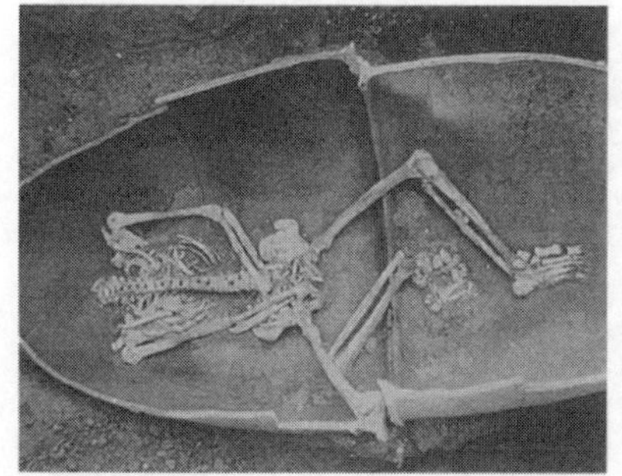

イ．

ウ．

エ．

オ．

(ア，オは『小学社会６』(教育出版)，ウ，エは『新しい社会６歴史編』(東京書籍)，イは『小学社会６年』(日本文教出版)より)

問３．下線部③に関連して，**《資料３》**は1912年から1945年までの日本の輸出入額の変化を示すグラフです。このグラフをふまえて，日本の輸出入額の変化について述べた文として，適当なものを下の**ア**～**エ**から１つ選び，記号で答えなさい。

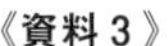
《資料３》

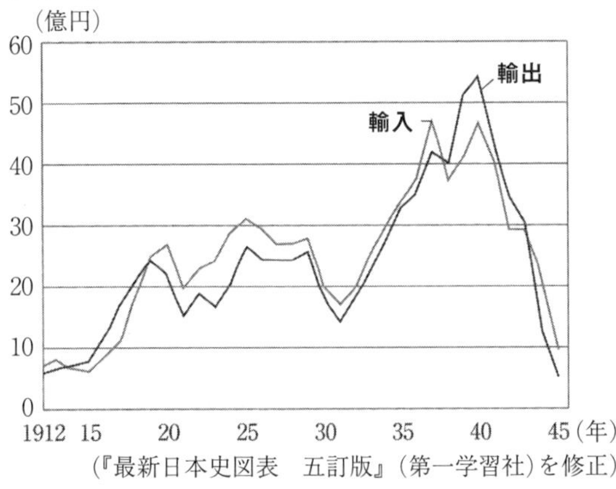

(『最新日本史図表　五訂版』(第一学習社)を修正)

ア．第一次世界大戦中，日本製品が海外で売れたことで，輸出額が輸入額を上回った。

イ．第一次世界大戦後，日本国内の産業が発展したことで，輸出額が輸入額を上回った。

ウ．満州事変の発生後，満州の工業力を手に入れたことで，日本の輸出額は輸入額を超えて急成長した。

エ．太平洋戦争の開始後，支配地域が拡大したことで，日本の貿易額は輸出・輸入ともに急成長した。

問４．下線部④に関連して，**《資料４》**は，日本における1960年から1980年にかけての，エアコン(クーラー)・カラーテレビ・自転車・自動車・白黒テレビ・電気洗濯機(せんたくき)・電気冷蔵庫のそれぞれの普及率の変化を示した図です。図とそれに関する説明を読み，図中の**F**にあてはまるものを次のページの**ア**～**キ**から１つ選び，記号で答えなさい。

《資料４》

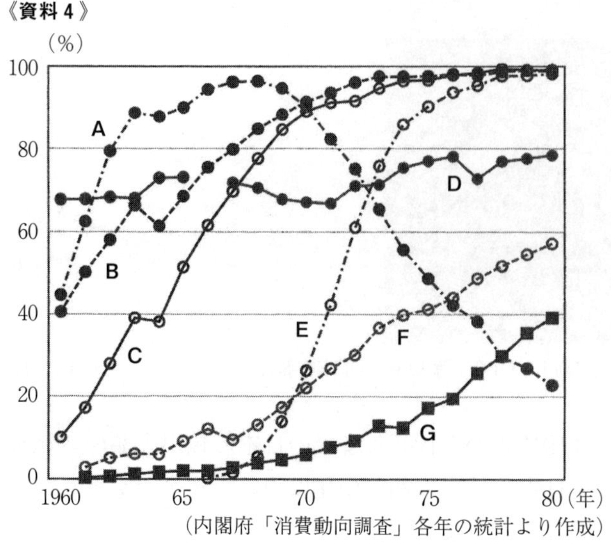

・**A**と**B**と**C**は「三種の神器」と呼ばれ，高度経済成長期に普及した。
・**F**と**G**の2022年現在の普及率は，**F**が80.6%，**G**が91.8%である。

※すべて一般家庭を対象とした普及率で，企業などは含まない
※1960－1963年の統計は都市部のみ，1964年以降は全国を対象とした普及率
※**D**の1966年はデータなし

(内閣府「消費動向調査」各年の統計より作成)

ア．エアコン(クーラー)　**イ**．カラーテレビ
ウ．自転車　**エ**．自動車
オ．白黒テレビ　**カ**．電気洗濯機
キ．電気冷蔵庫

問５．下線部⑤に関連して，以下に示す日本国憲法の条文の空欄(A)にあてはまる公的な機関を漢字で答えなさい。

> この憲法の改正は，〔中　略〕，（　A　）が，これを発議し，国民に提案してその承認を経なければならない。

問６．下線部⑥に関連して，次の表はある三つの県における中学校数(2022年)，鉄鋼業出荷額(2019年)，米の生産量(2021年)を示しており，表中のX～Zは，鹿児島県，千葉県，宮城県のいずれかです。X～Zにあてはまる県の組み合わせとして正しいものを，下の**ア**～**カ**から１つ選び，記号で答えなさい。

	X	Y	Z
中学校数	203	223	388
鉄鋼業出荷額(億円)	338	69	1,782
米の生産量(t)	353,400	89,100	277,800

(文部科学省「学校基本調査」，経済産業省「産業別統計表」，農林水産省「作物統計調査」より作成)

	ア	**イ**	**ウ**	**エ**	**オ**	**カ**
X	鹿児島県	鹿児島県	千葉県	千葉県	宮城県	宮城県
Y	千葉県	宮城県	鹿児島県	宮城県	鹿児島県	千葉県
Z	宮城県	千葉県	宮城県	鹿児島県	千葉県	鹿児島県

問７．下線部⑦に関連して，８世紀に当時の朝廷が各地の土地や地形・自然，そこに暮らす人びとの生活に関する情報をまとめさせた書物を答えなさい。

問８．下線部⑧に関連して，日本政府はさまざまな経験や技能をもつ日本人を発展途上国(とじょうこく)などに送り，現地の人びとの生活の改善や発展を手助けする活動をおこなっていますが，このような国際協力を支えている国内の機関としてもっとも適当なものを次の**ア**～**エ**から１つ選び，記号で答えなさい。

ア．ＪＡ(ジェイエー)
イ．JAXA(ジャクサ)
ウ．JICA(ジャイカ)
エ．ＪＯＣ(ジェイオーシー)

問９．下線部⑨に関連して，次の問いに答えなさい。

(1) 2010年１月12日のハイチ大地震(おおじしん)の際にはOSMが避難や救助，復旧などに大きく役立ちました。OSMが役立った理由について，**本文**と《**資料５**》を参考に，OSMの作成過程や特徴にふれながら，70字以内で説明しなさい。

《資料５》 2010年のハイチ中心部におけるOSMの変化

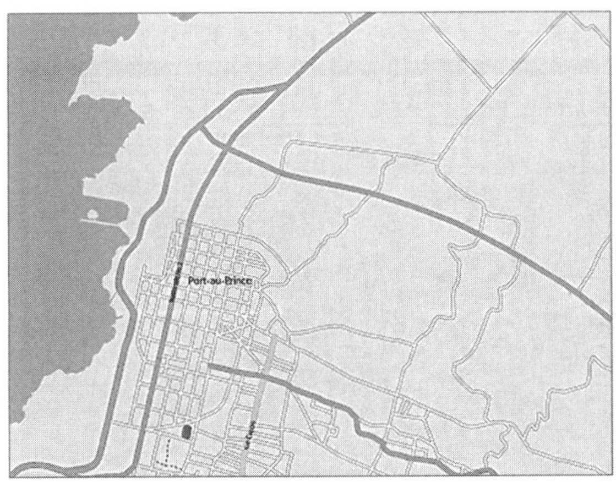

2010年１月６日

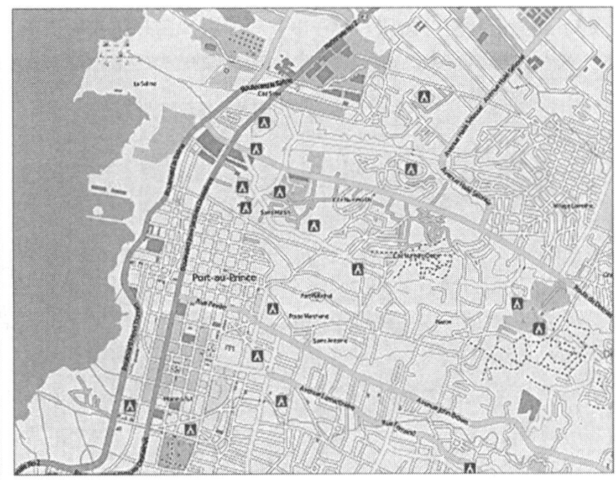

2010年１月13日

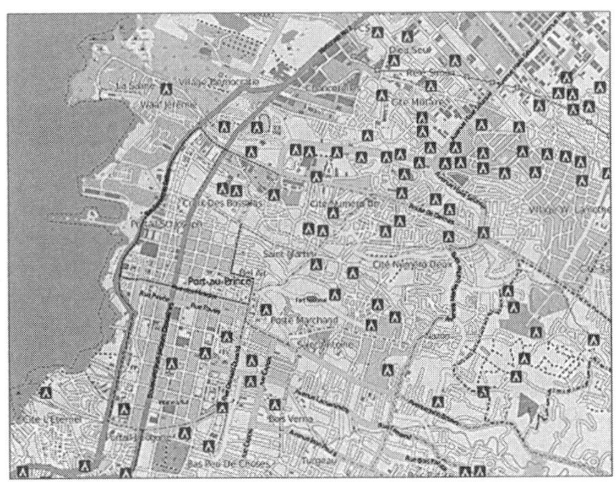

2010年１月21日

(Geofabrik ウェブサイト http://labs.geofabrik.de/haiti/old-png-images-documenting-mapping-effort/port-au-prince-animation.gif，Open Street Map より)

(2)　ハザードマップは，ウェブサイト上で閲覧（えつらん）することが増えてきましたが，紙で提供されることにも利点があるといわれています。紙のハザードマップがもつ長所を，**本文**と**《資料６》**・**《資料７》**・**《資料８》**をふまえて，130字以内で説明しなさい。

《資料６》　インターネットの年代別の利用率

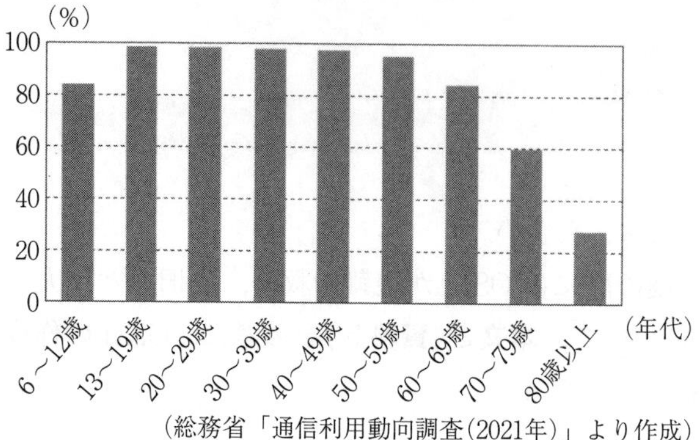

(総務省「通信利用動向調査(2021年)」より作成)

《資料７》　新宿区の紙版ハザードマップと，同じ縮尺で表示したスマートフォン上のハザードマップ(右下)

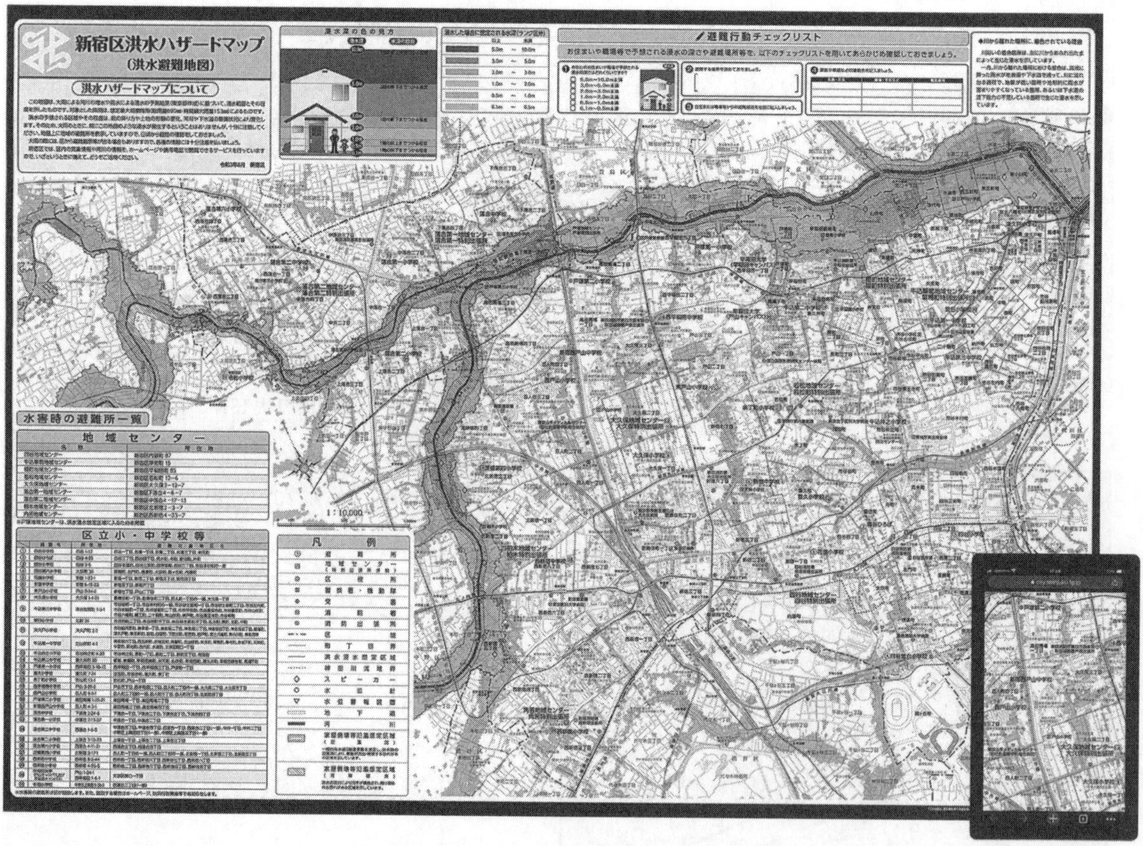

△スマートフォンの画面

(新宿区ウェブサイト https://www.city.shinjuku.lg.jp/content/000255129.pdf より作成)

《資料８》 2011年３月11日16時頃の東京駅内の様子（左）と2011年３月25日の宮城県女川町の総合体育館内の様子（右）

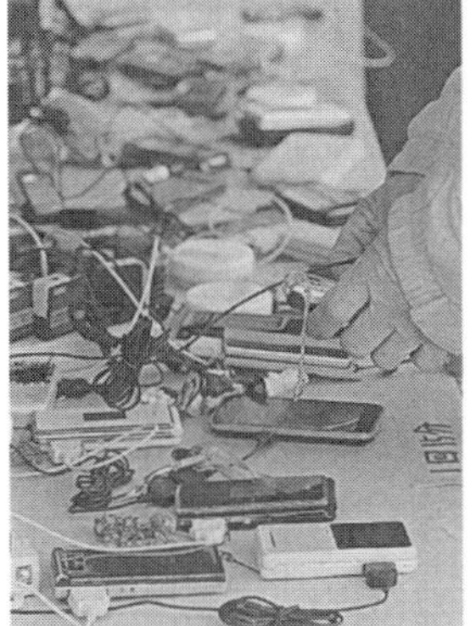

((左) 毎日新聞「MAINICHI PHOTOGRAPHY」https://mainichi.jp/graphs/20200310/hpj/00m/040/003000g/5 より)
((右) 時事通信社「時事ドットコムニュース 写真特集」https://www.jiji.com/jc/d4?p=ogt314-jlp10642537&d=d4_quake より)

【理　科】〈第１回試験〉（45分）〈満点：80点〉

1　**次の文章を読んで，以下の各問いに答えなさい。**

電源装置や電池を用いて電球を点灯させ，その明るさについて考察する実験を行いました。なお，ここで扱う電球は，どれも同じ性質をもっており，かかる電圧に対して，そのときに流れる電流は図１のとおりです。また，電球は，かかる電圧と流れる電流の積の値が大きいほど，明るく点灯します。

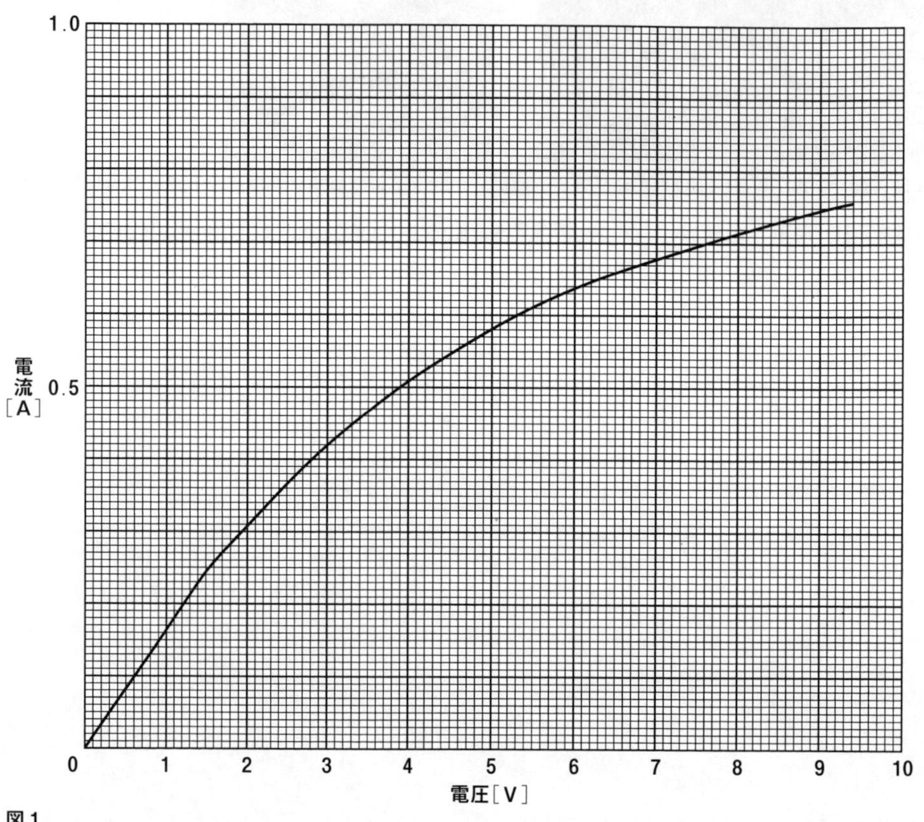

図１

はじめに，電圧９Ｖの電源装置を用いて図２のような３つの回路の電球を点灯させました。

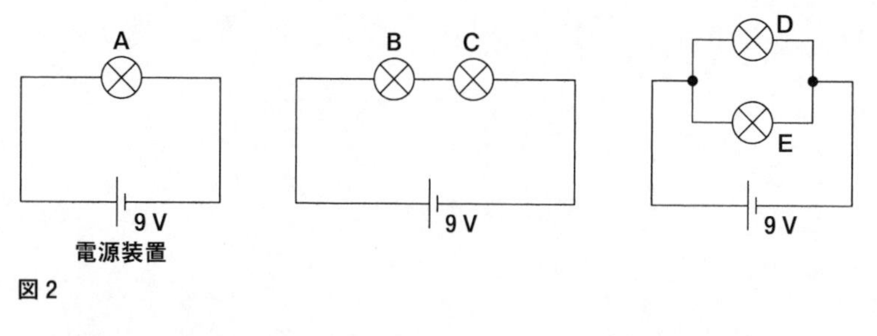

図２

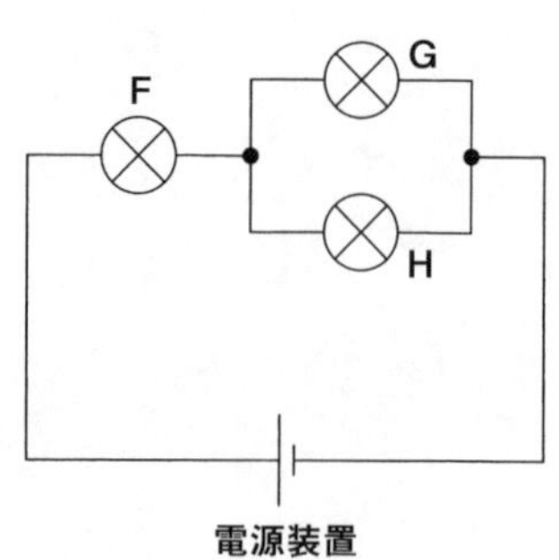

図３

問１　**図２の電球Ａ～Ｅ**のうちで，最も明るく点灯するものをすべて選び，記号で答えなさい。

問２　**図２の電球Ａ，Ｂ，Ｄ**に流れる電流はそれぞれいくらですか。**図１**のグラフを読み取り，小数第二位まで答えなさい。

次に，図３のような回路で電球を点灯させました。

問３　**図３**の回路図のとおりに組み立てるためには，下の**図４**のように配置された電源装置と**電球Ｆ，Ｇ，Ｈ**をどのように配線すればよいですか。**図４**にある○を，導線を表す実線(――)で結びなさい。なお，導線は必ず５本使い，実線どうしが交差しないようにかきなさい。

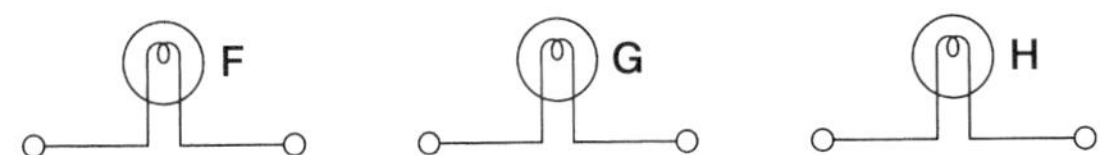

図４

図３の回路では，電球Ｇ，Ｈに同じ大きさの電流が流れ，その合計の電流が電球Ｆから流れてくることがわかっています。

問４　**図３**の回路で**電球Ｇ**に流れる電流が0.25Ａであったとき，電源装置の電圧はいくらですか。**図１**のグラフを読み取り，小数第一位まで答えなさい。

次に，図２にある電球Ａを含(ふく)む回路において，電源装置を同じ「９Ｖ」という電圧表記の電池に交換(こうかん)して図５の回路で電球を点灯させました。すると，電球Ｉは，電源装置を用いたときに比べて暗くなりました。調べてみたところ，電源装置とは異なり，電池は図６のように電池から流れ出す電流が大きくなるほど，電池の両極間の電圧が下がっていくことがわかりました。このことが電球Ｉが電球Ａより暗くなることの原因として考えられます。

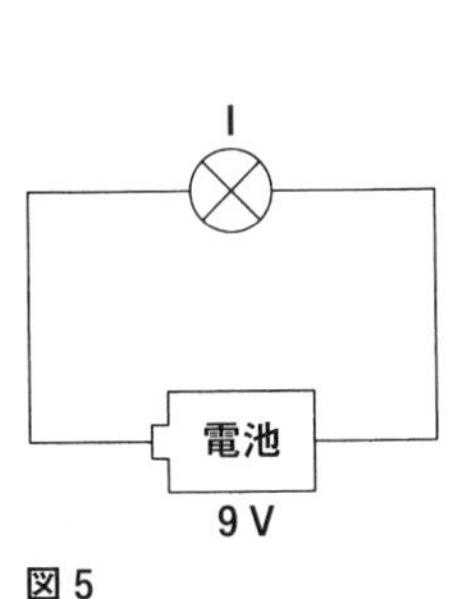

図５

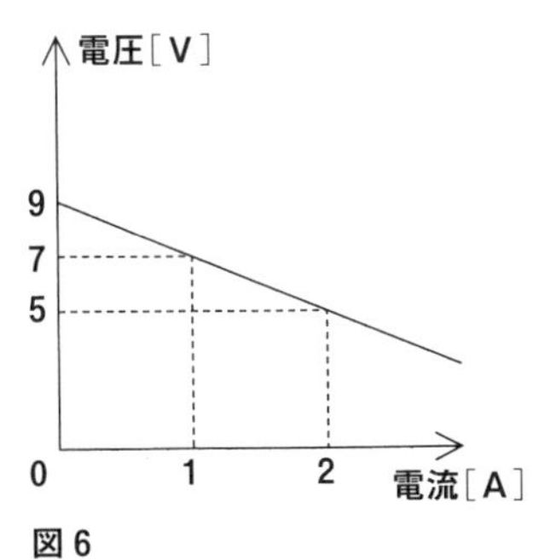

図６

図５の回路で，電球Ｉに流れる電流を求めるためには，図１(次のページに再掲(さいけい)します)の曲線上にあり，かつ図６の直線上にもある，電圧，電流の組み合わせを探すことになります。なお，図１と図６では，縦軸(じく)と横軸に表す量が入れかわっているので，気をつけてください。

問５　**図５の電球Ｉ**に流れる電流はいくらですか。**図１**のグラフを読み取り，小数第二位まで答えなさい。

さらに，同じ性質の電池をもう１つ用いて，図７のような回路で電球を点灯させました。

問６　**図７**の電池１つから流れ出す電流は，電球に流れる電流の何倍ですか。整数もしくは既約(きやく)分数で答えなさい。

問７　**図７**の回路で，「電池の両極間の電圧」を縦軸に，「電球に流れる電流」を横軸にとったグラフはどうなりますか。次の**ア～ウ**から適当なものを選び，記号で答えなさい。

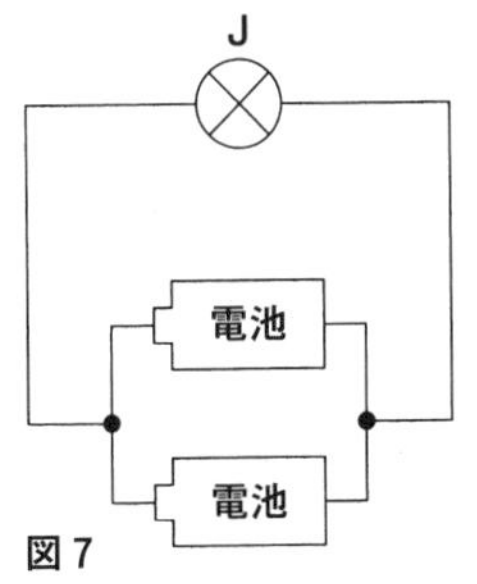

図７

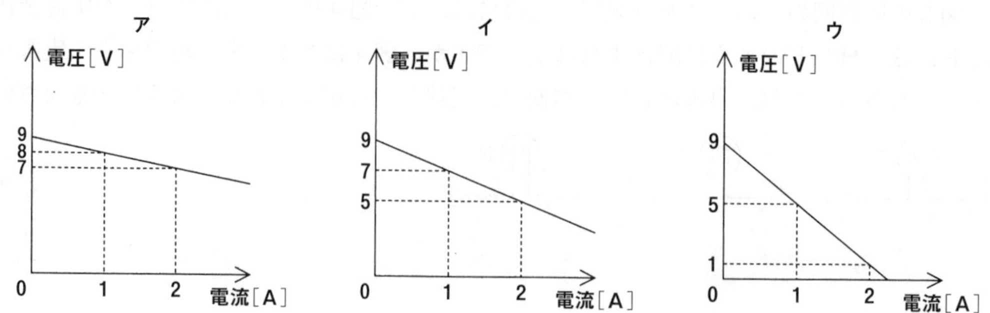

問８　**図７**の**電球Ｊ**に流れる電流はいくらですか。**図１**のグラフを読み取り，小数第二位まで答えなさい。

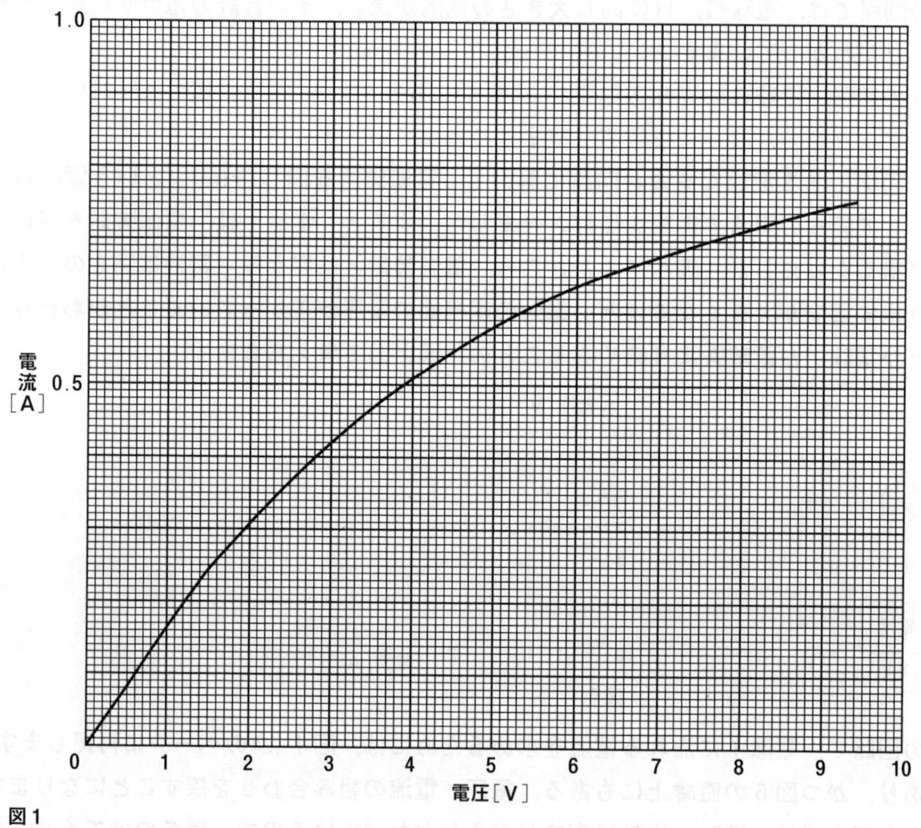

図１

2　次の文章を読んで，以下の各問いに答えなさい。

お菓子や海苔(のり)など食品の袋(ふくろ)の中に「たべられません」と書かれた小さな袋が入っているのを見たことがあると思います。これは，食品の鮮度(せんど)を保つための乾燥剤(かんそうざい)や脱酸素剤(だつさんそざい)（右図参照）とよばれているものです。

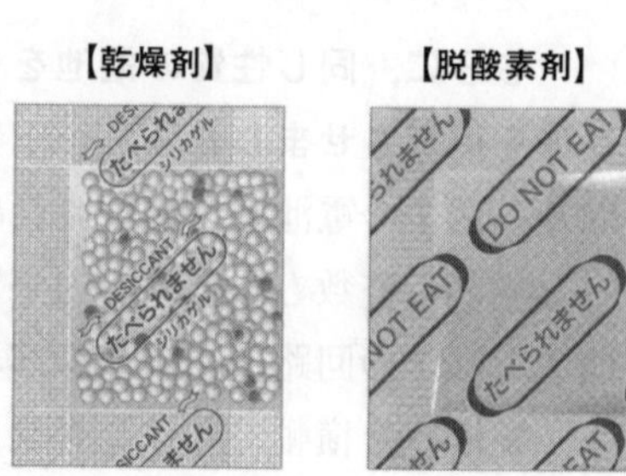

クッキーや煎餅(せんべい)，海苔などの水分量の少ない食品は，空気中の水分を吸収してしまいます。水分を吸収したこれらの食品は，湿気(しけ)った状態となり，サクサク・パリパリとし

た食感が失われてしまいます。食品を湿気らせないために用いられるのが乾燥剤です。

乾燥剤には，石灰乾燥剤やシリカゲルなどが用いられます。石灰乾燥剤に用いられる①生石灰は，水と化学反応して消石灰となります。生石灰は湿気を吸収する力が非常に強く，空気中の湿度に関わらず常に自重の30％まで空気中の水分を吸収し，一度消石灰になると元の生石灰に戻すことは非常に困難です。また，生石灰は強いアルカリ性の物質であり，②水と化学反応すると激しく発熱するため，皮膚に付着したり目や口に入ったりすると大変危険なので，取り扱いには注意する必要があります。

シリカゲルは透明な袋に入ったつぶ状の乾燥剤で，純度の高い二酸化ケイ素からできています。③シリカゲルの表面には目で見えないほどの多数の小さい穴があいていて，この穴に空気中の水分が取り込まれることによって乾燥します。

パウンドケーキやフィナンシェ，マドレーヌなどのしっとりとしたお菓子の袋の中には脱酸素剤が入っています。④脱酸素剤は食品の鮮度を保つために用いられます。脱酸素剤には，⑤鉄粉と⑥食塩と活性炭などの混合物が使われていて，⑦鉄粉が酸素と化学反応することで，食品中の酸素を取り除きます。これは使い捨てカイロと同じしくみです。

また，最近では，切り餅やパックご飯のように包装容器やフィルム自体に酸素を吸収するはたらきをもつものが用いられています。このような乾燥剤や脱酸素剤の発展は，食品の鮮度やおいしさを保つだけではなく，フードロスの削減につながる大切な取り組みといえます。

問１　**下線部①**について，生石灰，消石灰，石灰石は，それぞれ酸化カルシウム，水酸化カルシウム，炭酸カルシウムのことで，いずれも白色の固体です。また，石灰水は消石灰を水に溶かした水溶液のことです。生石灰，消石灰，石灰石について**誤りを含むもの**を次の**ア**～**エ**から１つ選び，記号で答えなさい。

ア　それぞれの固体を少量とり，水に入れたとき，溶けないものは２種類である。

イ　それぞれの固体を少量とり，水に入れ，そこにフェノールフタレイン溶液を１滴加えると色が変化するものは，２種類である。

ウ　石灰石にうすい塩酸を加えて発生する気体は，空気よりも重い。

エ　消石灰の粉末に塩化アンモニウムの粉末を混ぜて加熱すると，刺激臭の気体が発生する。

問２　**下線部②**について，この反応による発熱を利用して，加熱器具がなくても温められる弁当が市販されています。弁当の内容物が240ｇで，弁当の内容物１ｇを１℃温度上昇させるのに必要な熱量が0.9カロリーとすると，20℃の弁当を60℃まで加熱するのに必要な生石灰は何ｇですか。生石灰１ｇあたり270カロリー発熱するものとして計算し，必要であれば四捨五入して整数で答えなさい。ただし，この反応による熱はすべて弁当の内容物に伝わり，その他のものには伝わらないものとします。

問３　**下線部③**について，次の文章を読んで，下の**(1)**，**(2)**に答えなさい。

シリカゲルには水の吸着のしくみの違いからＡ型とＢ型の２種類があります。シリカゲルを十分にその湿度の空気中に放置したとき，乾燥時の重さに対する吸収した水の重さを吸収率といい，Ａ型とＢ型の性質のちがいを表しています。Ａ型は，乾燥時の重さの40％程度の水を吸収すると，それ以上の水を吸収しなくなります。一方，Ｂ型は，低湿度の空気中ではＡ型よりも吸収率が小さいですが，高湿度の空気中ではＡ型よりも吸収率が大きくなります。

(1)　Ａ型シリカゲルの吸収率と湿度の関係を表したグラフとして最も適当なものを下の**ア**～**エ**から１つ選び，記号で答えなさい。

(2)　Ｂ型シリカゲルの吸収率と湿度の関係を表したグラフとして最も適当なものを下の**オ**～**コ**から１つ選び，記号で答えなさい。

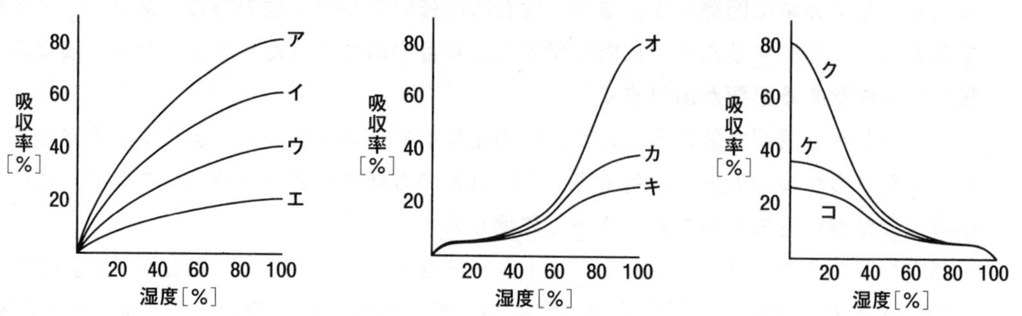

問４　下線部④について，脱酸素剤が食品の鮮度を保てる理由として**誤りを含むもの**を次の**ア**～**エ**から１つ選び，記号で答えなさい。

ア　食品中に含まれるビタミンや油などの酸化を防ぐ。

イ　食品中に含まれる有害物質を取り除く。

ウ　食品に付着したカビの増殖（ぞうしょく）を抑（おさ）える。

エ　食品の風味や色の変化を抑える。

問５　下線部⑤について，鉄の性質として**誤りを含むもの**を次の**ア**～**オ**から１つ選び，記号で答えなさい。

ア　磁石を近づけると，磁石に引き寄せられる。

イ　血液中に含まれる赤血球の色素であるヘモグロビンの成分である。

ウ　電気や熱をよく通す。

エ　水酸化ナトリウム水溶液に入れると，気体を発生せずに溶ける。

オ　うすい塩酸に入れると，上方置換（ちかん）で集められる気体を発生しながら溶ける。

問６　下線部⑥について，食塩の性質として**誤りを含むもの**を次の**ア**～**オ**から１つ選び，記号で答えなさい。

ア　食塩水は，砂糖水よりも電気を通しやすい。

イ　塩酸と水酸化ナトリウム水溶液をちょうど中和して，水を蒸発させると食塩が得られる。

ウ　赤色リトマス紙に食塩水をつけると青色に変化する。

エ　氷に食塩を混ぜると温度が下がる。

オ　食塩の溶解度は，ホウ酸の溶解度に比べて，温度を変化させてもあまり変化しない。

問７　下線部⑦について，脱酸素剤が酸素と反応することを確かめるために，次のような実験を行いました。下の(1)，(2)に答えなさい。

操作１　未使用の脱酸素剤を図のようなピストンつき容器に入れて，ピンチコックを閉じた。

操作２　ピストンには触（さわ）らずに，十分に静置した。このとき，容器内の温度は操作１のはじめのときと同じであった。

操作３　ピンチコックを開き，ピストンを押（お）して容器の気体を水上置換で集めた。

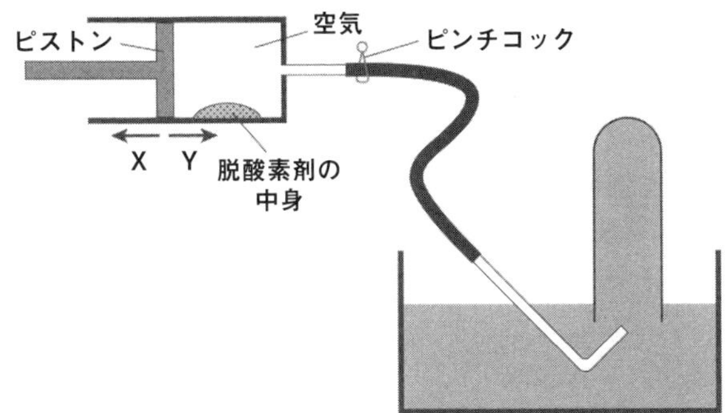

(1)　**操作２**のときのピストンの位置はどのように変化しますか。最も適当なものを次の**ア**～**ウ**から１つ選び，記号で答えなさい。

ア　**X**の方向に動いた。　　**イ**　**Y**の方向に動いた。

ウ　ピストンは動かなかった。

(2)　**操作３**で集めた気体について最も適当なものを次の**ア**～**オ**からすべて選び，記号で答えなさい。

ア　この気体を石灰水に通すと，石灰水は白くにごる。

イ　この気体の中に火のついたろうそくを入れると，ろうそくの火は消える。

ウ　この気体の中に火のついた線香を入れると，線香の火は強くなる。

エ　この気体に水素を混ぜて火のついたマッチで点火すると，ポンという音を立てて燃える。

オ　この気体は空気よりもわずかに重い。

3　**次の文章を読んで，以下の各問いに答えなさい。**

①メダカに似た魚である北米原産のカダヤシは，カの幼虫であるボウフラの駆除（くじょ）の目的で移入され，日本各地で増殖し，かわりに野生のメダカは②絶滅（ぜつめつ）の危機にひんしています。カダヤシは卵を産むのではなく，直接，子どもを産む卵胎生（らんたいせい）で，１匹のメスから一度に多くて100匹ほど産まれます。また，カダヤシの子どもは，条件がよければ３か月ほどで成熟するので，繁殖力（はんしょくりょく）が大きいのです。カダヤシのように，もともと生息していなかった場所に本来の生息場所からもたらされた生物は③外来生物とよばれます。そのような外来生物は，生態系のバランスを乱すとともに在来生物に様々な影響（えいきょう）を与（あた）えています。生態系，人の生命・身体，農林水産業へ被害（ひがい）をおよぼしたり，または，およぼすおそれがある外来生物の中には「特定外来生物」として法律で指定されているものもあり，原則として輸入，移動などが禁止され，特別な許可がなければ飼育も許されていません。

私たちの身近な外来生物として，北米原産の④アメリカザリガニとアカミミガメ（ミドリガメ）があげられますが，これらも日本の水辺の生態系に深刻なダメージを与えてきたため，特定外来生物に指定される予定になっています。特定外来生物の飼育は禁止ですが，ペットにもなっている両種の場合は，例外的に従来通り飼い続けられるようになるそうです。

問１　下線部①について，メダカを池の水を入れた水そうの中で飼育し，成長の様子を観察しました。水そうには，小石や砂をしき，水草も入れ，直射日光の当たらない明るい窓際に置きました。次の(1)～(4)に答えなさい。

(1) 右の図にひれをすべてかきこみ，メスのメダカの図を完成させなさい。また，卵もかきこみ，卵をつけた様子も示しなさい。

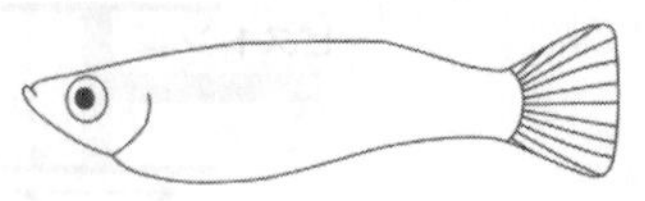

(2) 次のア～カのメダカの卵を育つ順に並べかえ，記号で答えなさい。

ア
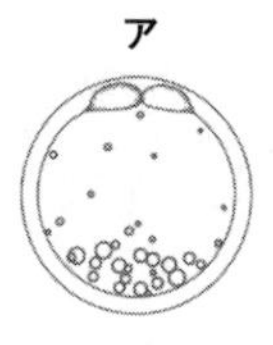

イ
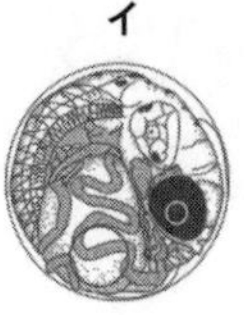

ウ
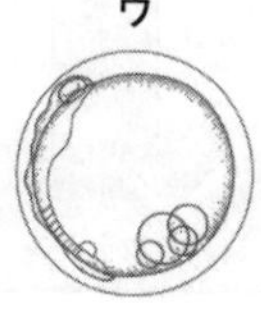

エ
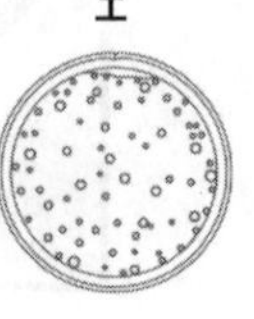

オ
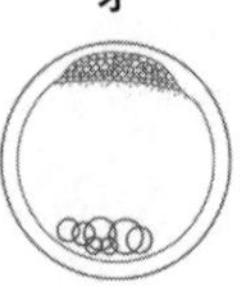

カ

(3) 受精したばかりの卵を別の水そうに入れ，水温が25℃となるように保温しました。メダカの子どもはおよそ何日後にかえりますか。最も適当なものを次のア～エから１つ選び，記号で答えなさい。

ア　３日後　　**イ**　６日後　　**ウ**　10日後　　**エ**　20日後

(4) 卵からかえったばかりのメダカの子どもは，２～３日は何も食べず，その後，えさを食べ始めます。えさを食べない間に栄養としているものは何ですか。

問２　**下線部②**について，生物の絶滅を引き起こす原因として，森林伐採(ばっさい)などによる生息地の減少，外来生物などの競争相手の移入，生息地の環境汚染(かんきょうおせん)，地球温暖化など人間の活動によるものがあげられます。次の(1)，(2)に答えなさい。

(1) 上記以外に，生物の個体数の減少につながり生物の絶滅の原因となりうる継続的(けいぞくてき)な人間の活動を１つ答えなさい。

(2) メダカが絶滅の危機にひんしている原因には，生育する場所の減少がありますが，さらに外来生物であるカダヤシの侵入(しんにゅう)も追い打ちをかけています。本来，メダカは流れが緩(ゆる)やかで水草が生えているような水路や水田で生育しています。しかし，今は，多くの水路がコンクリートでおおわれ，水草が生えないような環境になってきています。そのような環境でも，外来生物のカダヤシは繁殖(はんしょく)できています。なぜ，カダヤシはそのような環境でも繁殖できるのか，本文を参考にして，メダカと比較(ひかく)しながら簡潔に答えなさい。

問３　**下線部③**について，日本に外国からもち込まれ問題化している外来生物の例として**誤っているもの**を次の**ア～カ**から２つ選び，記号で答えなさい。

ア　セイヨウタンポポ　　**イ**　アライグマ　　**ウ**　タガメ

エ　ウシガエル　　**オ**　セイタカアワダチソウ　　**カ**　トキ

問４　**下線部④**について，アメリカザリガニ(以下ザリガニとします)は雑食性で，水生昆虫(こんちゅう)，動物の死骸(しがい)や落ち葉など，幅広(はばひろ)く様々なものを食べます。水草も食べますが，水草を刈(か)るだけのことも多いので，侵入した池の水草がほとんどなくなることすらあります。そのような池では，水生昆虫や魚も減少し，絶滅したりして生物の多様性が著しく低下します。ザリガニは，捕食(ほしょく)による直接的な影響に加えて，生育環境を変化させることによって，同じ生息地にすむ他の生物に大きな影響を与えています。このようにザリガニが水草を刈り取ることで生じる環境の変化が，ザリガニにどのような影響を与えているのか，次のような実験で調べました。下の(1)，(2)に答えなさい。

実験１　ザリガニを入れた大型水そうを用いて実験を行いました。まず，それぞれの水そうに入れるザリガニの数を１，２，４匹と変え，水草を入れた水そうと入れていない水

そうに分けました。また，ザリガニのえさとしてヤゴとアカムシを各水そうに同じ量だけ入れました。その結果，ザリガニの数が多くなるほどヤゴやアカムシは減少しましたが，水草があるとその減少が大きく食い止められました。また，水草がない水そうではザリガニが多いほど，ザリガニ１匹あたりの成長量は小さくなる傾向（けいこう）を示したのに対し，水草がある水そうでは，ザリガニが多くなると成長量も大きくなるという反対の傾向を示しました（図１）。

実験２　ザリガニが刈り取ることのできないプラスチック製の人工水草を用いて実験を行いました。水そうに入れるザリガニの数は一定にし，人工水草の量を変えて，ヤゴやアカムシの生存率やザリガニの成長量を調べました。その結果，人工水草の量を増やしていくと，ヤゴやアカムシが多く生き残るようになり，さらにはザリガニの成長量は小さく抑えられることがわかりました（図２）。

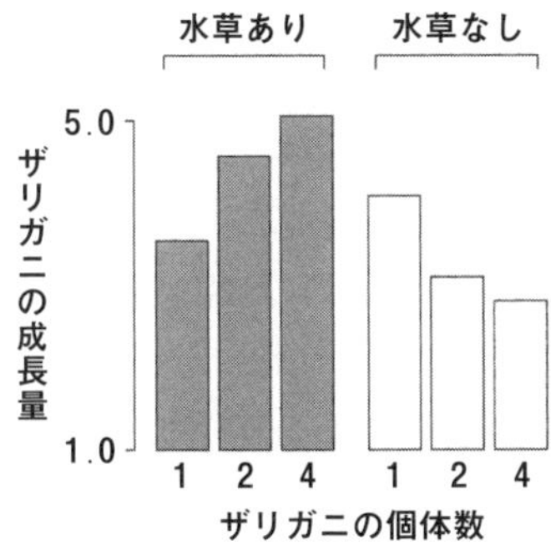

図１　ザリガニの個体数とザリガニ１匹あたりの成長量との関係

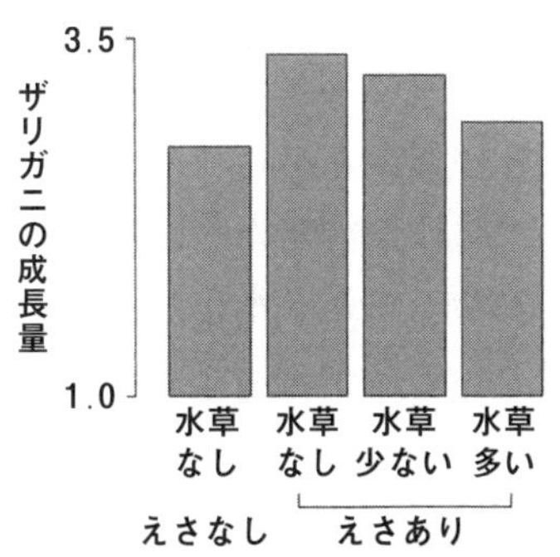

図２　異なる量の人工水草がある場合のザリガニ１匹あたりの成長量

(1)　上記の**実験**からわかる水草の役割を答えなさい。

(2)　ザリガニが水草を刈り取ることの意義はどのようなことだと考えられますか。

4　**次の文章を読んで，以下の各問いに答えなさい。**

みなさんの足もとに無数にある砂つぶはどこからやってくるのでしょうか。砂つぶの多くは，もともと岩石だったものです。かたい岩石がどのように細かいつぶになるのか調べるために様々な実験をしてみました。下のすべての実験では，同じ岩石から切り出した石Ａ～Ｅを使うこととします。

問１　岩石が細かいつぶになるためには，岩石にたくさんの割れ目が入る必要があります。このような現象を何といいますか。最も適当なものを次の**ア**～**エ**から１つ選び，記号で答えなさい。

ア　風化（ふうか）　**イ**　氾濫（はんらん）　**ウ**　運搬（うんぱん）　**エ**　堆積（たいせき）

問２　河川の流域と河原の石の形，大きさの一般的な関係として，最も適当な組み合わせを次の**ア**～**エ**から１つ選び，記号で答えなさい。

	河原の石の形	**河原の石の大きさ**
ア	上流ほど丸く下流ほど角張っている。	上流ほど大きく下流ほど小さい。
イ	上流ほど丸く下流ほど角張っている。	上流ほど小さく下流ほど大きい。

ウ　上流ほど角張っていて下流ほど丸い。　上流ほど大きく下流ほど小さい。

エ　上流ほど角張っていて下流ほど丸い。　上流ほど小さく下流ほど大きい。

問3　水で満たした容器に**石A**，**B**，**C**を沈めてみることにしました。次の(**1**)～(**3**)に答えなさい。ただし，**石A**，**B**は立方体で，大きさなどのあらゆる違いはないものとします。

(**1**)　**石A**の入った容器の水に絵の具を溶かして色水にしました。十分に時間が経ってから**石A**を取り出して中心を通るように切断し，断面を見たところ，**石A**の中のうち半分の体積にあたる部分にのみ絵の具が染み込んでいました。**石A**の断面のうち，絵の具が染み込んでいたおおよその範囲を，解答欄の図の中に囲み，斜線で示しなさい。

石Aの断面図

(**2**)　**石B**は，重さが29.5gで，体積が20.4cm^{3}でした。**石A**と同じ時間だけ水に浸した後，**石B**の表面の水分をふき取ると，重さは33.7gになっていました。この**石B**の中にもともとあったすき間の体積は，すき間を含めた体積全体の何％ですか。必要であれば四捨五入して整数で答えなさい。ただし，水の密度は1g/cm^{3}とします。

(**3**)　**石C**を，水で満たした容器に入れてから(**図1**)，冷凍庫で凍らせました。水が凍った後，容器を冷凍庫から出して氷を溶かしました。この操作をくり返し行ったところ，**図2**のように石の破片が容器の底にたまっていき，**石C**自体(最も大きな塊)は**図3**のようになって重さが減少していきました。**図4**を見ると，**石C**自体の重さは一定の割合で減っていくわけではないことがわかります。この理由の1つを説明した下の文中の(**X**)～(**Z**)に入る適当な語や文をそれぞれ答えなさい。

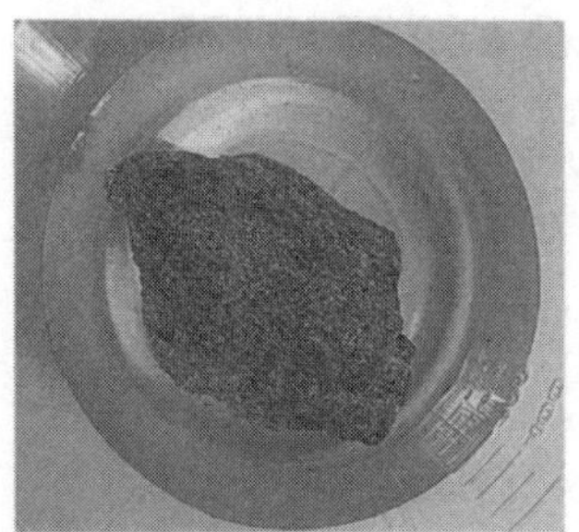

図1　実験前の石C

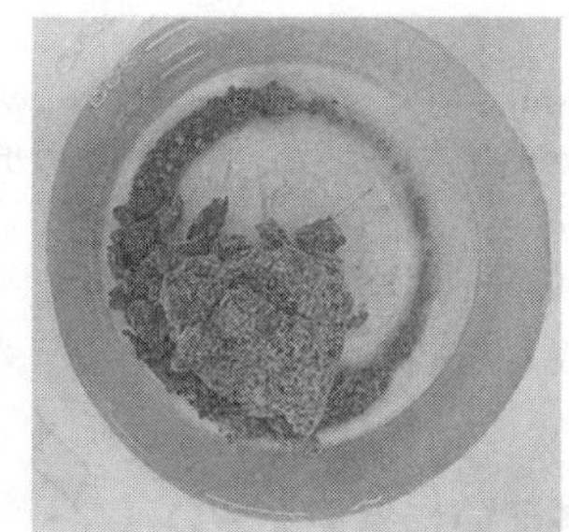

図2　実験を5回くり返した後の石C

図3　実験を5回くり返した後の石Cを水から取り出して見た様子

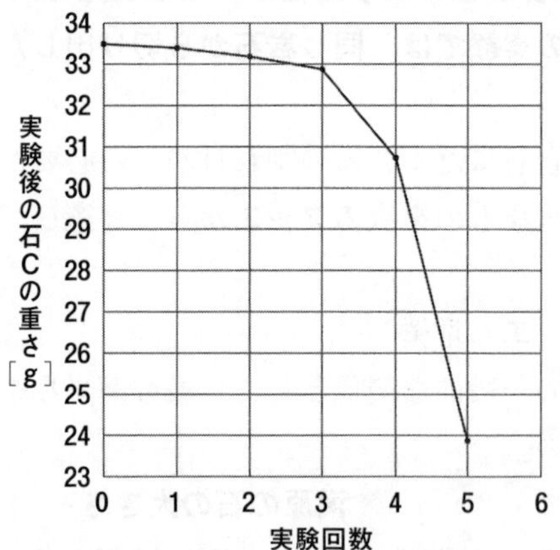

図4　石C自体の重さ(最も大きな塊の重さ)の変化
1回目の実験で凍らせる直前の重さを0回目の重さとする

石Ｃの中にあらかじめあった（　Ｘ　）に水が入り込み，（　Ｘ　）に入った水が凍ることで（　Ｙ　）して，（　Ｘ　）が押し広げられて壊（こわ）れていったと考えられる。それに加えて，実験をくり返すと，凍った水によってすでに押し広げられていた（　Ｘ　）のうち，まだ壊れきっていなかった部分に入り込む水は（　　Ｚ　　）ようになるため，石Ｃの壊れる部分が増えていったと考えられる。

問４　ビーカーに常温の水を入れて食塩をできるだけたくさん溶かした後，その中に**石Ｄ**を沈めてみました。十分に時間が経った後，**石Ｄ**をビーカーから取り出して常温のままで乾燥させました。この実験をくり返したところ，石が数個の破片に割れました。石が割れた理由に直接関係のある現象として，最も適当なものを次の**ア**～**エ**から１つ選び，記号で答えなさい。

ア　食塩をなめると塩辛（から）く感じる。

イ　食塩水の温度を下げていくと，沈澱（ちんでん）する食塩が増えていく。

ウ　ある量の水に溶けることのできる食塩の量には限界がある。

エ　食塩水が凍り始める温度は水が凍り始める温度よりも低い。

問５　**石Ｃ**，**Ｄ**の実験は，それぞれどのような環境に対応した実験ですか。最も適当なものを次の**ア**～**エ**からそれぞれ１つずつ選び，記号で答えなさい。

ア　海岸で，切り立った崖（がけ）に波しぶきがかかるような環境

イ　河川が流れており，洪水（こうずい）の際などには上流から大量の土砂が運ばれてくる環境

ウ　湖の底にとても静かに砂つぶが堆積していき，晴天の日が多く暖かい環境

エ　雨や雪が多く降り，気温が０℃前後で変動する寒い環境

問６　岩石が細かいつぶになる現象は宇宙空間でも起こります。**図５**のような小惑星の表面はレゴリスという細かいつぶでふんわりとおおわれていて，レゴリスは天体衝突や水分がなくてもできると考えられています。宇宙空間で衝突や水なしにレゴリスができることを検証するために，**石Ｅ**を使ってどのような実験をすればよいですか。家のキッチンでもできるような実験を１つ考え，説明しなさい。ただし，**図５**の小惑星に関する次のデータを参考にしてかまいません。

図５　小惑星ベンヌ。表面にレゴリスが広がる。
NASA/Goddard/University of Arizona より

【小惑星のデータ】

- **太陽からの平均距離：1.7億 km**
- **１日の長さ：4.3時間**
- **１年の長さ：437日**
- **昼間の最高温度：116℃**
- **夜間の最低温度：－73℃**
- **平均直径：492 m**

どのような点が「共通」しているのか。次の中から最も適当なものを選び、記号で答えなさい。

ア　ありきたりで古い考え方を捨てることで、従来のものとは異なる誰も予測しなかった新しい発見をしたいと望む点。

イ　話の続きや研究の結果を予測したときに、それが本当に的中すると次の展開を見届ける気を失くしてしまう点。

ウ　常識や型にはまった結果が得られること以上に、自分の予測に意外な事実が付け足されることに面白さを感じる点。

エ　予測した通りになったりありふれた展開になったりすることよりも、何かが新しく分かることに価値を見出す点。

問十一　――線部10「あまり『文学』を感じない」とあるが、筆者にとって「文学」とはどのようなものだと考えられるか。本文全体をふまえ、「発見」という言葉を必ず用いながら、六〇字以上、八〇字以内で答えなさい。

ら。

イ　すべての人間にとって科学の法則は常に正しいものであるから。

ウ　現代社会において自然科学はすべての人間に関わるものだから。

エ　すべての人間にとって母語習得の過程は科学の営みそのものだから。

問六　――線部5「主語の大きい発言」とあるが、どのような発言をいうのか。次の中からその具体例として最も適当なものを選び、記号で答えなさい。

ア　アメリカの国土は広い。

イ　日本人の平均寿命(じゅみょう)は、男女とも世界一である。

ウ　日本人は勤勉で、まじめによく働く。

エ　人間はみないつか死ぬ。

問七　――線部6「自分の中の『世界の理論』の働き」とあるが、「世界の理論」が働く時、「自分の中」でどのようなことが起こっているのか。次の中から最も適当なものを選び、記号で答えなさい。

ア　自分が世界から見出してきた多くの理論が、目の前にある世界を科学的に捉えることを可能にしている。

イ　これまで自分が読んできた文学作品の示す世界観が、新しく文学作品を読んだ時の気持ちを決定している。

ウ　文学作品の中で語られる出来事や登場人物が経験する感情が、自分に何らかの発見をもたらしている。

エ　過去の経験から導き出した様々な法則が、互(たが)いに関係し合いながら自分の思考や感情に影響を与えている。

問八　――線部7「自分の中にある理論とすりあわせながら読んでいる」とあるが、どういうことか。次の中から最も適当なものを選び、記号で答えなさい。

ア　物語中の出来事、登場人物の動きや心理を自分の中の法則と比べ、この先物語がどう展開するかを考えながら読んでいくこと。

イ　物語世界の法則と自分の中の法則を比べ合わせて、その物語の登場人物の考え方や行動を批判しながら読んでいくこと。

ウ　物語世界から読み取った法則に照らして、その物語がどう展開し、登場人物がどう行動していくかを予測しようとすること。

エ　物語や登場人物のもつ法則に影響を受けて自分の中の法則を修正し、自分が今後どう生きていくかを考え直そうとすること。

問九　――線部8「そこから何らかの『予測』を引き出す」とあるが、この「予測」は読者にどのような影響を及ぼすか。次の中から最も適当なものを選び、記号で答えなさい。

ア　読者の中に「予測」が生まれると、そのあと自分の「予測」を的中させたいという気持ちが生まれ、その気持ちによって読書に向き合う時の真剣(しんけん)さが増していく。

イ　読者の中に「予測」が生まれると、その「予測」が合っているか確認したいという気持ちが生まれ、その気持ちによって本を読み進めたいという意欲が強まっていく。

ウ　読者の中に「予測」が引き出されると、それがすぐ「予想どおりだったらつまらないな」という気持ちに変わり、新しい知見を示してほしいという欲求が高まっていく。

エ　読者の中に「予測」が引き出されると、その「予測」を導いた自分の「法則」の正しさを確かめたいという欲求が生まれ、もっと先を読みたいという気持ちになっていく。

問十　――線部9「このへんは共通しているかもしれない」とあるが、

に野心的な営みであると言えそうだ。

（川添　愛「科学と文学について自分なりに考えてみた」『季刊アンソロジスト　二〇二二年夏季号』）

問一　～～線部a～eのカタカナを漢字に直しなさい。

問二　――線部1「一般化というのは、観察した現象から、より普遍的な法則性を見つけ出すことだ」とあるが、どういうことか。本文にある「イヌ」の例から「一般化」を説明したものとして最も適当なものを、次の中から選び、記号で答えなさい。なお、「普遍的」とは「すべてのものにあてはまる」という意味で使われている。

ア　「これはイヌよ」と教えられたら、その名前は目の前のその一匹だけを指す名前なのだろうと考え、同じ特徴を共通に持つ動物は一般に何と呼ばれるのか探究するのが「一般化」である。

イ　「これはイヌよ」と教えられたらその一匹だけを「イヌ」だと思って済ませるのではなく、それと共通する特徴を持つ動物が他にもいるに違いないと考えてそれを探そうとするのが「一般化」である。

ウ　「これはイヌよ」と教えられたら、その名前が固有のその一匹だけを指し示す言葉なのか、あるいは似た特徴を持つすべての動物を指し示す名前なのかを総合的に考えるのが「一般化」である。

エ　「これはイヌよ」と教えられたら目の前のその一匹だけを「イヌ」と考えるのではなく、共通する特徴を見つけてその特徴を持つすべての動物が「イヌなのだ」と考えるのが「一般化」である。

問三　――線部2「この『一般化』→『検証』→『修正』というプロセスは、科学の営みそのものだ」とあるが、この一文を通して筆者が読者に気づかせようとしていることは、どのようなことだと考えられるか。次の中から最も適当なものを選び、記号で答えなさい。

ア　言語習得の過程では無意識のうちに仮説が修正されるということ。

イ　科学の営みとは現象を一般化し仮説を立て検証することだということ。

ウ　言語習得のプロセスと科学の営みには共通する点があるということ。

エ　母語は「一般化」→「検証」→「修正」という過程で習得されるということ。

問四　――線部3「科学的に世界を捉えようとする」とあるが、どういうことか。次の中から最も適当なものを選び、記号で答えなさい。

ア　自分の身の回りで起こる出来事の意味を、自然科学の法則にあてはめながら考えようとすること。

イ　過去の経験から見出した法則をまとめ、その法則の集まりを通して世界を理解しようとすること。

ウ　「一般化」→「検証」→「修正」というプロセスを使って、短時間で世界を捉えようとすること。

エ　科学の営みと同じプロセスをたどることで習得した言語を通して、世界を認識しようとすること。

問五　――線部4「すべての人間に備わったもの、と考えて良さそうだ」とあるが、なぜそう言えるのか。次の中から最も適当なものを選び、記号で答えなさい。

ア　母語を習得するプロセスはすべての人間が経験することだか

働きを感じる。どうやら私は、作品の中に書かれたことを諾々と受け入れながら読んでいるのではなく、aヨウショヨウショで7自分の中にある理論とすりあわせながら読んでいるようだ。きっと他の人もそうだろう。これは、科学者が科学の論文を批判的に読むのと少し似ているように思う。科学の論文が自然に関する理論や法則、実験結果などを厳密な言葉で記述するのとは異なり、文学作品の中で語られるのは主に、具体的な出来事や、作者や登場人物が経験する感情などだ。だがそれらは、私たちの頭の中にある「世界の理論」に働きかけ、8そこから何らかの「予測」を引き出す。

かなり単純な例をbアげると、もし小説や物語の中に極悪非道な行いをする人物がいたら、私は「こんなことをする人間は後で罰を受けるに違いない」などと考える。それは、自分の中にもともとあった「悪いことをする人間は罰を受けるものだ」という法則から導かれる予測だ。そういった予測が出てくれば、それを検証するために先を読みたくなる。

人間の持つ「自分の予測の正しさを確かめたい」という欲求には、並々ならぬものがあると思う。それは小説や物語を読み進める原動力になるし、クイズやなぞなぞ、またテレビ番組の「CMの後、驚きの事実が！」などといった煽りも、そういった欲求を利用していると言える。ただ、私が面白いと思うのは、クイズなどの場合は自分の予測が的中すると得意な気持ちになるのに、文学作品の場合は「もし予想どおりだったらつまらないな」と感じることだ。おそらく文学作品に向き合うときは、自分のありきたりな予測を裏切ってほしい、自分に何か新しいことを発見させてほしいという期待があるのだろう。科学においても、従来の理論に新しい知見を付け加えなければ研究としての価値が認められないので、9このへんは共通しているかもしれない。

文学作品が与えてくれる「発見」は多様である。今まで自分の知らなかった事実を教えてくれる作品もあれば、自分の中でぼんやりとしか認識していなかった法則性を明確にしてくれる作品もある。また、文学作品を読むことで、自分にはない、他人の「センサー」の働きを疑似体験することもある。科学の営みにたとえれば、観察に使うcキキを変えるのに伴って、自然現象の見え方が変わるような感じだ。寺田寅彦の随筆は、科学者の目を通した「ものの見え方」を鮮やかに教えてくれる作品の好例だろう。私は柴崎友香の小説を読むと、そこに描かれる「見え方」に影響され、読んだ直後には目に入るものすべてが彼女の小説に出てくるdケシキのように感じることがある。

文学作品によって、自分の持つそれとは大きく異なる「世界の理論」に触れることもある。たとえばエイモス・チュツオーラ『やし酒飲み』の中で展開される物語は、一見すると突飛で非現実的だが、何かしら不思議な「まとまり」があり、その奥にある作者の世界の豊かさを感じさせる。単に突飛なだけで「まとまり」を感じさせない文章には、作者の「世界の理論」を担う力はないだろう。そういう力を持っているかどうかというところに、文学作品とそうでないものとの分かれ目があるように思う。

ただし、著者の「世界の理論」を表現する文章がすべて文学的かというと、そうではない気がする。たとえば自己啓発書などにおいては、しばしば「人間とはこういう存在だ」とか「人生はこうだ」といった直接的な言葉で著者の世界観が語られるが、そういったものには10あまり「文学」を感じない。その根底には、「個々の人間の持つ〝世界の理論〟は、言葉ではとうてい語り得ない」という、言葉に対する絶対的な不信感があるように思う。これは、自然科学が「言葉に対する信頼」をeゼンテイとして普遍的な法則を記述しようとするのとは対照的だ。そういった意味で、少なくとも私にとっての「文学」は、本来言葉では語り得ないものをどうにか言葉で表現しようとする、非常

エ　未知のウイルスよりも目に見える形で人の命を奪う戦争の方が恐ろしいと感じており、現実に戦争が起きてしまったときに、自分一人だけで家族を守れるのかどうか心配に思うようになってきたから。

問十　――線部11『もっとたくさん、もっとたくさん会いたいんだよう……』／僕は子どもみたいに泣いた」とあるが、この時の「僕」は、いつもの「僕」とどのような点で違っているか。いつもの「僕」がどうであるかということにふれながら、八〇字以上、一〇〇字以内で説明しなさい。

二　次の文章を読んで後の問いに答えなさい。

　言語習得の研究によれば、子供が母語を習得する過程はしばしば、「現象を一般化して仮説を立てる」→「仮説を検証する」→「仮説を修正する」というプロセスをたどるらしい。1一般化というのは、観察した現象から、より普遍的な法則性を見つけ出すことだ。

　たとえば、二歳ぐらいの子供にその子が見たことのない物体の名前を教えると、子供はそれをその物体に固有の名前(つまり固有名詞)ではなく、それと形の似た物体すべてに共通する呼び名(普通名詞)だと思い込むという。つまり犬を見たことのない子供に「これはイヌよ」と教えたら、子供はそこから一般化を行って「この動物に似た動物はみんなイヌなのだ」という「法則(仮説)」を導き出すわけだ。仮に同じ状況で「これはポチよ」と教えても同じことが起こるが、そこで導かれる「この動物に似た動物はみんなポチなのだ」という間違った仮説は、後に修正されていくらしい。

　2この「一般化」→「検証」→「修正」というプロセスは、科学の営みそのものだ。子供は無意識のうちに、自然科学が世界を法則の集まり(＝理論)によってモデル化するのと同じ方法を使って、母語に内在する法則性を発見し、体系化する。

　『ことばの発達の謎を解く』(ちくまプリマー新書)の著者である今井むつみは、同書の中で「子どもは言語を学習することで、科学に欠かせない思考方法を小さな時から訓練している」と述べている。自覚があろうとなかろうと、3科学的に世界を捉えようとする傾向は4すべての人間に備わったもの、と考えて良さそうだ。

　実際、大人を見ていても、「人間は法則を見つけるのが好きなんだな」と思うことが多い。私たちは科学者でなくとも、自分の身の回りで観察した出来事を「単なる個別の出来事」として片付けず、たいていはその奥にありそうな法則性を導き出す。たとえば病院なんかで受付の人の態度が無愛想だったとき、もしかしたら無愛想なのはその人だけかもしれないのに、「この病院の職員はみんな無愛想なんだな」などと思ったりする。近年よく非難の的になっている「5主語の大きい発言」も、自分の経験からより広い法則性を導こうとする精神の働きの表れだろう。

　私たちの頭の中には、過去の経験から見出した「世の中は／人間は／人生はこういうものだ」という法則がたくさん詰まっている。もちろんそれらは自然科学の法則とは違って多くの矛盾や曖昧さを孕んでいるし、そもそも言葉にすらなっていないものも多いだろう。しかしある程度は科学の理論と同様に「システム」をなしているに違いない。つまり、それぞれの法則がただ別個に存在するのではなく、相互に作用しながら、私たちの判断や意思決定に影響を及ぼしていると思う。そういったものは普通「世界観」や「人生観」などと呼ばれるものだが、ここでは「個人が世界について見出した数多くの法則性から構成された体系」であることを強調するために、あえて「世界の理論」と呼ぶことにする。

　私は文学作品を読むとき、しばしば6自分の中の「世界の理論」の

ウ　自分の家には居場所と呼べるところがなかったが、佐喜子さんが嫌がらずに自分を招き入れてくれるようになったことで、この部屋なら気がねなく過ごせる気がしたから。

エ　渚さんが愛情を持って接してくれているのは分かっていたが、佐喜子さんが自分を進んで部屋に置いてくれたことで、本当の愛情に触れることができた気がしたから。

問七　――線部**7**「なぜだか僕の足も火傷をしたみたいに鈍く痛んだ」とあるが、「僕」がそう感じたのはなぜか。次の中から最も適当なものを選び、記号で答えなさい。

ア　空襲を描いた漫画本をきっかけにして、自分と同じような歳に火傷を負った佐喜子さんのことを思い出した「僕」は、その気持ちを深く理解するために当時の佐喜子さんになりきろうとしていたから。

イ　漫画本によって火の海になった空襲の夜の様子が具体的に目に浮かび、これから起きるかも知れない戦争で、佐喜子さんと同じように足に火傷を負いながら町を逃げまどう自分の姿が想像されたから。

ウ　漫画本の絵から空襲の夜の東京の様子が分かり、佐喜子さんに限らず多くの人が火の海の中で逃げまどい苦しんでいたことを思うと、同じ東京にいる自分も他人事とは思えなくなってきたから。

エ　空襲を描いた漫画本を見て佐喜子さんの体験がなまなましく想像され、今の自分と同じくらいの歳だったこともあって、当時の佐喜子さんと現在の自分とが重なるような感覚におそわれたから。

問八　――線部**8**「今だって戦争みたいなもんじゃないか」・**9**「僕は中条君の言ったことがうまくのみ込めなかった」とあるが、「中条君」と「僕」はそれぞれ「今」と「戦争」についてどう考えているか。次の中から**適当でないもの**を一つ選び、記号で答えなさい。

ア　中条君は「今」人々がコロナから身を守るために使っているマスクは、「戦争」の時の防空頭巾と同じようなものだと考えている。

イ　中条君は「今」も「戦争」も世界中でたくさんの死者が出ているという点で同じようなものだと言っている。

ウ　「僕」はウイルスの姿が目に見えない「今」よりも、B29が人々を焼き殺しにくる「戦争」の方が怖いと感じている。

エ　「僕」は死者がそれほどいない「今」よりも、たくさん人が死ぬ「戦争」の方が明らかに怖いと感じている。

問九　――線部**10**「その夜、僕は夢を見てうなされた」とあるが、「僕」はなぜこのような夢を見たと考えられるか。次の中から最も適当なものを選び、記号で答えなさい。

ア　戦争が以前より身近に感じられるようになり、大切な人の命を奪う戦争に対する恐怖と、大切な人が急にいなくなってしまうことに対する不安とが重なって意識されるようになってきたから。

イ　佐喜子さんや中条君と話をするうちに、戦時中と現在の状況とが似ていることが分かり、自分や大切な家族が戦争に巻き込まれている光景を容易に思い浮かべられるようになってきたから。

ウ　佐喜子さんの火傷の痕を見たことで、戦争の残した傷痕を現実のものとして感じるようになり、海君の泣き声をサイレンの音だと勘違いするほどに戦争のことを考えるようになってきたから。

いると考えられるか。次の中から最も適当なものを選び、記号で答えなさい。

ア　まだ小学四年生である「僕」には、「しょういだん」の意味は分かっても、それを漢字で書くことはできなかったということ。

イ　「僕」は焼夷弾が「東京の下町」を焼き尽くすほどの爆弾であることに驚きを感じ、頭の中が真っ白になっているということ。

ウ　「しょういだん」という音がどういうものを指すのか「僕」には分からず、頭の中で具体的にイメージできていないということ。

エ　「僕」にとって戦争は「あまりに遠すぎる」できごとだったので、焼夷弾のことについてもあまり興味はわいていないということ。

問四　――線部**4**「僕は黙ってしまった」とあるが、それはなぜか。次の中から最も適当なものを選び、記号で答えなさい。

ア　「おばあさん」が「火の雨」の夜を体験したのが自分とほぼ同じ歳の頃だったと知り、それに比べてささいなことで悩んでいる自分のことが情けなくなったから。

イ　「おばあさん」が焼夷弾の雨の中を逃げまどう体験をしたのが自分と同じくらいの歳だったと知り、その事実に圧倒されて言葉が出てこなかったから。

ウ　「おばあさん」が空襲の時の傷として見せてくれたものが本当に空襲の時の傷なのか疑問に感じてしまい、そのことが気になって頭がいっぱいになっていたから。

エ　「おばあさん」は恐ろしかった空襲の夜の体験をどうしてわざわざ絵に描き続けるのか聞きたいが、それをどう聞いていいのか分からなかったから。

問五　――線部**5**「今、描かないとみんな忘れてしまう気がして」とあるが、どういう気持ちを言葉にしたものか。次の中から最も適当なものを選び、記号で答えなさい。

ア　夫が死んで独りになってしまった今、自分がどのような人生を歩んできたのかを、絵に描くことで記録として残したいという気持ち。

イ　戦争を知らない「僕」に空襲の夜のつらい思い出を絵に描き残そうとする気持ちは理解できないと思い、はぐらかそうとする気持ち。

ウ　歳とともに失われつつある記憶の中で、自分の人生に大きな影響を与えた空襲の夜のことだけは記憶にとどめておきたいという思い。

エ　あの空襲の夜の体験を、戦争を知らない「僕」のような世代に伝えていくことが、自分のように歳をとったものの役割だという思い。

問六　――線部**6**「もしかして僕のために買ってくれたのかな、とも思って、うれしくなった。だって、佐喜子さんは僕がこの部屋に来ることを嫌がっていないんだと思って」とあるが、「僕」が「うれしく」感じるのはなぜか。次の中から最も適当なものを選び、記号で答えなさい。

ア　自分の家では受け入れられていないと感じることも多かったが、佐喜子さんが自分を喜んで迎え入れてくれたことで、自分がいてもよい場所ができたような気がしたから。

イ　一緒に暮らしている渚さんにはうとまれていたが、それをよく思っていない佐喜子さんがとても優しく接してくれたことで、自分にも味方ができたような気がしたから。

防空頭巾をかぶった僕は、家族と離れてしまい、一人、たくさんの人の波にもまれていた。火を避けて歩くけれど、すぐ傍で家も人も燃えていて、夢なのにその熱を感じた。父さんも渚さんも海君もいない。たった一人でどうしたらいいんだろう。海君は無事なのだろうか。そのとき、知っている顔が見えた。母さんだった。母さんだけが昔の、じゃなくて、今の服装で、防空頭巾もかぶらないで、まるで仕事に行くみたいに早歩きで歩いている。母さんの上に焼夷弾が落ちる。母さんの体が火につつまれる。

「母さん！　母さん！」

僕は涙をこぼしながら、叫び、そして目を醒ました。

僕の声が大きかったのか、子ども部屋のドアが開かれ、父さんが僕のベッドに近づいた。

「どうした、想……」

父さんが僕のベッドに腰をかける。リビングのほうから海君の泣く声が聞こえる。まるでサイレンみたいな大きな声だった。

「僕、母さんに会いたい」

母さんというのはつまりは渚さんではない。父さんもすぐにそのことに気づいたようだった。父さんが僕の頭を撫でながら言う。

「今度の日曜日には会えるじゃないか……」

11「もっとたくさん、もっとたくさん会いたいんだよう……」

僕は子どもみたいに泣いた。

父さんは困った顔をして僕の顔を見ている。だけど、それが僕の本当の気持ちだった。

（窪　美澄「星の随に」）

問一　――線部**1**「『大人みたいなことを言うんじゃありません！』／怒ったようにそう言うと、おばあさんはそう言ったことを後悔したみたいに唇を軽く噛んだ」とあるが、この時の「おばあさん」の気持ちとして最も適当なものを、次の中から選び、記号で答えなさい。

ア　子どものうちから大人のように周囲に気をつかっているのを心配には思うが、そうせざるを得ないのかもしれない「僕」を強く責めるのもよくないと思った。

イ　子どもなのだから大人の自分をもっと頼ればよいとは思うものの、事情もよく知らないのに「僕」のことを理解しているかのような発言をしたことを反省した。

ウ　大人びたことを言っても結局子ども一人ではどうすることもできないとは思うものの、必要以上に責め立てたことで「僕」を傷つけていないか不安になった。

エ　まだ子どもの「僕」が大人みたいに自分より家族のことを優先して苦しむ必要はないとは思うが、力になれる保証もないのに説教がましく言ったことを悔やんだ。

問二　――線部**2**「死んだあとにこんなに残されてもねえ」とあるが、この時の「おばあさん」を説明したものとして最も適当なものを、次の中から選び、記号で答えなさい。

ア　壁を埋めつくし、テーブルの上まであふれる本を、夫がそのままにして死んでしまったことを迷惑に思っている。

イ　自分にとっては何の意味もないが、本好きだった夫が大切にしていた本を処分することもできず持て余している。

ウ　いやでも死んだ夫のことを思い出させる本を、こんなにもたくさん残していったことを、うらめしく思っている。

エ　夫の残したたくさんの古い本を前にして、自分を残して先に死んでいった夫のことをしみじみと思い出している。

問三　――線部**3**「……しょうい、だん？」とあるが、ここで「焼夷弾」をひらがなで表記することで、どのようなことが表わされてなる。塾に行く時間になるまで、僕は自分の部屋で過ごした。ベビーベッドで眠っている海君にも近づかなかった。塾に行く時間になると、渚さんがどこかかたい表情をして、お弁当の包みを渡してくれた。

「……ありがとう、ございます」と言うと、渚さんはどこかぎこちない表情で笑ってくれた。

その日から僕は、佐喜子さんの家で時間を潰すようになった。

それでもはじめは学校から帰ると、いったんは自分の家に行って、ドアガードが外れていないか確かめたけれど、やっぱりだめだった。ふーーーと長いため息をついて、僕は佐喜子さんの部屋に向かった。

おやつは湿気ったクッキーから、チョコやキャンディやいろんなお菓子を出してくれるようになった。**6**もしかして僕のために買ってくれたのかな、とも思って、うれしくなった。だって、佐喜子さんは僕がこの部屋に来ることを嫌がっていないんだと思って。僕は相変わらず、古ぼけたソファの上に座り、図書室で借りてきた本を読み、佐喜子さんは絵を描き続けた。あんまりおしゃべりもしなかった。僕は時々、佐喜子さんの出来上がっていく絵を眺めて、時間になると自分の部屋に帰った。

「ねえ、東京って、昔、戦争で燃えたの？」

僕はいつもの図書室で中条君に尋ねた。

「うん。そうだよ。東京大空襲」

そんなことも知らないの、という顔をしないところが中条君のえらいところだ。

中条君が書架の間を歩き回り、一冊の本を僕に見せてくれた。『東京大空襲』という子ども向けの漫画本だった。ページをめくり、中条君が開いたところを僕に見せる。飛行機、じゃなくて爆撃機。東京にたくさん爆弾を落とした爆撃機はB29と言うらしい。佐喜子さんの絵のとおり、B29のおなかから、バラバラと細長い爆弾が町の上に降り注いでいる。「町は一瞬にして、火の海と化しました」という台詞の場面では、大人も子どもも火の海に包まれて苦しんでいる絵があって僕は怖くなった。そして、佐喜子さんの火傷の痕を思い出した。ここに十歳くらいの佐喜子さんがいたのか……と思ったら、**7**なぜだか僕の足も火傷をしたみたいに鈍く痛んだ。

「一晩で十万人以上の人が死んだんだ」

「えっ、そんなに!?」

「でも、戦争ってそういうことだから」

平然と中条君は言う。

「怖いなあ」

言いながら、馬鹿みたいな感想だと僕は思った。

「でも、**8**今だって戦争みたいなもんじゃないか」

「えっ!?」

「防空頭巾の代わりにマスクして」そう言いながら、中条君が本のある場所を指差した。

「僕たち、誰かと闘っているの？」

「コロナっていう未知のウイルスじゃないか。世界中で五百万以上の人が死んでさ」

「……そっか」と言ったものの、**9**僕は中条君の言ったことがうまくのみ込めなかった。

だってウイルスは目に見えない。僕の近くにコロナで亡くなった人もいない。自分たちを焼き殺しにやってくるB29のほうが怖いじゃないか、と思ったからだ。

10その夜、僕は夢を見てうなされた。

夜空にたくさんのB29が飛んでくる。空襲警報なんて聞いたこともないけれど、火事のときのサイレンのような音が遠くから聞こえる。

「本が好きなの？」

「はい」と答えたものの、ここに僕が読めるような本はないみたいだった。背表紙が黒ずんで本の名前がわからないものもあるし、英語の本も多い。そんな僕を見ておばあさんが言った。

「三四郎の本がほとんどなのよ。**2**死んだあとにこんなに残されてもねえ」

そう言いながらおばあさんはキッチンに向かう。しばらくすると、おばあさんが銀のお盆を持ってやってきた。ソファに座るようにすすめながら言う。

「まあ、お紅茶でも飲んで待ちなさいな。クッキーもあるわよ」

「いただきます」と僕は言って小さな花がたくさん描かれた紅茶茶碗に口をつけた。

紅茶には砂糖とミルクが最初から入っていて、おいしいな、と僕は思った。小さなドーナツの形をしているクッキーは少し湿気っていたけれど、それでもおいしかった。

おばあさんは僕に構わず、キャンバスの前に座り絵筆を動かしていく。真っ黒、と思ったのは間違いで、絵の下に真っ赤な炎が渦を巻いている。

「あの日の夜空を描いているの」

僕が何も言わないのにおばあさんは言った。

「あの日の夜空？」

「……そうこれは、戦争が終わった年に東京が燃えた夜の絵」

日本で戦争があったことは知っているけれど、僕にはあまりに遠すぎる事実だった。黙ってしまった僕に気づいたのか、おばあさんが僕に顔を近づけて密やかな声で言った。

「焼夷弾が落ちてきてね、東京の下町はみんな焼けたの」

「**3**……しょうい、だん？」

僕の質問におばあさんは違うキャンバスを見せた。銀色の飛行機、芋虫のおなかみたいなところがぱかっと開いて、小枝みたいなものが空から落ちている絵だった。

「火の雨と同じよ。これが落ちたところはみんな焼けたの」

そう言っておばあさんは、靴下を脱いで僕に見せてくれた。足首に火傷の痕のようなひきつれがあるけれど、それはもうずっと古い傷のように見えた。

「あなたくらいの時かな……これはそのときの」

「……」

4僕は黙ってしまった。それでも尋ねた。

「あの、なんでこういう絵を描くんですか？」

「……」

今度はおばあさんが黙る番だった。僕は間違ったことを聞いてしまった気がして胸が少しどきどきした。

「さあ、どうしてかしらね？　**5**今、描かないとみんな忘れてしまう気がして」

そう言いながら、おばあさんはまたキャンバスに絵筆を走らせる。僕はおばあさんが絵を描くのを邪魔したくなかったので、おばあさんの後ろのソファに座り、図書室で借りた『星座の図鑑』を読んだ。おばあさんももう喋らなかった。僕は時々キャンバスに目をやって、段々と絵が出来上がってくるところを、ただ黙って見ていた。

午後五時になったので僕は家に帰った。

ドアガードは外されている。僕はたった今、学校から帰って来たように、「ただいま」と言うと、やっぱり眠そうな渚さんが「おかえり」と小さな声で言ってくれた。佐喜子さん（帰り際におばあさんて呼ばないでね、と名前を教えてくれた）のことはもちろん渚さんには言わなかった。言ったら、また、この前のときみたいにやっかいなことに

2023年度 海城中学校

【国　語】〈第一回試験〉（五〇分）〈満点：一二〇点〉

注意　字数指定のある問いは、句読点なども字数にふくめること。

一　次の文章を読んで後の問いに答えなさい。

主人公の「想」は小学四年生。父と「本当の母さん」は二年前に離婚し、今は「新しいお母さん」の「渚さん」と、最近生まれた弟「海君」と父の四人で暮らしている。渚さんは想にもやさしかったが、ある日育児の疲れからか、ドアの内側から扉が開かないようにするドアガードを外し忘れ、想を閉め出してしまった。想はたまたま同じフロアに住む「おばあさん」に救われたが、その後も、毎日午後五時までドアガードは外されなくなってしまった。

「また、あなた！」

ふり返ると、あのときのおばあさんが立っていた。

「部屋に一緒に行きましょうか？」とおばあさんは言ってくれたけれど、僕は抵抗した。

「赤ちゃんが夜中に泣くから、母さんが寝られないんです。だから、昼間は二人を寝かしてあげたいから。僕、夕方までここにいます」

1「大人みたいなことを言うんじゃありません！」

怒ったようにそう言うと、おばあさんはそう言ったことを後悔したみたいに唇を軽く嚙んだ。そうして何か考えるふうに、こめかみに手をあてた。今日は爪に青みがかったピンク色のマニキュアが塗られていた。

「……仕方がない。私の部屋で待つか」

えっ、えっ、と僕が言っているのに、おばあさんが僕の腕をとる。おばあさんの部屋に行ったら、またやっかいなことになるような気がしたけれど、おばあさんの力は強い。僕は引き摺られるように、おばあさんの部屋の前に連れてこられた。おばあさんが部屋のドアを開ける。ドアのところに吊された鈴のようなものがちりり、と音を立てた。

おばあさんが僕の背中のランドセルをもぎ取るように下ろす。そして、ランドセルを廊下に置いた。リビングに入ると、なにかのにおいが強くした。でも、変なにおいじゃない。

おばあさんの部屋の間取りは僕たちが住んでいる部屋よりも狭かった。リビングの真ん中に大きな木のテーブルがあり、その上に古い本が崩れそうに重なっている。壁際は全部本棚で、その前に描きかけの絵がいくつかあった。これは多分、油絵の具で描いた絵。においの正体はこの油絵の具だ。僕は、描きかけの絵（黒が一面に塗られているだけでなんの絵かわからない）を見、本棚を見た。そんな僕におばあさんが言った。

「どの本も自由に読んでいいから。貸してあげることはできないけれど」

「あの、手を洗わせてもらってもいいですか？」

「ああ、そうね。厄介な時代になったもんだ」

そう言うおばあさんの後について洗面所に行き、二人並んで手を洗った。掌に水をためてうがいをしていると、おばあさんがどこからかゾウの絵のついたプラスチックのコップを持ってきてくれた。コップにはマジックで「三四郎」と書かれている。

「死んだ亭主の」とおばあさんは真顔で言った。亭主、というのはおばあさんの結婚相手だった人、ということは僕にもわかる。僕はまた本棚の前に戻った。

2023年度 海城中学校 ▶解説と解答

算　数　＜第１回試験＞（50分）＜満点：120点＞

解　答

[1] (1) $1\frac{3}{4}$　(2) 48個　(3) 39人　(4) ア 36　イ 64　(5) 37.68cm^3　[2] (1) 84個　(2) 2516　(3) 12600　[3] (1) 15：28　(2) 4：15　(3) 21：17　[4] (1) 71.83cm　(2) 116.82cm^2　[5] (1) 5回，Lと平行　(2) 8回，Mと平行　(3) 5度，15度，45度　[6] (1) 46　(2) 5通り　(3) *m* 11　*n* 6

解　説

[1] 四則計算，整数の性質，消去算，濃度（のうど），体積

(1) $\left\{1\frac{1}{63}\div\left(6\frac{5}{21}-5\frac{6}{7}\right)+2\frac{11}{15}\right\}\times\frac{10}{27}-2.75\times\frac{1}{11}=\left\{\frac{64}{63}\div\left(\frac{131}{21}-\frac{41}{7}\right)+\frac{41}{15}\right\}\times\frac{10}{27}-2\frac{3}{4}\times\frac{1}{11}=\left\{\frac{64}{63}\div\left(\frac{131}{21}-\frac{123}{21}\right)+\frac{41}{15}\right\}\times\frac{10}{27}-\frac{11}{4}\times\frac{1}{11}=\left(\frac{64}{63}\div\frac{8}{21}+\frac{41}{15}\right)\times\frac{10}{27}-\frac{1}{4}=\left(\frac{64}{63}\times\frac{21}{8}+\frac{41}{15}\right)\times\frac{10}{27}-\frac{1}{4}=\left(\frac{8}{3}+\frac{41}{15}\right)\times\frac{10}{27}-\frac{1}{4}=\left(\frac{40}{15}+\frac{41}{15}\right)\times\frac{10}{27}-\frac{1}{4}=\frac{81}{15}\times\frac{10}{27}-\frac{1}{4}=2-\frac{1}{4}=\frac{8}{4}-\frac{1}{4}=\frac{7}{4}=1\frac{3}{4}$

(2) 5880を素数の積で表すと，5880＝2×2×2×3×5×7×7となることがわかる。よって，5880の約数は2，3，5，7をかけ合わせてできる数である。このとき，2の個数は0～3個の4通り，3の個数は0～1個の2通り，5の個数は0～1個の2通り，7の個数は0～2個の3通り考えられるから，5880の約数の個数は，4×2×2×3＝48(個)と求められる。なお，すべて0個の場合の約数は1とする。

(3) 東京都に住んでいる人数を□人，東京都以外に住んでいる人数を△人とすると，下の図1のア，イの式を作ることができる。アの式の等号の両側を0.15倍し，イの式との差を求めると，△×0.35－△×0.15＝△×0.2にあたる人数が，60－48＝12(人)とわかる。よって，△＝12÷0.2＝60(人)と求められる。また，東京都以外に住んでいる人で1時間未満の人の割合は，100－35＝65(％)なので，その人数は，60×0.65＝39(人)となる。

図1

{□× 1 ＋△× 1 ＝320(人)…ア
{□×0.15＋△×0.35＝ 60(人)…イ

⬇

{□×0.15＋△×0.15＝ 48(人)…ア×0.15
{□×0.15＋△×0.35＝ 60(人)…イ

図2

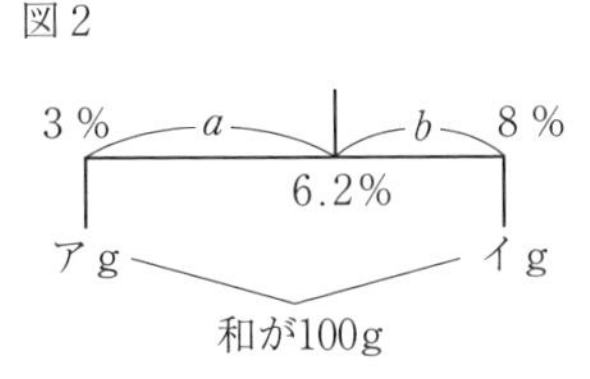

図3

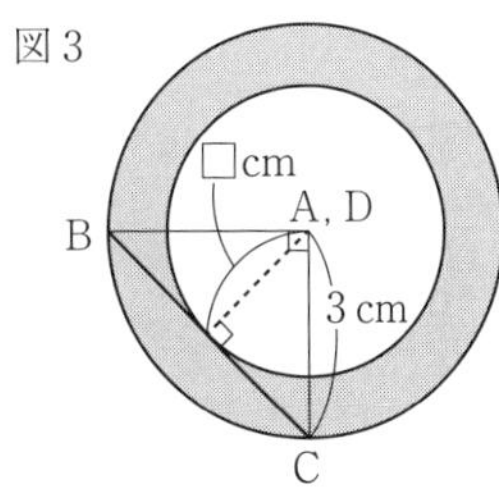

(4) 図に表すと上の図2のようになる。図2で，a：b＝(6.2－3)：(8－6.2)＝16：9だから，ア：イ＝$\frac{1}{16}$：$\frac{1}{9}$＝9：16とわかる。この和が100gなので，ア＝100×$\frac{9}{9+16}$＝36(g)，イ＝100－36＝64(g)と求められる。

(5) 辺BCが通過する部分を真上から見ると，上の図3のかげをつけた部分になる。よって，三角形ABCが通過する部分は，底面の円の半径が3cmで高さが8cmの円すいから，底面の円の半径が□cmで高さが8cmの円すいを取り除いた形の立体である。ここで，□cmを1辺とする正方形の対角線の長さは3cmだから，□×□＝3×3÷2＝4.5(cm^2)とわかる。したがって，かげをつけた部分の面積は，3×3×3.14－□×□×3.14＝9×3.14－4.5×3.14＝(9－4.5)×3.14＝4.5×3.14(cm^2)なので，この立体の体積は，4.5×3.14×8÷3＝12×3.14＝37.68(cm^3)とわかる。

2 整数の性質

(1) 200÷6＝33余り2，99÷6＝16余り3より，1以上200以下の6の倍数の個数は33個，1以上99以下の6の倍数の個数は16個とわかるから，100以上200以下の6の倍数の個数は，33－16＝17(個)となる。また，100以上200以下の整数の個数は，200－99＝101(個)なので，求める個数は，101－17＝84(個)とわかる。

(2) 6で割ると4余る整数は，6×□＋4と表すことができる(□は整数)。(1)の＿の計算から，□に入る最も大きい整数は32，最も小さい整数は16とわかるから，このような整数の個数は，32－15＝17(個)となる。また，最も小さい整数は，6×16＋4＝100，最も大きい整数は，6×32＋4＝196なので，これらの和は，(100＋196)×17÷2＝2516と求められる。

(3) 100以上200以下の101個の整数の和は，(100＋200)×101÷2＝15150である。また，最も小さい6の倍数は，6×17＝102，最も大きい6の倍数は，6×33＝198だから，6で割り切れる17個の整数の和は，(102＋198)×17÷2＝2550と求められる。よって，6で割り切れない整数の和は，15150－2550＝12600となる。

3 平面図形―辺の比と面積の比

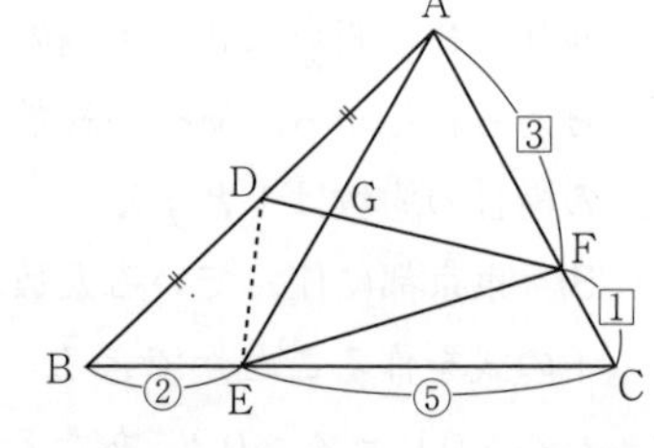

(1) 右の図で，三角形ABCの面積を1とすると，三角形AECの面積は，$1\times\frac{5}{2+5}=\frac{5}{7}$，三角形AEFの面積は，$\frac{5}{7}\times\frac{3}{3+1}=\frac{15}{28}$となる。よって，三角形AEFと三角形ABCの面積の比は，$\frac{15}{28}$：1＝15：28とわかる。

(2) DG：GFは，三角形ADEと三角形AEFの面積の比と等しい。(1)と同様に考えると，三角形ABEの面積は，$1\times\frac{2}{2+5}=\frac{2}{7}$だから，三角形ADEの面積は，$\frac{2}{7}\times\frac{1}{1+1}=\frac{1}{7}$となる。また，三角形AEFの面積は$\frac{15}{28}$なので，三角形ADEと三角形AEFの面積の比は，$\frac{1}{7}$：$\frac{15}{28}$＝4：15と求められる。よって，DG：GF＝4：15である。

(3) AG：GEは，三角形ADFと三角形DEFの面積の比と等しい。三角形ADFの面積は，$1\times\frac{1}{1+1}\times\frac{3}{3+1}=\frac{3}{8}$，四角形ADEFの面積は三角形ADEと三角形AEFの面積の和から，$\frac{1}{7}+\frac{15}{28}=\frac{19}{28}$となる。よって，三角形DEFの面積は，$\frac{19}{28}-\frac{3}{8}=\frac{17}{56}$だから，三角形ADFと三角形DEFの面積の比は，$\frac{3}{8}$：$\frac{17}{56}$＝21：17と求められる。したがって，AG：GE＝21：17となる。

4 平面図形―図形の移動，長さ，面積

(1) 円の中心が通るのは下の図1の太線部分である。はじめに，直線部分の長さを★印の部分から反時計回りに加えていくと，8＋4＋3＋3＋4＋4＋3＋2＋7＋4＝42(cm)となる。また，半径1cmの四分円の弧が4か所と半径5cmの四分円の弧が3か所あるから，これらの長さの合計は，$1 \times 2 \times 3.14 \div 4 \times 4 + 5 \times 2 \times 3.14 \div 4 \times 3 = (2 + 7.5) \times 3.14 = 9.5 \times 3.14 = 29.83$(cm)とわかる。よって，円の中心が通ってできる線の長さは，$42 + 29.83 = 71.83$(cm)と求められる。

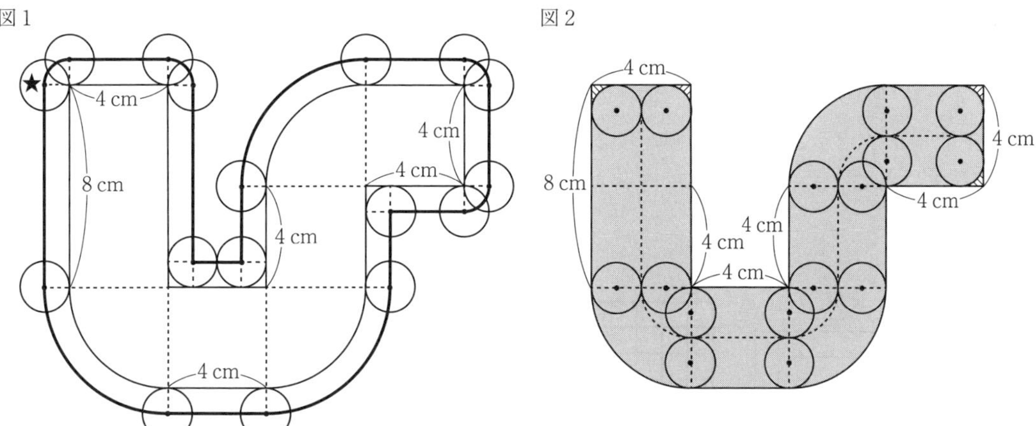

(2)　円が通過するのは上の図２のかげをつけた部分であり，これは図形全体から斜線(しゃせん)部分を４個除いたものである。また，図形全体は１辺４cmの正方形を５個と半径４cmの四分円を３個集めたものなので，図形全体の面積は，$4 \times 4 \times 5 + 4 \times 4 \times 3.14 \div 4 \times 3 = 80 + 12 \times 3.14 = 80 + 37.68 = 117.68$($cm^2$)とわかる。さらに，斜線部分を集めると，１辺２cmの正方形から半径１cmの円を除いたものになるから，斜線部分の面積の合計は，$2 \times 2 - 1 \times 1 \times 3.14 = 4 - 3.14 = 0.86$($cm^2$)と求められる。よって，円が通過する部分の面積は，$117.68 - 0.86 = 116.82$(cm^2)である。

5　平面図形―角度，構成

(1)　下の図１のように，ＬとＭを交互(こうご)に30度ずつ回転させた図で考える。●印をつけた角の大きさは同じなので，Ｐ→Ｑの進み方とＰ→Ｑ′の進み方は同じになる。同様に，○印をつけた角の大きさは同じだから，Ｑ′→Ｒの進み方とＱ′→Ｒ′の進み方も同じになる。同様に考えると図の太点線のように進むので，Ｍ→Ｌ→Ｍ→Ｌ→Ｍ（Ｐ→Ｑ→Ｒ→Ｑ→Ｐ）の順番で５回反射し，Ｌと平行に出ていくことがわかる。

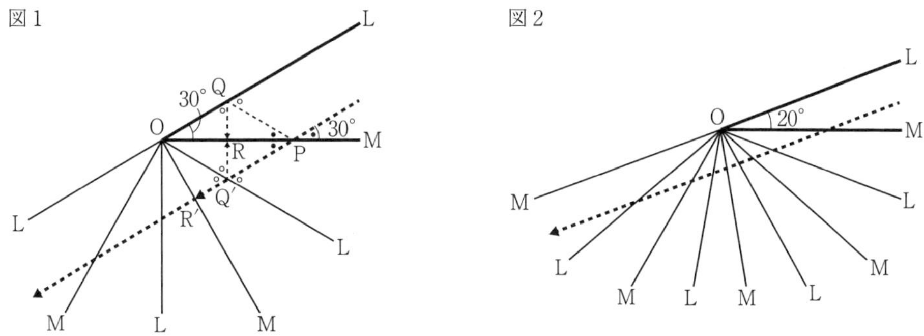

(2)　(1)と同様に考える。上の図２のように，ＬとＭを交互に20度ずつ回転させた図で表すと，Ｍ→Ｌ→…→Ｌの順番で８回反射し，Ｍと平行に出て行くことがわかる。

(3)　(1)，(2)から，光線が鏡と平行に出て行くのはxが180の約数の場合とわかる。また，($180 \div x$)の値が偶数(ぐうすう)のときはＬと平行に出ていき，($180 \div x$)の値が奇数(きすう)のときはＭと平行に出ていくことになる。よって，Ｌと平行に出ていくのは，xが５度，15度，45度の場合である。

6 方陣算，条件の整理

(1)　下の図１のように区切ると，［m，n］の一番外側のひとまわりに並ぶマスの数は，$(m-1+n-1)\times 2=(m+n-2)\times 2$（個）と表せることがわかる。また，ひとまわり内側にいくごとに，たてに並ぶマスの数と横に並ぶマスの数が２個ずつ少なくなるから，ひとまわりに並ぶマスの数は，$2\times 4=8$（個）ずつ少なくなる。よって，下の図２で，一番外側のひとまわりに並ぶマスの数は，$(8+7-2)\times 2=26$（個），外側から２まわり目に並ぶマスの数は，$26-8=18$（個）と求められるので，アにあてはまる数は，$26+18+1=45$とわかる。（４，３）はアの次の数だから，（４，３）＝46である。

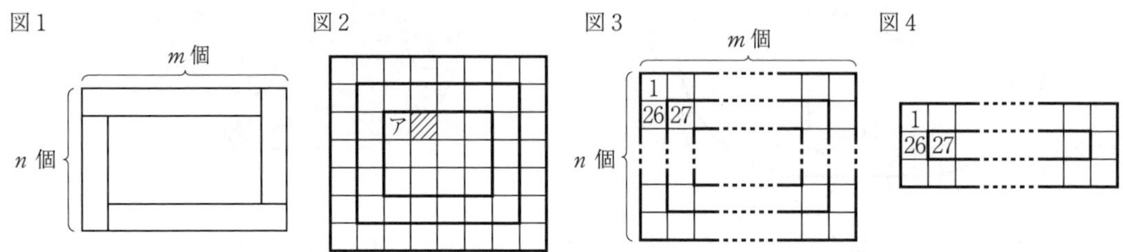

(2)　上の図３のように表すことができるので，一番外側のひとまわりに並ぶマスの数は26個である。よって，$(m+n-2)\times 2=26$にあてはまる［m，n］の組を求めればよい。この式を簡単にすると，$m+n=26\div 2+2=15$になるから，条件に合う［m，n］の組は，［12，３］，［11，４］，［10，５］，［９，６］，［８，７］の５通りとわかる。なお，［12，３］の場合は上の図４のようになり，この場合も条件に合う。

(3)　nが７以上の場合は下の図５のようになる。このとき，一番外側のひとまわりに並んでいるマスの数は30個，外側から２まわり目に並んでいるマスの数は，$52-30=22$（個），外側から３まわり目に並んでいるマスの数は，$64-52=12$（個）になる。すると，２まわり目と３まわり目の個数の差が８個にならないので，nは６以下とわかる。次に，$n=6$の場合は下の図６のようになる。図６のマスの数は全部で66個であり，一番外側のひとまわりの横に並んでいるマスの数は，$66\div 6=11$（個）と求められるので，$m=11$，$n=6$となる。なお，nが５，４の場合はそれぞれ下の図７，図８のようになるから，条件に合わない。

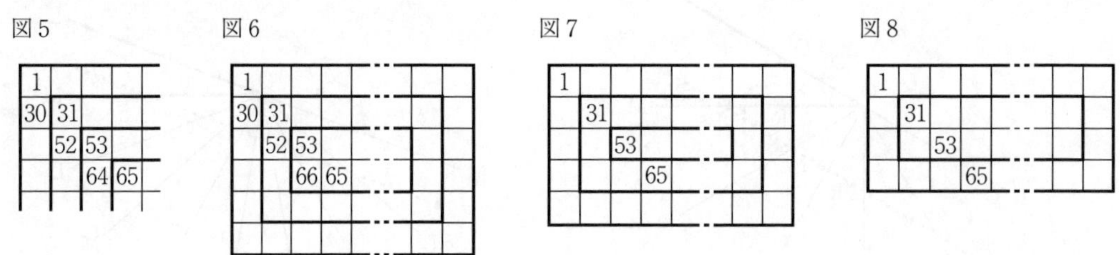

社　会　＜第１回試験＞（45分）＜満点：80点＞

解　答

問１　(1)（例）　精度の高い伊能図と比べて赤水図は，海岸線の形などが実際と大きく異なっている。一方で，伊能図が街道と沿岸部の場所と地名のみを掲載しているのに対し，赤水図は情報を掲載しない地域が少ない。江戸時代後半には，町人や農民による旅行や商人による物流が全国的に活発になり，これらの点が当時の人々に有用であった。　(2)　イ　**問２**　**２番目**…イ，**４番目**…ウ　**問３**　ア　**問４**　エ　**問５**　国会　**問６**　オ　**問７**　風土記　**問８**　ウ　**問９**　(1)　(例)　多くの人が同時に地図の作成や編集を行ったことで，いち早く被災地の地図を作成できた上，常に地図に掲載する情報を新しくすることができたため。　(2)　(例)　紙の地図は，同じ縮尺で携帯端末の画面よりも広い範囲を示すことができる。そのため緊急時に，すばやく一目で多くの情報を得られる長所がある。また，ウェブサイト上の地図よりも幅広い世代の人が利用でき，電池切れや通信障害によって地図を利用できなくなる心配がない。

解　説

各時代につくられた地図を題材とした総合問題

問１　(1)　伊能図は，海岸線などの地形や都市などの位置は非常に正確であるが，地名などの情報が沿岸部や街道沿いの地域に限られており，内陸部など空白になっている部分も多い。それに対して赤水図は，地形的な正確さでは劣(おと)るが，内陸部も含めて多くの地名が記載されている。江戸時代後半には，庶民の間でも「お伊勢参り」や「善光寺参り」などの旅行がさかんになり，商業の発達により物流も活発になった。そうした中で，人々にとっては都市や村落などの地名が多く記載されている赤水図のような地図の方がより実用的であったと考えられる。　(2)　ア　江戸時代の幕藩体制の下にあって，村役人など村の代表者が，幕府が藩を支配している事実をよく知らなかったということはあり得ない。　イ　幕藩体制とは将軍と大名の主従関係をもとにした社会体制であるが，各藩の実際の統治は領主である各大名の権限に委ねられていた。また，それぞれの藩の石高は江戸時代初期に設定されたものが幕末までそのまま用いられ，大名の石高に応じて課せられる軍役や幕府の行う土木工事などの基準ともなっていたが，新田開発が進んだことや検地が徹底されたことなどから，実際の石高はそれと異なる場合も多かった。さらに，戸数や人口，産物といった藩のくわしい情報が外部に流出すること，特に幕府に知られることは警戒された。村人たちが伊能忠敬一行に村の事情を教えたがらなかったのも，そうした理由からだと考えられる。　ウ　座は室町時代に発達した商工業者の同業組合のこと。また，江戸時代の農村にも自治のしくみはあったが，あくまで幕府や藩の支配の下で行われるものであり，室町時代後半に見られたようなものとは性格が異なる。　エ　江戸時代，年貢の納入は幕府や藩の役人の管理の下，村役人が請け負う形で行われた。したがって，村の代表者が村全体像を知らないということはあり得ない。

問２　アは弥生時代中期の環濠(かんごう)集落跡である吉野ヶ里遺跡(佐賀県)から出土した甕棺(かめかん)で，甕棺は縄文時代末期から弥生時代にかけてつくられた土製の棺(ひつぎ)。吉野ヶ里遺跡では資料のような頭部のない人骨を納めたものが出土し，当時のクニ同士の争いの激しさを物語る遺物として注目された。イは1159年におきた平治の乱の様子を描いた「平治物語絵巻」で，後白河上皇の住む三条殿を源義朝(よしとも)らの軍勢が急襲している場面。ウは1864年におきた下関戦争(前年に長州藩が行った外国船砲撃事件に対する報復として，アメリカ・イギリス・フランス・オランダの四国艦隊が下関砲台を攻撃し，これを占領したできごと)の際にとられた写真。エは1877年におきた西南戦争の様子を描いた錦絵で，明治政府軍と西郷隆盛軍が田原坂(たばるざか)で戦っている場面。オは1575年におきた長篠(ながしの)の戦いの様子を描いた「長篠合戦図屏風」で，織田信長・徳川家康の連合軍が馬防柵と連子川をはさみ，甲斐(山梨県)の武田勝頼の騎馬隊と戦っている場面。

問３　ア　第一次世界大戦は1914～18年のできごと。大戦によりヨーロッパ諸国の輸出がとどこおる中で，日本はアジアやアフリカなどへの輸出を大きく伸ばしたことから，輸出額が輸入額を上回る年が続いた。　イ　大戦が終わり，ヨーロッパ諸国が復興してくると，日本は輸出が伸び悩み，再び輸入額が輸出額を上回るようになった。　ウ　満州事変は1931年のできごと。これをきっかけに日本は満州を支配下に置き，石炭や鉄鉱石などの原料の供給地として，また日本製品の市場として利用した。また，国内では軍需産業を中心に重工業が発展して輸出が伸びたが，輸入額もそれ以上に増えた。　エ　太平洋戦争の開戦は1941年。戦局の悪化にともない国内の産業は不振になり，貿易額は輸出・輸入とも急速に減少した。

問４　《資料４》中のＡは白黒テレビ，Ｂは電気洗濯機，Ｃは電気冷蔵庫，Ｄは自転車，Ｅはカラーテレビ，Ｆは自動車，Ｇはエアコン(クーラー)である。電気冷蔵庫より電気洗濯機の方がわずかに普及のスピードが速かったこと，カラーテレビの普及とともに白黒テレビの普及率が下がっていったこと，エアコン(クーラー)は1980年代以降に普及が進み，2020年代には90％を超えていることなどがポイントになる。

問５　日本国憲法第96条１項には「この憲法の改正は，各議院の総議員の３分の２以上の賛成で，国会が，これを発議し，国民に提案してその承認を経なければならない」と定められている。

問６　米の生産量が最も多いＸは宮城県，鉄鋼業出荷額が多いＺは千葉県と判断できる。残るＹはシラス台地が広がり，水田の少ない鹿児島県ということになる。

問７　８世紀初め，朝廷が諸国に編さんを命じ，その国の地名の由来，産物，伝承などをまとめさせた書物は『風土記』。常陸・出雲・播磨・豊後・肥前の５か国のものが現存している。

問８　日本政府が発展途上国に人材を派遣し，現地の人々の生活の改善や発展を支援する活動を支えているのは国際協力機構。外務省が管理する独立行政法人で，英語の略称のJICA(ジャイカ)で呼ばれることが多い。日本の政府開発援助(ODA)を実施する機関であり，海外協力隊の派遣なども担当している。なお，アは「農業協同組合」，イは「宇宙航空研究開発機構」，エは「日本オリンピック委員会」の略称である。

問９　(1)《資料５》はハイチの首都ポルトープランスの中心部を示したもの。３つの地図を比べると，当初は大まかであった地図が，２週間余りの間に道路や建物，避難用テントの設置など多くの情報が書き足され，よりくわしいものになっているのがわかる。これは，本文にもあるように，GPSからの位置情報や衛星画像，航空写真などにもとづくデータを世界中の人々がインターネットを利用して提供し，それらを編集することによって地図が作成された結果であると考えられる。つまり，多くの人々が作成や編集に参加することにより，新しい情報を掲載した地図を短時間の間につくれたことが，救助活動や復旧作業などに役立ったのである。　(2)　ハザードマップは，津波や洪水，土砂崩れなどの自然災害に備え，災害の発生が予想される地域や被害の程度，避難場所などが示された地図のことで，多くの自治体で作成されている。紙の地図によるものと，ウェブサイト上で閲覧できるものがあるが，《資料７》からわかるように，紙版の方がスマートフォンの画面で見るよりも広い範囲の情報を一度に見ることができる。また，《資料６》からはインターネットの利用率は高齢者の間ではあまり高くないことがわかるが，紙の地図であればどんな年代の人でも利用できる。さらに，《資料８》は，東日本大震災の際，通信障害の発生により携帯電話が使用できなくなり，多くの人が公衆電話に殺到している様子と，避難所の体育館で多くの携帯電話が充電されている様子を示している。これらのことからわかるように，ウェブサイトによるハザードマップは通信障害が発生した場合や携帯端末が電池切れになった場合には使用できなくなるが，紙版であればそのような心配はないから，災害時でも安心して使うことができるという利点がある。

理　科 ＜第１回試験＞（45分）＜満点：80点＞

解　答

1 **問１**　Ａ，Ｄ，Ｅ　**問２**　**電球Ａ**…0.75Ａ　**電球Ｂ**…0.55Ａ　**電球Ｄ**…0.75Ａ　**問３**　（例）　下の図①　**問４**　5.4Ｖ　**問５**　0.70Ａ　**問６**　$\frac{1}{2}$倍　**問７**　ア　**問８**　0.72Ａ　**2** **問１**　ア　**問２**　32ｇ　**問３**　(1)　ウ　(2)　オ　**問４**　イ　**問５**　エ　**問６**　ウ　**問７**　(1)　イ　(2)　イ　**3** **問１**　(1)　下の図②　(2)　エ→ア→オ→ウ→カ→イ　(3)　ウ　(4)　卵黄　**問２**　(1)　（例）　乱かく　(2)　（例）　メダカは卵生で，産んだ卵を水草に付着させるが，カダヤシは直接，子を産むので水草を必要としないから。　**問３**　ウ，カ　**問４**　(1)　（例）　えさとなる水生昆虫のかくれ場所となっている。　(2)　（例）　えさをとるさい，じゃまになる水草を刈り取ることによってえさを見つけやすくなり，捕かく効率を高めている。　**4** **問１**　ア　**問２**　ウ　**問３**　(1)　下の図③　(2)　41％　(3)　**Ｘ**　（例）　すき間　**Ｙ**　（例）　体積が増加　**Ｚ**　（例）　量が増え，すき間をより大きく押し広げる　**問４**　ウ　**問５**　**石Ｃ**…エ　**石Ｄ**…ア　**問６**　（例）　岩石をガスコンロの火に当てて十分熱したあと，火からはなして放置して冷やす，という操作をくり返す。

図①

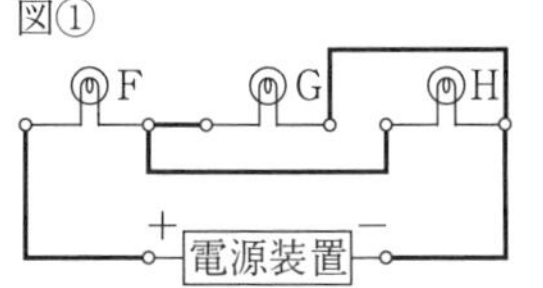

図②

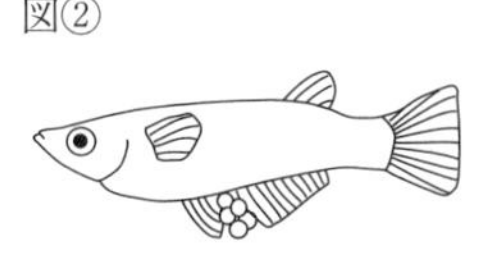

図③

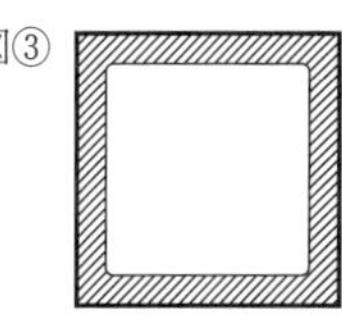

解　説

1 **電流と電圧についての問題**

問１，問２　電球Ａには，電源装置の電圧９Ｖがかかるので，流れる電流は図１より約0.75Ａである。直列につながれている電球Ｂ，Ｃには，それぞれに９Ｖの半分の4.5Ｖずつがかかるので，流れる電流は図１より約0.55Ａとわかる。並列につながれている電球Ｄ，Ｅには，どちらも９Ｖがかかり，それぞれに約0.75Ａの電流が流れる。よって，かかる電圧と流れる電流の積を求めると，電球Ａ，Ｄ，Ｅが，$9 \times 0.75 = 6.75$，電球Ｂ，Ｃが，$4.5 \times 0.55 = 2.475$となるので，最も明るいのは電球Ａ，Ｄ，Ｅである。

問３　電源装置の＋極と電球Ｆの一方の端子をつなぎ，電球Ｆのもう一方の端子から電球Ｇと電球Ｈの一方の端子まで配線する。そして，電球Ｇと電球Ｈのもう一方の端子と電源装置の−極をそれぞれつなぐとよい。

問４　電球Ｇは，流れる電流が0.25Ａだから，電球Ｇにかかる電圧は図１より約1.54Ｖとわかる。

これと並列につながっている電流Hも同じになる。電球Fは，流れる電流が，0.25＋0.25＝0.5(A)なので，電球Fにかかる電圧は図1より約3.88Vである。よって，電源装置の電圧は，電球Fと電球G(電球H)にかかる電圧の和に等しく，1.54＋3.88＝5.42より，5.4Vとなる。

問5　図1に図6で示された直線をかき入れ，図1の曲線とかき入れた直線の交点の値を読み取る。図6では，電池から流れ出す電流が1.0Aのときの電圧は7V，電流が0.5Aのときの電圧は，(7＋9)÷2＝8(V)となっているので，この2点を参考にして直線をかくと，右の図の㋐のようになる。したがって，交点の値を読み取ると，電圧は7.6V，電流は0.70Aとわかる。

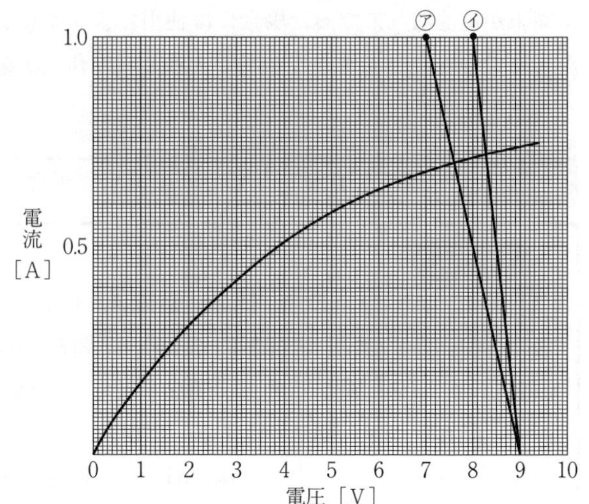

問6　同じ電池を2つ並列につないだ場合，電池からは同じ大きさの電流が流れ出て，その和が電球に流れる。よって，電池1つから流れ出す電流は，電球に流れる電流の$\frac{1}{2}$である。

問7　電球に流れる電流が1Aだとすると，電池1つから流れ出す電流は半分の0.5Aなので，電池の両極間の電圧は図6より8Vになる。よって，アのグラフが適当である。

問8　問5のときと同様に，図1に問7のアで示された直線をかき入れると，上の図の㋑のようになる。この直線と図1の曲線の交点の値を読み取ることで，電球Jに流れる電流が約0.72Aとわかる。

2　乾燥剤(かんそうざい)や脱(だつ)酸素剤についての問題

問1　生石灰は水と化学反応するとあることから，水に溶(と)けると考えられる。また，消石灰は水に溶けると石灰水になる。なお，石灰石だけは水に溶けない。

問2　必要な熱量は，0.9×240×(60−20)＝8640(カロリー)なので，8640÷270＝32(g)の生石灰が必要である。

問3　(1)　A型シリカゲルは吸収率が約40%になると，これ以上の水を吸収しなくなると述べられているので，ウのグラフが当てはまる。　(2)　低湿度(しつど)ではウのグラフよりも吸収率が小さく，高湿度ではウのグラフよりも吸収率が大きくなると述べられているので，B型シリカゲルのグラフはオが適当である。

問4　食品がいたむ原因は，食品の成分(ビタミンや油分など)が酸素と結びついて(酸化して)変質することや，カビが生えたり細菌(さいきん)が増えたりすることである。よって，袋(ふくろ)の中に脱酸素剤を入れ，中の酸素を取り除くことで，これらの原因を抑(おさ)えることができる。脱酸素剤には食品中に含(ふく)まれる有害物質を取り除くはたらきはない。

問5　鉄は水酸化ナトリウムとは反応しないので，水酸化ナトリウム水溶液(すいようえき)に溶けず，気体も発生しない。なお，鉄が水や水溶液に溶けこむ(溶解する)こともない。

問6　食塩水は中性なので，赤色リトマス紙も青色リトマス紙も色が変化しない。

問7　(1)　脱酸素剤によって空気から酸素が取り除かれるので，そのぶん容器内の気体の体積は減少する。したがって，ピストンはＹの向きに動く。　(2)　操作３で集めた容器内の気体は，空気から酸素が取り除かれているので，ほぼ窒素と考えられる。よって，窒素に助燃性がないのでイが当てはまる。なお，アは気体が二酸化炭素の場合，ウは気体が酸素の場合に起こる。エについて，窒素と水素の混合気体に点火しても，酸素がないため水素は音を立てて燃えない。オについて，窒素は空気よりもわずかに軽い。

3　メダカの成長，外来生物と環境についての問題

問１　(1)　まず，背びれ，胸びれ，腹びれ，しりびれをかく。メスの場合，背びれには切れこみがなく，しりびれは三角形に近い形で小さいことに注意する。次に，卵をかく。卵は一度に十数個，腹びれとしりびれの間にあるこう門から産み出される。よって，その付近に複数個の卵をつけた様子をかくとよい。　(2)　産み出された直後は油球が卵全体に散らばっている(エ)が，やがて油球は一方に集まり，その反対側では胚が成長していく(ア→オ)。やがて体らしいものが見えてきて(ウ)，各器官がつくられていきながら体が大きくなっていく(カ→イ)。　(3)　水温が20～25℃くらいのときは，およそ10～11日くらいでかえる(ふ化する)。　(4)　卵からかえったばかりのメダカの子どもは，腹の下側に栄養分の入った袋をつけていて，しばらくはこの袋の中の栄養分を使いながら水底であまり動かずにいる。袋の中の栄養分は，卵のときの卵黄の部分である。

問２　(1)　見境なく特定の生物をとることを乱かくという。過去数百年の間に，たとえば毛皮や羽，骨や牙などを得るために，多くの種類の生物が乱かくされた結果，それらの生物は絶滅したりその危機におちいったりしている。また，人間の活動に不利益な生物を駆除し続けることでも，その生物が絶滅することがある。たとえば，ニホンオオカミが絶滅したのは駆除が一因とされている。

(2)　メダカは産んだ卵を水草にくっつけるので，生活場所には水草を必要とする。ところが，カダヤシは卵胎生なので水草を必要としないため，コンクリートでおおわれた水路でも繁殖できる。

問３　タガメは日本に昔から生息している水生昆虫である。また，トキも日本に昔からいる鳥である。日本在来のトキは絶滅してしまったが，中国から来たトキに対する保護活動が進められている。

問４　(1)　実験１でも実験２でも，水草を増やすとヤゴやアカムシの減少量が抑えられる結果となったと述べられている。このことから，ヤゴやアカムシは水草をかくれ場所としていると考えられる。　(2)　水草がヤゴやアカムシのかくれ場所となっているので，ザリガニが水草を刈り取るのは，えさとなる生物を見つけやすくするためと考えられる。えさが見つけやすくなれば，えさを捕かくする効率は高くなる。

4　砂つぶのでき方についての問題

問１　岩石が温度変化や水，風などの作用でひび割れて，やがてくずれていく現象を風化という。

問２　河川の石は，運搬されるにつれて小さくなったり角が取れたりするので，石の形は上流ほど角張っていて下流ほど丸く，また上流ほど大きく下流ほど小さいのが一般的である。

問３　(1)　立方体の石Ａの１辺の長さを10とすると，その体積は，10×10×10＝1000になる。絵の具が染み込んでいる部分の体積といない部分の体積はそれぞれ，1000÷２＝500となるが，これは，８×８×８＝512より，１辺の長さが８よりやや小さい値の立方体の体積に等しい。したがって，石Ａの断面図は，１辺の長さが外側の正方形の１辺の８割よりやや小さい正方形をした，絵の具が染み込んでいない部分が中央にあり，その外側を囲むように染み込んだ部分がある。　(2)　石Ｂ

に染み込んだ水は，33.7－29.5＝4.2（ｇ），つまり$4.2cm^3$で，この体積が石Ｂにあるすき間全体の半分の体積だと考えられる。よって，石Ｂにあるすき間は，4.2×２＝8.4（cm^3）で，これは全体の，8.4÷20.4×100＝41.1…より，41％である。　⑶　石Ｃを水に浸すと石Ｃの中のすき間に水が入り込む。その後，入り込んだ水が凍ると，水が氷になるときには体積が増すので，すき間が押し広げられる。これがくり返されると，すき間に入る水の量が前より増えるため，凍ったときの体積の増加が大きくなって，すき間をより大きく押し広げるようになる。このため，壊れる部分はどんどん増加していくと考えられる。

問４　石に染み込んだ食塩水が乾燥すると，水の量が減ることで溶けきれなくなった食塩が固体（結晶）として出てくる。この出てきた食塩のつぶがすき間に力を加え，石を壊すはたらきをする。

問５　石Ｃの実験は，水を凍らせたりとかしたりをくり返したので，降水が多く，気温が０℃前後で変動する寒い環境下での様子に対応している。また，石Ｄの実験は，食塩水を用いているので塩分を含む海水に関係すると考えられ，海岸の崖などでの様子に対応している。

問６　小惑星のデータをみると，１日の長さが4.3時間と非常に短く，さらに昼間の最高温度と夜間の最低温度の差が200℃近くもあって非常に大きいことがわかる。このような環境では，小惑星の表面の岩石がぼう張と収縮を短い周期でくり返すことでしだいに壊れていき，レゴリスを生じると考えられる。そこで，石Ｅをキッチンのガスコンロなどで強く加熱し，それを放置して冷やすという操作をくり返す実験を行うとよい。

国語　＜第１回試験＞（50分）＜満点：120点＞

解答

一　**問１**　ア　**問２**　エ　**問３**　ウ　**問４**　イ　**問５**　ウ　**問６**　ア　**問７**　エ　**問８**　エ　**問９**　ア　**問10**　（例）　いつもは大人みたいに周りに気を遣って，本当の母親にもっと会いたいという気持ちを口に出すのを我慢していたが，この時は周囲の気持ちなど考えず子どもみたいに自分の本当の気持ちを父親にぶつけている点。　二　**問１**　下記を参照のこと。　**問２**　エ　**問３**　ウ　**問４**　イ　**問５**　ア　**問６**　ウ　**問７**　エ　**問８**　ア　**問９**　イ　**問10**　エ　**問11**　（例）　本来言葉では語り得ない個々の人間が持つ「世界の理論」が「まとまり」を持つものとして表現され，ありきたりな予測を裏切るような多様な新しい発見を読者にもたらすもの。

●漢字の書き取り

二　**問１**　ａ　要所　ｂ　挙　ｃ　機器　ｄ　景色　ｅ　前提

解説

一　**出典は窪美澄の『夜に星を放つ』所収の「星の随に」による。** 育児疲れの継母（血のつながりのない母親）の渚さんが夕方までドアガードを外さないために家からしめ出された「僕」（想）は，同じ階のおばあさん（佐喜子さん）の部屋で過ごすようになる。

問１　家に入れずにいることを気にかけたおばあさんから「部屋に一緒に行きましょうか？」とたずねられた「僕」が，夜泣きする赤ちゃんの世話で疲れている継母を昼間は寝かせてあげたいと言い，断ったことに注目する。「小学四年生」ながら大人のように周囲を気遣い，本心を押し殺しているであろう「僕」を痛ましく思うとともに，そうさせる親への怒りもあって，おばあさんはつい強い口調で「大人みたいなことを言うんじゃありません！」と言ったものの，責められるべき要因が「僕」にはないために大声を出したことをすぐさま悔やんだのである。よって，アが最も近い。なお，「僕」から「事情」をきいた直後のことなので，イは誤り。また，おばあさんは一度「大人みたいなことを言うんじゃありません！」と強く言っただけであって，「必要以上に責め立てた」わけではないので，ウも正しくない。さらに，この後，おばあさんは「僕」を自分の部屋に連れて行っているので，「力になれる保証もない」とあるエもふさわしくない。

問２　「死んだあとにこんなに残されてもねえ」と言いながらも，リビングの中央にある大きなテーブルの上にはうず高く古い本が積まれ，壁際は全部本棚で埋め尽くされている。「僕」に対し，「貸してあげることはできないけれど」と言っていることからもわかるとおり，おばあさんにとってこれらの本は，亡き夫(三四郎)を思い出す大切なよりどころとなっていることがうかがえるので，エがふさわしい。

問３　少し前で，日本で起きた戦争のことは知っているが，あまりに遠すぎる事実だと「僕」が感じていることをおさえる。「戦争が終わった年に東京が燃えた夜の絵」を描いているおばあさんから，「焼夷弾が落ちてきてね，東京の下町はみんな焼けたの」と言われても，聞き覚えもなくまったく想像ができなかったために「僕」は「しょうい，だん？」と言ったのだから，ウが合う。

問４　戦争で負ったのであろう，足首に残る火傷の痕を見せられた「僕」は，おばあさんが自分と同じくらいの歳のころに壮絶な体験をしていたことに，言葉を失っている。最後の場面で，空襲の夢にうなされていることからもわかるとおり，このときのおばあさんの話は「僕」にとってあまりにも衝撃的なものだったのだろうと想像できるので，イが正しい。「焼夷弾の雨の中を逃げまどう」おばあさんの姿を，その火傷の痕と結びつけて「僕」は言葉を失っているのだから，空襲以外の要素に重きを置いたア，ウ，エは誤り。

問５　「今，描かないとみんな忘れてしまう」と言っているとおり，おばあさんは年齢を重ねるにつれて失われていくであろう自らの壮絶な戦争体験の記憶をとどめておくために，空襲の絵を描いているのだから，ウがふさわしい。なお，「夫が死んで独りになってしまった」ことが空襲の絵を描く理由になっているとは本文からは読み取れないので，アは誤り。また，「僕」が「何も言わないのに」，おばあさん自ら「あの日の夜空を描いているの」と話し始めているので，「『僕』に空襲の夜のつらい思い出を絵に描き残そうとする気持ちは理解できないと思い，はぐらかそうとする」とあるイは正しくない。さらに，おばあさんは自分が「忘れ」ないように空襲の絵を描いているのであって，戦争を知らない世代に伝えていくためではない。よってエもあてはまらない。

問６　継母がドアガードを午後五時まで外さないせいでいつも家からしめ出されている「僕」は，「いろんなお菓子」を出してくれるおばあさんの部屋で過ごすことが多くなっている。どこか隔てを感じる自分の家と比べ，おばあさんの部屋では受け入れられているようで「僕」は「うれしくなった」のだから，アがよい。

問７　「僕」は漫画『東京大空襲』にあった描写に，おばあさんが描いた絵や話の内容を照らし合わせている。自分と同じ年齢のころ(十歳くらい)に負ったというおばあさんの火傷の痕を思い出した瞬間，想像の中の戦争がとたんに現実味を帯び，「僕」に迫ってきたのだから，エが選べる。

問８　中条君は東京大空襲で「一晩で十万人以上の人が死んだ」と話す一方，コロナによる死者は「世界中で五百万以上」だと言っている。よって，エがふわさしくない。

問９　おばあさんが描いた絵や話に衝撃を受けたことと，『東京大空襲』の漫画を読み，戦争をなまなましく感じたことから，「僕」はその夜，「空襲」で火につつまれる実の母親の夢を見ている。この後「母さん！　母さん！」と叫びながら目を醒まし，「母さんに会いたい」，「もっとたくさん会いたいんだよう……」と泣きながら父親へと訴えているので，「僕」の心の奥には，戦争への恐怖と，恋しいからこそこみあげてくる，大切な存在が失われることへの大きな不安があるものと想像できる。よって，アが合う。

問10　問１，問９でみたように，いつもの「僕」は，おばあさんから「大人みたいなことを言うんじゃありません！」と言われるほど継母に気をつかっているが，「母さんに会いたい」，「もっとたくさん会いたい」と泣きながら父親に訴えていることからわかるとおり，本心では実の母親を強く慕っている。これをもとに，「いつもは，おばあさんから『大人みたいなことを言うんじゃありません！』と心配されるほど周りを気遣っているが，この時はお母さんに会いたいという本当の気持ちを泣きながら父親にうったえている」のように，「いつも」と「この時」のちがいをまとめる。

二　**出典は『季刊アンソロジスト　二〇二二年夏季号』所収の「科学と文学について自分なりに考えてみた（川添愛著）」による。**言語習得のプロセスを導入し，文学とはどのようなものかを語っている。

問１　**a**　大切なところ。　**b**　音読みは「キョ」で，「選挙」などの熟語がある。　**c**　器具，器械，機械の総称。　**d**　自然界のながめ。目に映るようす。　**e**　あるものごとが成り立つための条件。

問２　続く段落に，「一般化」の例があげられている。「犬を見たことのない」二歳ほどの子に「これはイヌ」と教えると，「それと形の似た」もの「すべてに共通する呼び名」だと認識するのだから，エがよい。

問３　「この」とあるので，前の部分に注目する。直前の二つの段落で示された，「言語習得」における「一般化」→「検証」→「修正」という「プロセス」こそ，「科学の営みそのもの」だと筆者は述べているので，「言語習得」と「科学の営み」の共通点にふれたウが合う。

問４　問３でみたように，言語習得のプロセスと科学の営みとは共通していることをおさえる。つまり，子どもが母語に対して行っていることと同じように，科学もまたある事象に「内在する法則性を発見し，体系化する」ことで世界への理解を深めていくのだから，イがふさわしい。

問５　「一般化」→「検証」→「修正」という言語習得におけるプロセスは，「科学の営みそのもの」だと述べられている。当然，言語を話すすべての人間は，その習得の過程を「経験」している（つまり，科学的な思考方法を幼いころから訓練している）ので，筆者は科学的に世界を捉えようとする傾向が，「すべての人間に備わったもの」だと言っているのである。よって，アが合う。

問６　病院の受付でたまたま「その人」にそっけない対応をされただけなのに，「この病院の職員はみんな無愛想なんだな」と一般化してしまうことが「主語の大きい発言」にあたる。よって，日本人全員が勤勉とは限らないのに「日本人は勤勉で，まじめによく働く」と決めつけたウが選べる。なお，ア，イ，エはいずれも単なる事実である。

問７　前の段落で説明されている。「世界の理論」は，「個人が世界について見出した数多くの法則性から構成された体系」をいい，一般に「世界観」や「人生観」とよばれる。我々の頭の中には，それぞれの「過去の経験」から見出した「法則」がたくさん詰まっていて，その「法則」が「相互に作用」しながら，自らの「判断や意思決定に影響を及ぼしている」のだから，エがよい。

問８　「すりあわせる」とは，“複数の案や対立意見を比べ，納得できるように調整する”という意味。ここでは，文学作品に描かれた「具体的な出来事や，作者や登場人物が経験する感情」が，読み手の「世界の理論」に働きかけ，読み手が自分の中の法則から先を「予測」することをいう。よって，アが選べる。なお，ウは「物語世界から読み取った法則」をもとに展開や登場人物の行動を予測することにとどまり，「自分の中にある理論」との照合がなされていないので，間違っている。

問９　次の段落で，文学作品の中で描かれたものと自分の頭の中にある「世界の理論」をすりあわせたすえに，何らかの「予測が出てくれば，それを検証するために先を読みたくなる」と述べられているので，イが合う。なお，「予測」が引き出された後，「すぐ『予想どおりだったらつまらないな』という気持ち」に変わるわけではないので，ウは誤り。

問10　「このへん」とあるので，前の部分に注目する。文学作品を読むとき，我々は「自分のありきたりな予測を裏切ってほしい，自分に何か新しいことを発見させてほしい」と「期待」している。一方，「従来の理論に新しい知見を付け加えなければ研究としての価値が認められない」のが科学である。エが，両方の共通点をまとめている。

問11　自己啓発書などの「人間とはこういう存在だ」，「人生はこうだ」といった「直接的な言葉で著者の世界観が語られる」ものに，筆者は「あまり『文学』を感じない」と述べている。その根底には「個々の人間の持つ“世界の理論”は，言葉ではとうてい語り得ない」こと，「文学」とは「本来言葉では語り得ないものをどうにか言葉で表現しようとする，非常に野心的な営み」だという考えがある。また，すぐ前の三つの段落で，文学作品への「期待」，「文学作品とそうでないものとの分かれ目」に関する説明がなされていることに注目する。「ありきたりな予測を裏切って」くれるもの，多様な「発見」を与えてくれるもの，「まとまり」を持っているものを，筆者が「文学」に期待していることをおさえ，「言葉では語り得ない『世界の理論』を言葉によってまとまったものにしようとする営みであり，ありきたりな予測を裏切って，新しく多様な発見を読み手に与えてくれるもの」のように整理する。

2023年度 海城中学校

【算　数】〈第２回試験〉（50分）〈満点：120点〉

注意　１．分数は最も簡単な帯分数の形で答えなさい。
　　　２．必要であれば，円周率は3.14として計算しなさい。

1　次の問いに答えなさい。

(1)　$2\frac{2}{7}\times\left(1\frac{7}{8}+0.25\right)\div\left\{\left(3.75+2\frac{1}{2}\right)\times4.8-3.6\times\left(3\frac{3}{4}-2.5\right)\right\}$ を計算しなさい。

(2)　10時から11時の間で，長針と短針がつくる角度が180°になるのは，10時何分何秒ですか。

(3)　一定の速さで走る電車があります。この電車が1100mの長さの橋を渡り始めてから渡り終わるまで54秒かかりました。また，この電車が3400mの長さのトンネルに完全に入ってから電車の先頭が出るまで２分６秒かかりました。この電車の長さは何mですか。

(4)　１から10までの整数から，異なる３個を選び，それらの積が４の倍数となるような選び方は何通りありますか。

(5)　半径が９cm，中心角が40°のおうぎ形ABCがあります。おうぎ形ABCは，図のような位置から直線の上をすべることなく右方向に回転して，Aが再び直線上にくるまで進みます。このとき，Aが動いた道のりは何cmですか。

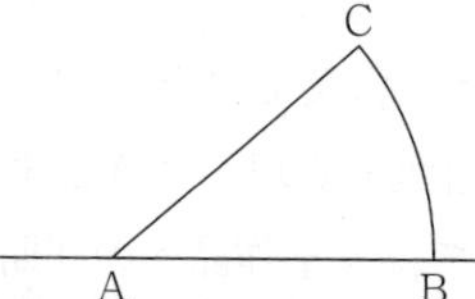

2　太郎君は，出発点Aから目的地Bまでのウォーキングコースを歩きました。最初は予定通りに時速3.6kmの速さで歩いていましたが，枝分かれする地点Cでコースを外れてしまいました。途(と)中で気がついて，引き返して地点Cにもどるのに，往復で20分かかりました。本来のコースにもどった後は，歩く速さを時速5.04kmに上げたところ，予定通りに２時間30分で目的地Bに着きました。

(1)　出発点Aから目的地Bまでのウォーキングコースは何kmですか。

(2)　時速5.04kmで歩いた道のりは何kmですか。

3　K食品では，甘(かん)味，旨(うま)味，塩味の粉を配合した商品を販(はん)売しています。その商品は，A，B，Cの３種類あり，それらの配合比は次の表の通りです。

これら３種類の商品をさらに混ぜ合わせて，独自の調味料を作ります。

	甘味	旨味	塩味
A	4	3	1
B	3	2	3
C	1	5	4

(1)　AとBを50gずつ混ぜてできる調味料の甘味，旨味，塩味の配合比を最も簡単な整数の比で求めなさい。

(2)　Aを80g，Bを40g，Cを100gずつ混ぜてできる調味料の甘味，旨味，塩味の配合比を最も簡単な整数の比で求めなさい。

(3)　(2)の分量で調味料を作ろうとしたときに，ある一つの商品を多く入れてしまいました。その結果，甘味，旨味，塩味の配合比が４：５：４となりました。まちがえて多く入れた商品はA，B，Cのうちどれですか。また，その入れた量は何gですか。

4　次の問いに答えなさい。

(1)　図１は正八角形を４本の線で分けたものです。アの部分とイの部分の面積の比を最も簡単な整数の比で求めなさい。

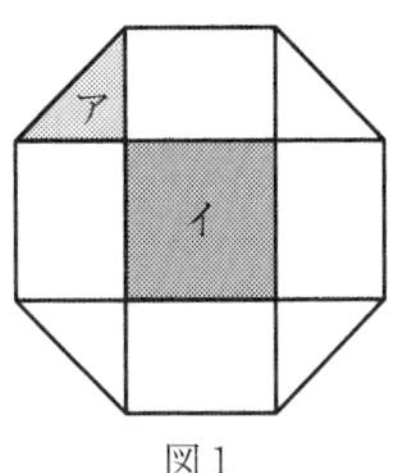

図１

(2)　図２のように正八角形と直線があります。正八角形の１辺が直線上にあるとき，その右側にある頂点を中心に，次の１辺が直線上にくるまで回転させることを「ころがす」ということにします。正八角形の１つの頂点Pを，直線上の点Aからはじめて，１回ころがすごとに，頂点Pが移った先をB，C，D，E，F，G，Hとすると，図３のようになります。

もとの正八角形と八角形ABCDEFGHの面積の比を最も簡単な整数の比で求めなさい。

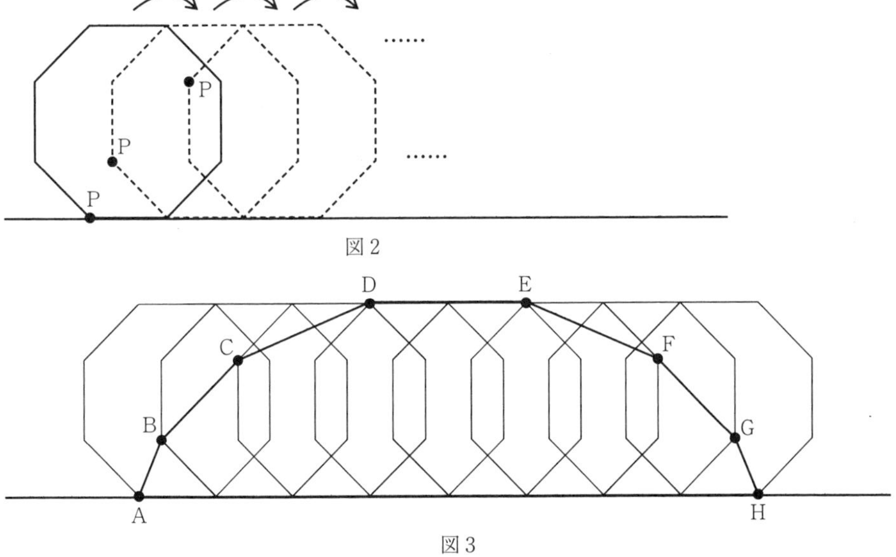

図３

5　すべての辺の長さが等しい正四角すいA-BCDEがあります。辺AC，AEのまん中の点をそれぞれF，Gとします。また，辺AB上にAP：PB＝1：3となる点Pをとり，３点P，F，Gを通る平面によって正四角すいA-BCDEを切り分けます。このとき，平面が辺CDと交わる点をQとします。次の問いに答えなさい。必要であれば，角すいの体積は(底面積)×(高さ)÷3で求められることを使い

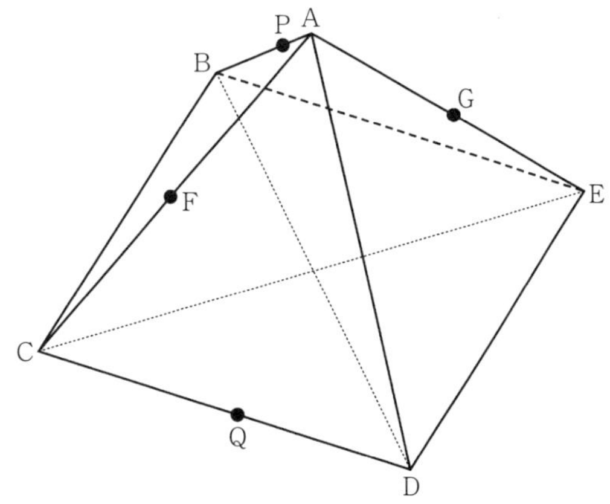

なさい。

(1)　三角すいA-PFGと三角すいA-BCEの体積の比を最も簡単な整数の比で求めなさい。

(2)　CQ：QDを最も簡単な整数の比で求めなさい。

(3)　切り分けられてできた２つの立体のうち，頂点Ａをふくむ方と頂点Ｂをふくむ方の体積の比を最も簡単な整数の比で求めなさい。

6　同じ大きさの正方形の板が９枚あります。これらの板には３種類の模様がかかれていて，

が４枚，　が４枚，　が１枚あります。

これらを向きを変えずに，たてと横にそれぞれ３枚ずつ並べて模様を作ります。

例えば，下の図１，図２，図３のような模様が考えられます。

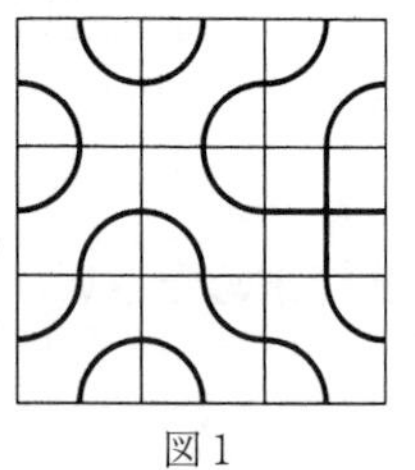
図１

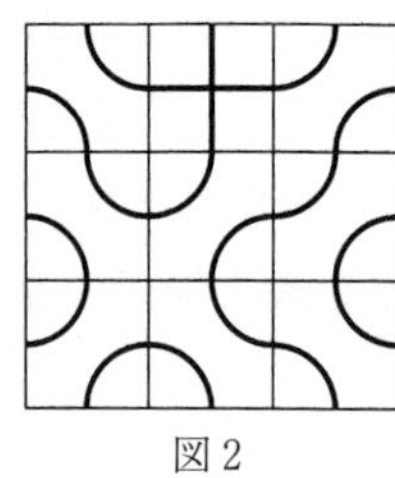
図２

図３

図２の模様は図１の模様を回転したものですが，違う模様とみなします。図３の模様は，点対称(しょう)であり線対称でもあります。

(1)　点対称であり線対称でもある模様で，図３以外のものを１つかきなさい。

(2)　点対称の模様は何通りできますか。ただし，図３と(1)でかいた模様もふくみます。

(3)　線対称の模様は何通りできますか。ただし，図３と(1)でかいた模様もふくみます。

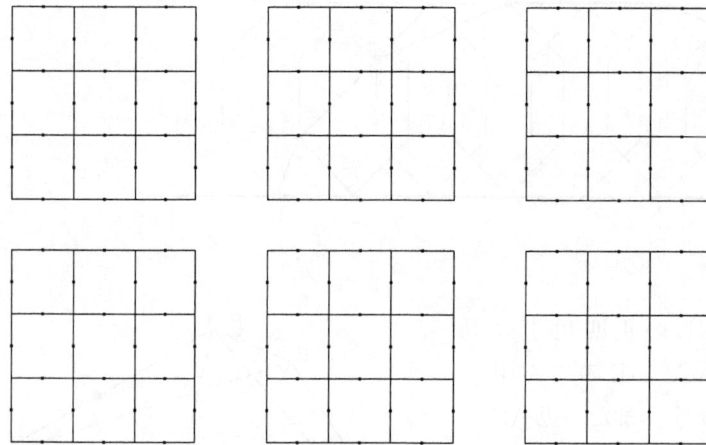

【社　会】〈第２回試験〉（45分）〈満点：80点〉

問題　次の文章をよく読んで，あとの問いに答えなさい。

みなさんは２月３日の節分の日といえば，何をイメージしますか。①豆まきを思い出す人もいれば，恵方巻を食べることを思い出す人もいるでしょう。一昔前までは，節分の日といえば，豆まきが中心でしたが，昨今では恵方巻にも大きな注目が集まっています。恵方巻とは，その年の「恵方」の方角を向いて無言で１本食べ終えると縁起がよいとされている太巻きのことです。このようなものは，古くから続いている伝統行事のようにも思えますが，その歴史は浅く，②1990年代にコンビニエンスストアが全国規模でキャンペーンを始めることで広がり根づいてきました。このように，古くから続いているようにみえて，実はそうではない「伝統行事」は他にもあります。恵方巻ほど最近のことではありませんが，例えば，正月の「伝統行事」である初詣もそうした例にあてはまります。初詣を例に，「伝統行事」が生まれ定着していく過程を考えてみましょう。

《写真》　初詣でにぎわう明治神宮のようす

(小田急電鉄ウェブサイト https://www.odakyu-voice.jp/event/2020_01_01/ より)

右の**《写真》**をみてください。明治神宮での初詣の写真です。たくさんの人でにぎわっていることがわかります。警察庁の記録によれば，2009(平成21)年に初詣に行った人は9,900万人以上とされています。初詣は正月の三が日の行事として，私たちの生活に根づいており，古くから続く伝統行事のように思えますが，「初詣」という言葉が最初に登場したのは③明治時代のことです。1885(明治18)年の『東京日日新聞』の記事のなかで，④神奈川県にある川崎大師へ正月にお参りすることを指す際の言葉として初めて登場したといわれています。それ以来，「初詣」は「正月にどこかの⑤神社や寺にお参りする」という意味の言葉として使われ，東京や大阪などの都市部を中心に，しだいに広がっていきます。

⑥江戸時代における正月の神社や寺へのお参りとしては，初縁日や恵方詣などがありました。縁日とは神や仏に縁のある日のことで，一年の初めにある縁日のことを初縁日といいました。初縁日はさまざまな神社や寺でありましたので，それにもとづいて多くの人びとが初縁日にあたる日にお参りしました。恵方詣とは，住んでいる場所からみてその年の「恵方」にあたる神社や寺にお参りすることです。「恵方」とは，その年の幸福と富をつかさどる歳徳神がいるとされた方角のことで，毎年変わり，５年で一回り(北北西・東北東・南南東・西南西の方角がそれにあたり，南南東の方角のみ５年間で二度めぐってくる)します。明治時代以降，日曜休日や三が日の休業の慣習がしだいに広がっていく中，そうした休日に神社や寺にお参りする人びとが増え，縁日にこだわらない形での神社や寺へのお参りが増えていきます。一方，⑦恵方詣は，初詣としてのお参りが増加していくにつれて，減少していきました。

こうした中，1920(大正９)年，⑧明治神宮が建てられました。明治天皇とその皇后であった昭憲皇太后を祭神とする神社です。右上の**《写真》**からもわかるように，明治神宮は現在も代表的な初詣先として知られています。当時の新聞記事によれば，明治神宮が建設された初めての正月である1921(大正10)年の段階で，すでに元日だけで10万人を集めたといわれています。すでに建設当初から代表的な初詣先でした。その後，1923(大正12)年におこった(Ｘ)によって浅草(あさくさ)や日本橋(にほんばし)など都心から東部にかけて大きな被害(ひがい)を受けたため，新宿(しんじゅく)や渋谷(しぶや)などの都心より西部の開発が進みます。郊外(こうがい)で鉄道路線が広がることになり，明治神宮への交通の便は向上することになりました。こうしたことを背景に，初詣で明治神宮にお参りする人の数は増加していきます。1940(昭和15)年には正月７日間で200万人を超(こ)える人が訪(おとず)れました。こうして，初詣は多くの人びとに広まることになり，現在では国民的行事として，⑨さまざまな年齢層(ねんれいそう)の人びとに受け入れられ，「伝統行事」になりました。

恵方巻や初詣にしろ，さほど古くから続いていないということで，それらのもつ行事としての価値が損(そこ)なわれることはありません。しかし，「伝統行事」がどのように生まれ広がっていったのかを考えてみることは，伝統が「つくられたもの」であるというあたりまえの事実を私たちに気づかせてくれるのではないでしょうか。

問１．下線部①について，豆まきに使われる大豆の消費量・生産量は現在世界的に増加しており，その背景のひとつには，ある国(Ａ国)において肉類の消費量が大幅(おおはば)に増加したことで，家畜(かちく)のエサとなる大豆の需要(じゅよう)も増加したことがあげられます。しかし，それによってある別の国(Ｂ国)では大豆の農地を確保するために，熱帯雨林が伐採(ばっさい)されるなどの環境(かんきょう)問題が発生しています。問題文中のＡ国とＢ国は以下の地図で塗(ぬ)りつぶされている国のいずれかです。Ａ国とＢ国の国名をそれぞれ答えなさい。

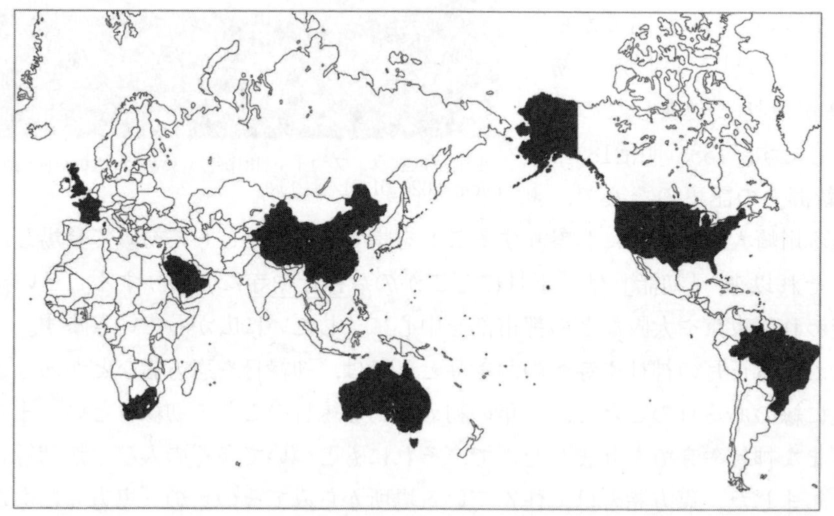

問２．下線部②に関連して，コンビニエンスストアによる恵方巻の大量廃棄(はいき)が問題となりました。食品ロスを減らすために販売店(はんばいてん)ができることに関する記述として，**ふさわしくないもの**を次の**ア～エ**から１つ選び，記号で答えなさい。

ア．在庫として抱(かか)えても販売が困難なことが見込(みこ)まれる食品は，フードバンクに寄付する。

イ．消費者が求めるだけの分量をはかって売る「量り売り」を導入する。

ウ．包装資材に少しのキズや汚(よご)れがあっても，中身に問題がなければそのまま売る。

エ．消費者が来店した際に，品切れで買えないことがないように商品を仕入れておく。

問３．下線部③に関連して，2015年に「明治日本の産業革命遺産」が世界遺産に登録されました。ユネスコによる世界遺産の登録や保護活動が，世界の平和と安全に大きく貢献(こうけん)しているといわれるのはなぜでしょうか。その理由として，もっともふさわしいものを次の**ア**～**エ**から１つ選び，記号で答えなさい。

ア．異なる民族や宗教における優劣の差が，たがいの不信感を生み，戦争の原因となることが多かった。そのため，世界におけるそれぞれの民族や宗教の高い文化性や優秀な側面を強調することで，世界の平和と安全に大きく貢献するといわれているから。

イ．国家間におけるたがいの文化や歴史についての誤った理解が，たがいの不信感を生み，戦争の原因となることが多かった。そのため，たがいの文化や歴史を正しく理解し，尊重するきっかけを生み出すことで，世界の平和と安全に大きく貢献するといわれているから。

ウ．豊かな国と貧しい国の間における経済的格差が，たがいの不信感を生み，戦争の原因となることが多かった。そのため，先進国の高度な文明や技術を発展途上国に宣伝し広めることで，世界の平和と安全に大きく貢献するといわれているから。

エ．世界における国家間の政治的な主導権争いが，たがいの不信感を生み，戦争の原因となることが多かった。そのため，強い権限をもつ主要国の判断により，人類の文化の基準が定まることで，世界の平和と安全に大きく貢献するといわれているから。

問４．下線部④に関連して，神奈川県は海岸線をもたない山梨県と接しています。右図は神奈川県の海岸線のみを示しており，次の**ア**～**エ**は，右図と同じように，それぞれ都道府県の海岸線(島は一部省略)のみが示されています。**ア**～**エ**のうち，海岸線をもたない都道府県と接しているものを１つ選び，記号で答えなさい。なお，図はすべて上が北で，縮尺は同じです。

ア．

イ．

ウ．

エ．

問５．下線部⑤に関連して，以下の問いに答えなさい。

(1) 次の**A**～**D**の寺社について，建設された時期が古いものから順に並べ替えたときに，**2番目**と**4番目**にあたるものをそれぞれ記号で答えなさい。

A．中尊寺　　**B**．日光東照宮　　**C**．慈照寺　　**D**．東大寺

(2) (1)の寺社とその建設に関わった人物の組み合わせとして，**誤っているもの**を次の**ア**～**エ**から**2つ**選び，記号で答えなさい。

ア．中尊寺・藤原清衡(ふじわらのきよひら)　**イ**．日光東照宮・徳川家康(とくがわいえやす)
ウ．慈照寺・足利義満(あしかがよしみつ)　**エ**．東大寺・行基(ぎょうき)

問６．下線部⑥に関連して，江戸幕府の統治について述べた文章として，**ふさわしくないもの**を次の**ア**～**エ**から１つ選び，記号で答えなさい。

ア．武家諸法度(ぶけしょはっと)に違反(いはん)した大名などが取りつぶされることがあった。
イ．大名は親藩(しんぱん)・譜代(ふだい)・外様(とざま)に分けられ，領地の配置が工夫(くふう)された。
ウ．幕府の財政を担当していたのは勘定奉行(かんじょうぶぎょう)である。
エ．朝廷(ちょうてい)と西日本の大名の監視(かんし)を担当していたのは六波羅探題(ろくはらたんだい)である。

問７．下線部⑦について，京浜(けいひん)電気鉄道会社による経営上の戦略が，結果的に「恵方詣」よりも「初詣」を広げることにつながりました。「恵方詣」よりも「初詣」が広がっていった理由について，「恵方詣」と「初詣」のそれぞれの特徴(とくちょう)をあげた上で，京浜電気鉄道会社がどのような経営上の戦略をとり，なぜそうした経営上の戦略をとったのかにふれながら，**本文**と**《資料１》**・**《資料２》**・**《資料３》**を参考にして，220字以内で説明しなさい。

《資料１》　東京・神奈川の鉄道路線図の一部（明治時代後半）

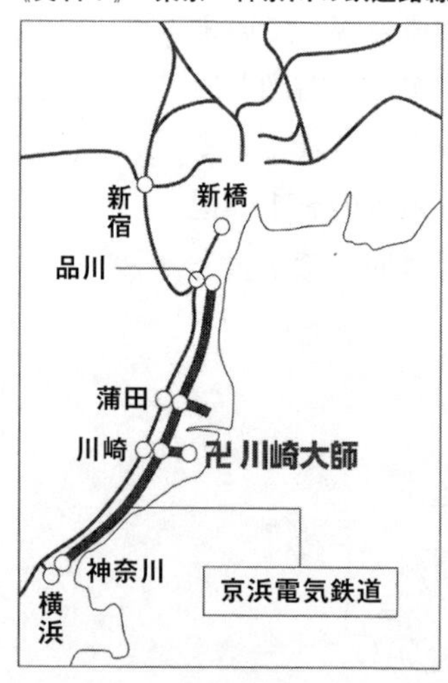

（平山昇『鉄道が変えた社寺参詣(さんけい)』交通新聞社　2012年をもとに加筆・修正）

《資料２》　京浜電気鉄道会社による新聞の正月広告

A

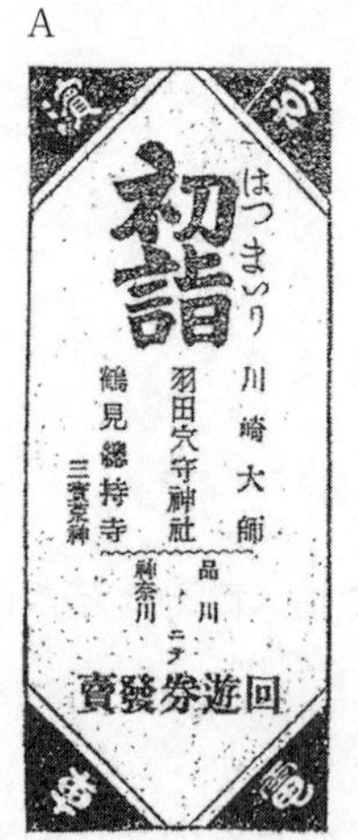

（『東京日日新聞』明治45年１月１日より）

B

（『東京日日新聞』大正元年12月31日より）

C

東京より惠方
初詣
川崎大師
羽田穴守稲荷
鶴見總持寺
鶴見花月園内子育觀音
廻遊切符大割引
省線品川驛スグ前高輪より
直通車毎二分發車
京濱電氣鐵道會社

（『東京日日新聞』大正14年12月31日より）

《資料３》　主要新聞における京浜電気鉄道会社の正月参詣広告のうち，「恵方詣」・「初詣」の語句が使用された広告の掲載数

年	1912 (明治45)	1913 (大正２)	1914 (大正３)	1915 (大正４)	1916 (大正５)	1917 (大正６)	1918 (大正７)	1919 (大正８)	1920 (大正９)	1921 (大正10)	1922 (大正11)	1923 (大正12)	1924 (大正13)	1925 (大正14)	1926 (大正15)	1927 (昭和２)	1928 (昭和３)	1929 (昭和４)
川崎大師が東京方面からみて恵方にあたる年		恵方			恵方		恵方			恵方		恵方			恵方		恵方	
恵方詣を使用		2			1		3							1				
恵方詣・初詣の両方を使用										1		1			6		5	
初詣を使用	2		1	2		2		3			1		2				1	2
《資料２》の新聞広告	A	B													C			

※東京方面からみて川崎大師が「恵方」となるのは５年間に２回とされた
※1925年は恵方にあたる年ではないが，恵方詣の広告が出された

(平山昇『初詣の社会史』東京大学出版会　2015年をもとに作成)

問８．下線部⑧について，明治神宮の建設地をめぐっては東京以外の各府県においても候補地がありましたが，政府が任命した調査会が「明治天皇の居住地である皇居が東京にあり，明治天皇がそこに住み続けた」という明治天皇と東京との歴史的由来を評価し，東京が選ばれました。しかし，明治神宮の建設地が東京の中でも現在置かれている場所に決定すると，その土地のもつ歴史的由来は，「明治神宮の建設地としてふさわしくない」との反対意見が出されました。現在置かれている場所が明治神宮の建設地としてふさわしくないという意見が出された理由について，**《資料５》**の空欄(Ａ)にあてはまる語句を用いて，その土地のもつ歴史的由来にふれながら，**《資料４》**・**《資料５》**からいえることを130字以内で説明しなさい。

《資料４》　現在の明治神宮周辺のようす(左図)と同じ地域の大名屋敷が広がる江戸時代のようす(右図)

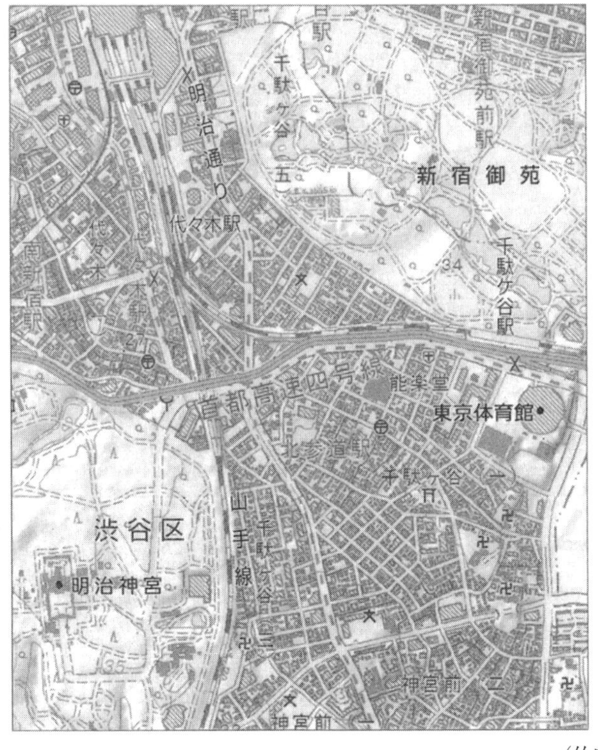

(竹内正浩『重ね地図で読み解く大名屋敷の謎』宝島社　2017年より)

《資料５》 アメリカ合衆国との条約をめぐる状況についての年表

1857年11月	アメリカ合衆国が貿易の開始を求めて，(Ａ)条約を結ぶことを幕府に要求
1858年２～３月	幕府は朝廷に(Ａ)条約を結ぶための許可を求めるも，孝明天皇の反対で失敗におわる
４月	彦根藩主である井伊直弼が幕府の大老に就任
６月	(Ａ)条約を結ぶ
８月	(Ａ)条約を結んだ幕府を孝明天皇が批判
1860年３月	井伊直弼が暗殺される
1866年12月	孝明天皇が死去
1867年１月	明治天皇が即位

(三谷博『維新史再考』NHK 出版　2017年をもとに作成)

問９．本文中の空欄(Ｘ)にあてはまる語句を答えなさい。

問10．下線部⑨に関連して，**《資料６》**を根拠に，2017年の衆議院議員選挙についていえることとして，**ふさわしくないもの**を下の**ア～エ**から１つ選び，記号で答えなさい。ただし，「日本の年齢別人口」は2016年と2017年で大きな変化がないものとみなします。

《資料６》 年齢別の投票率(左図)と日本の年齢別人口(右図)

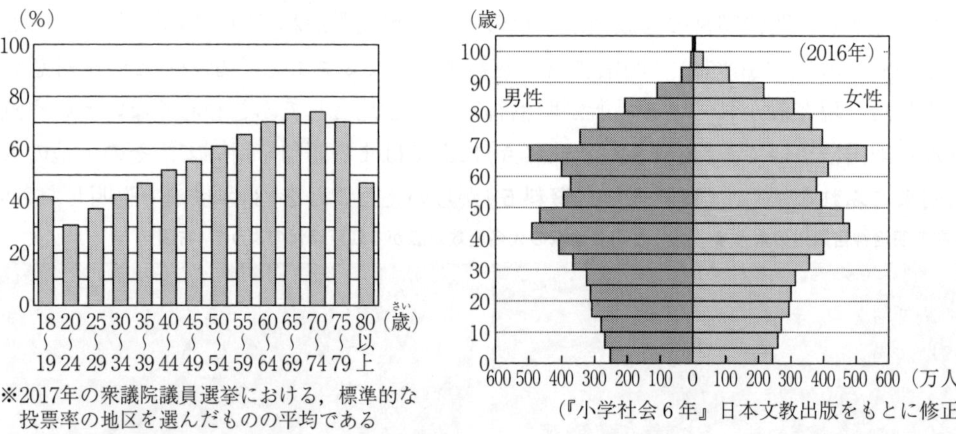

※2017年の衆議院議員選挙における，標準的な投票率の地区を選んだものの平均である

(『小学社会６』教育出版をもとに修正)

(『小学社会６年』日本文教出版をもとに修正)

ア．有権者に占める65歳～69歳人口の割合は，有権者に占める30歳～34歳人口の割合よりも多い。

イ．30歳～34歳の投票者数よりも65歳～69歳の投票者数の方が多い。

ウ．70歳以上では，男性よりも女性の方が投票率が高い。

エ．10歳代の投票者数は20歳代の投票者数よりも少ない。

【理　科】〈第２回試験〉（45分）〈満点：80点〉

1　**次の文章を読んで，以下の各問いに答えなさい。数値で答えるものは，必要であれば四捨五入して小数第一位まで求めなさい。ただし，各図の斜線を入れてある面は水平であるとします。また，各バネと糸は水平面に対して垂直になっており，重さは考えなくてよいことにします。**

バネを２つ用意し，一方をバネ１，他方をバネ２とよぶことにしました。伸び縮みしていないときの長さはともに５cmでした。図１のようにバネ１もしくはバネ２の上の端を固定し，下の端におもりをつり下げてバネの長さを測ったところ，バネの伸びについて図２のような関係が得られました。

バネ１
もしくは
バネ２
おもり
図１

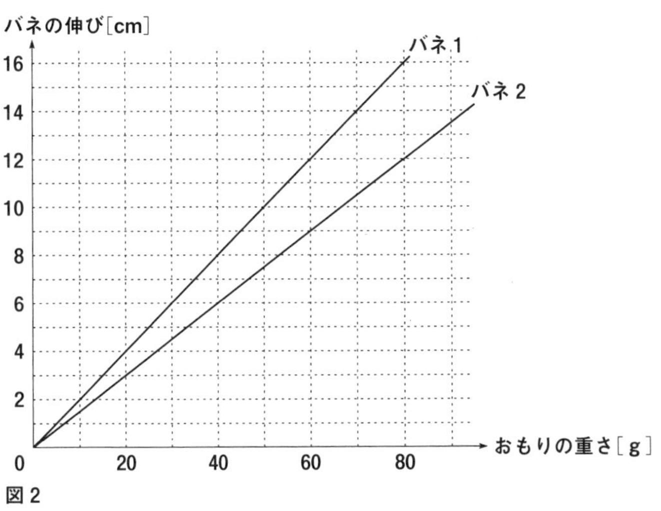

図２

問１　**図３**のように，**バネ１**の下の端には20gのおもりを取り付け，上の端には糸を取り付けました。さらにその糸を滑車に通して20gのおもりをつり下げました。このときの**バネ１**の長さは何cmになっていますか。

問２　**図４**のように，**バネ１**の下の端は固定し，上の端には糸を取り付けました。さらにその糸を滑車に通して**バネ２**の上の端に取り付け，**バネ２**の下の端には40gのおもりをつり下げました。このときの**バネ１**および**バネ２**の長さはそれぞれ何cmになっていますか。

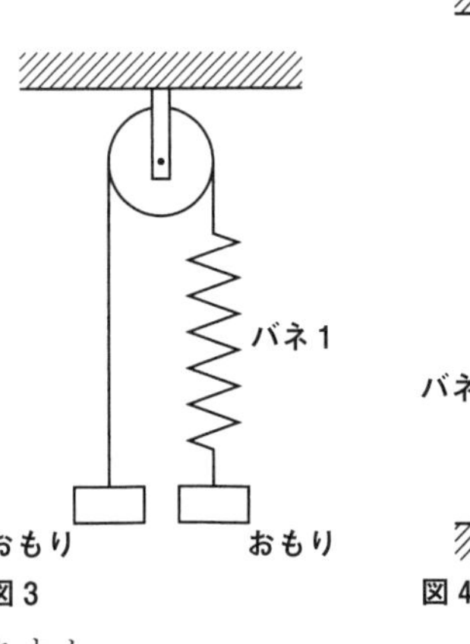

図３

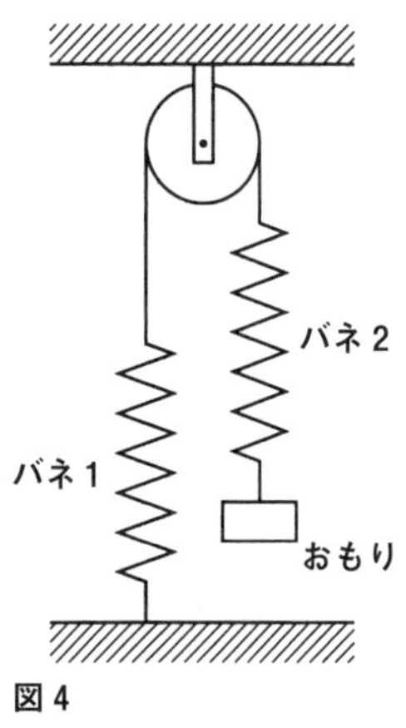

図４

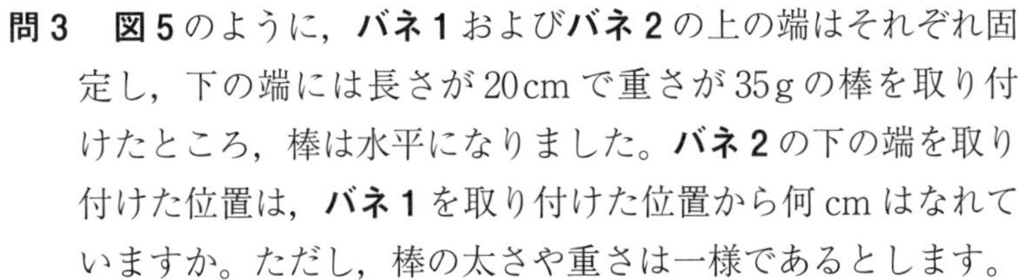

問３　**図５**のように，**バネ１**および**バネ２**の上の端はそれぞれ固定し，下の端には長さが20cmで重さが35gの棒を取り付けたところ，棒は水平になりました。**バネ２**の下の端を取り付けた位置は，**バネ１**を取り付けた位置から何cmはなれていますか。ただし，棒の太さや重さは一様であるとします。

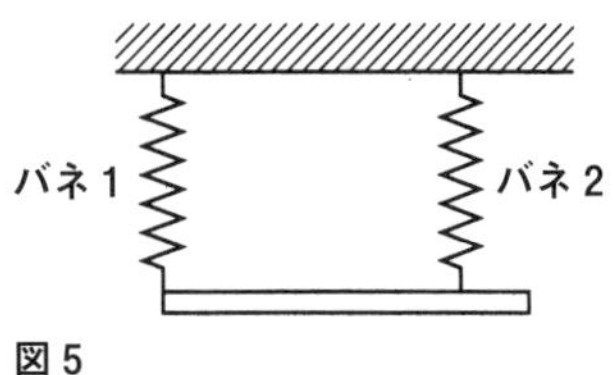

図５

問４　図６のように，**バネ１**および**バネ２**の上の端はそれぞれ固定し，下の端には**問３**で用いた棒を取り付けました。棒が水平になるように，棒のある位置に70gのおもりをつり下げようと思います。おもりをつり下げる位置は，棒の中心から左もしくは右のどちらに何cmのところにすればよいですか。

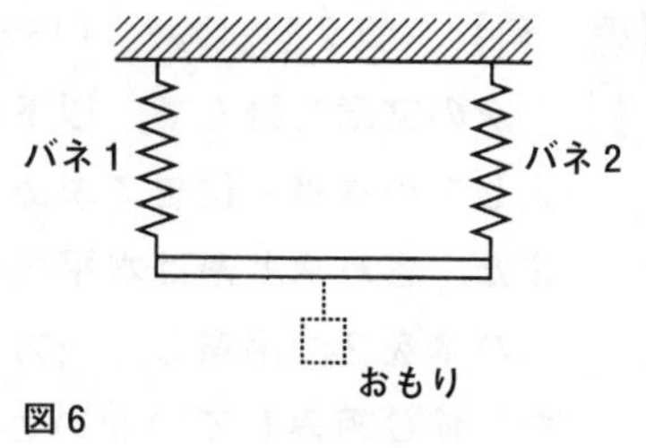

図６

新たにバネを用意し，バネ３とよぶことにしました。伸び縮みしていないときのバネ３の長さは７cmでした。バネ３の上の端を固定し，下の端におもりをつり下げてバネの長さを測ったところ，バネ３の伸びについて図７のような関係が得られました。

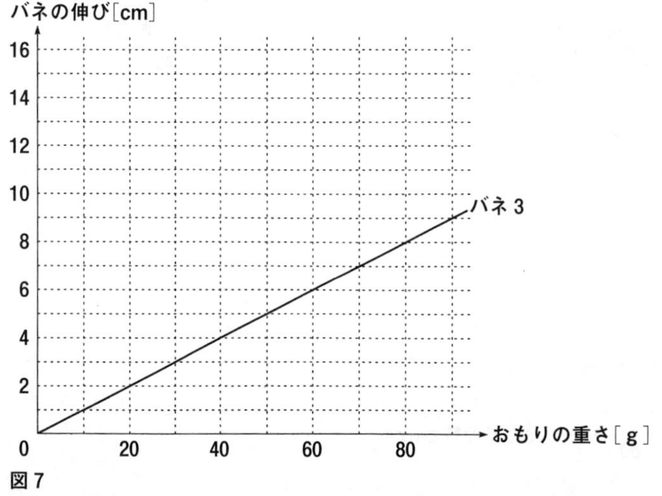

図７

問５　図８のように，**バネ１**および**バネ３**の上の端はそれぞれ固定し，下の端には**問３**で用いた棒を取り付けました。棒が水平になるように，棒のある位置に80gのおもりをつり下げようと思います。おもりをつり下げる位置は，棒の中心から左もしくは右のどちらに何cmのところにすればよいですか。また，このときの２本のバネの長さは何cmになっていますか。

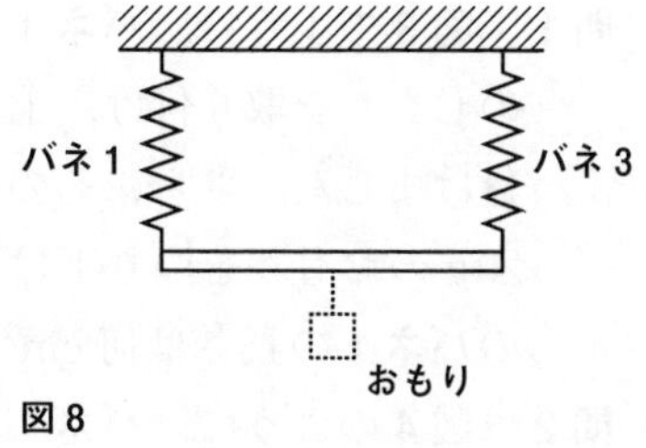

図８

２　**次の文章（Ⅰ，Ⅱ）を読んで，以下の各問いに答えなさい。**

Ⅰ　2020年10月，政府は2050年までに温室効果ガスの排出を全体としてゼロにする，カーボンニュートラルを目指すことを宣言しました。

温室効果ガスとは，二酸化炭素やメタン，フロンガスなどを指します。火力発電による化石燃料の燃焼をはじめ，自動車や航空機の利用，家畜のゲップに至るまで，私たちは日常生活や経済活動で常に温室効果ガスを排出しています。

カーボンニュートラルとは，地球上の温室効果ガスの排出量と吸収量・除去量を同じにさせることです。二酸化炭素の吸収・除去の方法を考えてみましょう。（　１　）に二酸化炭素を吹き込むと，（　２　）色の沈殿である（　３　）を生成し，二酸化炭素は固体の中に閉じ込められます。自然界ではサンゴが，体を支えるために（　３　）を生成しています。

化石燃料(炭素の成分が入っている物質)として多く使用されているのは，LPガス，都市ガス，コークスです。LPガスとは，液化石油ガスの略称(りゃくしょう)で，プロパンが主成分であるため，「プロパンガス」ともよばれています。都市ガスとは，天然ガスであるメタンを主成分として利用している液化天然ガスのことです。コークスとは，石炭を蒸し焼きにして炭素部分だけを残した燃料です。

表１は，各燃料の重さ，気体のときの体積，その量を完全燃焼させたときの二酸化炭素排出量，発生するエネルギーをまとめたもので，気体の体積は，大気圧下，27℃での値です。このデータから，それぞれの燃料の特徴(とくちょう)を考え，効率のよい燃料の使用について考えてみましょう。

表１

	重さ［g］	気体の体積［L］	二酸化炭素排出量［L］	発生するエネルギー［kJ］（kJ(キロジュール)はエネルギーの単位）
プロパン	44	25	75	2220
メタン	16	25	25	890
コークス	12	＊	25	390

＊コークスは固体のため省略

問１　次の(1)，(2)に答えなさい。

(1)　(**1**)に入る溶液(ようえき)として適当なものを次の**ア**～**エ**から１つ選び，記号で答えなさい。

ア　食塩水　　**イ**　ホウ酸水　　**ウ**　塩酸　　**エ**　石灰水

(2)　(**2**)に入る色と(**3**)に入る物質をそれぞれ答えなさい。

問２　**表１**のデータを使って，次の(1)～(3)に答えなさい。

(1)　メタン８gを完全燃焼させたときに発生するエネルギーと同じ量のエネルギーを得るためには，コークスを何g完全燃焼させればよいですか。必要であれば四捨五入して整数で答えなさい。

(2)　プロパン，メタン，コークスをそれぞれ同じ重さで燃焼させたとき，発生する二酸化炭素が最も少ないものと最も多いものは何ですか。物質名をそれぞれ答えなさい。

(3)　メタン，プロパンを完全燃焼させたときに発生するエネルギーを，発生する二酸化炭素１Lあたりで比べると，メタンはプロパンの何倍ですか。必要であれば四捨五入して小数第一位まで答えなさい。

Ⅱ　コークスを完全燃焼すると二酸化炭素が，不完全燃焼すると一酸化炭素がそれぞれ発生します。また，一酸化炭素は燃焼すると二酸化炭素を発生します。このとき，それぞれ消費する一酸化炭素，消費する酸素，発生する二酸化炭素の体積比は，

一酸化炭素：酸素：二酸化炭素＝２：１：２

になります。

下の表２は，コークス12gが完全燃焼したときと不完全燃焼したときにそれぞれ消費する酸素，発生する一酸化炭素，発生する二酸化炭素の体積をまとめたものです。

表２

	消費する酸素［L］	発生する 一酸化炭素［L］	発生する 二酸化炭素［L］
完全燃焼	25	0	25
不完全燃焼	12.5	25	0

体積を自由に変えることができ，容器内の圧力が常に大気圧と等しくなる密閉容器内でコークスを燃焼させる実験を行いました。

【実験】

① **ある量のコークスが入った真空の密閉容器に酸素を75L入れた。**

② **コークスを燃焼させたところ，燃焼後の容器内の気体は一酸化炭素と二酸化炭素であり，両者は同じ体積であった。**

③ **この状態の容器にさらに酸素を加えた。このとき，容器内にコークスが残っていた。**

④ **再び燃焼させたところ，コークスは完全に無くなった。このとき，消費された酸素は75Lであった。**

⑤ **燃焼後の容器内の気体は酸素と二酸化炭素であり，両者の合計の体積は，②で発生した一酸化炭素と二酸化炭素の合計の体積の2倍であった。**

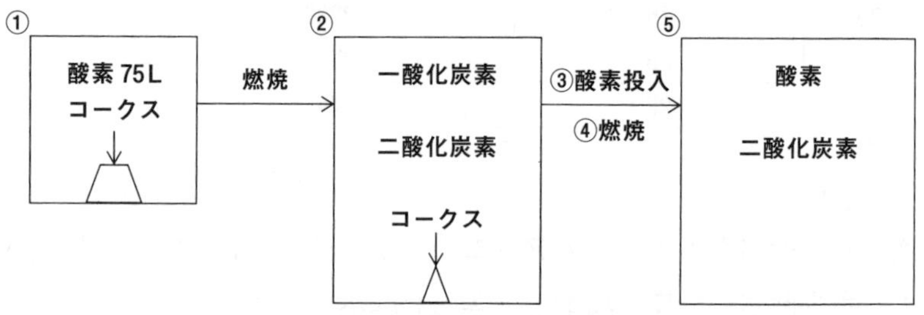

問3　**【実験】**に関して次の(1)～(4)に答えなさい。数値は，必要であれば四捨五入して整数で答えなさい。

(1)　**実験②**で発生した一酸化炭素の体積は何Lですか。

(2)　**実験④**で燃焼したコークスは何gですか。

(3)　**実験①**のある量のコークスは何gですか。

(4)　**実験③**で加えた酸素は何Lですか。

3　**次の文章(Ⅰ，Ⅱ)を読んで，以下の各問いに答えなさい。**

Ⅰ　**走るとだんだん呼吸があらくなり心拍数(しんぱくすう)が増加します。**

呼吸があらくなることで，よりたくさんの空気が鼻や口から(1)を通って肺に入ります。(1)が枝分かれした末端(まったん)にはそれぞれ①<u>(2)とよばれる非常に小さな球状のつくりがみられ</u>，それを毛細血管が取り囲んでいます。ここで空気中の酸素が(2)から毛細血管へ入り，逆に体内で生じた二酸化炭素が毛細血管から(2)へ移動します。

②<u>**心拍数が増加すると，体内にとりこまれた酸素がより速くからだのすみずみにいきわたり，休息時と比べ最大約5倍もの血液が流れるようになります**</u>**。心拍数を適切に増加させ，その状態での運動トレーニングを続けることで，長時間の運動を継続(けいぞく)できるようになることに加え，**③<u>**休息時の心拍数が減少するようになることがあります**</u>。

問1　(1)，(2)に入る最も適当な語をそれぞれ答えなさい。

問2　心臓と肺に関する記述として最も適当なものを次の**ア**～**エ**から1つ選び，記号で答えなさい。

ア　心臓も肺も主に筋肉でできている。

イ　心臓は主に筋肉でできているが，肺は筋肉のつくりをもたない。

ウ　心臓は筋肉のつくりをもたないが，肺は主に筋肉でできている。

エ　心臓も肺も筋肉のつくりをもたない。

問３　CTスキャンとよばれる方法で，肺と心臓をふくむ部分を横断した断面を足側から見た画像を得ました(**図１**)。その模式図として最も適当なものを次の**ア**～**エ**から１つ選び，記号で答えなさい。なお，肺は　　，心臓は　　で表されており，それ以外のつくりは省略しているものとします。また，肺，心臓ともにじゅうぶん断面積が大きいところの断面をみることとします。

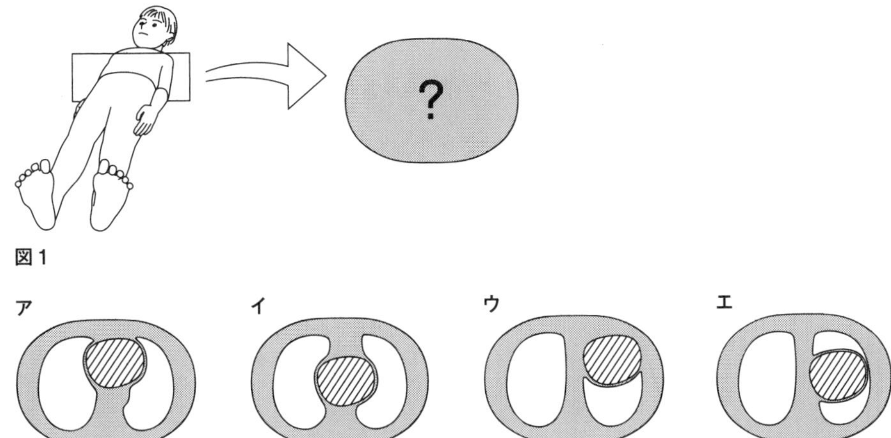

図１

問４　**下線部①**について，(**２**)がたくさんあることにはどのような意味があるか，説明しなさい。

問５　**下線部②**，**③**について，次の(**1**)～(**3**)に答えなさい。なお，休息時に心臓が１回拍動(はくどう)した際におし出される血液の量の平均(平均１回拍出量)を70mL，休息時の心拍数を毎分72回とします。また，必要であれば四捨五入して整数で答えなさい。

(**1**)　休息時の拍出量は毎分何mLですか。

(**2**)　はげしい運動により心拍数が毎分180回まで上昇(じょうしょう)したとします。毎分の拍出量が４倍にまで増加していたとすると，このときの平均１回拍出量は何mLですか。

(**3**)　定期的な運動トレーニングを行うことによって，休息時の心拍数が毎分60回にまで減少しましたが，毎分の拍出量に変化はありませんでした。心臓のはたらきにどのような変化が起こったと考えられますか。具体的な数値を用いて説明しなさい。

Ⅱ　心臓は「どっくん」と音が鳴りますが，心臓では「どっ」のときと「くん」のときでちがうことが起こっています。心房(しんぼう)から心室に血液が入って心室内の圧力が高くなると心房と心室の間の弁(これを弁１とします)が閉まりますが，このときの閉まる音が「どっ」なのです。また心室から大きな動脈に血液が流れその速度が減少すると，心室と大きな動脈の間の弁(これを弁２とします)が閉まり，このときに「くん」と音が鳴るのです。

弁１が閉まり「どっ」と鳴った瞬間(しゅんかん)，弁２はまだ開いておらず，その直後に弁２が開きます。同様に，弁２が閉まり「くん」と鳴った瞬間，弁１はまだ開いておらず，その直後に弁１が開きます。「どっ」と「くん」が同時に鳴らないのは心房と心室が収縮するタイミングがずれているからであり，このずれのおかげで血液は一方向的に全身に送り出されています。

問６　弁１と弁２を右の**ア**～**カ**からそれぞれすべて選び，記号で答えなさい。なお，この図には本来存在しない弁も描(か)かれていることに注意しなさい。

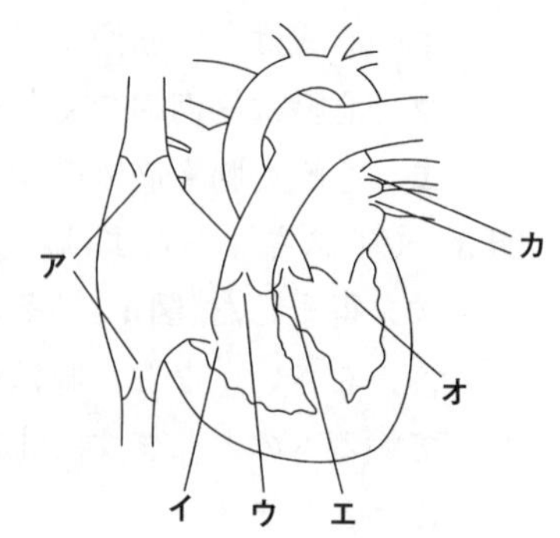

問７　**図２**は左心室の容積と大動脈への血流量それぞれの時間的変化を表しています。また**図３**は左心室の容積と左心室の内側にかかる圧力の関係を示したもので，左心室のある状態(例えばグラフ中の**a**)から矢印方向に(**b**→**c**→**d**のように)一周すると左心室は元の状態(**a**)にもどります。

図２の**ア**～**エ**それぞれのときの心臓の状態は**図３**の**a**～**d**のいずれかのときの心臓の状態に対応しています。次の(1)，(2)に答えなさい。

(1)　**図２**，**図３**において，左心室が収縮し容積が小さくなっている範囲(はんい)をそれぞれ「**オ**→**カ**」，「**e**→**f**」のように答えなさい。

(2)　**図２**，**図３**において，「どっ」のとき，「くん」のときを表しているのはそれぞれどれですか。その組み合わせを「**オ**－**e**」のように答えなさい。

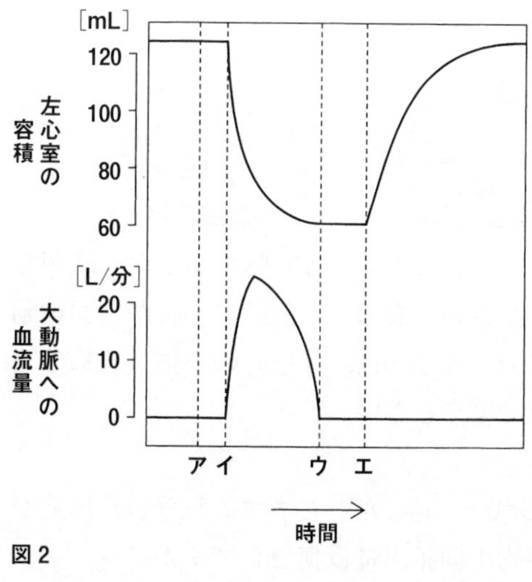

図２

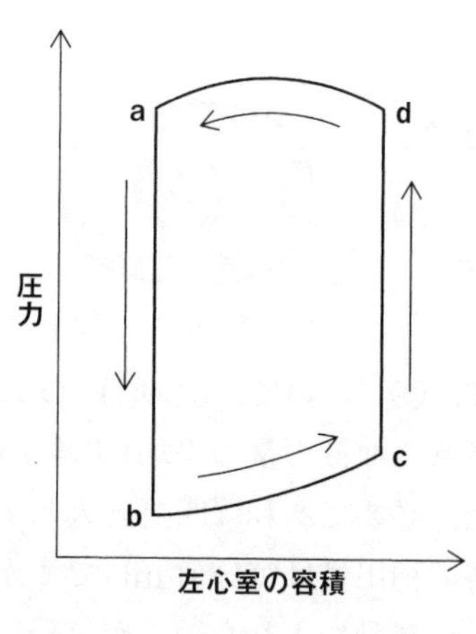

図３

4

次の文章を読んで，以下の各問いに答えなさい。

日本の温泉の多くは火山性温泉に分類されます。例えば，江戸時代に林羅山(はやしらざん)という儒学者(じゅがくしゃ)が「天下の三名泉」と記した群馬県の草津(くさつ)温泉は，火山性温泉に当てはまります。①草津温泉の近くには白根山や本白根山といった活火山があり，火山から流れ出て冷え固まった溶岩の隙間(すきま)には，地表に降った雨や雪がしみ込んで，水がため込まれています。この②地下水が地下のマグマを熱源として温められた状態でわき出ることで，温泉となっています。③火山性温泉は，ナトリウム，カルシウムなどの岩盤の成分や，塩素などの火山ガスの成分を溶かし込んでいるものがほとんどです。

これに対して，同様に「天下の三名泉」の一つである兵庫県の有馬温泉は，非火山性の温泉です。その成因にはまだはっきりとしていない部分もありますが，④有馬温泉は沈(しず)み込む海洋プレートとともに地下数十kmの深さに持ち込まれた海水を起源にしており，地下に持ち込まれた海水が地表にわき出すためには地震活動も寄与(きよ)していると考えられています。

近年では，非火山性温泉の一つとして，「大深度掘削泉」もみられるようになってきました。これは，⑤<u>地下深くまで人工的に穴を掘って，地下水をくみ上げたものです。</u>

問１　**下線部①**について，次の図は，草津温泉周辺の地形図上で，岩石の種類を色分けしたものです。**下線部①**の記述を参考に，地図上の★印周辺に分布する岩石として最も適当なものを下の**ア**～**エ**から１つ選び，記号で答えなさい。

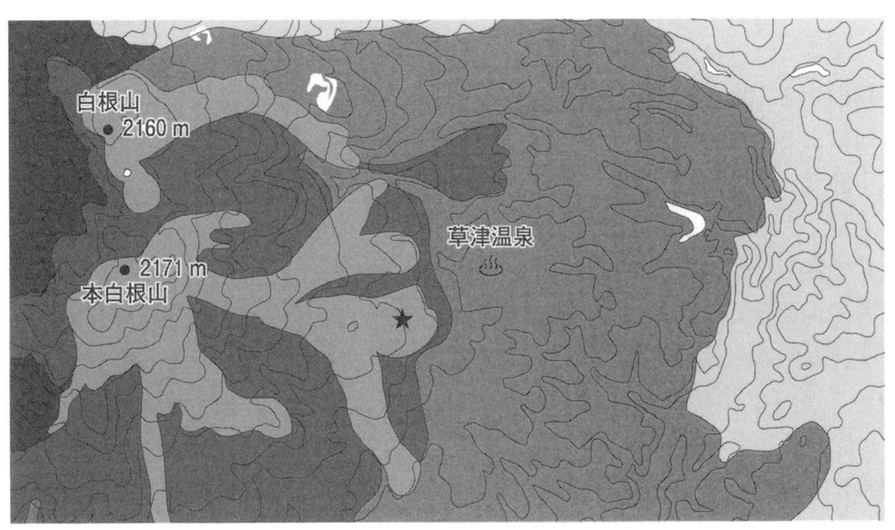

ア　安山岩　　**イ**　石灰岩　　**ウ**　砂岩　　**エ**　大理石

問２　**下線部②**について，地下水が自然に地表にわき出しやすい場所として，溶岩が流れて固まった層の末端付近や岩盤の割れ目のほか，台地の中の谷や崖などがあります。台地に崖をつくる代表的な地形の一つとしては，河岸段丘があげられます。平地に河川が流れている状態から，土地の隆起が２回起こって河岸段丘が形成されるとき，この河岸段丘の断面図を解答欄に模式的に描きなさい。

問３　**下線部③**について，温泉の水に限らず，水にふくまれる成分のうち特にカルシウムとマグネシウムの量は，硬度という尺度で表されます。日本の地下水を採水したミネラルウォーターは外国のものに比べて硬度が低いという特徴がありますが，その理由を述べた次の文について，下の(**1**)～(**3**)に答えなさい。

一般的に，日本は欧米諸国と比較して（　あ　）ことによって，（　い　）なっている。そのため，地下水に（　う　），日本のミネラルウォーターの硬度は外国のものに比べて低くなっている。

(**1**)　(**あ**)に入る最も適当なものを次の**ア**～**エ**から１つ選び，記号で答えなさい。

ア　土地の勾配が急である　　**イ**　土地の勾配がゆるやかである

ウ　平均標高が高い　　**エ**　平均標高が低い

(**2**)　(**い**)に入る最も適当なものを次の**ア**～**エ**から１つ選び，記号で答えなさい。

ア　地下水の流れがゆるやかに　　**イ**　地下水の流れが急に

ウ　地下水の量が多く　　**エ**　地下水の量が少なく

(**3**)　(**1**)，(**2**)の解答をふまえて，(**う**)に入る文を答えなさい。

問４　**下線部④**について，文中における「沈み込む海洋プレート」として最も適当なものを次の

ア～**エ**から１つ選び，記号で答えなさい。

ア　ユーラシアプレート　　**イ**　フィリピン海プレート

ウ　北米プレート　　**エ**　太平洋プレート

問５　**下線部**④について，温泉のわき出しに対して地震活動はどのように寄与していると考えられますか。簡単に説明しなさい。

問６　**下線部**⑤について，地表近くの地中温度は，一年を通して，地表における年平均気温くらいになり，深さとともに地中温度が上昇します。この温度上昇の割合を地下増温率といいます。地下増温率を100ｍにつき3.0℃とするとき，50℃のお湯を地表で得るためには，地表から深さ何ｍまで掘る必要がありますか。ただし，この場所の年平均気温は14℃とします。また，地中温度と等しくなっている地下水をくみ上げるものとし，地下水が地下から地表に出てくる過程で生じる水温低下の割合を，地下増温率の20％とします。必要であれば四捨五入して整数で答えなさい。

問７　地熱資源量が世界第３位といわれる日本では，地熱発電は大きな可能性を秘めた発電方式といえます。近年は，温泉地でも地熱発電を行う例が見られるようになってきました。地熱発電について述べた次の文中の(**あ**)～(**う**)に当てはまる語の組み合わせを下の**ア**～**ク**から１つ選び，記号で答えなさい。

地下深くまで掘り，マグマの熱で温められた300℃程度の熱水を得るとき，この熱水は，地表に出てくるまでに（　あ　）となって体積が増すため，その圧力でタービンを回して発電することができる。一方，温泉地などで，100℃程度のお湯しか得られない場合，そのままではタービンを回すだけの圧力は得られないため，水よりも（　い　）が（　う　）い物質を利用することでタービンを回している。

	あ	い	う
ア	冷水	沸点(ふってん)	高
イ	冷水	沸点	低
ウ	冷水	融点(ゆうてん)	高
エ	冷水	融点	低
オ	水蒸気	沸点	高
カ	水蒸気	沸点	低
キ	水蒸気	融点	高
ク	水蒸気	融点	低

ア　達成の見込みがそれほどなくても、周囲に対してあたかも自信があるかのようにふるまうことで、訓練を重ねざるをえない状況が作り出され、十分な実力を身につける。

イ　できるとウソをついてまで達成の難しい課題に取り組んで失敗すると、その責任を取ることになるが、そのぶん周囲の信用を取り戻そうと腕をみがくため、仕事が上達する。

ウ　周囲に求められる以上に困難な目標を立て、達成すると公言することにより、その約束を果たすために努力する過程で、本来必要とされていた能力が自然と習得される。

エ　自分の力量を実際よりも高く言いふらしていると、周囲から大きな期待を背負うことになるが、そのことが責任感や意欲をもたらし、技量を向上させることにつながる。

問八　――線部**7**「心から『できそうだ』と思う自己欺瞞が必要だったのである」とあるが、狩猟採集時代において「自己欺瞞が必要」とされたのは何のためか。五〇字以上、七〇字以内で説明しなさい。ただし、次の言葉を必ず用いて答えること。

協力集団

問九　――線部**8**「『居場所がない』という状況」とあるが、現代社会においてそのような「状況」が生じるのはなぜか。次の中から最も適当なものを選び、記号で答えなさい。

ア　狩猟採集時代とは違い人間的なつながりが希薄になったために、集団の中で常に目立った成果をあげていなければ仕事を得られず、承認欲求を満たすことも難しくなったから。

イ　周囲の人間との競争関係に勝ってお金を稼ぐという個人的な営みが何よりも重要となったために、かつて人々の承認欲求を満たしていた協力集団が、今は失われてしまったから。

ウ　集団で働かなくなったことで、他者から仕事の成果を認めてもらえる機会が減ってしまい、自分で自分を肯定する以外に、承認欲求を満たし続けるための手段がなくなったから。

エ　生活を営むうえで集団で密な協力をする必要性が薄れたために、仕事を成しとげることで集団の一員として認められるという形では、承認欲求を満たす機会が少なくなったから。

エ　自己肯定につながらない情報は排除し、自己肯定感を高める情報だけを過度に重視して自信を保とうとすること。

問四　――線部3「想像力を駆使した〝理由づけ〟によって心の安定を維持する」とあるが、それはどういうことか。次の中から最も適当なものを選び、記号で答えなさい。

ア　手に入らなかったものが重要ではなかったと思える理由を自分に都合よく作り出すことで、他人に対して失敗ではなかったと合理的に主張できるようにしているということ。

イ　手に入らなかったものが欲しがるほどのものではなかったと思える理由を頭の中で無理に作り上げることによって、自分が傷ついてしまうことを避けているということ。

ウ　手に入らなかったものは価値がなかったと思える理由を思いつくままに並べ立てて強がることによって、本心を表に出さず他人に弱みを見せないようにしているということ。

エ　手に入らなかったものは大したものではなかったと思える理由を想像して作り上げることで、これまでに築かれた自己肯定感が損なわれるのを意図的に防いでいるということ。

問五　――線部4『甘いレモン』現象が、具体的な問題を起こすことも多い」とあるが、『甘いレモン』現象」が「問題を起こす」とはどういうことか。次の中から最も適当なものを選び、記号で答えなさい。

ア　自己肯定感を高く維持しようとして自分の能力を過大評価することが、いつまでも失敗を認められず、取り返しのつかない結果を招いてしまうこと。

イ　自分が得たものを良いと思いこんで都合の悪い情報を見ないようにする傾向が、他者にいいように利用されてしまい、損失をこうむることになること。

ウ　不都合な現実と向き合わず、現状を維持するだけで何もしないことを続けていると、無自覚のうちに主体的に行動することができなくなるということ。

エ　手に入れたものの価値を高く見積もることで自己を正当化しようとする心理が現実から目を背けさせ、自分に不利益となるような行動をとらせること。

問六　――線部5「この一連の過程に〝フェイク〟が侵入してくる」とあるが、それはどういうことか。次の中から最も適当なものを選び、記号で答えなさい。

ア　集団の中で承認されて生き残るために、若いうちから自分の得意なことを見極め、それを人より早くこなせるとアピールしていく中で、他者を出し抜こうというずるがしこい考えが芽生える可能性があるということ。

イ　集団への仲間入りを果たしたいと思って仕事を積極的に買って出るという行動の中に、必要とされる能力があるわけでもないのに、背伸びをして実力以上の仕事ができるふりをするようなことが生じてくるということ。

ウ　集団の中で一目置かれたいという自分の欲求を満たすために、周囲の人々をあざむいて勝手な仕事をするうちに、これまでにはない新たな方法で仕事を進められるようになるという効果を生むかもしれないということ。

エ　集団に生まれ育った子どもを早く役に立つ存在にしようとして、大人たちがその子の能力に関係なく担当の仕事を割り振る行為の中に、子どもができないことまでできると過信してしまう危険性がひそんでいるということ。

問七　――線部6「予言の自己成就」とあるが、その説明として最も適当なものを次の中から選び、記号で答えなさい。

（中略）

現代社会の生活は狩猟採集時代とは大きく様変わりしている。それでも私たちが自己欺瞞の**d**シュウカンを維持しているのは、どのような理由からだろうか。

前節に述べたように、狩猟採集時代に自己欺瞞が必要であった理由は、協力集団の一員として受け入れられる承認欲求からであった。考えてみると、かりに協力集団の一員として受け入れられれば、自己欺瞞の必要性はそれほど高くない。抜きん出た成果をあげるとアピールしなくとも、自分の実力は周りの人に知られているし、そもそも協力集団内ではある程度の食べ物は分配されるので、抜きん出た成果は必要ないのである。また、年をとれば、若者に仕事を譲っていくものであるから、見栄を張る必要もない。

こうしてみると、文明社会では狩猟採集時代のような密な協力集団が希薄になっていることに思い**e**イタる。基本的な生活を支える協力集団が周囲になければ、狩猟採集時代のような形では私たちの承認欲求は満たされない。よく言う**8**「居場所がない」という状況はその承認欲求不全のひとつの現れだろう。そこで現代では、お金を稼ぐことで基本的な生活を支え、何らかの人間的なつながりを築くことで別途承認欲求を満たしているようだ。

ところが、お金を稼ぐことが個人的な営みになっている文明社会では、周囲の人々との競争関係が生じやすい。すると、「自己肯定感を高めてアピールし、周囲の承認を得る」という一連の活動が、旧来は協力集団の一員になるための成人への過程であったものが、現代では、一生を通じての仕事上の活動原理となりがちなのだ。

（石川幹人『だからフェイクにだまされる――進化心理学から読み解く』）

㊟　防衛機制…自分を守ろうとする心の働き。
　　鼓舞…励まし勢いづけること。

問一　〰〰線部**a**～**e**のカタカナを漢字に直しなさい。

問二　――線部**1**「ある種の〝恐ろしい寓話〟とも言えるのだ」とあるが、それはなぜか。次の中から最も適当なものを選び、記号で答えなさい。

ア　寓話ではキツネが自分のことを正当化しているが、改めて考えると想像力や社会性に乏しいキツネがそのような思考などできないことに気づかされるから。

イ　浅はかなことを考える動物はキツネだけだと思っているが、人間も自己肯定のために自分の弱点を隠そうと考えがちであることを改めて認識させられるから。

ウ　ウソの想像で現実逃避しようとするキツネの滑稽なふるまいが、そのまま自分たち人間に当てはまるという事実を不意に突きつけられることになるから。

エ　自分の過ちを認められないキツネの恥ずべき行動が、実は人間の姿を風刺したものであるという物語の結末に、人間の愚かさがはっきりと示されているから。

問三　――線部**2**「情報を拡大解釈して、無理やり自己肯定につなげる」とあるが、それはどういうことか。次の中から最も適当なものを選び、記号で答えなさい。

ア　自己肯定の材料になりそうな情報ならなんでも、積極的に取り込んで都合の良い意味にとらえようとすること。

イ　自己肯定の材料になりそうな情報だと思えば、たとえウソだとわかっていても信じこんでいるふりをすること。

ウ　自己肯定につながりそうな情報は、自分からあえて周囲に拡散することで自己肯定感を高めるのに利用すること。

成されたと考えられる。（中略）狩猟採集時代は五〇人から一〇〇人くらいの固定的な協力集団で一生を過ごしていた。ある集団に生まれれば原則一生その集団で生きたのであるから、当然、集団の一員として認められることが必要不可欠だったのである。

狩猟採集時代の集団では、密な協力が特徴となっていた。小グループに分かれて狩猟に出かけ、とれた獲物は皆で分けて食べる。木の実が熟す時機になれば大勢で採集に出かけ、集めた木の実もまた分配するという生活だったようだ。仕事を効率的に進めるために、集団のメンバーには役割分担があったにちがいない。たとえば、腕力が強い者は狩猟のときのやり投げ担当、目が利く者は捕食動物が襲ってこないかを監視する採集時の見張り役、といった具合である。

こうした集団では、そこに生まれ育つ子どもが「何が得意で、何の仕事をうまくこなしてくれるか」をいち早く見きわめて、その仕事を担当させるのがよい。逆に、子どもの側からすると、自分が得意であることを認識して、担当できる仕事を申し出るのがよい。うまく仕事ができて大人たちから認められれば、早々と大人の仲間入りなのだ。

この協力集団の環境が、私たちに特有の感情や欲求を進化させたのである。「自分には集団に欠くことができない仕事を担当できる力がある」と思う自己肯定感、そうした仕事を担当できるとアピールして、周りの人々からの承認を求めようとする欲求である。任された仕事をうまくこなすことができれば、最後に達成感と満足感が得られるわけだ。協力集団に属することが生き残るうえで不可欠だった時代ならではの事情が、私たちの行動を方向づけたのである。

5 この一連の過程に〝フェイク〟が侵入してくる。「仕事を担当できる力はいまひとつだな」と自分でうすうす思っていても、「担当できる」と意欲的にアピールしてしまうのだ。すると、周りの人々も「そんなに言うのなら」と、〝フェイク〟にだまされたつもりになって任せてみる。その結果、いくぶん失敗を重ねるかもしれないが C カッコウの練習になり、一人前になるまでに仕事が上達するのである。

こうして、〝フェイク〟が本当になっていく。これは「6 予言の自己成就」と呼ばれ、私たちがときどき達成の難しい目標に挑み続けるときに使うテクニックである。

たとえば、難しい課題に挑戦するときに「一カ月で跳び箱一〇段跳んで見せる！」などと、周囲の皆に公言することがそれにあたる。いったんアピールした事柄は、達成する社会的な責任を伴う。達成できなければ、「口先だけの奴だから、信用するのはやめておこう」と思われてしまう。その責任感から、なんとしても達成しなければという意欲が湧き、つらい練習も続けられるのだ。

よく考えると、この課題挑戦を始めるには、「自分には、跳び箱一〇段跳べる素質がある」と信じる必要がある。素質がある根拠が何もない状態でも、それを漠然と信じなければ始まらないのである。これが自己欺瞞の必要な理由である。

協力集団にはいろいろな仕事があり、それぞれの仕事をこなす人を誰かに割り当てなければならない。普通に考えれば、やったこともない仕事には自信が持てず、やりたくないと思うのが当然である。しかしそれでは協力集団は成り立たない。

私たちは、集団の長老の「君なら大丈夫。絶対できるから、自分を信じるんだ」という言葉に共感して、自信を持てるようになり、協力集団形成に成功してきた。さらに私たちは、自分自身を㊟鼓舞して、未知の仕事でも率先して挑戦できるほど、自己肯定感を高く維持できるようにも進化した。その背景では、自己欺瞞が一役買っているわけだ。本心では「できそうにもないな」と思っていては意気込みに欠けてしまうし、大人たちから本心を見透かされてしまう。7 心から「できそうだ」と思う自己欺瞞が必要だったのである。

徴(ちょう)しているんだよ」と気づかされると、その嘲笑(ちょうしょう)が自らへと返ってきてしまい、ギクッとさせられる。その意味で「キツネとブドウ」は、**1**ある種の〝恐(おそ)ろしい寓話〟とも言えるのだ。

人間には、自分の弱みを隠(かく)し、自己肯定感(こうていかん)を高めようとする本性(ほんしょう)がある。他人に弱みを見せないようにするだけでなく、自ら弱みを自覚しないように意識から遠ざける傾向(けいこう)までもがある。そうして築かれた自己肯定感によって自信が生まれ、奮起できるのであるから、この傾向はあながち軽(かろ)んじられない。

しかし、その結果、人間は自己肯定につながる情報に対して敏感(びんかん)になりやすい。その事実には注意が必要だ。たとえフェイクニュースであっても、せっせと情報収集して自己肯定に利用してしまう。ときには、**2**情報を拡大解釈(かいしゃく)して、無理やり自己肯定につなげることさえある。

こうした自己肯定感を無理やり高める行為(こうい)を「自己欺瞞(ぎまん)」という。いわゆる「自分だまし」であるが、人間が生活していくうえで、欠くことができない心理過程になっている。これが本章のテーマである。

「キツネとブドウ」のお話にちなんで、自分が得ることができないものを過小評価する心理機構を、心理学では「酸っぱいブドウ」と呼ぶ。**3**想像力を駆使(くし)した〝理由づけ〟によって心の安定を維持(いじ)する仕組みで、心理的な(注)防衛機制のうちの「合理化」のひとつとされている。

反対に、自分が得ることができたものを過大評価する心理機構もあり、「酸っぱいブドウ」に対して、ときに「甘いレモン」とも呼ばれる。酸っぱいはずのレモンでさえも甘く感じるという強烈(きょうれつ)な表現で、私たちの「合理化」の強さや根深さを**a**テキカクに指摘している。

「甘いレモン」の現象がよく見られるのは、高額な買い物をしたときである。買ったものは〝いいもの〟でなければならない。金額に見合わない悪いものをつかまされたとなれば、悔しさが膨(ふく)らんでしまう。

その心理がよく現れるのが、広告の閲覧(えつらん)行動である。たとえば、高価な車を買った人は、買わなかった車よりも、買った車の広告をよく見ることが知られている。広告には、いかに〝いい車〟であるかが重ねて記載(きさい)されているので、自分が買った車の広告を見れば、「いい車を買ってよかった」と自己肯定が進む。その一方、他の車の広告を見てしまえば、買った車にない性能の良さや、値段の安さがあらわになってしまいかねない。なるべく見ないようにするのが、平穏(へいおん)な心を保つのによいのだ。

同様の**4**「甘いレモン」現象が、具体的な問題を起こすことも多い。たとえば、株式**b**トウシで値上がりを見込んで買った株が、意に反して値下がりをした場合だ。失敗を認めたくないトウシの初心者は、値下がりしてもなお「いつかは上がる〝いい株〟に違いない」と思いこんで、持ち続けてしまう。

また就職活動にたいへんな努力をして入った会社は「〝いい会社〟に違いない」と思いこむ傾向もある。やめてしまえば〝たいへんな努力〟が水の泡(あわ)になってしまい心の安定を損(そこ)なうので、自己欺瞞の意義もある。しかし、会社が社員の離職(りしょく)を避(さ)けるために就活のハードルを上げているのであれば、「つらい就活もいい勉強になった」と合理化を働かせ、思い切って転職することも選択肢(せんたくし)のひとつである。

このように、自己欺瞞は心の安定を図(はか)る大きな利点がある一方、現実を見失う欠点もある。(中略)

右に述べてきたように、人間には自己肯定感を高めようとする気持ちがあり、それが自己欺瞞の原因となっている。ここではその気持ちの由来を探っていく。

恐怖(きょうふ)や愛情が、動物の時代に由来する感情であるのに対して、自己肯定感やそれを維持したいと思う気持ちは、主に狩猟(しゅりょう)採集時代に形れたから。

問十　――線部**10**「深く息をして、うつむいた」とあるが、この時の書店員の様子を説明したものとして、最も適当なものを次の中から選び、記号で答えなさい。

ア　大好きな亮二の漫画が終わってしまうことが残念でならず、そのわけを本人にたずねる前に気持ちを整理している。

イ　応援していた亮二の漫画が連載終了になるという事実を思い出し、悲しくて泣き出しそうなのを必死に我慢している。

ウ　連載が終わるのは自分たちの応援が足りなくて本が売れなかったからかもしれず、亮二に申し訳なさを感じている。

エ　漫画の連載をやめないでほしいという思いをきちんと伝えるために、あこがれの亮二に出会えた興奮を抑えている。

問十一　――線部**11**「大丈夫、この作品が始まる日までも待ったんですから」とあるが、この書店員はどのようなことを亮二に伝えようとしているのか。次の中から最も適当なものを選び、記号で答えなさい。

ア　少年誌の連載が終わった後、気長に待っていると料亭の漫画と巡り合えたように、亮二がまたおもしろい漫画をいつか発表してくれることを楽しみにして、多くの読者はのんびり待ち続けているということ。

イ　漫画の連載が終わった後、漫画家として成長をとげて料亭の漫画の連載を始めてくれたように、亮二が新たに力をつけてよりおもしろい漫画を描いてくれると確信し、それまで諦めずに応援しているということ。

ウ　少年誌に掲載された漫画が打ち切りになった後も、長い時間待ち望んでいたら料亭の漫画に出会うことができたように、亮二が新しい漫画を描いてくれる日が来ることを信じてずっと待っているということ。

エ　漫画の連載が何度打ち切られても、懸命に努力して新しく連載を始めてくれたように、亮二がまた新しい漫画を発表することを信じて、料亭の漫画の登場人物のように懸命に働きながら待っているということ。

問十二　――線部**12**「なかなかかっこいい仕事だったんじゃないか」とあるが、この言葉から、料亭の漫画に対する亮二の思いはどのように変化してきたと読み取れるか。次に示す言葉の後に続くように、七〇字以上、九〇字以内で説明しなさい。

料亭の漫画は（　　　　）

二　**次の文章を読み、後の問いに答えなさい。**

イソップの寓話に「キツネとブドウ」というお話がある。一匹のキツネがたわわに実るブドウの房を木の枝に見つけ、なんとかとってやろうとジャンプする。何回か挑戦してみるが、とても届かない。あきらめたキツネは、「あのブドウは酸っぱいに違いないや」と言い捨てて、毅然とした態度で去って行くという物語である。

このキツネは、自分のジャンプ力が弱いために「甘い」と思われるブドウ」を取ることができないという現実を受け入れずに、「酸っぱいに違いない」と無理やり思いこもうとしている。物語は、ウソの想像によって悔しさを紛らしたり、他者に弱みを見せない行動をとったりする滑稽さを指摘している。

もちろん、実際のキツネはこのような行動をとらない。想像力が低いので、「酸っぱいに違いない」と無理やり思いこむことはできないし、他者が自分をどう見ているかを考える社会性もそれほど発達していない。だから、お話を読んだ人間が「キツネなんだからしょうがないよね！」とひとしきり笑った後で、「実はこのキツネは人間を象のとして、最も適当なものを次の中から選び、記号で答えなさい。

ア　老紳士の助言を得たことで苦しい状況の乗り越え方を学べたように思い、飛行機が翼のライトを点滅させながら飛ぶ様子を見て、今は漫画家として行きづまったとしか思えなくても、見方を変えれば希望の灯りを見出せるのだと思えるようになった。

イ　老紳士から漫画家を続ける手がかりを与えられたことで自分の将来への自信が芽生え、夜空に向かって飛び立つ飛行機の姿を見て、漫画家としての才能が現時点では世間に認められていなくても、諦めることなく漫画を描き続けたいと思えるようになった。

ウ　老紳士の言葉に励まされたことで自分の夢に対する前向きな思いを抱けるようになり、飛行機が次から次へと離着陸を繰り返す様子を見て、漫画家として一度は挫折したとしても、諦めずに好機を待って何度でも挑戦すればいいのだと思えるようになった。

エ　老紳士が自分の漫画をほめてくれたことで重苦しかった気持ちが軽くなり、良い風が吹くのを待って飛び立っていく飛行機の姿を見て、今は自分の作品に人気が出ていなくても、いつかは作品が評価される機会に巡り合えるはずだと思えるようになった。

問八　――線部**8**「顔を上げ、歩み寄る」とあるが、この時の亮二の心情を説明したものとして、最も適当なものを次の中から選び、記号で答えなさい。

ア　少年誌で連載をしなくなって以来書店という場所を目にすることも辛かったが、あえて書店に足を踏み入れることで、これまでの苦手意識を克服しようとしている。

イ　かつての少年漫画での挫折を思い出させる書店という存在を目にして反射的に胸が苦しくなったが、気を取り直して、再び漫画というものに向き合おうとしている。

ウ　漫画家をやめると決めてからは書店に入りたくもなかったが、老紳士の言葉を思い出してまだ諦めなくてもよいのかもしれないと思い、希望を持ち直している。

エ　自分の描きたい漫画が売れなかった事実を突きつける書店という存在を見て、また心が傷つきそうになったが、かつての失敗のことは忘れようと決意している。

問九　――線部**9**「嬉しいよりも申し訳ない気がした」とあるが、亮二がこのように感じたのはなぜか。次の中から最も適当なものを選び、記号で答えなさい。

ア　料亭の漫画がたくさんの読者に応援され人気を得ていたことを知らず、書店の人が自分の作品を大切に売り、支えてくれていたことに感謝をしないどころか、足を運ぼうともしてこなかったから。

イ　少年漫画誌で打ち切りになった過去を引きずり、漫画家の仕事に対して後ろ向きになって、自分の描く作品がこんなにも熱意をこめて売られていたことをずっと気にもとめてこなかったから。

ウ　望み通りの漫画を描けていないからといって、漫画家としての自分を応援してくれている人たちの言葉には見向きもせず、自分の漫画家人生は失敗に終わったと決めつけてしまっていたから。

エ　描いている自分自身が好きかどうかもわからなくなってしまっていた料亭の漫画に添えられている、これまで見る機会のなかった賞賛や応援の言葉の数々が、大げさでもったいなく思わよいのかうまく言葉を見つけられずにいる。

ウ　漫画家としてはうまくいかなかったが、似顔絵を描いて何とか暮らしを立てていこうと思っていた矢先、老紳士に自分のペースでよいから漫画を描いていくべきだと言われ、今後の生活をどうするか迷って言葉につまっている。

エ　漫画家として大成するという夢を悲痛な思いで諦めて、すべてを捨てて実家に戻る決心をしたのに、老紳士がどこでも自分のペースで漫画を描けばよいと言い放ったことに反感を抱き、どう言い返そうかと考えこんでいる。

問四　――線部**4**「茶化すように笑った」とあるが、この時の亮二の様子を説明したものとして、最も適当なものを次の中から選び、記号で答えなさい。

ア　思いがけず核心にせまってきた老紳士の言葉に正面から真剣な答えを返すことができず、笑ってその場をやりすごそうとしている。

イ　老紳士に冗談を言われたかのように軽く受け流して、夢を諦めたという自分自身の辛い選択からあえて目をそらそうとしている。

ウ　自分の漫画家人生が失敗に終わったことを老紳士にふざけ半分で伝えることで、過去の挫折を明るく笑い飛ばそうとしている。

エ　自分を何とか励まそうとする老紳士の言葉が迷惑で、わざと失礼な態度を取ってこれ以上説得されることを防ごうとしている。

問五　――線部**5**「人生に失敗とかバッドエンドとかってあるんですかねえ。〜そう勝手に打ち切らなくても」とあるが、この時の老紳士についての説明として、最も適当なものを次の中から選び、記号で答えなさい。

ア　漫画で人に夢を与えるのが仕事であるはずの亮二が、いとも簡単に夢を捨てようとしていることにいきどおりを感じ、漫画のたとえに皮肉をこめてその姿勢を厳しく批判している。

イ　実力があるのに運やツキに恵まれず、漫画家をやめようとしている今の亮二が過去の自分に重なり、同じ過ちを犯さぬよう漫画のたとえでおどけながらも真面目に忠告している。

ウ　おそらく本心では納得がいっていないのに、様々な理由をつけて好きな漫画を描くのをやめてしまおうとする亮二のことを、漫画のたとえで冗談めかしつつも真剣に諭している。

エ　本当は夢を諦める気などないのに、自分の心に素直にならずいじけた態度を取る亮二のことがもどかしく、漫画のたとえで明るく励まし、懸命にその背中を押そうとしている。

問六　――線部**6**「ああ、いやすまない、すみませんでした」とあるが、老紳士がこのように言ったのはなぜか。次の中から最も適当なものを選び、記号で答えなさい。

ア　亮二が客であることを思い出し、私生活に踏みこんだ意見を言ってしまったことを後ろめたく思ったから。

イ　亮二が夢を諦めて落ちこんでいるのに、もう一度それを思い出させて傷つけたことを申し訳なく思ったから。

ウ　亮二の決断は今さら何を言っても変わらないことを悟り、自分の余計なお節介を恥ずかしく思ったから。

エ　亮二にこれからも漫画を描き続けてほしいと思うあまり、必要以上に言い過ぎたことを心苦しく思ったから。

問七　――線部**7**「空は永遠に続き、旅立つひとびとを待っていてくれる。空から舞い降りる翼を、空港は待っていてくれるのだ」とあるが、この表現から読み取れる亮二の心情の変化を説明したも亮二は輸入ワインの店で飲み物を楽しみ、作りたてのサンドイッチにたまに手を伸(の)ばしながら、いま見た書店のことを担当編集者にメールした。売り場の写真の添付(てんぷ)も忘れない。

送信ボタンを押(お)してから、ふと顔を上げた。

「ヒーローか、そうか……」

自分にも、ヒーローの物語が描けたんだな、と思った。もちろん、優(すぐ)れた原作あってのことだけれど、日々大切なものを守り、戦うひとびとの物語を描けていたんだな、と思った。

気づいていなかったけれど、それって、12なかなかかっこいい仕事だったんじゃないか、と思った。

（村山早紀『風の港』）

（注）POP…ここでは本を紹介(しょうかい)するために掲示(けいじ)するカード。ポップ広告。
飯テロ…美味しそうな食べ物を提示して、見る人の食欲を強く刺激(しげき)すること。
版元…その本を出版しているところ。

問一　――線部**1**「この思い」とあるが、それはどのような思いか。次の中から最も適当なものを選び、記号で答えなさい。

ア　亮二の少年漫画は絵もストーリーも良かったうえに、人間や世界への愛に満ちていた点がすばらしかったが、その良さを伸ばせず打ち切りになったことが惜しまれるという思い。

イ　打ち切りになった亮二の少年漫画は絵が上手だったし、人間や世界への愛に満ちたストーリーも良く、読んですぐに筆名を覚えてしまうほどすばらしいと感じていたという思い。

ウ　少年漫画の連載は打ち切られたが、絵がうまいだけでなく、人間や世界への愛に満ちた良い作品が描ける亮二には優れた素質があり、漫画をやめるのはもったいないという思い。

エ　打ち切りになったのが本当に残念に思われるほど、亮二の描いた少年漫画は絵にもストーリーにも魅力があったし、人間や世界への愛に満ちていて、自分は好きだったという思い。

問二　――線部**2**「俺も、故郷に帰ったら、似顔絵に挑戦してみようかな」とあるが、亮二がこのように言ったのはなぜか。次の中から最も適当なものを選び、記号で答えなさい。

ア　漫画家の道をまだ諦めたくないが、かと言って漫画家をやめて似顔絵描きとしての幸せを得た老紳士の人生を否定するのは申し訳ないので話を合わせようと思ったから。

イ　すべて投げ出して打ちこまねばならない漫画の世界には戻(もど)りたくないと思う中で、似顔絵なら老紳士のように楽しく描いていけるかもしれないと気づかされたから。

ウ　漫画家としての将来には希望が持てなくなっており、老紳士のように人の笑顔を生きがいとして似顔絵を描いて暮らす幸せもあるのかもしれないとふと思ったから。

エ　故郷に帰ったらもう絵を描く仕事はできなくなると思っていたが、漫画家をやめても似顔絵描きとして絵を描き続けるという選択をした老紳士に深く共感したから。

問三　――線部**3**「亮二は口ごもった」とあるが、この時の亮二の様子を説明したものとして、最も適当なものを次の中から選び、記号で答えなさい。

ア　運も才能もない自分のような人間にとって、中途半端(ちゅうとはんぱ)に漫画家の夢を追い続けることは危ない賭(か)けでしかなく、老紳士の言葉はきれいごとに過ぎないと思われたが、その思いをはっきり伝えることにはためらいを感じている。

イ　老紳士の言うことも分かるが、好きな漫画を描いても人気は出そうにないし、運に恵まれず才能も及ばなかった自分が夢を追い続けることは難しいという思いを、老紳士にどう伝えればと断りつつ、名刺を差し出す。ＰＯＰの写真を撮って担当編集者に送ろうと考えていると、書店員は、名刺を穴が開くほど眺め、握りしめると、この書店のコミック担当の者です、と自分の名刺を震える手で差し出した。亮二に会えたことが嬉しい、夢のようだ、と頬を染め、早口でいった。

「あの、もともとわたし、食いしん坊なので、料亭まつもと屋さんのお料理の数々にうっとりしましたし、ライバル店の料理や料理コンテストに出てくるメニューにもよだれがたれそうでした。あと、まかない飯がまた。レシピが載ってて作れるようになってるじゃないですか？　みんな作りました。美味しかった」

両手を握りしめ、きらきらしたまなざしをして、深くうなずく。漫画から出てきたみたいな感情表現をする女の子だな、と微笑ましかった。

「それと、わたし、接客業なので、料亭まつもと屋さんのみなさんが、お客様のことを思う姿や、いろんなエピソードが大好きでした。ここは空港の中の小さな本屋で、高級料亭じゃないですけど、こんな気持ちでお客様をお迎えしたいなって、いつも思ってました」

そして彼女は、10深く息をして、うつむいた。

「――あの、でも、もうすぐ連載終了なんですよね。打ち切りじゃないって㊟版元さんにはうかがいましたけど。なんでまた。――わたしたちの応援がたりませんでしたか？」

悲しげに目が潤む。

「あ、いや、そんなことは。――ええと、俺の、家庭の事情です。ちょっと故郷に帰らなくちゃいけなくなって。ごめんなさい」

「じゃあ、漫画が嫌になったとか、この作品が嫌いになったとか、そういうのじゃないんですか？」

「それはないです。断じてないです」

きっぱりと、いいきった。

すると彼女は花が咲いたような笑顔になり、明るい声でいった。

「じゃあ待ってます。いつか、このお話の続きが読める日が来ることを。先生の新作とまた巡り合える日が来ることを。――11大丈夫、この作品が始まる日までも待ったんですから。先生、ちゃんと帰ってきてくれた」

「？」

「十代の頃、先生が少年誌に描いてらっしゃった漫画の大ファンでした。単行本はいまも本棚に並べてますし、単行本に入らなかった読み切りは雑誌から切り取って持ってます」

宝物です、と彼女は笑った。

「連載の最終回に、雑誌の巻末の先生からの一言のコーナーに、『また帰ってくるぜ』って書いてあったから、ずっと待ってたんですよ。料亭の漫画で再会できて嬉しかった。わたしもうおとなになってたし、本屋さんで働いてますから、よし応援するぞ、って思いました。――料亭のみんなは、先生の昔の漫画みたいに、変身したりどこかの王国の騎士さまだったり、超能力で悪と戦ったりしないけど、でも、優しくてかっこよくて、いろんなことに挑戦して、いろんなものと戦ってて。新しい号を読むたびに癒やされ、励まされてました。世界のどこかに、夢を持ち、誰かを愛し、懸命に仕事をしているヒーローが、仲間たちがいるような気がして」

巨大な空港の、広く大きな窓ガラス越しの空は夜になっていた。きっと星たちは輝いているのだろうけれど、明るいここからは見えない。けれどその代わりのように、照明がガラスを輝かせ、行き交う旅人たちの姿を映し出していた。窓の外には、星空へと飛び立つ飛行機の姿がある。飛び立つ時を待って、並んでいる翼たちの姿も。

夢をみてしまったのかも知れません。自分が行かなかった道のその先を目指してもらえるかも知れないと。もっと遠くまで、あなたなら行けるかも知れないと。――そうしたら、わたしの心の片隅にまだ生きていた、漫画が好きだという思いが報われて、成仏してくれそうな気がしたのかも」

亮二は老紳士にお礼をいって、ふらふらと歩き出した。飛行機の搭乗時間がどうなったのか、もう諦めて明日の便にでも変えてもらった方がいいのでは、と脳の片隅の冷静な部分が気にしていたけれど、それよりも老紳士から聞いた言葉が、じんと沁みていた。

（そうか、諦めなくてもいいのか）

（夢の卵を抱えていても、いいのか）

（風を待つ――）

空港のあちこちに飾られた桜の花の造花が、美しく見えた。

花たちに招かれるように、ゆらゆらと、上りのエスカレーターに乗り、手すりに寄りかかるようにして、上を、空の方を目指していた。

夜が近づいた空が、大きなガラス越しに見えてきた。紫色の宝石のような光をたたえた空が、滑走路を滑る飛行機が見えた。

いくつもの翼が、空を目指し、陸へと降りてきていた。翼に灯りを灯して。

「そっか、何度飛び立ってもいいんだな」

一度地上に降りても、また空を目指してもいいのだ。何度だって。生きている限り。

7空は永遠に続き、旅立つひとびとを待っていてくれる。空から舞い降りる翼を、空港は待っていてくれるのだ。

（到着地の天候不良のため、長崎便は最終便を除いて全て欠航となっていた。亮二は翌朝の第一便で帰ることにし、家族へのお土産をあれこれと選んだ。）

よし、完璧だ、とまた歩き出した第1ターミナルで、小さな書店が目に入った。

少しだけ心が切なく痛み、同時に、いやいや自分は諦めないことにしたんだ、と首を横に振る。**8**顔を上げ、歩み寄る。

エプロン姿の若い書店員の女性が、ワゴンに本を積み上げていた。入り口の前の、本がめだつ、とてもいい場所にワゴンを置いて、亮二が作画している、あの料亭の漫画の単行本を全巻揃えて積み上げている。そしてそのそばに、愛らしい手書きの㊟ＰＯＰがまさに飾られようとしているところだったのだ。

『惜しまれて間もなく完結』

『世紀の名作を読んでみませんか』

『感動の人間ドラマと㊟飯テロの嵐』

ありがたくて、胸が熱くなった。

少年漫画誌で連載をしなくなって以来、辛くて書店からも足が遠ざかっていたので――料亭の漫画が安定した人気があると知ってはいても、こんな風に大切に売られているところを見る機会はなかった。

もしかしたら自分の知らない場所で、こんなふうに平積みにされ、ＰＯＰを飾られて売られていた本たちがたくさんあったのか、と思うと、**9**嬉しいよりも申し訳ない気がした。

「あの――」

亮二はつい、その書店員に声をかけていた。深く頭を下げて、お礼をいった。

「その漫画の作画を担当している者です。ありがとうございます」

きょとんとしている彼女に、この住所からはもう引っ越すのですが、を描いて得たお金に感謝し、笑顔に囲まれて暮らしてゆける。人生の旅の果て、なんて幸せな日々を得たのだろうと思いました」

なるほど、と亮二はうなずいた。

「わかるような気がします。——2俺も、故郷に帰ったら、似顔絵に挑戦してみようかな」

半ば思いつき、半ば本気でそう口にしたとき、

「あなたは、似顔絵じゃなく、漫画を描けばいいですのに」

静かな、けれど強い声で老紳士がいった。

「え、でも、俺はもう田舎に帰るんですし……」

「ご自分でさっきおっしゃってたじゃないですか。いまはどこにいても漫画が描ける、都会から遠くにいても、出版社とやりとりはできるし描き続けられるって担当さんに説得されたって。そして、担当さんたちはあなたの復帰を待っていてくれてるって。おうちのお手伝いをしながら、自分のペースで少しずつ描くこともできるんじゃないですか？」

「それは——そうなんですが、でも……」

3亮二は口ごもった。「俺は、そこまであの料亭の漫画が好きかどうかわからないですし、俺が本当に描きたい、ヒーローが活躍するような少年漫画は、人気が出なくて描けないですし。いや、自分ではそこそこうまいと思ってましたよ。自分の漫画、大好きでしたよ。でも、運も才能も、あと一歩、たりてなかったっていうか……夢を見続けるのは、無理だったというか……」

「夢、諦めなきゃいけないですかね？」

老紳士はいまは目を上げ、ひた、と亮二を見据えるようにしていた。

「夢の卵を抱えて、いつか孵る日を待つ人生というのも良いかと思いますよ。夢見ることを諦めるのは、いつでもできますのでね」

亮二は返答に迷い、4茶化すように笑った。

「いやでも、俺の漫画家としての人生は、失敗に終わったと、その、思ってまして」

「5人生に失敗とかバッドエンドとかってあるんですかねえ。生きている内は続いている連載漫画みたいなものなんじゃないかと思うんですが。そう勝手に打ち切らなくても」

老紳士は楽しげに笑う。笑っていない目で。「人生という漫画の読み手は自分。描くのも自分。読者の気が済むまでは夢の卵を抱えていてもいいんじゃないですか？」

「……」

「6ああ、いやすまない、すみませんでした」

ふと我に返ったように老紳士は笑い、手を打つと、柔和な表情で亮二に頭を下げた。

「ついね。もったいないと思ってしまって。いやね、業界に長かったでしょう？運やツキに恵まれなくて、消えていった漫画家をたくさん見てきたんですよ。すごくいいものを描いてた奴もたくさんいた。でもみんないなくなっちゃってね。いや、消えた漫画家といえば、自分自身がまさにそのひとりなんですが、ははは。——あのね、覚えていて欲しいんです。人間どんなに実力があっても、良い風に恵まれなくて、にっちもさっちもいかなくなるときがある。そんなときは風を待っていてもいいんですよ、きっと。静かに、諦めずに。良い風が吹くその日まで」

「風を、待つ——？」

「はい」

老紳士は微笑んだ。どこか仙人のような、予言者のような、そんなまなざしをした。

そして、ふっと笑って付け加えた。

「すみませんね。あなたの漫画があまりに良かったものだから、つい

2023年度 海城中学校

【国語】〈第二回試験〉（五〇分）〈満点：一二〇点〉

注意　字数指定のある問いは、句読点なども字数にふくめること。

一　次の文章を読み、後の問いに答えなさい。

亮二は若い頃から漫画家として認められてきたが、だんだんと人気がなくなり、少年誌でのヒーローものの連載漫画も打ち切りとなってしまった。漫画家としての行きづまりを感じながらも、青年誌で料亭を舞台にした漫画の作画を担当してきたが、長崎の実家で兄が倒れたことをきっかけに、漫画家をやめて家業を継ぐことを決意する。東京の空港で長崎行きの飛行機を待っている時、旅行客の似顔絵を描いている老紳士に出会い、そこで似顔絵を描いてもらいながら、自分の身の上話を語っている。

実は亮二の漫画を知っているのだと老紳士はいった。最後に打ち切りになった、少年漫画誌での連載漫画のことのようだった。

静かな笑みを浮かべ、画材を片付けながら、老紳士はいった。

「描線が美しく繊細で、けれど元気と勢いがある、いい絵だと思いました。ストーリーもやや古風でシンプルではありましたが、少年漫画の王道という感じで、わたしは好きでしたよ。何より、人間や世界への愛に満ちているところが、良いと思った。正直、なんでこれが終わらなくてはいけないんだろうと首をかしげました。あんまり心残りだったので、筆名を覚えてたんです」

ほんとうに惜しかった、と老紳士は繰り返し、そして1この思いを直接告げられて良かった、と、微笑んだ。

「ああ、ありがとうございます」

色紙の代金を支払い、椅子から立ち上がりながら、亮二もまた、微笑みを浮かべた。

嬉しかった。心から。

「そういっていただけると、打ち切りになったあの漫画も、成仏できそうな気がします。漫画、お好きなんですね」

老紳士は軽く肩をすくめた。

「昔、描いてましたから」

「え？」

「たぶん、名前を聞けば、あなたの記憶の片隅にあるような、そんな遠い昔の、そこそこメジャーな描き手でしたよ。漫画一筋、長く長く描いてきました。ひととしての暮らしは何もかも捨てて、漫画を描くために生きているような日々でした。漫画というものが大好きだったから、それでもいいと思っていた。——ただ、贅沢な話なんですが、あまりに売れっ子過ぎてね。抱えた仕事がたくさん過ぎて、手に負えなくなっちゃって。自分が本当にこの仕事を好きなのかどうかわからなくなって。ある日、失踪したんです。仕事を全部放り出して」

「……」

「過去も名前も捨てて、それから各所を流れ流れまして。縁やらってやら巡り合わせとかありまして、気がつくと、ここで似顔絵を描くようになりまして。

そしたら——」

ふうっと老紳士はため息をつき、笑った。「楽しかったんです。ああこれが自分の天職だったのか、と思いました。毎日毎日笑顔を見つめて、笑顔を写し取り、描き残してゆく。笑顔でお礼をいわれ、笑顔

2023年度

海 城 中 学 校　▶解説と解答

算 数　＜第２回試験＞（50分）＜満点：120点＞

解　答

[1] (1) $\frac{4}{21}$　(2) 10時21分$49\frac{1}{11}$秒　(3) 250m　(4) 80通り　(5) 34.54cm　[2] (1) 9km　(2) 4.2km　[3] (1) 7：5：4　(2) 13：18：13　(3) 商品Ｂを80ｇ　[4] (1) 1：4　(2) 1：3　[5] (1) 1：16　(2) 1：1　(3) 9：23　[6] (1) 右の図　(2) 6通り　(3) 34通り

解　説

[1] 四則計算，時計算，通過算，場合の数，図形の移動，長さ

(1) $2\frac{2}{7}\times\left(1\frac{7}{8}+0.25\right)\div\left\{\left(3.75+2\frac{1}{2}\right)\times4.8-3.6\times\left(3\frac{3}{4}-2.5\right)\right\}=\frac{16}{7}\times\left(\frac{15}{8}+\frac{1}{4}\right)\div\left\{\left(\frac{15}{4}+\frac{5}{2}\right)\times\frac{24}{5}-\frac{18}{5}\times\left(\frac{15}{4}-\frac{5}{2}\right)\right\}=\frac{16}{7}\times\left(\frac{15}{8}+\frac{2}{8}\right)\div\left\{\left(\frac{15}{4}+\frac{10}{4}\right)\times\frac{24}{5}-\frac{18}{5}\times\left(\frac{15}{4}-\frac{10}{4}\right)\right\}=\frac{16}{7}\times\frac{17}{8}\div\left(\frac{25}{4}\times\frac{24}{5}-\frac{18}{5}\times\frac{5}{4}\right)=\frac{34}{7}\div\left(30-\frac{9}{2}\right)=\frac{34}{7}\div\left(\frac{60}{2}-\frac{9}{2}\right)=\frac{34}{7}\div\frac{51}{2}=\frac{34}{7}\times\frac{2}{51}=\frac{4}{21}$

(2) 下の図１で，アの角の大きさは，360÷12×２＝60(度)だから，図１の状態から長針が短針よりも，180－60＝120(度)多く動いた時刻を求めればよい。長針は１分間に，360÷60＝６(度)，短針は１分間に，360÷12÷60＝0.5(度)動くので，長針は短針よりも１分間に，６－0.5＝5.5(度)多く動く。よって，120度多く動くのにかかる時間は，120÷5.5＝$21\frac{9}{11}$(分)と求められる。$60\times\frac{9}{11}=49\frac{1}{11}$(秒)より，この時刻は10時21分$49\frac{1}{11}$秒とわかる。

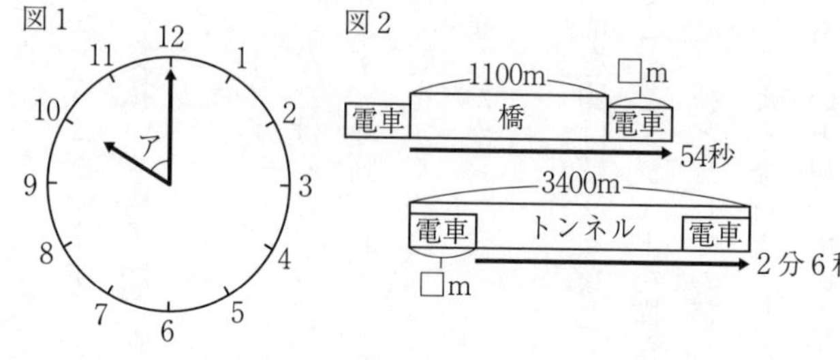

図３

① 4，8，□(□は４，８以外の８通り)
② 4，□，□(□は４，８以外の８通り)
③ 8，□，□(□は４，８以外の８通り)
④ 2，6，10
⑤ 2，6，□(□は奇数の５通り)
⑥ 2，10，□(□は奇数の５通り)
⑦ 6，10，□(□は奇数の５通り)

(3) 電車の長さを□ｍとすると，上の図２のようになる。電車が橋を渡(わた)るときに走った長さは(1100＋□)ｍ，電車がトンネルを通過するときに走った長さは(3400－□)ｍと表すことができるから，これらの合計は，(1100＋□)＋(3400－□)＝4500(ｍ)とわかる。また，このとき走った時間の合計は，54秒＋２分６秒＝３分なので，電車の速さは分速，4500÷３＝1500(ｍ)と求められる。よって，54秒で走った長さは，$1500\times\frac{54}{60}=1350$(ｍ)だから，電車の長さは，1350－1100＝250(ｍ)とわかる。

(4) ３個の中に４または８が入っていれば，積は必ず４の倍数になる。また，４と８以外の偶数(ぐうすう)

（２，６，10）が２個以上入っていても，積は４の倍数になる。よって，上の図３の７つの場合が考えられる。①の場合は８通りある。また，②，③の場合は８個の中から２個を選ぶので，$\frac{8\times7}{2\times1}$＝28(通り)ずつとなる。さらに，④の場合は１通り，⑤，⑥，⑦の場合は５通りずつあるから，全部で，８＋28×２＋１＋５×３＝80(通り)と求められる。

⑸　Ａが動いた道のりは，右の図４の太線部分になる。おうぎ形がアの部分を転がるとき，Ａは常に直線から９cm離（はな）れたところを通るので，Ａが通る部分はイのような直線になる。また，ア(＝イ)の長さは弧（こ）BCの長さと同じだから，太線の長さは，半径が９cmで中心角が，90＋40＋90＝220(度)のおうぎ形の弧の長さと等しくなる。よって，９×２×3.14×$\frac{220}{360}$＝11×3.14＝34.54(cm)と求められる。

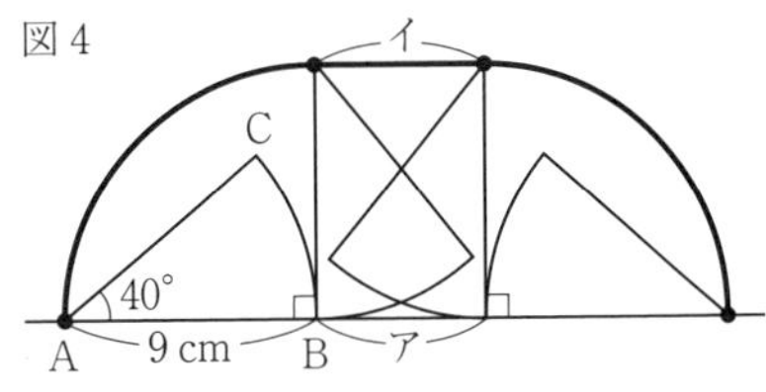

2　速さ，つるかめ算

⑴　Ａ地点からＢ地点まで時速3.6kmで歩くと２時間30分かかるから，Ａ地点からＢ地点までの道のりは，3.6×$2\frac{30}{60}$＝９(km)である。

⑵　コースを外れなかったとすると，２時間30分－20分＝２時間10分でＢ地点に着いたので，右のようにまとめることができる。時速3.6kmで２時間10分歩いたとすると，3.6×$2\frac{10}{60}$＝7.8(km)進むので，実際に進んだ道のりよりも，９－7.8＝1.2(km)短くなる。時速3.6kmのかわりに時速5.04kmで歩くと，進む道のりは１時間あたり，5.04－3.6＝1.44(km)長くなるから，時速5.04kmで歩いた時間は，1.2÷1.44＝$\frac{5}{6}$(時間)と求められる。よって，時速5.04kmで歩いた道のりは，5.04×$\frac{5}{6}$＝4.2(km)である。

(AC間)時速3.6km ⎫ 合わせて
(CB間)時速5.04km ⎭ ２時間10分で９km

3　比の性質

⑴　Ａの配合比は４：３：１，Ｂの配合比は３：２：３であり，これらの比の和はどちらも８になる。よって，ＡとＢを同じ重さずつ混ぜるとき，これらの比の１にあたる重さは同じになるから，これらの比をそのまま用いることができる。したがって，甘味（かんみ），旨味（うまみ），塩味の配合比は，（４＋３）：（３＋２）：（１＋３）＝７：５：４と求められる。

⑵　Ａ80ｇにふくまれる重さは，甘味が，80×$\frac{4}{4+3+1}$＝40(ｇ)，旨味が，40×$\frac{3}{4}$＝30(ｇ)，塩味が，40×$\frac{1}{4}$＝10(ｇ)である。同様にしてＢ40ｇ，Ｃ100ｇにふくまれる重さを求めると，右の表のようになる。よって，これらを混ぜると，甘味が，40＋15＋10＝65(ｇ)，旨味が，30＋10＋50＝90(ｇ)，塩味が，10＋15＋40＝65(ｇ)になるので，配合比は，65：90：65＝13：18：13と求められる。

	甘味	旨味	塩味	合計
A	40 g	30 g	10 g	80 g
B	15 g	10 g	15 g	40 g
C	10 g	50 g	40 g	100 g

⑶　⑵の配合比では甘味と塩味の割合が同じである。また，まちがえた後の甘味と塩味の割合も同じだから，まちがえた商品は，甘味と塩味の割合が同じＢとわかる。次に，甘味と旨味だけを比べると，ＡとＣの甘味の合計は，40＋10＝50(ｇ)，ＡとＣの旨味の合計は，30＋50＝80(ｇ)になる。さらに，Ｂの甘味と旨味の比は３：２だから，Ｂの甘味を③ｇ，Ｂの旨味を②ｇとすると，(50＋③)：(80＋②)＝４：５という式を作ることができる。ここで，$P:Q=R:S$のとき，$P\times S=$

$Q\times R$という関係があるので，この式は，(50＋③)×５＝(80＋②)×４となる。よって，250＋⑮＝320＋⑧，⑮－⑧＝320－250，⑦＝70より，①＝70÷７＝10(ｇ)と求められるので，Ｂの甘味は，10×３＝30(ｇ)とわかる。これはＢ全体の$\frac{3}{8}$にあたるから，まちがえたＢの重さは，$30\div\frac{3}{8}=80$(ｇ)である。

4 平面図形―構成，面積

⑴　下の図①で，同じ印をつけた部分の長さはそれぞれ等しい。よって，イの部分はアの部分と合同な直角二等辺三角形４個に分けることができるから，アの部分とイの部分の面積の比は１：４である。

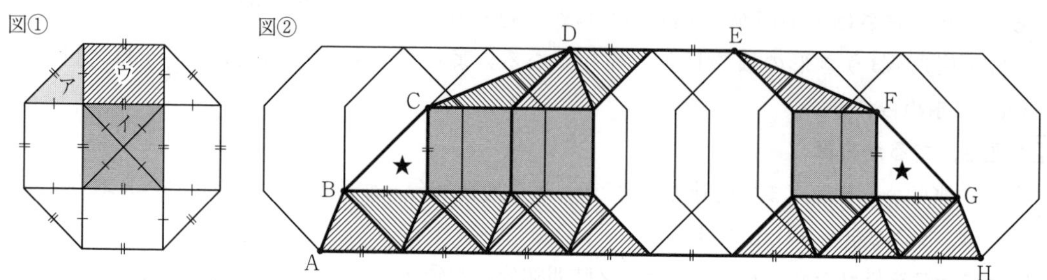

⑵　八角形ABCDEFGHは，上の図②のように分けることができる。図②で，かげの部分は図①のイと合同な正方形であり，★印の２つの直角二等辺三角形を合わせると，やはりイと合同になる。また，斜線(しゃせん)部分の三角形の面積は，いずれも図①のウの長方形の面積の半分である。よって，図①のアの部分の面積を１，イの部分の面積を４，ウの部分の面積を□とすると，八角形ABCDEFGHから中の白い正八角形を除いた部分の面積は，$4\times4+\frac{□}{2}\times16=\underline{16+□\times8}$と表すことができる。一方，もとの正八角形の面積は，$1\times4+4+□\times4=\underline{\underline{8+□\times4}}$なので，＿は＝の２倍とわかる。ここへ除いた正八角形１個分を加えると，もとの正八角形と八角形ABCDEFGHの面積の比は１：３と求められる。

5 立体図形―分割，体積

⑴　正四角すいの１辺の長さを４とすると，下の図１のようになる。はじめに，三角すいC－ABEと三角すいF－ABEを比べると，底面は共通で高さの比が，CA：FA＝２：１だから，体積の比も２：１になる。次に，三角すいF－ABEと三角すいF－APGを比べると，高さが共通で底面積の比が，(AB×AE)：(AP×AG)＝(４×４)：(１×２)＝８：１なので，体積の比も８：１とわかる。よって，三角すいA－BCEの体積を１とすると，三角すいA－PFGの体積は，$1\times\frac{1}{2}\times\frac{1}{8}=\frac{1}{16}$になるから，三角すいA－PFGと三角すいA－BCEの体積の比は，$\frac{1}{16}$：１＝１：16と求められる。

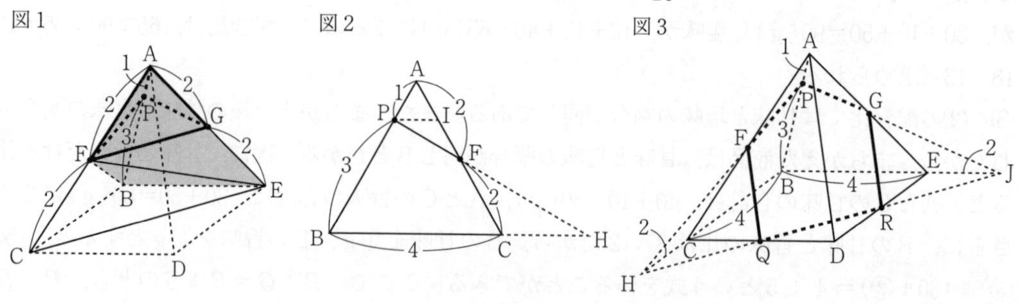

(2)　PFとBCを延長して交わる点をＨとすると，面ABCは上の図２のようになる。また，Ｐを通りBCと平行な直線がACと交わる点をＩとすると，三角形APIは正三角形なので，PI＝AI＝１，IF＝２－１＝１になる。さらに，三角形PFIと三角形HFCは相似であり，相似比は，IF：CF＝１：２だから，CH＝$1\times\frac{2}{1}=2$と求められる。面ABEについても同様なので，切り口は上の図３の五角形PFQRGになる。図３で，三角形BHJは直角二等辺三角形だから，三角形CHQも直角二等辺三角形であり，CQ＝２とわかる。よって，CQ：QD＝２：（４－２）＝１：１となる。

(3)　はじめに，四角すいA－BCDEと三角すいP－BHJを比べると，底面積の比は，（４×４）：{（４＋２）×（４＋２）÷２}＝８：９，高さの比は４：３なので，体積の比は，（８×４）：（９×３）＝32：27と求められる。次に，四角すいA－BCDEと三角すいF－CHQを比べると，底面積の比は，（４×４）：（２×２÷２）＝８：１，高さの比は２：１だから，体積の比は，（８×２）：（１×１）＝16：１となり，三角すいG－ERJについても同様である。よって，四角すいA－BCDEの体積を１とすると，三角すいP－BHJの体積は，$1\times\frac{27}{32}=\frac{27}{32}$，三角すいF－CHQと三角すいG－ERJの体積は，$1\times\frac{1}{16}=\frac{1}{16}$となる。したがって，五角形PFQRGで分けられた２つの立体のうち，頂点Ｂをふくむ方の体積は，$\frac{27}{32}-\frac{1}{16}\times2=\frac{23}{32}$，頂点Ａをふくむ方の体積は，$1-\frac{23}{32}=\frac{9}{32}$となるので，頂点Ａをふくむ方と頂点Ｂをふくむ方の体積の比は，$\frac{9}{32}:\frac{23}{32}=9:23$とわかる。

6　平面図形─構成，場合の数

(1)　下の図①のように，３種類の模様をそれぞれＡ，Ｂ，Ｃとする。下の図②で，点対称（たいしょう）にするにはオをＣにして，さらに，アとケ，イとク，ウとキ，エとカをそれぞれ同じ模様にする必要がある。また，直線Ｌを対称の軸（じく）にするには，エとイ，キとウ，クとカをそれぞれ同じ模様にする必要があり，直線Ｍを対称の軸にするには，イとカ，アとケ，エとクをそれぞれ同じ模様にする必要がある。よって，考えられるのは下の図③のように並べる場合である。問題文中の図３は右側の図だから，図③の左側の図をかけばよい。

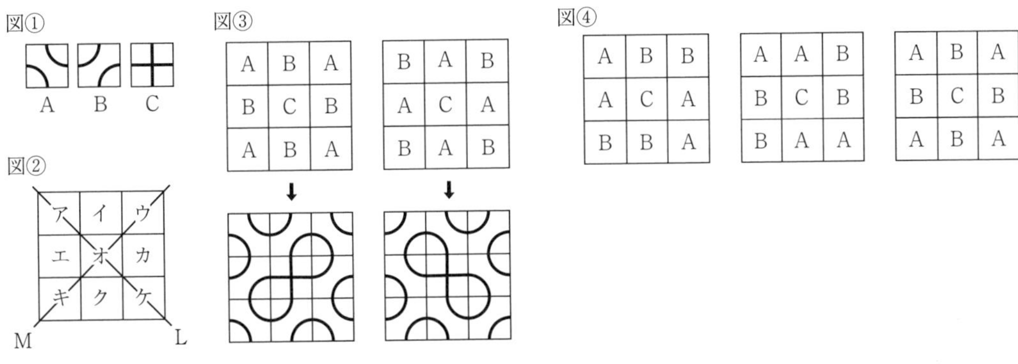

(2)　図②のアをＡにする場合は上の図④の３通りある。アをＢにする場合も同様なので，全部で，３×２＝６（通り）とわかる。

(3)　図②で，対称の軸がＬであり，アがＡ，オがＣの場合は下の図⑤の３通りある。どの場合もＡとＢを入れかえることができ，はじめの２つは図⑤のように対称の軸がＭの場合も考えられるから，どちらも，２×２＝４（通り）となる。よって，図⑤の場合は全部で，４×２＋２＝10（通り）と求められる。また，対称の軸がＬであり，アがＣ，オがＡの場合は下の図⑥の３通りある。どの場合も

ＡとＢを入れかえることができ，さらに対称の軸がＭでウがＣの場合，対称の軸がＬでケがＣの場合，対称の軸がＭでキがＣの場合も同様に考えられるので，図⑥の場合は全部で，３×２×４＝24(通り)となる。したがって，全部で，10＋24＝34(通り)と求められる。

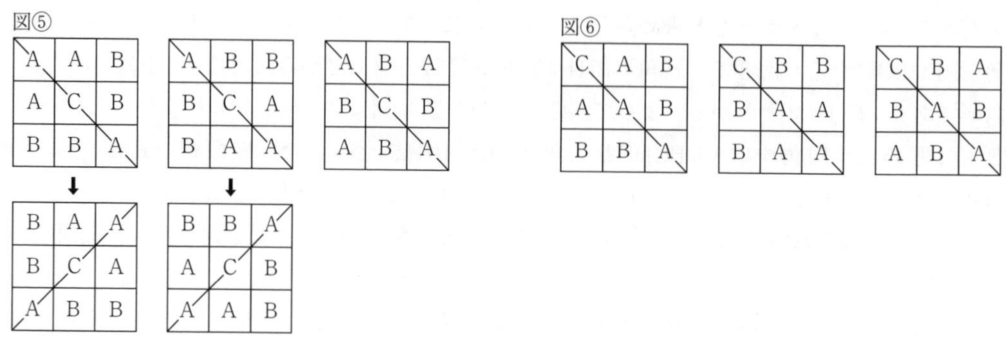

社　会　＜第２回試験＞（45分）＜満点：80点＞

解　答

問１　**Ａ国**…中国　**Ｂ国**…ブラジル　**問２**　エ　**問３**　イ　**問４**　エ　**問５**　(1)　**２番目**…Ａ　**４番目**…Ｂ　(2)　イ，ウ　**問６**　エ　**問７**　（例）　恵方詣ではその年の恵方にあたる寺や神社へ正月にお参りすることになるので，特定の方角に住んでいる人がそれらにお参りすることになるが，初詣は毎年どこに住んでいても正月に自分で選んだ寺や神社にお参りすることができる。そこで，京浜電気鉄道会社にとって，都市部から川崎大師へ正月にお参りする人を増やすことは鉄道の利用客を増やすことにつながったため，恵方詣よりも毎年どこからでも人をよべる初詣として川崎大師へのお参りを宣伝し，そのことが初詣を広めた。　**問８**　（例）　幕末の大老である井伊直弼は明治天皇の先代である孝明天皇の考えを無視して，日米修好通商条約を結ぶことを決定した。それは天皇を軽んじた行為であり，現在明治神宮が置かれている場所は，そうした行為をした井伊直弼が当主である彦根藩の大名屋敷があった場所であるため。
問９　関東大震災　**問10**　ウ

解　説

日本の伝統行事を題材とした総合問題

問１　Ａは中国(中華人民共和国)。世界的な大豆の生産国でもあるが，経済成長とともに食用油の原料や家畜の飼料などとして大豆の需要が急増し，現在は世界最大の大豆輸入国となっている。Ｂ国はブラジル。アメリカ合衆国と並ぶ大豆の生産・輸出国であり，現在は生産量・輸出量ともに世界第１位となっている。また，近年は大豆などの農地を確保するために熱帯雨林の伐採が進んでおり，環境問題がおきている。

問２　品切れの状態がないように商品を多めに仕入れることは売れ残りにつながるわけであるから，エがふさわしくない。なお，アの文中にある「フードバンク」とは，まだ食べられるのに包装不備などの理由から廃棄されるような食品・食材を企業などから引き取り，生活困窮者や福祉施設などに無料で届けるボランティア活動，またはそうした活動をしているボランティア団体のこと。全国各地で多くのNPO(非営利団体)がそうした活動を行っており，それを支援する行政の動きも広がっている。

問３　ア「それぞれの民族や宗教の高い文化性や優秀な側面を強調する」ことは，かえって誤解や偏見を招き，対立の原因となりかねない。　イ　世界遺産の登録や保護活動がもたらす影響について，的確に説明している。　ウ「先進国の高度な文明や技術を発展途上国に宣伝し広めること」は，反発を招くことはあっても，世界の平和と安全に貢献することにはならない。　エ「強い権限をもつ主要国の判断により，人類の文化の基準が定まること」は，世界の平和と安全の実現のためには避けなければならないことである。

問４　アは広島県，イは大分県，ウは兵庫県，エは和歌山県である。広島県は岡山・鳥取・島根・山口の４県と，大分県は福岡・熊本・宮崎の３県と，兵庫県は大阪・京都・鳥取・岡山の４府県と，和歌山県は三重・奈良・大阪の３府県と接している。以上の府県のうち，海岸線をもたない内陸県は奈良県だけである。

問５　(1)　Ａは平安時代後半，Ｂは江戸時代初期，Ｃは室町時代後半，Ｄは奈良時代に建設されている。　(2)　ア　中尊寺は奥州藤原氏の祖である藤原清衡が平泉(岩手県)に建立した寺院である。　イ　日光東照宮は徳川家光が祖父の家康を「東照大権現」として祀るために建立した神社。家康は1616年に駿府(静岡市)で死去し，近くの久能山に葬られたが，直後に家康を祀る東照社(現在の久能山東照宮)が建てられた。翌年，徳川秀忠は家康を日光に改葬するとともに，日光東照社を建立したが，徳川家光がこれを大改修。のちに朝廷から宮号を授与され，「東照社」から「東照宮」に改称された。したがって，家康は祀られている人物であり，建設に関わったわけではない。　ウ　京都の東山にある慈照寺は，足利義政の別荘であった銀閣が，義政の死後に寺院とされたもの。足利義満が京都の北山に建てた金閣は，義満の死後，その遺言にもとづいて鹿苑寺となっている。　エ　東大寺は，聖武天皇が741年に出した国分寺建立の詔を受け，総国分寺として平城京に建てられた寺院。僧の行基はその本尊である大仏(盧舎那仏)を建立するにあたり，朝廷から僧の最高位である大僧正に任じられ，弟子たちとともに寄付金集めを行うなど建立に協力した人物であるから，広い意味で東大寺の創建に関わったといえる。

問６　朝廷や西日本の大名の監視などを担当した江戸幕府の機関は京都所司代であるから，エがふさわしくない。六波羅探題は，朝廷や公家の動きを監視し，西国の御家人を統率する目的で設けられた鎌倉幕府の機関である。

問７　本文からは，恵方詣とは，正月に，自分が住んでいる場所からみて，５年で一回りするその年の「恵方」という方角にあたる神社や寺にお参りすること，また初詣とは，縁日や恵方にこだわらず，正月に神社や寺にお参りすることであることがわかる。さらに，江戸時代には初縁日や恵方詣が一般的であった神社や寺へのお参りが，明治時代以降，初詣にとって代わられるようになったことや，「初詣」という言葉自体，明治時代中期に正月に川崎大師へお参りすることを指すものとして初めて使われたこと，大正時代に多くの人が明治神宮へ初詣に行くようになり，それが初詣をさらに広める結果につながったことも記されている。一方，《資料１》からは，東京方面や横浜方面から川崎大師に行くには京浜電気鉄道を利用するのが便利であることが読み取れる。また，《資料２》と《資料３》からは，京浜電気鉄道会社が新聞に掲載した正月参詣広告について，明治時代末期から大正時代前期にかけては，川崎大師が東京方面からみて恵方にあたる年には「恵方詣」を使用し，それ以外の年では「初詣」を使用していたのに対し，大正時代後期以降は恵方にあたる年に「恵方詣」と「初詣」の両方を使用するようになっていることがわかる。つまり，川崎大師に向かう乗客を増やしたい京浜電気鉄道会社が，特定の方角からの参拝客が行う恵方詣よりも，毎年，多くの鉄道利用客が見込める初詣の宣伝に力を入れるようになり，初詣が正月の行事として定着していったものと考えられる。また，人々にとっても時期や方角を気にせずに自分が行きたい神社や寺にお参りができる初詣の方が，初縁日や恵方詣よりも参詣しやすかったということも，初詣が広まった理由の１つだと思われる。

問８　《資料４》からは，現在，明治神宮が置かれている場所には，江戸時代，井伊家を藩主とする近江彦根藩の屋敷があったことがわかる。また，《資料５》には，日米修好通商条約の調印にいたるいきさつなどがまとめられている。これらの資料からもわかるように，明治天皇の先代にあたる孝明天皇は通商条約の調印に反対していたにもかかわらず，大老の井伊直弼は朝廷の許可を得ないまま条約の調印に踏み切った。そのため，孝明天皇は朝廷を軽んじる幕府のそうした態度を批判していた。そのようないきさつがあったことから，井伊家が藩主である近江彦根藩の屋敷の跡地は，明治神宮の建設地としてふさわしくないと考える人がいたのである。

問９　1923年におきたのは関東大震災。東京や横浜を中心として約10万人の死者を出した大災害で，下町とよばれる都心から東部にかけての地域は，火災の発生で特に大きな被害を受けた。

問10　ア　右側のグラフ(人口ピラミッド)から，男女とも65歳～69歳人口の方が30歳～34歳人口よりも多いことがわかる。　イ　65歳～69歳の方が30歳～34歳よりも人口が多い上に，投票率も高いわけであるから，30歳～34歳の投票者数よりも65歳～69歳の投票者数の方が多いことになる。　ウ　70歳以上では，男性よりも女性の方が人口が多いが，男女別の投票率は資料のグラフからは判断できない。　エ　左側のグラフを見ると，18歳～19歳の投票率は20歳代の投票率よりもわずかに高くなっているが，18歳～19歳の人口は20歳代の人口よりもずっと少ないわけであるから，10歳代の投票者数は20歳代の投票者数よりも少ないことになる。

理　科　＜第２回試験＞（45分）＜満点：80点＞

解　答

[1] **問１**　９cm　**問２**　**バネ１**…13cm　**バネ２**…11cm　**問３**　17.5cm　**問４**　右に2.1cm　**問５**　右に3.1cm／**長さ**…14cm　[2] **問１**　(1)　エ　(2)　**２**　白　**３**　炭酸カルシウム　**問２**　(1)　14ｇ　(2)　**少**…メタン　**多**…コークス　(3)　1.2倍　**問３**　(1)　50Ｌ　(2)　24ｇ　(3)　72ｇ　(4)　125Ｌ　[3] **問１**　**１**　気管　**２**　肺ほう　**問２**　イ　**問３**　ア　**問４**　(例)　表面積を大きくし，効率的にガス交換を行う。　**問５**　(1)　5040mL　(2)　112mL　(3)　(例)　休息時の平均１回拍出量が70mLから84mLに増えた。　**問６**　**弁１**…イ，オ　**弁２**…ウ，エ　**問７**　(1)　**図２**…イ→ウ　**図３**…ｄ→ａ　(2)　**どっ**…ア－ｃ　**くん**…ウ－ａ　[4] **問１**　ア　**問２**　(例)　右の図　**問３**　(1)　ア　(2)　イ　(3)　(例)　岩石の成分が溶け込む時間が短く　**問４**　イ　**問５**　(例)　地震の原因である断層運動によって，温泉水の通り道がつくられる。　**問６**　1500ｍ　**問７**　カ

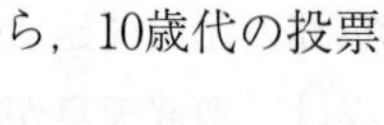

解 説

1 バネの伸びについての問題

問１ バネ１は，もとの長さが５cmで，図２より，20ｇのおもりをつり下げると４cm伸びる。よって，図３で20ｇのおもりをつり下げたときの長さは，５＋４＝９(cm)となる。

問２ 図４では，バネ１もバネ２も40ｇの力で引かれている。バネ１とバネ２のもとの長さはともに５cmであり，図２より，40ｇのおもりをつり下げたときの伸びはそれぞれ８cm，６cmである。よって，バネ１の長さは，５＋８＝13(cm)，バネ２の長さは，５＋６＝11(cm)となる。

問３ 図２より，バネの伸びが12cmのとき，バネ１に加わる力は60ｇ，バネ２に加わる力は80ｇである。これより，バネの長さ(伸び)が同じになるとき，バネ１とバネ２に加わる力の大きさの比は，60：80＝３：４である。よって，図５で，35ｇの棒を取り付けたとき，バネ１に加わる重さは，$35\times\frac{3}{3+4}=15$(ｇ)，バネ２に加わる重さは，35−15＝20(ｇ)となる。また，太さが一様な棒の重さは棒の中央にかかる。したがって，バネ１を取り付けた左端(はし)をてこの支点として，バネ２を取り付けた位置を左端から□cmとすると，てこのつり合いの式は，$35\times\frac{20}{2}$＝20×□となり，□＝35×10÷20＝17.5(cm)となる。

問４ 図６で，棒の重さとおもりの重さの合計は，35＋70＝105(ｇ)だから，バネ１に加わる重さは，$105\times\frac{3}{3+4}=45$(ｇ)，バネ２に加わる重さは，105−45＝60(ｇ)となる。70ｇのおもりを下げる位置を左端から□cmとすると，てこのつり合いの式は，35×10＋70×□＝60×20となり，□＝12.14…より，12.1cmである。したがって，おもりをつり下げる位置は棒の中心から右に，12.1−10＝2.1(cm)のところにすればよい。

問５ バネ３は20ｇのおもりをつり下げると２cm伸びるから，バネの伸びが同じになるとき，バネ１とバネ３に加わる力の大きさの比は，$\frac{20}{4}:\frac{20}{2}=1:2$となる。また，バネ１が，７−５＝２(cm)伸びるには，10ｇの力が必要である。したがって，図８のとき，まずバネ１に10ｇの重さがかかり，残りの，35＋80−10＝105(ｇ)の重さがバネ１とバネ３に分かれてかかっていると考えると，バネ１にかかる力は，$10+105\times\frac{1}{1+2}=45$(ｇ)，バネ３にかかる力は，35＋80−45＝70(ｇ)とわかる。80ｇのおもりをつり下げる位置を左端から□cmとすると，てこのつり合いの式は，35×10＋80×□＝70×20となり，□＝13.12…より，13.1cmである。よって，おもりは，棒の中心から右に，13.1−10＝3.1(cm)のところにつり下げればよい。このとき，図７より，バネ３の伸びは７cmだから，バネの長さは，７＋７＝14(cm)になっている。

2 化石燃料の燃焼と二酸化炭素の排出(はいしゅつ)についての問題

問１ サンゴが体を支える骨格の主成分は炭酸カルシウムである。炭酸カルシウムは水に溶(と)けにくい白色の固体で，水酸化カルシウムの水溶液(すいようえき)である石灰水に二酸化炭素を吹(ふ)き込(こ)むと沈殿(ちんでん)する。

問２ (1) メタン８ｇを完全燃焼させたときに発生するエネルギーは，$890\times\frac{8}{16}=445$(kJ)である。コークス12ｇを完全燃焼させたときに発生するエネルギーは390kJなので，445kJのエネルギーを発生させるのに必要なコークスは，$12\times\frac{445}{390}=13.6\cdots$より，14ｇである。 (2) それぞれを１ｇ燃焼させたときに発生する二酸化炭素は，プロパンが，75÷44＝1.7…(ｇ)，メタンが，25÷16＝1.5625(ｇ)，コークスが，25÷12＝2.0…(ｇ)となる。よって，同じ重さで燃焼させたとき，発生する二酸化炭素が最も少ないのはメタン，最も多いのはコークスである。 (3) 排出される二酸化炭素１Ｌあたりの発生するエネルギーは，プロパンが，2220÷75＝29.6(kJ)，メタンが，890÷25

＝35.6(kJ)である。よって，メタンはプロパンの，35.6÷29.6＝1.20…より，1.2倍と求められる。

問３ (1) 表２より，コークスを燃焼させて同じ体積の一酸化炭素と二酸化炭素を発生させるのに必要な酸素の体積の比は，12.5：25＝１：２である。よって，実験②のとき，酸素，$75\times\frac{1}{1+2}$＝25(Ｌ)を消費して一酸化炭素，$25\times\frac{25}{12.5}$＝50(Ｌ)が発生し，酸素，75－25＝50(Ｌ)を消費して二酸化炭素，$25\times\frac{50}{25}$＝50(Ｌ)が発生したとわかる。 (2) 実験②で残っていたのは50Ｌの一酸化炭素と，重さのわからないコークスで，また，実験④のあとにコークスは残っていない。50Ｌの一酸化炭素を燃焼させるのに必要な酸素は，$50\times\frac{1}{2}$＝25(Ｌ)なので，コークスが消費した酸素は，75－25＝50(Ｌ)である。よって，燃焼したコークスは，$12\times\frac{50}{25}$＝24(ｇ)となる。 (3) 実験②，実験④で消費された酸素は，75＋75＝150(Ｌ)で，この酸素と反応してコークスはすべて二酸化炭素になったことから，コークスの量は，$12\times\frac{150}{25}$＝72(ｇ)である。 (4) 実験②で発生した一酸化炭素と二酸化炭素の合計の体積は，50＋50＝100(Ｌ)だから，実験⑤の容器内の酸素と二酸化炭素の合計の体積は，100×２＝200(Ｌ)である。ここで，コークス72ｇがすべて二酸化炭素に変わると，$25\times\frac{72}{12}$＝150(Ｌ)になるから，実験⑤の容器内に残っている酸素は，200－150＝50(Ｌ)になる。よって，実験④で消費した酸素は75Ｌだから，実験③で加えた酸素は，50＋75＝125(Ｌ)となる。

3 心臓のつくりについての問題

問１ 鼻や口から吸い込まれた空気は気管を通り，さらに気管が枝分かれした気管支を通って，肺ほうとよばれる小さなふくろ状の部分に入る。

問２ 心臓は心筋という筋肉でできている。一方，肺は筋肉のつくりをもたず，横かく膜(まく)とろっ骨を上下させることで，肺を広げたり縮めたりしている。

問３ 心臓は正面を向いたときに自分から見て胸の中央からやや左よりの前面の位置にある。よって，足側から見た断面は，アが適切である。

問４ 肺ほうは小さなふくろ状のつくりで，肺ほうがあることで空気にふれる表面積が非常に大きくなるため，酸素と二酸化炭素の交換(こうかん)を効率よく行うことができる。

問５ (1) 平均１回拍出(はくしゅつ)量が70mL，休息時の心拍数が毎分72回なので，休息時の拍出量は毎分，70×72＝5040(mL)である。 (2) 毎分の拍出量が休息時の４倍の，5040×４＝20160(mL)に増え，心拍数が180回に上昇(じょうしょう)したときの平均１回拍出量は，20160÷180＝112(mL)である。 (3) 毎分の拍出量が5040mLから変わらないが，心拍数が60回に減少したのは，休息時の平均１回拍出量が，70mLから，5040÷60＝84(mL)に増えたからだと考えられる。

問６ 図で，心房(ぼう)と心室の間の弁１は，右心房と右心室の間の弁イと，左心房と左心室の間の弁オである。また，心室と大きな動脈の間の弁２は，右心室と肺動脈の間の弁ウと，左心室と大動脈の間の弁エである。

問７ (1) 図２で左心室の容積が小さくなっているのはイからウにかけて，図３で左心室の容積が小さくなっているのはｄからａにかけてとわかる。 (2) 左心室に注目すると，弁１が閉じて「どっ」と鳴った(ア－ｃ)あとに，左心室が収縮しようとして圧力が高まると，弁２が開き(イ－ｄ)，左心室から大動脈へ血液が流れ左心室の容積が減る。その後，弁２が閉じて「くん」と鳴った(ウ－ａ)あとに，左心室が広がろうとして圧力が下がると，弁１が開き(エ－ｂ)肺静脈から血液が左心室に入ってくる。

4 有馬温泉の湯の成因についての問題

問１　草津温泉の近くには活火山の白根山や本白根山があり，火山から流れ出た溶岩があると述べられている。よって，地図上の★印周辺に分布する岩石は，マグマが地上または地下の浅いところで急に冷え固まってできる岩石と考えられる。ア～エのうち，このような岩石は安山岩である。なお，石灰岩と砂岩はたい積岩である。また，大理石は石灰岩が地中でマグマによる熱で変質した岩石である。

問２　平地に流れている川が隆起したのち，水の流れる部分が侵食されると段ができる。これを繰り返してできた地形を河岸段丘という。土地の隆起が２回起こってできる河岸段丘は，解答の図のように，河川の両側が２段の階段状の地形になる。

問３　日本は山脈から海までの距離が短く，欧米諸国と比較すると土地の勾配が急で，地下水の流れが急である。そのため，岩盤の成分が地下水に溶け込むまでの時間が短いので，溶け込む量が少なく，日本のミネラルウォーターの硬度は外国のものに比べて低くなっている。

問４　日本付近にあるプレートのうち，ユーラシアプレートと北米プレートは陸地をつくっている「大陸プレート」，フィリピン海プレートと太平洋プレートは海底をつくっている「海洋プレート」である。太平洋プレートは東北地方の太平洋側の沖合に沈み込んでおり，フィリピン海プレートは西日本付近で沈み込んでいる。兵庫県にある有馬温泉の温泉水は，フィリピン海プレートが沈み込むさいに取り込んだ海水が起源とされている。

問５　地震活動の原因となる断層運動が起きることにより，温泉水の通り道がつくられ，温泉のわき出しに寄与していると考えられる。また，地下の圧力のかかり方などが変化して，水の流れが変化することなども考えられる。

問６　地表温度が平均気温と同じ14℃だとすると，地表の温度が14℃の場所で50℃のお湯を地表で得るためには，地中温度(地下水の温度)が地表温度より，50－14＝36(℃)高ければよい。地下増温率の低下の割合が20％なので，実際は，100mにつき，3.0×(100－20)÷100＝2.4(℃)水温は高くなるから，50℃のお湯を地表で得るには，地表から，100×$\frac{36}{2.4}$＝1500(m)掘る必要がある。

問７　地下深くで300℃程度の熱水が得られるとき，地下深くは圧力が高いため液体の水だが，地表に出てくるまでに水蒸気となる。このとき体積が大きく増すため，地熱発電ではこの水蒸気の圧力でタービンを回して発電する。また，100℃程度のお湯しか得られない場合は，そのままでは水蒸気になっても大きな圧力は得られないため，水よりも沸点が低い物質(沸点が36℃のペンタンなど)を利用し，その物質が気体に変わるときに得られる圧力でタービンを回し，発電をする。

国語 ＜第２回試験＞（50分）＜満点：120点＞

解答

一 **問１** エ　**問２** ウ　**問３** イ　**問４** ア　**問５** ウ　**問６** エ　**問７** ウ　**問８** イ　**問９** イ　**問10** ア　**問11** ウ　**問12** （例）（料亭の漫画は）自分が描きたい漫画ではないと思っていたが，夢を持ち，誰かを愛し，懸命に仕事をする人たちを描くことで読者に勇気を与えていたことを知り，自分の描いた漫画に誇りを持てるようになった。

二 **問１**　下記を参照のこと。　**問２**　ウ　**問３**　ア　**問４**　イ　**問５**　エ　**問６**　イ　**問７**　ア　**問８**　（例）協力集団の一員として認められたいという欲求を満たすために，自分には素質があると信じ込んで，未知の仕事でも率先して挑戦できるようにするため。　**問９**　エ

●漢字の書き取り

三 **問１**　a　的確（適確）　b　投資　c　格好（恰好）　d　習慣　e　至（到）

解説

一　**出典は村山早紀の『風の港』による。**漫画家をやめると決めた亮二が，空港で飛行機を待つ間に，似顔絵描きの老紳士と，亮二の漫画の愛読者という書店員に出会ったようすが描かれている。

問１　似顔絵描きの老紳士は，漫画家をやめる決意をした亮二に，亮二の漫画が終わるのは「心残りだった」と話す。老紳士は，亮二の漫画の「絵」も「ストーリー」もほめて，「人間や世界への愛に満ちているところ」がよいと言っている。これを過不足なくまとめているのは，エのみである。なお，老紳士は，「良さを伸ばせ」なかったとは言っていないうえ，「素質」の話もしていないので，アとウはふさわしくない。

問２　メジャーな漫画家だった老紳士は仕事が増えすぎて失踪したが，似顔絵を「天職」と思っていることや，人の笑顔を描いてお金を得られる暮らしへの感謝などを話している。一方，亮二の場合，漫画家として行きづまり作画をやってきたが，やめて家業を継ぐつもりだと，前書きに書かれている。つまり，漫画に行きづまった亮二は，老紳士の満ち足りたようすを見て，自分も故郷に帰ったら似顔絵に挑戦しようかと，「半ば思いつき，半ば本気」で言ったのだから，ウが合う。ウ以外は「半ば思いつき，半ば本気」という心情をはっきりとらえていない。

問３　「口ごもる」は，“答えにつまったり，話しづらい事情があって言うのをためらったりする”という意味。漫画家をやめるつもりの亮二は，老紳士から，今はどこにいても描けるし，出版社の担当さんも復帰を待ってくれているなら描けばいいとさとされる。しかしこのあと亮二は，自分が描きたいヒーローものは人気が出なくて，「運も才能も」足りず「夢を見続けるのは，無理だった」と打ち明けている。こうした個人的な事情や心情から，漫画家を続けると言うことをためらったのだから，イが適する。なお，亮二は，漫画家を続けることを「危ない賭け」と言っているわけでもないし，老紳士の言葉を「きれいごとに過ぎない」と思っているわけでもないので，アは合わない。また，亮二は，「漫画家として大成する」ことが目標ではなく，ヒーローものを描きたかったのであるうえ，老紳士の言葉に「反感」を持っているようすもないので，エもふさわしくない。

問４　「茶化す」は，“はぐらかす，冗談のようにしてごまかす”という意味。「ひた，と亮二を見据えるように」して「夢見ることを諦める」必要はないと真剣に言う老紳士の，本質をついた言葉にたじろぎ，笑ってはぐらかそうとしたのだから，アがよい。問３でも検討したが，亮二は担当編集者から復帰を望まれている。また，ヒーローものを描きたいが人気が出ず，兄が倒れたことをきっかけに漫画をやめることにしたが，老紳士のように似顔絵描きもいいかなどと腰のすわらない印象であり，「辛い選択」といえるほど追いつめられたようには見えないので，イは正しくない。さらに，このあと亮二は，「いやでも，俺の漫画家としての人生は，失敗に終わったと，その，思

ってまして」としどろもどろに答えており，「ふざけ半分で伝え」ているわけでもないし，「説得されることを防ごうとしている」わけでもないので，ウとエも合わない。

問５　亮二が自分の「漫画家としての人生は，失敗に終わった」と言ったため，老紳士は「人生に失敗とかバッドエンド」はないとさとす。似顔絵もいいかなどと「半ば思いつき，半ば本気」で言う亮二は，家業を継ぐ決意も，漫画をやめる決意も，どちらも強固ではないように思える。亮二の漫画が好きな老紳士は，そんな亮二の未練を察して「生きている内は続いている連載漫画みたいなもの」で「勝手に打ち切らなくても」いいと伝えたいのである。ウが，この内容に合う。メジャーになって仕事が増え，手に負えなくなった老紳士と，描きたいものでは人気がでないため作画をやってきた亮二とは，状況がちがうので，イはふさわしくない。「夢を諦める気などない」わけではなく，描きたい漫画で人気が出ないため諦めかけているので，エも正しくない。

問６　漫画を諦めることはないと，亮二を「見据え」てさとしていた老紳士が，沈黙する亮二のようすに「我に返った」場面である。そして「いやすまない，すみませんでした」と「頭を下げた」のだから，「言い過ぎたことを心苦しく思った」と解釈するエがよい。このあと，柔和な表情と穏やかな言い方で「ついね。もったいないと思ってしまって～諦めずに。良い風が吹くその日まで」と言っているので，ア～ウはあてはまらない。

問７　本当に描きたい漫画を描く夢を諦めなくていい，良い風が吹くのを待てばいいという老紳士のはげましが，亮二の心に「じんと沁み」たことをおさえておく。そういう気持ちで，離陸する飛行機，着陸する飛行機を見るうちに，「何度飛び立ってもいいんだな」,「生きている限り」と思えたのだから，ウが合う。ウ以外は，亮二が「目指して」いる漫画への意欲を正しくとらえていない。

問８　少し後に「少年漫画誌で連載をしなくなって以来，辛くて書店からも足が遠ざかっていた」とある。また，すぐ前に，書店が目に入り「少しだけ心が切なく」痛むと同時に「自分は諦めないことにしたんだ」と思った亮二のようすが描かれている。つまり，書店を見て，少年漫画の連載がなくなったときの胸の痛みがよみがえったが，「諦めないことにしたんだ」と気を取り直したのだから，イが適する。なお，アは，「諦めないことにした」点をおさえていないので，ふさわしくない。ウは，書店に入りたくなかったのは「漫画家をやめると決めてから」ではないので，誤り。エは，「かつての失敗のことは忘れようと決意している」わけではないので，間違っている。

問９　少年漫画の連載がなくなり書店から遠のいていたため，作画を担当した漫画が「平積み」でPOPを飾られ「大切に売られて」いるようすを，亮二は初めて見た。亮二は，自分の漫画が大切にされていたのに気づかなかったことを「申し訳ない」と思ったので，イがよい。「足を運ぼうともしてこなかった」ことが「申し訳ない」のではないのだから，アは誤り。POPの言葉を「大げさでもったいなく」思っているわけではないので，エもふさわしくない。

問10　料亭の漫画を絶賛した直後の書店員のようすである。このあと，ためらいながら「でも，もうすぐ連載終了なんですよね。打ち切りじゃないって版元さんにはうかがいましたけど。なんでまた。――わたしたちの応援がたりませんでしたか？」と悲しげに聞いている。つまり，終了の理由を聞いていいものか，どう聞こうか，「うつむい」て考えていたのだから，アがよい。

問11　書店員は十代の頃，亮二が「少年誌」に描いていた漫画の大ファンで，「連載の最終回」に「また帰ってくるぜ」と書いてあったので，料亭の漫画が「始まる日」まで「ずっと待って」いた。今回も，また亮二の漫画が読める日まで「待って」いるというのだから，ウがよい。「多くの読者」

ではなく，書店員本人のことであるうえ，「のんびり待ち続けている」わけでもないので，アはふさわしくない。「漫画家として成長」を期待しているとは言っていないので，イも正しくない。連載は何度も打ち切られているわけではないので，エも合わない。

問12　書店員から，料亭の漫画について，登場するみんなが「優しくてかっこよくて，いろんなことに挑戦して，いろんなものと戦って」いて，「夢を持ち，誰かを愛し，懸命に仕事をしているヒーロー」がいるようで，「癒やされ，励まされて」きたと言われた直後である。これまでの亮二は「本当に描きたい」のはヒーローもので，料亭の漫画を「好きかどうかわからない」と思っていた。しかし今，亮二は，書店員の言葉を思い返して「自分にも，ヒーローの物語が描けたんだな～日々大切なものを守り，戦うひとびとの物語を描けていたんだな」と，かみしめている。こういう亮二の変化を明確にして，料亭の漫画は「自分が本当に描きたいものではないと思いこんでいたが，夢を持って懸命に仕事をし，大切なものを守っている登場人物たちが読者を癒やし励ましたのだと気づき，目が開かれたように感じている」のようにまとめればよい。

□二　**出典は石川幹人の『だからフェイクにだまされる―進化心理学から読み解く』による**。イソップの寓話を導入に，人間にとって「自己欺瞞」とはどんな働きがあるのかを説明している。

問１　**a**　的を外さないようす。　**b**　利益を得る目的で事業・不動産・証券などに資金をつぎこむこと。　**c**　ちょうどよいようす。　**d**　何度も行ううち，そうするのが決まりのようになったものごと。　**e**　「思い至る」で，“考えが行き着く”という意味。

問２　同じ文の最初にある「その意味で」は，イソップの寓話「キツネとブドウ」に登場するキツネが「人間を象徴している」ことに気づいて「ギクッとさせられる」ことを指す。イソップのキツネは「現実を受け入れず」に「ウソの想像」で悔しさを紛らし，他者に弱みを見せまいとするが，これは人間のことだと気づいてギクッとするのだから，ウである。「キツネだけ」でなく人間も浅はかだということではなく，キツネは人間を象徴しているのであるから，イは誤り。キツネの行動を「恥ずべき」とは言っていないので，エも合わない。

問３　「拡大解釈」は，言葉や文章の意味を自分に都合のいいように広げて解釈すること。収集した情報を「自己肯定」に都合よく解釈して結びつけるのだから，アがよい。

問４　イソップのキツネはブドウを手に入れられなかったとき，「酸っぱいに違いない」という「ウソの想像」によって「心の安定を維持」している。これが心理学の「酸っぱいブドウ」で，心理的な防衛機制に当たり，イが合う。アとウは，この心理機構の目的を，人に弱みを見せないことに限定した点が不適切。また，この心理機構は「自分だまし」なので，エの「意図的に防いでいる」は合わない。

問５　「甘いレモン」は「酸っぱいブドウ」とは逆に，自分が得たものを「過大評価」する心理機構である。具体的な例として，「株式投資で値上がりを見込んで買った株が，意に反して値下がりをした」場合，「失敗」を認めず「いつかは上がる“いい株”に違いない」と思いこんで手放さず，損失が大きくなることがあげられている。よってエが，この例を正しく一般化している。アとウは，自分が得たものという要素がぬけている。イは，「他者にいいように利用されてしまい」という部分が誤り。

問６　「この一連の過程」とは，狩猟採集時代に生き残るため，「協力集団」内で「仕事を担当できるとアピール」し，任された仕事をうまくこなして周りの人々の承認を得ることを指す。「フェイク」は，本来は，にせもの，まやかしのこと。ここでのフェイクは「仕事を担当できる力」が自分に足りないと「うすうす思って」いるのに，「担当できる」とアピールしてしまうことである。つまり，集団内で認められるために，自分は仕事ができるとアピールする必要があり，実力不足をかくして「できる」ふりをしてしまうのである。「一連の過程」と「フェイク」の内容を正しくとらえているのは，イのみといえる。

問７　前文の「“フェイク”が本当になっていく」ことが「予言の自己成就」である。フェイクは，問６でも検討したが，自分の力は「いまひとつ」だと思っても，周囲に「できる」とアピールすることをいう。そして，フェイクが本当になるように，練習を続け，任された仕事に挑み，一人前になっていくのだから，アがよい。イのように，「失敗」してから「責任」をとるのではなく，「失敗」して信用をなくさないように練習するのである。また，ウのような「周囲に求められる以上に困難な目標」は立てない。エには，「練習」の過程が入っていない。

問８　この場合の「自己欺瞞」は，「未知の仕事」でも「絶対できる」と「自己肯定感を無理やり高める行為」である。自己欺瞞が必要なのは，割り当てられた仕事，未知の仕事でも率先して挑戦してこなし，「協力集団」を成り立たせ，かつ，その集団内で仲間として承認されるためである。よって，「協力集団を形成して存続させ，また，その集団の仲間として周囲に承認されるためには，割り当てられた未知の仕事でも率先してこなす必要があるから」のようにまとめる。

問９　同じ段落の前半にあるように，現代の「文明社会」は，狩猟採集時代のような「基本的な生活」を支える「密な協力集団」が希薄になっている。つまり，「狩猟採集時代」のように「仕事」ができることをアピールして，集団内に仲間として「承認」される必要性が薄れているため，このやり方では承認欲求が満たされないのである。エが，この事情をもっともよくまとめている。

Memo

2022年度　海 城 中 学 校

〔電　話〕 (03) 3209－５８８０
〔所在地〕 〒169-0072　東京都新宿区大久保３－６－１
〔交　通〕 JR山手線－「新大久保駅」より徒歩５分
JR中央・総武線－「大久保駅」より徒歩10分

【算　数】〈**第１回試験**〉 (50分) 〈満点：120点〉

注意　１．分数は最も簡単な帯分数の形で答えなさい。
　　　２．必要であれば，円周率は3.14として計算しなさい。

1　次の問いに答えなさい。

(1)　次の計算をしなさい。

$$\left(13.5\times\frac{2}{3}\div4\frac{2}{7}-0.6\right)\div0.125$$

(2)　ある規則にしたがって，整数が次のように並んでいます。

１，１，２，１，２，３，１，２，３，４，１，……

左から数えて100番目の整数を求めなさい。

(3)　８％の食塩水と13％の食塩水を混ぜて，10.9％の食塩水 100ｇを作ります。８％の食塩水は何ｇ必要ですか。

(4)　ある店に，午後６時に何人かの客がいました。この店には，一定の割合で客が来店します。３分間に８人の割合で客が店を出ていくと，午後７時51分に客がいなくなります。また，２分間に５人の割合で客が店を出ていくと，午後８時28分に客がいなくなります。午後６時に店にいた客は何人ですか。

(5)　右の図において，三角形DBEは三角形ABCを点Bを中心に時計回りに34°回転したものです。点Dが辺BC上にあり，辺ACと辺BEが平行であるとき，図の角アの大きさを求めなさい。

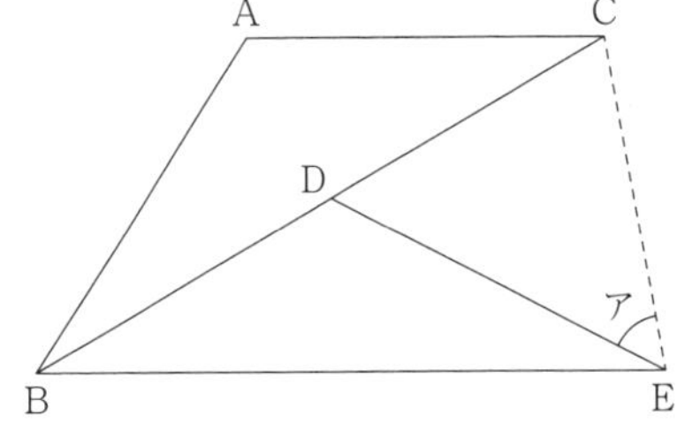

2　右の図のように，平行四辺形ABCDの辺ABを１：２に分ける点をE，辺CDを１：２に分ける点をFとし，辺BCと辺DAの真ん中の点をそれぞれG，Hとします。また，BHとCEが交わる点をI，CEとDGが交わる点をJ，DGとAFが交わる点をK，AFとBHが交わる点をLとします。次の問いに答えなさい。

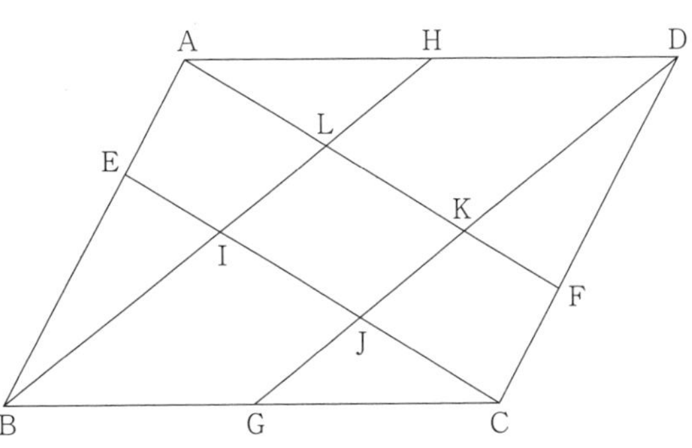

(1)　BI：IL：LHを最も簡単な整数の比で答えなさい。

(2)　平行四辺形ABCDと四角形IJKLの面積の比を最も簡単な整数の比で答えなさい。

(3)　平行四辺形ABCDと四角形AEILの面積の比を最も簡単な整数の比で答えなさい。

3　K鉄道のある区間には２つのトンネルA，Bがあり，A，Bの順に列車が一定の速さで通過します。次の問いに答えなさい。

(1)　長さが160mの列車が２つのトンネルを通過します。グラフは列車の先頭がトンネルAに入る時を０秒として，時間とトンネルの中にある列車の長さの関係を表しています。トンネルBの長さは何mですか。

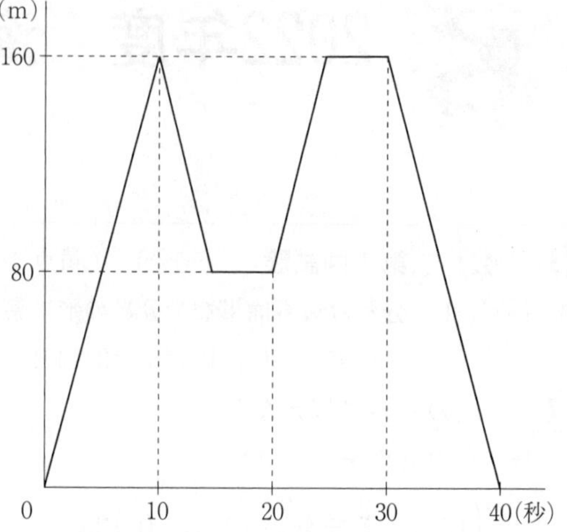

(2)　長さが200mの列車が時速72kmで２つのトンネルを通過します。時間とトンネルの中にある列車の長さの関係を表すグラフをかきなさい。ただし，グラフは列車の先頭がトンネルAに入る時を０秒として，最後尾がトンネルBを出る時までとします。

4　右の図のように，正五角形ABCDEがあり，点F，G，H，I，Jは対角線が交わる点で，線は道を表しています。点Aを出発し，一度通った道および点は通らずに，点Cまで行く道順を考えます。次の問いに答えなさい。

(1)　A→G→D→Cのように，２回だけ曲がって行く道順は全部で何通りありますか。

(2)　曲がる回数が最も多い道順の１つをかきなさい。

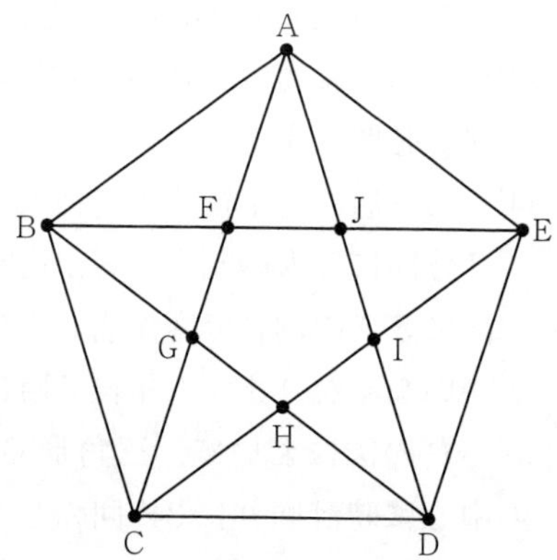

〔(2)の下書き用の図〕

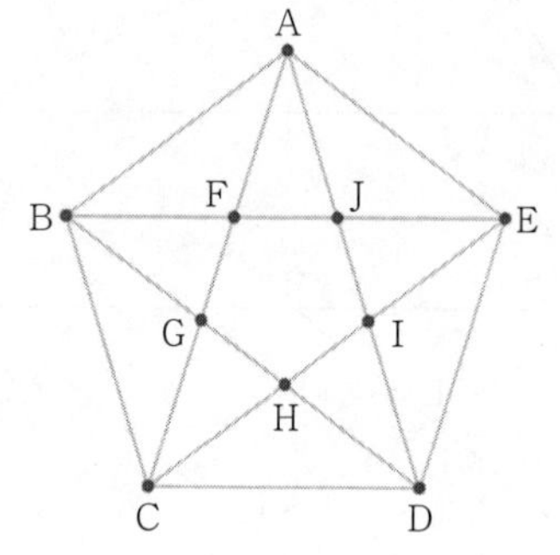

5 右の図のように，１辺が12cmの立方体ABCD−EFGHがあり，点Pは辺BF上，点Qは辺DH上の点で，BP＝10cm，DQ＝６cmです。３点A，P，Qを通る平面でこの立方体を切断します。この切断面と辺FG，辺GHが交わる点をそれぞれR，Sとします。次の問いに答えなさい。ただし，角すいの体積は(底面積)×(高さ)÷3で求められるものとします。

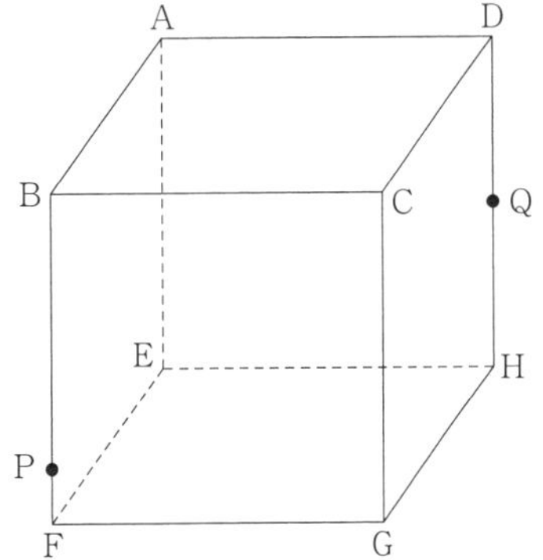

(1) FR，SHの長さを求めなさい。

(2) 切断してできた立体のうち，点Eをふくむ方の体積を求めなさい。

(3) 切断面と直線CEが交わる点をNとするとき，CN：NEを最も簡単な整数の比で答えなさい。

6 777枚のコインは片方の面が白色，もう片方の面が黒色であり，１～777の番号がついています。はじめ，コインは全て白色の面が上になっています。また，袋(ふくろ)の中に１～５の数字が書かれたカードが１枚ずつ計５枚あり，次の操作をくり返し行います。

操作　カードを１枚引き，引いたカードの数字の倍数の番号のコインを裏返す。
　　　その後，引いたカードを袋の中にもどす。

例えば，操作を２回行い，引いたカードの数字が順に２，３であったとき，２，３，４の番号のコインは黒色の面が上になっていますが，６の番号のコインは白色の面が上になっています。次の問いに答えなさい。

①❷❸❹⑤⑥…

(1) 操作を２回行い，引いたカードの数字が順に２，４であったとき，黒色の面が上になっているコインは何枚ですか。

(2) 操作を３回行い，引いたカードの数字が順に２，３，１であったとき，黒色の面が上になっているコインは何枚ですか。

(3) 操作を11回行ったとき，どのようなカードの引き方をしても必ず黒色の面が上になっているコインは何枚ですか。

【社　会】〈第１回試験〉（45分）〈満点：80点〉

問題　次の文章をよく読んで，あとの問いに答えなさい。

右の《**写真１**》をみてください。神社の神職が湯釜の前で，笹の葉をもっていることがわかります。これは，①奈良県明日香村豊浦にある甘樫坐神社でひらかれている盟神探湯とよばれる儀式の場面です。この儀式の参加者は，笹の葉を釜の湯にひたし，健やかに暮らせるように祈った後，それをお守りとして持ち帰ります。現代の盟神探湯はこのようにおこなわれていますが，もともとは判断が難しい場合に用いられた古代の裁判でした。人々の争いごとを神々に問うという形で，煮えたぎった湯釜に手を入れて判断し，熱さで手がただれた方が嘘をついているということになり，罰せられました。このような熱湯を用いた裁判の結果は，神々に問うているため，争いの内容について検討されたことが十分に反映されるものではありませんでした。そうしたこともあり，結果を受け入れる人がいる一方，真実を明らかにする手段として疑わしく思っている人もいました。ただし，こうした盟神探湯のような神判(神々に判断を任せることでおこなわれる裁判)は形を変えながらも実施されつづけます。

《写真１》　甘樫坐神社での盟神探湯のようす

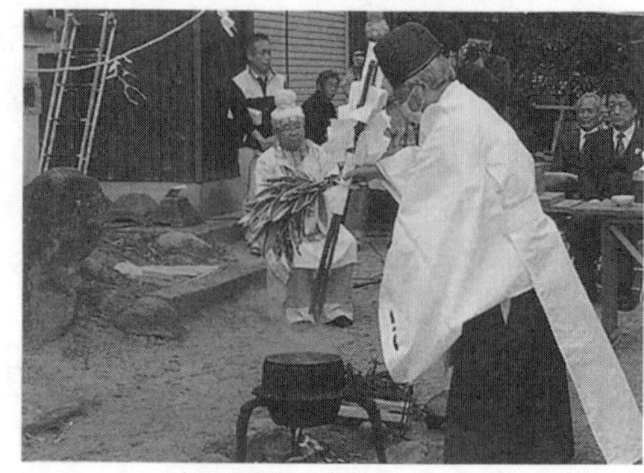

(毎日新聞　奈良県版2017年３月９日より)

領主の判断による裁判がおこなわれる一方で，室町時代からは湯起請が，戦国時代からは鉄火起請もおこなわれるようになりました。湯起請は盟神探湯と同じような熱湯を用いた裁判ですが，湯起請の場合は，熱湯に手を入れる前に起請文を書くという点で，盟神探湯と異なっています。起請文とは，取り決めた約束を守ることを神々に誓った書類のことです。一方，鉄火起請とは，焼けた鉄の棒を握って，そのやけどがひどい方を負けとする裁判のことです。湯起請や鉄火起請は，いずれも犯罪の犯人探しだけでなく，②村同士の紛争解決にも多く用いられました。村同士の紛争の多くは山や川・海などの③資源の使用権をめぐっておこるもので，室町時代ごろから各地でみられるようになります。

戦国時代になると，戦国大名の中には分国法を制定する者が現れます。分国法とは，戦国大名が④領土を支配するために制定した法令のことです。駿河(静岡県)の今川氏や土佐(⑤高知県)の長宗我部氏などが分国法を制定しました。その分国法の裁判についての条文をみてみると，今川氏の分国法の中には⑥喧嘩両成敗法が記されています。戦国大名は分国法を制定することで，領土内での武力による争いを禁止しようとしました。しかし，そうした戦国大名の意図にもかかわらず，領土内での武力による争いはなくなりませんでした。江戸幕府や藩のもとで裁判制度の整備が進んでいくなか，⑦江戸時代初期になってようやく日本社会から神判が消えました。

江戸幕府が裁判制度の整備を進めていくなかで，江戸の裁判を担ったのが，江戸の町奉行です。その町奉行の一人に，⑧遠山景元がいました。彼は，鮮やかな裁判ぶりを12代将軍徳川家慶から「奉行の模範」として評価され，また，江戸の町人らの暮らしを良くすることを重視した町奉行であったと言われています。その人物をモデルにした時代劇がかつて流行りました。その時代劇では，遠山景元が江戸の町奉行として，「お白洲(法廷)」で名裁きを繰り広げます。

右の《**写真2**》は，「お白洲」の裁きで，遠山景元が片肌を脱いで「桜吹雪の入れ墨」をみせ，しらを切る悪党をやりこめる場面です。

明治時代以降，西洋からさまざまな制度が取り入れられ，裁判の舞台は裁判所になり，⑨裁判のあり方も大きく変わりました。被告人(罪を犯したと疑われ検察官に訴えられた人)に対して，被告人の有罪を主張する検察官，被告人の利益を守る弁護士がそれぞれの立場から主張を繰り広げ，裁判官は公正中立な立場で両者の主張を聴き，正しい判決をくだすようにしています。2009年からは，裁判に国民の考えをいかすために，(X)制度が始まりました。長い年月を経て，裁判のあり方は，多くの人々がより納得できるものへと変化してきました。もちろん，いまだ不十分な点もあります。みなさんも当事者の一人として，今後の裁判制度の変化に注目してみましょう。

《写真2》 遠山景元が入れ墨をみせた場面

(時代劇専門チャンネルのウェブサイトより)
https://www.jidaigeki.com/program/detail/jd00000144_0014.html

問1．下線部①について，大化の改新の後，奈良盆地南部の飛鳥に中国の都をまねた日本初の本格的な都がつくられました。この都の名前を答えなさい。また，その都の位置として正しいものを，奈良県とその周辺をえがいた右の地図中の**ア**～**エ**から1つ選び，記号で答えなさい。

(地理院地図をもとに作成)

問2．下線部②について，村同士の争いの際に，室町時代では湯起請が争いの解決方法として選ばれることがありました。《**資料1**》は，滋賀県にある菅浦と大浦という二つの村が日指・諸河という田んぼの所属をめぐって繰り広げた紛争の経過の一部です。二つの村は同じ領主に年貢を納めており，土地争いは鎌倉時代後半からつづいていました。《**資料1**》の事例において，なぜ領主が湯起請を解決方法として選んだのかについて，**本文**と《**資料1**》・《**資料2**》・《**資料3**》を参考にして，130字以内で説明しなさい。その際に，《**資料2**》・《**資料3**》から読みとれる，村の人々が神々についてもっていた考えにふれること。

《資料1》 紛争の経過(1445～61年)

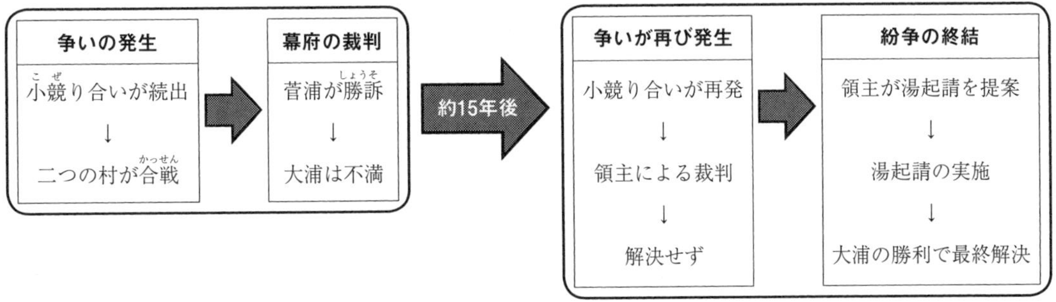

《資料２》 一味神水のようす

(『日本の歴史７』KADOKAWA 2015年より)

村では一揆などをおこなう際，決めたことを守らせるために，神々に誓った起請文を燃やし，その灰をとかした水をいれた器を回して飲み，結束を強めました。

《資料３》 起請文の例

もし決めたことを守らなかったならば，神々の罰を受けます。

(「浅井久政・同長政連署起請文」より)

問３．下線部③について，私たちの身近な資源の一つとして石油があります。さまざまな石油製品は原油を加工して精油所でつくられています。石油製品のうち，プラスチックや合成ゴム，洗剤や塗料などさまざまな工業製品の原料になるものの名前を答えなさい。

問４．下線部④について，次の**ア**～**オ**は沖ノ鳥島，尖閣諸島，与那国島，竹島，南鳥島のいずれかの写真です。また，次の**カ**～**コ**はそれらの島々の説明文です。南鳥島の写真(**ア**～**オ**)と説明文(**カ**～**コ**)を**それぞれ１つ**選び，記号で答えなさい。

ア

イ

ウ

エ

オ

(**ア**～**エ**は『小学社会５年』日本文教出版，**オ**は『小学社会５』教育出版より)

カ．日本の領土のうち，最も東にある島。

キ．日本の領土だが，韓国が領有を主張している島。

ク．日本の領土のうち，最も西にある島。

ケ．日本の領土だが，中国が領有を主張している島。

コ．日本の領土のうち，最も南にある島。

問５．下線部⑤について，次の**ア**～**キ**の防災対策のうち，高知県の取り組みとして，**ふさわしくないもの**を**２つ**選び，記号で答えなさい。

ア．台風や大雨による洪水などの風水害に対する備えをよびかける。

イ．高潮や高波に対する防災計画を立て定期的に県民に知らせる。

ウ．巨大地震にともなう津波に対する防災訓練を定期的におこなう。

エ．地すべりや崖崩れに備える防災訓練を県民と協力しておこなう。

オ．火山噴火にともなう火砕流に備えてハザードマップを作成し公開する。

カ．高速道路での事故に対する防災を警察・消防・道路会社などと協力しておこなう。

キ．標高3000メートル級の高山での遭難に備えて山岳救助用のヘリコプターを備える。

問６．下線部⑥の喧嘩両成敗法は，戦国大名が領土内のあいつぐ紛争を禁止するために制定した法です。かつては，**《資料４》**の①「喧嘩をした両方の側に対して理由を問わずに死罪とする」という規定が強調され，戦国大名が新たにつくり出した暴力的な法であると評価されてきました。**《資料４》**の②の規定と**《資料５》**を参考にしたとき，そうした評価はどのように考えなおすことができますか。90字以内で説明しなさい。

《資料４》　喧嘩両成敗法

①　喧嘩をした者は，喧嘩の理由にかかわらず，原則として喧嘩をした両方をともに死罪とする。 ②　ただし，相手からの攻撃に対してやり返して戦うことなく我慢した場合，我慢した側に喧嘩の原因があったとしても，今川氏の法廷に訴え出れば，その場でやり返して戦わなかったことを考慮して，今川氏に訴えた側を勝訴とする。

(今川氏の分国法(1526年)をもとに，やさしく書き改めました)

《資料５》　室町時代における紛争解決策のようすの例

但馬(兵庫県)のある寺の規定(1406年)
喧嘩した者は，喧嘩の理由にかかわらず，寺から追放される。

(「大同寺文書」２－１号をもとに，やさしく書き改めました)

五島列島(長崎県)の武士たちが取り決めた約束(1414年)
喧嘩をした場合，喧嘩した両方の側から二人ずつを死罪にする。

(「青方文書」393号をもとに，やさしく書き改めました)

問７．下線部⑦について，江戸時代には各地域を旅行する人々が多くなりました。そのなかに，訪ねた土地の人々の生活のようすや祭りのさま，年中行事などを，日記や絵に残した菅江真澄という人物がいます。とくに秋田の地には，佐竹義和という秋田藩の藩主に仕事を頼まれたこともあって長くとどまりました。菅江真澄が残した作品を資料として用いる場合の向き合い方として，**ふさわしくないと考えられるもの**を次の**ア**～**エ**から１つ選び，記号で答えなさい。

ア．秋田の藩主にもその能力を見こまれた有名な学者が自分で見たり聞いたりしたことを書き残した作品なので，その内容は正確で信用できるものとしてあつかう。

イ．どの時期にどんな花が咲き，どんな災害があったのかを知ることができるので，その土地の気候変化や災害においてどのようなことに気をつけるべきかを考える資料としてあつかう。

ウ．菅江真澄が個人として見聞きしたことで，間違いや自分の意見などが入っている絵や記述もあるので，ほかの人が書いたものなどと照らし合わせながらあつかう。

エ．菅江真澄が秋田に長くとどまったことで，数多くの彼の作品が残ることになったので，それらの作品はこれからも保存していくべき大切な資料としてあつかう。

問８．下線部⑧について，**《資料６》**は時代劇『名奉行　遠山の金(きん)さん』のあらすじです。実際には自分で捜査(そうさ)し証拠(しょうこ)をつかんでくるような町奉行はいませんでしたし，ヒーローのような人物とも限りませんでした。そのようなことを除いたとしても，現在の裁判のやり方からみると，町奉行である遠山景元(「金さん」とよばれる)が裁判をおこなうことには問題があります。その問題はどのようなことかを述べた上で，それによって裁判の被告人にどのような影響があるのか，**本文**と**《資料６》**・**《資料７》**・**《資料８》**を参考にして，130字以内で述べなさい。

《資料６》　時代劇『名奉行　遠山の金さん』の典型的なあらすじ

事件の発生	潜入捜査から犯人逮捕(たいほ)へ	「お白洲」での裁判
遠山景元の指揮のもとで町奉行所が捜査に乗り出す ↓ 遠山景元が「金さん」に変装して独自の潜入(せんにゅう)捜査をおこなう	事件現場に，金さんが現れ，「桜吹雪の入れ墨」をみせつつ，犯罪グループを倒(たお)す ↓ その後，町奉行所の役人が現れると，金さんは立ち去り，犯罪グループが逮捕される	遠山景元が問(と)い詰(つ)めるも，犯罪グループは罪を認めない ↓ 遠山景元が「桜吹雪の入れ墨」をみせ，遠山景元と金さんが同一人物であることを示す ↓ 犯罪グループが言(い)い逃(のが)れできなくなり，処罰(しょばつ)され，一件落着となる

《資料７》　現在の刑事裁判のようす

犯罪や事件を調べ，罰した方がよいと判断したら裁判所に訴え，裁判官が判断するための材料として被告人の有罪を主張する仕事

(最高裁判所のウェブサイトより)
https://www.courts.go.jp/saiban/zinbutu/keizi/index.html

《資料８》 江戸時代の刑事裁判のようす

(『28の用語でわかる！ 裁判なるほど解説』
フレーベル館2009年をもとに作成)

問９．下線部⑨について，現在の日本の裁判制度に関する文として正しいものを次の**ア**～**エ**から１つ選び，記号で答えなさい。

ア．最高裁判所の裁判官は，国民による選挙で選ばれる。

イ．裁判所は，法律が憲法に違反していないかを判断することができる。

ウ．犯罪ではない単なるもめごとは，裁判では取りあつかわない。

エ．関係者のプライバシーを守るため，裁判は原則として非公開でおこなわれる。

問10．本文中の(Ｘ)にあてはまる語句を答えなさい。

【理　科】〈第１回試験〉（45分）〈満点：80点〉

1　次の文章を読み，各問いに答えなさい。

レンズは，光の進む向きを変えて，光を集めたり広げたりする性質があります。図１のような，中央がまわりより厚くなる断面をもつレンズを，凸(とつ)レンズといいます。図１の破線は凸レンズの軸(じく)を表しており，軸はレンズの中心Oを通りレンズの面に垂直な線です。この軸に平行で凸レンズの左側から進んできた光線は全て，レンズの右側の軸上の点Ｆを通ります。この点を（　1　）といい，レンズの中心Oから点Ｆまでの距離(きょり) OF を（　1　）距離といいます。また，レンズの中心Oを通る光線は，そのまま直進します。

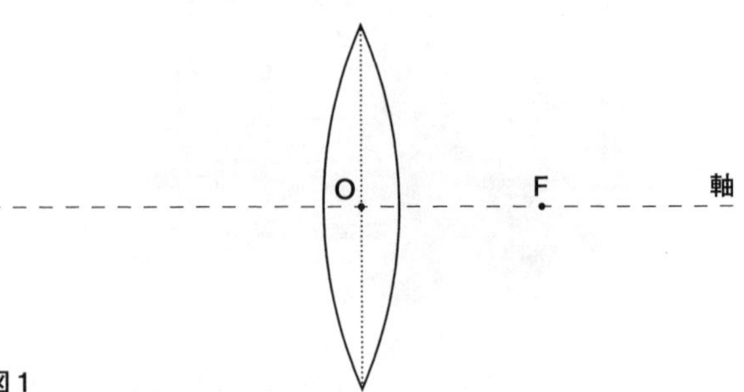

図１

物体から出た光が凸レンズによって集まると，そこには物体の像が作られます。図２は，物体が距離 OF（図２に点Oと点Ｆは書き入れていません）より遠くにある場合の光線を表しています。実際はレンズの左右の面それぞれで光線は進む向きを変えますが，各図では簡略化してレンズ内の点線上で進む向きを変えるものとしています。物体の先端(せんたん)Ｐからは四方八方に光線が出ていますが，その光線のうち軸に平行な光線１と，凸レンズの中心Oを通る光線２の，２つのみ描(か)いてあります。

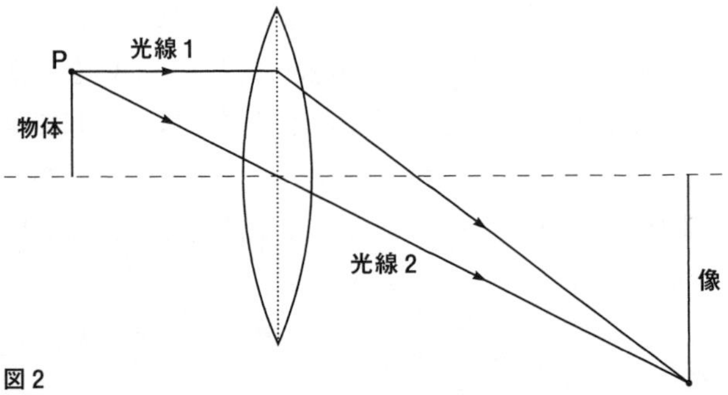

図２

レンズの右側には光線が集まってできた物体の像があります。この像の位置に紙などのスクリーンを置くと，像を映すことができます。このように実際に映すことができる像を（　2　）像といいます。

一方，図３のように物体が距離 OF（図３に点Oと点Ｆは書き入れていません）より近くにあると，図２のような実際の光線が集まってできる像は作られず，物体と同じ側に（　3　）像が作られます。ものを拡大して見るときに使う虫眼鏡では，この（　3　）像を見ることになります。

なお，レンズが作る像について，物体の長さに対する像の長さの比を倍率といいます。

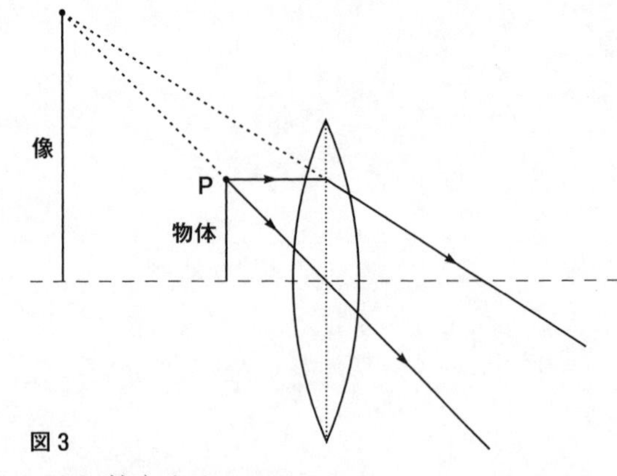

図３

問１　文章中の（**1**）～（**3**）に当てはまる語句をそれぞれ答えなさい。

問２　解答欄にある図には，物体の先端から出た光線のうち３つが途中(とちゅう)まで描かれています。これら３つの光線が進む様子を，図中のマス目を参考にしながら解答欄におさまる範囲(はんい)でていねいに描き入れなさい。

問3　**図4**のように，一端が**P**，他端が**Q**の物体の像を考えることにします。

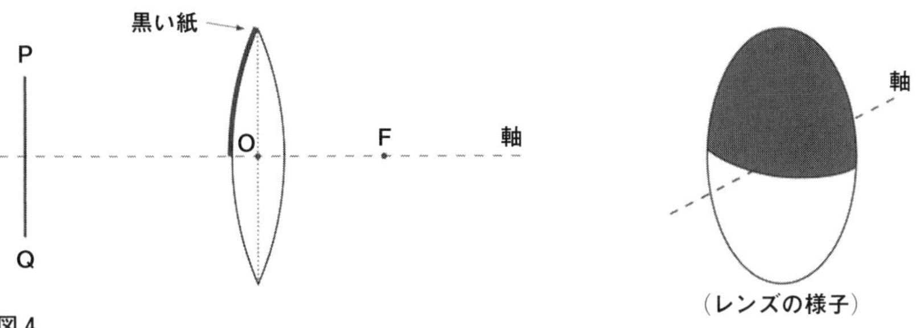

図4

凸レンズの上半分を光を通さない黒い紙でおおって，**図4**のような断面のレンズにすると，スクリーンに映る像はおおう前と比べてどのようになるでしょうか。最も適当なものを次の**ア**～**カ**から選び，記号で答えなさい。

ア　**P**側の半分が映らなくなる。

イ　**Q**側の半分が映らなくなる。

ウ　**P**側の半分が暗くなる。

エ　**Q**側の半分が暗くなる。

オ　全体が暗くなる。

カ　何も変わらない。

問4　**図5**のように，一端が**P**，他端が**Q**の物体の像を考えることにします。

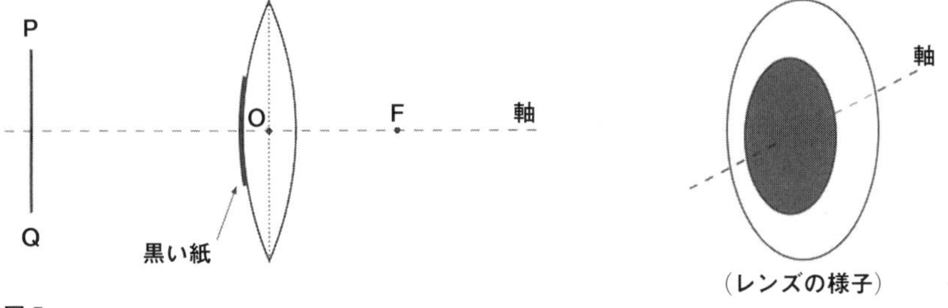

図5

凸レンズの一部を光を通さない黒い紙でおおって，**図5**のような断面のレンズにすると，スクリーンに映る像はおおう前と比べてどのようになるでしょうか。最も適当なものを次の**ア**～**カ**から選び，記号で答えなさい。

ア　外側(**P**と**Q**側)が欠ける。

イ　中央側が欠ける。

ウ　外側(**P**と**Q**側)が暗くなる。

エ　中央側が暗くなる。

オ　全体が暗くなる。

カ　何も変わらない。

問5　虫眼鏡による物体の像が**図6**のようになり，倍率が3になっていました。このとき，物体から凸レンズの中心**O**までの距離**OQ**は，距離**OF**の何倍ですか。整数または既約(きやく)分数で答えなさい。ただし，**図6**には点**F**は記入してありません。

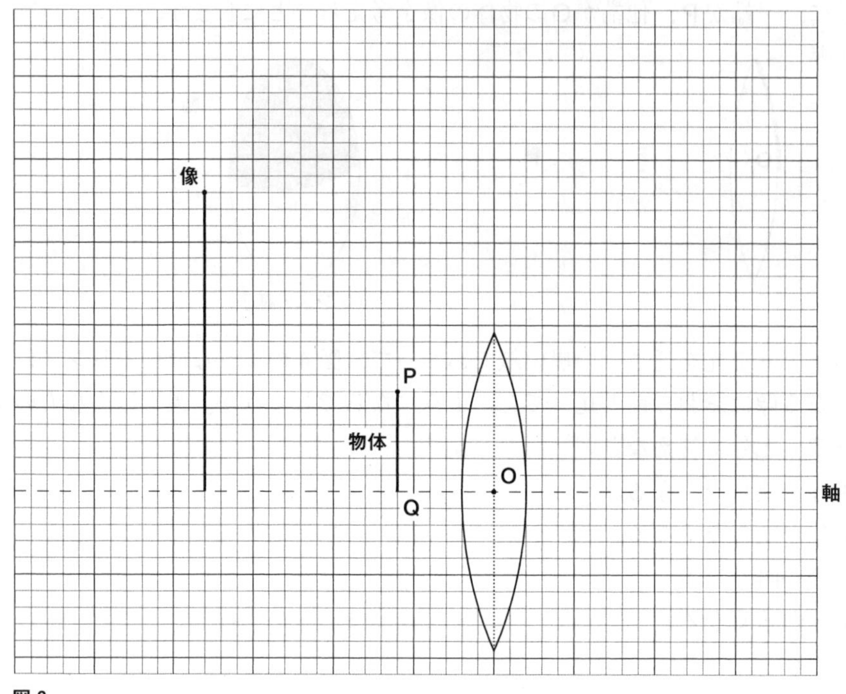

図６

問６　**問５**で用いた虫眼鏡を**A**とし，これとは別の虫眼鏡**B**を用意しました。物体から**B**の中心までの距離は**図６**と同じにして像の倍率を調べたところ，２になりました。これら２つの虫眼鏡**A**と**B**を使って，天井（てんじょう）にある蛍光灯（けいこうとう）の像を机の上に置いた紙に映してみました。蛍光灯がはっきり見えるときの虫眼鏡の中心と紙との距離が短いのは，**A**と**B**のどちらの虫眼鏡ですか。

問７　地面に置いた紙に，虫眼鏡を使って太陽の光を１点に集めることにします。このときの，虫眼鏡**A**の中心と紙との距離は，虫眼鏡**B**の中心と紙との距離の何倍ですか。整数または既約分数で答えなさい。

2　**次の文章を読み，各問いに答えなさい。**

過酸化水素水に二酸化マンガンを加えると，ゆっくりと気体が発生します。そのときの気体が発生する速さを調べるために，以下の実験を行いました。

【実験】

ふたまた試験管の片方の管に４％の過酸化水素水を20mL，もう片方の管に少量の二酸化マンガンを入れた。その後，気体導入管を取り付けて，水上置換（ちかん）の準備をした。最後に，ふたまた試験管を傾（かたむ）けて，過酸化水素水と二酸化マンガンを接触（せっしょく）させた（図１）。この瞬間（しゅんかん）を０秒として，60秒ごとに発生した気体の体積を測定した。また，この実験中にビーカー内の水の温度は変化しなかった。

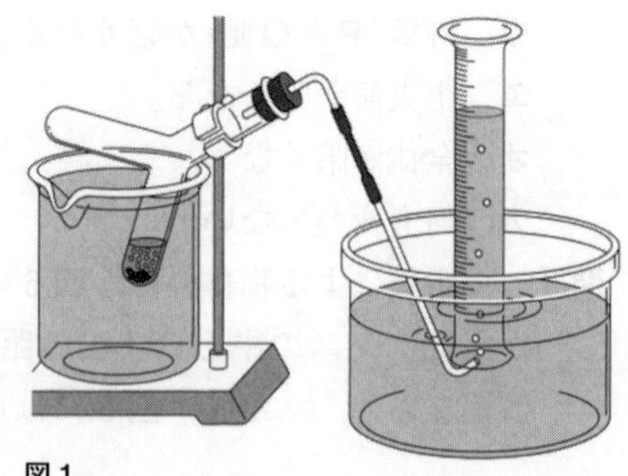

図１

【結果】

実験時間と集まった気体の体積の関係

時間[秒]	0	60	120	180	240	300	360	420
体積[mL]	0	50	89	120	145	164	180	192

問１　ふたまた試験管は**図２**のように片方の管にくびれがついています。くびれのある側に入れる試薬は何ですか。次の**ア**，**イ**から選び，記号で答えなさい。

ア　二酸化マンガン　　**イ**　過酸化水素水

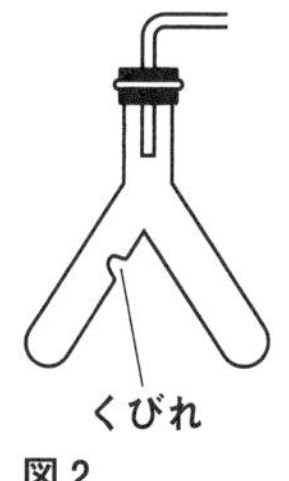

図２

問２　このとき発生した気体は何ですか。気体の名称(めいしょう)を答えなさい。また，この気体がもつ性質として最も適当なものを次の**ア**～**ウ**から選び，記号で答えなさい。

ア　可燃性　　**イ**　助燃性　　**ウ**　引火性

問３　この実験において二酸化マンガンは，自分自身は変化しませんが，反応を速くするはたらきがあります。このような物質のことを何といいますか。

問４　この実験において気体が発生する速さは，時間とともにどのように変化しますか。最も適当なものを次の**ア**～**ウ**から選び，記号で答えなさい。

ア　気体が発生する速さは，実験が進むにつれて遅(おそ)くなる。

イ　気体が発生する速さは，実験が進むにつれて速くなる。

ウ　気体が発生する速さは，実験が進んでも変わらない。

この実験では，気体が60mL 発生すると，過酸化水素水の濃度(のうど)が１％減少することがわかっています。

問５　実験開始から60秒後，過酸化水素水の濃度は何％になっていますか。必要であれば四捨五入して小数第１位まで求めなさい。

問６　過酸化水素水の濃度が，実験開始時の濃度(４％)の半分(２％)になるのは実験開始から何秒後ですか。必要であれば四捨五入して整数で答えなさい。

問６で求めた時間(実験開始の濃度から半分の濃度になるまでの時間)を半減期といいます。過酸化水素水の場合は，濃度が何％のときから測定しても，そこから半分の濃度になるまでの時間は半減期と同じであることがわかっています。

問７　過酸化水素水の濃度が0.5％になるのは実験開始から何秒後ですか。必要であれば四捨五入して整数で答えなさい。

次に同じ温度で，８％の過酸化水素水 20mL に少量の二酸化マンガンを入れて，同様の実験を行いました。

問８　過酸化水素水の濃度が１％になるまでの時間は，４％の過酸化水素水を用いて実験を行った場合と比べて，どのような違(ちが)いがあると考えられますか。最も適当なものを次の**ア**～**ウ**から選び，記号で答えなさい。

ア　２倍より短い

イ　２倍より長い

ウ　ちょうど２倍

3 次の文章を読み，各問いに答えなさい。

最近，マグロの数は増加傾向にあるものの，マグロの漁獲量(ぎょかくりょう)のピーク時に比べると①マグロの数が減少しているというニュースをＫさんは耳にしました。Ｋさんは今後も大好きなマグロを食べ続けたいと思い，そのためにはどうしたら良いか調べました。

②クロマグロを今後も食べ続けるには

日本で捕獲(ほかく)されるマグロは７種類あり，本マグロとよばれているのは，クロマグロである。今回はクロマグロについて調べた。

生息場所・特徴(とくちょう)

大西洋や太平洋に分布する。日本付近に生息するのは太平洋のクロマグロである。日本近海で産卵すると考えられており，その後太平洋を回遊しながら成長する。マグロのなかまは泳ぐのをやめることはなく，泳ぎ続けると言われている。

食性

イワシ，アジ，イカなどを食べる肉食魚で，下図のように食物連鎖(れんさ)の上位に位置する消費者である。図中の矢印は「食べられるもの」から「食べるもの」へと引いてある。

マグロを飼育下で成長させる場合，１kg の体重を増やすのに13kg の餌(えさ)が必要と言われている。

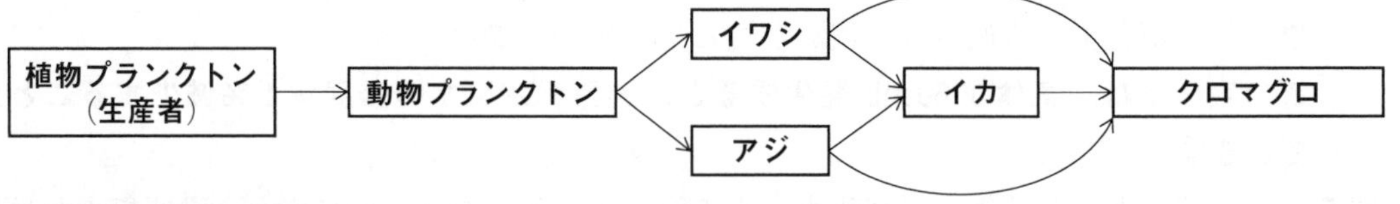

マグロの減少理由

マグロの減少理由は様々あり，下記のことが考えられている。

・マグロの捕獲数が多すぎること。
・海洋環境(かんきょう)が悪化していること。
・マグロの餌となる生物が減少していること。

マグロの減少を防ぐには

③適正な捕獲数を設定して，その捕獲数の中でマグロを消費していくことが大切であると考える。そのためには私たちが，水産資源のことをよく知って，無理のない範囲で消費について見直す必要があると考えられる。

問１ 下線部①について，マグロ以外でも様々な生物が減少しています。日本国内に生息し，近年，数を減らしており，絶滅(ぜつめつ)が心配されている生物として最も適当なものを次の**ア**～**カ**から選び，記号で答えなさい。

ア ブラックバス
イ メダカ
ウ コイ
エ アメリカザリガニ
オ ブルーギル
カ ニジマス

問2　**下線部②**について，次の**ア～オ**からクロマグロを選び，記号で答えなさい。

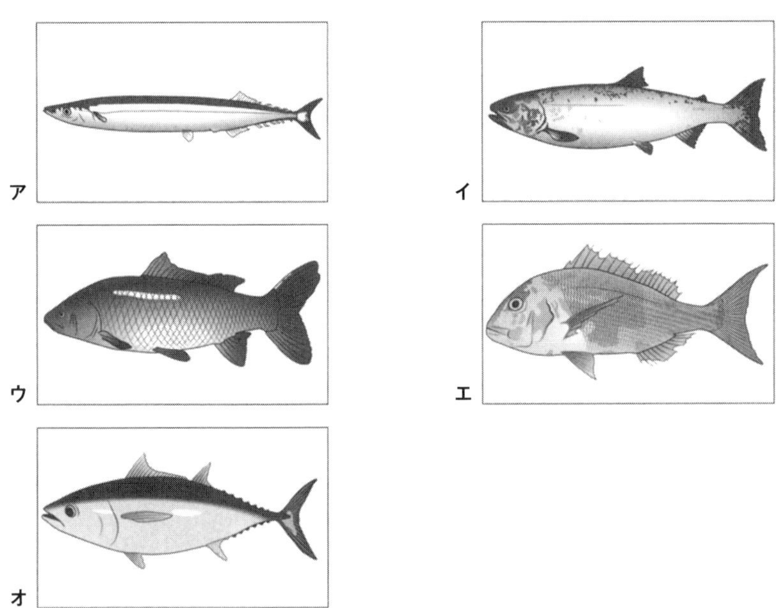

問3　マグロの心臓，えら，体の組織の間の血液の流れについて，その流れを表す → を解答用紙の図に加えなさい。なお矢印は，交差しないように描くこと。

問4　タイなどの一般的な魚はえらを動かし，水流を作ることで，えらから酸素を吸収しています。しかし，マグロにはえらを動かす筋肉がありません。どのようにして，えらから酸素を吸収しているのかを説明した次の文の［X］に当てはまる語句を入れなさい。

常に［　X　］ことで口から水を取り込みえらに送っている。

問5　Kさんが調べた内容を発表していたら，先生から「食性の記述の食物連鎖を考えれば，同じ重さのマグロとイワシの肉を食べる場合，適正な範囲の漁獲であれば，マグロよりもイワシを獲って食べる方が，生態系に与える影響は少なくて済みそうだね」と言われました。これはどうしてか，「食物連鎖」という語を用いて説明しなさい。

問6　**下線部③**について，適正な捕獲数を設定するには，生物がどのように数を増やしていくかを知る必要があります。**図1**は生物の個体数が時間とともにどのようにして増えていくかを表したものです。次の**(1)**～**(3)**に答えなさい。

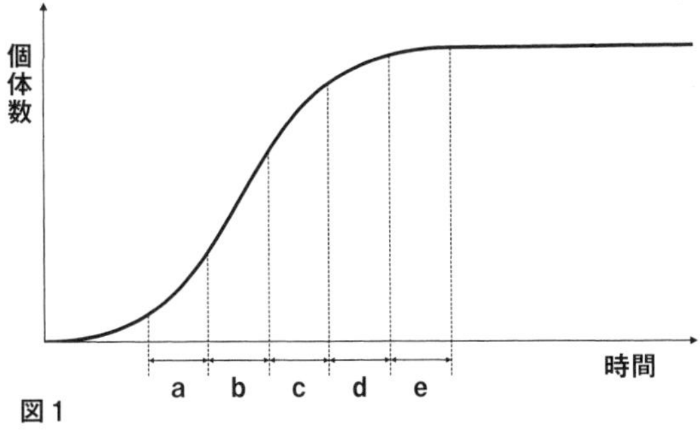

図1

(1)　**図1**に示す**a**～**e**の時間帯で，個体数の増加速度(一定時間あたりに増える個体数)が一番小さいものはどの時間帯ですか。最も適当なものを選び，アルファベットで答えなさい。

(2)　**図１**の曲線から，個体数と個体数の増加速度の関係を表したものとして最も適当なものを次の**ア**～**オ**から選び，記号で答えなさい。

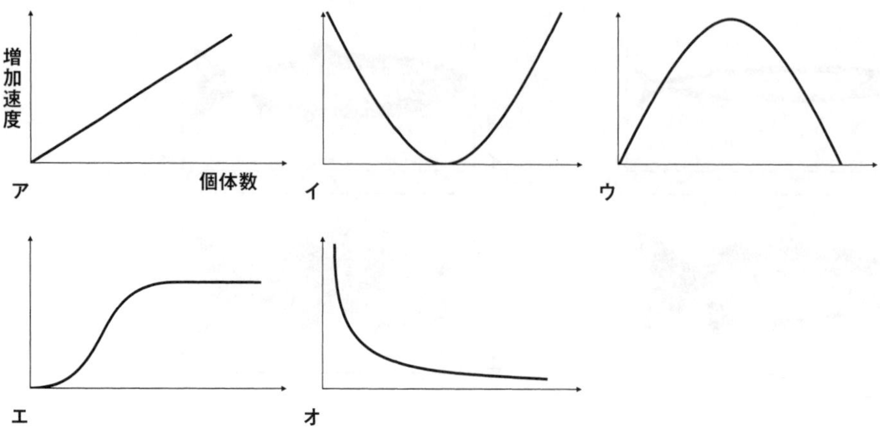

(3)　クロマグロの捕獲数を持続的により多く確保するには，どのような個体数を保つようにすれば良いと考えますか。「増加速度」という語を用いて説明しなさい。

4　次の文章を読み，各問いに答えなさい。

(文１)

空気は太陽からの(　１　)で直接あたためられるのではなく，太陽からの(　１　)であたためられた地面からの(　２　)によってあたためられています。そのため，太陽の高度が最も高くなる時刻と，１日の気温が最も高くなる時刻には，ずれがあります。図１は，2020年の東京(大手町：北緯35.7度，東経139.8度)において，24時間を30分ごとに区分けして，その時間帯に最高気温が観測された日数をグラフにしています。

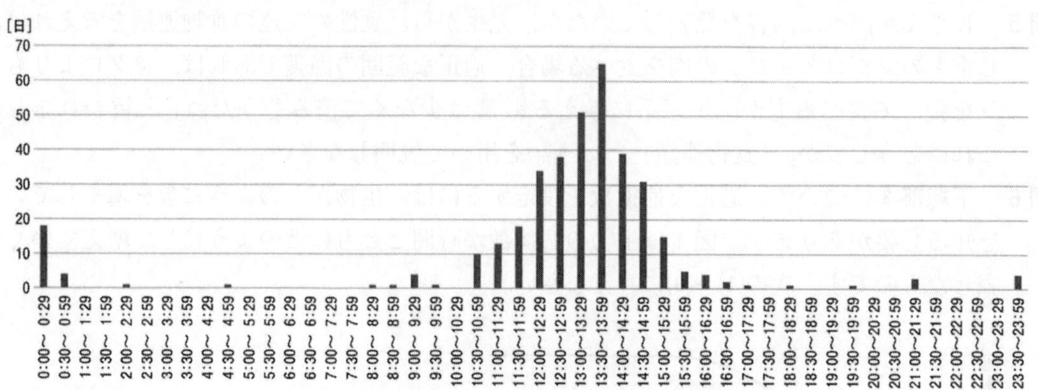

図１　2020年の東京(大手町)において１日の最高気温を観測した時間帯ごとの日数

問１　文章中の(**１**)，(**２**)に，熱の伝わり方を表す語句をそれぞれ漢字二字で答えなさい。

問２　**図２**は，2020年の南鳥島(北緯24.2度，東経154.0度)の最高気温データを用いて**図１**と同様に作成したグラフです。**図２**で最高気温を観測した日数が多くなる時刻は，**図１**に比べて早くなっています。この理由について述べた文として最も適当なものを次のページの**ア**～**エ**から選び，記号で答えなさい。

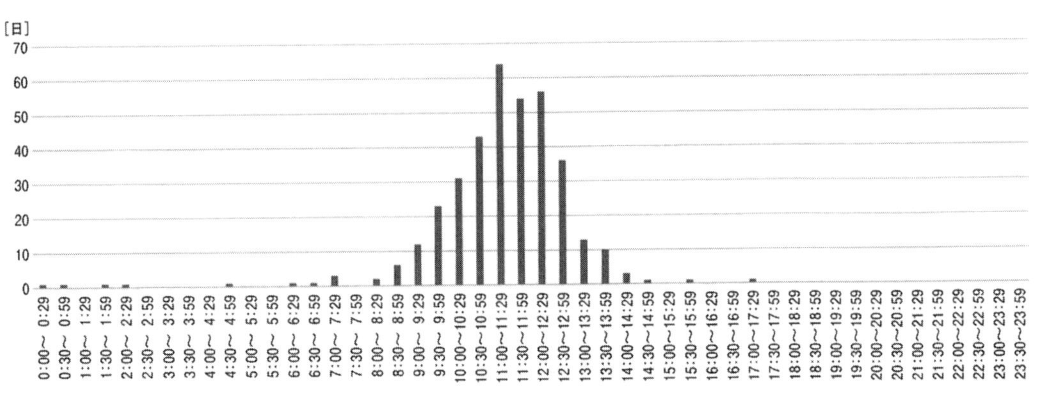

図２　南鳥島

ア　南鳥島は大手町に比べて，一年間で平均した昼間の時間が短いため。

イ　南鳥島は大手町に比べて，一年間で平均した昼間の時間が長いため。

ウ　南鳥島は大手町に比べて，太陽が南中する時刻が早いため。

エ　南鳥島は大手町に比べて，太陽が南中する時刻が遅いため。

問３　**図３**は大島，三宅島，八丈島の位置を示しています。**図４**～**図６**は2020年のこれらの島における最高気温データを用いて**図１**と同様に作成したグラフです。**図５**の三宅島では**図１**，**図２**に比べて，時間帯によるばらつきが大きくなっていることがわかります。最高気温が観測される時刻は太陽から直接地表に届く熱の量だけで決まるわけではなく，例えば，空気や海水の流れによって運ばれてくる熱などによっても左右されます。これについて，下の(**1**)，(**2**)に答えなさい。

図３

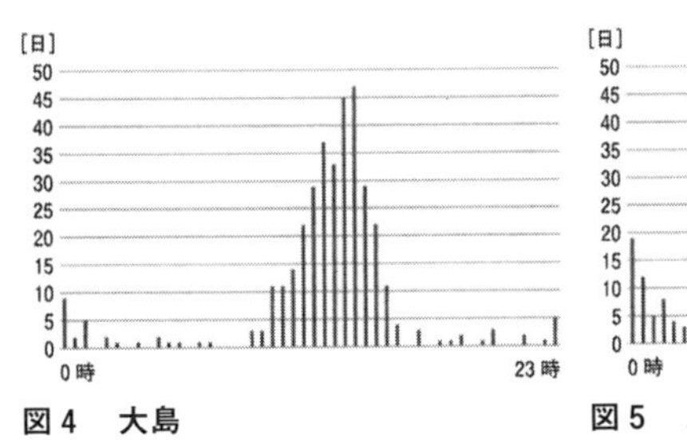

図４　大島

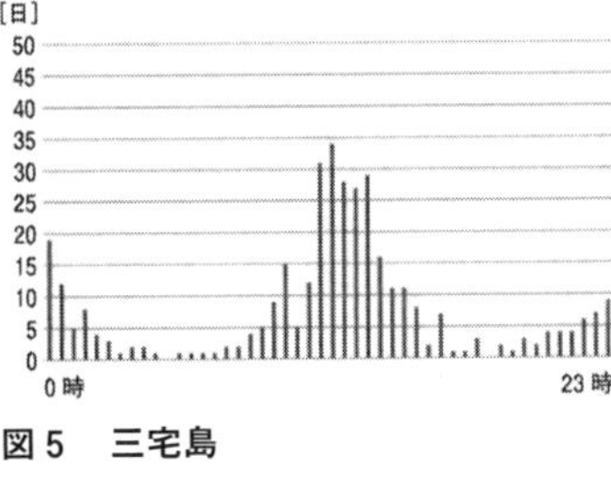

図５　三宅島

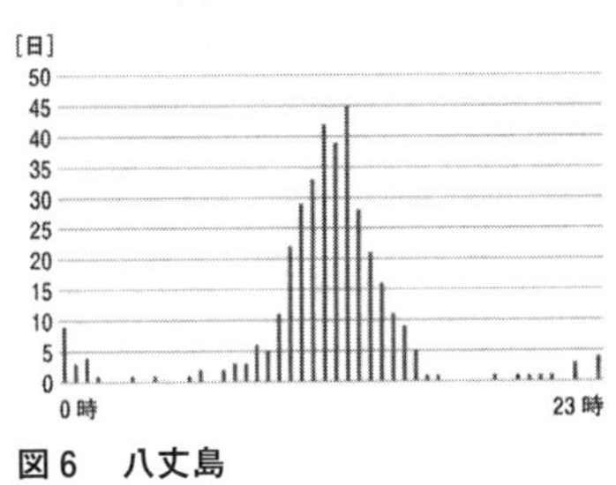

図６　八丈島

(**1**)　2020年の三宅島において０時台または23時台に最高気温を観測した日の月別の日数は，２月が最多で，10日間ありました。２月23日から28日には６日続けて０時台か23時台に最高気温を観測しています。２月23日から28日の三宅島の気象状況について述べた文として**誤っているもの**を，次の**ア**～**ウ**から１つ選び，記号で答えなさい。

ア　高気圧におおわれたことで，ほとんどの時間帯において快晴だった。

イ　最高気温と最低気温の差が比較的小さい日が多かった。

ウ　夜中に風向が南寄りに変化することで，気温が上昇することがあった。

(**2**)　大島，八丈島では，最高気温が観測された時刻に三宅島ほど大きなばらつきはありません。島という似た環境であるにもかかわらず，より顕著なばらつきが三宅島でみられる理由の一つとして，他の地点に比べて海水からより多くの熱がもたらされていることが考えられます。三宅島では，このときどうして他の地点より多くの熱が海水からもたらされているのか説明しなさい。

（文２）

図７は，東京(大手町)における１年の気温変化をグラフにしたものです。データは気象庁による1981年から2020年の平均値を用いています。最低気温，平均気温，最高気温はいずれも同じような変化をしていることがわかります。最高気温は６月初旬(しょじゅん)あたりで数日間ほとんど変化せず，ほぼ横ばいになっている時期があり，これは(　３　)の影響によるものです。図７において１年の気温が最も高くなる時期は８月頃(ころ)となっています。①太陽高度が最も高くなり，太陽が地平線の上に出ている時間も最も長くなる(　４　)の頃とは時期がずれています。

また，水戸における地中温度の年変化を示した図８からは，②地表(地中０m)の温度は１年を通してほとんど気温と同じように変化しているということがわかります。

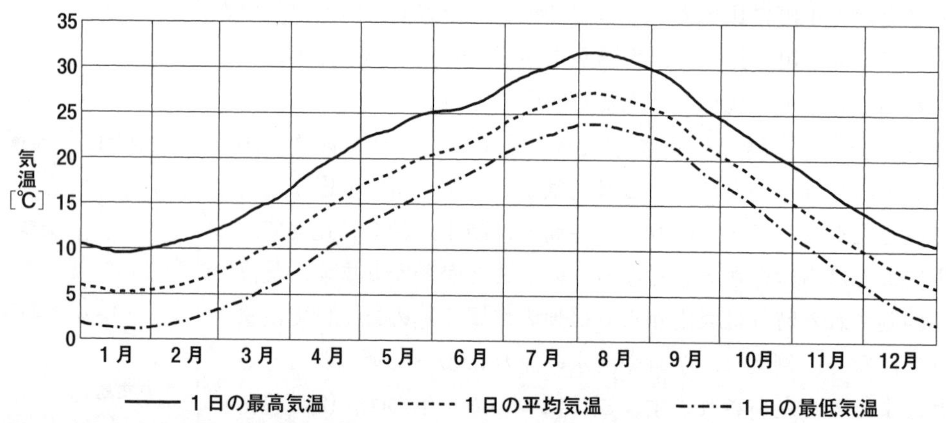

図７　東京(大手町)における１年の気温変化(1981年から2020年の平均値)

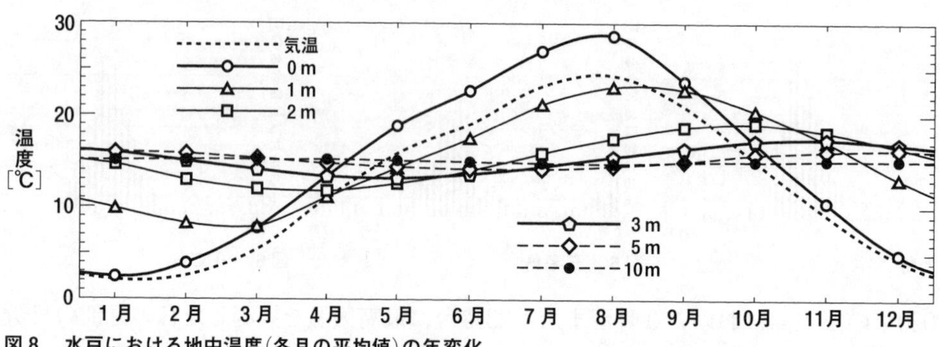

図８　水戸における地中温度(各月の平均値)の年変化

問４　文章中の(**３**)，(**４**)に当てはまる語句をそれぞれ漢字二字で答えなさい。

問５　**下線部①**について，時期によって太陽高度や昼夜の長さに違いが出ることの原因として，最も適当なものを次の**ア〜エ**から選び，記号で答えなさい。

ア　地球は太陽の周りを公転していて，１周するのにおよそ365日かかるから。

イ　地球は自転していて，360°回転するのにおよそ24時間かかるから。

ウ　地球には月という衛星があり，月の重力の影響が地球にもおよぶから。

エ　地球の自転軸は，公転面に対して垂直ではないから。

問６　図８から読み取れることについて述べた文として，**誤っているもの**を次の**ア〜オ**から１つ選び，記号で答えなさい。

ア　１年を通して，気温より地表温度の方が高くなっている。

イ　計測する場所が深いほど，１年を通した地中温度の変化の幅(はば)は小さくなっている。

ウ　深さ３ｍの地中温度が最高になるのは11月頃である。

エ　計測する場所が深くなっていくほど，地中温度が一番高くなる時期はだんだん遅くなっていく。

オ　計測する場所が深くなっていくほど，地中温度が一番低くなる時期はだんだん早くなっていく。

問７　**下線部②**のように，一年を通して地表の温度は気温と同様の変化をしているので，地温変化を考えることは気温変化を考えることにもつながります。**図７**を参考にして，１日あたり地面が太陽からもらう熱の量(＝**A**)と，１日あたり地面から逃(に)げていく熱の量(＝**B**)の一年間の変化をグラフにするとどうなりますか。解答欄には**A**の曲線がすでに描かれています。**B**を示す曲線を，大小変化や**A**と交わる時期を意識して描き入れなさい。ただし，地面から逃げていく熱は，地面の温度が高いほど多くなります。また，グラフは横軸を日付(左端を１月１日，右端を12月31日)，縦軸を熱の量としています。

ア　相手の視線がどこをとらえているのかがつかみづらく、相手が自分のことをどう見ているのか分からなくて不安になってしまう。

イ　相手の言葉は伝わっても、話している雰囲気までは伝わらないので、その言葉に込められた相手の真意が分かりにくくなってしまう。

ウ　見たくないものは見ないですみ、見せたくないものは隠すことができるので、おたがいに相手のいいところばかりを見てしまう。

エ　相手を理解するために重要なその人の雰囲気などは、一緒にいなければ感じとれないので、おたがいの理解が浅くなってしまう。

問九　――線部**8**「『におい』を含んだ繋がり」とあるが、どのようなものか。次の中から最も適当なものを一つ選び、記号で答えなさい。

ア　同じ家で暮らす者同士の距離が近づいた結果生まれた、心を蝕まれることさえある関係。

イ　現実の世界で接触し顔を合わせ、相手の弱点を受け入れあうことで作り上げられる関係。

ウ　相手のにおいを嗅ぐことで不安が消え、安心感を得られるくらい強く結ばれている関係。

エ　遠隔のやりとりからは生まれないような、狭い場所で共に過ごすからこそ築かれる関係。

問十　この文章を読み終えた三人の生徒が話をしている。［1］に入る適切な内容を本文中から二五字以内で抜き出しなさい。また［2］に入る適切な内容を、「コロナ禍」「距離」という言葉を必ず用いながら六〇字以上、八〇字以内で答えなさい。

A　筆者は、新型コロナの感染を防ぐことができるし、自分の「におい」を嗅がれる心配もないから、遠隔でやりとりする方が良いと考えているんだね。

B　そうかなあ。遠隔だと「抜け落ちてしまうものもある」とはっきり言っているから、直接顔を合わせてやりとりする方が良いと考えているんじゃないかな。

C　いや。「［1］」とあるから、どっちが良いって言っているわけじゃないんだよ。

A　……あっ、そう書いてあるね。

C　うん。この文章で筆者は、［2］ことが問題だと言っているんだよ。

B　なるほど。

A　そうか。たしかにそうだね。

『自分が異臭を発しているのではないか』という不安」が「頭から離れなくなった」のはなぜか。その理由として、最も適当なものを次の中から一つ選び、記号で答えなさい。

ア　自分の異臭の元が何であるかが分からないために、異臭を消すにはどうしたらよいのかまったく分からなかったから。

イ　教室で一人になる機会がだんだん増えてきたことで、それが自分が異臭を発しているという確信につながったから。

ウ　自分が実際に異臭を発しているのか、気のせいなのか確かめる方法がなく、不安を解消することができなかったから。

エ　異臭への不安が、自分の人格否定や容姿コンプレックスから発した精神的なもので、容易に解消できなかったから。

問五　――線部**4**「それ」とはどういうことを指しているか。次の中から最も適当なものを一つ選び、記号で答えなさい。

ア　嫌なにおいを出す人や物を遠くに追いやる権利は当然誰にでもあるということ。

イ　においを理由に相手から遠ざかる行為（こうい）を責めることはできないということ。

ウ　自分はにおっていると刷り込まれるつらさは人に分かってもらえないということ。

エ　においの問題は繊細なので自分の発するにおいには注意すべきだということ。

問六　――線部**5**「遠隔でのやりとり」の特徴を説明したものとして、最も適当なものを次の中から一つ選び、記号で答えなさい。

ア　直接顔を合わせることなくやりとりができ、自分の弱点を隠しておくことができるが、自分が無意識のうちに発する、言葉よりも多くのことを伝えるような情報の共有は難しい。

イ　相手と接触することはないので感染の心配はなく、自分の弱い部分を晒し続けることからも逃れられるが、自分が伝えたいと願う情報を相手に正確に届けることはできない。

ウ　他人との直接的な接触を避けることができ、感染の心配から逃れることができるが、においをはじめとした、自分でコントロールできない情報を隠しておくことは難しい。

エ　直接のやりとりよりも人と近づくことができ、他人に見せたくないものを見せないままでいられるが、自分が制御（せいぎょ）することのできないような情報を相手に伝えることはできない。

問七　――線部**6**「今よりもう少し息がしやすくなる子もいるはずだ」とあるが、「息がしやすくなる」とはどういうことか。次の中から最も適当なものを一つ選び、記号で答えなさい。

ア　人が限られた空間の中に密集する教室や電車などでは呼吸が苦しくなってしまう子が、快適な空間で身体に負担を覚えることなく勉強できるということ。

イ　教室や電車内で自分や他人の体臭が気になって登校できない子が、嫌な体臭を気にしなくてもいい環境（かんきょう）で授業を受けることができるようになるということ。

ウ　人との直接的なやりとりや通学に不安を覚える子が、登校しなくても別の形で生徒の一員として学習を続けることができるようになるということ。

エ　人と顔を合わせることが苦痛で登校できない子が、遠隔授業を使って人と顔を合わせることに慣れていくことで学校に通いやすくなるということ。

問八　――線部**7**「この遠隔での関わり合いでは抜け落ちてしまうものもあるだろう」とあるが、「抜け落ちてしまう」ことでどうなってしまうのか。次の中から最も適当なものを一つ選び、記号で答えなさい。

ように思う。遠隔での授業は、教室での忍び笑いや目配せを不可能にする。通学できない生徒に、欠席以外の選択肢を与えることができる。現在は、遠隔での教育体制が追い付いていないのもあって難しいかもしれないが、そういった選択肢が増えることで**6**今よりもう少し息がしやすくなる子もいるはずだ。

当然、**7**この遠隔での関わり合いでは抜け落ちてしまうものもあるだろう。「におい」をはじめとした、自分でコントロールできない情報は、遠隔では共有されづらい。良くも悪くも、見たくないものは見ることなく、見せたくないものは引っ込めたままになる。物事に対するとっさの反応、醸し出す雰囲気、相槌などは、言葉よりもずっと正確にその人を映し出すこともあるが、遠隔ではそれらがなかなか見えてこない。

現実世界で接触すること、一緒にいることは、人の体臭を嗅ぎ続けることだ。不満や諍いが生まれることもある。たとえば、妻が夫に向かって、「あんた、靴、くさいわよ」と鼻をつまみ、からかってみせる。「おれは働いて帰ってきてるんだぞ。一発目に言うことがそれか」と夫が腹を立てる。そのまま喧嘩に発展、なんていう光景はさして珍しくもないだろう。コロナ禍は、人と人との距離を分断した一方で、同じ家に住む者同士の距離を強制的に**e**チヂめることとなった。四六時中、狭い場所で一緒に過ごすことで、心を蝕まれる人も多い。けれど「におい」を嗅ぎ続け、互いにそれを受け入れあうことの安心感というのもまた存在するはずである。**8**「におい」を含んだ繋がりの強さ、確かさは、やはりある。

「におい」のある現実で人と接触すること、誰からも距離をとること、「におい」のない世界で誰かと関わりを持つこと。私はどれも良い悪いと切り分けることはできない。本来ならば、その人が自分で選んでいけばいいだけのことだ。しかし、その選択ができなくなってしまった。これまでは、一人になりたかったら、高校生の頃の私のようにカラオケ屋に駆け込めばよかった。ひとりだけで電車に乗り、旅に出ることもできた。逆に人恋しいと思えば、誰かと会うこともできた。いま、選択肢が失われつつある。だからこそ昨今の状況は苦しいのだと思う。

（朝日新聞二〇二一年一月九日付朝刊　宇佐見りんの寄稿による）

問一　～～線部**a**～**e**のカタカナを漢字に直しなさい。

問二　――線部**1**「駅前のカラオケ屋が閉業した」とあるが、この「カラオケ屋」は筆者にとってどのような場所だったか。そのことが端的に述べられている一文を探し、最初の五字を抜き出しなさい。

問三　――線部**2**「そう考えるようになった理由のひとつに『におい』があった」とあるが、「におい」という語にかぎかっこがつけられているのは、この言葉に「鼻で感じられる異臭」以外の意味も持たせようとする意図があったからだと考えられる。それはどのような意味か。次の中から最も適当なものを一つ選び、記号で答えなさい。

ア　それ自体必ずしも悪いものとは思っていないが、できれば隠したい自分の特徴。

イ　いつも注意深く隠して人には決して明かさないままにしている自分の密かな弱点。

ウ　いくらかき消そうとしても、すぐ心にわきあがってきてしまう自分の不安な気持ち。

エ　自分の意志では隠しきれないが、できれば人には晒したくない自分の嫌な部分。

問四　――線部**3**「この不安が頭から離れなくなった」とあるが、

からない、希少な場所だった。

人と関わりたくなかったと言ってしまうと、なんだか人嫌いのように聞こえるが、そうではない。人を苦手になるよりさきに、自分をよく思っていなかったので、一人でいなくてはならない、人に近づいてはいけないと感じることが多かった。

2そう考えるようになった理由のひとつに「におい」があった。「自分が異臭を発しているのではないか」という不安。一時期、**3**この不安が頭から離れなくなったことがある。ふとした瞬間に、自分がにおうのだ。入浴直後であっても、頭皮を触ると指がにおう。歯を磨いても、ものを食べるとすぐ口臭がしているのではないかと気になり、食事中水を何度も口に含み、ひそかにゆすぐ。その時期は、自分が汚物であるとの認識がかなり強くあった。それが、自分への人格否定や容姿コンプレックスとあいまった精神的なものであったのか、部屋が荒れ放題で食生活も偏っていたために、実際にひどい体臭を放っていたのか、定かでない。鼻はかなり利くが、自分の体臭は自分では気づけないというし、友人に「私、くさいかな」と聞くわけにもいかないので、不安は増すばかりだった。人と話していても「臭いと思われているかもしれない」「いまは普通に話してくれているけれど、不快にさせて、我慢させているのかもしれない」との考えがよぎってしまう。教室でひとりになる瞬間があると「においのせいでは」と思う。話すのも気が重く、人と距離をとらないと安心できなかった。

この「自分がにおうのではないか」という不安は、この原稿を書き始めるまで誰にも打ち明けたことはなかった。それくらい、においや**d**セイケツ感にまつわる問題は繊細なものだ。いじめで「菌」「くさい」「きもい」といった言葉がたびたび用いられるのも、そのせいだろう。これらの言葉の非常に悪質なところは、相手を貶めるにとどまらず、「お前は他者を不快にさせる存在だ」と相手に刷り込むところだ。呼吸を阻むものから、人は距離を取る。攻撃するのでなければ、それ自体は当然の権利としてある。誰もが**4**それをわかっているからこそ、自分自身が「臭い」「きたない」と理不尽に思わされてしまうと、人と離れている状態を常に受け入れるほかなくなってしまう。文字通り、居場所をなくしてしまうのである。

現在、人と物理的に距離をとることが求められる。ソーシャルディスタンスとは、コロナウイルスの感染拡大防止のために叫ばれるようになった、人と人との距離を確保しようとする動きのことだ。しかし、単に人と遠ざかるのではなく、接触なしに距離を近づけるのが、ソーシャルディスタンスの時代の特徴である。

感染拡大に伴い、現実での接触を避けるために推奨されるようになったのが、**5**遠隔でのやりとりだ。ビデオ通話を用いて、会議や授業を行う。２０１９年に小説家としてデビューしてから、大学の授業を受けつつ小説を書く生活をしているが、今年度に入ってからは授業も取材も遠隔で行われることが増えた。ＳＮＳやＺＯＯＭといった直接的でないやりとりの特徴は、接触を伴わず人と近づけることだ。万が一自分が感染者でも、相手にうつす心配はない。その場にいた誰かからうつされる心配もない。

現実的な接触がないということは、「におい」が漏れ出ないということだ。この場合の「におい」は、自分の弱点、相手に働きかけたくない点、と言い換えてもいい。遠隔でのやりとりは、それを相手に嗅ぎ取られる心配なく関わることを可能にする。

私自身、遠隔でのやりとりに助けられている面もある。多くの人と直接顔を合わせる機会が減り、毎朝満員電車で自分の弱点を晒し続けることから逃れられる。現在、大学生以外は多くの生徒が通学しているようだが、小学生から高校生の遠隔授業は悪いことばかりではないの動きの描写と、その不可解さを強調するような靴音の描写とによって、伊智花がずっと続けている行動が無自覚で不可解なものである様子が表現されている。

ウ　しっかりと利き足から動かし始めた足の描写と、その動きが規則的に継続されていることが分かる靴音の描写とによって、伊智花が自分の滝の絵を蹴って破壊するためにじっくり準備運動をしている様子が表現されている。

エ　無意識に動き出した足の描写と、それにともなってたんたんと鳴り続ける靴音の描写とによって、初めは伊智花自身も気づかなかった怒りがしだいに自覚され、ゆっくりと確実に激しさを増していく様子が表現されている。

問十一　――線部**11**「だから私の滝の絵は賞を獲れなかったってことね」とあるが、この時、伊智花は自分の絵が受賞した絵より劣っていたからではなく、違う理由から賞を獲ることができなかったのだと理解した。伊智花は自分の絵が賞を獲れなかったのはなぜだと理解したか。「連想」という言葉を必ず用いながら六〇字以上、八〇字以内で答えなさい。

問十二　――線部**12**「夕方の美術室にひとりきり、私は私の滝を抱きしめていた」とあるが、この時の「私」の気持ちはどのようなものか。次の中から最も適当なものを一つ選び、記号で答えなさい。

ア　作為的で、写実的とは言いにくいモチーフの絵が最優秀賞で、それより格段にリアリティのあるこの滝の絵が賞を獲れなかったことが悔しくてならないが、自分の描く絵の力を信じ、これからも描き続けていこうという気持ち。

イ　滝の絵が絵から離れたところでしか評価されないことに激しい怒りを感じたが、亡くなった祖母への思いを込め、高校三年間の集大成として全力を傾けて描いたこの絵のことをやはりいい絵だと思い、いとおしく思う気持ち。

ウ　賞を獲れなかっただけでなく、絵のことなどろくに分かりもしない榊に、この滝の絵の欠点を言い当てられたことに対する悔しさといきどおりを感じる一方で、懸命に描いたこの絵のことがかわいそうでならないという気持ち。

エ　賞を獲れなかった腹いせに自分の絵を蹴ろうとしてしまったが、祖母の好きだった不動の滝を描いたこの絵を蹴ったりなどしたら、亡くなった祖母がどんなに嘆き悲しむだろうと思い直し、祖母に対して申し訳ないという気持ち。

二　**次の文章を読み、後の問いに答えなさい。**

1駅前のカラオケ屋が閉業した。ネオンが消え、**a**<u>**ウラ**</u>通りに面して打ち付けられていた看板が撤去されている。言うまでもなく、コロナ禍の影響だ。看板がなくなってしまうと、**b**<u>**ガイカン**</u>は単なる小さなマンションである。看板に覆われていた部分が、風雨に晒されずにいたために生白い。

個人経営のお店で、高校生の頃、よくここのソファに横になって眠った。試験勉強をして、小説を書いた。当時**c**<u>**ショゾク**</u>していた合唱部の歌を練習することもあった。

合唱部に入っていたとはいえ、歌は全くうまくない。歌うことが好きでたまらなかったかと言われれば、そうではないかもしれない。練習に出ない日も多く、部員にも顧問の先生にも数えきれないほど迷惑をかけた。けれども、響きのなかに立ち、歌の世界を感じる時間は本当に幸福だった。好きな曲は演奏会が終わっても聴き続けた。小説を書くときのお供にしている音源も多い。カラオケ屋で曲を入れることはなく、そういう、部活で出会った好きな曲を、伴奏もないまま歌った。周囲の眼は一切気にならない、自分がいることで誰にも迷惑のか

ア　絵自体よりもタイトルのことばかり取り上げられたことに納得がいかず、やりきれない思いを抱えていたが、必死に取り組む姿勢を認めてくれるみかちゃんの優しさにふれて胸が熱くなっている。

イ　絵を描くことで被災地に届けようとしたメッセージが記者に伝わらず、描かなければよかったと不満に思っていたが、みかちゃんだけは絵の良さを正しく理解してくれたのでありがたく感じている。

ウ　タイトルやメッセージのことばかり聞かれて絵自体をよく見てもらえず、描いたことを後悔しかけていたが、みかちゃんが絵の細部を具体的に褒めてくれたことによって救われたような思いでいる。

エ　ニセアカシアの絵を見た記者は感動しているようには見えず、画力が足りないのだと情けなく感じたが、みかちゃんは伊智花の絵の力強さに元気をもらったと言ってくれたため自信を取り戻している。

問七　――線部**7**「この心につかえる黒い靄」とあるが、この表現は伊智花のどのような気持ちを表しているか。次の中から最も適当なものを一つ選び、記号で答えなさい。

ア　同級生や親戚が新聞記事のことでわざわざ連絡してくるわずらわしさに対するいらだち。

イ　伊智花の言葉など聞く耳をもたず、ただ自分の書きたいことを記事にした記者への不満。

ウ　ニセアカシアの絵が「絆のメッセージ」としてしか評価されなかったことに対する怒り。

エ　被災者の気持ちなど分かりもしないのに、被災者を応援する絵を描いたことへの自己嫌悪。

問八　――線部**8**「双葉が朝露を湛えて芽吹く絵だった」とあるが、「芽吹く」「双葉」を対象とするような絵を、伊智花は以前どのように思っていたか。七字で抜き出しなさい。

問九　――線部**9**「これが最優秀賞。そんなの可笑しいだろうと思った」とあるが、伊智花がそう思ったのはなぜか。その理由として、最も適当なものを次の中から一つ選び、記号で答えなさい。

ア　がれきに双葉というモチーフには震災からの復興というテーマがあまりに前面に出すぎていて、とってつけたようなわざとらしさが感じられ、かつ肝心な技術も劣っているように思えたから。

イ　復興をテーマにしているとはいえ実際にがれきの下から双葉が芽吹くはずはなく、そんな非現実的な光景を技量もないのにあえて描いて人目をひこうとする姿勢に不快感を覚えたから。

ウ　震災からの復興というテーマをがれきの下に芽吹く双葉によって分かりやすく提示しているモチーフは良いが、それを描く技術がテーマの立派さに全く追いついていなかったから。

エ　がれきに双葉のモチーフで復興への願いを強調したり、作為的に絵を下手に描いたりすることで、全体としてけなげな普通の高校生を演じて大人受けを狙っているような気がしたから。

問十　――線部**10**「右足が自然に浮いて〜間抜けな音がした」とあるが、この部分の表現の特徴とその効果に関する説明として、最も適当なものを次の中から一つ選び、記号で答えなさい。

ア　小さな動きを繊細にとらえた足の動きの描写と、その音があることでかえって周囲の静けさが強調される靴音の描写とによって、静かな空間で伊智花の心が悲しみのために小さくしぼんでゆく様子が表現されている。

イ　伊智花自身も気づかないままずっと継続している不可解な足

ウ　テレビやマスコミが現在「絆」という言葉をひんぱんに用いて何かを訴えているが、正直今まで余り使ってこなかった「絆」という単語が言葉としてどういう意味を持つのか分からず困惑している。

エ　被災地の人たちが実際何に困っていて何を必要としているのか分かっていない世間の人々が、「絆」という言葉を用いて、まとはずれな支援をしてかえって迷惑をかけていることに怒りを覚えている。

問三　――線部**3**「結局締切ぎりぎりになって」とあるが、伊智花が順調に絵を描き進められなかったのはなぜか。その理由として、最も適当なものを次の中から一つ選び、記号で答えなさい。

ア　絵を届けることが被災地の人々の気持ちを励ますことになるとは思えず、絵の力を信じられない自分に良い絵を描くことなどできないと諦めていたから。

イ　被災地に届けるにはどのような絵が良いのか見当がつかなかったうえに、何を題材にして描いたとしても不謹慎だと言われそうな気がして不安だったから。

ウ　絵を描きたくても描けない状況にある人もいるのに、被災地へのメッセージなどといって絵を描くように言ってくる無神経な大人たちが許せなかったから。

エ　被災地に送る絵として何を描くべきか分からなかったし、ほとんど被害のない自分が被災者のために絵を描くことが後ろめたくて気が乗らなかったから。

問四　――線部**4**「しばらくペンを親指の腹と人差し指の腹でくにくに触り」とあるが、この時の記者の思いはどのようなものだと考えられるか。次の中から最も適当なものを一つ選び、記号で答えなさい。

ア　伊智花が平凡でつまらない答えを返してきたので、うまく伊智花の考えを引き出せなかったことを悔やんでいる。

イ　伊智花の答えは求めていたものとは違っていたので、この先どのように取材を進めていくのがよいか迷っている。

ウ　伊智花が真剣に答えているようには見えなかったので、この調子では良い取材ができないと考えていらだっている。

エ　伊智花はいろいろなことに気をつかって答えているようなので、本心を語らせるにはどう切り出すべきか悩んでいる。

問五　――線部**5**「そばにいたみかちゃんは手元のファイルに目線を落として、私のほうを見ようとしなかった」とあるが、なぜか。その理由として、最も適当なものを次の中から一つ選び、記号で答えなさい。

ア　記者の質問に伊智花がいらついているのは分かったが、絵を描いたのは伊智花なので自分の思う通りに話すしかなく、余計な口をはさむまいと思ったから。

イ　被災地に向けたメッセージがほしいだけの記者に対する伊智花の怒りを感じて、この絵を描くことを頼んだ自分にその怒りが向けられるのを恐れたから。

ウ　自分は伊智花の絵のすばらしさを評価しているので、記者がどういう質問をしようが、それを伊智花がどう受け止めようがどうでもいいと思っていたから。

エ　記者の質問に伊智花が傷つき、嫌な思いをしていることが分かり、それはこの絵を描かせた自分のせいだと思うと気まずくて目を合わせられなかったから。

問六　――線部**6**「悔しいよりも、うれしいが来た」とあるが、この時の伊智花の気持ちはどのようなものか。次の中から最も適当なものを一つ選び、記号で答えなさい。

った。五歩くらい離れた場所から絵を睨んでは、さっき榊が言っていた言葉を何度も頭の中で繰り返した。**10**右足が自然に浮いて、地面についてて、それを繰り返す。大きな貧乏ゆすりをしている自分がいた。何度も足をあげ、おろす、あげ、おろす。指定靴のスニーカーの底の白いゴムが床につくたびに、きょ、きょ、きょ、と間抜けな音がした。なるほどね。だから、**11**だから私の滝の絵は賞を獲れなかったってことね。私から私が剝がれていく感覚がした。あーあ、そういうことだった。だった。でした。はい。なるほどね。なるほど、なの？　黙ってニセアカシアの絵を描けばよかったんだろうか。心が安らぐような、夢を抱けるような、希望や絆があって前向きなもの。鳥や、花や、空を、描けば。

「この絵を見て元気が湧いたり、明るい気持ちになって、頑張ろうって思ってもらえたらうれしいです」

と、小さく声に出して言う。言って、左足を下げて、助走をつけて絵に向かって走る。迫力のある滝のしぶきに私が近づいていく。蹴とばそう、と思った。こんなもの、こんなものこんなもの！　私は思い切り右足を後ろに振り上げて、その反動を使って勢いよく蹴った。いや、蹴ろうとした。「んら！」と、声が出た。しかし私は絵を蹴ることができなかった。咄嗟に的をずらし、イーゼルを蹴った。蹴り上げられたイーゼルの左の脚が動いてバランスが崩れ、キャンバスの滝がぐらり、と大きく揺れた。私は倒れ込もうとする滝へ駆け寄った。両手でキャンバスの両端を支えて持ち上げると、イーゼルだけが鋭い音を響かせて床へ倒れた。

吹奏楽部の金管楽器が、ぱほおー、と、さっきから同じ音ばかりを出している。それがそういう練習だと知っていても、間抜けなものだった。**12**夕方の美術室にひとりきり、私は私の滝を抱きしめていた。

（くどうれいん『氷柱の声』）

問一　――線部**1**「懇願のような謝罪のような何とも複雑な表情」とあるが、どのような気持ちが表われたものか。次の中から最も適当なものを一つ選び、記号で答えなさい。

ア　連盟からの依頼なので引き受けてほしいと思いながらも、震災のことを忘れようとしている伊智花につらい思いをさせることになるので申し訳なく思う気持ち。

イ　伊智花が嫌がることは分かっており、無理強いするのは申し訳ないと思いながら、連盟からの依頼で断るのが難しく何とか引き受けてもらいたいという気持ち。

ウ　被災地の人たちに向けて絵を描くことは難しく、伊智花を苦しめることになると思いながらも、だからこそ伊智花以外にはできないし、頼めないという気持ち。

エ　伊智花の気持ちを思うと頼みにくいが、連盟からの話でもあり、伊智花がより広い視野で絵に取り組めるようになるためにもぜひ引き受けてほしいという気持ち。

問二　――線部**2**「絆って、なんなんですかね。テレビもそればっかりじゃないですか」とあるが、この発言には伊智花のどのような思いが表われているか。次の中から最も適当なものを一つ選び、記号で答えなさい。

ア　被災した人たちのつらさや悲しみなど実際にはよく分かるはずもないのに、世間の人々が「絆」というきれいな言葉を軽々しく用いて被災者に寄りそった気になっていることに不満を持っている。

イ　自分と同じようにそれほど被害を受けていない人々でも、被災者の悲しみをしっかり理解して被災地を応援しているのに、自分は被災者との間に「絆」を感じることができずにあせりを感じている。

た人に、そう言われたかったのだ。

それからの一ヵ月間、私は不動の滝の絵を力いっぱい描いた。同級生や親戚から「新聞見たよ」と連絡が来て、そのたびに私は滝の絵に没頭した。

〈この絵を見て元気が湧いたり、明るい気持ちになって、頑張ろうって思ってもらえたらうれしいです。と、加藤伊智花（いちか）さん（盛岡大鵬高等学校三年）は笑顔を見せた。〉

と、その記事には書かれていた。ニセアカシアの絵のことを考えるとからだも頭も重くなるから、私は滝の絵に没頭した。光をはらんだ水しぶきに筆を重ねるごとに、それはほとばしる怒りであるような心地がした。流れろ。流れろ。流れろ。念じるように水の動きを描き加える。**7**この心につかえる黒い靄をすべて押し流すように、真っ白な光を、水を、描き足した。亡くなった祖母のことや賞のことは、もはや頭になかった。私は気持ちを真っ白に塗りなおすように、絵の前に向かった。

描き終えて、キャンバスの前に仁王立ちする。深緑の森を真っ二つに割るように、強く美しい不動の滝が、目の前に現れていた。滝だった。私が今までに描いたすべての絵の中でいちばん力強い絵だった。「怒濤」と名付けて、出展した。

高校生活最後のコンクールは昨年の優秀賞よりもワンランク下がって、優良賞だった。私よりもどう見ても画力のある他校の一年生の描いた校舎の窓の絵や、着実に技術を伸ばした同学年の猫の絵が、上位に食い込んでいた。最優秀賞は、私と同じ岩手県の沿岸、大船渡市の女子生徒のものだった。ごみごみとしてどす黒いがれきの下で、**8**双葉が朝露を湛えて芽吹く絵だった。あまりにも作為的で、写実的とは言いにくいモチーフだった。色使いも、陰影と角材の黒の塗り分けが曖昧で、朝露の水滴の光り方もかなり不自然。**9**これが最優秀賞。そんなの可笑しいだろうと思った。

（中略）

無冠の絵となってしまったものの、私は滝の絵をとても気に入っていた。返却された絵を改めて美術室に運び入れ、イーゼルの上にのせる。水面に向かって茂っている深緑色の木々。その闇を分かつような白い滝。目を閉じれば音が聞こえてくるような水しぶき。その絵の上流から下流まで目で三度なぞり、二歩下がってもう一度眺めた。いい絵だ、と思った。どうしてこれがあの絵に負けてしまったのか、本当はまだ納得がいかなかった。

お手洗いから戻ると、下校確認の巡回をしていた世界史の、たしか榊という名の教師がノックもせずに美術室に入ってきて、私の絵を見た。

「CGみてえな絵だな、これ、リアリティがよ。部員が描いたのか？」

私は自分の絵だというのが気恥ずかしくて「そうみたいです」と答えた。

「立派な絵だよな。ちょっと、今このご時世で水がドーンっと押し寄せてきて、おまけにタイトルが『怒濤』ってのは、ちょっときつすぎるけど、俺は意外とこういう絵がすきなんだよ」

榊はキャンバスの下につけていたキャプションの紙の「怒濤」という文字を、人差し指でちろちろちろと弄んでから、イオッシ！　早く帰れよな、と言って、次の見回りへ行った。

榊が出て行ったあと、私はしばらくこの絵に近づくことができなか

「鳥とか、空とか、花とか、心が安らぐような、夢を抱(いだ)けるような、希望や絆があって前向きなもの、って、連盟の人は言ってた」

「……描いた方がいいですか」

「描いた方が、いろいろと、いいと思う、かな」

それから私は不動の滝の絵を描きながら、〈心が安らぐような、夢を抱けるような、希望や絆があって前向きなもの〉のことを考えた。虹(にじ)や、双葉(ふたば)が芽吹(めぶ)くようなものは、いくらなんでも「希望っぽすぎる」と思ってやめた。そもそも、内陸でほとんど被害を受けていない私が何を描くのもとても失礼な気がした。考えて、考えて、3結局締(し)め切(き)りぎりになって、通学の道中にあるニセアカシアの白い花が降る絵を描いた。その大樹のニセアカシアは、毎年本当に雪のように降る。あまりの花の多さに、花が降るたびに顔をあげてしまう。顔をあげるから前向きな絵、と思ったが、花が散るのは不謹慎(ふきんしん)だろうか、と描きながら思って、まぶしい光の線を描き足し、タイトルを「顔をあげて」とした。みかちゃんは「これは、すごいわ」と言ってその絵を出展した。私の絵は集められた絵画の作品集の表紙になった。その作品集が被災地に届けられ、県民会館で作品展が開かれるとなったら新聞社が学校まで取材に来た。

「〈顔をあげて〉このタイトルに込(こ)めた思いはなんですか?」

と、若い女性の記者はまぶしい笑顔(えがお)で言う。あ。絵じゃないんだ。と思った。枝葉のディテールや、影(かげ)の描き方や、見上げるような構図のことじゃないんだ。時間がない中で、結構頑張(がんば)って描いたのにな。取材に緊張(きんちょう)してこわばるからだから、力がすいっと抜(ぬ)けていく感覚がした。この人たちは、絵ではなくて、被災地に向けてメッセージを届けようとする高校生によろこんでいるんだ。そう思ったら胃の底がぐっと低くなって、からだにずっしりとした重力がかかっているような気がしてきた。記者はいますぐ走り書きができるようにペンを構えて、期待を湛(たた)えてこちらを見ている。

「申し訳ない、というきもちです。わたしはすこしライフラインが止まったくらいで、たくさんのものを失った人に対して、絆なんて、がんばろうなんて、言えないです」

記者は「ンなるほど、」と言ってから、4しばらくペンを親指の腹と人差し指の腹でくにくに触(さわ)り、それから表紙の絵を掲(かか)げるようにして見て、言った。

「うーん。でも、この絵を見ると元気が湧(わ)いてきて、明るい気持ちになって、頑張ろうって思えると思うんですよ。この絵を見た人にどんな思いを届けたいですか?」

「そういうふうに、思ってもらえたら、うれしいですけど」

私は、早く終わってほしい、と、そればかり考えていた。描かなければよかったと、そう思った。そのあと、沿岸での思い出はあるか、将来は画家になりたいのかどうかなど聞かれて、私はそのほとんどを「いえ、とくに」と答えた。5そばにいたみかちゃんは手元のファイルに目線を落として、私のほうを見ようとしなかった。記者が来週までには掲載(けいさい)されますので、と言いながら帰って行って、私は、みかちゃんとふたりになった。深く息を吐(は)き、吸い、「描かなければよかったです」と、まさに言おうとしたそのとき、

「このさ、見上げるような構図。木のてっぺんから地面まで平等に、花が降っているところがすごい迫力(はくりょく)なんだよね。光の線も、やりすぎじゃないのにちゃんと光として見える、控(ひか)えめなのに力強くてさ。伊智花の絵はすごいよ。すごい」

と、みかちゃんはしみじみ言った。

「そう、なんですよ。がんばりました」

と答えて、それが涙声(なみだごえ)になっているのが分かって、お手洗いへ駆(か)け込んで泣いた。6悔(く)しいよりも、うれしいが来た。私はこの絵を見

二〇二二年度 海城中学校

【国　語】〈第一回試験〉（五〇分）〈満点：一二〇点〉

注意　字数指定のある問いは、句読点なども字数にふくめること。

一　次の文章を読み、後の問いに答えなさい。

二〇一一年四月、盛岡の県立高校に通う伊智花は三年生に進級した。津波による大きな被害をもたらした東日本大震災からひと月が過ぎていた。美術部員の伊智花は、この半年間、昨年他界した祖母が愛した「不動の滝」をモデルにした絵の制作に没頭している。伊智花は大好きだった祖母に捧げるような気持ちで滝の絵を描き、コンクールでの最優秀賞獲得を目指している。

四月末、新学期がようやく始まった。制服の学年章を三年生のものに付け替えて、新しい教室に足を踏み入れた。新しいクラスのうち、ふたりが欠席していた。実家が沿岸で、片付けなどの手伝いをしていると担任は言った。私は美術室に通う毎日を再開した。美術部は幽霊部員がほとんどで、コンクール四ヵ月前の部室でキャンバスに向かう部員は私だけだ。木の匂いと、すこしだけニスの匂いがする美術室にいると、気持ちが研ぎ澄まされていくのがわかった。使い古されたイーゼルを立たせて、両腕をいっぱい伸ばしてキャンバスを置く。私は改めて、集大成の滝を描こうと思った。不動の滝の写真を携帯に表示して、じっと眺めて、閉じる。大きく息を吸って、アタリの線を描き始める。自分のからだのなかに一本の太い滝を流すような、絵のなかの音を描きだすような、豪快で、繊細な不動の滝で、必ず賞を獲りたい。獲る。描きたすほどに、今までの中でいちばん立体的な滝になっていく。

七月のある日、顧問のみかちゃんが一枚のプリントを持ってきた。

「やる気、ある？」

みかちゃんは、1懇願のような謝罪のような何とも複雑な表情をしていた。そのプリントには〈♧絵画で被災地に届けよう、絆のメッセージ♧　～がんばろう岩手～〉と書いてある。

「これは」

「教育委員会がらみの連盟のほうでそういう取り組みがあるみたいで、高校生や中学生の油絵描く子たちに声かけてるんだって。伊智花、中学の時に賞獲ってるでしょう。その時審査員だった連盟の人が、伊智花に名指しでぜひ描かないかって学校に連絡があって」

「はあ」

「県民会館で飾って貰えるらしいし、画集にして被災地にも送るんだって」

「被災地に、絵を？」

「そう」

「2絆って、なんなんですかね。テレビもそればっかりじゃないですか」

「支え合うってこと、っていうか」

「本当に大変な思いをした人に、ちょっと電気が止まったくらいのわたしが『応援』なんて、なにをすればいいのかわかんないですよ」

「そうだね。むずかしい。でも絵を描ける伊智花だからこそ、絵の力を信じている伊智花だからこそできることでもあるんじゃないか、って、わたしは思ったりもするのよ」

「じゃあ、何を描けば」

2022年度

海 城 中 学 校　▶解説と解答

算 数 ＜第１回試験＞（50分）＜満点：120点＞

解 答

$\boxed{1}$ (1) 12　(2) 9　(3) 42g　(4) 74人　(5) 39度　$\boxed{2}$ (1) 2：1：1　(2) 8：1　(3) 48：5　$\boxed{3}$ (1) 240m　(2) 解説の図３を参照のこと。　$\boxed{4}$ (1) 19通り　(2)（例）解説の図２を参照のこと。　$\boxed{5}$ (1) FR 4cm　SH 7.2cm　(2) 601.6cm^3　(3) 4：3　$\boxed{6}$ (1) 194枚　(2) 388枚　(3) 12枚

解 説

$\boxed{1}$ **四則計算，数列，濃度（のうど），ニュートン算，角度**

(1) $\left(13.5\times\frac{2}{3}\div4\frac{2}{7}-0.6\right)\div0.125=\left(13\frac{1}{2}\times\frac{2}{3}\div\frac{30}{7}-\frac{3}{5}\right)\div\frac{1}{8}=\left(\frac{27}{2}\times\frac{2}{3}\times\frac{7}{30}-\frac{3}{5}\right)\div\frac{1}{8}=\left(\frac{21}{10}-\frac{6}{10}\right)\div\frac{1}{8}=\frac{15}{10}\times\frac{8}{1}=12$

(2) ｜1｜1，2｜1，2，3｜1，2，3，4｜…のように組に分けると，各組に並んでいる整数の個数は，１個，２個，３個，４個，…と１個ずつ増える。よって，１＋２＋…＋13＝（１＋13）×13÷２＝91より，13組目までに並んでいる整数の個数が91個とわかるから，左から数えて100番目の整数は，13＋１＝14（組目）の，100－91＝９（番目）の数である。また，各組には１から順に整数が並んでいるので，14組目の９番目の数は９とわかる。

(3) ８％の食塩水の重さを□g，13％の食塩水の重さを△gとして図に表すと，下の図１のようになる。図１で，ア：イ＝(10.9－８)：(13－10.9)＝29：21だから，□：△＝$\frac{1}{29}$：$\frac{1}{21}$＝21：29とわかる。この和が100gなので，８％の食塩水の重さは，□＝100×$\frac{21}{21+29}$＝42(g)と求められる。

図１

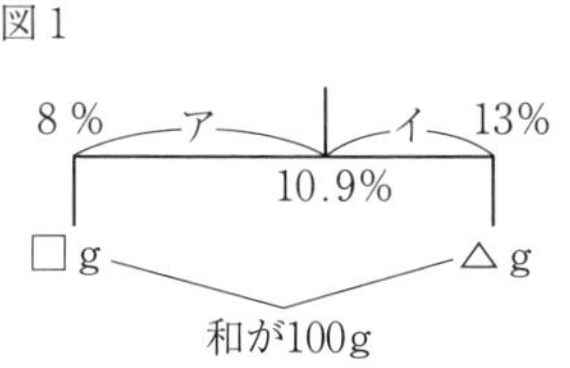

図２

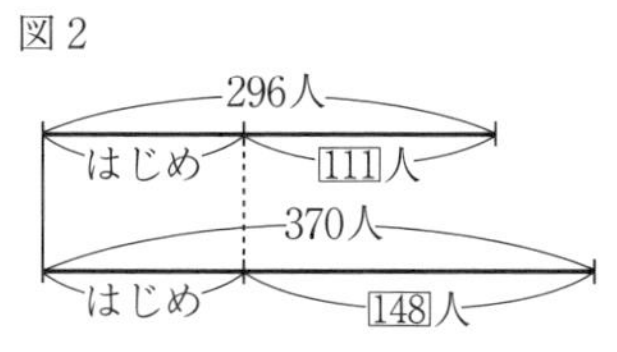

図３

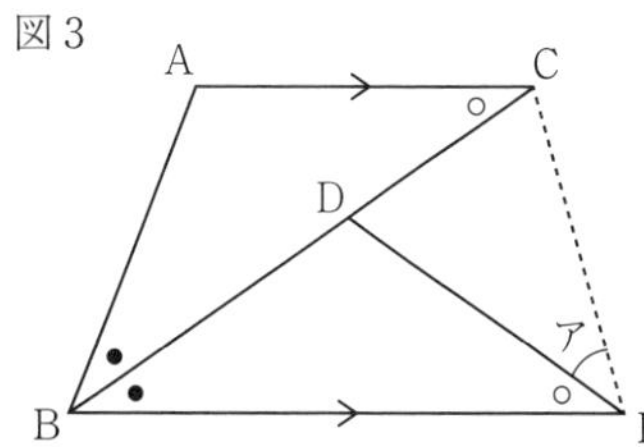

(4) １分間に来店する人数を①人とする。６時から７時51分までの時間は，７時51分－６時＝１時間51分＝111分だから，この間に来店する人数は，①×111＝⑪⑪（人）となる。また，３分間に８人の割合で客が店を出ていくとき，111分は３分の，111÷３＝37（倍）なので，この間に出ていく客の人数は，８×37＝296（人）とわかる。同様に，６時から８時28分までの時間は，８時28分－６時＝２時間28分＝148分だから，この間に来店する人数は，①×148＝$\boxed{148}$（人）となる。また，２分間に５人の割合で客が店を出ていくとき，148分は２分の，148÷２＝74（倍）なので，この間に出ていく客の人数は，５×74＝370（人）とわかる。よって，図に表すと上の図２のようになるから，$\boxed{148}$－

111＝37にあたる人数が，370－296＝74(人)となり，1＝74÷37＝２(人)と求められる。したがって，111＝２×111＝222(人)なので，６時に店にいた客の人数は，296－222＝74(人)とわかる。

(5)　上の図３で，三角形ABCと三角形DBEは合同だから，●印と○印をつけた角の大きさはそれぞれ等しい。また，ACとBEは平行なので，角ACBと角CBEの大きさも等しい。よって，●印と○印をつけた角の大きさはすべて等しく，その大きさは34度である。さらに，BCとBEの長さは等しいから，三角形BECは二等辺三角形であり，角BECの大きさは，(180－34)÷２＝73(度)とわかる。したがって，角アの大きさは，73－34＝39(度)となる。

2　平面図形―辺の比と面積の比，相似

(1)　右の図１で，ECとAFは平行だから，BE：EA＝BI：IL＝２：１となる。また，この図形は点対称(てんたいしょう)な図形なので，三角形BIEと三角形DKFは合同であり，BIとDKの長さは等しくなる。さらに，三角形AKDと三角形ALHは相似であり，相似比は，AD：AH＝２：１だから，KD：LH＝２：１となる。よって，BI：IL：LH＝２：１：$\left(2\times\frac{1}{2}\right)$＝２：１：１と求められる。

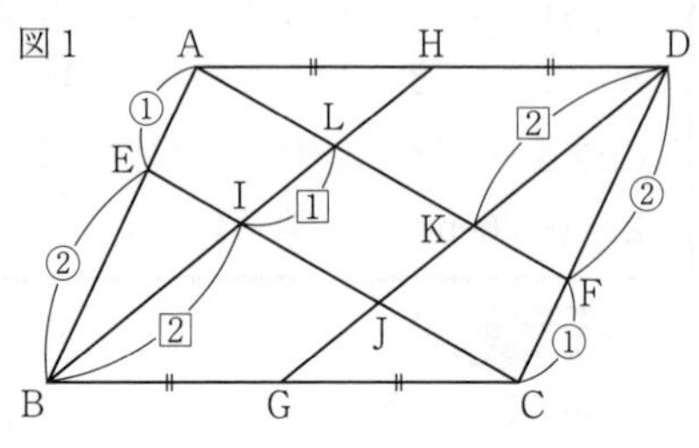

(2)　平行四辺形ABCDの面積を１とする。平行四辺形ABCDの底辺をBC，平行四辺形HBGDの底辺をBGとすると，この２つの平行四辺形の高さは等しいので，面積の比は底辺の比に等しく，BC：BG＝２：１になる。よって，平行四辺形HBGDの面積は，$1\times\frac{1}{2}=\frac{1}{2}$とわかる。次に，平行四辺形HBGDの底辺をBH，平行四辺形IJKLの底辺をILとすると，この２つの平行四辺形の高さは等しいから，面積の比は底辺の比に等しく，BH：IL＝(２＋１＋１)：１＝４：１になる。したがって，平行四辺形IJKLの面積は，$\frac{1}{2}\times\frac{1}{4}=\frac{1}{8}$なので，平行四辺形ABCDと平行四辺形IJKLの面積の比は，$1:\frac{1}{8}$＝８：１と求められる。

(3)　右の図２で，三角形BIEと三角形BLAは相似であり，相似比は，BE：BA＝２：(２＋１)＝２：３だから，EI＝❷とすると，AL＝❸となる。また，三角形BLAと三角形DJCは合同なので，CJ＝❸となる。さらに，DGとHBは平行だから，CG：GB＝CJ：JI＝１：１となり，JI＝❸とわかる。次に，平行四辺形IJKLと台形AEILは高さが等しいので，面積の比は底辺の和の比に等しく，(IJ＋LK)：(EI＋AL)＝(３＋３)：(２＋３)＝６：５となる。よって，四角形AEILの面積は，$\frac{1}{8}\times\frac{5}{6}=\frac{5}{48}$だから，平行四辺形ABCDと台形AEILの面積の比は，$1:\frac{5}{48}$＝48：５と求められる。

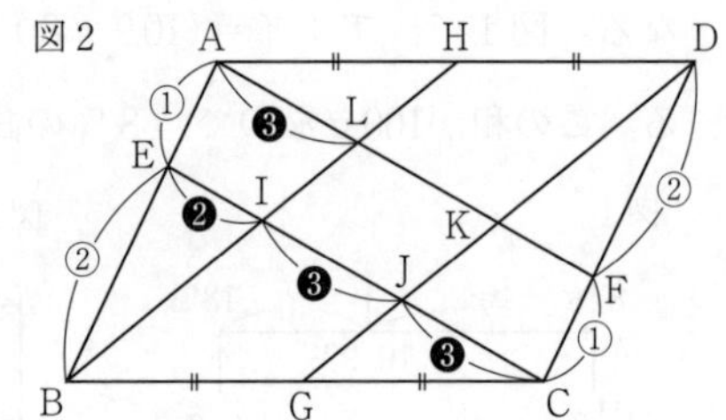

3　グラフ―通過算

(1)　右の図１のように，10秒後に最後尾(さいこうび)がトンネルＡに入り，それと同時に先頭がトンネルＡから出るから，トンネルＡの長さは160mとわかる。また，ア秒後に先頭がトンネルＢに入り，20秒後に最後尾がトンネルＡを出

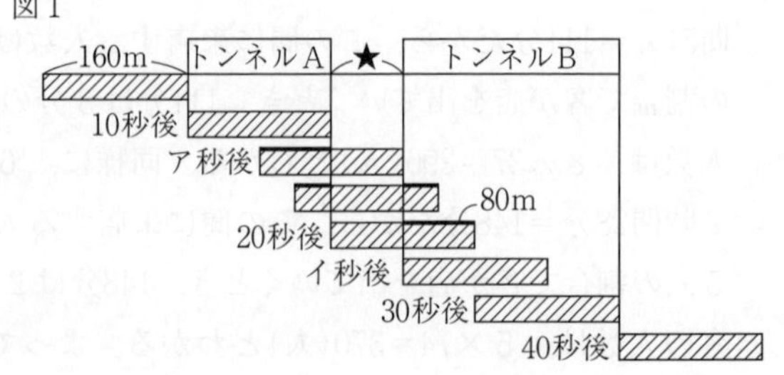

るが，その間は列車の前部がトンネルＢに入っている長さと，列車の後部がトンネルＡに入っている長さの和(太線部分の長さの和)が80mになる。さらに，イ秒後に最後尾がトンネルＢに入り，30秒後に先頭がトンネルＢから出て，40秒後に最後尾がトンネルＢから出る。よって，列車が10秒間で走る長さが160mだから，列車の速さは秒速，160÷10＝16(m)とわかる。したがって，10秒後から30秒後までの間に走る長さは，16×(30－10)＝320(m)となる。また，20秒後の図から，トンネルＡとトンネルＢの間の長さ(★の長さ)は，160－80＝80(m)とわかるので，トンネルＢの長さは，320－80＝240(m)と求められる。

(2)　時速72kmを秒速に直すと，72×1000÷60÷60＝20(m)になるから，列車がトンネルを通過するときのようすは下の図２のようになる。また，12秒後から18秒後までの間は，列車の前部がトンネルＢに入っている長さと，列車の後部がトンネルＡに入っている長さの和が，200－80＝120(m)になる。よって，これをグラフに表すと下の図３のようになる。

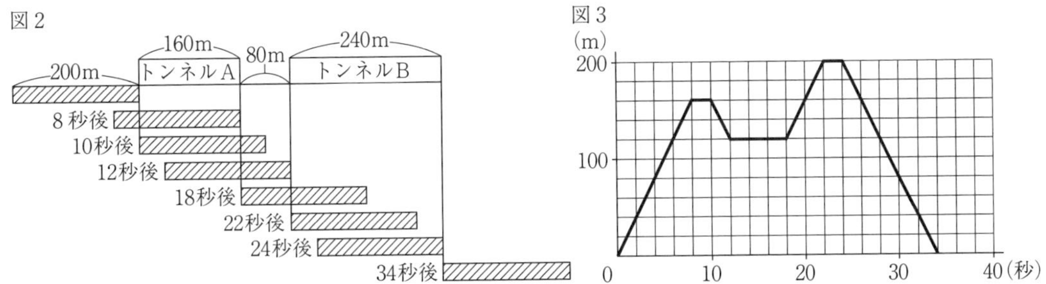

4　調べ

(1)　１回目に曲がる点として考えられるのは，Ｂ，Ｆ，Ｊ，Ｅ，Ｇ，Ｉ，Ｄである。たとえば，１回目に曲がる点がＢの場合，２回目に曲がる点の選び方はＦ，Ｅ，Ｇ，Ｈ，Ｄの５通りある。ほかの点の場合についても調べると下の図１のようになるから，全部で19通りとわかる。なお，Ａ→Ｄ→Ｅ→Ｃという道順はＩを２回通ってしまうので，条件に合わない。

図１

１回目に曲がる点	２回目に曲がる点
Ｂ	Ｆ，Ｅ，Ｇ，Ｈ，Ｄ
Ｆ	Ｂ，Ｅ
Ｊ	Ｂ，Ｆ，Ｅ
Ｅ	Ｂ，Ｆ，Ｄ
Ｇ	Ｂ，Ｈ，Ｄ
Ｉ	なし
Ｄ	Ｂ，Ｇ，Ｈ

図２

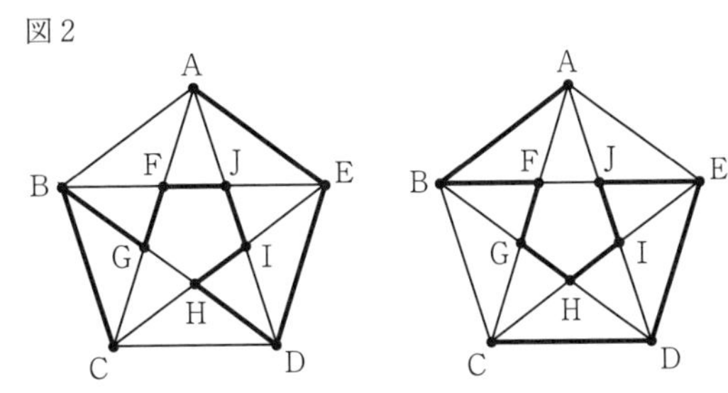

(2)　曲がる回数が最も多いのは８回曲がる場合であり，たとえば上の図２のような道順が考えられる。

5　立体図形―分割，相似，体積

(1)　ＡとＰ，ＡとＱは直接結ぶことができる。また，Ｐを通りAQに平行な直線と辺FGが交わる点がＲであり，Ｑを通りAPと平行な直線が辺GHと交わる点がＳである。よって，切り口は下の図１の五角形APRSQになる。図１で，AQとPRは平行だから，PF：FR＝QD：DA＝６：12＝１：２となり，FR＝(12－10)×$\frac{2}{1}$＝４(cm)とわかる。同様に，APとQSは平行なので，QH：HS＝PB：

BA＝10：12＝５：６となり，SH＝(12－６)×$\frac{6}{5}$＝7.2(cm)と求められる。

⑵　図１のように辺を延長すると，点Ｅをふくむ立体は，三角すいA－EIJから，２つの三角すいP－FIRとQ－HSJを取り除いた形の立体になる。これら３つの三角すいは相似であり，相似比は，AE：PF：QH＝12：(12－10)：(12－６)＝６：１：３だから，体積の比は，(６×６×６)：(１×１×１)：(３×３×３)＝216：１：27である。よって，点Ｅをふくむ立体の体積は，三角すいP－FIRの体積の，(216－１－27)÷１＝188(倍)とわかる。また，三角形FIRと三角形GSRは相似であり，相似比は，FR：GR＝４：(12－４)＝１：２である。さらに，GS＝12－7.2＝4.8(cm)なので，FI＝4.8×$\frac{1}{2}$＝2.4(cm)と求められる。したがって，三角すいP－FIRの体積は，４×2.4÷２×(12－10)÷３＝3.2(cm^3)だから，点Ｅをふくむ立体の体積は，3.2×188＝601.6(cm^3)となる。

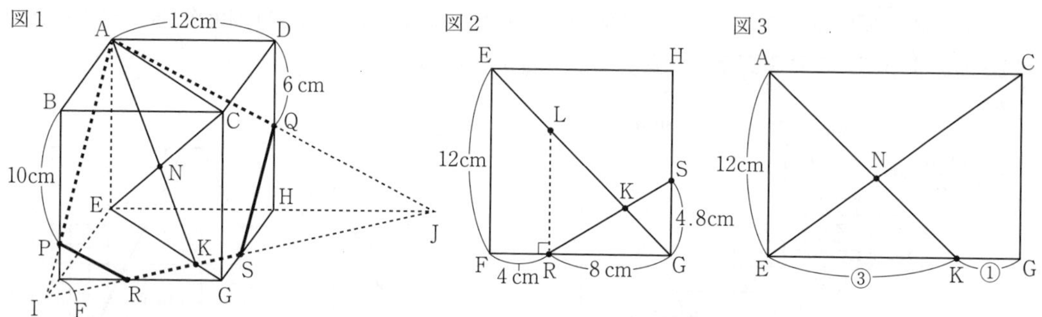

⑶　図１で，切断面の辺RSと直線EGの交点をＫとすると，切断面と面AEGCは直線AKで交わるので，直線AKと直線CEの交点がＮになる。はじめに，面EFGHを図に表すと，上の図２のようになる。図２で，三角形LRGは直角二等辺三角形だから，LR＝８cmである。また，三角形LRKと三角形GSKは相似であり，相似比は，LR：GS＝８：4.8＝５：３なので，LK：GK＝５：３とわかる。よって，LK＝５，GK＝３とすると，EL：LG＝FR：RG＝４：８＝１：２だから，EL＝(５＋３)×$\frac{1}{2}$＝４と求められる。すると，EK：KG＝(４＋５)：３＝３：１となるので，面AEGCは上の図３のようになる。図３で，三角形ANCと三角形KNEは相似であり，相似比は，AC：KE＝(３＋１)：３＝４：３だから，CN：NE＝４：３と求められる。

6　整数の性質

⑴　１回だけ裏返すから，２の倍数ではあるが４の倍数ではない番号のコインである。777÷２＝388余り１，777÷４＝194余り１より，１から777までに２の倍数は388個，４の倍数は194個あることがわかる。したがって，２の倍数ではあるが４の倍数ではない整数の個数は，388－194＝194(個)なので，黒色が上になっているコインの枚数は194枚である。

⑵　１のカードを引くとすべてのカードを１回裏返すから，２，３のカードを引いたときに白色が上になっていればよい。これは，２，３のカードを引いたときに裏返す回数が０回または２回のコインなので，右の図１のアの部分とイの部分にふくまれる整数の個数の和を求めればよい。777÷３＝259より，１から777までに３の倍数は259個あり，777÷６＝129余り３より，１から777までに６の倍数(２と３の公倍数)は129個(…ア)あることがわかる。よって，２または３の倍数の個数は，388＋259－129＝518(個)だから，イの部分にふくまれる整数の個数は，777－518＝259(個)と求められる。したがって，

図１
1～777
２の倍数
３の倍数
ア
イ

アの部分とイの部分にふくまれる整数の個数の和は，129＋259＝388(個)なので，黒色が上になっているコインの枚数は388枚である。

(3)　黒色の面が上になるのは，裏返す回数が奇数回の場合である。よって，どのような引き方をしても必ず黒色の面が上になるのは，11回すべてで裏返す場合である。つまり，条件に合うコインの番号は，1，2，3，4，5の公倍数になる。右上の図２から，最小公倍数は，2×1×1×3×2×5＝60と求められるから，条件に合うのは60の倍数の番号のコインとわかる。したがって，777÷60＝12余り57より，12枚である。

図２

```
2 ) 1  2  3  4  5
   ──────────────
    1  1  3  2  5
```

社　会　＜第１回試験＞（45分）＜満点：80点＞

解　答

問１　藤原京，ア　**問２**　(例)　幕府や領主は，自らの判決で村々を納得させて争いを解決できなかった。そこで，領主は神々の判断が示される湯起請を利用し，村々を納得させようとした。それは，村の人々が神々を村内の結束に利用するなど，背くことが許されない存在として考えていたからであった。　**問３**　ナフサ　**問４**　エ，カ　**問５**　オ，キ　**問６**　(例)　喧嘩両成敗法は新しい法ではなく，以前からあった考えを取り入れた法である。さらに，暴力的な処罰が目的ではなく，裁判による解決を広めることが目的だったと評価できる。　**問７**　ア

問８　(例)　遠山景元は検察官として被告人の有罪を主張しながら，裁判官として判決を言いわたしている。これでは，捜査のやり方や内容が適切であるか検討されないで判決がくだされるおそれがあり，被告人を弁護する人もいないため，被告人が不利な立場におかれる。　**問９**　イ

問10　裁判員

解　説

日本における裁判の歴史を題材とした総合問題

問１　飛鳥(奈良県)につくられた日本初の本格的な都とは，持統天皇が唐(中国)の都長安を手本に造営を始め，694年に都を移した藤原京のことで，以後，710年に平城京に都が移されるまで都とされた。位置は地図中のアである。大宝律令の制定(701年)や和同開珎の発行(708年)などは，藤原京に都がおかれていた時期のできごとである。

問２　《資料１》からは，土地争いを原因とする二つの村の間で起きた小競り合いや合戦は，幕府や領主による裁判では決着がつかず，「湯起請」の実施によりようやく解決したことがわかる。また，本文からは，室町時代や戦国時代には争いを解決する手段の一つとして「神判」の一種である湯起請がしばしば行われていたことや，そのさいには起請文(取り決めた約束を守ることを神々に誓った書類)が書かれたことが，《資料２》や《資料３》からは，当時の人たちが神々への誓いを重んじるとともに，湯起請の結果には従う姿勢をみせていたことなどがわかる。つまり，室町時代においては，争いの当事者の両方が納得するような公正な裁判を行うことが難しく，古来から行われてきた「神々の判断を仰ぐ」という風習が人々の間に根強く残っていたのである。

問３　精油所(石油精製工場)では，原油の加工・精製(原油にふくまれるさまざまな物質の沸点の違

いを利用して，原油から重油や軽油，ガソリン，石油ガスなどを取り出すこと）が行われる。そうした作業を通して得られる物質のうち，プラスチックや合成ゴムなどさまざまな工業製品の原料となるものがナフサである。

問４　日本の領土のうち，最東端に位置するのはエの南鳥島，最南端に位置するのはアの沖ノ鳥島，最西端に位置するのはオの与那国島で，韓国との間で領土問題が起きているのはイの竹島，中国との間で領土問題が起きているのはウの尖閣諸島である。なお，南鳥島と沖ノ鳥島は東京都，与那国島と尖閣諸島は沖縄県，竹島は島根県に属している。また，沖ノ鳥島は満潮時に岩が二つ海面上に残るだけのさんご礁からなる島で，波にけずられて消滅するおそれがあったことから，1980年代に巨額の工費をかけて周囲をコンクリートで固める工事が行われた。沖ノ鳥島と竹島，尖閣諸島はいずれも無人島で，南鳥島には住人はいないが，気象庁の職員や自衛隊の隊員が常駐している。与那国島には住人がいて，農業や畜産業，漁業などに従事している。

問５　高知県もふくめ，四国地方に火山はないので，オがふさわしくない。また，四国地方に3000m級の山はないので，キもふさわしくない。なお，西日本の山のなかで，近畿地方の最高峰は奈良県の八経ヶ岳（八剣山・1915m），中国地方の最高峰は鳥取県の大山（1729m），四国地方の最高峰は愛媛県の石鎚山（1982m），九州地方の最高峰は鹿児島県屋久島の宮之浦岳（1936m）となっており，西日本に標高2000m以上の山は存在しない。

問６　各地で戦国大名が台頭するのは，戦国時代とよばれる応仁の乱（1467～77年）以後の約100年間にわたる争いの時代であるが，《資料５》をみると，それ以前から「喧嘩両成敗」の考え方を取り入れた規定や約束が存在していたことがわかる。また，今川氏の分国法の規定を示した《資料４》には，相手からの攻撃に対してやり返して戦うことなく我慢した場合，領主に訴え出れば法廷で勝訴できるという内容の規定が記されているが，このことは「喧嘩両成敗」の規定が単なる暴力的な法ではなく，戦いよりも裁判で争いを解決することを優先する考え方であることを示している。

問７　どれほど有名な学者が著した資料や記録であっても，個人の主観が入っていることは間違いないので，内容がすべて正確であるとは限らない。よって，ほかの文献にあたるなど，より客観的な調査を行うことが必要となる。したがって，ウは正しく，アは適切ではない。イとエは，菅江真澄の作品が持つ資料としての価値にあてはまるといえる。

問８　本文にあるように，現代の刑事裁判では「被告人の有罪を主張する検察官，被告人の利益を守る弁護士がそれぞれの立場から主張を繰り広げ，裁判官は公正中立な立場で両者の主張を聴き，正しい判決をくだす」ことが原則となっている。しかし，《資料６》をみると，町奉行所を指揮する遠山景元は自ら事件の捜査に加わり，その後，「お白洲（法廷）」の裁きで判決をくだしており，検察官が裁判官の職務も兼ねる形になっている。さらに，《資料７》や《資料８》からわかるように，裁判では弁護人の役割を担当する者もいないため，被告人がきわめて不利な立場におかれる。このような状態では，公正な裁判が進められる可能性は少ない。

問９　ア　最高裁判所の15名の裁判官のうち，長官たる裁判官は内閣が指名し，天皇が任命する。残りの14名の裁判官は内閣が任命する。　イ　裁判所は，法律が憲法に違反していないかどうかを具体的な裁判を通して判断する。裁判所が持つこの権限を違憲立法審査権といい，憲法違反とされた法律は無効となる。　ウ　犯罪（刑事事件）を裁くのが刑事裁判で，人と人との私的な争い（もめごと）を裁くのが民事裁判である。　エ　裁判の公正を守るため，裁判は原則として公開の法廷で行われる。

問10　裁判員制度は裁判に国民の意思を反映させ，司法に対する国民の理解を深めることを目的として，2009年に始まった。その対象は地方裁判所で行われる重大な刑事事件の第一審で，有権者のなかからクジで選ばれた裁判員６名が裁判官３名と合議制で裁判を行う。有罪か無罪かの判断や有罪の場合の刑の重さの決定などは多数決で行われるが，有罪とするためには裁判官１名以上をふくむ過半数の賛成が必要となる。

理　科　<第１回試験>（45分）<満点：80点>

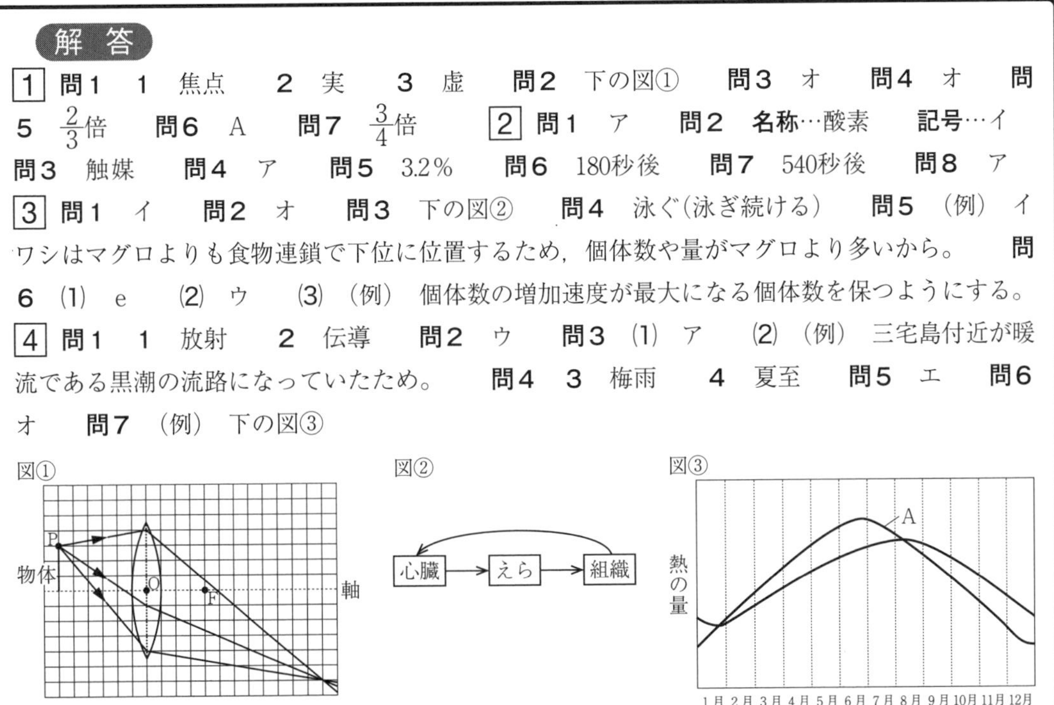

解　答

1　**問１**　**1**　焦点　**2**　実　**3**　虚　**問２**　下の図①　**問３**　オ　**問４**　オ　**問５**　$\frac{2}{3}$倍　**問６**　A　**問７**　$\frac{3}{4}$倍　**2**　**問１**　ア　**問２**　**名称**…酸素　**記号**…イ　**問３**　触媒　**問４**　ア　**問５**　3.2％　**問６**　180秒後　**問７**　540秒後　**問８**　ア　**3**　**問１**　イ　**問２**　オ　**問３**　下の図②　**問４**　泳ぐ（泳ぎ続ける）　**問５**　（例）イワシはマグロよりも食物連鎖で下位に位置するため，個体数や量がマグロより多いから。　**問６**　(1)　e　(2)　ウ　(3)　（例）個体数の増加速度が最大になる個体数を保つようにする。　**4**　**問１**　**1**　放射　**2**　伝導　**問２**　ウ　**問３**　(1)　ア　(2)　（例）三宅島付近が暖流である黒潮の流路になっていたため。　**問４**　**3**　梅雨　**4**　夏至　**問５**　エ　**問６**　オ　**問７**　（例）下の図③

解　説

1　**レンズが作る像についての問題**

問１　**1**　凸レンズの軸に平行に進んで凸レンズに入る光は，凸レンズの反対側の軸上で１つの点に集まるように進む。この光が集まる点を焦点といい，レンズの中心と焦点との間の距離を焦点距離という。　**2**　レンズを通過した光が実際に集まってできる像を実像という。実像はスクリーンに映すことができる。　**3**　物体が焦点距離より凸レンズに近いところにあるときは，レンズを通過した光は集まることができず，実像はできない。このとき，レンズを通して物体側を見ると，実物が拡大された大きな像が見える。このような像は虚像という。虚像はスクリーンには映らない。

問２　下の図Ⅰのように，物体の先端Ｐから出て凸レンズの軸に平行に進みレンズに入射する光線と，凸レンズの中心を通って直進する光線を使って，点Ｐから出た光が集まる点を作図する。Ｐから出た光はレンズを通ったあと，図Ⅰの太線のように，この点に集まるため，解答欄中の３つの光線が進む様子は解答の図①のようになる。

図Ⅰ

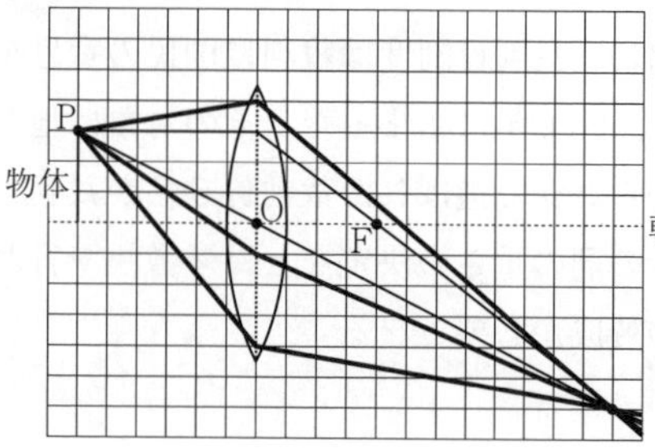

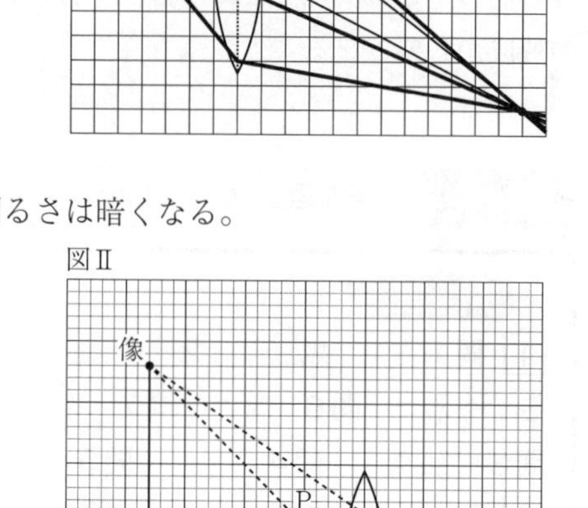

問３　凸レンズの上半分をおおっても，下半分を通過する光によって物体PQ全体の像ができる。ただし，レンズを通過して像の位置に集まる光の量が少なくなるので，像の明るさは暗くなる。

問４　問３の場合と同様に，黒い紙でおおわれていない部分を通過する光で物体PQ全体の像ができるが，像の明るさは暗くなる。

問５　問題文中の図３のように，物体が焦点距離より凸レンズに近いところにある場合，物体の先端Ｐから軸に平行にレンズに入る光線は，凸レンズを通過したあと焦点を通り，凸レンズの中心を通る光線は直進する。この２つの光線を物体側に延長して交わる点が，先端Ｐの像の位置である。すると，右の図Ⅱのように，焦点Ｆの位置を見つけることができる。ここで，OFは９目盛り，OQは６目盛りの距離なので，OQの距離は，OFの距離の，OQ÷OF＝６÷９＝$\frac{2}{3}$(倍)である。

図Ⅱ

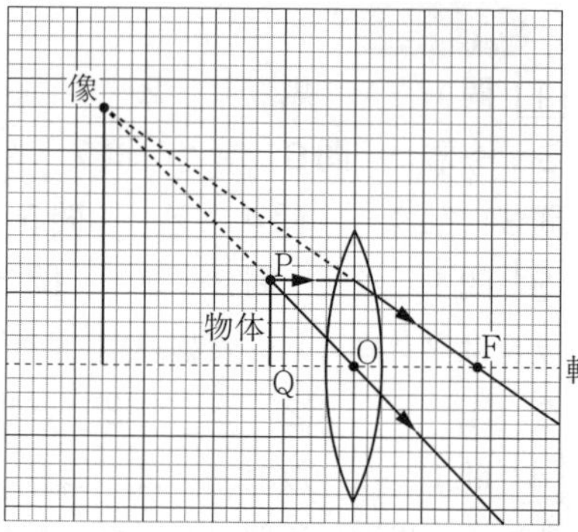

問６　問５と同様に考えると，像の倍率が２のとき，像の位置は虫眼鏡Ｂのレンズの中心から12目盛りの距離にあり，虫眼鏡Ｂの焦点距離はレンズの中心から12目盛りの距離となる。天井の蛍光灯の像ができる位置(レンズの中心から像までの距離)は，焦点距離が短いほどレンズに近くなるので，虫眼鏡Ａの方がレンズと紙との距離が短い。

問７　太陽光は平行光線とみなせるので，光は焦点の位置に集まる。よって，虫眼鏡Ａのレンズの中心と紙との距離は，虫眼鏡Ｂの中心と紙との距離の，９÷12＝$\frac{3}{4}$(倍)である。

２ 酸素の発生とその性質についての問題

問１　ふたまた試験管でくびれがある方の側には固体である二酸化マンガンを入れる。ふたまた試験管は，くびれがある側に傾けて液体を固体と反応させたあと，くびれがない側に傾けると，液体は流れるが，固体はくびれに引っかかって止まる。そのため，液体のみをくびれがない側に移動することができ，反応を止めることができる。

問２　二酸化マンガンに過酸化水素水を加えると，過酸化水素が分解して酸素が発生する。酸素は，物質が燃えるのを助ける性質(助燃性)をもつ気体である。

問３　この実験では，二酸化マンガンは過酸化水素の分解を助けるだけで，自身は変化しない。このように，自身は変化せず反応の速さを速くする(遅くする)はたらきをする物質を触媒という。

問４　実験結果より，60秒ごとの酸素の発生量を求めると，０～60秒のとき50mL，60～120秒のとき，89－50＝39(mL)，120～180秒のとき，120－89＝31(mL)，180～240秒のとき，145－120＝25(mL)，240～300秒のとき，164－145＝19(mL)，300～360秒のとき，180－164＝16(mL)，360～420秒のとき，192－180＝12(mL)となっている。よって，気体が発生する速さは時間が進むにつれてしだいに遅くなっている(同じ時間あたりの発生量が減っている)。

問５　実験開始から60秒後までに発生した気体の体積は50mLなので，過酸化水素水の濃度は，$1\times\frac{50}{60}$＝0.833…より，0.83％だけ減少している。はじめの過酸化水素水の濃度は４％であるから，60秒後の濃度は，４－0.83＝3.17より，3.2％となっている。

問６　過酸化水素水の濃度が２％減少するのは，気体の発生量が，$60\times\frac{2}{1}$＝120(mL)になったときである。結果の表より，気体の発生量が120mLに達するのは180秒後とわかる。

問７　過酸化水素水の濃度が４％から２％になるまでに180秒，２％から１％になるまでにさらに180秒かかり，１％から0.5％になるまでにさらに180秒かかる。よって，合計で，180×３＝540(秒後)となる。

問８　過酸化水素水の濃度が何％のときから測定しても濃度が半分になるまでの時間は半減期の180秒で変わらないので，８％の過酸化水素水の濃度が１％になるまでの時間は，８％→４％→２％→１％より，180×３＝540(秒)である。同様に考えると，４％の過酸化水素水の濃度が１％になるまでの時間は，180×２＝360(秒)である。540÷360＝1.5より，８％の過酸化水素水が１％になるまでの時間は，４％のものが１％になるまでの時間の２倍より短い。

３ 生物の個体数についての問題

問１　メダカは，近年，河川などの水質悪化や土地の開発，外来生物に捕食されるなどの影響でその数が大きく減少している。そのため，絶滅のおそれがある生物をまとめた環境省のレッドリストにも掲載されている。

問２　クロマグロを示しているのはオである。クロマグロの尾びれは三日月形で大きいが，その他のひれは比較的小さくなっていて，水中を高速で泳ぐことに適した体になっている。なお，アはサンマ，イはサケやマスの仲間，ウはコイの仲間，エはタイの仲間の姿を示している。

問３　マグロなどの多くの魚は，体中から心臓へもどってきた静脈血(酸素の少ない血液)をえらへ送り，えらで酸素を取り入れ二酸化炭素を放出する。えらで酸素を取り入れた血液は体中の組織へ送られ，その後再び心臓へもどる。

問４　マグロはえらを動かすことができないので，常に泳ぎ続けることで口の中に水を取り込み，えらに送って呼吸している。

問５　食物連鎖では，ふつう食べる生物よりも食べられる生物の方が個体数は多い。マグロは問題文中の図で示された食物連鎖の中で最上位に位置するので，下位のイワシやアジに比べて個体数が少ないことが多い。したがって，同じ重さあたりの個体数の差を考えても，個体数が多いイワシなどを食べる方が生態系に与える影響は小さいといえる。

問６　(1)　一定時間内の個体数の変化が最も小さい(グラフの線がおよそ横軸に平行となっている)ｅが適する。　(2)　図１より，個体数が少ないときは増加速度が大きく，ある個体数をこえると今度は増加速度が小さくなっていく様子が読み取れる。この様子を個体数を横軸，個体数の増加速度を縦軸にとったグラフに表すと，ウのような山型になる。　(3)　クロマグロを捕獲しても，それを補うだけの個体数の増加があればよいので，個体数の増加速度が最大となる個体数を保つようにして捕獲すれば，持続的により多くのクロマグロを確保できると考えられる。

４ 気温や地温の変化についての問題

問１　太陽から地球に届く熱は，途中の空間を素通りしてとどく放射という伝わり方でとどいている。そのため，太陽の熱は空気を素通りして地面を直接あたためている。空気があたためられるのは，地面からの熱が物質中を伝わる伝導という伝わり方で空気をあたためるからである。

問２　東経154.0度の南鳥島は，東経139.8度の大手町よりも東にあるので，太陽の南中時刻が大手町よりも早い。太陽が南中し，太陽の高度が最も高くなる時刻が早いことで，地面の熱であたためられる空気の温度，すなわち気温が最高になる時刻も早くなる。

問３　⑴　天気が快晴の日は，午後の２時ごろに最高気温となることが多く，夜中には日中よりも気温が下がるのがふつうである。よって，一日快晴だった日には夜中に最高気温となることはない。
⑵　三宅島が他の地点に比べて海水から多くの熱をもたらされるのは，暖流である黒潮の通り道の近くにあることが原因と考えられる。

問４　**３**　６月初旬(しょじゅん)という時期であるから，梅雨(つゆ)の影響と考えられる。　**４**　太陽の南中高度が一年のうちで最も高く，太陽が地平線の上に出ている時間も最も長くなる日は夏至(げし)の日である。

問５　地球の自転軸は公転面に対して垂直ではなく，垂直な方向から23.4度傾いている。このため，太陽の南中高度や昼(夜)の長さが時期によって変化し，季節の変化を生じている。

問６　図８で，地表０ｍでの温度が最低になるのは１月だが，地表から１ｍの深さでは３月，２ｍの深さでは４月，３ｍの深さでは５月とだんだん遅くなっている。

問７　地面から逃(に)げていく熱の量が太陽からもらう熱の量より多いとき，地面の温度が下がり，その量が等しくなるときに地面の温度の低下が止まる。また，地面から逃げていく熱の量が太陽からもらう熱の量より少ないとき，地面の温度が上がり，その量が等しくなるときに地表の温度の上昇(じょうしょう)が止まる。よって，気温がだんだん上昇する１月下旬から８月上旬までは，Ａの曲線がＢの曲線より上にあり，気温がだんだん低下する８月上旬から１月下旬にかけては，Ｂの曲線がＡの曲線より上にある。また，地面から逃げていく熱は，地面の温度が高いほど多くなるため，グラフの形は図８の地表(０ｍ)の形と似た形になる。

国語　＜第１回試験＞（50分）＜満点：120点＞

解答

□一 **問１**　イ　**問２**　ア　**問３**　エ　**問４**　イ　**問５**　エ　**問６**　ウ　**問７**　ウ　**問８**　希望っぽすぎる　**問９**　ア　**問10**　エ　**問11**　（例）　地震による津波で多くの被害者を出してしまったばかりなので，勢いよく水が流れ落ちる滝の絵が，津波を連想させる点で，不謹慎な絵だと受け止められてしまったから。　**問12**　イ　□二 **問１**　下記を参照のこと。　**問２**　周囲の眼は　**問３**　エ　**問４**　ウ　**問５**　イ　**問６**　ア　**問７**　ウ　**問８**　エ　**問９**　イ　**問10**　**１**　私はどれも良い悪いと切り分けることはできない　**２**　（例）　コロナ禍の状況で人と物理的距離を取ることが求められるために，遠隔でやりとりをするか，直接顔をあわせてやりとりするか，自分で選択することができなくなっている

●漢字の書き取り

□二 **問１**　**ａ**　裏　**ｂ**　外観　**ｃ**　所属　**ｄ**　清潔　**ｅ**　縮

解説

□一 **出典はくどうれいんの『氷柱(つらら)の声』による。**東日本大震災(しんさい)の後，高校三年に進級した美術部の伊(い)

智花(私)は，顧問であるみかちゃんの勧めで被災地に向けた絵や，祖母が好きだった「不動の滝」の絵に取り組んでいる。

問１　続く部分で伊智花は，震災の被害をほぼ受けていない自分が，本当に大変な思いをしている人に向け，「応援」の意味あいをこめた絵を描くのは「失礼」ではないかと考えている。「絵画で被災地に届けよう，絆のメッセージ」と書かれたプリントを持ってきた顧問のみかちゃんは，伊智花が絵を描くことに抵抗を示すだろうと予想しながらも，「教育委員会がらみの連盟」からの依頼をむげにあつかうわけにもいかず，「懇願のような謝罪のような何とも複雑な表情」をしていたのだから，イがふさわしい。

問２　絵もテレビも「絆」という言葉をかかげる風潮の中で，伊智花は「本当に大変な思いをした人に，ちょっと電気が止まったくらい」の自分が「応援」など，「なにをすればいいのか」わからないと話している。つまり，聞こえのいい言葉である「絆」を用いることで，被災者に共感し，サポートしているつもりになっている世間の雰囲気に，伊智花は納得がいっていないものと考えられるので，アがよい。

問３　伊智花は「大変な思いをした」被災者に向けて「ほとんど被害を受けていない」自分がなにを描いても「失礼」なのではないかと思いつつ，「心が安らぐような，夢を抱けるような，希望や絆があって前向きな」題材を考え，迷いながら絵を描いていた。そもそも絵を描くべきなのか悩んでいたことに加え，描くにしてもなにを題材にしたらよいかがわからず，「結局締切ぎりぎりになって」しまったのだから，エが正しい。

問４　〈顔をあげて〉というタイトルにこめられた思いを記者にたずねられたとき，たくさんのものを失った人に対して軽々しく「絆」などというのは「申し訳ない」と率直な気持ちを伝えていながら，なかば誘導される形で答えた内容が，後日発行された新聞記事に大きく取り上げられていたことをおさえる。取材時，被災者への希望に満ちたメッセージを求めていたであろう記者は，意外にも後ろ向きな発言をしてきた伊智花に対し，どうしたら自分の「期待」する発言を引き出せるのか悩み，「しばらくペンを親指の腹と人差し指の腹でくにくに触」っているしかなかったのだから，イがふさわしい。

問５　記者の質問から，「絵ではなくて，被災地に向けてメッセージを届けようとする高校生」が求められていると感じ取った伊智花は，うんざりした気持ちになり，その後，たずねられたことのほとんどに対し，まともな受け答えをせずにいる。絵を描いてはどうかと持ちかけたせいで，乗り気ではなかった伊智花を案の定傷つけ，嫌な思いをさせてしまったことへの罪悪感から，みかちゃんは伊智花のほうに目を向けることができなかったのだろうと想像できる。よって，エが合う。

問６　少し前で，みかちゃんから絵の「構図」や「光」の描かれ方をほめられた伊智花が，「そう，なんですよ。がんばりました」と答え，涙したことをおさえる。記者から被災者へのメッセージ性ばかりが求められ，絵の評価など一切なされなかったことに傷ついていたとき，みかちゃんが自分の求めていた言葉をかけてくれたことで救われたような思いになり，伊智花は泣いたのだから，ウが正しい。

問７　取材を受けたのち，実際の記事になったのは，記者からなかば誘導される形で答えた「絆のメッセージ」だった。それを見た伊智花は，取材を思い出して不愉快な気持ちになったほか，絵に「メッセージ」があるのが重要で，絵そのものの描かれ方には目を向けられなかったことに激しい

「怒り」を覚えたが，「滝の絵に没頭」し，ひたすら「流れろ」と思いつつ筆を重ねることで，それを「すべて押し流」そうとしたのである。よって，ウが選べる。

問８　直後で，最優秀賞に選ばれた生徒の絵を見た伊智花が，「あまりにも作為的で，写実的とは言いにくいモチーフだった」と思っていることに注目する。作品としては「不自然」な，「朝露を湛えて芽吹く」「双葉」の絵が賞をとったのは，純粋な技術ではなく，被災者に向けられたメッセージ性が重視されたからである。つまり「双葉」が「芽吹く」とは，震災から立ち直るための「希望」をにおわせているものと推測できるので，「希望っぽすぎる」という部分がぬき出せる。

問９　「これ」とは，直接には「双葉が朝露を湛えて芽吹く絵」を指す。伊智花にとってこの絵は，「色使い」が曖昧で，「朝露の水滴の光り方もかなり不自然」，かつ「希望」をわざとらしく前面に押し出した未熟なものである。つまり，「希望」を感じさせるモチーフとして，安易にがれきのなかで「芽吹く」「双葉」を持ち出したうえ，技術的にも明らかに劣ったこの絵が自らの高校生活最後のコンクールで最優秀をとったことに対し，伊智花は納得がいかなかったのだから，アが選べる。なお，「作為的」は，わざとらしいようす。

問10　自分の絵を見た榊から「立派な絵だよな。ちょっと，今このご時世で水がドーンっと押し寄せてきて，おまけにタイトルが『怒濤』ってのは，ちょっときつすぎるけど，俺は意外とこういう絵がすきなんだよ」と言われた伊智花は，その言葉を「何度も頭の中で繰り返し」ていたが，やがて，絵やタイトルが震災における「津波」を思い起こさせるものだったために充分な評価を受けられなかったことに気づき，その事実を受け入れがたく感じている。これまでは，わざとらしいモチーフを用いて描かれ，技術も劣っていた絵が最優秀賞だったことに伊智花は納得できずにいたが，『怒濤』が低評価だった理由に気づいた今，次第に「怒り」をつのらせているのである。よって，「貧乏ゆすり」と「怒り」の同調を正確にまとめた，エがふさわしい。

問11　問10でみたように，榊から「今このご時世で水がドーンっと押し寄せてきて，おまけにタイトルが『怒濤』ってのは，ちょっときつすぎる」と言われた伊智花は，自分の絵が最優秀賞をとれなかった理由に気づいた。前書きから「このご時世」とは，東日本大震災の記憶が人々のなかに生々しく残っている時期だとわかる。つまり，『怒濤』の滝は「津波」を連想させ，時期的に描かれるものとしてふさわしくないとみなされてしまったのである。

問12　「今までに描いたすべての絵の中でいちばん力強い絵」が評価されず，メッセージ性を重視した稚拙な絵が最優秀賞をとったことに激しい怒りを覚え，一瞬，伊智花は，その怒りの矛先を自分の絵に向けかけた。しかし，「集大成」として仕上げた『怒濤』は，どういう結果を迎えたとしてもやはりいとおしく，やりきれない気持ちをつのらせながらも，伊智花は絵を「抱きしめ」たのである。よって，イが選べる。

二　**出典は二〇二一年一月九日付「朝日新聞」朝刊掲載の，宇佐見りんの文章による。**極力人に近づかなかった高校時代の話を導入に，コロナ禍における息苦しさがどこから来るのかを語っている。

問１　**a**　音読みは「リ」で，「表裏一体」などの熟語がある。　**b**　外部から見たようすのこと。　**c**　団体や組織などの一員として加わっていること。　**d**　よごれのないこと。　**e**　音読みは「シュク」で，「短縮」などの熟語がある。

問２　「自分をよく思って」おらず，「一人でいなくてはならない」と感じていた過去の筆者にとって，三つ目の段落にあるように，「駅前のカラオケ屋」は，「周囲の眼」が「一切気にならない，自分がいることで誰にも迷惑のかからない，希少な場所だった」のである。

問３　「一人でいなくてはならない，人に近づいてはいけない」と考えるようになった理由のひとつに「におい」があったとしたうえで，筆者はそれが「自分への人格否定や容姿コンプレックスとあいまった精神的なもの」からくるのか，実際の体臭からくるものだったのかは「定かでない」と説明している。つまり，体臭ではない，過去の筆者が自分の中で「よく思っていなかった」部分が「異臭」にあたるのだから，エが正しい。

問４　同じ段落に，「精神的なもの」か「実際にひどい体臭」だったのか「定かでない」が，友人に「聞くわけにもいかないので，不安は増すばかりだった」とある。ウが，この内容にあう。

問５　「くさい」相手，「呼吸を阻むものから，人は距離を取る～それ自体は当然の権利」だと，すぐ前にある。傍線部４はこの内容を指しているので，イがあう。なお，「距離を取る」は，“自分から間を空ける”という意味で，アのように相手を「追いやる」のはふさわしくない。

問６　「遠隔でのやりとり」には，当然「現実での接触がない」ので，「自分の弱点」を相手に「晒し続けること」から逃れられると述べられている。また，無意識に現れる「とっさの反応，醸し出す雰囲気，相槌」など，言葉より正確にその人を映し出す「情報」は，遠隔では共有されづらいとも説明されている。アが，この二点を正確にまとめている。

問７　同じ段落で，「忍び笑いや目配せ」のある教室は息苦しい圧迫感があるが，遠隔授業は「通学できない生徒」に「欠席以外の選択肢を与えることができる」と述べられている。よって，ウがふさわしい。

問８　遠隔のかかわりによってぬけ落ちるものとして，人の弱点である「におい」や，その人の「醸しだす雰囲気」などがあげられている。最後の大段落で，現実に人と接触し，人の「におい」を「嗅ぎ続け」，互いにそれを「受け入れあう」ことで「繋がりの強さ，確かさ」が感じられると述べられているとおり，遠隔のかかわりでは現実の接触より，関係が弱くなるのだから，エが選べる。

問９　現実の世界で，「におい」という弱点を互いに「受け入れあう」ことによって築かれる強く確かな「繋がり」が，傍線部８の内容にあたる。よって，イが選べる。

問10　**１**　傍線部８に続く部分で筆者は，「遠隔」でのやりとりと「直接」顔をあわせるやりとりの「どれも良い悪いと切り分けることはできない」と述べているので，この部分がぬき出せる。

２　コロナ禍における人とのかかわり方の「問題」は，二つ目の大段落で説明されている。筆者は，「遠隔」でも「直接」でも両方に長所と短所があり，「選択」できるのが良いと考えている。しかし，コロナ禍では感染拡大防止のために「人と物理的に距離をとることが求められ」，選ぶことができない。そのことについて筆者は，本文の最後で「いま，選択肢が失われつつある。だからこそ昨今の状況は苦しいのだと思う」と述べている。これをもとに「コロナ禍のもとでは，感染拡大防止のために人と物理的に距離を取ることが求められていて，遠隔でのやりとりにするか直接顔を合わせるやりとりにするか，選べなくて息苦しい」のようにまとめる。

Dr.福井の入試に勝つ！脳とからだのウルトラ科学

復習のタイミングに秘密あり！

算数の公式や漢字，歴史の年号や星座の名前……。勉強は覚えることだらけだが，脳は一発ですべてを記憶することができないので，一度がんばって覚えても，しばらく放っておくとすっかり忘れてしまう。したがって，覚えたことをしっかり頭の中に焼きつけるには，ときどき復習をしなければならない。

ここで問題なのは，復習をするタイミング。これは早すぎても遅すぎてもダメだ。たとえば，ほとんど忘れてしまってから復習しても，最初に勉強したときと同じくらい時間がかかってしまう。これはとっても時間のムダだ。かといって，よく覚えている時期に復習しても何の意味もない。

そもそも復習とは，忘れそうになっていることを見直し，記憶の定着をはかる作業であるから，忘れかかったころに復習するのがベストだ。そうすれば，復習にかかる時間が一番少なくてすむし，記憶の続く時間も最長になる。

では，どのタイミングがよいか？　さまざまな研究・発表を総合して考えると，１回目の復習は最初に覚えてから１週間後，２回目の復習は１か月後，３回目の復習は３か月後——これが医学的に正しい復習時期だ。復習をくり返すたびに知識が海馬(かいば)（脳の，知識をためる倉庫みたいな部分）にだんだん強くくっついていくので，復習する間かくものびていく。

この計画どおりに勉強するには，テキストに初めて勉強した日付と，その１週間後・１か月後・３か月後の日付を書いておくとよい。あるいは，復習用のスケジュール帳をつくってもよいだろう。もちろん，計画を立てたら，それをきちんと実行することが大切だ。

ちなみに，記憶量と時間の関係を初めて発表したのがドイツのエビングハウスという学者で，「エビングハウスの忘却(ぼうきゃく)曲線」として知られている。

Dr.福井（福井一成(ふくいかずしげ)）…医学博士。開成中・高から東大・文Ⅱに入学後，再受験して翌年東大・理Ⅲに合格。同大医学部卒。さまざまな勉強法や脳科学に関する著書多数。

2022年度　海城中学校

〔電　話〕(03) 3209－５８８０
〔所在地〕〒169-0072　東京都新宿区大久保３－６－１
〔交　通〕JR山手線－「新大久保駅」より徒歩５分
JR中央・総武線－「大久保駅」より徒歩10分

【算　数】〈第２回試験〉（50分）〈満点：120点〉

注意　１．分数は最も簡単な帯分数の形で答えなさい。
２．必要であれば，円周率は3.14として計算しなさい。

1　次の問いに答えなさい。

(1)　次の計算をしなさい。

$$0.75\times\left(1\frac{2}{3}\div\frac{3}{13}-1\right)-0.32\times0.32\div\left(\frac{8}{45}\div4\frac{17}{27}\right)$$

(2)　兄と弟の持っている金額の比は７：３でしたが，兄は670円，弟は330円使ったところ，残金の比は３：１になりました。はじめに兄が持っていた金額を求めなさい。

(3)　生理食塩水の濃度(のうど)は0.9％です。500ｇの水に何ｇの食塩を溶(と)かせば，生理食塩水になりますか。小数第３位を四捨五入して，小数第２位まで求めなさい。

(4)　２つの蛇口(じゃぐち)ＡとＢを使って，ある水そうに水を入れていきます。ＡとＢの両方を開けて水を入れると18分でいっぱいになります。また，ＡとＢの両方を開けて水を入れ，６分後にＢだけを閉じると，Ｂを閉じてから16分でいっぱいになります。Ａだけを開けて水を入れると何分でいっぱいになりますか。

(5)　右の図は，ある立体の展開図です。長さの等しい辺には同じ印がついています。この立体の体積を求めなさい。

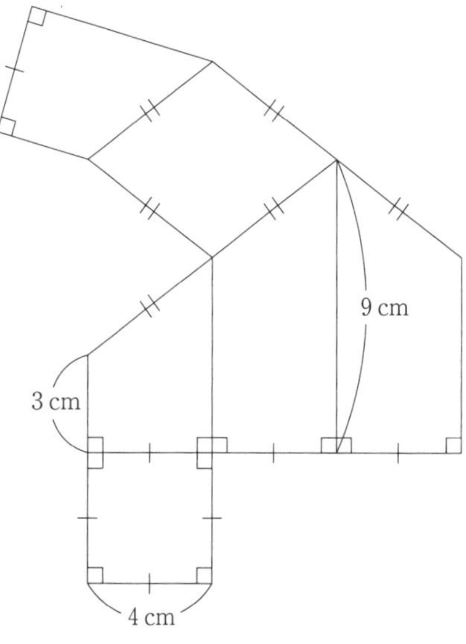

2　太郎君は自宅からＳ駅へ分速75ｍで向かい，その途中(とちゅう)，自宅から750ｍ離(はな)れた所にある本屋で５分間買い物をしてから，最初と同じ速さでＳ駅へ向かいました。太郎君が自宅を出発してから２分後に，弟の次郎君も一定の速さで太郎君と同じ自宅からＳ駅へ向かったところ，自宅から900ｍ離れた地点で太郎君に追い抜(ぬ)かれ，太郎君がＳ駅に着いた１分後にＳ駅に着きました。次の問いに答えなさい。

(1)　次郎君の速さを求めなさい。

(2)　自宅からＳ駅までの距離(きょり)を求めなさい。

3　整数AをB個かけ合わせた数をA^Bで表すことにします。例えば，7^2＝7×7＝49，7^4＝7×7×7×7＝2401です。次の問いに答えなさい。

(1)　7^8の千の位，百の位，十の位，一の位の数をそれぞれ求めなさい。

(2)　7^20 の千の位，百の位，十の位，一の位の数をそれぞれ求めなさい。

(3)　7^100 の千の位，百の位，十の位，一の位の数をそれぞれ求めなさい。

4　下の図のように，半径 4 cm の円があり，その周上に 8 つの点A，B，C，D，E，F，G，Hが時計回りに等間隔(かんかく)に並んでいます。次の問いに答えなさい。

(1)　三角形 DEG の面積を求めなさい。

(2)　三角形 BDG と三角形 ABC の面積の差を求めなさい。

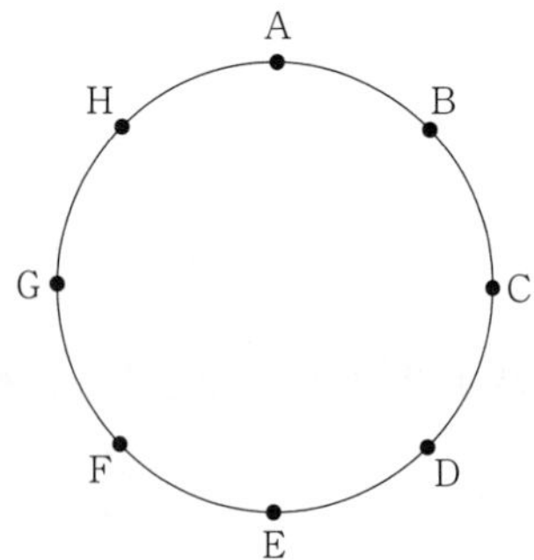

5　図 1 のような 1 辺が 6 cm の立方体 ABCD−EFGH があり，P，Q，R，S，M，N は辺の真ん中の点です。いくつかの点を結んでできる，図 2 のような三角柱ア(PEF−RHG)，イ(MBA−NCD)，ウ(QFG−SEH)を考えます。次の問いに答えなさい。ただし，角すいの体積は(底面積)×(高さ)÷ 3 で求められるものとします。

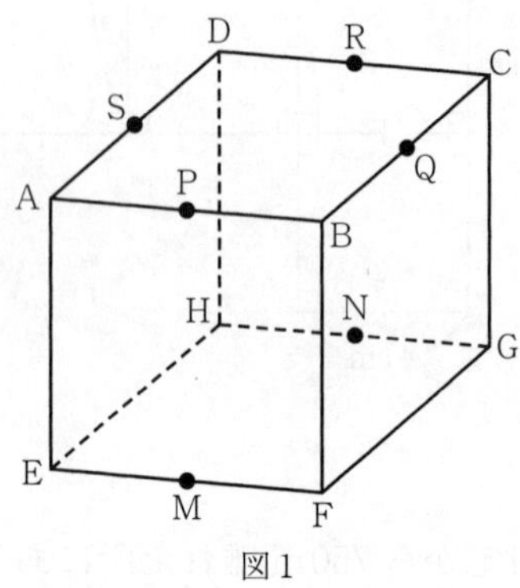

図 1

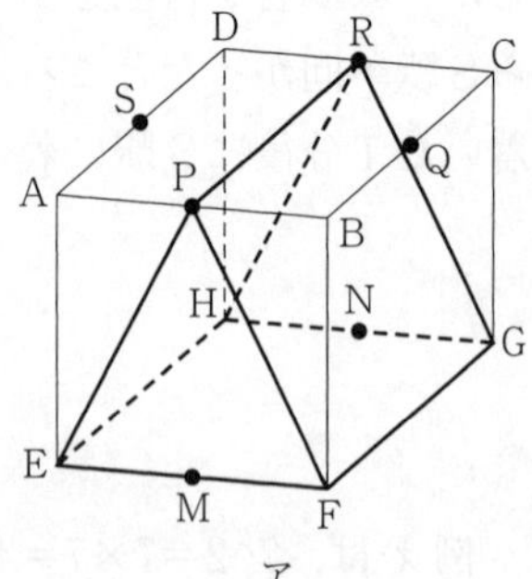

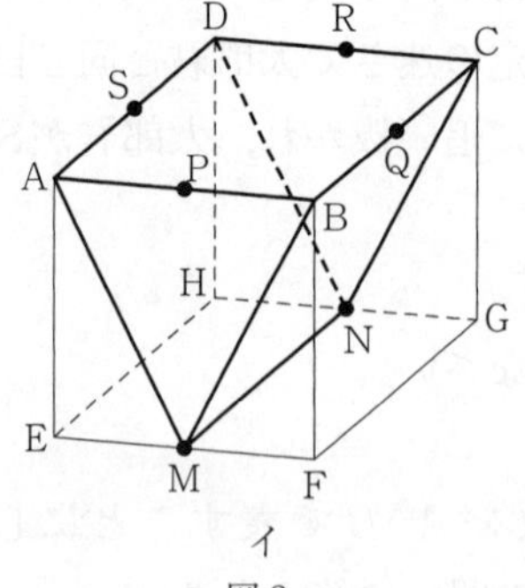

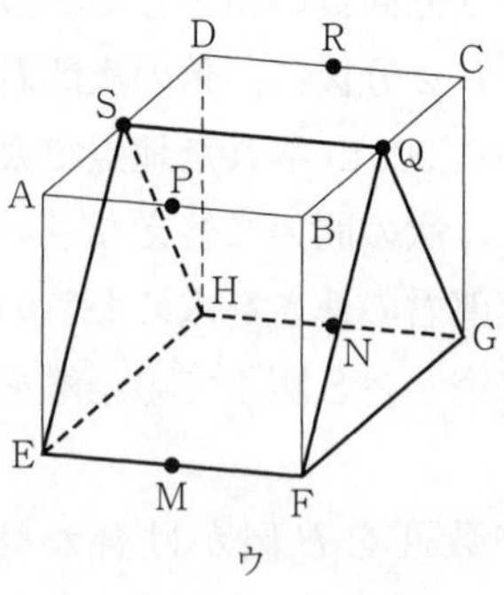

図 2

(1)　アとイの共通部分(どちらの三角柱にもふくまれている部分)の体積を求めなさい。

(2) アとウの共通部分(どちらの三角柱にもふくまれている部分)の体積を求めなさい。

(3) イとウの共通部分(どちらの三角柱にもふくまれている部分)の体積を求めなさい。

6 Ｋ中学校の冬期講習は，１日６時間で，国語，数学，英語，各２時間の授業があります。次の問いに答えなさい。

(1) 時間割の作り方は全部で何通りありますか。

	１時間目	２時間目	３時間目	４時間目	５時間目	６時間目
科目						

(2) 同じ科目の授業は２時間連続しないことにすると，時間割の作り方は全部で何通りありますか。

	１時間目	２時間目	３時間目	４時間目	５時間目	６時間目
科目						

(3) 講習の希望者が多くなり，クラスをＡ組とＢ組の２つに分けて授業を行うことになりました。Ａ組とＢ組で同じ時間に同じ科目の授業は行われません。このとき，時間割の作り方は全部で何通りありますか。ただし，同じ科目の授業が２時間連続してもよいことにします。

	１時間目	２時間目	３時間目	４時間目	５時間目	６時間目
Ａ組						
Ｂ組						

【社　会】〈第２回試験〉（45分）〈満点：80点〉

問題　次の文章をよく読み，あとの問いに答えなさい。

みなさんは「①山梨県」から何を連想しますか。②甲府盆地は果樹栽培が盛んで，山梨県はモモやブドウの生産量が日本一ということは有名ですね。では，「日本住血吸虫症」(山梨県では「地方病」ともいう)を知っているでしょうか。かつて山梨県にあった病気で，水田で仕事をしたり川で水遊びをしたりすると発病し，肝臓や脾臓が侵され，腹部に水がたまってふくれ，死に至る恐ろしい病気です。山梨県といえば武田信玄も有名ですね。その家臣の小幡昌盛(「武田二十四将図」にえがかれた家臣の一人ともいわれる)が日本住血吸虫症と思われる病気にかかって死ぬ直前，武田勝頼に暇乞いを願い出る様子が軍学書③『甲陽軍鑑』に書かれています。このように，日本住血吸虫症は古くから知られた病気でしたが，原因は長い間不明のままでした。

《資料１》「武田二十四将図」

（武田神社『図説 武田信玄公 一族興亡の軌跡』1994年より）

1904年，多くの研究者たちの努力が実り，日本住血吸虫という寄生虫が原因であることが解明され，日本住血吸虫症と名付けられました。この寄生虫は，発病者の便と一緒に排出された卵がかえり，幼虫(セルカリアという)が水中を泳いで，水に入った哺乳動物の皮膚を貫通して体内に侵入し，成虫となって血管を通り，肝門脈や腸管などに寄生し産卵するというものです。しかし，孵化したばかりの仔虫(ミラシジウムという)は哺乳動物の皮膚に侵入する能力がないことが実験で明らかになり，ミラシジウムからセルカリアになるまでの生態は依然として不明でした。

1913年，九州帝国大学の宮入慶之助教授は，用水路で長さ７mmほどの巻貝を見つけ，実験の結果，ミラシジウムがこの巻貝の体内に侵入し，セルカリアとなって水中に出てくることを発見しました。この巻貝は，宮入教授にちなんでミヤイリガイと呼ばれるようになりました。この発見により，日本住血吸虫症の全体像がようやく明らかになったのです。

これ以降，④患者に対する治療と予防対策が行われていきました。スチブナールという⑤薬が開発され，臨床試験を経て1923年に実用化されましたが，約１か月にわたって20数回もの静脈注射をする必要があるうえ，つらい副作用もあって，患者の負担は小さくありませんでした。一方，ミヤイリガイの生息地域が⑥日本住血吸虫症の流行地域と一致することから，1925年に山梨地方病撲滅期成組合が結成され，予防対策としてミヤイリガイの駆除が進められました。さまざまな駆除の方法が検討され，戦前・戦後を通して，生息域への石灰散布や火炎放射，殺貝剤の散布，主な生息域である用水路のコンクリート化などが行われていったのです。

高度経済成長期には，殺貝剤散布や用水路のコンクリート化が進んだほか，農作業用の牛など家畜の感染が減少したり，合成洗剤の排水がセルカリアを殺傷したりといったことから，日本住血吸虫の保卵者数は急激に減少しました。地方病撲滅協力会や地方病撲滅対策促進委員会が，水田から果樹園への転換を推奨したことも影響しています。

甲府盆地では，1978年に日本住血吸虫症の患者が出たのを最後に，これ以後の新たな感染者は確認されていません。ミヤイリガイの生息は続いているものの，セルカリアに感染したミヤイリガイは発見されなくなっています。甲府盆地の小・中・高校生を対象に1990年から３年間行われた集団検診でも，感染を示す陽性反応が１人も出ませんでした。これらの結果を受けて，⑦1996年，ついに山梨県知事によって地方病終息宣言が行われたのです。日本住血吸虫症の特効薬であるプラジカンテルが1975年に開発されましたが，結果的に日本では特効薬の開発前にほぼ撲滅に成功していたのでした。

日本住血吸虫症は山梨県のほか広島県，⑧福岡県，佐賀県などにも存在していましたが，いずれも終息し，日本は日本住血吸虫症の撲滅に成功した国となりました。しかし，フィリピンや中国など世界では依然として大勢の患者が出ており，⑨国連により⑩「顧みられない熱帯病(NTDs)」の１つとされています。日本住血吸虫症を撲滅した日本の経験が海外での取り組みに役立つと良いですね。実は，「顧みられない熱帯病」の１つであるオンコセルカ病の特効薬イベルメクチンの開発に貢献し，2015年にノーベル生理学・医学賞を受賞した大村智氏は，山梨県韮崎市の出身なのです。

問１．下線部①について，山梨県が県境を**接していない**都県を，次の**ア**～**カ**から**すべて**選び，記号で答えなさい。

ア．神奈川県　**イ**．群馬県　**ウ**．埼玉県
エ．静岡県　**オ**．東京都　**カ**．長野県

問２．下線部②について，甲府盆地は日照時間が長く，一日の寒暖差が大きいなどの自然条件が果樹栽培に適しているといわれますが，果物の生産が増加した背景には社会的な条件も影響しています。1960年代から1970年代にかけて甲府盆地で果物の生産量が増加した理由として考えられることを，高度経済成長が人々の生活に与えた影響や甲府盆地の位置的な特徴から70字以内で説明しなさい。

問３．下線部③と《**資料１**》に関連して，「武田二十四将図」を見ると，武田信玄やその家来たちは実際にこのような姿かたちをしていたと私たちは考えがちです。けれども，《**資料２**》によると，考え直さなければならないことがわかります。これを読んで，次の問い(1)・(2)に答えなさい。

《資料２》「武田二十四将図」のえがかれ方の説明

「武田二十四将図」は，1582年に武田氏が滅ぼされて，およそ100年あまりたったころからえがかれはじめ，江戸時代を通じてさまざまな種類のものがあります。下の図を見比べると，武田信玄の顔は「不動明王」といって怒りをあらわにした表情で人々をおそれさせる仏の表情でえがかれているのがわかります。また，信玄は床机という椅子にすわっているのに対して，家来たちはみな地面にすわってえがかれており，主従関係がはっきり見えるようにえがかれています。その家来たちも，必ずしも同じ人物がえがかれているわけではなく，『甲陽軍鑑』に登場するさまざまな人物を絵師が入れ替えてえ

がいているのです。

「武田二十四将図」にえがかれている武田信玄の表情(左)と，不動明王の表情(右)

(上記の〈説明文〉は，加藤秀幸「武家肖像画の真の像主確定への諸問題(上)・(下)」(東京文化財研究所『美術研究』345・346 1989年・1990年)および守屋正彦『近世武家肖像画の研究』(勉誠出版 2002年)をもとに作成。〈武田信玄の表情〉の出典は《資料１》に同じ。〈不動明王の表情〉は守屋正彦 前掲書より)

(1) **《資料２》**からわかるように，江戸時代には，不動明王のような絶対的な主君と，それにつきしたがう家来の関係を「理想の武士のありかた」としてとらえるようになりました。こうした「理想の武士のありかた」をかかげ，幕府や藩によって重んじられた学問を何といいますか。その学問の名前を答えなさい。

(2) **《資料２》**を通じて，私たちが「歴史上の人物」をえがいた絵を見るときに，気をつけなければならないこととして適当なものを，次の**ア**～**オ**から**すべて**選び，記号で答えなさい。

ア．画面にえがかれた人物が大切なのであり，絵師は誰なのかには注意をはらわなくてよい。

イ．画面にえがかれた人物と同じ人物をえがいた図がほかにもないか探してみる。

ウ．画面にえがかれた人物どうしの配置や背景，たがいの関係について考えてみる。

エ．画面にえがかれた人物が生きていた時代や社会に限って深く研究する。

オ．画面にえがかれた人物の表情や顔の向きなどには注意をはらわなくてよい。

問４．下線部④に関連して，国と地方自治体が行う医療や健康に関わる仕事の説明として**誤っているもの**を，次の**ア**～**エ**から１つ選び，記号で答えなさい。

ア．厚生労働省は医薬品のインターネット販売を規制していたが，最高裁判所の判決を受けて規制を緩和している。

イ．保健所は新型コロナウイルスのPCR検査対応，食品を扱う店への検査や心の健康相談などを行っている。

ウ．厚生労働省は安全で健康に働ける職場づくりの指導や，育児・高齢者介護の支援を行っている。

エ．文部科学省は医学部のある大学を管理・監督するとともに，新しい薬の有効性・安全性の審査も行っている。

問５．下線部⑤に関連して，８世紀半ばに中国から招かれて正式な仏教の制度を整え，薬草の知識も広めた僧侶は誰ですか。その人物の名前を答えなさい。

問６．下線部⑥について，日本住血吸虫症の発症には甲府盆地の中でも地域差が見られました。次の**《資料３》**・**《資料４》**・**《資料５》**は，日本住血吸虫症を撲滅していく過程で見られた甲府盆地の東部・西部の地域差を示したものです。**《資料３》**から東部と西部の陽性率の違いについて説明しなさい。その際，**《資料３》**の空欄に入る数値を計算し，参考にしなさい(ただし，計算して得られた数値を解答文中に書く必要はありません)。また，**《資料４》**・**《資料５》**から東部と西部の陽性率の違いが生じた理由や背景を説明しなさい。以上のことを合わせて120字以内で説明すること。

《資料３》　甲府盆地における農業従事者に対する日本住血吸虫卵の検査結果

	西部			東部		
	検査数	陽性数	陽性率	検査数	陽性数	陽性率
1957年	2051人	186人	9.1％	1392人	154人	11.1％
1968年	11445人	269人	(　　)％	1595人	6人	(　　)％
1971年	7197人	45人	0.6％	3050人	0人	0.0％

《資料４》　甲府盆地における用途別土地面積の変化

	西部		東部	
	農地	宅地	農地	宅地
1960年	10451ha	870ha	10836ha	1038ha
1970年	11883ha	1269ha	11346ha	2213ha
変化率	113.7％	145.9％	104.7％	213.2％

「農地」は田と畑の合計。
「変化率」は1960年を100としたときの1970年の割合。

《資料５》　甲府盆地における農作物作付面積の変化

	西部		東部	
	水稲	果樹	水稲	果樹
1956年	5108ha	494ha	4529ha	1589ha
1969年	4834ha	1382ha	2444ha	4496ha
変化率	94.6％	279.8％	54.0％	282.9％

「果樹」はブドウ，モモ，ウメの合計。
「変化率」は1956年を100としたときの1969年の割合。

(《資料３》・《資料４》・《資料５》は，久津見晴彦・薬袋勝・梶原徳昭・三木れい子・中山茂「山梨県における日本住血吸虫症の疫学的研究(3)県東部と県西部における本症流行状況と土地利用との関係」(『山梨県立衛生研究所年報』16-12 1972年)をもとに作成)

問７．下線部⑦の年に「アイヌ対策のあり方に関する有識者懇談会」の提言を受けて，翌1997年に「アイヌ文化の振興並びにアイヌの伝統等に関する知識の普及及び啓発に関する法律(アイヌ文化振興法)」が制定されました。この法律に関連する文章として**適当でないもの**を，次の**ア**～**エ**から１つ選び，記号で答えなさい。

ア．アイヌの人々への差別や偏見をなくし，彼らの誇りが尊重される社会の実現を目指した。

イ．アイヌ文化の復興や情報発信の施設として，2020年７月に国立アイヌ民族博物館が開館した。

ウ．過去のアイヌ政策を反省し，アイヌの人々の土地や漁業権などの権利回復が図られた。

エ．2019年４月に，新たに「アイヌの人々の誇りが尊重される社会を実現するための施策の推進に関する法律(アイヌ新法)」が制定され，アイヌの人々を先住民族として認めた。

問８．下線部⑧について，福岡県と佐賀県の県境を流れる筑後川の流域でも，かつて日本住血吸虫症の発症が見られました。筑後川が流れこんでいる海域の名前を答えなさい。

問９．下線部⑨について，国際平和を守り，国どうしの争いなどを解決することを目的とし，加盟国を拘束する決定をすることができる唯一の機関の名前を答えなさい。

問10．下線部⑩の「顧みられない熱帯病(NTDs)」とは，熱帯・亜熱帯地域を中心に149か国で10億人以上の人々に影響を与えている病気のことで，世界保健機関(WHO)により現在20の病気が指定されています。NTDsの１つであるオンコセルカ病は，大村智氏や製薬会社の意向で，WHOを通じた特効薬イベルメクチンの無償供与(むしょうきょうよ)プログラム(1987年～)が実現し，多くの人々を救うことができました。近年では他のNTDsについても無償供与の取り組みが行われるようになってきましたが，依然としてNTDsの治療薬の開発や普及は十分とはいえません。なぜ，長い間NTDsの治療薬の開発が進まなかったのでしょうか。また，どのような取り組みがNTDsの対策に有効と考えられるでしょうか。以上のことを**《資料６》**・**《資料７》**・**《資料８》**を参考に，合わせて160字以内で説明しなさい。

《資料６》　各国の１人当たり国民総所得(2018年)

国	国民総所得
アメリカ	63200ドル
イギリス	41730ドル
ドイツ	47150ドル
日本	41150ドル

「顧みられない熱帯病」が多く存在する国

国	国民総所得
タンザニア	1020ドル
中央アフリカ	490ドル
ブラジル	9080ドル
モザンビーク	460ドル

(二宮書店『データブック オブ・ザ・ワールド』2021年版をもとに作成)

《資料７》　新薬開発の実状

製薬会社にとって新薬開発は容易なことではありません。例えば，１つの薬を開発するのに，10年以上，数百億円以上の投資が必要といわれます。近年では新薬開発に要する費用は年々増加しています。創薬自体，成功確率が低いことで知られており，莫大(ばくだい)な投資と長期間に及ぶ開発などさまざまなリスクを伴(ともな)います。

(公益社団法人グローバルヘルス技術振興基金ウェブサイトの文章を書き改めました)
https://www.ghitfund.org/motivation/whyglobalhealthrd/jp

《資料８》「顧みられない熱帯病(NTDs)」にふくまれる病気の例とそれらの特徴

ギニア虫感染症　ギニア虫という寄生虫が人体に寄生して発症します。ギニア虫の幼虫が体内にいるケンミジンコを飲み水と一緒に飲むことで感染するので，飲み水を布やパイプでろ過したり，殺虫剤を水にまくなどの対策が必要です。

デング熱　デングウイルスに感染すると高熱や出血などの症状が現れます。蚊(か)(主にネッタイシマカやヒトスジシマカ)に刺(さ)されることでデングウイルスに感染するので，水たまりなど蚊が産卵する場所を無くすなどの対策が必要です。

嚢虫症(のうちゅうしょう)　豚(ぶた)に寄生する嚢虫が人体に寄生して発症します。豚肉の内部にいる幼虫や感染者の便にふくまれる卵により感染するので，豚肉を調理する際よく加熱したり，トイレの後やおむつを替えた後，食品にさわる前に石けんをつけてお湯で手を洗ったりするなどの対策が必要です。

(エーザイ株式会社「Eisai ATM Navigator」の一部をわかりやすく書き改めました)
http://atm.eisai.co.jp/ntd/

【理　科】〈第２回試験〉（45分）〈満点：80点〉

1　**次の文章を読み，各問いに答えなさい。ただし，数値を答える問いは，必要であれば四捨五入して小数第１位まで答えなさい。**

Ｋさんは，家族といっしょに公園に来ました。公園に図１のような十字シーソー(以下，シーソー)という遊具を見つけたので，遊んでみることにしました。

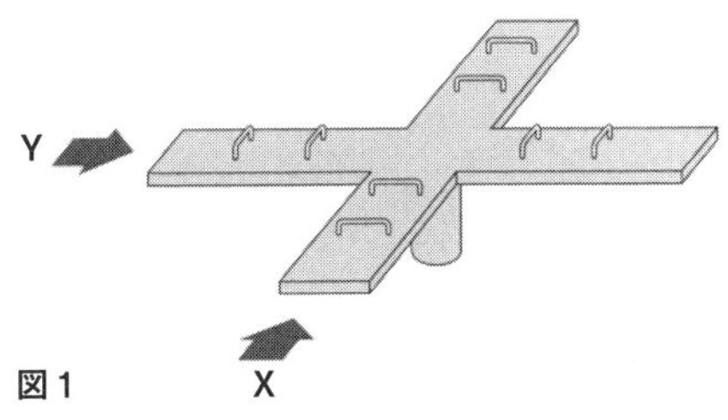

図１

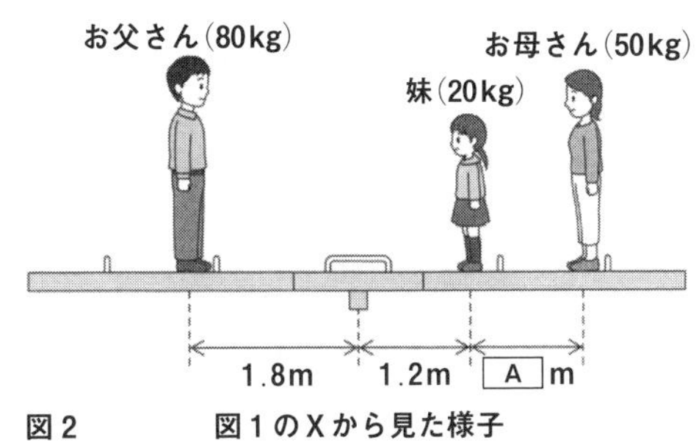

図２　　図１のＸから見た様子

問１　**図２**のように，お父さん(80kg)とお母さん(50kg)と妹(20kg)がシーソーにのったところ，シーソーは水平につりあいました。**図２**の **A** に当てはまる数値を答えなさい。

問１で３人は同じ位置にのったまま，さらにＫさん(40kg)と重い荷物を持った弟(荷物と合わせて30kg)がシーソーのもう一方向の板にのってみました。すると，図３の各方向から見たときに，それぞれの方向で，てこがつりあう条件が満たされると，シーソー全体が水平につりあうことがわかりました。

今，シーソー全体は水平につりあっています。

図１のＸから見た様子

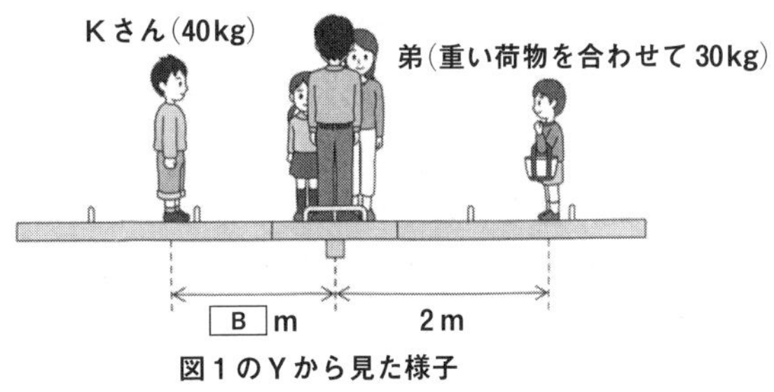

図１のＹから見た様子

図３

問２　**図３**の **B** に当てはまる数値を答えなさい。

重い荷物を持った弟が毎秒0.4mの速さでＫさんの方に向かってそっと歩き始めました。それを見たＫさんは，シーソーを水平に保つように弟と同時にそっと歩き始めました。

問３　このとき，Ｋさんの歩く速さは毎秒何mですか。

弟が毎秒0.4mの速さで歩き始めて２秒後，持っていた荷物をシーソー上の足元に置き，そのまま毎秒0.4mの速さでＫさんの方へ向かって歩き続けました。

問４　このとき，シーソーを水平に保つためには，Ｋさんはどのように歩けばよいでしょうか。Ｋさんがシーソー上を歩いた距離(きょり)を縦軸(じく)，Ｋさんが歩き始めてからの時間を横軸にとったときのグラフの形として最も適当なものを次の**ア**～**オ**から選び，記号で答えなさい。

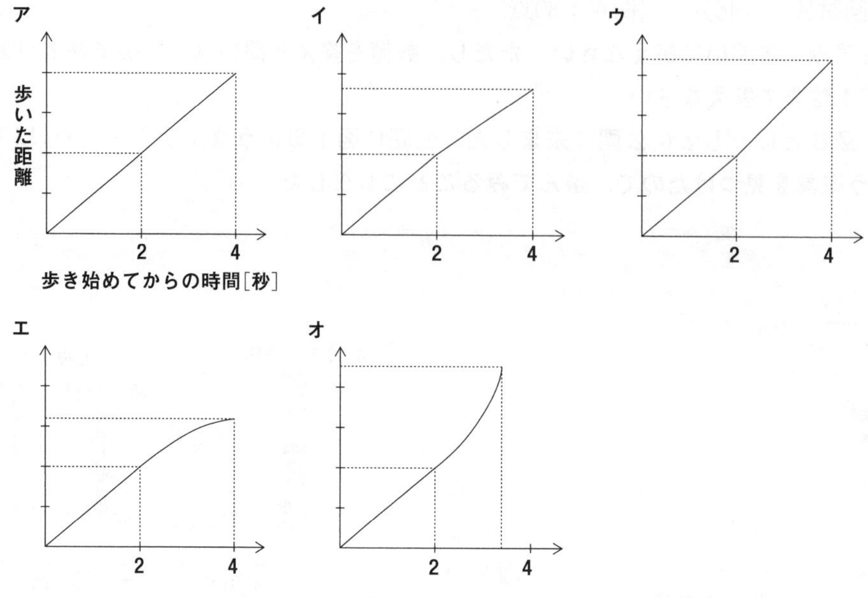

Ｋさんは，シーソーの板が十字型でなく，図５のように正方形型である場合にはどのようになるのかを考え，模型を作ってみました。正方形型の板の中央の真下に支点をつけて板を置いたところ，板は水平のままつりあって静止しました。

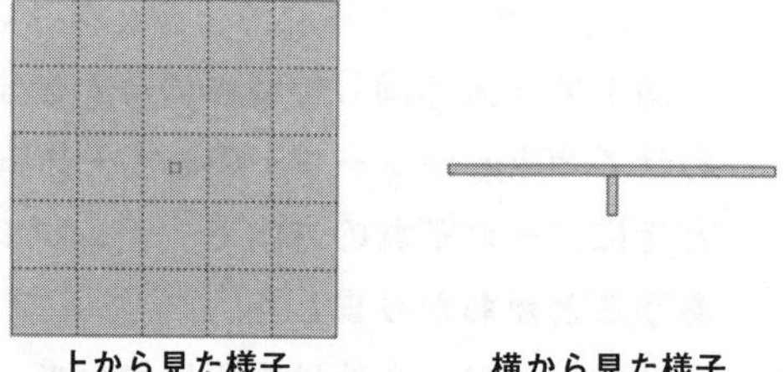

図５

この正方形型の板の上に１つあたり100ｇの立方体のおもりをいくつかのせてみたところ，正方形型の板の場合にも，縦方向と横方向それぞれについて，てこがつりあう条件を満たすことで板全体がつりあうことがわかりました。

例えば，図６のように４つのおもりをのせたとします。ただし，上から見た様子の図中の数字は，そのマスに重ねてのせたおもりの個数を示しています。

この例では，Ｘから見て，①列に100ｇ，③列に100ｇ，④列に200ｇのおもりが置かれており，てこがつりあう条件より，横方向には板が傾(かたむ)かないことがわかります。

このように縦方向にも横方向にもてこがつりあう条件を満たすとき，板は水平のままつりあって静止します。

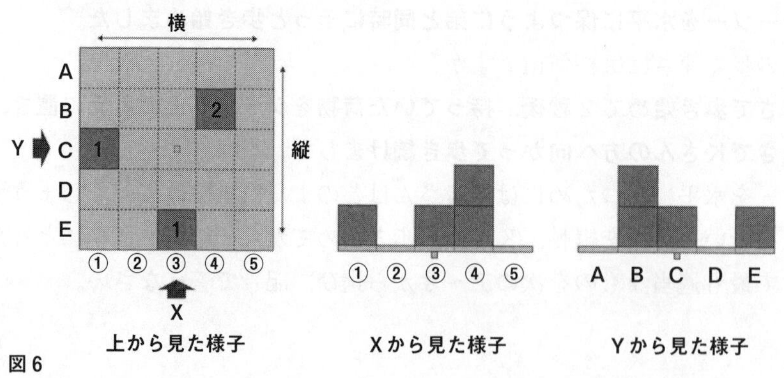

図６

問５　**図７**ではすでにおもりが３つのっていますが，さらにおもりを１つのせて板をつりあわせます。おもりをどの位置にのせればよいでしょうか。その位置を「(**①**，**A**)」のように答えなさい。

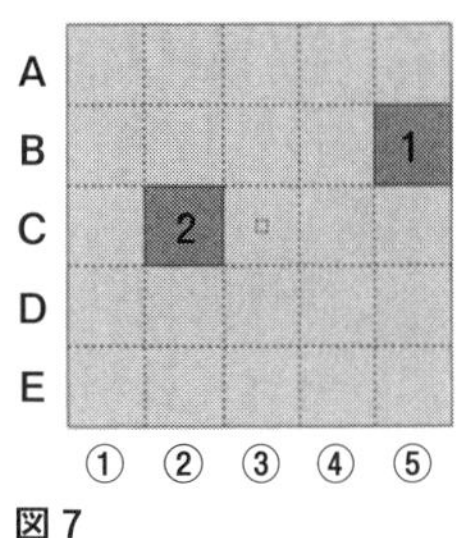

図７

問６　**図８**は，おもりを**９つ**のせてつりあっている板を，横から見た様子です。この板にはどのようにおもりがのっているでしょうか。おもりがのっているマスにその個数を書き入れなさい。ただし，答えは複数ありますが，そのうちの１つを答えなさい。

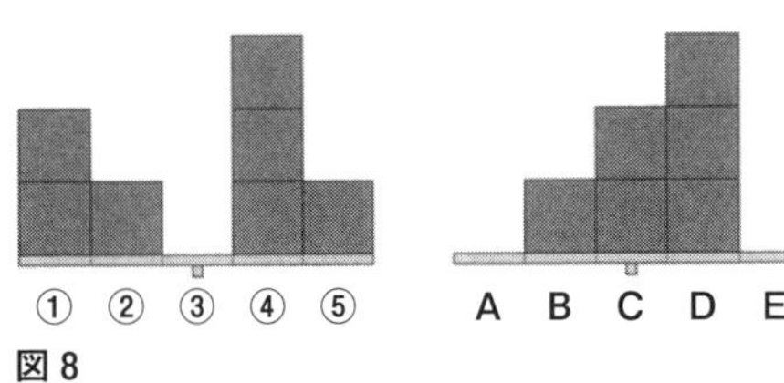

図８

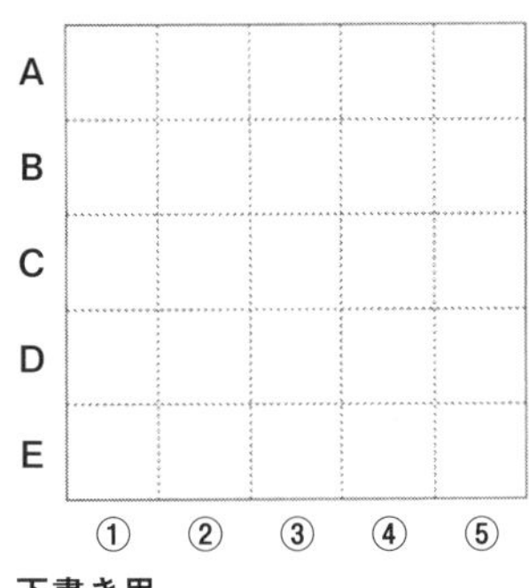

下書き用

2　**次の文章を読み，各問いに答えなさい。ただし，数値を答える問いは，必要であれば四捨五入して小数第１位まで答えなさい。**

化学部のＫさんは，塩酸と水酸化ナトリウム水溶液を混ぜたときに溶液が温かくなっていることに気づきました。このことについて調べたところ，一般的に中和すると熱が生じることを知りました。

Ｋさんはこれについてさらに調べるために，ある濃さの塩酸Ａと，ある濃さの水酸化ナトリウム水溶液Ｂを用意し，実験を行いました。ただし，この塩酸Ａと水酸化ナトリウム水溶液Ｂをそれぞれ10mLずつとって混ぜるとちょうど中和し，うすい食塩水ができることがわかっています。

〈実験１〉

20℃の塩酸Ａ 10mL を20℃のうすい食塩水 10mL に加えて水溶液の温度を測定した。結果は20℃で変化は見られなかった。同様に20℃の水酸化ナトリウム水溶液Ｂ 10mL を20℃のうすい食塩水 10mL に加えて水溶液の温度を測定しても同じ結果が得られた。

〈実験２〉

20℃の塩酸Ａ 10mL を20℃の水酸化ナトリウム水溶液Ｂ 10mL に加えて水溶液の温度を測定した。結果は24℃になった。

問１　塩酸は水に何という物質がとけた水溶液ですか。

問２　水酸化ナトリウム水溶液にアルミニウムを入れたときに発生する気体は何ですか。

問３　塩酸Ａと水酸化ナトリウム水溶液Ｂを 10mL ずつ混ぜた水溶液に BTB 溶液を加えると何色になりますか。

問４　Ｋさんが〈**実験２**〉の前に〈**実験１**〉を行った理由は何ですか。次の文中の空欄を補い，文を完成させなさい。

「〈**実験１**〉で混ぜ合わせた２つの水溶液が［　　　　　］ことを確認し，〈**実験２**〉の温度変化が中和によるものであることを確認するため」

問５　20℃の塩酸Ａ 20mL を20℃の水酸化ナトリウム水溶液Ｂ 20mL に加えてできる水溶液の温度は何℃になると考えられますか。

Ｋさんは中和による温度変化について調べるために，塩酸Ａを冷やして10℃に保ち，実験を行いました。このとき，温度を下げても塩酸Ａの濃さは変わらず，中和は20℃のときと同じように起こるものとします。

〈実験３〉

10℃の塩酸Ａ 10mL を20℃のうすい食塩水 10mL に加えて水溶液の温度を測定した。結果は15℃になった。

〈実験４〉

10℃の塩酸Ａ 10mL を20℃の水酸化ナトリウム水溶液Ｂ 10mL に加えて水溶液の温度を測定した。結果は19℃になった。

問６　実験結果から考えて，塩酸Ａ 10mL と水酸化ナトリウム水溶液Ｂ 10mL が中和して生じる熱は，水溶液の温度によってどのように変化すると考えられますか。最も適当なものを次の**ア**～**ウ**から選び，記号で答えなさい。

ア　生じる熱は，水溶液の温度が低くなると大きくなる。

イ　生じる熱は，水溶液の温度が低くなると小さくなる。

ウ　生じる熱は，水溶液の温度によって変化しない。

問７　10℃の塩酸Ａ 30mL を20℃の水酸化ナトリウム水溶液Ｂ 10mL に加えてできる水溶液の温度は何℃になると考えられますか。

問８　実際には，今回の実験から中和によって生じた熱を正確に測定することは難しいです。理由として「中和により生じた熱の一部が水溶液の温度変化以外に使われる」ことが挙げられます。この温度変化以外に使われた熱により，〈**実験２**〉や〈**実験４**〉では水溶液を混ぜた直後に水溶液の上に白い煙(けむり)のようなものが観察できました。この白い煙の正体は何という物質だと考えられますか。

3　次の文章を読み，各問いに答えなさい。

（文１）

①アリは昆虫のなかまで，ダンゴムシやクモなどとともに，（　Ｘ　）動物というグループに属しています。

メキシコやブラジルなどでみられるアカシアアリという種類のアリは，アリアカシア(以下，アカシア)というマメ科の樹木をすみかにしています(右図)。アカシアは３cm もあるとげに空洞(くうどう)をもっており，この空洞にアカシアアリの女王がやってきて，女王はコロニー(集団)をつくります。アカシアは葉やくきにある花外蜜腺(みつせん)から蜜を出し，アカシアアリはそれをえさにしています。②アカシアからアカシアアリを駆除(くじょ)すると，アカシアは成長できず，ほとんどが１年以内に死滅(しめつ)してしまいます。

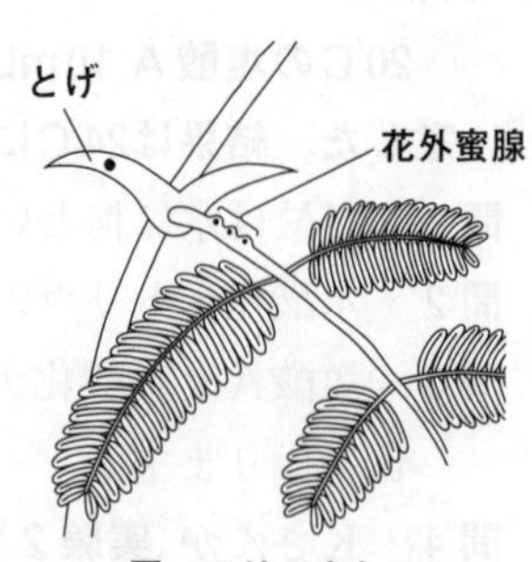

図　アリアカシア

問１　**下線部①**について，次の(**1**)～(**3**)に答えなさい。

(**1**)　(**X**)に入る最も適当な語を答えなさい。

(**2**)　アリが行うのは完全変態，不完全変態のいずれか答えなさい。

(**3**)　ダンゴムシ，クモがそれぞれ脱皮(だっぴ)するかどうかに関する正しい組み合わせを次の**ア**～**エ**から選び，記号で答えなさい。

	ダンゴムシ	クモ
ア	脱皮する	脱皮する
イ	脱皮する	脱皮しない
ウ	脱皮しない	脱皮する
エ	脱皮しない	脱皮しない

問２　**下線部②**について，アカシアが死滅することから，通常アカシアアリはアカシアの上で何をしていると考えられますか。そのうちの１つについて説明しなさい。

(**文２**)

一般に，アリの成虫がえさとする植物の蜜にはショ糖(砂糖の主成分)が多くふくまれています。アリに限らず，動物はショ糖をそのまま腸から吸収することはできません。ショ糖を栄養源として吸収するためには，ショ糖をブドウ糖と果糖に消化することが必要で，腸内ではたらく③消化酵素(こうそ)(この消化酵素をAとします)がそれを担っています。

興味深いことに，他の植物とは異なりアカシアの蜜には自身のAがふくまれ作用していることが明らかとなりました。さらに，アカシアの蜜には，本来腸内で分泌(ぶんぴつ)されてはたらくべきアカシアアリのAのはたらきをさまたげる成分(この成分をBとします)もふくまれていることがわかったのです。

アカシアアリの幼虫は働きアリから蜜ではなく固形物のえさをもらって成長します。アカシアアリが成虫となり，それまでなめてこなかったアカシアの蜜をはじめてなめてBを取りこむことで，それまでアカシアアリの腸内ではたらいていたAはその後一生はたらかなくなると考えられています。

問３　**下線部③**について，ヒトのからだの小腸以外ではたらく消化酵素を１つ答えなさい。また，それがからだのどの部分ではたらくか答えなさい。

問４　アカシアの蜜に関する記述として最も適当なものを次の**ア**～**ウ**から選び，記号で答えなさい。

ア　ショ糖を多くふくむがブドウ糖をほとんどふくまない。

イ　ショ糖をほとんどふくまないがブドウ糖を多くふくむ。

ウ　ショ糖もブドウ糖もほとんどふくまない。

問５　ショ糖を消化できないと考えられる生物を次の**ア**～**オ**からすべて選び，記号で答えなさい。

ア　アカシアアリの幼虫

イ　アカシアアリの羽化直後の成虫

ウ　アカシアアリの老齢(ろうれい)の成虫

エ　日本でふつうにみられるアリの老齢の成虫

オ　12歳(さい)のヒト

問６　アカシアの蜜にＡとＢがふくまれていることは，アカシアアリの成虫の行動にどのような影響を与えていると考えられますか。「アカシア以外の植物」という語を用い，理由とともに答えなさい。

4　**次の文章を読み，各問いに答えなさい。**

図１は，兵庫県明石市(東経 135°)において，カメラを固定して毎日 12:00 ちょうどに太陽の写真を撮り続け，その像を１年分重ね合わせたものです。なぜこのような軌跡になるか考えてみましょう。以下では，地球の自転と公転の速さはそれぞれ一定とし，地球は円を描くように公転しているものとします。

図１　12:00 の太陽の１年間の軌跡

問１　**図２**は，兵庫県明石市における太陽の南中高度の年変化を示したグラフです。**図１**において①の位置に見えるのは何月中なのか，整数で答えなさい。

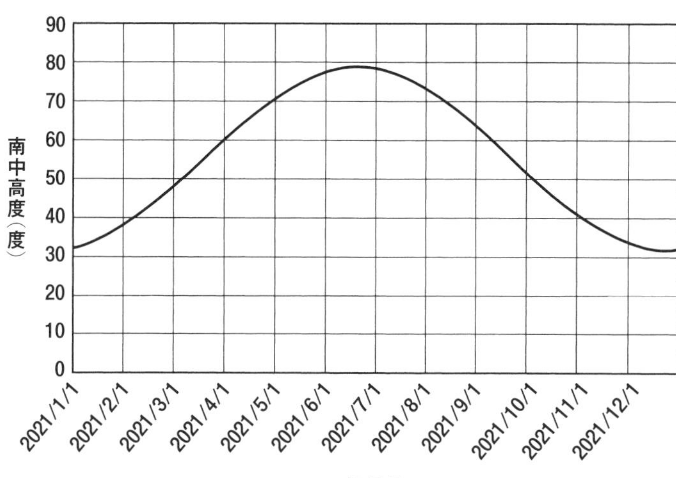

図２　太陽の南中高度の年変化

問２　いま，地球の自転軸が公転軸と平行だとします。赤道上の**地点Ａ**で太陽が南中してから360°自転するまでの様子を，自転軸の真上から見ると**図３**のようになります。**地点Ａ**で太陽が南中してから再び南中するまでの間に，360°に加えて余分に自転する**角度ａ**は何度ですか。必要であれば四捨五入して整数で答えなさい。ただし，**角度ａ**の分自転する間の公転はわずかであり考えなくてよいとします。

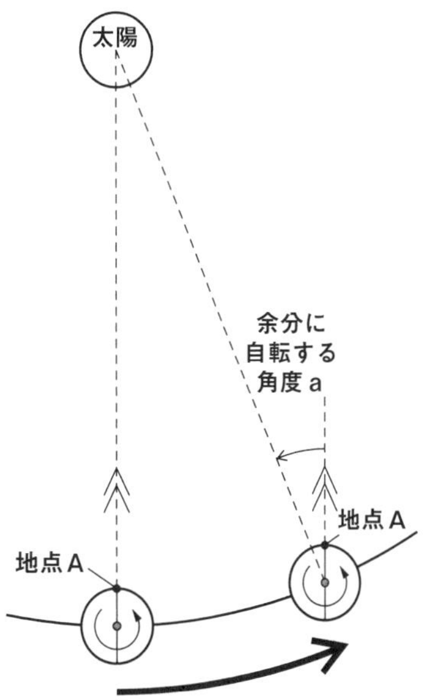

図３　地球の自転軸が傾いていない場合の公転を，自転軸の真上から見たときの様子。地点Ａは赤道上の地点。

問３　実際の地球の自転軸は**図４**のように23.4°傾いています。この場合，太陽が南中してから次の日に再び南中するまでの時間は一定とは限りません。その理由を考えるために，**問２**と同じように自転軸の真上から見ることにします(**図４**の太い矢印)。その様子を表したものが**図５**，**６**です。**図４**の円を描くような公転の道すじは，自転軸の真上から見ると見かけ上，だ円に見えます(**図６**)。**図６**で見えている公転の道すじは，**図４**の実際の長さに比べて短く，どのくらい短く見えるかは時期によって異なっています。後の(1)～(5)に答えなさい。

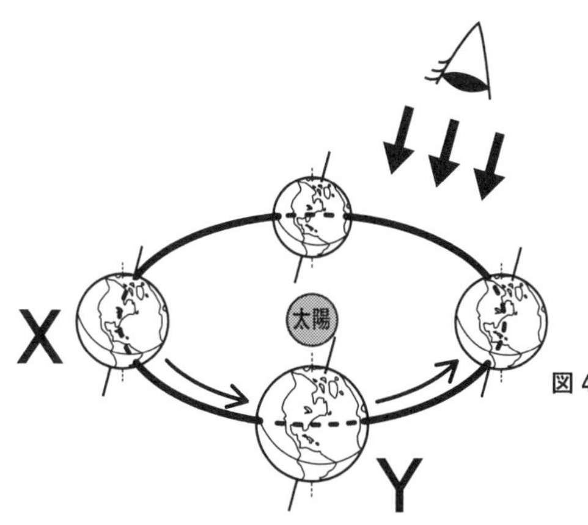

図４　自転軸が傾いた地球が公転する様子。
自転軸に平行な太い矢印の向きを上下方向にしたときの様子を簡単にしたものが図５。
自転軸に平行な太い矢印の向きから見たときの様子が図６。

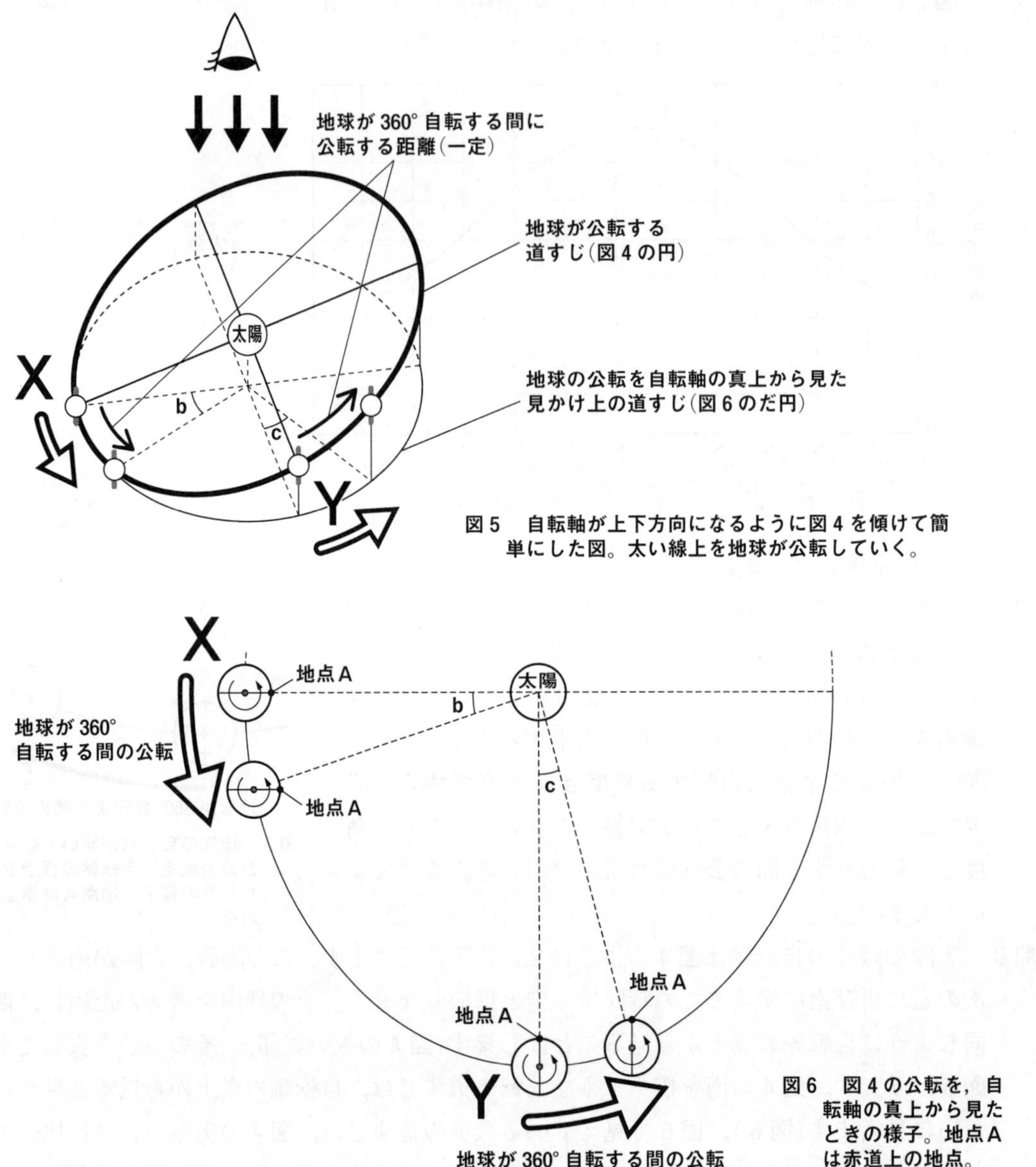

図5　自転軸が上下方向になるように図4を傾けて簡単にした図。太い線上を地球が公転していく。

図6　図4の公転を，自転軸の真上から見たときの様子。地点Aは赤道上の地点。

(1) **図4，5，6**中の**X**と**Y**の時期として適当な組み合わせを次の**ア**～**エ**から選び，記号で答えなさい。ただし，**図4，5，6**中の**X**と**Y**はそれぞれ同じ位置の地球を示しています。

	X	Y
ア	3月	6月
イ	6月	9月
ウ	9月	12月
エ	12月	3月

(2) **図6**において，赤道上の**地点A**で太陽が南中してから再び南中するまでの間に，360°に加えて余分に自転する角度が大きい時期は**X**と**Y**のどちらですか。記号で答えなさい。ただし，**図5，6**中の**角度b**または**c**の分自転する間の公転はわずかであり考えなくてよ

いとします。

(3)　太陽が南中してから再び南中するまでの時間は，24時間より長い時期も短い時期もあります。この時間がちょうど24時間になる時期として最も適当なものを次の**ア**～**ウ**から選び，記号で答えなさい。

ア　**X**の時期　　**イ**　**Y**の時期　　**ウ**　**X**と**Y**の間の時期

(4)　兵庫県明石市において，太陽の南中時刻の年変化のグラフはおおよそどのような形になると考えられますか。**X**と**Y**の時期における南中時刻の変化のしかたを参考にして考え，最も適当なものを次の**ア**～**ク**から選び，記号で答えなさい。ただし，横軸は１年間を示します。

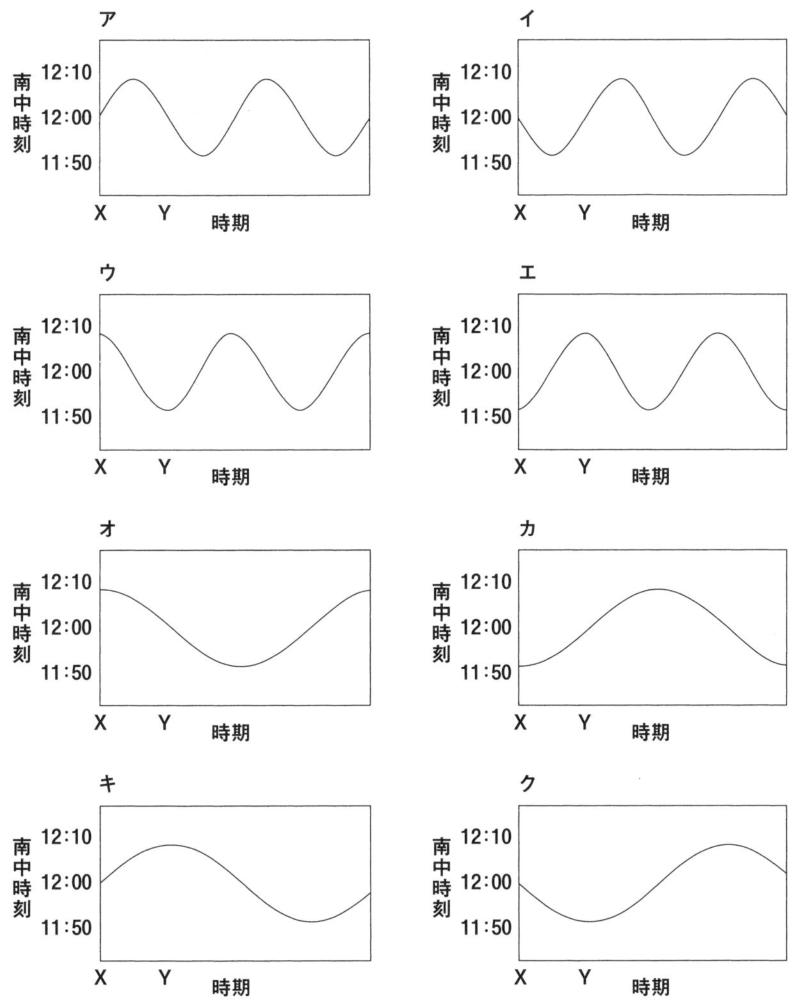

(5)　**図１**の①の位置に見えていた太陽に対して，翌日の12:00ちょうどに見える太陽は**図１**の②と③どちら側にずれた位置に見えますか。番号で答えなさい。

ア　「小説の書き方」という授業における唯一の「誇れるアドバイス」として、小説の書き方の本筋から外れた内容が示されており、小説の書き方など教えられないという筆者の考えが、おかしみを交えながら強調されている。

イ　「小説の書き方」という授業自体はうまくいかなかったが、その中でも生徒たちに「誇れるアドバイス」を伝えられたと自画自賛している点に、心の中に残るわだかまりを何とか解消しようという筆者の意図が表れている。

ウ　「小説の書き方」という数年間の授業をふりかえった上で、書き終えた小説を読み返す際の手順という、自らが考案した具体的かつ有効な方法が明示されており、筆者がこの授業をおこなった一番の成果が軽妙に語られている。

エ　「小説の書き方」という授業で、結局は作品を書き直す時の心得しか伝えられなかったと打ち明けている点に、授業での失敗を自分へのいましめとして、謙虚に小説を書いていこうという筆者の決意がほのめかされている。

イ　小説は、その内容の立派さを読者に納得してもらうためには、文章を一つ一つ工夫することで、読者を少しずつ作品の世界に引き込んでいく地道な努力が何よりも大切になるということ。

ウ　小説は、立派で大それたなにかを読者に伝えようとすることにそれほど意味はなく、誰もが知らず知らずのうちにしている文章の工夫を、より意識的におこなうことにつきるものだということ。

エ　小説は、意義深く立派ななにかを読者に伝えようとすることよりも先に、読者に向けて文章を一つ一つ工夫することが大事であり、それを積み重ねることで出来上がっていくものだということ。

問七　――線部**6**「驚いた」とあるが、筆者が「驚いた」のはなぜだと考えられるか。その理由の説明として、最も適当なものを次の中から一つ選び、記号で答えなさい。

ア　他人の目を気にしているがゆえに、表面上はふてぶてしい態度をとっていた生徒が、小説の中ではふだんの様子とは違い、実に生き生きと自分の好きなものを表現できていたから。

イ　これまでまったくやる気を示さなかった生徒が、小説を書くという課題にだけはまじめに取り組み、完成した作品からも、小説で表現することにかける強い思いが伝わってきたから。

ウ　授業態度がよくない生徒が、雑な字で分量も短く書くことで、いかにも嫌々取り組んだように見せかけながらも、好きなミュージシャンへの愛情が伝わる小説を提出してきたから。

エ　これまで自分の好きなものを明かさなかった生徒が、小説を書くように指示したとたん、好きなミュージシャンについての、まさしく小説ともいうべき作品を書いてきたから。

問八　――線部**7**「いや、これが小説だ！」とあるが、筆者がこのように思ったのはなぜだと考えられるか。その理由を説明した次の文の空らんにあてはまる言葉を六〇字以上、八〇字以内で答えなさい。

彼女の文章は、ただの作文ではなく、（　　　　）という点で、小説の本質的なあり方を表したものだと思ったから。

問九　――線部**8**「僕は――先生なのに――自分が一番教えを授かった者の顔をしていた」とあるが、この表現の説明として、最も適当なものを次の中から一つ選び、記号で答えなさい。

ア　小説とはなにかを生徒につかみ取らせようとしていた自分こそが、小説のことをまったくわかっていなかったことに気がついた様子をあえて他人事(ひとごと)のように描写(びょうしゃ)することで、その切なさを際立たせようとしている。

イ　小説を教えることなどできないと考えていただけに、生徒がいとも簡単に小説を書いてきたことに混乱し、動揺が隠しきれない様子をあえて突き放すように描写することで、その情けなさを際立たせようとしている。

ウ　生徒から小説という言語手段の効用を教えられることになり、自分がそれを教える立場にあったのに、ただ感心してしまった様子をあえて客観的に描写することで、そのこっけいさを際立たせようとしている。

エ　小説という言語手段の効用を、生徒から提出された小説を読んだおかげでようやく理解することができて、興奮がおさえきれない様子をあえて淡々と描写することで、その面白さを際立たせようとしている。

問十　――線部**9**「余談だが」とあるが、本文の「余談」にあたる部分についての説明として、最も適当なものを次の中から一つ選び、記号で答えなさい。

ア　生徒が恥ずかしがらずに頭の中のアイデアを伝え、わからないところを聞いてくれれば、その度に指導することで小説を練り上げていけると思っているから。

イ　生徒の心の中をのぞいて、書きたい場面や設定の一部だけでもわかれば、小説を書く技術を一から教えて良い小説を書かせることはできると思っているから。

ウ　生徒の頭の中にある、小説になりそうな要素やイメージを知ることができれば、小説の書き方についてまだ教えようがあるかもしれないと思っているから。

エ　生徒が心の中で書きたいと思っている小説のジャンルを教えてくれれば、そのジャンルのよくある書き方なら教えられるかもしれないと思っているから。

問四　――線部**3**「小説の『具』は、にんじんや豚肉のようではない」とあるが、どういうことか。次の中から最も適当なものを一つ選び、記号で答えなさい。

ア　小説を書くための材料は、確かな形で存在しているものではなく、小説を書きたい人自身もよくわかっていないものであるため、教える側と共有するには、教わる側自身がまず自分の材料を理解する必要があるということ。

イ　小説を書くための材料は、他の材料と簡単に取りかえられるものではなく、本来小説を書きたい人が工夫をこらして用意しているものであるため、教える側のすすめる材料を教わる側が受け入れるのは難しいということ。

ウ　小説を書くための材料は、目や耳で実際に確認できるものではなく、小説を書きたい人の頭の中に存在する、その人特有のものであるため、教える側と教わる側で材料を共有することは簡単にはいかないということ。

エ　小説を書くための材料は、他者が無遠慮に確認できるものではなく、小説を書きたい人の強い思い入れが感じられるものであるため、教わる側のもつ材料を教える側が確認するときには配慮が必要になるということ。

問五　――線部**4**「一学期の最初の授業では必ず、生徒たちにアンケートをとった」とあるが、このようなことをしたのはなぜか。その理由の説明として、最も適当なものを次の中から一つ選び、記号で答えなさい。

ア　好きな小説や漫画、音楽を尋ね、それぞれの趣味や考え方が多様であることを示すことで、小説の書き方も一通りではないことを生徒に学んでもらうため。

イ　自分にとって思い入れのある漫画や、自分が面白いと思った事柄（ことがら）であっても、それを言葉だけで説明することは難しいということを生徒に知ってもらうため。

ウ　好きな小説や漫画について教えてもらい、内容を言葉で再現させることで、その小説や漫画の面白さや書き方の工夫などを生徒に認識してもらうため。

エ　自分が面白いと思った夢や漫画でも、好みが違う人たちにその面白さを言葉で説明するのは、かなり難しいということを生徒に理解してもらうため。

問六　――線部**5**「小説は高尚な、文学的ななにかである以前にまず『文章』だ」とあるが、どういうことか。次の中から最も適当なものを一つ選び、記号で答えなさい。

ア　小説は、気高く立派ななにかを読者に伝えるという目的を達成するためにこそ、目の前にある文章の細部をないがしろにせず、しっかりと工夫をし続ける姿勢が求められるものだということ。

は分かる。彼女以外にも、空欄の子はいた。よく知らない初対面のおじさんなんかに、ごくごくパーソナルな趣味嗜好を開陳したくないという、若者特有の自意識が働くのだろう)。

それがどうだろう。「小説」を書けといったら、いとも簡単に、頭の中をむき出しにして、大事な「具」を、言葉をボロンと出した。

小説も、アンケートも同じ「言葉」なのに。

小説のときだけ、語る相手が誰とか、自分がどう思われるとか、そういうことがまるで無効になる。そうだよ、と僕は(すでにたくさん小説をｄカンコウしていたのに)強く得心した。それが小説という言語手段の効用だ。８僕は——先生なのに——自分が一番教えを授かった者の顔をしていた。

彼女は自分の小説が俎上にあがった授業の際も、僕のｅゲキショウの言葉の途中で席を立って出て行ってしまったが、無事に単位を取得した(僕が「可」としたからだが)。僕は今では、小説の書き方を教えるのはほぼ諦めている。

とはいえ(９余談だが)このときの数年間の授業で唯一、生徒たちに放った、具体的かつ有効な「小説の書き方」を最後に一つ、伝授しよう。

小説をとりあえず最後まで書いたら読み返すだろう。欠点がないか、加筆できるところがないか、原稿用紙か、印刷した紙を読み直すだろう。それで、直すべきところに赤ペンで記入して、それをもとにまた、書き直す。それを何度か繰り返して、練り上げていくだろう。

その際、印刷した小説を最初から読み直して、書き直したら、二度目に印刷したときは決して、最初から読み直してはいけない。10枚なら5枚目、100枚なら50枚目から読み直しなさい。

そうでないと、最初のほうばかりよくなって、途中からが雑な直しになる。人は疲れるし、飽きる生き物だから。僕が生徒たちに「してよかったな」「あれはいい指導だった」と誇れるアドバイスは、それだけだ。

(長嶋　有「小説の、書き方」)

(注) ゼロ年代…二〇〇〇年から二〇〇九年までの十年間を指す区分。
ゆとり世代…二〇〇二年から二〇一一年の間に、授業の時間数や内容を少なくすることで、ゆとりを持った教育を受けた世代を指す。

問一　～～線部ａ～ｅのカタカナを漢字に直しなさい。

問二　——線部１「小説家は小説を、学問を授けるように教えられるわけではない」とあるが、どういうことか。次の中から最も適当なものを一つ選び、記号で答えなさい。

ア　算術や歴史はある程度定まった手順があり、教える内容も決まってくるが、小説には誰にでも当てはまる教え方はなく、教える内容も明確には決まらないということ。

イ　算術や歴史は専門家であれば豊富な知識があるので教えることができるが、小説家は小説についての知識が豊富だとは限らず、教えられないこともあるということ。

ウ　算術や歴史は誰が教えても一定の水準を保ったものになるが、小説は小説家ごとに教え方に個性が強く出て、教える内容の質にどうしても差が出てしまうということ。

エ　算術や歴史は知識をもつ側が知識をもたない側に教え込む形を取るが、小説は知識をもたない側が積極的に知識を得ようとしなければ何も得られないということ。

問三　——線部２「いっそ冷蔵庫の中をみせてくれ、と言いたくなる」とあるが、筆者がこのように思ったのはなぜだと考えられるか。その理由の説明として、最も適当なものを次の中から一つ選び、記号で答えなさい。

込んでみても、3小説の「具」は、にんじんや豚肉のようではない。その「具」は「記憶」かもしれないし「印象」かもしれない。「考え」や「哲学」かもしれないが、とにかく小説を書きたい人、一人一人の、それぞれの頭の中にある「具」はほかの誰のものとも違う、どこまでも固有のものだ。もしかしたら、それが具になると認識さえしていない景色や言葉の印象や違和感などは、にんじんや豚肉のように確固たる存在として共有できない。千差万別の「具」の料理法をどう「教えれば」いいんだ。

㊟ゼロ年代半ばごろ、当時お茶の水にあった専門学校の創作aコウザで小説を教えた。

授業名はなんでもいいといわれたが、開き直って「小説の書き方」と銘打った。小説を教えることの不可能性を示すことで、逆説的に小説とはなにかをつかみ取ってほしいと思ったのだ。

4一学期の最初の授業では必ず、生徒たちにアンケートをとった。「好きな小説や漫画」「好きな音楽」などを尋ねるのだが、最後に二問「あなたの好きな4コマ漫画を（4コマの内容を）教えてください」「あなたが寝ていてみた、面白い夢を教えてください」とした。

最後の二問だけ、誰もが苦心する。「一コマ目、カツオがつまみ食いする。二コマ目、追いかけるサザエさん……」といった具合に漫画の中身を文字にするのだが、そうするとどうだろう。漫画の「面白さ」が抜け落ちる。文字では、漫画の「出来事」しか伝達できない。面白かった夢も、説明したらつまらなくなることは大勢に経験があるだろう。

夢を書き言葉で表現することで、また、漫画を言語に置き換えることで、言葉というものの得意・不得意を実感してもらったのだ。

また、漫画を文字で伝達する際、誰もが知らずに「工夫」をする。そもそも「一コマ目。二コマ目」と文字で「書く」時点で、伝えるための工夫の始まりだ。5小説は高尚な、文学的ななにかである以前にまず「文章」だ。文章の工夫の集積なんだよ、というようなことを述べて、一年間の授業の始まりとしたのだった。

何年目だったか、とてもやる気のない子がいた。親のbイコウで仕方なく登校しており、授業中でも断りなくプイ、と外に出てしまうし、朗読をあてたら泣いて抗議された。

そんな子だから最初のアンケートも、少しもまじめに答えなかった。単に生徒の趣味嗜好を知りたくて設問している「好きな映画」も「音楽」も「なし」。面白い4コマ漫画も回答はなかった。安直に決めつけたくはなかったものの、ついつい「これがいわゆる『㊟ゆとり世代』か」と陰で嘆息の漏れる、手をcヤく生徒だった。

そんな彼女だが小説は提出した。後期の授業で、必ず小説を発表するルールだった。授業は嫌だし興味もないが、落第だけはどうしても避けたかったのらしい。僕は彼女の規定ギリギリに短い小説を読んで、6驚いた。

いかにも覇気のない、汚い字で原稿用紙に手書きされたそれは、作者自身と思しき女の子がXJAPANのHIDE（というミュージシャン）のことを好きで好きでたまらない！　という（だけの）小説だった。HIDEはすでに故人だったが、これこれのきっかけで好きになった。追悼コンサートにもいったし、とにかくかっこよくて好きだ、と。そういったことが書かれていた。

そんなの小説じゃない、作文だと断じる人もいるだろう。僕は、7いや、これが小説だ！　と（心で）叫んだ。

思い出してほしい。この作者は最初の「アンケート」で「好きな音楽」を訊かれたとき、なにも言葉を出さなかったということを（気持ちちが湧き上がってきたから。

エ　クラスでからかわれているという話をするうちに、そのつらさにもうたえられないという気持ちが込み上げ、クラスメイトの反感を買ったとしても、先生に今こそ伝えるしかないと思い、気持ちが高ぶっているから。

問十　――線部10「むしろ幹に対して失礼なんじゃないかと思えてきた」とあるが、「俺」がこのように思ったのはなぜか。その理由を五〇字以上、七〇字以内で答えなさい。説明する際には「**決めつける**」という言葉を必ず用いること。なお、「決めつける」は活用(後に続く語にあわせて形を変えること)させてもよい。

問十一　――線部11「戦うべき相手はこのひとだったんだって」とあるが、「俺」がこのように思ったのはなぜか。その理由の説明として、最も適当なものを次の中から一つ選び、記号で答えなさい。

ア　幹が今のクラスでつらい思いをしていることに気づかないばかりか、幹の希望を聞き入れるつもりはないと言い切った先生のことが許せず、この先生のせいで幹がつらい目にあっているに違いないと思ったから。

イ　幹が意を決して今のクラスへの思いを打ち明けたのに、先生が幹の希望通りになるとは約束できないと冷淡(れいたん)に告げたことにいきどおり、幹のつらい状況を変えるには先生に考えを改めさせるしかないと思ったから。

ウ　幹が勇気を出して今のクラスでのつらい立場について相談したのに、先生が事の重大さを認識してくれないため、幹の立場を好転させるためには、自分が幹の代わりに先生を説きふせるしかないと思ったから。

エ　幹が自分からクラスでのいじめを告発したことを喜ばしく思う一方で、それを知っても対応しないのは、いじめを隠そうとするのと同じだと考え、そんな先生のひきょうな態度は受け入れられないと思ったから。

問十二　――線部12「カチッと音を立てて何かが嚙み合った」とあるが、どういうことか。次の中から最も適当なものを一つ選び、記号で答えなさい。

ア　つらい状況を変えたいという幹の先生へのことばに強く共感し、はなれていた幹と自分の気持ちが再び一緒になったということ。

イ　幹のことばが先生に届いたことで、つらい立場にあった幹の今の状況が変わりはじめる確かな手ごたえがあったということ。

ウ　幹の先生へのことばから、できるところから現状を変えていきたいという幹の強い意思がはっきりと伝わってきたということ。

エ　気迫(はく)のこもった幹のことばが、冷たかった先生の心に届いて、先生の態度を幹に寄りそうものに見事に改めさせたということ。

□二　**次の文章を読み、後の問いに答えなさい。**

小説の書き方を教えるのは難しい。数学者は算術を、歴史学者は歴史を教えられるが**1**小説家は小説を、学問を授(さず)けるように教えられるわけではない。

いや、その小説の書き方なら、教えられるかもしれない。料理の作り方を教えてくれといわれても困るが、カレーの作り方なら教えられるのと同様に。

2いっそ冷蔵庫の中をみせてくれ、と言いたくなる。にんじんに豚(ぶた)肉(にく)、なるほど、カレーだな、肉じゃがだな、それならば……といった具合に「教え」が始まる。

でもやはり難しい。無遠慮(ぶえんりょ)に冷蔵庫を開けるように人の頭をのぞき屋には幹の歌声こそが必要だったのだと今になってようやく実感した。

エ　幹が自分のことを嫌っているのではないかと思い、ずっと声をかけられなかったが、幹は自分のことを助けるために勇気を出して名乗り出てくれたのだと気づき、うれしさで胸がいっぱいになった。

問七　――線部7「白い両手をぎゅっとにぎりしめて」とあるが、この時の幹について説明したものとして、最も適当なものを次の中から一つ選び、記号で答えなさい。

ア　クラスメイトにからかわれ続けていることがとてもつらいので、たとえ友人である「俺」の前で弱みを見せることになったとしても、今の自分の気持ちを先生に訴えるしかないと思いつめている。

イ　学校で目立つことを避けてきたが、自分をかばうために返答に困っている「俺」に、これ以上迷惑(めいわく)をかけられないと思い、不本意ではあるが隠してきたことを先生に話すしかないと覚悟を固めている。

ウ　自分が「俺」と同じバンドのメンバーであることを、バンドの仲間以外には絶対に知られたくないと思ってきたが、その気持ちを乗りこえて、先生に本当のことを伝えようと改めて決意している。

エ　「俺」と同じバンドの一員であることがわかってしまうと、またからかわれることになるが、それでもバンドへの思いを示したいと思い、先生に思い切って本当のことを打ち明けようと決心している。

問八　――線部8「突拍子もない」とあるが、「俺」がこのように受け止めたのはなぜか。その理由の説明として、最も適当なものを次の中から一つ選び、記号で答えなさい。

ア　今話題になっているのは笹屋のメンバーであるかどうかであって、幹が持ち出したクラス分けの話はそれとはまったく無関係の話題であるように思えたから。

イ　笹屋のメンバーであることを認めながら、幹はクラス分けの話を持ち出して話題を変えようとしているが、それはいかにも無理があるように思えたから。

ウ　自ら笹屋のメンバーであることを告げた上で、必死にクラス分けの話をする幹に、クラス分けも大事であることはわかるが、今すべき話ではないと感じたから。

エ　笹屋のメンバーであることを告白したことをきっかけに、幹がクラス分けに関して要望を出しはじめたが、それは生徒として行き過ぎた行いであると感じたから。

問九　――線部9「そこで声が大きくゆらいだ」とあるが、それはなぜか。その理由の説明として、最も適当なものを次の中から一つ選び、記号で答えなさい。

ア　自分がからかわれていたことを話すうちに、これまで味わってきたつらい体験がよみがえってきて、もうこれ以上はたえられないという気持ちが込み上げ、それを先生に打ち明けようとして感情が高ぶっているから。

イ　からかわれないように目立つことは避けているという話をするうちに、自分の思いを押し殺して生きていくのはもう嫌だという気持ちになったが、その一方で先生に訴えたら今後どうなるのか不安がつのってきたから。

ウ　先生に必死に話をしているうちに、からかわれないようにバンドの仲間と距離をおかなければならなかった苦しさが思い出され、大切な仲間を裏切ることは二度としたくないという気持ないと思い、重圧を感じているから。

イ　まさか知られていないと思っていた笹屋の活動について先生に問われ、何とか取りつくろおうと思いながらも、簡単にごまかせる気がせず、追いつめられているから。

ウ　先生たちは笹屋の活動を知りつつ見て見ぬふりをしていたのだとわかり、その驚きで頭が真っ白になってしまって、どう対応していいかわからず、追い込まれているから。

エ　先生が笹屋の活動について知っていることがわかり、メンバーの中に幹がいることだけは何とかごまかさなければならないと焦ってしまい、気が動転しているから。

問四　――線部**4**「後ろを見るな。……今、そっちを見ちゃだめだ」とあるが、「俺」がこのように思ったのはなぜか。その理由の説明として、最も適当なものを次の中から一つ選び、記号で答えなさい。

ア　笹屋の残りのメンバーを先生がさぐっている状況でも、うまくやれば必ずごまかしきれるはずだが、幹を見てしまえば先生にヒントをあたえてしまうことになるので、そのようなふるまいは避けるべきだと考えているから。

イ　笹屋の残りのメンバーは幹であるのだが、幹はそのことを知られたくなくて自分たちと関わりを持たないようにしており、そんな幹にこの絶体絶命の状況下にあるとはいえ、意地でも頼りたくないと考えているから。

ウ　笹屋の残りのメンバーについて、それが幹であることを先生はわかった上で聞いているのは明らかで、ふり返って幹を見てしまえば、先生の仕組んだ誘いに乗って自ら認めてしまうことになると考えているから。

エ　笹屋の残りのメンバーを先生に聞かれている状況で、本当のことを言えるはずもないが、今ふり返ってしまえば、自分の視線によって、先生に幹がそのメンバーであることを教えてしまうことになると考えているから。

問五　――線部**5**「せっかく見つけた場所」とあるが、それは「俺」にとってどのような「場所」か。次の中から最も適当なものを一つ選び、記号で答えなさい。

ア　周囲に気をつかう必要がなく、自分の意思で活動ができる場所。

イ　好きなものを共有する仲間と競い合って、自分を高められる場所。

ウ　学校生活でつらいことがあった時に、いつでも逃げ込める場所。

エ　仲間とただ一緒に過ごすこと自体に、心地よさを感じられる場所。

問六　――線部**6**「この声の持ち主を、長いあいだ探し続けていた気がした」とあるが、この時の「俺」について説明したものとして、最も適当なものを次の中から一つ選び、記号で答えなさい。

ア　この二週間は幹と疎遠になっていたため、つらい思いをしてきたが、幹が自分からバンドのメンバーだと先生に申し出たことで、これからもバンドを続けられるかもしれないという希望が湧いた。

イ　久しぶりに会っても声をかけられず、もう友だちにはもどれないのではないかと思っていたが、幹の声を聞いたことで、幹と以前のような関係にもどりたいと願い続けていた自分の気持ちに気づいた。

ウ　久しぶりに幹の少しかすれた声を聞いたことで、バンドで音楽を演奏していた時のことがありありと思い出され、やはり笹中だったかを思い出して「ああっ」と叫んだ。

「事務室！」

「じむしつ？」

「落ち葉入れる袋もらうんだ。幹も部活じゃない？」

「あっ。うん、今日実験の日で……！」

つまりお互い先輩たちを待たせちゃってる。

とにかくカバンを受け渡して、あわあわしながら別方向へ駆け出そうとして、はっと気づいてふたりして先生に会釈した。先生はわかったってふうに軽く手をあげた。

その別れ際「それにしても行動力あるな」と言ったんだ。

廊下のあっちとこっちでふり向いた俺と幹に向かって、まったく表情を変えずに、ひょうひょうと。

「動画は観てないが、グループ研究の曲は聴いたよ。来年は文化祭に出たらどうだ？」

（眞島めいり『夏のカルテット』）

問一　――線部**1**「心臓がばくばく暴れ回ってうるさい」とあるが、この時の「俺」の心情の説明として、最も適当なものを次の中から一つ選び、記号で答えなさい。

ア　幹の名を呼ぶことさえできず落ち込んでいた時に、苦手な先生が背後からせまってきていたことにひどく取り乱し、その上その先生が怒ったようにこちらを見続けているため、ますます冷静さを失っている。

イ　幹のことを心配し、渡り廊下にぼんやりと立っていたところに、苦手にしている先生が突然現れたため、先生に叱られる心当たりはまったくないものの、何かとがめられるのではないかと平静さを失っている。

ウ　気軽に声をかけることさえできなくなった幹のことを考えて周りが見えていなかったため、苦手にしている先生から急に声をかけられたことに大きく動揺してしまい、落ち着きを取りもどせずにいる。

エ　幹にかけることばが見つからず困っていた際に、厳しい先生に突然呼び止められたことに驚き、反射的にいい加減なあいさつをしたことで先生を余計に怒らせたように感じ、動揺をおさえきれずにいる。

問二　――線部**2**「背筋がすうっとつめたくなった」とあるが、この時の「俺」の心情の説明として、最も適当なものを次の中から一つ選び、記号で答えなさい。

ア　自分たちが動画を投稿したことまでも先生に知られていることに驚き、先生がどこまで知っていて、何を問いただそうとしているのかがわからず、恐ろしさを感じている。

イ　提出物を見てバンドのことを知っているだけだと思ったが、情報を小出しにしてこちらの反応をさぐりながら話を進める先生の意図がわからず、ひどくうろたえている。

ウ　主任の先生がわざわざ自分にバンドのことを聞いてきたことから、動画を投稿したことが学校の中で大きな問題になっていることを確信し、おじけづいている。

エ　先生が動画投稿のことをあっさり伝えてきたことから、バンド活動のすべてを知られているのではないかと思い、落ち着き払った先生の様子に不気味さを感じている。

問三　――線部**3**「喉を締めつけられたような声が出た」とあるが、それはなぜか。その理由の説明として、最も適当なものを次の中から一つ選び、記号で答えなさい。

ア　笹屋の活動を具体的に先生に問われ、下手にごまかそうとしたところで、結局はすべてを白状するまで先生に許してもらえ

「ピアノを弾いてたのは僕です。僕も笹屋のメンバーなんです」

（中略）

自らメンバーだと名乗り出た幹は、不意を突かれて押し黙っている先生に向かって、訊いたんだ。

「来年のクラス分けを決めるのは、先生ですか？」

8突拍子もない質問に俺はびっくりしたし、いつも厳しい顔つきの先生もめずらしく眉を上げて、まちがいなく驚いていたと思う。

「僕、今のクラスがつらいです」

幹は言った。気圧されるくらい必死に。

「からかわれるのが嫌だから、毎日、できるだけ目立たないように過ごしてます。からかってくるひとのことはどうしようもないから、自分が変わればいいんだと思ってました。でも、……」

9そこで声が大きくゆらいだ。

俺はいてもたってもいられなくて駆け寄った。本気で訴えている友だちを支えたくて。味方だよと伝えたくて。

だけどいざ近づいてみたら、こういう行動が、10むしろ幹に対して失礼なんじゃないかと思えてきた。背中をぽんとたたいたり、そもそもふれたりすることが。だから中途半端にあげた手の行き場がなくて、ただおろおろして隣にいるだけだった。

支えなくたって、幹はちゃんと立っていた。

自分の足で。意思をもって。

「でもこれ以上は、無理です。……来年からは、はなれたい。嫌いなひとは嫌いだし、自分の好きなものを好きでいたいです」

まつ毛にたまった涙が落ちる。

静かにすうっと、片方の頬に線が光った。

「今言っておかないと、後悔しそうだから、言いました」

「……クラス分けは会議で決まるんだ。必ず瀬尾の希望通りにするって、約束するのは難しい」

先生は答える。いつもの授業みたいに硬く、よそよそしい口調で。

俺は先生を見すえる。どうして聞き入れてくれないのかって、怒りがぶわっと湧き上がる。悔しくて、身体が燃えるように熱かった。敵だとさえ思った。11戦うべき相手はこのひとだったんだって。

先生は、そんな気持ちを見透かしているみたいに、ちらりと俺のことを見た。

そしてふたたび幹に向かい合った。

「でも、その会議で意見は出せる。出すって約束する。……気づけなくて悪かった。いつでもいい、瀬尾の話を聞かせてくれないか」

幹がまばたきした。

その弾みでまたぽろぽろ涙がこぼれて、それをうっとうしそうに、制服の袖でぐいっとぬぐった。

俺はなんて声をかけたらいいか思いつかなくて、とりあえず落ちていた幹のカバンを拾った。ばふばふたたいてほこりを払いながら、本当はほっとして、一緒に泣きたいくらいだった。

12カチッと音を立てて何かが噛み合ったのを感じた。

嫌になるくらい大きなもののたった一部分かもしれないけど、でも、ずっと重たくきしんでいたそれを幹が動かした。自分自身のことばで、声で。

やっぱり幹はすごいよ。知ってたけど、あらためて思う。

すると赤い目をした幹が、きょとんとした顔で俺を見つめてきた。

「典くん、髪に……？」

つまみ上げてくれたのは、真っ黄色の葉っぱのかけら。

それで俺は、自分が左手に靴を持っていることと、どこへ向かう途俺の足もとに視線を落とした。

念入りにチェックされてるのを感じる。

……ああよかった、靴脱いどいて。ほら、さっきの判断は正解。こんなことでいちいち叱られちゃたまんない。

そうやって数十秒前の自分に拍手を送りそうになったとき、

「バンドを組んだんだってな」

完全に不意打ちを食らって、俺はまじまじと先生を見つめ返した。その単語がここで出てくるとは思わなくて、なんらかの難しい意味をもつ、未知のものに一瞬思えた。

なんでこの先生が知ってるんだろう？

誰が教えた？

どこまで噂が、……あ、そっか、夏休みのグループ研究！　あの提出物を先生も見たのなら、バンドのことは知ってたって当然だ。

「動画を投稿してると聞いた」

あっさり言われて、2背筋がすうっとつめたくなった。

やばい。笹屋の活動を具体的に知られてる。これまで担任からもほかの先生からも訊かれたことなんかなかったのに。

見て見ぬふりされてただけなのか？　実はとっくに問題視されてた？

どうしよう。どうしたらいいんだろう。こんなの尋問だ。下手なごまかしが通用する相手じゃない。とりあえず「はい」とだけ答えると、3喉を締めつけられたような声が出た。

「あ、でも。もう非公開にしたので……」

視線をうろつかせながら言いわけしたら、先生は太い眉を寄せた。

次に核心を突く質問が来ると、どうしてか予想できた。当たってほしくなかったのに、それは当たった。

「霜村、三組の鯨井、四組の寺。あと、もうひとりいるって？」

あと、もうひとり。

4後ろを見るな。……今、そっちを見ちゃだめだ。

焦ってぐちゃぐちゃに混乱する中で、それだけはわかった。どんなに近くにいるとしても。どんなに隣に立っていてほしくても。

違います。もうひとりなんていません。

否定しようとして、唇がうまく動かなかった。声が出ない。

言い逃れできる可能性がどれだけあるんだろう。いったい何を守ろうとしてるんだろう。けど、わずかな可能性に賭けるためならどんな下手くそな嘘だってつく。

邪魔しないでください。

どうか放っておいて。

始まったばっかで終わるのは嫌だ。

5せっかく見つけた場所なんだ。お願いだから。

お願いだから、もう少しだけ。

「……僕です」

そのかすれた声は、すごく近くから、ほとんど自分の中から聞こえたみたいだった。

ほんの二週間くらい耳にしてなかっただけなのに、6この声の持ち主を、長いあいだ探し続けていた気がした。

図書室で初めて出会ったときから、俺はこの声が好きだった。もっとしゃべってほしかったし、しゃべりたくないなら黙っていてくれてよかった。四人で同じ空間にいるだけで楽しかった。そのときもこれからも、なんでもない話をして、歌って、笑い合いたかった。

俺は渡り廊下をふり返り、「幹」と友だちの名前を呼ぶ。

幹はそこに立っている。カバンを足もとに落として、少し青ざめた顔で、7白い両手をぎゅっとにぎりしめて。

どこにも行かずに、そこにいる。

二〇二二年度　海城中学校

【国語】〈第二回試験〉(五〇分)〈満点：一二〇点〉

注意　字数指定のある問いは、句読点なども字数にふくめること。

一　次の文章を読み、後の問いに答えなさい。

中学一年の夏休み、図書委員の当番でたまたま一緒になった「俺」(霜村典)、瀬尾幹、寺佐々矢、鯨井夏野の四人は、夏休みの自由課題として笹屋というバンドを組み、録音した音声を提出することにした。しかし直前になり、高い声をクラスメイトにからかわれていた幹からの申し出があり、書類から幹の名前を消して提出することとなる。四人は課題提出後も、顔が映らないように動画を作り、投稿サイトに公開するが、しばらくして学校で幹以外の三人の名前が知られてしまう。残りの一人が誰か話題になる中、幹はバンド仲間からの連絡にも応答しなくなる。

視界の隅で、旧校舎側の扉から誰かが出てくる。

ぱっと認識したのは男子の制服で、先生じゃないってことにひと安心する。しかも上履きの色は同じ一年生。

いちおう来るのが知り合いか確かめておきたくて、靴下で渡り廊下に上がりながら、そっちの方向に目をやった。ちらっと見るだけのつもりだったのに、視線をはがせなくなった。

幹だった。

ぱちっと目が合って、幹も俺に気づいた。何メートルかはなれた地点で止まって、それ以上は近づいてこない。肩に通学用のカバンを提げていて、中身のつまった重そうなそれの持ち手が、だらりと腕にかかっている。

……なんか久しぶりだね、会うの。

あ、理科室に行くとこ？　たしか科学部も活動日だよね。俺も部活あるんだけど、落ち葉掃除が終わんなくて。

ことばは瞬時にあふれ出てくるのに、どれも声にするのを迷った。

俺と話しているところを、幹は誰かに見られたくないんじゃないか。どんなささいなことだって、笹屋のメンバーだという特定につながる可能性はある。そんなの絶対に嫌だろうから。

気軽に名前を呼ぶのさえまずいのかもしれない。

やめとこう。そのほうがいい。

何気なく目をそらしちゃえば済むことだ、けど。

こんな目の前にいて、幹、というそのたったひとことも発せない自分は、もう友だちでもなんでもないんじゃないかって、ひどく悲しくなった。

「霜村」

真後ろから大人の声がして、俺は飛び上がりかけた。

ぐるんとふり向くと、至近距離に深緑色のセーターがせまってきていた。視線を上げる。こわもての社会の先生が俺のことをじっと見下ろしている。

うわ出た、学年主任！

反射的に「こんにちは」と返したけど、1心臓がばくばく暴れ回ってうるさい。この先生は無愛想で、いつも私語や生活態度に厳しくて、圧を感じるから苦手だ。

俺は先生からはなれるようにして、一歩脇へよけた。邪魔なところにぼうっと立って通路をふさぐなと注意されたんだと思ったからだ。

ちゃんと通り道をつくったのに、なぜか先生は歩き出そうとせず、

2022年度

海城中学校 ▶解説と解答

算数 ＜第２回試験＞（50分）＜満点：120点＞

解答

[1] (1) 2　(2) 1120円　(3) 4.54 g　(4) 24分　(5) 96cm³　[2] (1) 分速60m　(2) 1200m　[3] (1) **千の位** 4　**百の位** 8　**十の位** 0　**一の位** 1　(2) **千の位** 2　**百の位** 0　**十の位** 0　**一の位** 1　(3) **千の位** 0　**百の位** 0　**十の位** 0　**一の位** 1　[4] (1) 8 cm²　(2) 16cm²　[5] (1) 54cm³　(2) 72 cm³　(3) 36cm³　[6] (1) 90通り　(2) 30通り　(3) 900通り

解説

[1] 四則計算，比の性質，濃度（のうど），展開図，体積

(1) $0.75\times\left(1\frac{2}{3}\div\frac{3}{13}-1\right)-0.32\times0.32\div\left(\frac{8}{45}\div4\frac{17}{27}\right)=\frac{3}{4}\times\left(\frac{5}{3}\times\frac{13}{3}-1\right)-\frac{8}{25}\times\frac{8}{25}\div\left(\frac{8}{45}\div\frac{125}{27}\right)=\frac{3}{4}\times\left(\frac{65}{9}-1\right)-\frac{64}{625}\div\left(\frac{8}{45}\times\frac{27}{125}\right)=\frac{3}{4}\times\left(\frac{65}{9}-\frac{9}{9}\right)-\frac{64}{625}\div\frac{24}{625}=\frac{3}{4}\times\frac{56}{9}-\frac{64}{625}\times\frac{625}{24}=\frac{14}{3}-\frac{8}{3}=\frac{6}{3}=2$

(2) はじめの兄と弟の所持金をそれぞれ⑦，③とすると，(⑦－670)：(③－330)＝３：１という式を作ることができる。また，$A:B=C:D$のとき，$B\times C=A\times D$となるから，(③－330)×３＝(⑦－670)×１，⑨－990＝⑦－670，⑨－⑦＝990－670，②＝320より，①＝320÷２＝160(円)と求められる。よって，はじめの兄の所持金は，160×７＝1120(円)である。

(3) 生理食塩水の濃度が0.9％なので，生理食塩水に含（ふく）まれる水の割合は，100－0.9＝99.1(％)である。よって，食塩を溶（と）かした後の食塩水の重さを□gとすると，□×0.991＝500(g)と表すことができるから，□＝500÷0.991＝504.540…(g)とわかる。これは，小数第３位を四捨五入すると504.54 gになるので，504.54－500＝4.54(g)の食塩を溶かせばよい。

(4) Ａを18分とＢを18分使うといっぱいになり，Ａを，６＋16＝22(分)とＢを６分使ってもいっぱいになる。よって，Ａから１分間に入る量をⒶ，Ｂから１分間に入る量をⒷとすると，Ⓐ×18＋Ⓑ×18＝Ⓐ×22＋Ⓑ×６と表すことができるから，Ⓐ×22－Ⓐ×18＝Ⓑ×18－Ⓑ×６，Ⓐ×４＝Ⓑ×12，Ⓐ×１＝Ⓑ×３より，Ⓐ：Ⓑ＝$\frac{1}{1}:\frac{1}{3}$＝３：１とわかる。この比を用いると，水そうの容積は，(３＋１)×18＝72となるので，Ａだけを使うと，72÷３＝24(分)でいっぱいになることがわかる。

(5) 展開図を組み立てると，右の図のような立体になる。これと同じ形をした立体を向きを変えて２つ組み合わせると，底面が１辺４cmの正方形であり，高さが，３＋９＝12(cm)の直方体になる。よって，この立体の体積は，４×４×12÷２＝96(cm³)と求められる。

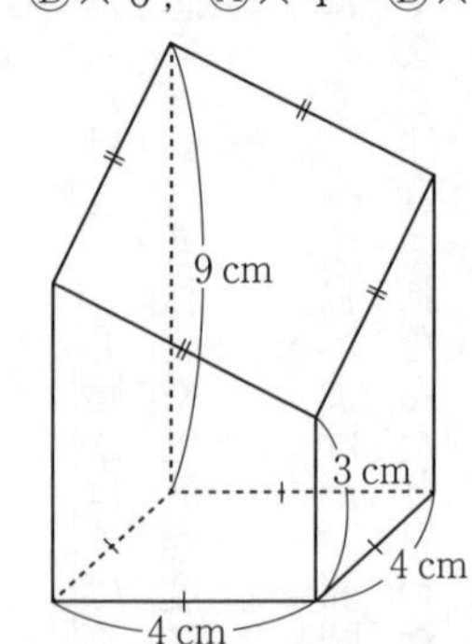

[2] 旅人算

(1)　太郎君が750m進むのにかかる時間は，750÷75＝10(分)だから，２人の進行のようすをグラフに表すと右の図のようになる。太郎君が900m進むのにかかる時間は，900÷75＝12(分)なので，図のアの時間は，12＋５＝17(分)とわかる。よって，次郎君が900m進むのにかかる時間は，17－２＝15(分)だから，次郎君の速さは分速，900÷15＝60(m)と求められる。

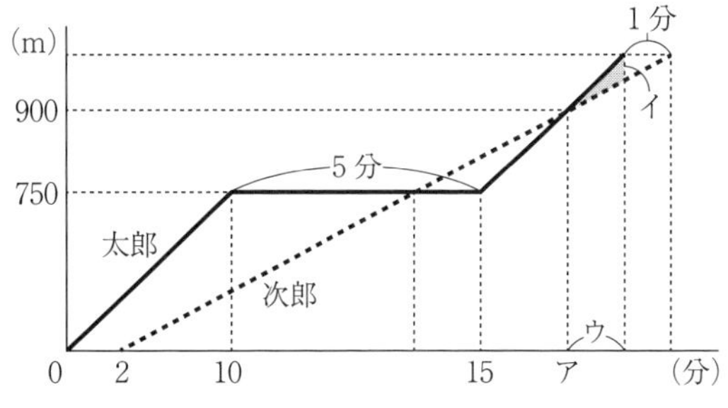

(2)　次郎君が１分で進む距離(図のイ)は，60×１＝60(m)なので，太郎君が次郎君を追い抜いてからＳ駅に着くまでの時間(図のウ)は，60÷(75－60)＝４(分)とわかる。よって，その間に太郎君が進んだ距離は，75×４＝300(m)だから，自宅からＳ駅までの距離は，900＋300＝1200(m)と求められる。

3　約束記号，整数の性質

(1)　７＾８＝(７＾４)×(７＾４)＝2401×2401＝5764801となる。よって，千の位の数は４，百の位の数は８，十の位の数は０，一の位の数は１である。

(2)　７＾20＝(７＾４)×(７＾４)×(７＾４)×(７＾４)×(７＾４)＝2401＾５となるから，2401を５個かけた数の下４けたを求めることになる。はじめに，2401を２個かけた数を長方形の面積で表すと，下の図１のようになる。図１で，アの部分の面積の下４けたは0000なので，2401×2401の下４けたはかげの部分の面積にあたり，2400＋１＋2400＝4801と求められる。すると，2401を３個かけた数の下４けたは，2401×4801の下４けたと等しくなるから，下の図２のかげの部分の面積と等しくなり，4800＋１＋2400＝7201とわかる。同様に考えると，2401を４個かけた数の下４けたは，2401×7201の下４けたと等しくなるので，下の図３のかげの部分の面積と等しくなり，7200＋１＋2400＝9601と求められる。ここで，★の部分の面積だけが2400ずつ増えるから，かげの部分の面積も2400ずつ増える。よって，2401を５個かけた数の下４けたは，9601＋2400＝12001の下４けたと一致するので，千の位の数は２，百の位の数は０，十の位の数は０，一の位の数は１である。

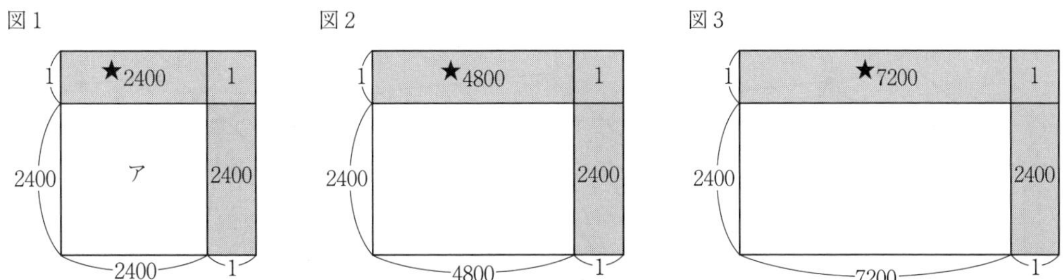

(3)　100÷４＝25より，(７＾100)は，(７＾４)を25個かけた数とわかる。よって，図の★の部分の面積は，2400×(25－１)＝57600になるから，かげの部分の面積は，57600＋１＋2400＝60001とわかる。したがって，千の位の数は０，百の位の数は０，十の位の数は０，一の位の数は１である。

4　平面図形―面積

(1)　円の中心をＯとする。下の図１で，DHとEGは平行だから，三角形DEGと三角形OEGの面積は等しくなる。また，三角形OEGは直角二等辺三角形なので，その面積は，４×４÷２＝８(cm^2)

と求められる。

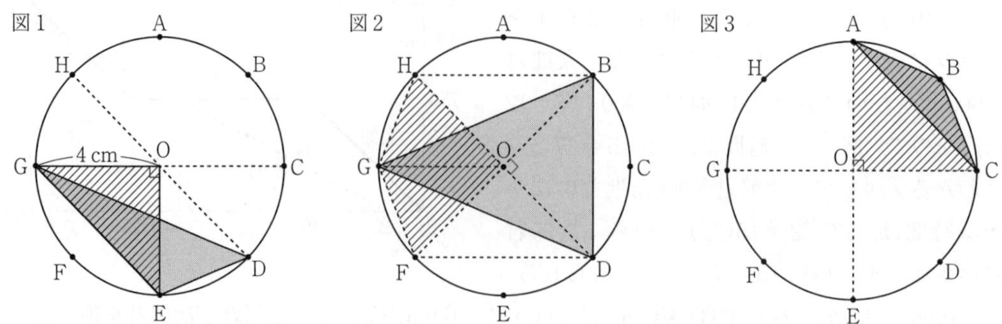

⑵　上の図２で，OGとBHは平行だから，三角形OBGと三角形OHGの面積は等しい。同様に，三角形ODGと三角形OFGの面積も等しいので，三角形BDGの面積は，斜線(しゃせん)部分の面積と三角形ODBの面積をたして求めることができる。一方，上の図３で，三角形ABCの面積は，斜線部分の面積から三角形OCAの面積を引いて求めることができる。ここで，図２と図３の斜線部分は合同だから，面積は等しい。また，図２の三角形ODBと図３の三角形OCAは図１の三角形OEGと合同であり，面積はどちらも８ cm^{2}である。よって，三角形BDGと三角形ABCの面積の差は，{(斜線部分)＋８}－{(斜線部分)－８}＝８＋８＝16(cm^2)とわかる。

5　立体図形―体積

⑴　アとイの共通部分は，下の図①のかげをつけた立体である。これは，四角形PIMJを底面とする高さが６cmの四角柱である。また，四角形PIMJは，対角線の長さが，６÷２＝３(cm)と６cmのひし形だから，面積は，３×６÷２＝９(cm^2)となる。よって，この立体の体積は，９×６＝54(cm^3)と求められる。

⑵　アとウの共通部分は，下の図②のかげをつけた立体である。これは，PRとSQの交点Ｋを頂点とする四角すいK－EFGHなので，体積は，６×６×６÷３＝72(cm^3)である。

⑶　イとウの共通部分は，下の図③のかげをつけた立体である。これは，三角形KMNを底面とする合同な２つの三角すいQ－KMNとS－KMNを合わせたものである。三角すいQ－KMNの体積は，６×６÷２×３÷３＝18(cm^3)だから，この立体の体積は，18×２＝36(cm^3)と求められる。

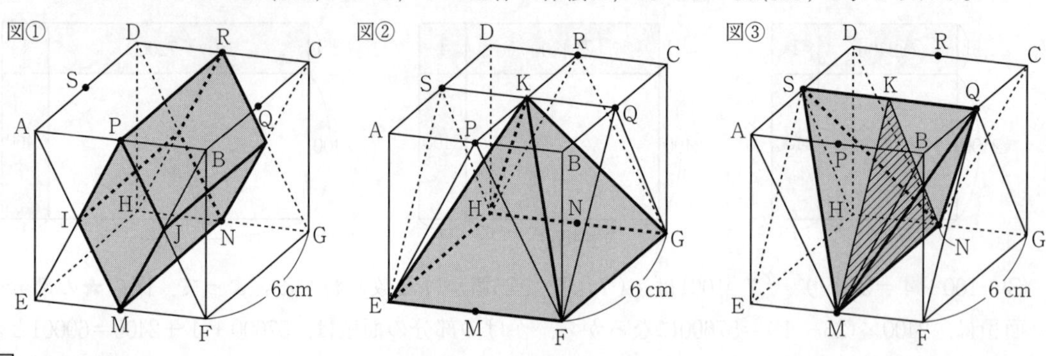

6　場合の数

⑴　６時間の中から国語の２時間を選ぶ方法は，$\frac{6\times5}{2\times1}$＝15(通り)ある。どの場合にも，残りの４時間の中から数学の２時間を選ぶ方法は，$\frac{4\times3}{2\times1}$＝６(通り)ある。最後に残った２時間が英語と決

まるから，全部で，15×６＝90(通り)と求められる。

(2)　１時間目が国語，２時間目が数学の場合，３時間目から６時間目までの時間割は，下の図１のように５通り考えられる。１時間目と２時間目の決め方は，３×２＝６(通り)あり，どの場合も３時間目から６時間目までの決め方が５通りずつあるので，全部で，６×５＝30(通り)と求められる。

図１

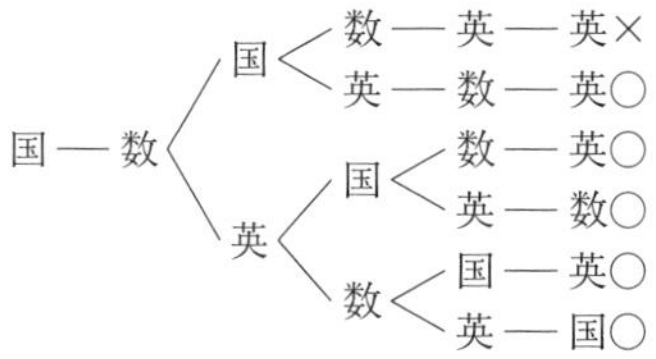

国―数―国―数―英―英×
　　　　　　　英―数―英○
　　　―英―国―数―英○
　　　　　　　　　英―数○
　　　　　　数―国―英○
　　　　　　　　　英―国○

図２

A組	国語	国語	数学	数学	英語	英語	
B組	ア	イ	国語	国語	ウ	エ	①
	ア	イ	国語	ウ	国語	エ	②
			国語			国語	③
				国語	国語		④
				国語		国語	⑤
					国語	国語	⑥

(3)　A組の時間割が上の図２のように決まった場合について考える。B組の国語の入れ方は①～⑥の６通りある。①の場合，アとイが英語，ウとエが数学と決まるから，①の場合は１通りである。また，②の場合，ウは国語でも数学でもないので英語と決まり，エは国語でも英語でもないから数学と決まる。このとき，アとイには数学と英語が１つずつ入るので，②の場合は２通りある。同様に考えると，③，④，⑤の場合はそれぞれ２通り，⑥の場合は１通りとなるから，図２の場合は全部で，１×２＋２×４＝10(通り)とわかる。(1)より，A組の時間割の決め方は全部で90通りあることがわかり，どの場合にもB組の決め方は10通りずつあるので，全部で，90×10＝900(通り)と求められる。

社　会　＜第２回試験＞（45分）＜満点：80点＞

解　答

問１　イ　**問２**　(例)　高度経済成長で人々の所得が増えて果物の消費量が増大したうえ，甲府盆地は大消費地の東京に近く出荷に有利なため果物の生産量が増加した。　**問３**　(1)　儒学　(2)　イ，ウ　**問４**　エ　**問５**　鑑真　**問６**　(例)　1957年から1968年にかけて，西部に比べ東部では陽性率の低下が著しい。この時期，西部に比べ東部では果樹園が増加し，都市化による宅地開発が進み，水田が減少したことから，ミヤイリガイの生息場所の減少が東部でより著しかったと考えられる。　**問７**　ウ　**問８**　有明海　**問９**　安全保障理事会　**問10**　(例)　新薬開発には多額の費用がかかるが，NTDsの患者の多くは所得が低く，製薬会社は十分な利益が見こめないため，治療薬の開発に消極的だった。NTDsの対策には，予防薬や治療薬を開発し広めるほか，感染源となっている生物を駆除するなど，地域全体の生活環境や衛生状態を改善して感染防止に取り組むことも有効と考えられる。

解　説

山梨県の「地方病」を題材とした総合問題

問１　山梨県は北から時計回りに，長野・埼玉・東京・神奈川・静岡の１都４県と接している。

問２　1960年代から1970年代にかけては，高度経済成長の時期に当たる。この時期には経済の発展を背景に国民の生活水準が向上し，食生活も豊かになったことから，果物の消費量が大きく増えた。また，高速道路などの交通網が整備されたことによって，地方から都市部への農産物の輸送が容易になり，大消費地である東京に近い山梨県では，その利点を生かして多くの果物を東京方面に出荷するようになった。

問３　(1)　儒学は孔子(古代中国を代表する思想家)の教えである儒教を研究する学問で，礼儀や秩序に価値をおくことから，江戸時代に幕府や諸藩により重んじられた。特にその中でも，南宋の時代に朱熹によっておこされた朱子学は，親と子，主君と家臣のような上下関係にもとづく社会の秩序を重んじたことから江戸幕府の学問とされ，多くの武士がこれを学ぶこととなった。　(2)　ア　同じ人物や題材をあつかっても，絵師によってえがき方は違ってくるので，誰がえがいたのかに注意をはらう必要がある。　イ　画面にえがかれた人物の実際の姿がどのようなものなのかを知るうえでも，複数の作品を比較することは重要である。　ウ　画面にえがかれた人物どうしの配置や背景，たがいの関係について調べることは，その絵がえがかれた目的やいきさつなどを知る手がかりとなる。
エ　画面にえがかれた人物が生きていた時代や社会を研究することも必要だが，絵師は自身が生きた時代の精神などに影響を受けているはずなので，その絵がえがかれた時代の社会を知ることも重要である。　オ　画面にえがかれた人物の表情や顔の向きなどは，絵師によって，またえがかれた時代によって異なってくるはずなので，大いに注意をはらうべきである。

問４　新しい薬の有効性や安全性を審査し，製造・販売に認可を与えるのは厚生労働省の仕事なので，エが誤っている。なお，アについて，医薬品のインターネット販売は厚生労働省の省令により規制されていたが，これを無効とする最高裁判所の判決が2013年に出されたことを受けて薬事法が改正され，一般用の医薬品のインターネット販売が原則として可能になった。

問５　８世紀半ば，唐(中国)の高僧の鑑真は日本の朝廷の招きに応じ，苦難のすえに来日を果たした。鑑真は東大寺に戒壇を設け，聖武天皇をはじめ日本の僧たちに戒律(僧が守るべきいましめ)を授けるなど，日本の仏教制度を整備することに力をつくした。鑑真はまた，唐から多くの薬草をもたらすなど，日本の医学の発展にも貢献した。

問６　《資料３》について，1968年における陽性率は，西部が，269÷11445×100＝2.35…より，約2.4％，東部が，６÷1595×100＝0.37…より，約0.4％となる。1957年から1971年にかけて陽性率は西部・東部ともに下がり続けており，東部のほうが下がり方が著しい。また，《資料４》からは，1960年から1970年にかけて西部・東部ともに宅地の面積が増えており，東部のほうが増え方が著しいことがわかる。また，《資料４》を見ると，西部・東部ともに農地面積が増えている。《資料５》を見ると，1956年から1969年にかけて西部・東部ともに水稲の作付面積が減少し，果樹の作付面積が増加しているので，農地面積の増加は果樹園の増加によるものと考えられる。さらに，水稲の作付面積の減少の割合と果樹の作付面積の増加の割合は，ともに東部のほうが西部よりも大きいこともわかる。以上のことから，宅地化の進行と果樹園の増加に伴い，東部では西部よりも水田が大きく減少していると判断できる。これによってミヤイリガイの生息場所が減少したため，日本住血吸虫症の陽性率が低下したのだと考えられる。

問７　アイヌ文化振興法ではアイヌの人々が求めていた先住民としての権利は認められず，土地や漁業権などの権利回復は図られなかったから，ウが適当でない。

問８　筑後川は熊本・大分・福岡・佐賀の４県を流れる九州地方最長の河川で，熊本県の瀬の本高原を水源とし，福岡県と佐賀県の間に広がる筑紫平野を流れて有明海に注ぐ。

問９　安全保障理事会は国際平和を守り，国どうしの争いなどを解決することを目的とする国際連合の中心機関である。アメリカ，イギリス，フランス，ロシア，中国の５常任理事国と，総会の選挙で選出される任期２年の非常任理事国10か国の計15か国で構成され，侵略を行った国などに対しては武力制裁をふくむ制裁決議を行うことができる。総会の決議には加盟国に対する拘束力はないが，安全保障理事会の決議には拘束力があるため，その決議にはきわめて重大な意義がある。

問10　《資料７》からは，創薬の成功確率が低いことや，新薬の開発には莫大な費用と長い期間が必要とされることなどがわかる。その一方で，《資料６》からわかるように，「顧みられない熱帯病(NTDs)」が多く存在する国，特にアフリカの国々は１人当たりの国民総所得が極めて低い，つまり貧しい国々である。以上のことから，十分な利益が見こめないため，製薬会社は治療薬の開発に消極的にならざるを得ないことが推測できる。また，《資料８》を見ると，NTDsのうち，ギニア虫感染症には「飲み水を布やパイプでろ過したり，殺虫剤を水にまくなどの対策」が，デング熱には「水たまりなど蚊が産卵する場所を無くすなどの対策」が，嚢虫症には「豚肉を調理する際よく加熱したり，トイレの後やおむつを替えた後，食品にさわる前に石けんをつけてお湯で手を洗ったりするなどの対策」が，それぞれ必要とされている。つまり，NTDsの対策としては，治療薬を開発するほかに，感染源となっている生物の駆除を行い，生活環境や衛生状態の改善などに取り組んで感染防止に努めることが有効と考えられる。

理　科　＜第２回試験＞（45分）＜満点：80点＞

解　答

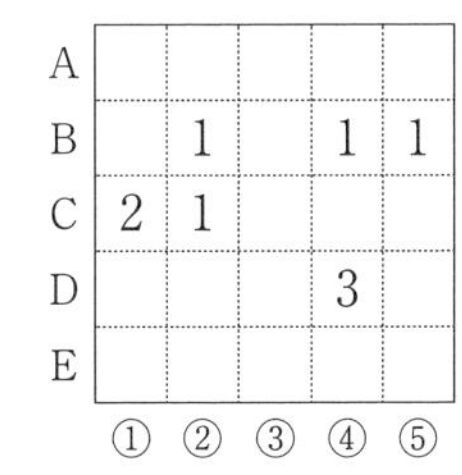

[1] **問１**　1.2　**問２**　1.5　**問３**　毎秒0.3m　**問４**　イ　**問５**　(③，D)　**問６**　(例)　右の図　[2] **問１**　塩化水素　**問２**　水素　**問３**　緑色　**問４**　(例)　中和しない場合には，温度変化が無視できるほど小さい　**問５**　24℃　**問６**　ウ　**問７**　14.5℃　**問８**　水　[3] **問１**　(1)　節足　(2)　完全変態　(3)　ア　**問２**　(例)　アカシアの葉を食べてしまう昆虫を追いはらう。　**問３**　(例)　**名称**…ペプシン　**部分**…胃　**問４**　イ　**問５**　ウ　**問６**　(例)　アカシア以外の植物の蜜にふくまれるショ糖を消化できなくなるため，アカシアに依存し，利益を与えるようになる。　[4] **問１**　６月中　**問２**　１度　**問３**　(1)　イ　(2)　X　(3)　ウ　(4)　ア　(5)　②

解　説

[1] てこのつりあいについての問題

問１　支点からお母さんまでの距離を□mとして，てこのつりあいを考えると，80×1.8＝20×1.2＋50×□が成り立ち，□＝(80×1.8－20×1.2)÷50＝2.4(m)と求められる。このとき，妹からお母さんまでの距離は，2.4－1.2＝1.2(m)になる。

問２　支点からKさんまでの距離は，30×２÷40＝1.5(m)である。

問３　図３の右の図で，重い荷物を持った弟が毎秒0.4mの速さでKさんの方に向かって歩くと，支点より弟側のてこを傾けるはたらきは１秒当たり，30×0.4＝12減る。シーソーを水平に保つためには，支点よりＫさん側のてこを傾けるはたらきも１秒当たり12減る必要があるので，Ｋさんは毎秒，12÷40＝0.3(m)の速さで弟の方に向かって歩けばよい。

問４　歩き始めて２秒後に弟は持っていた荷物をシーソー上の足元に置くため，図３の右の図における支点より弟側のてこを傾けるはたらきは，２秒後までよりもそれ以降の方が１秒当たりに減る量が小さくなる。すると，２秒後以降，支点よりＫさん側のてこを傾けるはたらきも１秒当たりに減る量が小さくなるように，Ｋさんは歩く速さを毎秒0.3ｍより遅くすることになる。ただし，その速さは一定である。したがって，Ｋさんが歩き始めてからの時間と歩いた距離のグラフはイのように，０～２秒の間も２～４秒の間も直線になるが，その傾きは２～４秒の間の方が０～２秒の間よりも小さくなる。

問５　図７において，横方向には，２×１＝１×２より，つりあいがとれている。そのため，ここに追加するおもりは③列にのせればよい。また，縦方向には，Ｂ列にのせたおもりとつりあうようなおもりが必要になるため，追加するおもりはＤ列にのせる。したがって，追加してのせるおもりの位置は，(③，Ｄ)になる。

問６　図８から，③列，Ａ列，Ｅ列にはおもりがのっていないので，下の図Ⅰ～Ⅲでかげをつけたマスにはおもりがのっていない。また，図Ⅰのように，図８で横から見たときのおもりの個数を示すと，おもりが３つのっているマスは(④，Ｄ)となる。ここでおもりが２つのっているマスを(①，Ｃ)として，Ｙから見たときのつりあいを考えると，Ｂ列にはおもりが１つのっているマスが３つあり，Ｃ列にはおもりが２つのっているマスのほかに，おもりが１つのっているマスが１つある。さらに，Ｘから見たときのつりあいを考えると，①列には２つ，②列には１つと１つ，④列には３つと１つ，⑤列には１つのおもりがのっているマスがある場合と，①列には２つと１つ，②列には１つ，④列には３つ，⑤列には１つと１つのおもりがのっているマスがある場合につりあう。これらのことから，９つのおもりののせ方として，図Ⅱや図Ⅲが考えられる。

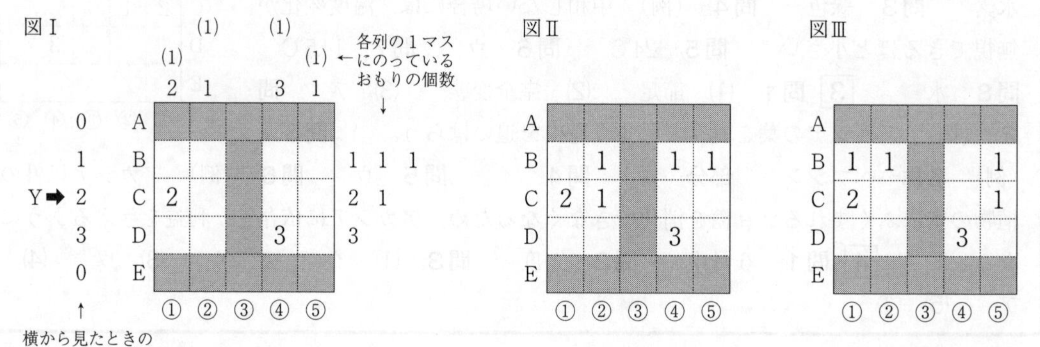

2　中和反応で発生する熱についての問題

問１　塩酸は塩化水素がとけた水溶液である。塩化水素は無色の刺激臭がある気体で，空気より重く，水にとけやすい。

問２　アルミニウムは，水酸化ナトリウム水溶液や塩酸に入れるととけて，水素を発生する。

問３　BTB溶液は，酸性で黄色，中性で緑色，アルカリ性で青色を示す。塩酸Ａと水酸化ナトリウム水溶液Ｂをそれぞれ10mLずつ混ぜるとちょうど中和して中性のうすい食塩水となるため，ここにBTB溶液を入れると緑色になる。

問４　実験１では，塩酸とうすい食塩水，水酸化ナトリウム水溶液とうすい食塩水を混ぜることで，中和が起きない場合にはこれらを混ぜあわせても温度変化を起こすような熱が発生しないことを確かめている。これにより，実験２の温度変化が，中和により発生した熱によるものと考えることができる。

問５　20℃の塩酸Ａ10mLを20℃の水酸化ナトリウム水溶液Ｂ10mLに加えると24℃になるので，20℃の塩酸Ａ20mLを20℃の水酸化ナトリウム水溶液Ｂ20mLに加えたときは，それぞれの10mLずつが中和して24℃になったと考えると，このときも24℃になる。

問６　実験２で，20℃の塩酸Ａ10mLを20℃の水酸化ナトリウム水溶液Ｂ10mLに加えた場合，実験１の結果との比かくより，中和して生じる熱による温度変化は，24－20＝４(℃)である。また，実験４で，10℃の塩酸Ａ10mLを20℃の水酸化ナトリウム水溶液Ｂ10mLに加えた場合，実験３の結果との比かくから，中和して生じる熱による温度変化は，19－15＝４(℃)になっている。これらのことより，中和して生じる熱は，水溶液の温度によって変化しないといえる。

問７　10℃の塩酸Ａ30mLを20℃の水酸化ナトリウム水溶液Ｂ10mLに加えると，塩酸Ａ10mLと水酸化ナトリウム水溶液Ｂ10mLが中和してできた19℃のうすい食塩水，10＋10＝20(mL)と，10℃の塩酸Ａ，30－10＝20(mL)を混ぜあわせたようになる。よって，水溶液の温度は，10℃と19℃のちょうど真ん中の，(10＋19)÷２＝14.5(℃)となる。

問８　中和によって生じた熱の一部が水溶液の温度変化以外に使われるとすると，たとえば，物質の状態変化に使われることが考えられる。実験２や実験４で見られた白い煙(けむり)のようなものは，中和によって生じた熱の一部により水溶液中の水が水蒸気となって空気中に出ていき，空気中で冷やされて小さな水てきになったものである。

３　アカシアアリとアカシアの関係についての問題

問１　(1)　アリなどの昆虫(こんちゅう)，ダンゴムシなどの甲かく類，クモなどのクモ類のなかまは，あしには節があり，節足動物に属する。　(2)　アリは，卵→幼虫→さなぎ→成虫と成長する。このような育ち方を完全変態という。なお，卵→幼虫→成虫と成長する育ち方は不完全変態という。　(3)　ダンゴムシもクモも体が外骨格でおおわれており，脱皮(だっぴ)によってかたいカラの中から新しい体を出して大きくなる。

問２　アカシアアリがいないと，アカシアは死滅(しめつ)してしまうことから，アカシアアリはアカシアの木を守っていると考えられる。アカシアアリは，アカシアの葉を食べる昆虫を追いはらって，アカシアを守っているほか，アカシアにまきつくツル植物のくきを切ったり，アカシアが日かげにならないようにまわりにある植物を駆除(くじょ)したりしている。

問３　ヒトのからだの小腸以外ではたらく消化酵素(こうそ)には，口で出されるだ液中にふくまれているアミラーゼ，胃で出される胃液中にふくまれているペプシン，すい臓から小腸に出されるすい液にふくまれているトリプシンやリパーゼなどがある。

問４　アカシアの蜜(みつ)にはＡがふくまれ作用しているので，アカシアの蜜にふくまれるショ糖はブドウ糖と果糖になっていると考えられる。このような蜜であれば，腸内でＡがはたらかなくなったアカシアアリの成虫でも，蜜をなめてブドウ糖を吸収することができる。

問５　アカシアアリが成虫となり，それまでなめてこなかったアカシアの蜜をはじめてなめてＢを取りこむことで，それまで腸内ではたらいていたＡがその後一生はたらかなくなると述べられていることから，アカシアの蜜をまだなめていないアカシアアリの幼虫やふ化直後の成虫は，Ａがはたらいてショ糖を消化できる。一方，アカシアアリの老齢の成虫はアカシアの蜜をすでになめてＢを取りこんでいるため，Ａがはたらかず，ショ糖を消化できない。また，動物はＡをはたらかせてショ糖を消化し，栄養源として吸収しているため，日本でふつうに見られるアリの老齢の成虫や12歳のヒトもショ糖を消化できる。

問６　アカシアの蜜にＡとＢがふくまれていることで，それをなめたアカシアアリの成虫は，腸内でＡがはたらかなくなるが，ブドウ糖が多くふくまれるアカシアの蜜からは栄養源を吸収できる。しかし，アカシア以外の植物の蜜からはショ糖が消化できないため，栄養源を吸収できない。そのため，アカシアアリの成虫は植物の蜜のうちアカシアの蜜だけがえさとなり，アカシアに依存し，アカシアにくる昆虫を追いはらうなどしてアカシアを守り，アカシアに利益を与えるようになる。

４　太陽の南中時刻の変化のしかたについての問題

問１　図１で太陽が①の位置に見えるのは，太陽の南中高度が１年のうちで最も高いころである。図２より，太陽の南中高度が１年のうちで最も高いのは６月中とわかる。

問２　角度ａは，地球が１日に公転する角度に等しいので，360÷365＝0.9…より，１度である。

問３　(1)　Ｘのように，地球の自転軸の北極側が太陽の方向に傾いているとき，日本では１年のうちで太陽の南中高度が最も高くなる。この日は夏至の日とよばれ，６月21日ごろである。Ｘから180度公転した位置では，地球の自転軸の北極側が太陽の反対の方向に傾いているため，日本では１年のうちで太陽の南中高度が最も低い，冬至の日になる。Ｙは夏至の日から冬至の日までの中間の位置にあるので，秋分の日の位置になる。秋分の日は，９月23日ごろである。　(2)　図５と図６では，地球が公転するみかけ上の道すじは，図４の公転の道すじを夏至の日と冬至の日の方向が縮むようにしただ円となっている。したがって，Ｘ付近はＹ付近に比べて太陽に近く，地球が同じ距離を移動する場合は，公転する角度が大きくなる。このことから，Ｘ付近の時期の方がＹ付近の時期よりも360度に加えて余分に自転する角度も大きくなる。　(3)　(2)より，360度に加えて余分に自転する角度が大きいほど，太陽が南中してから再び南中するまでの時間が長くなり，360度に加えて余分に自転する角度が小さいほど，太陽が南中してから再び南中するまでの時間が短くなる。よって，Ｘの時期では，太陽が南中してから再び南中するまでの時間が最も長くなり，24時間より長くなる。逆に，Ｙの時期では，太陽が南中してから再び南中するまでの時間が最も短いので，24時間より短くなる。したがって，太陽が南中してから再び南中するまでの時間がちょうど24時間になる時期は，Ｘの時期とＹの時期の間にある。　(4)　(3)で述べたように，Ｘの時期は太陽が南中してから再び南中するまでの時間が最も長いため，南中時刻の遅れ方が最も大きく，グラフの傾きが最も右上がりになる。一方，Ｙの時期は太陽が南中してから再び南中するまでの時間が最も短いので，南中時刻の早まり方が最も大きく，グラフの傾きが最も右下がりになる。また，グラフの山の頂点や谷底は，南中時刻が変わらない時期を示しており，太陽が南中してから再び南中するまでの時間がちょうど24時間になる時期である。これらのことから，アが選べる。　(5)　図１の①の位置に太陽が見えていたのは夏至の日のころなので，(4)で選んだグラフを見てもわかるように，翌日の南中時刻は前日より遅くなる。よって，翌日の12時ちょうどにはまだ太陽が南中していないため，真南より東側（②側）にある。

国語　＜第２回試験＞（50分）＜満点：120点＞

解答

[一] 問１　ウ　問２　ア　問３　イ　問４　エ　問５　エ　問６　イ　問７　ウ　問８　ア　問９　ア　問10　（例）　幹はすでに自分の足でしっかりと立ち，意思を持って先生に本気で訴えているのに，支えを必要としていると勝手に決めつけていたことに気づいたから。　問11　イ　問12　イ　[二] 問１　下記を参照のこと。　問２　ア　問３　ウ　問４　ウ　問５　イ　問６　エ　問７　エ　問８　（例）（彼女の文章は，ただの作文ではなく，）誰に対して表現するのか，表現したことでどう思われるのかということにとらわれずに，自分にしかない思いや考え，想像をありのままに表現したものだ（という点で，小説の本質的なあり方を表したものだと思ったから。）　問９　ウ　問10　ア

●漢字の書き取り

[二] 問１　a　講座　b　意向　c　焼　d　刊行　e　激賞

解説

[一] **出典は眞島めいりの『夏のカルテット』による。**連絡に応答しなくなっていたバンドのメンバーである瀬尾幹と「俺」（霜村典）と学年主任が渡り廊下で出くわし，幹が学年主任に悩みを話す場面である。

問１　バンドから遠ざかっている幹と会ったものの，声をかけるべきか否か悩んだこと自体，もう「友だち」とはいえないのではないかと悲しみを覚えていたさなか，突然，無愛想で厳しい学年主任から声をかけられ，「俺」は動揺している。よって，ウが選べる。

問２　学年主任から，不意に「バンドを組んだんだってな」と言われたばかりか，「動画」の投稿についても指摘された「俺」は，「笹屋の活動を具体的に」知られていた事実にあせったことに加え，「尋問」されているような口調におそれを抱いている。このようすには，アが合う。なお，学年主任のようすを「尋問」のように感じているので，イの「先生の意図がわからず」，エの「すべてを知られている」は合わない。また，自分たちの活動が「問題視されてた」のではないかと疑心暗鬼になっているので，「確信」とあるウも正しくない。

問３　問２でみたように，学年主任から動画について指摘を受けた「俺」は，「笹屋の活動を具体的に知られてる」とおそれ，「こんなの尋問だ。下手なごまかしが通用する相手じゃない」と思っているので，イがよい。とりあえず学年主任からの質問には「はい」と答え，深入りしないようにしているので，アの「すべてを白状するまで」許してもらえないというあきらめはふさわしくない。

問４　「俺」の「後ろ」には，バンドのメンバーである幹がいることをおさえる。学年主任から，バンドには「霜村，三組の鯨井，四組の寺」のほか，「もうひとり」いるのだろうとたずねられたものの，今，背後を振り返ってしまえば，その状況から幹がメンバーの一員であることが知られてしまうので，バンドから距離を置いている彼のためにも，視線を向けるわけにはいかないと思ったのである。よって，エがふさわしい。

問５　この「場所」とは，自分が所属するバンドの「笹屋」を指す。前後で，先生たちから「問題視」されているかもしれないバンドについて，「邪魔しないで～始まったばっかで終わるのは嫌だ」と思ったほか，幹と初めて出会ったことを振り返り，「四人で同じ空間にいるだけで楽しかった～なんでもない話をして，歌って，笑い合い」たいと思ったとおり，「俺」にとって「笹屋」は，かけがえのない「場所」だったのだから，エが正しい。

問６　幹の声を聞く前の「俺」は，「笹屋」から距離を置く彼の気持ちを尊重して話しかけずにいた。しかし，幹の声を聞いたことによって四人で過ごしたかけがえのない日々がよみがえり，以前のようなつながりを取り戻したいと願う気持ちがこみあげ，「俺」は彼の名前を呼んだのである。この変化を，イが正確にまとめている。

問７　高い声のせいでクラスメイトにからかわれ，バンドから距離を置いていたものの，「俺」と学年主任のやりとりを聞くなかで自分もメンバーだと話した幹は，続く部分で学年主任に自分の思いをぶつけている。自身がバンドのメンバーであることや，つらい状況にあることを打ち明けるのは相当の勇気が必要だったと考えられるが，傍線部７からは自分の思いを伝えようと決意を固める幹のようすがうかがえるので，ウが合う。

問８　「来年のクラス分けを決める」のは学年主任なのかという幹の質問が，「突拍子もない」ことにあたる。笹屋のメンバーについての話をしていたさなか，彼の口から突然出た「クラス分け」の話題に「俺」はとまどったのだから，アがよい。

問９　クラスで嫌な目にあっていることを学年主任に話した幹が，「これ以上は，無理です」と言うまでの間に「声が大きくゆらいだ」ことに注目する。からかわれていた日々を思い起こし，嫌だった気持ちがよみがえってきたのだから，アがふさわしい。話すうちに「嫌いなひとは嫌いだし，自分の好きなものを好きでいたい」とわかったのではなく，それを伝えるために「もうひとり」のバンドのメンバーだと名乗り出たのだから，イ～エはふさわしくない。

問10　クラスで嫌な目にあっていると話す幹の「声が大きくゆらいだ」ことに気づいた「俺」は，「友だちを支えたくて」駆け寄ったが，「支えなくたって，幹はちゃんと立」ち，しっかりとした「意思をもって」学年主任に「本気で訴えている」と気づいたのである。これをもとに「幹の声がゆらいだことにうろたえ，支えが必要だと決めつけて駆け寄ってしまったが，幹は自分の意思でちゃんと先生に訴えているのだと気がついたから」のようにまとめる。

問11　クラスでいじめにあっている幹が「クラス分け」を考慮してほしいと頼んだが，学年主任の返答は「クラス分けは会議で決まる」ので「必ず瀬尾の希望通りにするって，約束するのは難しい」というものだった。この返答を聞いた「俺」は，幹の頼みを「聞き入れ」ない学年主任こそ「敵」だと怒り，「戦うべき」だと思っている。つまり，学年主任と戦うことで，「俺」は幹が望む「クラス分け」をさせようとしたのだから，イが合う。なお，学年主任は幹の頼みを「聞き入れ」ないのではなく，会議で決まると説明しているので，アは合わない。また，「俺」は「幹の立場を好転」させようとしたり，「いじめを隠そうとする」学年主任を許せないと思っていたりするわけではない。「クラス分け」について，学年主任を説得しようとしているので，ウとエもふさわしくない。

問12　学年主任は，会議で幹の希望にそった意見を出すと約束し，クラスのいじめに「気づけなくて悪かった」と謝ったうえで，いつでもいいから「話を聞かせてくれないか」と言っている。それを聞いた「俺」が，つらい状況を「幹が動かした。自分自身のことばで，声で」と感動していることに注目する。こういう好転のきざしを，「俺」は「カチッと音を立てて何かが噛み合った」ように感じたのだから，イが正しい。なお，アとウは，幹の言葉が学年主任に届いた点を反映していない。また，学年主任の心が「冷たかった」としたエは，本文で描かれた学年主任のようすとしてふさわしくない。

二 **出典は長嶋有の「小説の，書き方」による。**専門学校で小説の書き方を教えていた筆者が，そのときのようすを例に，小説という言語手段の効用，小説を教えることの難しさを語っている。

問１　**a**　大学や大学院などで行われる講義。または，一定の主題に従った講義形式をとり，体系的に編成された講習会や放送番組。　**b**　こうしようという考え。　**c**　「手を焼く」で，“対処に困る”という意味。　**d**　図書や雑誌などを印刷して出版すること。　**e**　大いにほめること。

問２　続く部分で筆者は，小説の書き方を料理にたとえながら説明している。「料理の作り方」は教えられないが「カレーの作り方」は教えられるように，「その小説」限定なら教えられるかもしれないと述べている。ただし「それぞれの頭の中」の素材は「にんじんや豚肉」と異なり「千差万別」で，一般化できる料理法が分からないのである。つまり，小説の書き方は万人に通じる教え方がないのだから，アが選べる。

問３　小説の素材になりそうな「記憶」，「印象」，「考え」，「哲学」などが入っている「人の頭」の中を，にんじんや豚肉といった材料が入った「冷蔵庫の中」にたとえている。入っているものが分かれば献立が決まり，カレーや肉じゃがの「作り方」を教えられるように，小説の「書き方」も教えられるかもしれないというのだから，ウがよい。なお，続く部分で筆者は，「人の頭をのぞき込んでみても」小説の書き方を教えるのは「やはり難しい」と述べているので，アやイのような「練り上げていける」，「良い小説を書かせることはできる」といった自信はうかがえない。また，エのような「ジャンル」のことは言っていない。「ジャンル」は，芸術作品の様式上の分類。文芸の場合，たとえば詩と小説と戯曲などがある。小説なら題材によって，推理小説，ファンタジー小説，歴史小説，ホラー小説など多様なわけ方がある。

問４　問２，３でもみたように，小説の素材は「記憶」，「印象」，「考え」，「哲学」など，人によって千差万別である。また，にんじんや豚肉といった具体的な存在とはちがうため，たがいに「共有」できない。この二点を正しくまとめているのが，ウである。

問５　アンケートの内容は，好きな小説，漫画，音楽などをたずね，「好きな４コマ漫画」「寝ていてみた，面白い夢」を教えてもらうものである。書き言葉で説明すると，面白かった漫画や夢もつまらなくなる。また，夢や漫画を言葉で伝えようとすると，知らずに「工夫」する。つまり「言葉というものの得意・不得意を実感」させ，小説は「文章の工夫の集積」だと知ってもらうのが目的なのだから，イが合う。このアンケートの意図を，アとウはおさえていない。また，エは伝える相手を「好みが違う人たち」に限定しているところが，ふさわしくない。

問６　「小説の書き方」という授業で，好きな漫画や夢を教えてもらうアンケートを行った目的を問５で検討した。それは，漫画や夢を言葉で相手に説明しようとするとき人は無意識のうちに「工夫」するので，その体験を通して，小説とは「文章の工夫の集積」だと知ってもらうというものである。つまり，傍線部５は，小説とは「高尚」な何かを書く以前に，読み手に伝わるような「文章の工夫の集積」であることを言っている。この内容をエが最も正しくまとめている。

問７　授業態度も悪く，アンケートにも回答せず，手を焼いた女子学生が提出した「小説」を読んで，筆者は驚いている。好きな音楽を聞かれても答えなかったのに，「小説」の課題になったとたん，XJAPANのHIDEが好きだと「頭の中をむき出し」にして書かれたものに，筆者は「これが小説だ！」と驚かされたのだから，エがよい。なお，ア～ウは，提出した作品が「これが小説だ！」というものになっていたことを正しくとらえていない。

問８　この後，「小説という言語手段の効用」について説明されている。「語る相手が誰とか，自分がどう思われるとか」が「無効」になり，「頭の中をむき出し」にしたものが小説である。XJAPANのHIDEが好きだとだけ書いた学生の文章を読み，筆者が感じた「小説」の本質だから「自分が思っていることや考えていることをごまかしなく表現し，誰が読んでくれるのだろうとか，読んだ相手に自分がどう思われるだろうとかにとらわれていないものだった」のようにまとめればよい。

問９　筆者は「小説の書き方」という授業を受け持っていた先生である。教える立場なのに，女子学生の提出した小説から「小説という言語手段の効用」を学んだことを，傍線部８のように表現している。「先生なのに――自分が一番教えを授かった者の顔をしていた」という部分は，自分を外から観察したような書き方をすることで，立場の転倒という間のぬけたおかしみを表しているので，ウが合う。なお，アの「切なさ」，イの「情けなさ」は，本文全体から受ける軽妙さに合わない。また，エのように「興奮」を「淡々と描写」しているわけではなく，おかしみをねらっている。

問10　筆者は「小説の書き方を教えるのはほぼ諦めている」と明言している。それでも，本質から外れた推敲の手順を「誇れるアドバイス」と紹介することで，「小説の書き方を教える」のは不可能だということをユーモラスに表しているのだから，アが合う。イ～エは，教えられないと考えている点をおさえていない。

2021年度　海 城 中 学 校

〔電　話〕 (03) 3209－５８８０
〔所在地〕 〒169-0072　東京都新宿区大久保３－６－１
〔交　通〕 JR山手線―「新大久保駅」より徒歩５分
JR中央・総武線―「大久保駅」より徒歩10分

【算　数】〈第１回試験〉(50分)〈満点：120点〉

注意　１．分数は最も簡単な帯分数の形で答えなさい。
　　　２．必要であれば，円周率は3.14として計算しなさい。

１　次の問いに答えなさい。

(1)　次の計算をしなさい。

$$5 \div 3 \div \left\{2\frac{1}{4} \div \left(\frac{1}{5} \div 0.5\right)\right\}$$

(2)　大きさの異なる３つのさいころを投げるとき，出た目の和が７になる場合は何通りありますか。

(3)　３で割ると２余り，５で割ると４余り，７で割ると１余る整数のうち，500に最も近いものを求めなさい。

(4)　右の図１で，角アの大きさは何度ですか。ただし，同じ印のついた角の大きさは等しいものとします。

(5)　右の図２は，半径が12cmの円の円周を12等分したものです。斜線(しゃせん)部分の面積を求めなさい。

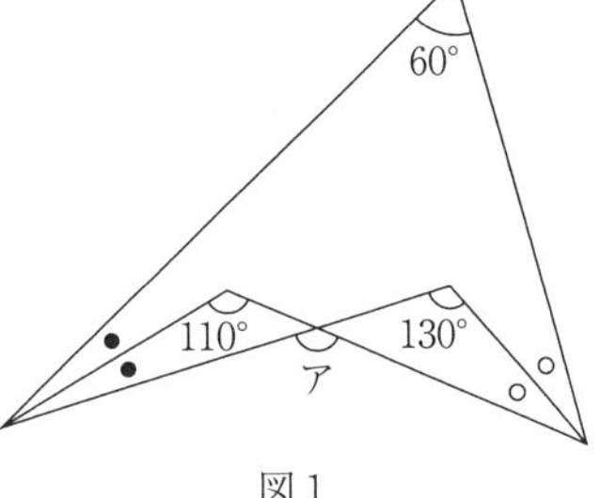

図１

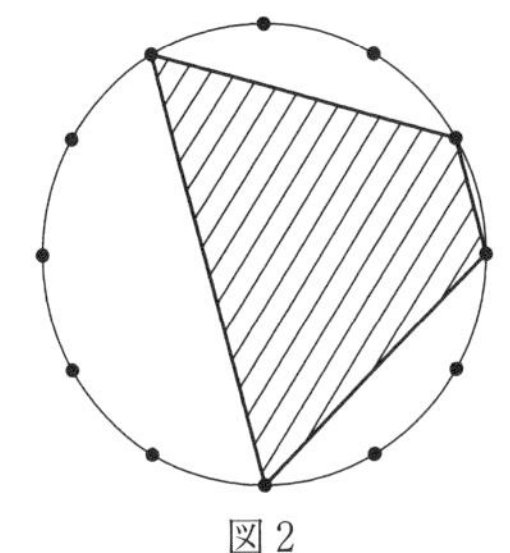
図２

２　x％の食塩水100ｇに水を20ｇ加えた後の食塩水の濃度(のうど)を〈x〉％と表します。

(1)　〈10〉を求めなさい。

(2)　〈〈10〉〉を求めなさい。

(3)　〈〈〈□〉〉〉$=10\frac{5}{12}$ となるとき，□にあてはまる数を求めなさい。

３　図のような三角形ABCにおいて，辺ABを３等分する点をAに近い方からそれぞれD，Eとします。また，辺ACを４等分する点のうち，Aに最も近い点をF，Cに最も近い点をGとします。さらに，DGとEFが交わる点をHとします。

(1)　DH：HGを最も簡単な整数の比で求めなさい。

(2)　三角形ABCと五角形BCGHEの面積の比を最も簡単な整数の比で求めなさい。

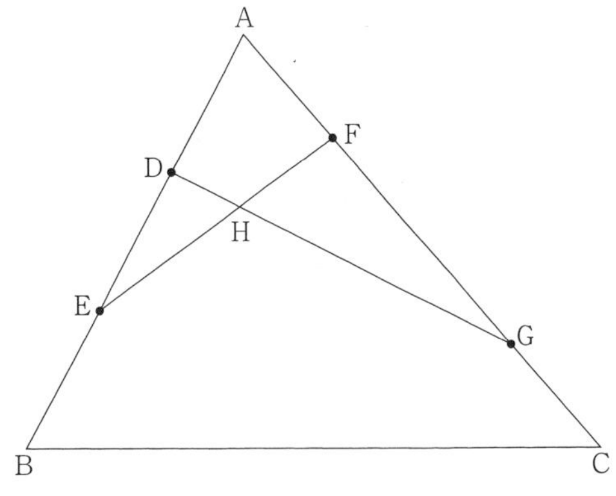

4 　地点Ｐと地点Ｑの間を，Ａ君はＰを，Ｂ君はＱを同時に出発してそれぞれ一定の速さで１往復します。２人が初めてすれ違(ちが)ったのは，Ｑから675ｍ離(はな)れた地点でした。次にすれ違ったのは，Ｐから225ｍ離れた地点で，出発してから45分後でした。

(1)　２人が初めてすれ違ったのは，出発してから何分後ですか。

(2)　PQ間の距離(きょり)は何ｍですか。

5 　Ｔ地点を頂上とする五角すいの形をした山があります。図のように，五角すいの辺はすべて道になっていて，山の高さの３分の１，３分の２の高さにも五角形の道があります。Ａ地点とＢ地点の間には展望台が，Ｃ地点とＤ地点の間には茶屋があります。Ｓ地点から出発していずれかの道を通ってＴ地点まで行きます。ただし，同じ地点，同じ道は通らず，上から下には進まないものとします。

　［　］にあてはまる数を求めなさい。ただし，同じ記号の欄(らん)には同じ数が入ります。

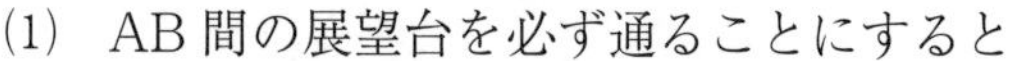

(1)　AB間の展望台を必ず通ることにすると，
Ｓから A までの行き方は［ア］通り，
Ｂから T までの行き方は［イ］通りなので，
Ｓから T まで展望台を通って行く行き方は［ア］×［イ］通りあります。

(2)　CD間の茶屋を必ず通ることにすると，
Ｓから C までの行き方は［ウ］通り，
Ｄから T までの行き方は［イ］通りなので，
Ｓから T まで茶屋を通って行く行き方は［ウ］×［イ］通りあります。

(3)　ＳからＴまでの行き方は［エ］通りあります。

6 　すべての面が白色の立方体と，すべての面が黒色の立方体がたくさんあり，いずれも１辺が１cmです。これらを使って下の図のように立体を作ります。ただし，同じ段には同じ色の立方体が使われているものとします。例えば，３番目にできる立体は，上から１段目が１個の白色の立方体，上から２段目が３個の黒色の立方体，上から３段目が６個の白色の立方体でできています。

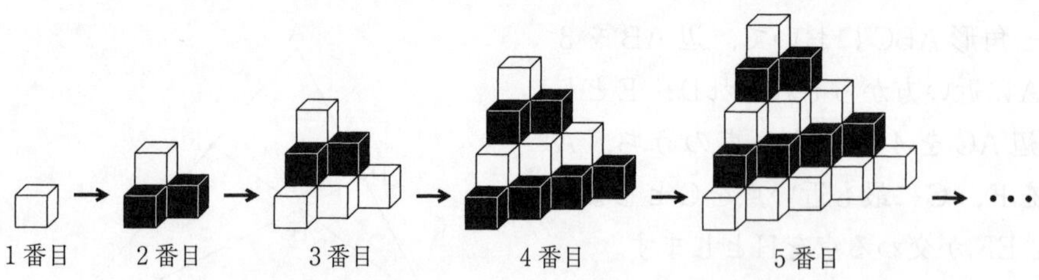

(1)　６番目にできる立体の表面のうち，黒い部分の面積を求めなさい。

(2)　６番目にできる立体の表面のうち，白い部分の面積を求めなさい。

(3)　［　　］番目にできる立体の表面のうち白い部分をすべて黒色に塗(ぬ)った後，この立体をばらばらにしました。このとき白く残った部分の面積の合計は720cm²でした。［　］にあてはまる数を求めなさい。

【社　会】〈第１回試験〉(45分)〈満点：80点〉

問題　次の文章をよく読み，あとの問いに答えなさい。

みなさんは九州に行ったことはありますか。①九州は温暖な気候で，農業がさかんなことで知られています。福岡県や佐賀県をふくむ筑紫平野では②米作りがさかんです。③宮崎県や④鹿児島県では畜産がさかんであり，熊本県は全国でも指折りの野菜の産地として知られるなど，九州は多種多様な食材に恵まれています。九州は日本の国土面積の１割程度ですが，農業生産額は全国の２割を占め，日本人の食を支える大切な役割を果たしているのです。

《資料１》九州パンケーキミックスと調理例

〔編集部注…ここには，「九州パンケーキミックスと調理例」を写した写真がありましたが，著作権上の問題により掲載できません。〕

その一方で，九州の農家は，大きな悩みを抱えています。外国から安い農作物が輸入されてくることで，今後の農作物の売れ行きに不安を感じているのです。九州の農家の多くは，多品種の農作物をそれぞれ少量生産しているため，大量生産によって価格を下げることができません。そこで，農家は商品に高い価値を付け加える道を探ってきました。そのなかの一つに，６次産業化というものがあります。

６次産業化とは，農業(１次産業)と工業(２次産業)と商業(３次産業)をかけあわせた考え方のもとでの経営方法で，農家が農作物を作るだけではなく，それを使った商品を製造し，販売することで商品の価値を高めることを目指します。たとえば，農家が自分たちの作った小麦を使ってクッキーを焼き，それをパッケージに入れて販売するところまでおこなえば，ただ農作物を売るよりも高い価格で売ることが可能になります。政府は農家に対し，こうした経営方法を取り入れることをすすめ，６次産業化を試みる農家には補助金を出して支援してきました。しかし，この方法には課題も多くあります。多くの小規模な農家には，食品を加工するための人手や，作った商品を宣伝し販売するための技術や経験が不足しているのです。そのため，一部の成功例を除くと，利益を出せずに６次産業化の取り組みをやめる農家も多くみられました。

⑤こうしたなか，「九州の農家を元気にする」ことをうたった商品開発に成功し，注目されている企業があります。それは宮崎県に本社を置く一平グループです。宮崎市内の寿司屋から始まったこの会社は，2012年に「九州パンケーキ」という名のパンケーキミックス(パンケーキの材料)を開発したことで有名になりました。一平グループ会長の村岡浩司さんは，宮崎県の商店街のイベントを主導するなど，地元を元気にする活動に熱心に取り組んできた実業家です。

村岡さんが「九州パンケーキ」を開発するきっかけになったのは，2010年に宮崎県で，牛や豚などの家畜がかかる病気である口蹄疫が発生したことでした。宮崎県は，⑥感染した家畜から口蹄疫のウイルスが広がるのを防ぐため，感染が疑われる家畜を殺処分することで対応しようとしました。しかしその動きは遅れ，宮崎県全域の農場に口蹄疫が広がってしまいました。宮崎県はそれ以上の感染拡大を防ぐため，人の移動や外出を控えることを呼びかける非常事態宣言を出しました。このため畜産以外の部門も大きな影響を受け，県内の景気が急激に悪くなってしまいました。村岡さんは，自身の会社経営が傾くなか，宮崎県を救うためにも事業を九州全域に広げなくてはいけないと考えました。

経営を立て直すための新しい商品開発を検討していた村岡さんは，良質だと評価される⑦九州の素材だけを使って，当時流行していたパンケーキを開発すれば，魅力ある商品になるのではないかと思い立ちました。また，そのことによって，九州の農家を応援することもできると考えたのです。さっそく村岡さんは，九州各県の穀物農家を地道に回り，厳選した原料を揃えました。試行錯誤を重ねて完成した「九州パンケーキ」はその食感や味が評判を呼び，徐々に人気になりました。そして各種のコンテストで入賞し「日本一の地産プロダクト(製品)」の称号を得るなど，高く評価されるにいたったのです。そして，「九州パンケーキ」は全国の約3000店のスーパーマーケット等で販売されています。また，一平グループと契約し「九州パンケーキ」を使用した料理を提供する喫茶店も全国で100店舗ほどに増えました。そして，一平グループは「九州パンケーキ」を提供する店を台湾で３店舗，シンガポールで１店舗開き，⑧東アジア・東南アジアでも売り上げが勢いを増しています。その結果，「九州パンケーキ」に原料を提供している農家にも良い影響が出てきています。

村岡さんの取り組みが注目されている理由は，商品が売れていることだけではありません。⑨自治体をこえた「九州」という広い範囲で地域をとらえ，その考え方をもとにした商品を⑩世界に向けて売り出すことで地域の活性化をはかる発想を持っていることに大きな価値があるのです。こうした取り組みがおこなわれることで，地域の経済や農業が活性化していく希望が見えてくるのではないでしょうか。

問１．下線部①に関連して，**《資料２》**は，九州北部で13世紀に起きた出来事をえがいたものです。この絵と，その出来事に関して述べた文として**誤っているもの**を，下の**ア**～**エ**から１つ選び，記号で答えなさい。

《資料２》

(『小学社会６上』教育出版より)

ア．この絵は『蒙古襲来絵詞』といい，元の侵攻や，それと戦う武士の様子をえがいている。

イ．この絵の右側にえがかれている人物は，肥後(現在の熊本県)の武士であった竹崎季長である。

ウ．この絵で左側にえがかれた人々は，集団戦法を得意とし，「てつはう」と呼ばれる兵器をもちいた。

エ．この絵にえがかれた出来事の結果，ご恩と奉公で結びつく鎌倉幕府と武士の関係が，より強固なものになった。

問２．下線部②について，政府が米の値段や量を管理していくなかで，在庫量を減らすために1970年ごろからおこなった取り組みを何といいますか。漢字４文字で答えなさい。

問３．下線部③に関連して，宮崎県出身の小村寿太郎は明治時代に活躍した外交官でした。明治の日本の外交について述べた次の４つの出来事を古い順に並べ替えなさい。

ア．日本と朝鮮とのあいだに，日朝修好条規が結ばれた。

イ．日本と清のあいだで対立が深まり，日清戦争が発生した。

ウ．日本とアメリカとのあいだの条約が改正され，関税自主権を回復した。

エ．岩倉使節団が，欧米諸国を視察する旅に出発した。

問４．下線部④に関連して，以下の問い(1)・(2)に答えなさい。

(1)　鹿児島県には江戸時代に薩摩藩が置かれていました。17世紀はじめに，薩摩藩によって支配されるようになり，年貢を取り立てられるようになった国の名前を答えなさい。

(2)　鹿児島県にある屋久島は，世界遺産に登録されています。屋久島とは異なる種類で登録されている世界遺産がある場所として正しいものを，次の**ア**～**エ**から１つ選び，記号で答えなさい。

ア．富士山　　**イ**．白神山地　　**ウ**．知床半島　　**エ**．小笠原諸島

問５．下線部⑤に関連して，「九州パンケーキ」を流通させるための一平グループの取り組みは，結果的に商品が売れたこともあり，九州の小規模農家に多くのメリットをもたらしたといわれています。**本文**と《**資料３**》・《**資料４**》を参考にしながら，そのメリット２つを190字以内で説明しなさい。その際，一平グループの取り組みの内容にふれながら説明すること。

問６．下線部⑥に関連して，口蹄疫への感染が疑われる家畜の殺処分が遅れてしまった原因として，人手不足や，殺処分に対する畜産農家の反発などがあったとされていますが，それ以外にも殺処分が遅れた原因があったと考えられます。それはどのような原因か，《**資料５**》・《**資料６**》・《**資料７**》・《**資料８**》を参考に，160字以内で説明しなさい。

《資料３》〈６次産業化した場合の流通モデル〉と〈「九州パンケーキ」の流通モデル〉

６次産業化した場合の流通モデル

消費者
生産　加工　販売
消費者
生産　加工　販売

「九州パンケーキ」の流通モデル

胚芽押麦（はいがおしむぎ）　佐賀県
赤米　福岡県
もちきび　長崎県（ながさき）
小麦　大分県（おおいた）
加工
さとうきび　沖縄県（おきなわ）
発芽玄米（げんまい）　宮崎県
黒米　熊本県
うるち米　鹿児島県
一平
販売
スーパー・喫茶店など
消費者

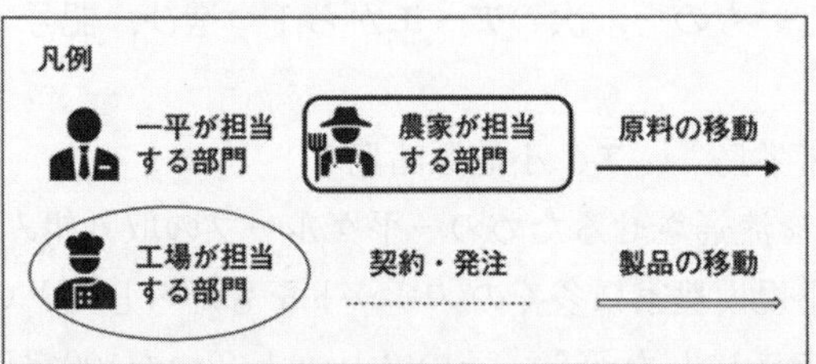

原料について

小麦…パンなどの原料になる穀物。
発芽玄米…芽を出した玄米。やわらかく栄養価が高い。
うるち米…ごはんとして食べるための白米。
黒米…古代米とも呼ばれる稲の原種。玄米の色が黒色。
赤米…古代米とも呼ばれる稲の原種。玄米の色が赤色。
さとうきび…茎（くき）の汁から砂糖の原料がとれる。
もちきび…高い栄養価ともちもちとした食感をもつ雑穀。
胚芽押麦…胚芽を残した大麦を加熱し加工したもの。

《資料４》　長崎県のもちきび農家の話

もちきびは作るのに技術が必要なわりに，使われる場面が減って買う人も少なくなっているから，作るのをやめる農家も多いんだ。うちももう作るのをやめようと思っていたけれど，一平グループからうちのもちきびをパンケーキの原料に使いたいと声がかかって驚（おどろ）いたよ。しかも，一平グループはうちに利益が出ることもしっかり考えた価格で買い取ってくれているんだ。

（《資料３》・《資料４》は，一平グループへの取材と，村岡浩司『九州バカ　世界とつながる地元創生起業論』（文屋2018年）をもとに作成）

《資料５》　口蹄疫対策特別措置（そち）法の内容

都道府県知事は農家に対し，口蹄疫に感染するおそれのある農場の家畜を，健康なものもふくめてすべて殺処分するよう求めることができる。

（衆議院のウェブサイトの文章をわかりやすく書き改めました）
www.shugiin.go.jp/internet/itdb_housei.nsf/html/housei/17420100604044.htm

《資料６》 宮崎県の肉牛生産農家の数と飼っている牛の数

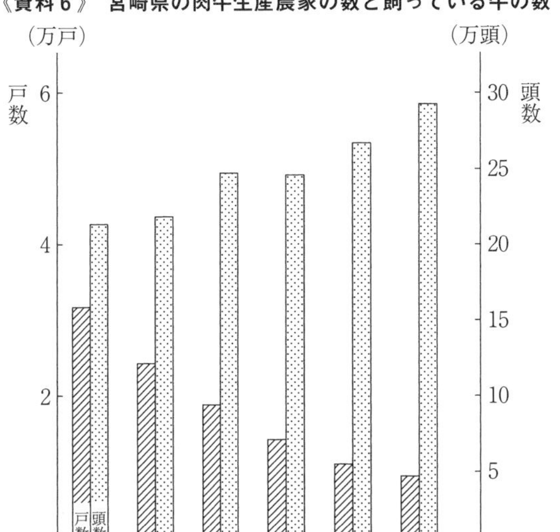

(宮崎県「統計でみる宮崎県の農業2017」より作成)

《資料７》 口蹄疫発生時に農家がおかれた状況

農家は，殺処分した家畜を遠方に運ぶことで口蹄疫のウイルスが広がる事態を防ぐために，家畜の死体を農場の近くに埋めることを，農林水産省から求められた。しかし，埋める場所を探す作業は，農家が自力でおこなわなければならなかった。

(永松伸吾「2010年宮崎県口蹄疫災害と危機管理・復興の課題」(『社会安全学研究』第１巻 2011年 179-204頁)をわかりやすく書き改めました)

《資料８》 殺処分した家畜を埋める作業の様子

(宮崎県「宮崎県口蹄疫復興メモリアルサイト」より)
https://www.pref.miyazaki.lg.jp/shinsei-kachikuboeki/shigoto/chikusangyo/h22fmd/kioku.html

問７．下線部⑦に関連して，宮崎県ではピーマンの栽培がさかんです。**《資料９》**は2019年の東京卸売市場における，ピーマンの月別取引量を産地別に示したものです。**《資料９》**の**い～は**はそれぞれ２月，５月，８月のいずれかを指し，Ａ～Ｃはそれぞれ宮崎県，茨城県，岩手県のいずれかです。８月にあたるものを，**い～は**から選び，Ａ～Ｃにあてはまる産地の組み合わせとして正しいものを，下の**ア～カ**から１つ選び，記号で答えなさい。

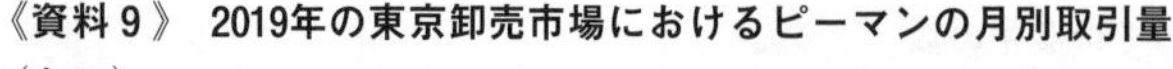

《資料9》 2019年の東京卸売市場におけるピーマンの月別取引量

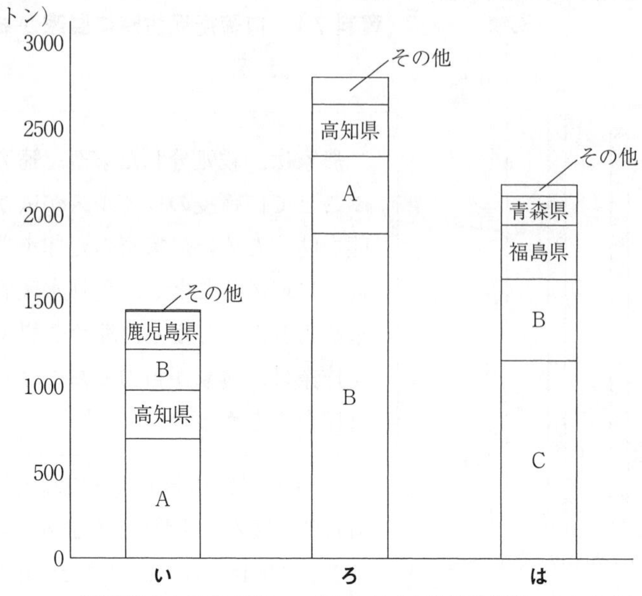

(東京都中央卸売市場ウェブサイト「市場統計情報」より作成)
http://www.shijou-tokei.metro.tokyo.jp/

	A	B	C
ア	茨城県	岩手県	宮崎県
イ	茨城県	宮崎県	岩手県
ウ	岩手県	茨城県	宮崎県
エ	岩手県	宮崎県	茨城県
オ	宮崎県	茨城県	岩手県
カ	宮崎県	岩手県	茨城県

問8．下線部⑧に関連して，韓国について述べた文として**誤っているもの**を，次の**ア**～**エ**から1つ選び，記号で答えなさい。

ア．韓国のソウル市から九州の福岡市までの直線距離は，東京都新宿区から福岡市までの直線距離よりも短い。

イ．韓国では自動車や半導体などの産業が発展し，過去20年近くのあいだ日本の主要な貿易相手国であり続けている。

ウ．韓国の文字には15世紀半ばに作られたハングルがあるが，現在では漢字の方が多く使われている。

エ．韓国の伝統的な住宅には，オンドルと呼ばれる床暖房が備わっていることが多い。

問9．下線部⑨に関連して，地方自治体(地方公共団体)について述べた文として正しいものを，次の**ア**～**エ**から1つ選び，記号で答えなさい。

ア．都道府県知事や市町村長には，その地位にふさわしいかどうか住民の意見をきく国民審査の制度がある。

イ．都道府県や市には選挙で選ばれる議員からなる議会があるが，町や村には議会は置かれていない。

ウ．都道府県知事や市町村長は，行政のために必要な条例を制定する権限をもっている。

エ．都道府県や市町村は，国から独立して，予算を決めることができる。

問10．下線部⑩に関連して，政府から独立して世界的な問題に対して取り組む民間団体をNGOと呼びます。次のなかでNGOにあたるものを，次の**ア**～**エ**から１つ選び，記号で答えなさい。

ア．ユニセフ　　　　**イ**．国境なき医師団

ウ．青年海外協力隊　　**エ**．世界食糧(しょくりょう)計画

【理　科】〈第１回試験〉（45分）〈満点：80点〉

1　**次の文を読み，以下の各問いに答えなさい。数値で答えるものは，必要であれば四捨五入して整数で答えなさい。**

物が振動（しんどう）すると，まわりの空気が振動します。その振動が空気中を伝わり，私たちの耳の鼓（こ）膜（まく）を振動させると，私たちはそれを音として感じることができます。私たちのまわりには様々な音がありますが，音の違いは，音の三要素とよばれるもので区別できます。

問１　音の三要素とは何ですか。それぞれ答えなさい。

図１は，鍵盤（けんばん）の一部です。①の鍵盤と②の鍵盤は，どちらも弾（ひ）くと「ド」の音が出ますが，②は①より１オクターブ高い「ド」，逆に言うと，①は②より１オクターブ低い「ド」になります。この違（ちが）いは，振動数の違いで生じています。振動数は，音を発しているものが１秒間に何回振動しているかを表しており，単位はHz（ヘルツ）を用います。②の振動数は①の振動数の２倍になっています。また，例えば①と③のように，白い鍵盤と黒い鍵盤の区別なく，となり合う鍵盤の振動数は，右側が左側の1.06倍になっています。

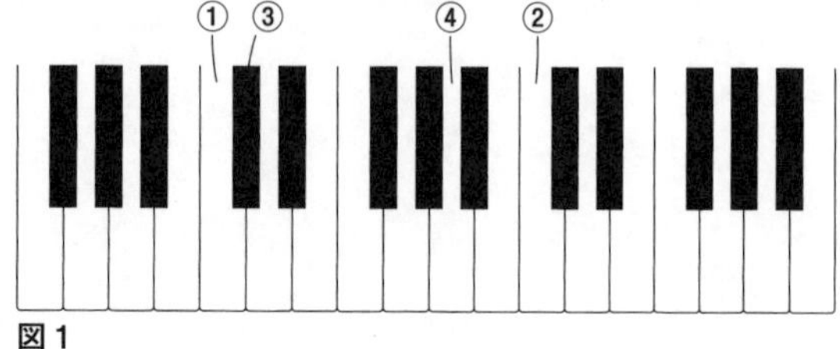

図１

問２　④の鍵盤を弾くと振動数が440Hzの「ラ」の音が出ます。②の鍵盤を弾いたときに出る音の振動数は何Hzですか。必要であれば，

1.06×1.06　＝1.12
1.06×1.06×1.06　＝1.19
1.06×1.06×1.06×1.06　＝1.26
1.06×1.06×1.06×1.06×1.06　＝1.34
1.06×1.06×1.06×1.06×1.06×1.06＝1.42

として計算しなさい。

問３　①の鍵盤を弾いたときに出る音の振動数は何Hzですか。

図２のようなモノコードとよばれる装置は，弦（げん）を張る強さを変えたり振動させる弦の長さを変えたりはじき方を変えたりすることで，出る音を変えることができます。

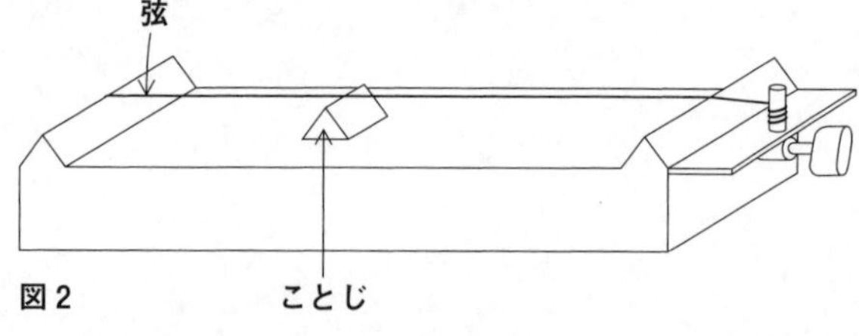

図２

問４　モノコードでの音の出し方を，次の(1)～(3)のように変えてみます。そのときの音は，変える前の音と比べて，それぞれどのように変わりますか。下の**ア～ク**から適当な組み合わせを１つ選び，記号で答えなさい。

(1)　弦を強く張る。

(2)　ことじを動かして弦の振動する部分の長さを短くする。

(3)　弦を強くはじく。

	(1)	(2)	(3)
ア	高くなる	高くなる	高くなる
イ	高くなる	高くなる	大きくなる
ウ	高くなる	低くなる	高くなる
エ	高くなる	低くなる	大きくなる
オ	低くなる	高くなる	高くなる
カ	低くなる	高くなる	大きくなる
キ	低くなる	低くなる	高くなる
ク	低くなる	低くなる	大きくなる

問５　弦を別のものに張りかえても，音を変えることができます。張りかえる弦は同じ材質のものを使うことにします。弦の張る強さと振動する長さは同じままで，高い音を出すには，どのような弦に張りかえればよいですか。

ギターは，太さの異なる６本の弦を張った楽器(図３の右側が第１弦，左側が第６弦)で，弦を押さえる場所(フレット)を変えながら，弦を弾いて音を出します。ギターのような弦楽器は，演奏に用いる前にチューニングという作業をします。ギターでは，まず第５弦をどこのフレットも押さえずに弾いたときに出る音の振動数が440Hzになるように，弦を張る強さを調整します。次に，第５弦を張る強さは変えないで，第６弦を５フレットを押さえて弾いたときと，第５弦をどこも押さえないで弾いたときの音の振動数が同じになるように，第６弦を張る強さを調整します。同じようにして，以下の

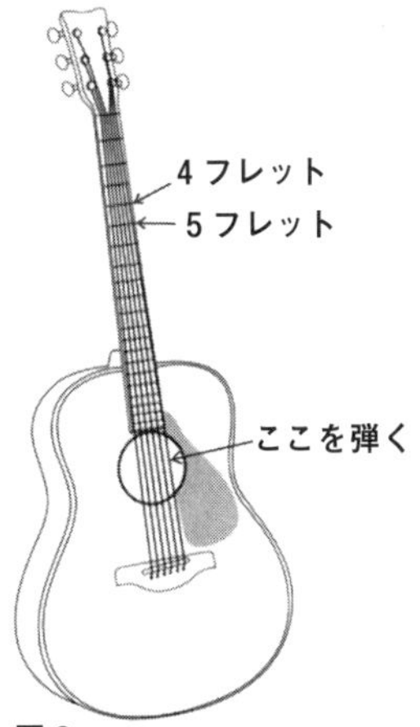

図３

第５弦を５フレットを押さえたときと，第４弦をどこも押さえないとき
第４弦を５フレットを押さえたときと，第３弦をどこも押さえないとき
第３弦を４フレットを押さえたときと，第２弦をどこも押さえないとき
第２弦を５フレットを押さえたときと，第１弦をどこも押さえないとき

の４組の音がそれぞれ同じ振動数になるように，第４弦～第１弦を張る強さを調整していきます。

問６　チューニングを終えたギターは，第１弦をどこも押さえないで弾いたときに出る音と第６弦をどこも押さえないで弾いたときに出る音はどちらも「ミ」の音になりますが，２オクターブ異なります。高い「ミ」の音が出るのはどちらの弦ですか。

問７　**問６**の「ミ」の音で，一方の音の振動数は1319Hzです。他方の音の振動数は何Hzですか。

2　**以下の各問いに答えなさい。**

Ⅰ　炭酸水素ナトリウム，水酸化カルシウム，塩化ナトリウム，砂糖の４つの物質の性質や特徴(とくちょう)について調べてみました。

問１　４つの物質の中の１つ，水酸化カルシウムを水に入れてよくかき混ぜました。この溶液(ようえき)を何といいますか。

問２　４つの物質の中の１つを**図１**のような実験装置で５分間加熱すると，二酸化炭素が発生しました。この加熱した物質は何ですか。次の**ア**～**エ**から１つ選び，記号で答えなさい。

ア　炭酸水素ナトリウム

イ　水酸化カルシウム

ウ　塩化ナトリウム

エ　砂糖

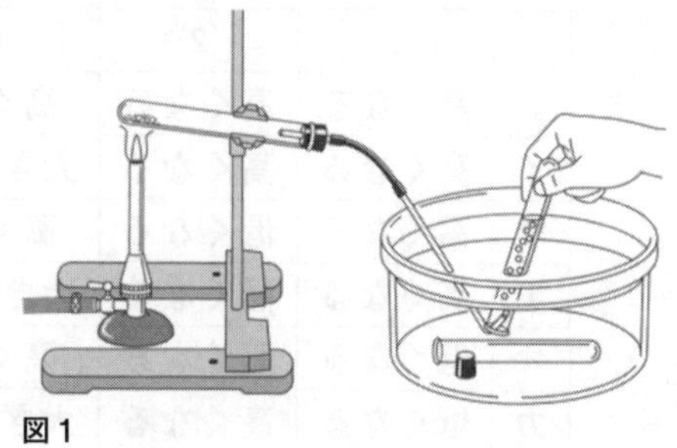
図１

問３　４つの物質がそれぞれ入った容器があります。実験で容器のラベルがぬれてはがれてしまい，どの容器にどの物質が入っているか分からなくなってしまいました。それらの物質を特定するために，次の**A**～**D**の実験を行いました。下の(**1**)～(**3**)に答えなさい。

A　試験管４本に，それぞれの固体を２ｇずつ入れ，少量のうすい塩酸を加えたときに，気体の発生があるかないかを調べた。

B　水の入った４つのビーカーに，それぞれの固体を入れてよくかき混ぜ，フェノールフタレインを加えた。

C　水の入った４つのビーカーに，それぞれの固体を入れてよくかき混ぜ，**図２**の実験装置で電流が流れるかどうかを調べた。

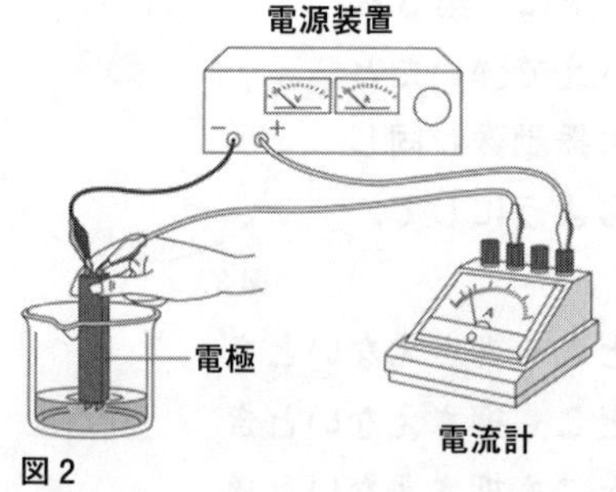

図２

D　100ｇの水の入った４つのビーカーに，固体をそれぞれ５ｇずつ入れてよくかき混ぜた。

(1)　次の①，②の実験結果にあてはまる物質を，**問２**の**ア**～**エ**からそれぞれ１つずつ選び，記号で答えなさい。

①　**B**の実験で，うすく赤色になる。

②　**D**の実験で，ほとんど溶(と)けないでにごる。

(2)　**A→B→C→D**の順番で実験を行うと，４つの物質はどの段階の実験ですべて特定できますか。**A**～**D**の記号で答えなさい。

(3)　**A**～**D**の実験を全部行わなくても，４つの物質は特定できます。実験回数の一番少なくてすむ実験の組み合わせを例にしたがって答えなさい。例：**E**と**G**と**H**

Ⅱ　物質Xの中に別の物質Yが不純物として入っている混合粉末が60ｇあります。この中から，純粋(じゅんすい)なXを取り出すために再結晶(さいけっしょう)を行いました。この混合粉末のすべてを90℃の水に溶かしたらすべて溶けました。この溶液をゆっくり冷やしたところ，80℃でほんの少しXの結晶が出はじめました。さらに25℃まで冷やしたところ，Xの純粋な結晶が45ｇ出ました。

問４　**表**は**X**，**Y**が水100gにそれぞれの温度で最大何g溶けるのかを表しています。次の(**1**)，(**2**)に答えなさい。必要であれば四捨五入して整数で答えなさい。

表

	X	Y
25℃	4	8
80℃	34	15

(**1**)　混合粉末を溶かした水は何gですか。

(**2**)　混合粉末中の**X**の割合は何％ですか。

3　**次の文を読み，以下の各問いに答えなさい。**

Kさんは親と海にアジを釣りに行きました。アジだけでなくカワハギも釣ることができました。家に帰り，アジをじっくり観察してみました（図１）。小学校で飼育しているメダカより大きいので，①ひれのつき方がよく分かりました。

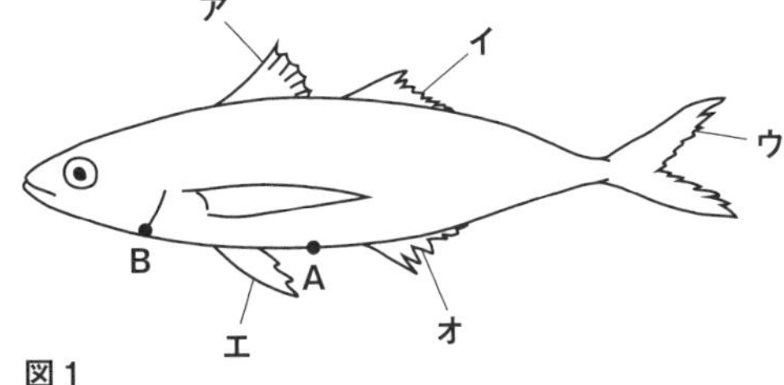

図１

親と相談し，アジを開いて干物をつくってみることにしました。うろこをとり，水できれいに洗い流した後，図１のようにからだの右側を下にして置きました。肛門（図１のA）に包丁の刃先を入れ，酸素をとり入れるためのつくりである（　１　）の近く（図１のB）まで腹側を切り，はらわた（内臓）を取り出しました。

よく洗った後，図２のようにからだの左側を下にして置き，包丁が背骨の上を沿うように，刃先が背中側のからだの表面を貫通しないように気を付けて切りました（図２のX→Y）。その後，頭と尾の部分は切り落としました（図２の太線）。水で洗い，開かれたアジの両面に②全体がうっすら白くなるくらい塩をまぶし，１時間後にあらためてさっと水洗いし，キッチンペーパーで水をよくふき取り，ベランダに干しました。

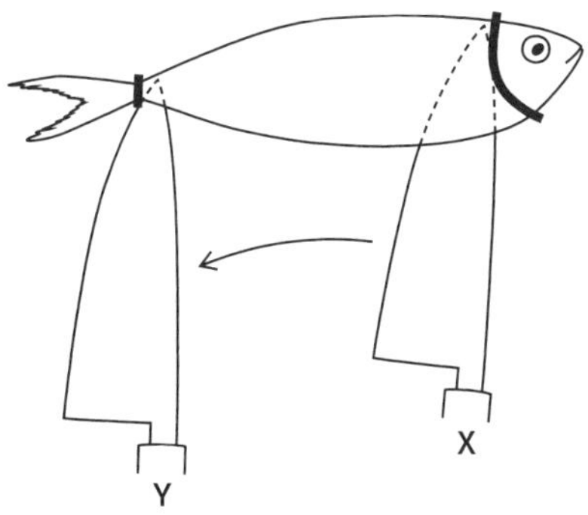

図２　（ほとんどのひれは省略しています）

カワハギは親にさばいてもらいました。きれいな白身の魚で，赤身のマグロとは対照的でした。Kさんが「赤身と白身は何が違うの？」と親に聞くと，「違いの一つは，赤身の魚は筋肉の中にミオグロビンとよばれる物質を多く含むこと。ミオグロビンは，血液成分の中の（　２　）に含まれるヘモグロビンと同じように酸素とくっつくことができる物質で，ヘモグロビンが運んできた酸素を筋肉内にたくわえるはたらきがあるんだよ。筋肉が縮むためには酸素が重要な役割を果たすんだけれど，ミオグロビンがたくさんあると筋肉内の酸素の濃度を維持することができるんだ。ミオグロビンがたくさんあるからといって筋肉の縮む力が強くなるわけではないけれどね。」と教えてくれました。

さらにカワハギの③肝臓は非常に大きいことが分かりました。肝臓といっしょに緑色をした（　３　）も取れました。親はKさんに「（　３　）は苦玉とも言って，肝臓でつくられた消化液がたくわえられているよ。これをつぶしてしまうと，すごく苦い液がもれて，食べるところについたら大変だから気を付けて！」と言いました。

問１　文中の（１）～（３）に入る最も適当な語句をそれぞれ答えなさい。

問２　**下線部①**について，アジにおいて胸びれ以外に対になっているひれを**図１**の**ア～オ**からすべて選び，記号で答えなさい。ない場合は「なし」と答えなさい。

問３　右の**図３**は，ベランダに干したアジを，開いた側から見たときの輪郭(りんかく)を表したものです。解答欄の図中に，「背骨がある部位」と「はらわたがあったおおよその部位」をそれぞれ記入方法にしたがい，描(か)き入れなさい。

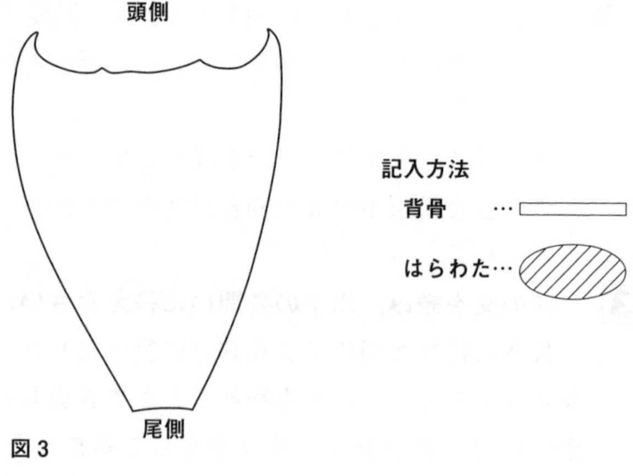

図３

問４　**下線部②**について，次の**(1)**，**(2)**に答えなさい。

(1)　塩をまぶすとどのような現象がおこると考えられますか。

(2)　**(1)**と同様の現象を利用した他の例を１つ答えなさい。

問５　筋肉では，ヘモグロビンとミオグロビンのどちらが酸素とくっつきやすいと考えられますか。文を参考にして答えなさい。

問６　白身の魚と比べ，赤身の魚の泳ぐ能力にはどのような特徴があると考えられますか。

問７　**下線部③**について，肝臓には様々なはたらきがあります。消化液をつくること以外で肝臓のはたらきを１つ答えなさい。

4　**次の文を読み，以下の各問いに答えなさい。**

5000人を超(こ)える死者，行方不明者を出した1959年の「伊勢湾(いせわん)台風」は，［　　　］による被害(ひがい)が甚大(じんだい)でした。［　　　］とは海面が上昇(じょうしょう)する現象であり，気圧が下がることによって海面が受ける「吸い上げ効果」と，沖(おき)から海岸に向かう風によって海水が集中する「吹(ふ)き寄せ効果」によっておこります。①「伊勢湾台風」では特に伊勢湾周辺の愛知県と三重県での［　　　］の被害が大きく，排水(はいすい)が完了(かんりょう)するまでに３か月間を要したとされています。

河川でも，大雨によって増水し氾濫(はんらん)すると大規模な浸水(しんすい)がおこります。②2017年の台風21号は，超(ちょう)大型で強い勢力を保った状態で本州に上陸し，この台風によって，大阪府の大和川や和歌山県の貴志川が氾濫しました。図１は台風が上陸した10月23日３時の天気図です。東京を流れる③多摩川(たまがわ)でも水位が大幅(おおはば)に上昇し，場所によっては氾濫がいつおこってもおかしくない状況になりました。

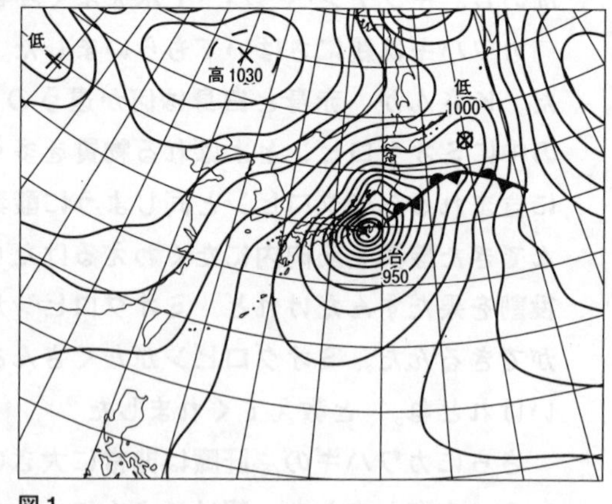

図１

これらの水害を防ぐために，海岸や河川の堤(てい)防(ぼう)のかさ上げや新規設置をしたり，護岸工事を行ったり，ダム，水門，遊水池などを作って水の流れをコントロールしたりします。また，工事による対策だけではなく，住民一人一人が日ごろから居住地域のハザードマップを確認し，どこでどのような災害がおこりえるかを認識しておくことも大事なことです。

問１　文中の［　　　］にあてはまる語句として最も適当なものを，次の**ア**～**エ**から１つ選び，記号で答えなさい。

ア　土石流　　**イ**　液状化現象　　**ウ**　津波（つなみ）　　**エ**　高潮

問２　下線部①について，伊勢湾台風の経路（台風の中心が通過したところ）を示した矢印として最も適当なものを，右の**ア**～**エ**から１つ選び，記号で答えなさい。ただし，伊勢湾内に外海から海水が流れ込（こ）み，「吹き寄せ効果」が非常に大きくはたらいたことに注目すること。

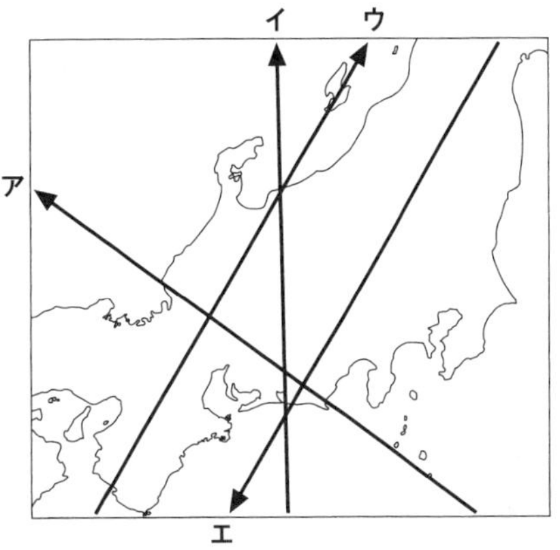

問３　下線部②について，**図２**は東京（大手町）における，2017年10月22日０時から24日０時までの２日間の１時間ごとの気圧（折れ線グラフ，左軸（じく））と降水量（棒グラフ，右軸）を表したグラフです。**図１**も参考にしながら，**図２**から考えられることとして**適当でないもの**を下の**ア**～**ウ**から１つ選び，記号で答えなさい。

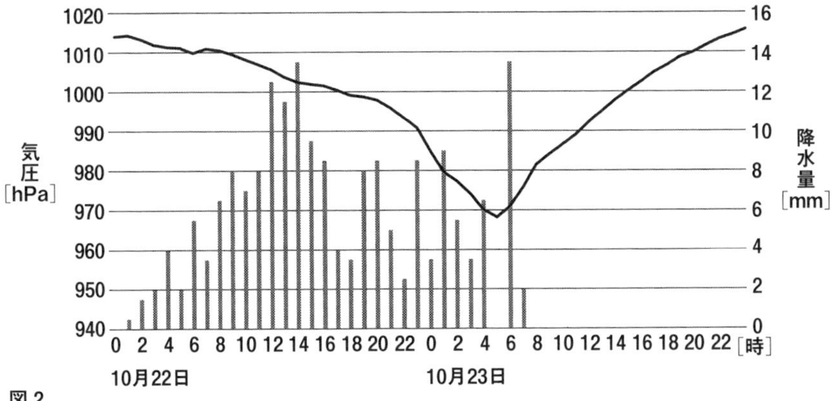

図２

ア　気圧が最も低くなっている時刻に，台風の中心が東京（大手町）に最接近したと考えられる。

イ　台風の通過にともなう気圧のグラフのようすが，気圧が最も低くなっている時刻の前後でほぼ対称（たいしょう）的になっているのは，天気図における等圧線がほぼ同心円状になっていることに対応していると考えられる。

ウ　この台風においては，台風の進行方向の前方ではあまり雨が降らず，進行方向の後方で多くの雨が降ったと考えられる。

問４　下線部③について，**図３**は多摩川のある地点における，2017年10月22日０時から24日０時までの２日間の１時間ごとの水位（折れ線グラフ，左軸）と，降水量（棒グラフ，右軸）を表

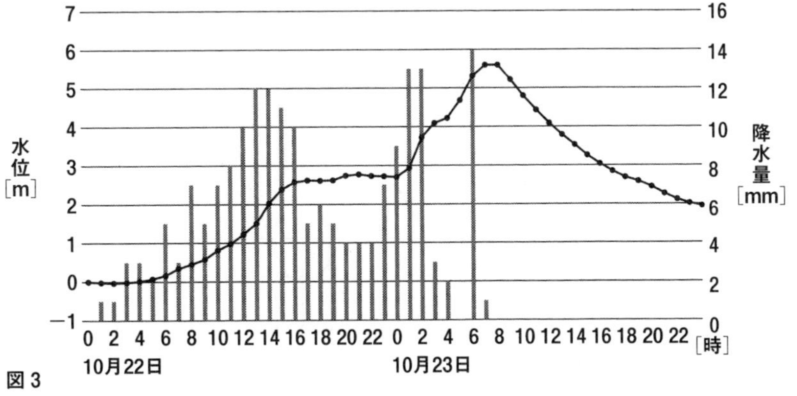

図３

したグラフです。**図３**から読み取れることとして**適当でないもの**を次の**ア**～**エ**から１つ選び，記号で答えなさい。ただし，水位のグラフは，22日０時の時点での水位を０ｍとしてあります。

ア　**図３**の地点における多摩川の水位は最大で５ｍ以上上昇しているが，この値は期間中の降水量をすべて足し合わせていったときの高さ(深さ)に等しい。

イ　降水量が最大になっている時刻よりも多摩川の水位が最高になっている時刻のほうが遅(おそ)い。

ウ　降水量がゼロの時刻において，水位が低下する速さは一定ではない。

エ　最も急激に水位が上昇したときには，１時間で50cm以上水位が上昇した。

問５　**下線部③**について，**図４**の**a**～**c**のグラフは，**図３**の折れ線グラフと同様の多摩川の水位を表しており，**図５**の**X**～**Z**のいずれかの地点における記録です。**a**～**c**のグラフはそれぞれ**X**～**Z**のどの地点の記録ですか。適当な組み合わせを，次の**ア**～**カ**から１つ選び，記号で答えなさい。ただし，記録期間中，**図５**の地域において，局所的に他の場所と著しく異なる強さの降水はなかったものとします。また，それぞれのグラフのたて軸の目盛りは異なります。

	X	Y	Z
ア	a	b	c
イ	a	c	b
ウ	b	a	c
エ	b	c	a
オ	c	a	b
カ	c	b	a

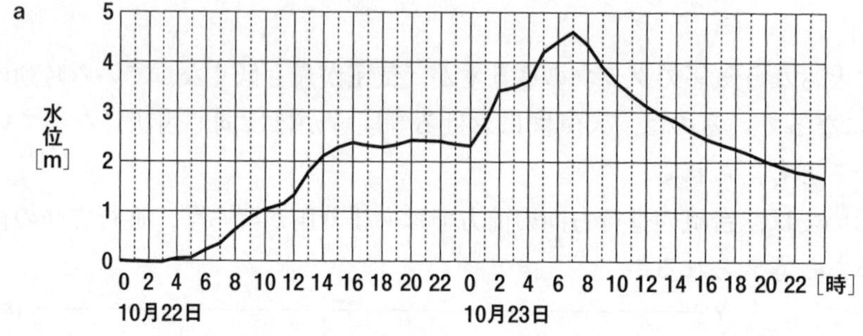

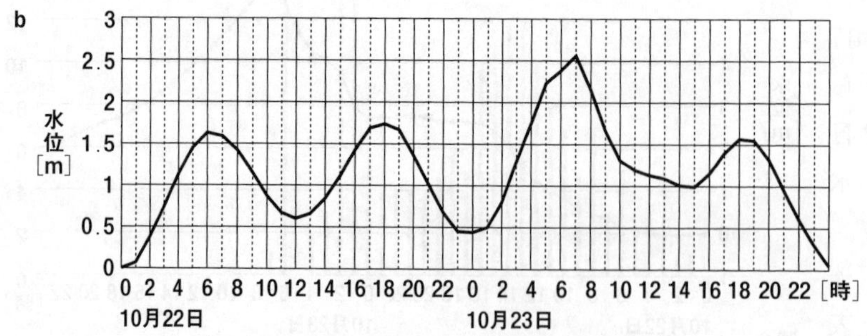

c

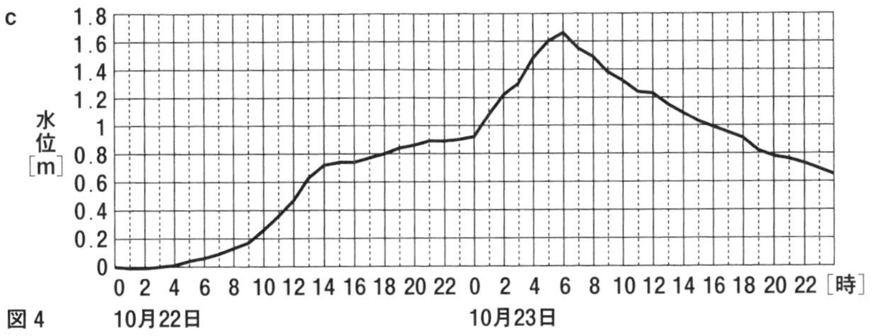

図４

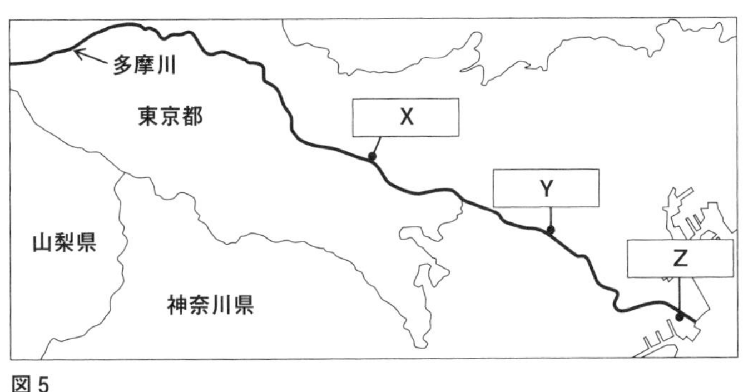

図５

問６　ある土地に降った雨が最終的に河川Ａに集まるとき，その土地は河川Ａの「流域」だということになります。河川を流れる水の量は，この「流域」における降水の量によって左右されます。これについて，次の(**1**)，(**2**)に答えなさい。

(**1**)　同じ高さの地点を結んだ線が描かれた**図６**の中で，**河川Ａ**の流域である部分はどこですか。解答欄の図中に斜線(しゃせん)を描き入れて示しなさい。

(**2**)　日本の年間平均降水量は世界の年間平均降水量の２倍近くあります。また，日本の河川は，世界の主要河川と比べて，長さが短いのに上流と下流の高低差が大きいという特徴があります。これらのことから，世界の主要河川と比較(ひかく)したときの日本の河川の洪水(こうずい)の特徴を簡単に答えなさい。

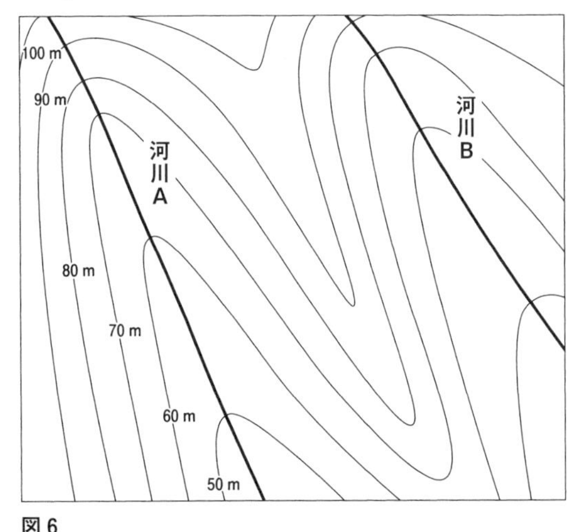

図６

問７　増水時の河川水位の上昇を抑(おさ)える対策の例を，文中に触(ふ)れられていること以外で具体的に１つ答えなさい。

［資料］

　今、世界は、未知なるウイルスの蔓延(まんえん)を契機(けいき)とした、複合的な危機の渦中(かちゅう)にいる。

　それは健康の回復という領域をはるかに超(こ)えたものにふくれあがっている。仮に明日、感染症(しょう)に劇的に効くワクチンが開発されても、パンデミックが問題を生んだ、と考えているうちは、本質的な解決には至るまい。

　むしろ、危機は、これまで社会が、見て見ぬふりをしてきたものに起因する。見過ごしてきたもの、さらにいえば、ひた隠しにしてきた、その最たるもの、それが「弱さ」だ。

（中略）

　二年前、大学の教員になった。学生と対話するなかで強く感じたのは、世にいう自己責任論の強さだった。それは無意識のレベルにまで浸透(しんとう)している。いかに「強く」あるかは分かっていても、自己と他者の「弱さ」の認識が難しいのである。

　たとえば、科学は世の中にどう貢献(こうけん)できるか、というテーマで論議が始まる。話し合いは活発に行われるのだが、その視座はほとんど「助ける」側にあって、「助けられる」側にはなかなかいかない。

　もちろん、学生を責めることはできない。学生たちが進んでそうしたのではない。いつも誰かと競争し、他者に㊟抜きに出ろという社会の求めに応じた結果なのである。

「弱い」立場に立ってみなければ「弱い人」は見えてこない。さらにいえば「弱い人」の多くは、人の目の届かないところにいる。

（朝日新聞二〇二〇年四月三〇日付朝刊　若松英輔の寄稿による）

㊟　抜きに出ろ…ここでは「抜きん出ろ」のこと。

【条件】

①　二文に分けて書き、一文目は「筆者は、〜と考えている。」という形で、二文目は、「それに対し、学生たちは〜。」という形で書くこと。

②　一文目では、筆者が「自分を知る」とはどのようなことだと考えているかを説明すること。

③　二文目は、［資料］より、筆者が考える「自分を知る」ことに対する「学生」たちの現状はどのようなものかを読み取って説明すること。

えたから。

エ　国民はリーダーのメルケルでさえ自分たちと同じ弱い存在なのだと理解し、それを知ることで自分たちも弱い存在のままでいてもよく、強い気持ちで困難に立ち向かわなくてもよいと思えたから。

問五　――線部**3**「コロナ禍は、リーダーのあるべき姿を根本から変えたように思います」とあるが、それはどういうことか。次の中から適当なものを一つ選び、記号で答えなさい。

ア　コロナ禍によって、リーダーにふさわしい人は、自分の強さを誇示（こじ）して人々を一方的に引っ張る人ではなく、自分の心の中にある弱さを進んで見せることで社会の中に連帯を実現しようとする人になったということ。

イ　コロナ禍によって、リーダーにふさわしい人は、頑張れという言葉を繰（く）り返して人々から共感を得ようとする人ではなく、個人の不安に寄り添（そ）って社会全体に思いやりの気持ちを広めようとする人になったということ。

ウ　コロナ禍によって、リーダーにふさわしい人は、解決困難な問題を前にして強がる態度を貫（つらぬ）く人ではなく、問題解決の難しさを正直に訴（うった）えて国民と全ての情報をありのままに共有しようとする人になったということ。

エ　コロナ禍によって、リーダーにふさわしい人は、単に自分の強さを演出して国民をまとめようとする人ではなく、国民に連帯することを命じながらも人々の弱さに対する共感を大切にする人になったということ。

問六　――線部**4**「『つながり』と『交わり』がどのように違うのか」とあるが、筆者は「つながり」と「交わり」についてどのような違いがあると考えているか。次の中から適当なものを一つ選び、記号で答えなさい。

ア　「つながり」は、自分たちの弱さを見せ合って他者を理解することで、力強いリーダーシップを生むものである一方、「交わり」は力強いのは言葉だけで、危機に直面する世界を新たに作り変えることはできないものであるという違い。

イ　「つながり」は、自分たちの弱さを認め合うことで、他者との目に見えない深い結びつきを生む関わり方である一方、「交わり」は自分の弱さをさらすことができず、互いに強くあることを求める表面的な関わり方であるという違い。

ウ　「つながり」は、弱さを許容することで安心をもたらし、弱い立場の人を守るという社会的な結びつきである一方、「交わり」は強い存在になろうと互いに努力し励まし合うという、人間同士のきずなを深める結びつきであるという違い。

エ　「つながり」は弱さをさらけ出すことで弱者同士が連帯し、助け合ってより強い力を生み出そうとする関係性である一方、「交わり」は自分が他者よりも優位に立って生き延びようとする、強みを持つ者同士の関係性であるという違い。

問七　――線部**5**「人は、弱くあることによって強く『つながる』」とあるが、こうした「つながり」がその「つながり」の中にいる人にもたらすのはどのような経験か。そのことを説明した次の文の（　）内に入る適当な語句を――線部**5**から本文の末尾までの間で、二五字以上、三〇字以内で抜き出し、始めと終わりの五字を答えなさい。

（　　　　　　　　　　　　）**ような経験。**

問八　――線部**6**「自分を知る」について、次の［**資料**］を読んだうえで、後にある【**条件**】に従って、八〇字以上、一〇〇字以内で説明しなさい。

の一方で、プロテスタントのキリスト者でもあります。彼女には『わたしの信仰』(新教出版社)という講演録があります。その一節を読んでみたいと思います。

人間はそもそも自分を愛し、自分を信じ、自分自身を理解していなければ他者を愛することもできません。

とても素朴な言葉ですが、たいへん重要な指摘なのではないでしょうか。他者を愛するために、最初に試みるべきは、自分を愛し、自分を信じ、自分を知ることだというのです。

6自分を知るとは、やはり、自分の中にある弱さを否むのではなく、愛しむことなのではないでしょうか。私たちは、自分の弱さを抱きしめられたときに、他の人の弱さもまた、拒むのではなく、抱きしめるに値するものであることに気がつくのだと思うのです。

(若松英輔『弱さのちから』)

問一　═線部**a**～**e**のカタカナを漢字に直しなさい。ただし、送りがなが必要な場合は、送りがなも含めて書くこと。

問二　〰〰線部①「『メッキ』がはがれる」・②「いたずらに」の意味として適当なものを次の中から一つ選び、記号で答えなさい。ただし、「メッキ」とは表面を金属の薄い膜でおおうことを意味している。

①「『メッキ』がはがれる」

ア　これまで目立ってきた人物が注目されなくなる。

イ　いままで隠されていた本性が明らかになる。

ウ　これまで言ってきたことが全て嘘だと分かる。

エ　いままで外部から守っていたものがなくなる。

②「いたずらに」

ア　むやみに。　イ　悪ふざけで。

ウ　無理矢理に。　エ　表面的に。

問三　──線部**1**「ある意味で意外なことを語ります」とあるが、なぜ「意外」なのか。次の中から適当なものを一つ選び、記号で答えなさい。

ア　自分も不安をかかえていると隠さず表明して国民に救いを求めたから。

イ　現在混乱を極めている自国の危機的な状況についてありのままに伝えたから。

ウ　自分が現在感じている不安をそのまま正直に国民の前で表明したから。

エ　教育や経済の問題より人々のつながりが断絶する方が心配だと指摘したから。

問四　──線部**2**「この言葉を聞いた人たちには深い安堵が広がったと思うのです」とあるが、それはなぜか。次の中から適当なものを一つ選び、記号で答えなさい。

ア　国民はリーダーのメルケルが強がらず弱い存在のままでいると分かり、その様子から自分の強さを誇らないメルケルこそが新しい時代のリーダーとして優れているとはっきり認識できたから。

イ　国民はメルケルが協力し合うことを求めていると理解し、それによって自分たち一人一人は弱い存在のままでも、力を合わせればこの困難を乗り越えることができると前向きになれたから。

ウ　国民はリーダーのメルケルが自分たちの不安を理解してくれていると分かり、だから今はまだ自分たちは弱いままでいてもよく、きっとメルケルが自分たちの不安を解消してくれると思

世界のさまざまな所で語られ始めています。（中略）

　似た言葉で「交わり」という言葉もあります。**4**「つながり」と「交わり」がどのように違(ちが)うのか、そして、この言葉の差異を繊細(せんさい)に感じ分けつつ、世界をどのようにつくり変えていかなければならないのか、ということを考えてみたいのです。

　さて、メルケルは、先の言葉のあとに、多くの人が病に感染(かんせん)し、そして亡(な)くなっていくなかで、人の「いのち」をめぐって語ります。

これは、単なる抽象的(ちゅうしょうてき)な**c**トウケイ数値で済む話ではありません。ある人の父親であったり、祖父、母親、祖母、あるいはパートナーであったりする、実際の人間が関わってくる話なのです。そして、私たちの社会は、一つひとつの命、一人ひとりの人間が重みを持つ共同体なのです。

　どの国でも感染者数は日々公表され、それを見た人々はさまざまな思いを胸に宿します。しかし、その一方で、人間の「いのち」は、けっして数量化されない何かでもあることも知っています。そして、「いのち」の次元では誰もが、尊厳を持った平等な存在であることもどこかで感じながら生きています。メルケルはそれに深い敬意を表するのです。

「敬意」は、リーダーとしてのメルケルを考えるとき、とても重要な言葉になるかもしれません。彼女はそれを直接語る、というよりも**d**タイゲンしようとします。

　また、ここでメルケルが語っている「いのち」は、身体的な「生命」と深い関係がありながらも同じものではありません。「いのち」と「生命」は、どういう関係にあるのでしょうか。「生命」がなくなれば、「いのち」も消滅(しょうめつ)するのでしょうか。

　私たちの身体はしばしば目に見え、手でふれあえる、「交わり」を求めます。しかし目に見えない「つながり」を実現するのは、「生命」よりも「いのち」です。「いのち」と「いのち」がふれあったとき、私たちは「つながった」と感じるのではないでしょうか。

　また、日常生活で「交わり」のなかにいるとき、私たちはなるべく「弱さ」を隠そうとします。「強がる」ことが多いようにも思います。

　そのいっぽうで、信頼(しんらい)できる人と「つながり」を感じるときは、安心して「弱く」あれるのではないでしょうか。それだけでなく、弱いところを見せながらも、互いに助け合うということも起こる。**5**人は、弱くあることによって強く「つながる」ことが少なくないのです。

　今――そしてかつても――この国ではどこかから「頑張ろう」という耳には聞こえない「声」が響(ひび)いてくるように私には感じられます。みんなでもっと「強く」あろうと励(はげ)まし合っているように思うこともあります。

　励まし合うのはよいことなのかもしれません。しかし、それよりも弱さを互いに受け入れることが最初ではないでしょうか。

　弱さと弱さが重なっても、より弱くなるだけなのではないか、という声もどこかから聞こえてきそうです。「あたま」で考えるとそうなります。しかし、先にもふれたように私たちが、互いに内なる弱い人の姿で誰かに会う。そこには、信頼や友愛、ときには慰(なぐさ)めがあり、あるときは孤立から救い出された心地(ここち)もするかもしれません。

　不思議なことなのですが、弱さによって実現した「つながり」は、私たちをより弱くするとは限らないのです。その人に眠(ねむ)っている可能性や生きるちからを呼び覚ますこともあるのです。

　メルケルの話を聞いていると、彼女はこの「弱さの理法」というべきものを**e**ジュクチしているように思われてきたのです。メルケルはもともと物理学者でした。彼女は優(すぐ)れた合理的精神の持ち主です。そていくことができそうだという期待を抱いている。

エ　すぐには分かってもらえなくても、うまく縫えるよう努力を重ね、友達に刺繍のすばらしさを伝えようと決意するとともに、自分も宮多たちが好きなゲームを楽しむことで、明るい学校生活を送りたいという希望を持っている。

問十　＝＝線部「え、めっちゃうまいやん。松岡くんすごいな」とあるが、宮多のこの返信をきっかけにして、「僕」は自分のこれまでの生き方・姿勢についてこの後どのようなことに気づいていったのか。「僕」が得た気づきについて二つの内容にふれながら説明しなさい。なお、次の（　）内に五〇字以上、七〇字以内の語句を補う形で書くこと。

「僕」は、（　　　　）ことに気づいていった。

二　次の文章を読み、後の問いに答えなさい。

最初に味わってみたいと思うのはメルケル首相が、今年三月十八日に行ったテレビ演説の言葉です。これからご紹介する一文は、皆さんもドイツ大使館のホームページで読むことができます。この a ダンワのはじめに彼女は、次のような、1 ある意味で意外なことを語ります。

何百万人もの方々が職場に行けず、お子さんたちは学校や保育園に通えず、劇場、映画館、店舗は閉まっています。なかでも最もつらいのはおそらく、これまで当たり前だった人と人の付き合いができなくなっていることでしょう。もちろん私たちの誰もが、このような状況では、今後どうなるのかと疑問や不安で頭がいっぱいになります。

一見何気ない言葉のように見えるかもしれません。しかし、あの日、先の見えない状況のなかで、2 この言葉を聞いた人たちには深い安堵が広がったと思うのです。彼女は国民を直接的にはげますのではなく、「不安」を共有しようとします。「誰もが」と前置きし、「疑問や不安で頭がいっぱい」だ、とメルケルがいうとき、もちろん、そこには彼女自身も含まれています。彼女は自分が抱えている不安を隠すことなく開示したのです。

この言葉はほどなく、日本語になって、インターネット上にも流れました。それを読んだときの感動を今も忘れることができません。メルケルが、決して口にしなかったのは「頑張れ」という言葉です。「皆さん、頑張りましょう」「私たちはどうにかなります。頑張りましょう」と彼女はいわない。彼女は「強さ」を誇るような態度を取りません。むしろ、「弱い」、「私たちは弱い存在なのだ」ということを最初に語るのです。

彼女は、自分の「弱さ」を明らかにすることで、本当の意味で、連帯というものが生まれてくることを経験的に知っているのだと思います。それは見方を変えれば、彼女自身がそうした弱さを正直に語る人をリーダーとして選んできたということもあるのだろうと思います。

3 コロナ禍は、リーダーのあるべき姿を根本から変えたように思います。世界のさまざまなところで、いわゆる①「メッキ」がはがれるような現象が起こっています。これまでは「強い」リーダーが発言力を高めていました。

しかし、これからは、②いたずらに「強がる」リーダーではなく、真の意味で「弱さ」を受け入れることのできる「弱い」リーダーこそが、人々と深いところでつながるのではないかと思うのです。

今日、メルケルの言葉にふれながら、b アラタメテ考えてみたいのは、「つながり」という言葉です。この「つながる」という言葉は今、

イ　想像力があまりに豊かなため、日々の生活においても自分の空想の世界の中だけで生きている人物。
ウ　自分の世界をしっかりと持っていて、時にそばにいる相手よりも興味の対象に心を奪(うば)われてしまうこともある人物。
エ　自分を受け入れようとしない人たちに対して、どう対応すればよいかをこれまでの経験から分かっている人物。
オ　自分自身のことはよく分かっているが、他人の気持ちを想像したり、気遣ったりすることはできない人物。
カ　一人でいることを恐れず、人に気に入られようとして周りの目を気にすることのない人物。

問七　――線部**7**「いつも、ひとりだった」とあるが、「僕」がこの時そう感じたのはなぜか。次の中から適当なものを一つ選び、記号で答えなさい。
ア　たとえ友達のグループに入れても、会話についていくことができず、いつの間にか友達が自分から離(はな)れていったので、自分はいつも一人だったと気づいたから。
イ　誰かと一緒(いっしょ)に過ごしていた時も、あえて自分をいつわってまで友達を作ろうとしてこなかったので、自分はむしろ孤独でいることを選んできたのだと気づいたから。
ウ　たとえ友達と一緒にいても、楽しいふりをしていなければならないとずっと意識しながら生きてきたので、結局は一人でいるのと同じだったという思いがわいたから。
エ　誰かと一緒にいた時も、今になって気づいてみたら本当の気持ちを押(お)し隠(かく)していることが多かったので、結局はいつも心の中は孤独だったという思いがわいたから。

問八　――線部**8**「文字を入力する指がひどく震える」とあるが、「文字を入力する」「僕」の「指がひどく震え」ていたのはなぜか。次の中から適当なものを一つ選び、記号で答えなさい。
ア　宮多のグループにいられなくなってもよいと心に決め、本当は刺繍が好きだということをこの機会に思い切って宮多に伝えようとして気持ちが高ぶっているから。
イ　宮多との関係が気まずくなって学校で孤立することになったとしても、刺繍が好きだという本当の思いを打ち明けようとして、不安や緊張を抱(いだ)いているから。
ウ　ゲームに興味がないことを打ち明けたら、今後は楽しいふりをせずにすむが、優しくしてくれた宮多を裏切ることになり、怒らせてしまうことを恐れているから。
エ　刺繍が好きな気持ちをごまかすことはできないので、趣味の合わない宮多たちと決別しようとしているが、これから宮多たちの態度がどう変わるか分からず、不安だから。

問九　――線部**9**「靴紐をきつく締め直して、歩く速度をはやめる」とあるが、この時の「僕」の心情はどのようなものか。次の中から適当なものを一つ選び、記号で答えなさい。
ア　たとえ恥(は)ずかしくても、自分が嫌いだったゲームについて宮多に教えてもらい、あらためて仲間に入れてもらおうと決意するとともに、もしそれが自分の好みでなければ、好きなふりをせず本心を伝えようと自分を奮い立たせている。
イ　刺繍を趣味とすることで友達がいなくなるとしても、それを恐れることなく、一人で生きていこうと決意するとともに、宮多たちを心のせまい人間だと決めつけていたことを恥じ、他者への理解も必要であることを実感している。
ウ　多くの人には理解されなくても、刺繍が趣味であることを隠さず、好きなことを追い求めていこうと決意するとともに、自分も宮多たちとのかかわり方をあらためることで関係性を深め一つ選び、記号で答えなさい。

ア　自分をあざ笑うような様子を見せた四人のグループに対して、怒りをあらわにし、注目を集めてしまった以上、もう二度とクラスのどのグループにも入れなくなるだろうと思った。

イ　自分にとって大切な刺繍を馬鹿にするような様子を見せた四人のグループに対して、反抗的な態度で応じてしまった以上、今後も刺繍についてからかわれることが続くだろうと思った。

ウ　自分を見下すような様子を見せた四人のグループに対して、自分も相手を見下すような態度で応じた以上、お互いに相手を軽蔑し、にくしみ合うことになるだろうと思った。

エ　自分をからかうような様子を見せた四人のグループに対して、強い口調で反応し、クラスでも注目されてしまった以上、もはやおだやかにこの場を収めることはできないだろうと思った。

問四　――線部**4**「べつに。なあ。うん。彼らはもごもごと言い合い、視線を逸らす」とあるが、この時の「彼ら」の行動や気持ちの説明として適当なものを次の中から一つ選び、記号で答えなさい。

ア　意外な反応にまごつきながらも強く言い返したところ、「僕」が食ってかかってきたため、そのことに動揺しつつもそれをごまかし、「僕」にこれ以上かかわることを避けている。

イ　本を読みながら手を動かす様子をからかっていたところ、「僕」が突然怒りだしたため、そのことにおどろきつつも違和感を覚え、「僕」をさらに冷やかしてやろうとたくらんでいる。

ウ　どうせ言い返せないと決めつけていたところ、「僕」が思わぬ形で反撃してきたため、そのことに腹を立てつつも恐ろしく思い、「僕」の気迫にすっかり打ちのめされている。

エ　自分たちへの挑発に対して応戦したところ、「僕」が急にむきになりだしたため、そのことをおもしろがりつつもとまどいを感じ、「僕」とどう付き合っていけばよいのか迷っている。

問五　――線部**5**「個性は大事、というようなことを～たぶんない」とあるが、そう思っている「僕」は、この時学校という「場所」をどういう「場所」だと思っているか。次の中から適当なものを一つ選び、記号で答えなさい。

ア　学校の中で受け入れられる程度の個性ならば皆に愛されもするが、その範囲を越える個性を持っていると、たとえそれが世の中を見渡せば同様の個性の持ち主が多くいるようなものだとしても、とたんに排除されてしまうような場所。

イ　学校の皆の価値観に合った個性ならばもてはやされもするが、その価値観に合っていない個性を持っていると、たとえそれが学校をより多様で豊かにするものだとしても、とたんに変人として扱われてしまうような場所。

ウ　学校の皆が理解できる個性ならば受け入れられもするが、理解できないような個性だと、たとえそれが社会に出たあと才能として開花する可能性を持ったものだとしても、とたんに周りからその個性がつぶされてしまうような場所。

エ　学校の中で明らかに優秀だと認められる個性ならば尊敬されもするが、その能力が中途半端だと、たとえそれが一般社会においては当たり前に尊重されるべきものだとしても、とたんに否定的に扱われてしまうような場所。

問六　――線部**6**「ずんずんと～ように見えた」とあるが、――線部**6**より前の部分で描かれた高杉くるみは、「僕」の目からどんな人物に見えていると考えられるか。次の中から**適当でないもの**を**二つ**選び、記号で答えなさい。

ア　独特な感受性を持っていて、自分が興味を持っていることにのめりこむところのある人物。

のには触れられない。すくいとって保管することはできない。太陽が翳(かげ)ればたちまち消え失(う)せる。だからこそ美しいのだとわかっていても、願う。布の上で、あれを再現できたらいい。そうすれば指で触れてたしかめられる。身にまとうことだって。㊟そういうドレスをつくりたい。着てほしい。すべてのものを「無理」と遠ざける姉にこそ。きらめくもの。揺らめくもの。どうせ触れられないのだから、なんてあきらめる必要などない。無理なんかじゃないから、ぜったい。

どんな布を、どんなかたちに裁断して、どんな装飾(そうしょく)をほどこせばいいのか。それを考えはじめたら、いてもたってもいられなくなる。

それから、明日。明日、学校に行ったら、宮多に例のにゃんこなんとかというゲームのことを、教えてもらおう。好きじゃないものを好きなふりをする必要はない。でも僕はまだ宮多たちのことをよく知らない。知ろうともしていなかった。

9靴紐をきつく締(し)め直して、歩く速度をはやめる。

（寺地はるな『水を縫(ぬ)う』）

㊟ナポリタン・マスティフ。あるいはポメラニアン…犬の種類の名前。
そういうドレス…「僕」が手作りすると約束した、姉が結婚式で着るドレス。

問一　――線部**1**「もう、相槌すら打てなくなってきた」とあるが、この時の「僕」の気持ちの説明として適当なものを次の中から一つ選び、記号で答えなさい。

ア　宮多たちは楽しそうに話しているのに、自分だけ会話についていくことができず、これ以上楽しいふりをすることに後ろめたさを感じている。

イ　友だちを作りたいと強く望んでいるのに、宮多たちの話を聞いているだけで積極的に話しかけようとしない自分を情けなく思い、気持ちが沈んでいる。

ウ　友だちを作らなければならないと思っているのに、宮多たちの会話に入れないまま自分だけが取り残されていき、気持ちがくじけそうになっている。

エ　宮多たちの会話に入れてもらえず、落ちこんでいたが、いつも自分をはげましてくれる祖母のことを思い出し、なんとか自分を奮い立たせようとしている。

問二　――線部**2**「その顔を見た瞬間『ごめん』と口走っていた」とあるが、この時の「僕」の行動や気持ちの説明として適当なものを次の中から一つ選び、記号で答えなさい。

ア　一人でいても全くさびしそうにしていない高杉の姿を見た瞬間、一人でいる人間はさびしいと決めつけていた自分の浅はかさに気づき、グループ内の会話から抜(ぬ)けて高杉にわびる言葉がふとこぼれ出た。

イ　孤立していても堂々と落ち着いている高杉の姿が目に入った瞬間、孤立を恐れる今の自分を情けなく思う気持ちが急に高まり、気づいたら会話の輪から抜けることを四人にわびる言葉を発していた。

ウ　自分に正直であることをつらぬいて一人でいる高杉の姿を見た瞬間、心をいつわり周りにうまく合わせている自分が急にずるい人間に思えてきて、その罪悪感から高杉にわびる言葉が思わず口をついて出た。

エ　孤立を気にせず自分の趣味に没頭(ぼっとう)している高杉の姿が目に入った瞬間、そういう生き方こそが自分にはふさわしいと思う気持ちが急にわき、四人にわびて会話の輪から抜ける言葉を感情のままに発していた。

問三　――線部**3**「でももう、あとには引けない」とあるが、この時「僕」はどのようなことを思ったのか。次の中から適当なものを状だった。たしかによく磨かれている。触ってもええよ、と言われて、手を伸ばした。指先で、しばらくすべすべとした感触を楽しむ。

「さっき拾った石も磨くの？」

くるみはすこし考えて、これはたぶん磨かへん、と答えた。

「磨かれたくない石もあるから。つるつるのぴかぴかになりたくないってこの石が言うてる」

石には石の意思がある。駄洒落のようなことを真顔で言うが、意味がわからない。

「石の意思、わかんの？」

「わかりたい、といつも思ってる。それに、ぴかぴかしてないときれいやないっていうわけでもないやんか。ごつごつのざらざらの石のきれいさってあるから。そこは尊重してやらんとな」

じゃあね。その挨拶があまりに唐突でそっけなかったので、怒ったのかと一瞬焦った。

「キヨくん、まっすぐやろ。私、こっちやから」

川沿いの道を一歩踏み出してから振り返った。6ずんずんと前進していくくるみの後ろ姿は、巨大なリュックが移動しているように見えた。

石を磨くのが楽しいという話も、石の意思という話も、よくわからなかった。わからなくて、おもしろい。わからないことに触れるということ。似たもの同士で「わかるわかる」と言い合うより、そのほうが楽しい。

ポケットの中でスマートフォンが鳴って、宮多からのメッセージが表示された。

「昼、なんか怒ってた？　もしや俺あかんこと言うた？」

違う。声に出して言いそうになる。宮多はなにも悪いことをしていない。ただ僕があの時、気づいてしまっただけだ。自分が楽しいふりをしていることに。

7いつも、ひとりだった。

教科書を忘れた時に気軽に借りる相手がいないのは、心もとない。ひとりでぽつんと弁当を食べるのは、わびしい。でもさびしさをごまかすために、自分の好きなことを好きではないふりをするのは、好きではないことを好きなふりをするのは、もっともっとさびしい。

好きなものを追い求めることは、楽しいと同時にとても苦しい。その苦しさに耐える覚悟が、僕にはあるのか。

8文字を入力する指がひどく震える。

「ちゃうねん。ほんまに本読みたかっただけ。刺繍の本」

ポケットからハンカチを取り出した。祖母に褒められた猫の刺繍を撮影して送った。すぐに既読の通知がつく。

「こうやって刺繍するのが趣味で、ゲームとかほんまはぜんぜん興味なくて、自分の席に戻りたかった。ごめん」

ポケットにスマートフォンをつっこんだ。数歩歩いたところで、またスマートフォンが鳴った。

「え、めっちゃうまいやん。松岡くんすごいな」

そのメッセージを、何度も繰り返し読んだ。どうして勝手にそう思いこんでいたのだろう。わかってもらえるわけがない。

今まで出会ってきた人間が、みんなそうだったから。だとしても、宮多は彼らではないのに。

いつのまにか、また靴紐がほどけていた。しゃがんだ瞬間、川で魚がぱしゃんと跳ねた。波紋が幾重にも広がる。太陽の光を受けた川の水面が風で波打つ。まぶしさに目の奥が痛くなって、じんわりと涙が滲む。

きらめくもの。揺らめくもの。目に見えていても、かたちのないもとしたように目を見開く。その隣の男子が「は？　なんなん」と頬をひきつらせた。

「いや、なんなん？　そっちこそ」

4べつに。なあ。うん。彼らはもごもご言い合い、視線を逸らす。教室に、ざわめきが戻る。遠くで交わされるひそやかなささやきや笑い声が、耳たぶをちりっと掠めた。

校門を出たところでキヨくん、と呼ばれた。振り返ったその瞬間に、強い風が吹く。

キヨくん。小学校低学年の頃のままに、高杉くるみは僕の名を呼ぶ。当時は僕も彼女を「くるみちゃん」と親しげな感じで呼んでいたのだが、学年が上がるにつれて会話の機会が減り、今ではもうどう呼べばいいのかわからない。

「高杉さん。くるみさん。どっちで呼んだらええかな？」

「どっちでも」

名字が高杉というだけで塾の子らに「晋作」と呼ばれていた時期があって嫌だった、なので晋作でなければ、なんと呼ばれても構わないらしい。

「高杉晋作、嫌いなん？」

「嫌いじゃないけど、もうちょい長生きしたいやん」

「なるほど。じゃあ……くるみさん、かな」

歩いていると、グラウンドの野球部やサッカー部の声がどんどん遠くなっていく。今日は世界がうっすらと黄色くて、遠くの山がぼやけて見えた。春はいつもそうだ。すべての輪郭があいまいになる。

「あんまり気にせんほうがええよ。山田くんたちのことは」

「山田って誰？」

僕の手つきを真似て笑っていたのが山田某らしい。

「私らと同じ中学やったで」

「覚えてない」

5個性は大事、というようなことを人はよく言うが、学校以上に「個性を尊重すること、伸ばすこと」に向いていない場所は、たぶんない。柴犬の群れに交じった㊟ナポリタン・マスティフ。あるいはポメラニアン。集団の中でもてはやされる個性なんて、せいぜいその程度のものだ。犬の集団にアヒルが入ってきたら、あつかいに困る。

アヒルはアヒルの群れに交じれば見分けがつかなくなる。その程度のめずらしさであっても、学校ではもてあまされる。浮く。くすくす笑いながら仕草を真似される。

「だいじょうぶ。慣れてるし」

けど、お気遣いありがとう。そう言って隣を見たら、くるみはいなかった。数メートル後方でしゃがんでいる。灰色の石をつまみあげて、しげしげと観察しはじめた。

「なにしてんの？」

「うん、石」

うん、石。ぜんぜん答えになってない。入学式の日に「石が好き」だと言っていたことはもちろんちゃんと覚えていたが、まさか道端の石を拾っているとは思わなかった。

「いつも石拾ってんの？　帰る時に」

「いつもではないよ。だいたい土日にさがしにいく。河原とか、山に」

「土日に？　わざわざ？」

「やすりで磨くの。つるつるのぴかぴかになるまで」

放課後の時間はすべて石の研磨にあてているという。ほんまにきれいになんねんで、と言う頬がかすかに上気している。

ポケットから取り出して見せられた石は三角のおにぎりのような形

二〇二一年度　海城中学校

【国語】〈第一回試験〉（五〇分）〈満点：一二〇点〉

注意　字数指定のある問いは、句読点なども字数にふくめること。

一　次の文章を読み、後の問いに答えなさい。

「僕」（松岡清澄）は、祖母の影響で手芸や刺繍を趣味にしていた。中学時代にその趣味をからかわれたことがきっかけで同級生から浮いてしまい、友だちを作ることができず、家族から心配されていた。高校入学後は、すぐ後ろの席だった宮多に話しかけられるようになり、彼のグループに入ることができた。そのことを祖母は喜んでいた。

昼休みの教室には、机をくっつけたいくつもの島ができていた。大陸と呼びたいような大所帯もある。中学の給食の時間とは違う。めいめい仲の良い相手と昼食をともにすることができる。

入学式から半月以上過ぎた。僕は教卓の近くの、机みっつ分の島にいる。宮多を中心とする、五人組のグループだ。

宮多たちは、にゃんこなんとかという僕の知らないスマホゲームの話で盛り上がっている。猫のキャラクターがたくさん出てきて戦うのだという。ゲームをする習慣がないから、意味がよくわからない。さっきからぜんぜん会話に入れない。課金とかログインボーナスという単語が飛び交っている。**1**もう、相槌すら打てなくなってきた。

祖母の顔を思い出して、懸命に話についていこうとした。だって友だちがいないのは、よくないことなのだ。家族に心配されるようなことなのだから。

「なあ、松岡くんは」

宮多の話す声が、途中で聞こえなくなった。ふいに高杉くるみが視界に入ったから。

世界地図なら、砂粒ほどのサイズで描かれる孤島。そこに彼女はいた。箸でつまんだたまごやきを口に運んでいる。唇の両端がきゅっと持ち上がった。虚勢を張るわけでもなく、おどおどするでもなく、たまごやきを味わっている。**2**その顔を見た瞬間「ごめん」と口走っていた。

「え」

「ごめん。俺、見たい本あるから席に戻るわ」

ぽかんと口を開ける宮多たちに、背を向ける。

図書室で借りた、世界各国の民族衣装に施された刺繍を集めた本を開く。宮多たちがこの本に興味を示すとは到底思えない。わかってもらえるわけがない。ほんとうは『明治の刺繍絵画名品集』というぶあつい図録がよかった。残念ながらそちらは貸出禁止になっていたのだ。どのように糸を重ねてあるか、食い入るように眺める。ここはこうなって、こうなってて。勝手に指が動く。

ふと顔を上げると、近くにいた数名がこっちを見ていた。男女混合の四人グループのうちのひとりが僕の手つきを真似て、くすくす笑っている。

「なに？」

自分で思っていたより、大きな声が出た。他の島の生徒たちが気づいて、こちらに注目しているのがわかった。宮多たちも。**3**でももう、あとには引けない。

「なあ、なんか用？」

まさか話しかけられるとは思っていなかったのか、ひとりがぎょっ

2021年度 海城中学校 ▶解説と解答

算数 ＜第１回試験＞（50分）＜満点：120点＞

解答

1 (1) $\frac{8}{27}$ (2) 15通り (3) 449 (4) 140度 (5) 216cm^2 2 (1) $8\frac{1}{3}$ (2) $6\frac{17}{18}$ (3) 18 3 (1) 1：4 (2) 10：7 4 (1) 15分後 (2) 1800m 5 (1) ア 17 イ 9 (2) 16 (3) 729 6 (1) 81cm^2 (2) 45cm^2 (3) 11

解説

1 四則計算，場合の数，整数の性質，角度，面積

(1) $5 \div 3 \div \left\{2\frac{1}{4} \div \left(\frac{1}{5} \div 0.5\right)\right\} = \frac{5}{3} \div \left\{\frac{9}{4} \div \left(\frac{1}{5} \div \frac{1}{2}\right)\right\} = \frac{5}{3} \div \left\{\frac{9}{4} \div \left(\frac{1}{5} \times \frac{2}{1}\right)\right\} = \frac{5}{3} \div \left(\frac{9}{4} \div \frac{2}{5}\right) = \frac{5}{3} \div \left(\frac{9}{4} \times \frac{5}{2}\right) = \frac{5}{3} \div \frac{45}{8} = \frac{5}{3} \times \frac{8}{45} = \frac{8}{27}$

(2) 和が７になる３つの目の組み合わせは，㋐{1，1，5}，㋑{1，2，4}，㋒{1，3，3}，㋓{2，2，3}の４通りある。これらを並べかえる方法は，㋐の場合は３通りあり，㋑の場合は，３×２×１＝６（通り）ある。また，㋒，㋓の場合は㋐と同様に３通りずつあるから，全部で，３×３＋６＝15(通り)となる。

(3) ３で割ると２余る数は，３の倍数よりも，３－２＝１小さい数であり，５で割ると４余る数は，５の倍数よりも，５－４＝１小さい数である。よって，この２つに共通する数は，３と５の公倍数よりも１小さい数である。また，３と５の最小公倍数は，３×５＝15なので，この２つに共通する数は15の倍数よりも１小さい数であり，{14，29，44，…}となる。このうち，７で割ると１余る最も小さい数は29だから，３つに共通する最も小さい数は29とわかる。さらに，15と７の最小公倍数は，15×７＝105なので，３つに共通する数は105ごとにあらわれる。したがって，500÷105＝４余り80より，500以下で最も大きい数は，29＋105×４＝449(500との差は51)，500以上で最も小さい数は，449＋105＝554(500との差は54)と求められるから，500に最も近い数は449である。

(4) 右の図１のように，BDを延長してACと交わる点をGとする。はじめに，三角形ABGに注目すると，60＋●＝xとなり，三角形CGDに注目すると，○＋○＋x＝110(度)となるので，○＋○＋60＋●＝110(度)より，○＋○＋●＝110－60＝50(度)(…Ⅰ)とわかる。同様に，CEを延長してABと交わる点をHとする。三角形ACHに注目すると，60＋○＝yとなり，三角形HBEに注目すると，y＋●＋●＝130(度)となるから，60＋○＋●＋●＝130(度)より，○＋●＋●＝130－60＝70(度)(…Ⅱ)とわかる。次に，ⅠとⅡを加えると，○と●の３つずつの和が，50＋70＝120(度)になるので，○＋●＝120÷３＝40(度)と求められる。よって，○と●の２つずつの和は，40×２＝

図１

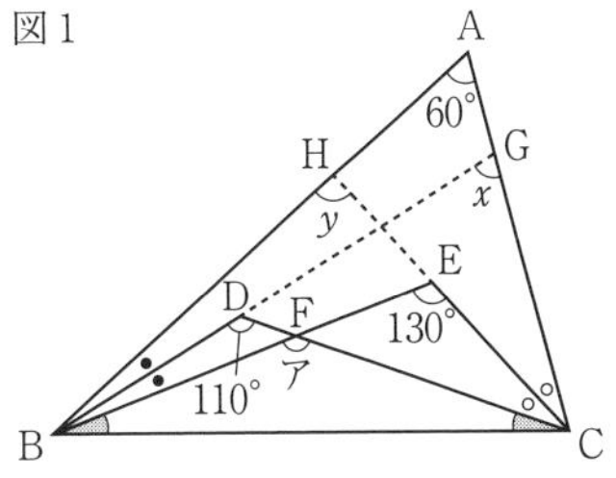

80(度)だから，三角形ABCに注目すると，かげをつけた２つの角の大きさの和は，180－(60＋80)＝40(度)とわかる。したがって，三角FBCに注目すると，角アの大きさは，180－40＝140(度)と求められる。

(5) 右の図２のように，円の中心をOとして，Oと円周上の点を結ぶ。角AODの大きさは，360÷12×３＝90(度)なので，三角形AODは直角二等辺三角形であり，面積は，12×12÷２＝72(cm²)とわかる。同様に，三角形COBの面積も72cm²となる。また，角DOCの大きさは，360÷12＝30(度)だから，DからOCに垂直な線DEを引くと，三角形DOEは正三角形を半分にした形の三角形になる。すると，DEの長さは，12÷２＝６(cm)になるので，三角形DOCの面積は，12×６÷２＝36(cm²)と求められる。同様に，AFの長さも６cmだから，三角形ABOの面積も36cm²とわかる。よって，四角形ABCDの面積は，72×２＋36×２＝216(cm²)である。

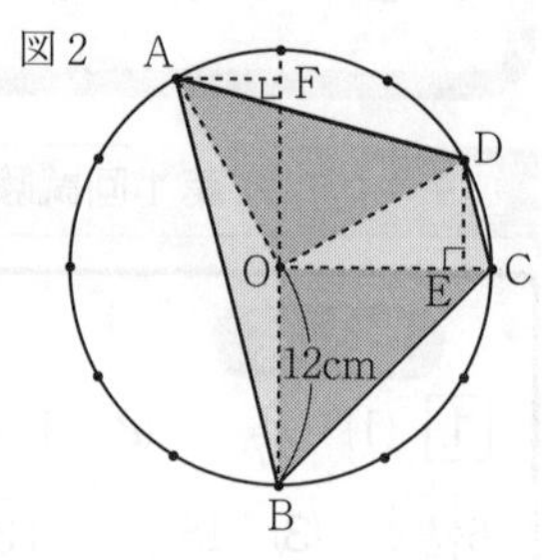

2 濃度，正比例と反比例

(1) 食塩水に水を加えても，含まれている食塩の重さは変わらない。また，(食塩の重さ)＝(食塩水の重さ)×(濃度)だから，食塩の重さが変わらないとき，食塩水の重さと濃度は反比例する。次に，食塩水100ｇに水を20ｇ加えると，食塩水の重さは，100＋20＝120(ｇ)になるので，水を加える前後の食塩水の重さの比は，100：120＝５：６である。よって，水を加える前後の濃度の比は，$\frac{1}{5}:\frac{1}{6}$＝６：５になることがわかる。したがって，〈10〉＝$10\times\frac{5}{6}=\frac{25}{3}=8\frac{1}{3}$と求められる。

(2) この操作を１回行うごとに濃度は次々と$\frac{5}{6}$倍になるから，〈〈10〉〉＝$10\times\frac{5}{6}\times\frac{5}{6}=\frac{125}{18}=6\frac{17}{18}$となる。

(3) $\square\times\frac{5}{6}\times\frac{5}{6}\times\frac{5}{6}=10\frac{5}{12}$より，$\square=10\frac{5}{12}\div\frac{5}{6}\div\frac{5}{6}\div\frac{5}{6}=18$と求められる。

3 平面図形―辺の比と面積の比

(1) 右の図のように，EとG，AとHをそれぞれ結ぶ。アとイの面積の比はAF：FGと等しく１：２だから，アの面積を１とすると，イの面積は２になる。また，(ア＋イ)とウの面積の比はAD：DEと等しく１：１なので，ウの面積は，１＋２＝３とわかる。同様に，(エ＋オ)とウの面積の比はAF：FGと等しく１：２だから，(エ＋オ)の面積は，$3\times\frac{1}{2}=\frac{3}{2}$となる。さらに，エとオの面積は等しいので，エとオの面積はそれぞれ，$\frac{3}{2}\div2=\frac{3}{4}$と求められる。よって，DH：HGはエとウの面積の比と等しいから，DH：HG＝$\frac{3}{4}$：３＝１：４とわかる。

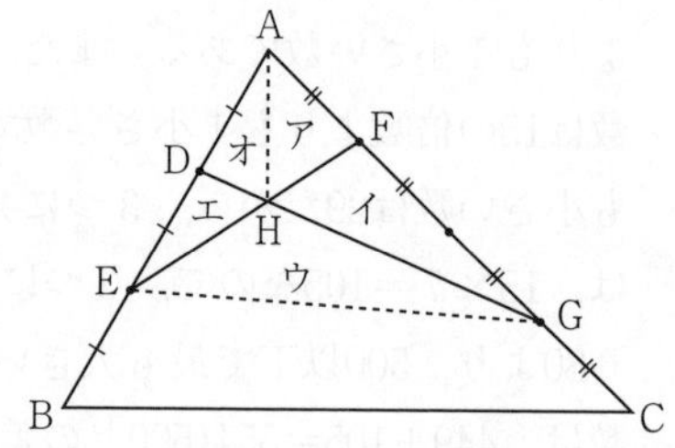

(2) (1)の面積を利用すると，三角形AEGの面積は，$3+3+\frac{3}{2}=\frac{15}{2}$となる。また，三角形ABCの面積は三角形AEGの面積の，$\frac{AB}{AE}\times\frac{AC}{AG}=\frac{3}{2}\times\frac{4}{3}=2$(倍)なので，三角形ABCの面積は，$\frac{15}{2}\times2=15$とわかる。よって，四角形EBCGの面積は，$15-\frac{15}{2}=\frac{15}{2}$だから，五角形BCGHEの面積は，$\frac{15}{2}+3=\frac{21}{2}$と求められる。したがって，三角形ABCと五角形BCGHEの面積の比は，$15:\frac{21}{2}$＝10：７である。

4 旅人算

(1)　初めてすれ違(ちが)った地点をR，２回目にすれ違った地点をSとして図に表すと，右のようになる。出発してから初めてすれ違うまでに２人が進んだ距離(きょり)の和は，PQ間の距離と等しい。また，出発してから２回目にすれ違うまでに２人が進んだ距離の和は，PQ間の距離の３倍と等しい。よって，出発してから２回目にすれ違うまでの時間は，初めてすれ違うまでの時間の３倍になる。これが45分だから，初めてすれ違ったのは出発してから，45÷３＝15(分後)と求められる。

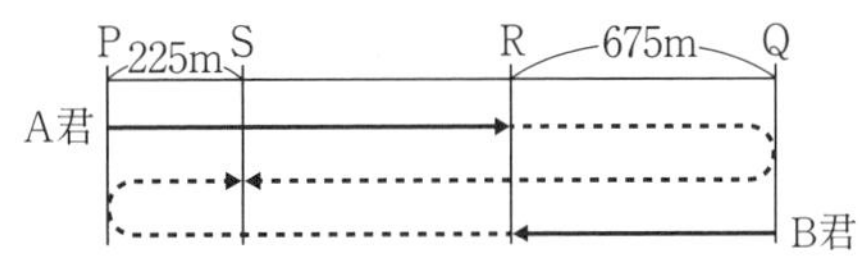

(2)　B君は15分で675m進んだので，B君の速さは毎分，675÷15＝45(m)である。よって，B君が45分で進んだ距離は，45×45＝2025(m)とわかる。つまり，Q→P→Sの距離が2025mだから，PQ間の距離は，2025－225＝1800(m)と求められる。

[5] 場合の数

(1)　真上から見ると右の図のようになる。SからAまで行くには，①〜⑤のいずれかの道を使って上がる必要がある。①を使う場合の行き方は１通りである。また，②を通う場合，SからEまでの行き方が時計回りと反時計回りの２通りあり，同様に，FからAまでの行き方も２通りある。よって，②を使う場合の行き方は，２×２＝４(通り)とわかる。③〜⑤を使う場合も同様だから，SからAまでの行き方は，１＋４×４＝17(通り)(…ア)と求められる。次に，BからTまで行くには，❶〜❺のいずれかの道を使って上がる必要がある。❶を使う場合の行き方は１通りであり，❷を使う場合は，BからGまでの行き方が２通りある。❸〜❺を使う場合も同様なので，BからTまでの行き方は，１＋２×４＝９(通り)(…イ)と求められる。したがって，SからTまでAB間の展望台を通って行く行き方は，17×９＝153(通り)である。

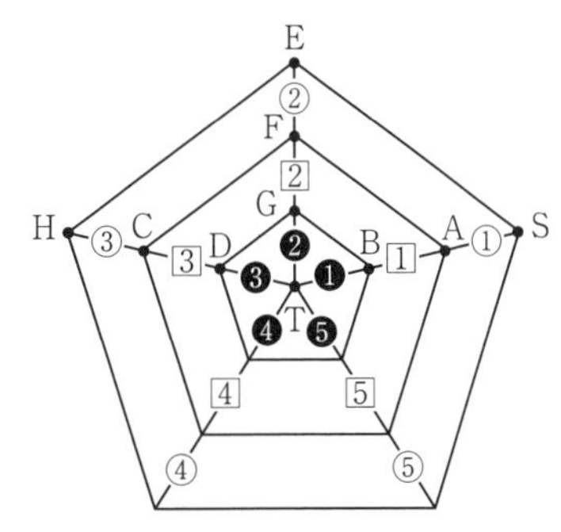

(2)　SからCまで行くとき，①を使う場合は，SからAまでが１通り，AからCまでが２通りだから，１×２＝２(通り)となる。また，②を使う場合は，SからEまでが２通り，FからCまでが２通りなので，２×２＝４(通り)となる。さらに，③を使う場合は，SからHまでが２通りある。④，⑤を使う場合は②と同様に４通りなので，SからCまでの行き方は，２×２＋４×３＝16(通り)(…ウ)と求められる。次に，DからTまでの行き方は，BからTまでの行き方と同様に９通りだから，SからTまでCD間の茶屋を通って行く行き方は，16×９＝144(通り)である。

(3)　(1)より，[1]を使う場合は153通りとわかり，(2)より，[3]を使う場合は144通りとわかる。また，[2]，[4]，[5]を使う場合は，[3]を使う場合と同様に144通りなので，SからTまでの行き方は全部で，153＋144×４＝729(通り)(…エ)と求められる。

[6] 図形と規則，表面積

図１

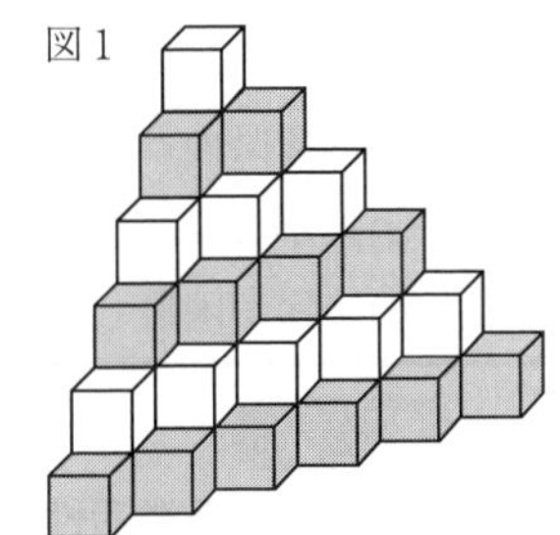

(1)　６番目にできる立体は，右の図１のようになる。正面，背面，右横，左横，真上から見える黒い面の数は，２＋４＋６＝12(面)である。また，真下から見える黒い面の数は，１＋２＋３＋４＋５＋６＝(１＋６)×６÷２＝21(面)だから，表面に出ている黒い面の数は全部で，12×５＋21＝81(面)とわかる。よって，表面に出ている黒い部分の面

積は，１×１×81＝81(cm²)と求められる。

⑵　正面，背面，右横，左横，真上から見える白い面の数は，１＋３＋５＝９(面)である。また，真下から見える白い面はないので，表面に出ている白い面の数は全部で，９×５＝45(面)とわかる。よって，表面に出ている白い部分の面積は，１×１×45＝45(cm²)と求められる。

⑶　たとえば，図１の上から５段目の白い立方体について考える。下の図２のたての太線部分，１＋２＋３＋４＝10(か所)と，横の太線部分10か所は表面に出ていないから，ばらばらにしたときに白い面が２面ずつ残る。また，☆印をつけた10個の立方体は上下の面が表面に出ていないので，ばらばらにしたときに白い面が２面ずつ残る。さらに，残りの５個の立方体は下の面だけが表面に出ていないから，ばらばらにしたときに白い面が１面ずつ残る。そこで，ばらばらにしたときに白く残る面の数は，10×（２＋２＋２）＋５＝10×６＋５＝65(面)と求めることができる。同様に考えると，一番下の段が黒い立方体で終わるときは下の図３のようになるから，これらの合計が，720÷（１×１）＝720(面)になればよい。上から１段目から順に加えると，上から11段目までの合計が，１＋21＋65＋133＋225＋341＝786(面)となり，786－720＝66(面)多くなってしまう。これは，一番下の段が白い立方体で終わるためである。つまり，上から11段目の，１＋２＋…＋11＝66(個)の立方体は，下の面が白く残らないためである。よって，□にあてはまる数は11となる。

図２

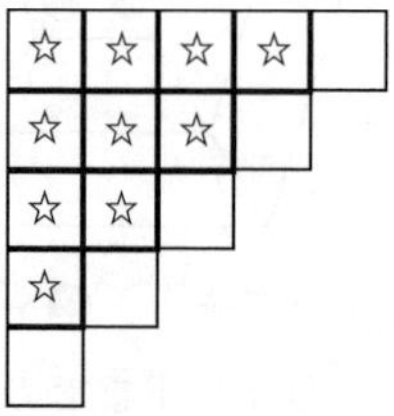

☆	☆	☆	☆	
☆	☆	☆		
☆	☆			
☆				

図３

	白く残る面
上から１段目	１面
上から３段目	（１＋２）×６＋３＝21(面)
上から５段目	65面
上から７段目	（１＋２＋…＋６）×６＋７＝133(面)
上から９段目	（１＋２＋…＋８）×６＋９＝225(面)
上から11段目	（１＋２＋…＋10）×６＋11＝341(面)

社　会　＜第１回試験＞（45分）＜満点：80点＞

解　答

問１　エ　　**問２**　生産調整(減反政策)　　**問３**　エ⇒ア⇒イ⇒ウ　　**問４**　⑴　琉球(王国)　⑵　ア　　**問５**　（例）　一平グループが「九州パンケーキ」の原料となる農作物を農家から買い取り，契約した工場で製造して各地の小売店に販売することで，人手や技術が十分でなく６次産業化が難しい小規模農家は農作物の生産に専念することができる。また，一平グループが農家の利益を考えた価格で農作物を買い取ることで，消費が減って生産量が少なくなってきた農作物をつくる農家もこれまで通り生産し続けることができる。　**問６**　（例）　畜産農家は，口蹄疫に感染するおそれのある家畜を，健康なものもふくめてすべて殺処分しなければならなかった。しかし，宮崎県の畜産農家は一戸あたりの牛の数が増えており，多数の家畜の死体を埋めるための広い土地が必要となり，その土地は農家が自力で農場の近くに確保しなければならなかったため，土地の確保が困難となったから。　**問７**　は，オ　　**問８**　ウ　　**問９**　エ　　**問10**　イ

解　説

九州の農家と農業活性化の取り組みを題材にした総合問題

問１　13世紀末の1274年(文永の役)と1281年(弘安の役)の２度にわたった元軍の襲来(元寇)は国土防衛戦であったことから，鎌倉幕府は元軍を追い返すことができたものの，新しい土地を得られたわけではなかった。そのため，幕府は命がけで戦った御家人たちに恩賞(ほうび)として十分な土地を与えられず，幕府と御家人のご恩と奉公の関係はくずれていった。元寇での負担や分割相続による所領の細分化，貨幣経済の広がりなどによって生活が苦しくなっていた武士たちは幕府への不満を募らせ，これが鎌倉幕府の滅亡につながった。

問２　戦後，機械化などによって農業生産力が向上する一方で，日本人の食生活が洋風化したことにともなって米の消費量が減少し，米の在庫量が増えていった。この対策として，政府は1970年ごろから生産調整(減反政策)を実施し，稲の作付を休止する休耕や，稲からほかの作物に転換する転作を奨励して稲の作付面積を減らすことで，米の生産量をおさえてきた。その後，米の輸入が解禁されるなど，米を取り巻く状況が変化するなかで，2018年度には政府による米の生産調整制度が廃止され，産地がみずから需要に応じた生産に取り組むこととされた。

問３　アは1876年，イは1894年，ウは1911年，エは1871年のできごとなので，年代の古い順にエ⇒ア⇒イ⇒ウとなる。

問４　(1)　17世紀はじめの1609年，薩摩藩(鹿児島県)は幕府の許しを得て，現在の沖縄県にあった琉球王国に侵攻した。琉球王国は降伏して薩摩藩の支配下に入り，年貢納入の義務を負わされたほか，幕府に慶賀使・謝恩使という使節を派遣することとなった。一方で薩摩藩は琉球王国を独立国として存続させ，中国との朝貢貿易を行わせてその利益を得た。　(2)　屋久島(鹿児島県)と白神山地(秋田県・青森県)は1993年，知床(北海道)は2005年，小笠原諸島(東京都)は2011年に，ユネスコ(国連教育科学文化機関)の世界自然遺産に登録された。富士山(山梨県・静岡県)は，世界自然遺産への登録を目指したが，開発が進みすぎていることや，ゴミの不法投棄によって環境が悪化していることなどからこれを断念し，世界文化遺産への登録を目指すことに切りかえて活動した結果，2013年に「富士山－信仰の対象と芸術の源泉」として世界文化遺産に登録された。

問５　本文から，「多くの小規模な農家には，食品を加工するための人手や，作った商品を宣伝し販売するための技術や経験が不足」しているため，「利益を出せずに６次産業化の取り組みをやめる農家」が多かったことが読み取れる。これは，《資料３》の左の図にあるように，農家が「生産」「加工」「販売」というすべての工程を担当しなければならなかったからだと考えられる。この課題を解決するため，《資料３》の右の図にあるように，一平グループは農家から，本来の仕事ではなく，不慣れと考えられる「加工」「販売」を切り離し，「加工」は契約工場に発注，「販売」はみずからが行うことで，農家が農業に専念できるようにしたのである。さらに，《資料４》にあるように，農家に利益が出るような価格で農作物を買い取ることで，農家による持続可能な生産を支援している。こうした取り組みは一平グループのイメージ向上と売れ行きの増加にもつながると考えられるので，双方にとってメリットがあるといえる。

問６　《資料６》において，肉牛生産農家の数が減っていく一方で，飼っている牛の数は増えていることから，一戸あたりの牛の数が増えていることが読み取れる。それにもかかわらず，《資料５》，《資料７》，《資料８》からは，農場の家畜を健康なものもふくめてすべて殺処分するように求められ，自力で場所を探し，手作業も交えて埋めなければならなかったことがわかる。これらのことから，人手不足に加え，土地を探して確保することの難しさも，殺処分が遅れた一因になったと考えられる。

問７　夏野菜であるピーマンの生産量は，近郊農業がさかんな茨城県が全国第１位で，冬でも温暖な気候とビニルハウスなどの施設を利用した促成栽培を行っている宮崎県と高知県が第２位，第３位を占める。ここから，高知県と同じ月に取引量が多いＡが宮崎県，いずれの月でも一定の取引量があるＢが茨城県とわかる。Ｃには岩手県があてはまり，「は」の月はほかに青森県や福島県といったすずしい地域の取引量が多いことから，８月と判断できる。Ａの宮崎県よりもＢの茨城県の取引量が少なくなる「い」が寒さの厳しい２月で，残った「ろ」が５月である。統計資料は『データでみる県勢』2021年版による。

問８　ハングル(訓民正音)は，李氏朝鮮時代の1443年に考案され，1446年に公布された。現代では，韓国語はもっぱらハングルによって表記されているので，ウが誤っている。

問９　ア　国民審査の対象となるのは，最高裁判所の裁判官である。　イ　町や村にも，都道府県や市(区)と同様に，住民の選挙で選ばれた議員で構成される議会が置かれている。　ウ　条例を制定する権限は，地方議会がもっている。　エ　地方自治体の予算について正しく説明している。

問10　国境なき医師団は，国境をこえて医療活動を行うNGO(非政府組織)として1971年に設立され，紛争や災害によって被災した人々，難民，病院や薬がない地域の人々に対して，診療や治療，予防接種，清潔な水の確保，健康教育などを行っている。なお，アとエは国際連合の機関，ウは独立行政法人国際協力機構(JICA)が行っている事業の１つ。

理　科　＜第１回試験＞（45分）＜満点：80点＞

解　答

[1] **問１**　音の高さ，音の大きさ，音色　**問２**　524Hz　**問３**　262Hz　**問４**　イ　**問５**　(例)　細い弦にする。　**問６**　第１弦　**問７**　330Hz

[2] **問１**　石灰水　**問２**　ア　**問３**　(1)　①　ア　②　イ　(2)　C　(3)　ＢとＣ　**問４**　(1)　150ｇ　(2)　85％

[3] **問１**　１　えら　２　赤血球　３　たんのう　**問２**　エ　**問３**　右の図①　**問４**　(1)　(例)　水が出てくる。　(2)　(例)　つけものをつくる。　**問５**　ミオグロビン　**問６**　(例)　持続的に泳ぐことができる。　**問７**　(例)　解毒作用

[4] **問１**　エ　**問２**　ウ　**問３**　ウ　**問４**　ア　**問５**　オ　**問６**　(1)　右の図②　(2)　(例)　平常時と洪水時との河川流量の変動が大きく，流量は短時間で増加したのち，短時間でもとにもどるという特徴。　**問７**　(例)　河道を拡張する。

図①

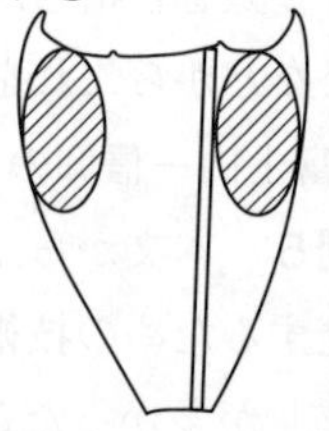

図②

[1] **音についての問題**

問１　音の三要素とは，音の高さ，音の大きさ，音色のことである。音の高さは音を出すもの(音源)の振動数(１秒間あたりに振動する回数)で決まり，音の大きさは振幅(振動の幅)によって決まる。同じ高さ，同じ大きさの音であっても，音を出すもの(楽器など)がちがうと，振動のようすを

コンピュータの画面に映し出したときに，いろいろな波の形が見える。音色はこの波の形に関係する。

問２　②の鍵盤は④の鍵盤から右へ３つ目なので，②の振動数は④の(1.06×1.06×1.06)倍となる。この値を1.19倍とすると，②の振動数は，440×1.19＝523.6より，524Hzである。

問３　①は②より１オクターブ低い音なので，振動数は②の$\frac{1}{2}$の，524×$\frac{1}{2}$＝262(Hz)である。

問４，**問５**　モノコードが出す音は，弦を強く張るほど，弦の振動する部分を短くするほど，弦の太さを細くするほど高くなる。また，弦を強くはじくと，振幅が大きくなるだけなので，音の高さは変わらないが音は大きくなる。

問６　チューニングの方法によると，どこのフレットも押さえないときの弦の音は，第６弦から第１弦に向かってしだいに高くなる。よって，高い「ミ」の音が出るのは第１弦の方である。

問７　第６弦の「ミ」の音は第５弦の440Hzの音よりも低いので，1319Hzの「ミ」の音は２オクターブ高い方の音である。よって，低い方の「ミ」の音の振動数は，1319×$\frac{1}{2}$×$\frac{1}{2}$＝329.75より，330Hzである。

2　物質の判別，ものの溶け方についての問題

問１　水酸化カルシウムを水に溶かした水酸化カルシウム水溶液は，ふつう石灰水とよばれる。

問２　それぞれを図１のような実験装置で加熱すると，炭酸水素ナトリウムの場合は水と二酸化炭素が発生して炭酸ナトリウムが残る。水酸化カルシウム，塩化ナトリウムの場合は変化が見られない。砂糖の場合は茶色いあめ状になるが，蒸し焼きをしているので二酸化炭素はほとんど発生しないと考えてよい。

問３　**(1)**　①　水に溶けてフェノールフタレイン液を赤色に変えるアルカリ性の水溶液をつくるのは炭酸水素ナトリウムと水酸化カルシウムである。フェノールフタレイン液がうすい赤色になるのは弱いアルカリ性の場合なので，炭酸水素ナトリウムが選べる。水酸化カルシウムの水溶液は強いアルカリ性で，赤色が強く現れる。　②　４つの物質の中で水に最も溶けにくい水酸化カルシウムがあてはまる。　**(2)**　Ａの実験では，炭酸水素ナトリウムが塩酸と反応して二酸化炭素を発生するが，水酸化カルシウムでは中和がおこるものの気体を発生しない。塩化ナトリウムと砂糖では溶けこむだけである。よって，炭酸水素ナトリウムだけが特定できる。残った３つの物質についてＢの実験を行うと，(1)の①で述べたように水酸化カルシウムが特定できる。残りの塩化ナトリウムと砂糖についてＣの実験を行うと，塩化ナトリウムの水溶液(食塩水)は電流を通すが，砂糖の水溶液は電流を通さないので，それぞれを特定できる。以上より，Ｃの実験までに４つの物質を特定できる。　**(3)**　(1)の①で述べたように炭酸水素ナトリウムと水酸化カルシウムはＢの実験でそれぞれ特定できるので，あとはＣの実験で塩化ナトリウムと砂糖を特定すればよい。よって，ＢとＣだけで４つの物質を特定できる。

問４　**(1)**　ここでは，80℃でＸについて飽和したと考える。もし80℃の水100ｇを含むＸの飽和水溶液を25℃まで冷やしたとき，Ｘの結晶は，34－４＝30(ｇ)出てくる。よって，25℃でＸの結晶が45ｇ出てくるときの，80℃の飽和水溶液に含まれる水(つまり混合溶液を溶かした水)の重さは，100×$\frac{45}{30}$＝150(ｇ)となる。　**(2)**　25℃の水150ｇにＸは，４×$\frac{150}{100}$＝６(ｇ)溶けているから，混合粉末中のＸの重さは，45＋６＝51(ｇ)で，その割合は，51÷60×100＝85(％)である。

3　魚のからだのつくりとはたらきについての問題

問１　１　魚にとって酸素をとり入れるためのつくり，つまり呼吸器官はえらである。　２　ヘモグロビンが含まれるのは，酸素を運ぶはたらきをしている赤血球である。　３　肝臓でつくられた消化液(たん汁)をたくわえるところなので，たんのうとわかる。

問２　メダカと同様に，アジのひれも胸びれとエの腹びれが１対(２枚)となっている。

問３　包丁が背骨の上を沿うようにして，図２のようにからだを開いたのだから，図３で背骨は図の中央と右端の中間付近を縦に通っている。また，図３の中央は背，左右の両端は腹にあたるので，はらわた(内臓)があったのは頭側に近い両端付近である。

問４　(1)　塩をまぶすのは，体内にある水を体外へ出すためである。体内に水分が残っているとくさりやすいので，塩をまぶすことで水分を減らし，さらに乾燥させて長期保存ができるように工夫したものが干物である。　(2)　塩を加えることで食物から水分を出し，長持ちできるようにした食品としては，つけ物や梅干しなどがあげられる。

問５　ミオグロビンは，ヘモグロビンが運んできた酸素を受けとり，筋肉内にたくわえるはたらきがあることから，ミオグロビンの方が酸素と結びつきやすいといえる。もしヘモグロビンの方が酸素と結びつきやすいのなら，ミオグロビンに酸素がわたされないことになってしまう。

問６　赤身の魚は筋肉内にミオグロビンを多くもち，筋肉の動きに必要な酸素を多く維持できるので，長距離を継続して(持続的に)泳ぐことが可能である。

問７　肝臓はたん汁をつくること以外に，体内で生じた有害な物質(アンモニアなど)や体内に取りこんだ有害物質を無害な物質に変えたり(解毒作用)，栄養分を一時的にたくわえたり，熱をつくり出したりするなどいろいろなはたらきをしている。

4　台風についての問題

問１　高潮は，台風などの発達した低気圧の接近にともなう気圧の低下と海水の吹き寄せによって，海面が異常に上昇する現象で，海岸に近いところでは浸水のおそれがある。

問２　台風は中心付近に向かって反時計回りに風が吹きこみ，台風の進行方向東側(右側)では風が強く吹くため，南東方向に湾口が開いている伊勢湾の場合，ウのように伊勢湾のすぐ西側を台風が通過すると，湾内に海水が吹き寄せられて高潮がおこりやすくなる。

問３　台風の中心が近づくほど気圧が低下するから，図２より，台風の中心が最接近したのは10月23日５時と考えられる。そして，この時刻より前は降水量が連続して記録されているが，この時刻より後は直後こそ降水があったものの以降は雨が降っていない。したがって，台風の進行方向の前方では雨が多く，後方ではあまり降っていないといえる。

問４　図３で，期間中の１時間ごとの降水量の値をすべて足し合わせても，多摩川の水位の最高値(約5.6m)どころか１mにもおよばない。

問５　多摩川の河口付近にあたるＺ地点の水位は，東京湾の潮位の変化の影響を受ける。潮位はおよそ６時間おきに満潮と干潮をくり返すが，満潮時には海水が河口から流入して川の水位が上がり，逆に干潮時には水位が下がる。このことから，ｂのグラフがＺ地点のものと考えられる。一方，内陸のＸ地点とＹ地点の水位の変化は，一帯の降水量に大きな差がなければ，流域の広さに影響される。Ｙ地点の方が下流にあって流域が広い(Ｘ地点よりＹ地点の方が集まってくる雨水の量が多い)ので，水位が大きく変化すると考えられる。これにしたがうと，水位が最大で約4.6m上昇しているａのグラフがＹ地点のものとなり，ｃのグラフはＸ地点のものとなる。

問６ (1) 山にはふつう尾根と谷があり，谷はまわりよりも標高が低く，河川はこの部分を流れる。一方，尾根はまわりよりも標高が高く，等高線が標高の低い側，つき出している部分をつないだところである。図６では，河川Ａと河川Ｂが流れている筋が谷にあたり，それらの中間にある４本の等高線が折れ曲がっているところを結んでできる筋が尾根となる。この地域に降った雨水は尾根を境に河川Ａと河川Ｂへ分かれて流れこむので，尾根の筋より左側一帯が河川Ａの流域，右側一帯が河川Ｂの流域となる。　(2) 年間平均降水量が多いということは，洪水時には平常時と比べてより多くの水が流れるということである。つまり，洪水時の流量が多いということがいえる。また，河川の長さが短く高低差が大きいため，流域で大雨が降ると短時間で川の流量が大きく増加しやすい。一方，流量が減るときも短時間で減少しやすい。

問７ たとえば，河川の川幅を広くする，河川の土砂を撤去する，川の流れ自体を影響の少ない方向に変えるなどの対策が考えられる。

国　語 ＜第１回試験＞（50分）＜満点：120点＞

解　答

一 **問１** ウ　**問２** イ　**問３** エ　**問４** ア　**問５** ア　**問６** イ，オ　**問７** エ　**問８** イ　**問９** ウ　**問10** （例）（「僕」は，）自分の好きなことについては理解されるわけがないと思いこむ一方で，誰かの好きなことで自分の知らないことについては理解しようとしてこなかった（ことに気づいていった。）　二 **問１** 下記を参照のこと。　**問２** ① イ　② ア　**問３** ウ　**問４** エ　**問５** ア　**問６** イ　**問７** その人に眠～呼び覚ます（ような経験。）　**問８** （例）筆者は，自分の中にある弱さを認めることで，他人の弱さも受け入れることができると考えている。それに対し，学生たちは，自己と他者の弱さへの認識が薄く，弱い立場に立って考えることができない。

●**漢字の書き取り**

二 **問１** a 談話　b 改めて　c 統計　d 体現　e 熟知

解　説

一 **出典は寺地はるなの『水を縫う』による。**中学のときは趣味の刺繍をからかわれて浮いていた「僕」（松岡清澄）が高校生になり，高杉くるみや宮多といったクラスメートと接する中で，好きなことを好きと言える強さを持つようになる場面である。

問１ 中学時代の「僕」は，「手芸や刺繍を趣味にしていた」ことで同級生から浮いてしまい，友だちを作ることができずにいたが，高校に入ってからは後ろの席の宮多から話しかけられ，彼のグループに入ることができた。「友だちがいないのは，よくないことなのだ」と思いこんでしまうほど，家族から心配されてきた「僕」は，ようやくできたつながりを大切にしようとの思いから，宮多たちの話に懸命についていこうとしたものの，「ゲームをする習慣がない」ため意味がわからず，「相槌」を打つ気力さえも失うほど疎外感を抱いたものと想像できる。よって，ウが合う。

問２ 宮多たちの会話に入れず疎外感を抱いていた「僕」の目に入ったのは，一人で昼食を食べる高杉くるみの顔だった。孤立していながら，「虚勢」を張らず，「おどおど」もせず，ただ，たまごやきを味わい満足そうな笑みを浮かべる，その堂々としたさまを見るにつけ，孤独をおそれてばかりいる情けない自分の姿が浮き彫りになり，「僕」はあらためて自分の望むようにしたいと思い，「四人」に対し「ごめん」と言ったのだから，イがふさわしい。

問３　刺繍の本を見ながら動かした自分の「手つき」を真似て嘲った生徒に，「僕」は「なに？」と抗議している。つい大きな声を出してしまったが，ほかの生徒たちも「注目」する中「あとには引けな」くなった「僕」は，立て続けに「なあ，なんか用？」と強く迫ったのだから，エがよい。エ以外は，嘲る相手に「なに？」と強く出て注目を集めてしまった以上，退けなくなったという流れをおさえていない。

問４　強く出た「僕」の態度に「ぎょっと」した「彼ら」は，「頬をひきつらせ」ながらも，「は？　なんなん」と言い返している。さらに「僕」が「いや，なんなん？　そっちこそ」と応じると，「もごもご」と言葉に詰まり，「視線を逸ら」したのだから，アがよい。なお，「頬をひきつらせる」は，“緊張などで顔つきがこわばる”という意味。

問５　続く部分で，「僕」は学校を犬の集団に見立て，許容される「個性」の限界を考えている。柴犬の群れに，同じ犬のナポリタン・マスティフやポメラニアンが交じれば「もてはやされる」が，アヒルでは「あつかいに困る」。アヒルはアヒルの集団に入れば見分けがつかなくなるのに，「その程度のめずらしさ」でさえ「学校ではもてあまされ」て浮き，「笑いながら仕草を真似される」というのだから，アが合う。イ～エのように，学校を「多様で豊かにする」個性か，社会で「開花する」個性か，「優秀」かどうかは問題にしていない。

問６　校門を出た「僕」に，高杉くるみは「あんまり気にせんほうがええよ。山田くんたちのことは」と声をかけ，気遣っているので，オは合わない。また，彼女は「石には石の意思がある」と感じられることから，「想像力」が豊かであることは読み取れるが，「自分の空想の世界の中だけで生きている」ようすは描かれていないので，イもふさわしくない。

問７　宮多からのメッセージを見ながら，「僕」はあの「昼休み」，彼らと一緒にいても「楽しいふりをして」いただけだった自分に「気づいてしまった」ことを思い出している。つまり，本当の思いを押し殺して宮多たちに合わせてばかりいる「僕」は，彼らとの心の距離を感じ，「ひとり」だったと思っているのだから，エがよい。　ア「友達が自分から離れていった」のではなく，「僕」は自分の意思で彼らの会話からぬけているので，合わない。　イ「友だちがいないのは，よくないこと」だと思いこんでいた「僕」は，宮多のグループの中で懸命に会話についていこうとしているので，「自分をいつわってまで友達を作ろうとしてこなかった」わけではない。　ウ「楽しいふりをしていること」に気づいたのは，宮多たちのグループから離れたあの「昼休み」なので，「楽しいふりをしていなければならないとずっと意識しながら生きてきた」とあるのはふさわしくない。

問８「好きなものを追い求めることは，楽しいと同時にとても苦し」く，「その苦しさに耐える覚悟」が自分にはあるのかと考えた「僕」の，「文字を入力する指がひどく震え」ていることをおさえる。つまり，本当は「刺繍」が好きだと宮多に告げることで，せっかくできた彼らとのつながりが失われ，また孤立してしまうのではないかと，「僕」は不安や緊張におそわれているのだから，イが合う。　ア　不安や緊張から指が震えているのであって，「気持ちが高ぶっている」わけではないので，ふさわしくない。　ウ「刺繍」が好きだという本心を宮多に打ち明けることを考え，「僕」は「指がひどく震え」ている。この点にふれていないので，誤り。　エ　「僕」は宮多たちと「決別しよう」と考えているわけではないので，正しくない。

問９　孤立を覚悟して「刺繍」のことを伝えた「僕」は，宮多からの「え，めっちゃうまいやん。松岡くんすごいな」という予想外の返信に「涙」ぐみ，明日「宮多に～ゲームのことを，教えてもらおう」と思っている。「好きじゃないものを好きなふりをする必要はない」という以前に，そもそも「僕」は宮多たちを知る努力を怠っていたと気づいたからである。「靴紐をきつく締め直して，歩く速度をはやめ」たのは，こうした前向きな気持ちの表れなので，ウがよい。

問10　中学時代にからかわれた経験や，山田に嘲られたこともあり，男の自分が「刺繍」を好きなことなど「わかってもらえるわけがない」と，「僕」は思いこんでいたが，宮多に刺繍をほめられたことで，誰もがそうだとは限らないと気づいている。同様に，ゲームを楽しむ「宮多たちのことを～知ろうともしていなかった」自分にも気づいていることもふまえ，「男の自分が刺繍を好きだというようなことが，人にわかってもらえるわけはないと考え，人が好きなことも興味が持てなければ知ろうとしてこなかった」のようにまとめる。

二　**出典は若松英輔の『弱さのちから』による**。コロナ禍の中，メルケル首相が国民に伝えた言葉を紹介しつつ，自身の「弱さ」，人の「弱さ」を認めたところに生まれる関係の可能性を語っている。

問１　**a**　あることがらに関して，形式ばらずに意見を述べること。その内容。　**b**　音読みは「カイ」で，「改善」などの熟語がある。　**c**　集団現象を数量的に把握すること。その数値。　**d**　思想や観念などの抽象的なことがらを具体的なものとして形に表すこと。身をもって実現すること。　**e**　細かなところまでよく知っていること。

問２　①　似た意味のことばには，「ぼろを出す」「地金が出る」「馬脚をあらわす」などがある。　②　似た意味のことばには，「やたらに」「むだに」「やみくもに」などがある。

問３　続く部分で，筆者はコロナ禍のもとで国民に向けられた，「何百万人もの方々が職場に行けず～私たちの誰もが～不安で頭がいっぱいになります」というメルケル首相の談話を引用し，「自分が抱えている不安を隠すことなく開示した」と述べているので，ウがふさわしい。

問４　コロナ禍においてメルケル首相が「頑張れ」という言葉を決して口にせず，「不安」を「共有しよう」とした点に着目する。メルケル首相は自身の「弱さ」を表明することで，「本当の意味で，連帯というものが生まれてくることを経験的に知っている」のだろうと述べられているので，エが合う。　ア　「今後どうなるのか」という不安が反映されていないので，合わない。　イ　メルケル首相は「皆さん，頑張りましょう」とはげますことをしないのだから，「力を合わせればこの困難を乗り越えることができる」というのは正しくない。　ウ　メルケル首相は，自身もふくめ「誰もが，このような状況では～不安」なのだと伝えているので，ふさわしくない。

問５　続く部分で，従来は「強い」リーダーが発言力を高めていたが，そうした強さはコロナ禍の中でメッキがはがれ，真の意味で「弱さ」を受け入れられるリーダーこそ「人々と深いところでつながる」だろうと述べられているので，アがふさわしい。　イ　本文で重視されている，「弱さ」についての言及がないので，正しくない。　ウ，エ　本文では，新しいリーダーのあるべき姿として，国民と「情報」を共有しようとしたり，「連帯」を命じたりすることはあげられていない。

問６　直前の二つの段落で，筆者は真の意味で「弱さ」を受け入れられるリーダーこそ「人々と深いところでつながる」こと，そして，いま世界中で「つながり」が重要視されていることを指摘している。また，少し後には，「目に見え，手でふれあえる」のが「交わり」であり，交わりの場では「弱さ」を隠しがちだとある。逆に「つながり」は「目に見えない」「いのち」のふれあいで，信頼できる人とのつながりを感じるとき，人は安心して「弱く」いられ，互いに助け合えるというのだから，イがよい。　ア「つながり」が「力強いリーダーシップを生む」とは述べられていない。　ウ「つながり」は，「弱い立場の人を守る」関係ではなく，互いに助け合う関係を生むのだから，合わない。　エ　本文で，「交わり」は「他者よりも優位に立って生き延びよう」というものだとは述べられていない。

問7　少し後で筆者は，弱さを認めたつながりの中には「信頼や，友愛，ときには慰め」があると指摘している。このような目に見えないものとのふれあいが「その人に眠っている可能性や生きるちからを呼び覚ます」のである。

問8　本文で述べられた「弱さ」についての筆者の考えと，［資料］で指摘された「弱さ」に対する学生の認識を読み取り，本文における「自分を知る」ことの内容を把握する。まず筆者は，問6，7で検討したように，自他の「弱さ」を認めるところに深い「つながり」が生まれ，「生きるちから」が生まれると考えている。一方［資料］では，筆者が大学の教員として接する学生たちは，無意識のうちに「自己責任論」の強い縛りの中におり，自他の「弱さ」の認識が難しく，「弱い」立場に思い至らないことが述べられている。また，本文では，「自分を知る」とは「自分の中にある弱さを否むのではなく，愛しむこと」で，それができたときに「他の人の弱さ」も愛しめると説明されている。以上をふまえ，「筆者は，『自分を知る』とは自分の弱さを認めて愛しむことで，それができたとき人の弱さも認められると考えている。だが，学生たちは自己責任論に強くとらわれており，自他の弱さ，弱い立場に思い至ることが難しい」のような趣旨でまとめればよい。

2021年度　海城中学校

〔電　話〕 (03) 3209－５８８０
〔所在地〕 〒169-0072　東京都新宿区大久保３－６－１
〔交　通〕 JR山手線－「新大久保駅」より徒歩５分
JR中央・総武線－「大久保駅」より徒歩10分

【算　数】〈第２回試験〉（50分）〈満点：120点〉

注意　１．分数は最も簡単な帯分数の形で答えなさい。

２．必要であれば，円周率は3.14として計算しなさい。

1　次の問いに答えなさい。

(1)　次の計算をしなさい。

$0.2021\times27+2.021\times26.3+20.21\times17.1+202.1\times2.4+2021\times1.56$

(2)　おはじきが５袋(ふくろ)と $\frac{3}{4}$ 袋あります。友だちに965個あげたところ，３袋と80個残りました。１袋あたり何個のおはじきが入っていますか。

(3)　$\frac{4}{7}$ に一番近い分数で，分母が23，分子が整数のものを求めなさい。

(4)　１以上1000以下の整数について，すべての７の倍数の和を求めなさい。

(5)　図のような正方形ABCDがあり，点Ｐは辺ADを２：１に，点Ｑは辺BCを２：３に分ける点です。正方形ABCDと斜線(しゃせん)部分の面積の比を，最も簡単な整数の比で求めなさい。

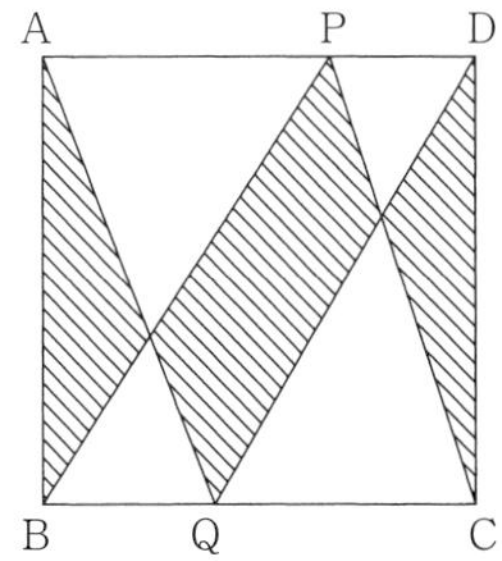

2　図のような正方形ABCDがあり，Ｅ，Ｆ，Ｇ，Ｈは辺の真ん中の点です。FGの長さは４cmで，ＩはFG上の点です。

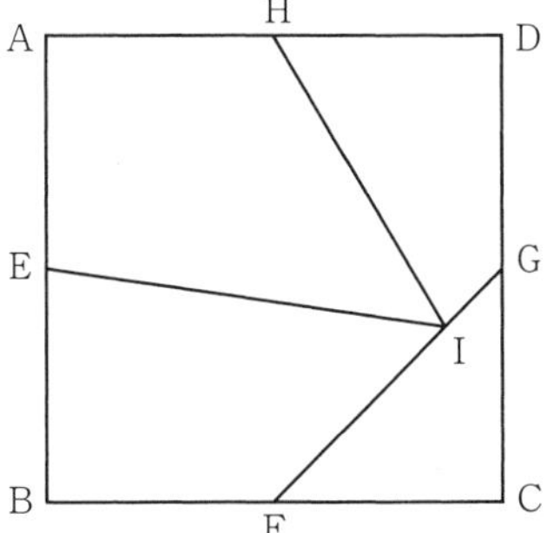

(1)　FIの長さと四角形AEIHの面積の関係を表すグラフとして適するものを次のア～キから選びなさい。

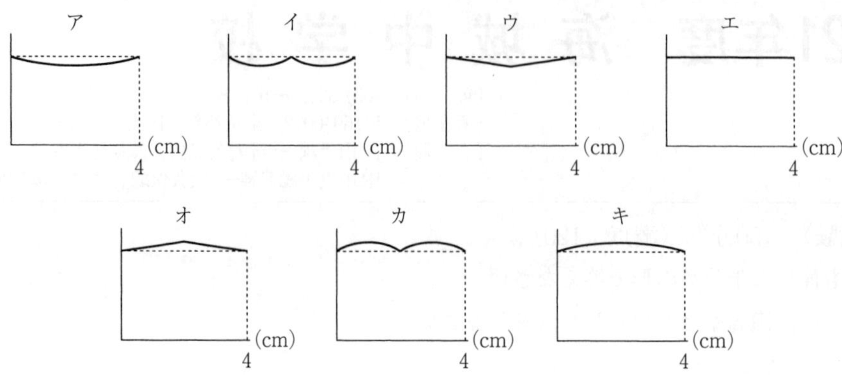

(2)　FIの長さと四角形BFIE(ただし，ＩがＦと重なるときは三角形BFE)の面積の関係を表すグラフとして適するものを次のク～セから選びなさい。

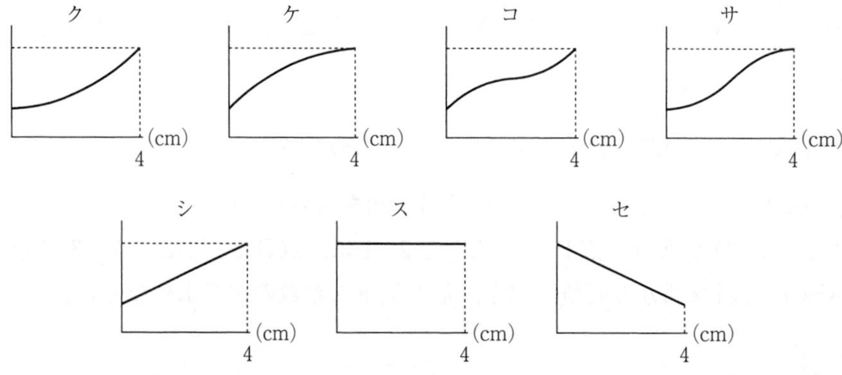

(3)　四角形BFIEと四角形DHIGの面積の比が３：２になるときのFIの長さを求めなさい。

3　濃度(のうど)の異なる食塩水100ｇが，それぞれ容器Ａと容器Ｂに入っており，次のような操作を行います。

容器Ａから50ｇの食塩水を容器Ｂに移し，その後に容器Ｂから50ｇの食塩水を容器Ａに移す。

(1)　容器Ａと容器Ｂに最初に入っている食塩水の濃度がそれぞれ６％と３％であるとき，１回の操作後に容器Ａと容器Ｂに入っている食塩水の濃度をそれぞれ求めなさい。

(2)　２回の操作後に容器Ａと容器Ｂに入っている食塩水の濃度がそれぞれ13％と14％であったとき，容器Ａと容器Ｂに最初に入っていた食塩水の濃度をそれぞれ求めなさい。

4　太郎君は，10時に公園に着くように自宅を出発し，一定の速さで歩いていきました。自宅から公園までの距離(きょり)の $\frac{9}{22}$ だけ進んだ地点で忘れ物に気づいたので，はじめの速さの1.5倍で自宅に向かい，太郎君が自宅に向かったのと同時に弟の次郎君は忘れ物を持って分速60ｍで自宅から公園に向かいました。忘れ物を受け取った後，太郎君ははじめの速さで公園に向かい，次郎君は分速60ｍで自宅に向かったところ，太郎君は10時15分に公園に着き，次郎君は９時52分30秒に自宅に着きました。

(1)　自宅から，太郎君が次郎君から忘れ物を受け取った地点までの距離を求めなさい。

(2)　自宅から公園までの距離を求めなさい。

5　図のような１辺が２cmの正方形ABCDがあり，E，F，G，Hは辺の真ん中の点です。また，EGとFHの交わる点をＩとします。A以外の８点から２点を選び，Aと結んで三角形を作ります。例えば，F，Cの２点を選ぶと三角形は図の太線部のようになります。

(1)　三角形は全部で何通りできますか。

(2)　面積が$1\,cm^2$の三角形は全部で何通りできますか。

(3)　正方形AEIHと重なる部分の面積が$\frac{1}{2}\,cm^2$となるような三角形は全部で何通りできますか。

6　図１のように１辺が６cmの立方体が３個あります。

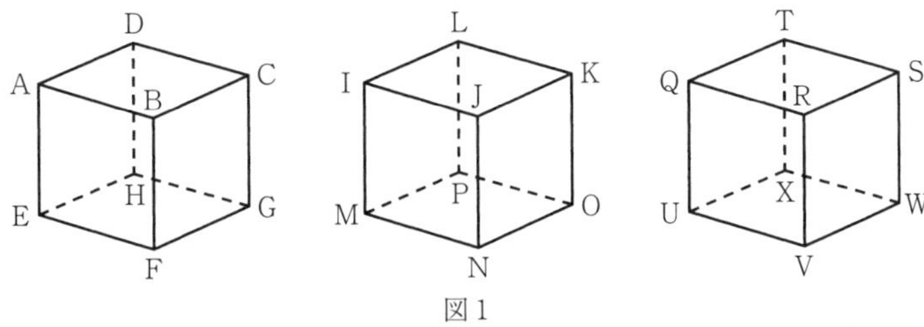

図１

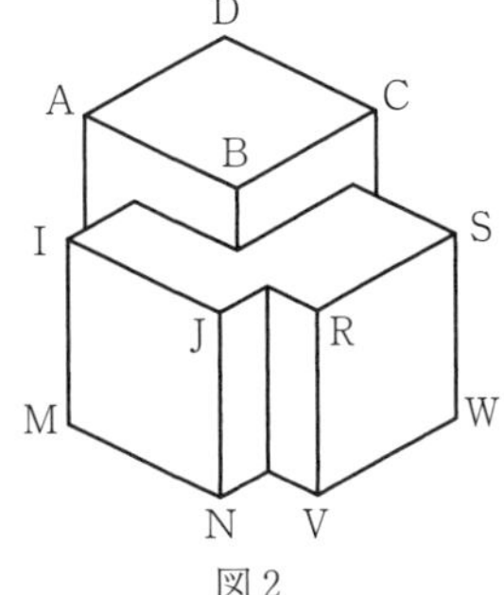

図２

これらの立方体を重ね合わせて図２のような立体を作りました。図３はこの立体を真正面，真横，真上から見た図です。

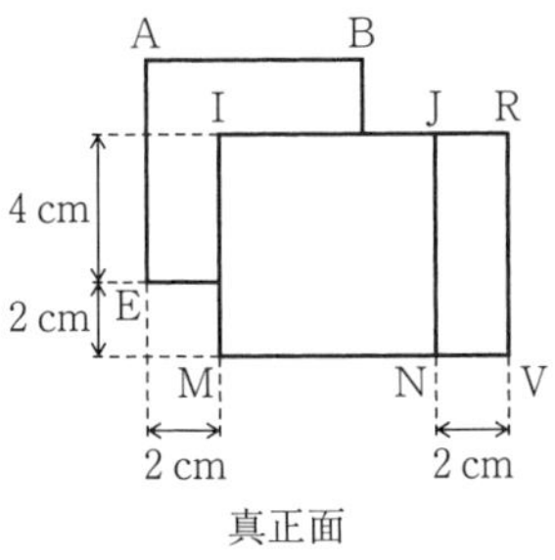

真正面

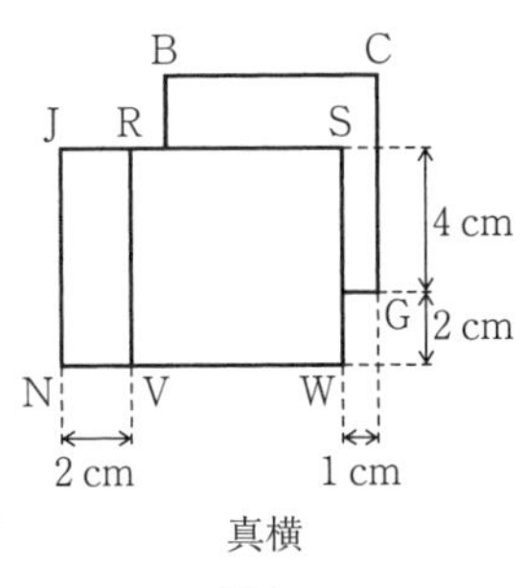

真横

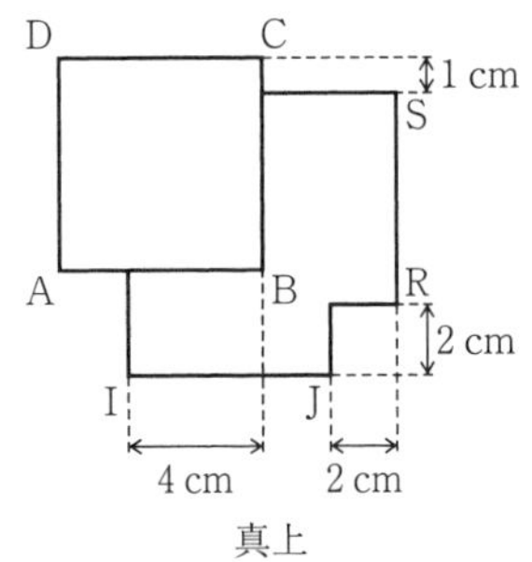

真上

図３

(1)　図２の立体の表面積を求めなさい。

(2)　図２の立体の体積を求めなさい。

【社　会】〈第２回試験〉（45分）〈満点：80点〉

問題　次の文章をよく読み，あとの問いに答えなさい。

2020年３月，社会が新型コロナウイルスで混乱するなか，①政府は種苗法改正案を国会に提出しました。政府は，日本で開発された種子や苗を不正に国外に持ち出すことを禁止するため，と提案理由を説明しました。しかし，権利をもつ種子企業の許可なく，農家が自家採種する（自分で栽培した農作物から種子を取る）ことを禁止する内容もふくまれていました。そのため，多くの農家や消費者が反対しました。種子企業が権利を主張したら，これまで農家が栽培してきた種子だとしても，農家が損害賠償を請求される可能性が生じたのです。俳優の柴咲コウさんが「このままでは日本の農家さんが窮地に立たされてしまいます」とツイートしたことで，社会的な論議を呼び起こしました。

農家は，農作物の種子を土地にまいて発芽させ，苗を育て，農作物を収穫してきました。現代の日本では，１粒の稲の種子（稲種）を栽培することで籾を500粒も収穫できます。農家は，自分が収穫した籾の中から，翌年以降の栽培に用いる稲種を自家採種し，その残りを販売用や加工用，自家用に利用してきました。

《資料１》「第143回秋田県種苗交換会」（2020年度）のチラシ

（第143回秋田県種苗交換会ウェブサイトより）
https://shubyo-yokote.com/wp-content/uploads/2020/09/flier200907.pdf

さて，現代の稲種は，②弥生時代の日本に③中国大陸から伝わってきた稲種と同じ稲種ではありません。日本の農民は，④自然災害の多い日本の風土，気候や地勢などに適した，少しでも優れた稲種を探し求めてきました。水田では，まれに突然変異（収穫した種子（子）が，種まきした種子（親）とわずかに違う遺伝子や新しい性質をもつこと）した種子が見つかります。その種子がより優れた種子である可能性もあるのです。特に，江戸・明治時代になると，農民は自家採種した稲種を用いて栽培技術を改良する一方で，⑤新しい稲種を得るための活動に取り組みました。

⑥明治時代の秋田県では，県庁に勤めていた石川理紀之助が中心になり，県内の農民が稲種などを交換するという，日本でも例のない「種子交換会」が1878年に開催されました。65点の稲種をふくむ132点の種子が出品され，自分の種子との交換を希望する農民が564人もいました。「種子交換会」は，その後「種苗交換会」と改称され，形式を変えつつ現在まで毎年開催されています（《**資料１**》を参照）。石川理紀之助は，1877年に秋田県庁に招かれた中村直三と出会いました。中村直三は有名な老農（農業技術に優れた農村指導者）で，地元の⑦奈良県内で集めた稲種を試作栽培して，優秀な稲種を無償で農民に配布した人物でした。中村直三に刺激された石川理紀之助は，秋田県内から300以上の稲種を取り寄せ，県の植物園や自分の水田で長期間の栽培試験をくり返しました。その試験結果をもとに1901年に『稲種得失弁』を著し，秋田県で栽培される103の稲種のくわしい特徴（《**資料２**》・《**資料３**》を参照）をまとめたのです。

一方，日本の水田稲作では，戦前・戦後を通じて，化学肥料や農薬が広く使用されました。

しかし，化学肥料や農薬で⑧環境破壊や食品汚染をひき起こす可能性のある近代化農業が見直され，農家と消費者，研究者が連携して日本有機農業研究会が1971年に結成されました。その中で，環境を破壊することなく地力を維持し，健康的で味の良い食物を生産する農法として，江戸時代から続く在来農業が再評価されました。日本有機農業研究会では，1983年から毎年「関東地区種苗交換会」を開催し，有機農業による自家採種をしている農家に種子や苗を交換する機会を提供しています。

このように，秋田県や日本有機農業研究会による種苗交換会の取り組みは，農家がより優れた種子を自家採種する努力を長く支えてきました。しかし，自家採種を禁止する種苗法改正案は，その努力を否定するものともいえるのです(※2020年12月には，自家採種の禁止が緩和された改正種苗法が成立しています)。種苗法改正案は，突然打ち出されたものではありませんでした。というのも，2017年には⑨主要農作物種子法(種子法)が廃止されていたからです。政府が提出した廃止法案は，わずか11時間の国会審議で成立しました。種子法とは，⑩サンフランシスコ平和条約の発効の３日後に制定され，地域ごとの環境に応じた米や麦などの優良な種子を生産・普及するように国が都道府県に義務づけ，その費用を国が受け持つことにした法律でした。種子法に基づいて，各都道府県の農業試験場では地域に適した稲種を開発し続けてきました。政府は，農業試験場の開発活動が種子企業の開発意欲を妨げていると，種子法廃止の提案理由を説明しました。また，政府が同時に提出した農業競争力強化支援法案は，各都道府県の農業試験場が長い年月をかけて作り上げた種子開発の技術を，政府が種子企業に提供することを認めたもので，これも短時間の国会審議で成立したのです。

みなさんも中学生になったら，自分たちの食生活を支える農業問題にも関心をもって調べてみましょう。

問１．下線部①に関連して，政府の各機関や地方自治体のそれぞれの関係についての説明として適当なものを，次の**ア**～**エ**から１つ選び，記号で答えなさい。

ア．国会は，地方自治体の条例の内容が法律に違反すると判断した場合，その条例を取り消すことができる。

イ．内閣は，衆議院で不信任の決議案が可決された場合でなくても，自らの判断で衆議院の解散を決定できる。

ウ．最高裁判所は，憲法に違反するとの判決を下した法律が改正または廃止されない場合，自ら国会に法律案を提出できる。

エ．地方自治体は，都道府県・市町村議会議員に立候補できる人の年齢を，条例によって独自に定めることができる。

問２．下線部②について，邪馬台国の女王卑弥呼が呪術によって人々をまとめていたことは，中国の歴史書『三国志』に記録されています。呪術とは，神や精霊などの超自然的な力に働きかけて，人々の願いをかなえようとする呪いのことです。当時の人々が卑弥呼の呪いを求めたのは，どのような社会的な事情があったからと考えられますか。適当なものを，次の**ア**～**エ**から１つ選び，記号で答えなさい。

ア．邪馬台国とその周辺のクニでは長いあいだ互いに攻撃しあっており，戦いに疲れた人々は平和な世の中を望んだ。

イ．邪馬台国では狩りや漁，採集が経済活動の中心で，人々は森や川，海の精霊から安定した恵みを得たいと望んだ。

ウ．邪馬台国の人々は，大和地方を拠点に東の55のクニ，西の66のクニを平定する国土の統一を望んだ。

エ．邪馬台国の人々は，中国の魏から先進的な技術や制度，仏教がもたらされることを望んだ。

問3．下線部③に関連して，中国では，旧暦の1月1日には，人々は提灯をつるし，五色の布を飾り，爆竹を鳴らし，花火を打ち上げたりして旧正月を祝います。中国では，旧正月を何といいますか。その名前を漢字で答えなさい。

問4．下線部④に関連して，現代の日本では巨大なコンクリートの堤防や免振装置など，高度な技術で自然災害の直接的な被害を防ぐ施設や設備がつくられています。一方で，自然災害に対する伝統的な工夫では，自然災害を直接的に防ぐのではなく，あらかじめ一定規模の被災を想定し，より大きな被災を防ぐ施設や設備もあります。これについて，以下の問い(1)・(2)に答えなさい。

《写真》

（農林水産省ウェブサイトより）
https://www.maff.go.jp/j/nousin/sekkei/museum/m_kakuti/index.html

(1) 右の**《写真》**のように，石垣や盛り土の上にある建物は河川の中・下流部に多く見られます。この建物は，洪水の際に避難したり，避難用の舟や食糧を置いておくための施設です。こうした建物は一般に何と呼ばれますか。その名前を漢字で答えなさい。

(2) 現代の河川の堤防は，長い距離にわたって連続することで，洪水を防いでいます。しかし，伝統的な堤防では，右の**《模式図》**のように，あえて堤防をつなげない工夫がなされました。これは，河川が増水した際に大規模な決壊が起こることを防ぐために，水の勢いをそぎながら，部分的に川から水をあふれさせたり，あふれた水を早く河川にもどしたりするためだといわれています。それでは，**《模式図》**の河川の上流は**A**・**B**のどちらと考えられますか。記号で答えなさい。

《模式図》

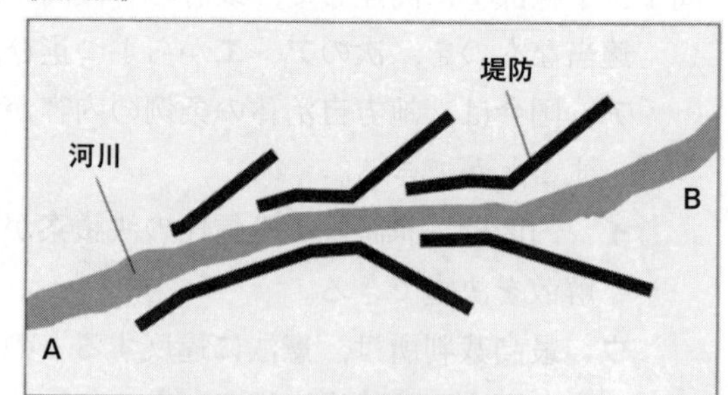

（国土交通省「霞堤の機能について」より作成）
http://www.hrr.milt.go.jp/toyama/common/old/k004siryo/kasumikouka.pdf

問５．下線部⑤について，江戸・明治時代の秋田の農民は，どのような特徴を持つ稲種を求めていたのでしょうか。また，そうした稲種を新たに手に入れるために，どのような行動をとっていたのでしょうか。《**資料２**》から読み取れることを用いて，90字以内で説明しなさい。

《資料２》　石川理紀之助『稲種得失弁』に見られる稲種名とその由来・特徴

稲種名	由　来　・　特　徴
一の山	斎藤太郎作が富士山の周辺の水田でもらったもので，※親穂から170～180粒の良質の籾を収穫できる稲種。
文六	落合文六が自分の水田で見つけた１本の突然変異した稲穂から採種したもので，親穂から200粒の籾を収穫できる稲種。
西白	石成村の人が上方(現在の京都や大阪)でもらったもので，ふつうは秋田には適さないが，秋晴れが長い年だと親穂から300粒の籾を収穫できる稲種。
彦平	斎藤彦平が自分の水田を囲む盛り土で見つけた１本の突然変異した稲穂から採種したもので，用水が冷たくても栽培でき，親穂から240～250粒の籾を収穫できる稲種。
浜平	難破船から漂着した籾が繁殖していた浜で見つけた稲穂から採種したもので，用水が冷たくても栽培でき，親穂から160～170粒の籾を収穫できる稲種。

※親穂　１つの苗から成長する中心的な茎にできる穂を親穂という。現代の農業でも，親穂から100～200粒の籾が収穫できれば良いとされている。

(『明治農書全集　第２巻』(農山漁村文化協会 1985年)所収。
記述をわかりやすい形式と表現に改めました)

問６．下線部⑥について，明治時代の秋田県の農家は，《**資料３**》に記されたような異なる稲種を一つ一つの水田ごとに選び，それらを組み合わせて耕地の経営を行っていました。それはなぜでしょうか。《**資料３**》・《**資料４**》・《**資料５**》を参考に，当時の農家の農作業の様子にふれながら，120字以内で説明しなさい。

《資料３》　稲穂が出る時期による稲種の分類と主な稲種の名前

月	日（稲穂が出る時期）	稲種の名前
7	18～20	黒稲
7	21～26	
7	27～31	鬼早稲、与吉
8	1～4	五郎兵衛、借金無し
8	5～7	浜平、会津
8	8～10	一の山、彦平
8	11～12	文六、大黒
8	13～14	阿仁文吾、日本一
8	15～16	西白、土手越

※一般に，稲は，稲穂が出てから50日前後で刈り取ることができる。

(石川理紀之助『稲種得失弁』『明治農書全集　第２巻』(農山漁村文化協会 1985年)所収を
わかりやすい形式に改めました)

《資料4》 1908年における東北・中国地方の農家1戸当たりの耕地面積

県	1戸当たりの耕地面積	(うち水田面積)
秋田	163a	120a
山形(やまがた)	150a	99a
鳥取(とっとり)	90a	65a
島根(しまね)	81a	49a

(玉　真之介「戦前期日本(1908～40)における農家数変動の地域性」(『農業経済研究』第86巻第1号 2014年)をもとに作成)

《資料5》 1908年における秋田県雄勝郡三輪村(おがちぐんみわむら)の自作農の事例

1戸当たりの水田面積	290a
1戸当たりの家族人数	9人

(清水洋二「東北水稲単作地帯における地主・小作関係の展開」(『土地制度史学』第74号 1977年)をもとに作成)

問7．下線部⑦に関連して，次の**ア～エ**は，奈良県，岐阜(ぎふ)県，長野(ながの)県，埼玉(さいたま)県のそれぞれ県庁所在地を通る東西方向の断面図です。このうち，奈良県にあたるものを，次の**ア～エ**から1つ選び，記号で答えなさい。

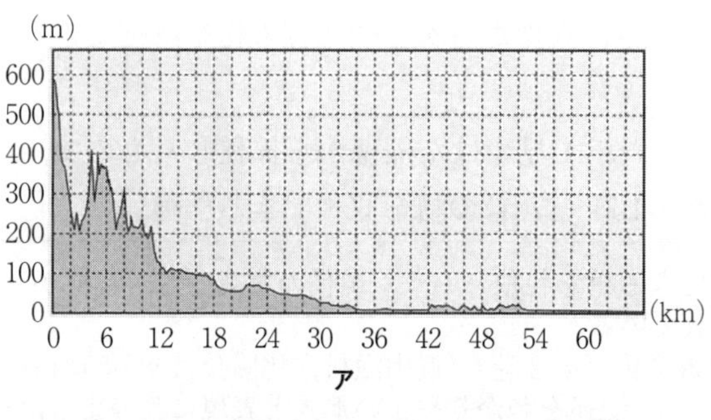

ア

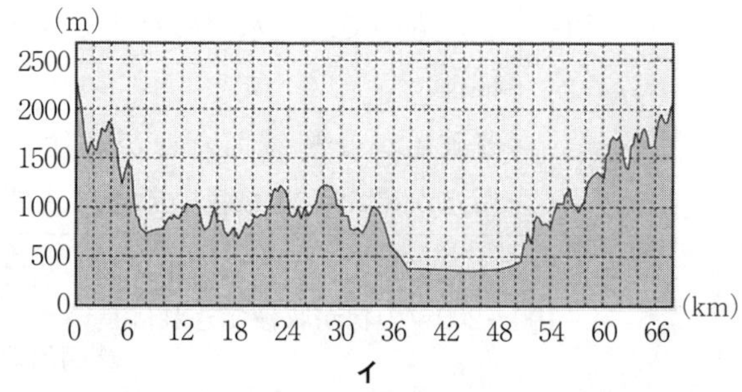

イ

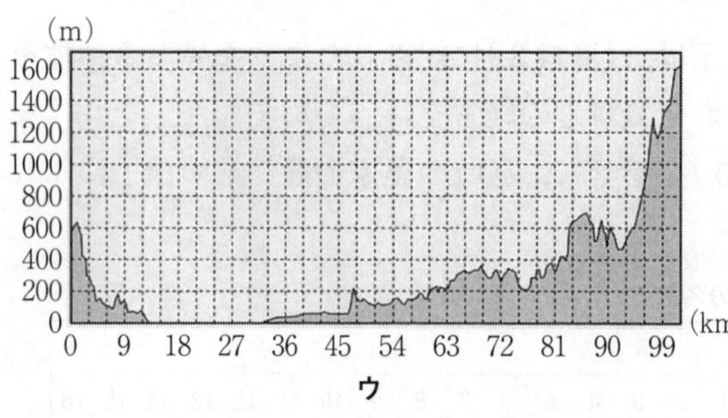

ウ

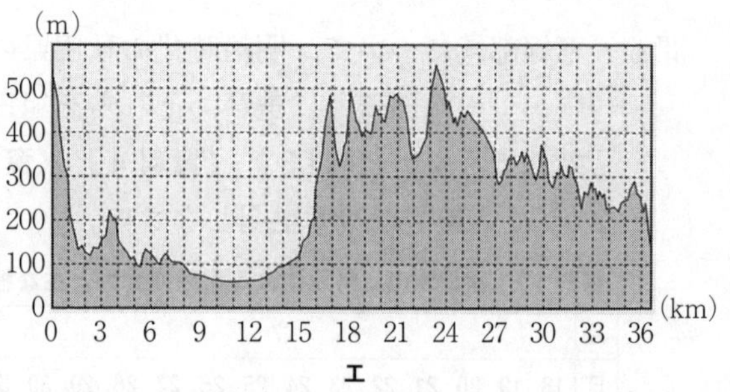

エ

(「地理院タイル」をもとに作成)
http://maps.gsi.go.jp

問8．下線部⑧に関連して，いわゆる「新しい人権」として提唱されている「環境権」は，日本国憲法の条文で明確には定められていません。では，同じように日本国憲法に**明文では定められていない権利**を，次の**ア～エ**から1つ選び，記号で答えなさい。

ア．学問の自由

イ．教育を受ける権利

ウ．私生活をみだりに公開されない権利

エ．居住や移転，職業を選ぶ自由

問９．下線部⑨について，1952年に制定された種子法はどのような社会的な背景から，どのような目的で立法されたのでしょうか。**本文**と**《資料６》**・**《資料７》**・**《資料８》**・**《資料９》**からわかることを，140字以内で説明しなさい。

《資料６》　日本の水稲総収穫量の変化

期間	年間平均水稲総収穫量
1931～1940年	916.7万トン
1947～1951年	921.6万トン

(政府の統計窓口「作物統計調査 作況調査(水陸稲，麦類，豆類，かんしょ，飼料作物，工芸農作物)確報 平成17年産作物統計(普通作物・飼料作物・工芸農作物)」をもとに作成)
https://www.e-stat.go.jp/dbview?sid=0003318220

《資料７》　海外からの引揚げ者数

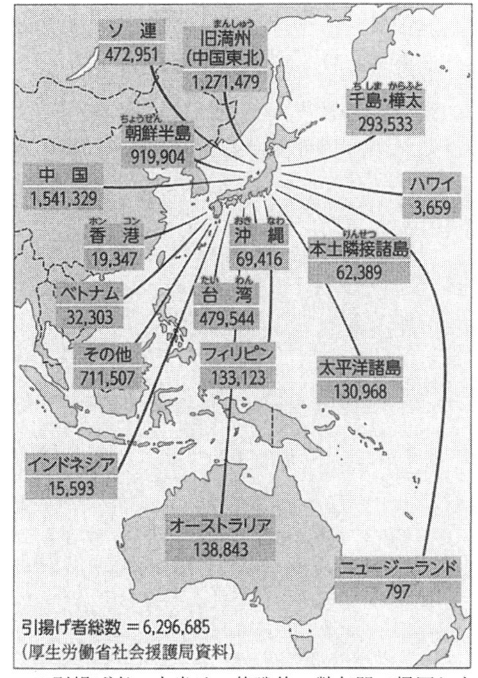

※引揚げ者の大半は，終戦後の数年間で帰国しました。
(第一学習社『最新日本史図表　二訂版』より)

《資料８》　日本の出生数の変化

期間	年間平均出生数
1931～1940年	2,086,973人
1947～1951年	2,506,450人

(厚生労働省「平成17年度『出生に関する統計』の概況」をもとに作成)
https://www.mhlw.go.jp/toukei/saikin/hw/jinkou/tokusyu/syussyo05/syussyo6.html

《資料９》　日本ジャーナリスト協会での山田正彦氏(元農林水産大臣)の会見内容(2018年12月５日)の一部

種子法により，各都道府県の農業試験場では，開花時期や味，稲穂の高さなどが異なる雑種を取り除きながら，優良な種子を開発しています。茨城県の農業試験場で生産するコシヒカリはもともと福井県で作られた種子でした。「もう30年間，茨城県で種子を作っているから，それを福井県に持っていってももう育たないだろう」と，農業試験場の場長が言います。それくらい種子は地域の影響をうけて変わるそうです。

その後，農業試験場で開発されたコシヒカリの種子を県の原種苗センターで栽培し，さらに県が経済的に援助した農場で多くの種子が栽培されます。そこで収穫された種子は県の種子センターに集められ，選別されます。こうして県が「発芽率90％，安定して安心して栽培できるコシヒカリの種子です」と保証書をつけて，１キロ500円の価格で農家に販売されます。

種子法廃止を受けて，農林水産省の役人が「三井化学の『みつひかり』という優良な種子があるじゃないか。それをなぜ使わないのか」という話をして全国８か所を回ったそうです。「みつひかり」の種子の価格は１キロ3500～4000円です。

(日本ジャーナリスト協会　山田正彦氏記者会見「種子法廃止の問題点」

会見報告の一部をわかりやすくまとめ直しました)

https://j-aj.jp/topics/pressreport/8252/

問10．下線部⑩について，サンフランシスコ平和条約を締結(ていけつ)した年の国際情勢に関して述べた文として適当なものを，次の**ア**～**エ**から１つ選び，記号で答えなさい。

ア．日本は，中華(ちゅうか)人民共和国と国交を回復した。

イ．日本は，国際連合への加盟を認められた。

ウ．韓国(かんこく)と北朝鮮による朝鮮戦争が続いていた。

エ．アメリカの水爆実験により，日本の漁船が被ばくした。

【理　科】〈第2回試験〉（45分）〈満点：80点〉

1　**次の文を読み，以下の各問いに答えなさい。ただし，数値で答えるものは，必要であれば四捨五入して小数第2位まで答えなさい。**

物の温まりやすさは，その種類によって異なります。物は熱を受け取ると温度が上がり，熱を放出すると温度が下がります。その熱の量のことを熱量といい，1gの水の温度が1℃だけ上がる(下がる)ときに水が受け取る(放出する)熱量を1カロリーといいます。

1gのアルミニウムは，0.21カロリーだけ熱を受け取ることで温度が1℃上がるので，水に比べて，温度を上げるのに必要な熱量は0.21倍です。このとき，「0.21」という値をアルミニウムの「比熱」といいます。

問1　200gの水が熱を受け取り，温度が20℃から30℃へと上がりました。水が受け取った熱量は何カロリーですか。

問2　300gのアルミニウムが熱を放出し，温度が50℃から40℃へと下がりました。アルミニウムが放出した熱量は何カロリーですか。

問3　ある物の温度が上昇したとき，その物が受け取る熱量を計算する式として，最も適当なものを次の**ア**～**エ**から1つ選び，記号で答えなさい。

ア　(物の比熱)×(物の重さ)×(物の上昇温度)
イ　(物の比熱)×(物の重さ)÷(物の上昇温度)
ウ　(物の比熱)×(物の上昇温度)÷(物の重さ)
エ　(物の比熱)÷(物の上昇温度)÷(物の重さ)

Kさんは，次の実験を行って，鉄の比熱を求めてみました。

【実験】

手順①　**発泡スチロールでくるまれた容器の中に20℃の水を190g入れた。**

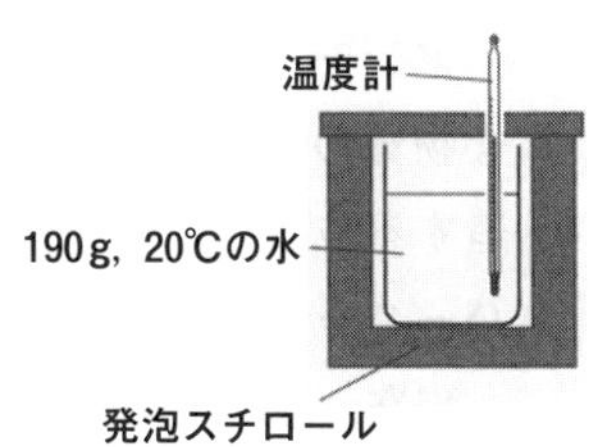

手順②　**沸騰させ続けている100℃の熱湯の中に100gの鉄球を入れ，鉄球の温度が熱湯の温度と等しくなるまで十分に温めた。**

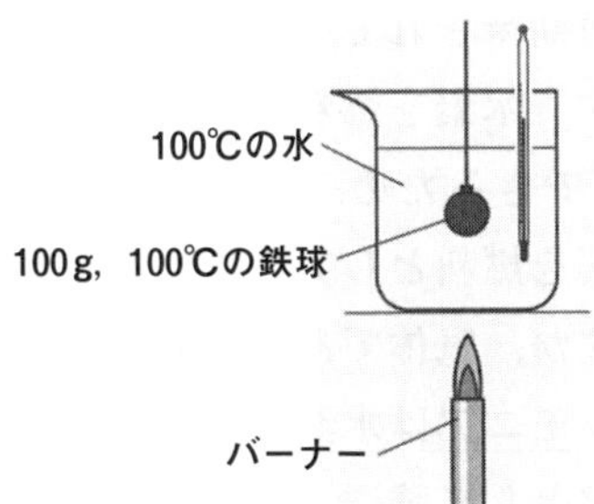

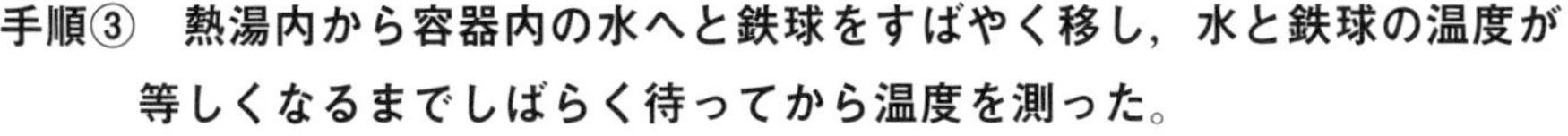

手順③　**熱湯内から容器内の水へと鉄球をすばやく移し，水と鉄球の温度が等しくなるまでしばらく待ってから温度を測った。**

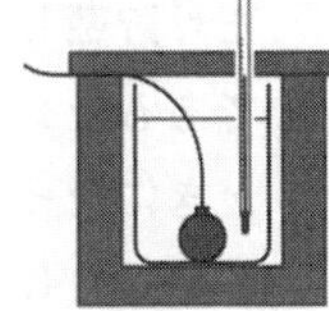

【結果】　**水と鉄球の温度は24℃になった。**

問4　**手順③**で容器内の水が受け取った熱量は何カロリーですか。

問5　鉄の比熱はいくらですか。ただし，**手順③**で熱のやりとりは水と鉄球の間だけで行われ，鉄球が放出した熱量と水が受け取った熱量は等しいものとします。

Kさんは，手順③で鉄球を容器へ移す際に，鉄球の表面に100℃の水が少しついていたことを思い出しました。この水が，問5で求めた鉄の比熱にどう影響（えいきょう）したかを考えてみましょう。

問6　仮に100℃の水1gが鉄球の表面についていて，それもいっしょに容器内へと移してしまっていたとすると，鉄の比熱の値はいくらになりますか。ただし，熱のやりとりは20℃の水と100℃の水と鉄球の間だけで行われ，100℃の水と鉄球が放出した熱量の合計と20℃の水が受け取った熱量は等しいものとします。

問7　**問6**の結果から，**手順③**で鉄球の表面に100℃の水が少しついていたとすると，その影響を考えずに**問5**で求めた比熱は本来の値より大きかったことになります。

これとは逆に，**問5**で求めた鉄の比熱が本来の値より小さくなってしまう原因として考えられるものを次の**ア**～**エ**から2つ選び，記号で答えなさい。

ア　**手順③**で熱湯内から容器へと鉄球を移すまでの間に鉄球がその周りの空気を温めていること。

イ　**手順③**で水の温度が上がり，その水が容器を温めていること。

ウ　**手順③**で容器の近くにバーナーがあり，バーナーの火が容器やその中の水や鉄球を温めていること。

エ　**手順③**で鉄球についた糸が水を温めていること。

2　**次の文を読み，以下の各問いに答えなさい。**

アンモニアは，化学肥料，医薬品，合成繊維（せんい），染料などの原料となる人類にとって最も重要な物質のひとつで，世界での生産量は年間1.8億トンにのぼります。アンモニアを大規模に製造する方法は①実験室で行うときとは異なり，②ハーバー・ボッシュ法が用いられています。ハーバー・ボッシュ法は，水素と窒素（ちっそ）からアンモニアを合成する方法です。

現在，製造されたアンモニアのうち8割が化学肥料に使われています。さらに今後は，アンモニアを水素エネルギーの輸送，貯蔵に利用することが期待されています。水素エネルギーとは，水素を燃料として発電されたエネルギーのことです。水素を燃料とすることで，石油とは異なり二酸化炭素を排出（はいしゅつ）しない方法で発電することができるため，温室効果ガスの排出削減（さくげん）に大きく貢献（こうけん）できると考えられています。しかし，水素を燃料として発電するときに，水素を発電する装置の近くに輸送して貯蔵する必要がありますが，気体である水素を効率よく輸送したり貯蔵したりすることは難しいのです。一方，③アンモニアは水素よりも輸送，貯蔵が簡単であるため，水素を一度アンモニアに変え，アンモニアとして輸送，貯蔵し，燃料として使うときになったら水素に戻（もど）すという方法が最近開発されつつあります。このように，輸送したり貯蔵したりするために，燃料となる物質を一度別の物質や状態に変えたものをエネルギーキャリアといいます。

問1　下線部①について，次の文を読み，下の**(1)**～**(4)**に答えなさい。

2種類の白色粉末をよく混ぜ試験管に入れ，図1のように加熱をした。試験管で発生したアンモニアを乾いた丸底フラスコに集め，図2のようにして，アンモニアの噴水の実験をした。

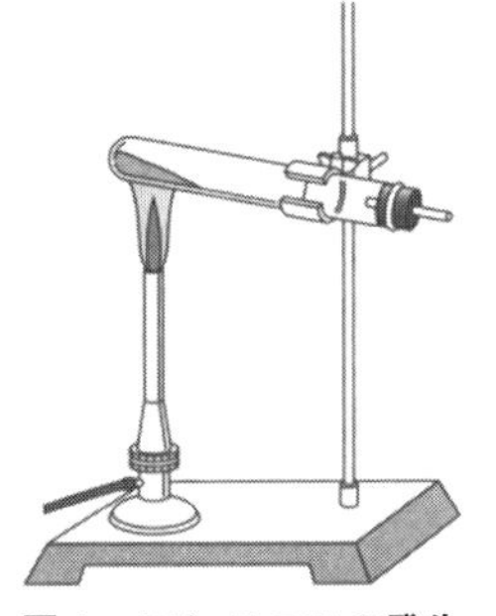
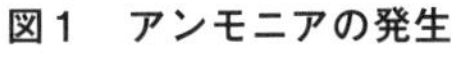
図1　アンモニアの発生

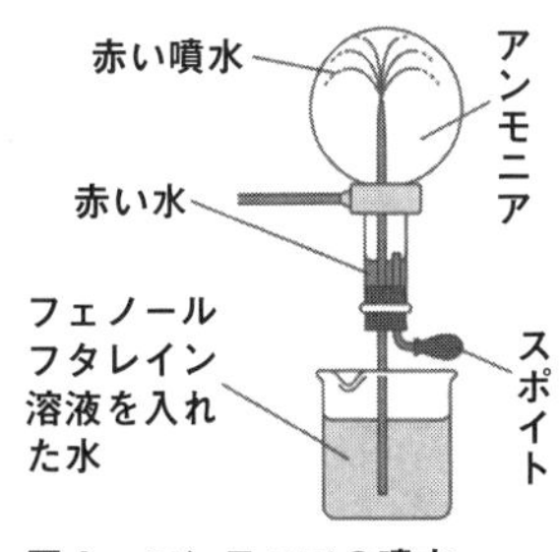

図2　アンモニアの噴水

(1)　アンモニアの性質として正しいものを次の**ア**～**カ**から1つ選び，記号で答えなさい。

ア　無臭で，水によく溶けて，水溶液は酸性を示す。
イ　無臭で，水によく溶けて，水溶液は中性を示す。
ウ　無臭で，水によく溶けて，水溶液はアルカリ性を示す。
エ　刺激臭があり，水によく溶けて，水溶液は酸性を示す。
オ　刺激臭があり，水によく溶けて，水溶液は中性を示す。
カ　刺激臭があり，水によく溶けて，水溶液はアルカリ性を示す。

(2)　アンモニアの発生に用いた2種類の白色粉末を次の**ア**～**カ**から2つ選び，それぞれ記号で答えなさい。

ア　炭酸カルシウム　　**イ**　塩化アンモニウム　　**ウ**　水酸化カルシウム
エ　硝酸カリウム　　**オ**　塩化ナトリウム　　**カ**　砂糖

(3)　アンモニアを乾いた丸底フラスコに集めるときの方法として最も適当な方法を何といいますか。

(4)　アンモニアの噴水の実験でおこる次の現象**a**～**d**を，正しい順序で表しているものを下の**ア**～**カ**から1つ選び，記号で答えなさい。

a　フェノールフタレイン溶液を入れた水がガラス管に吸い上げられる。
b　フラスコ内の圧力が下がる。
c　スポイトから入れた水にアンモニアが溶ける。
d　フェノールフタレイン溶液を入れた水がフラスコ内に噴き出す。

ア　a→b→c→d
イ　a→c→b→d
ウ　b→a→c→d
エ　b→c→a→d
オ　c→a→b→d
カ　c→b→a→d

問2　下線部②について，次の文を読み，下の(1)，(2)に答えなさい。

ハーバー・ボッシュ法では原料である水素と窒素を高温(400～650℃)，高圧(200～400気圧)の条件で酸化鉄を触媒として反応させ，アンモニアを製造します。このとき，すべての水素と窒素が一度に反応することはありません。すべての水素と窒素が反応した場合を100%として，実際に生じたアンモニアの割合をアンモニアの生成率といいます。アンモニアの生成率は，温度と圧力の条件によって，図3のように変化します。また，ある圧力で比較した場合に，アンモニアの生成率の上限までに達する時間は図4のようになります。

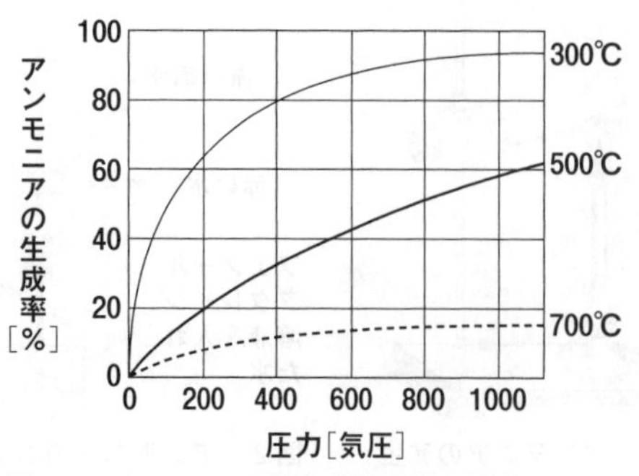

図３　アンモニアの生成率と圧力の関係

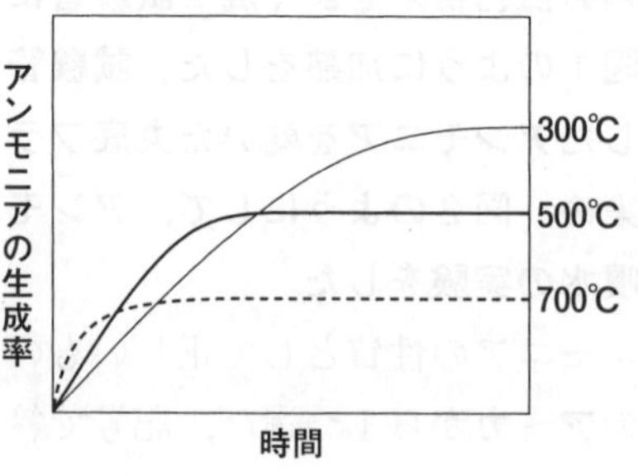

図４　アンモニアの生成率と時間の関係

(1)　次の**ア〜ウ**から**誤りを含む**(ふく)**もの**を１つ選び，記号で答えなさい。

ア　圧力を大きくすると，アンモニアの生成率は増加する。

イ　温度を高くすると，アンモニアの生成率は増加する。

ウ　温度を高くすると，アンモニアの生成率の上限までに達する時間が短くなる。

(2)　触媒として作用している物質を次の**ア〜ウ**から１つ選び，記号で答えなさい。

ア　炭酸カルシウムに塩酸を加えて二酸化炭素を発生させるときの炭酸カルシウム

イ　過酸化水素水に二酸化マンガンを加えて酸素を発生させるときの二酸化マンガン

ウ　塩酸にアルミニウムを加えて水素を発生させるときのアルミニウム

問３　**下線部③**について，水素エネルギーのエネルギーキャリアとして研究対象となっている液体水素とアンモニアの２つを比較すると**表１**のようになります。**表１**からわかることとして，下の**ア〜ウ**から**誤りを含むもの**を１つ選び，記号で答えなさい。

表１　エネルギーキャリアの種類と特徴(とくちょう)

	液体水素	アンモニア
エネルギーキャリア１kgから取り出せる水素の重さ	1.000kg	0.178kg
エネルギーキャリア１m^3から取り出せる水素の重さ	70.8kg	121kg
沸点(ふってん)	−253℃	−33.4℃
融点(ゆうてん)	−259℃	−78℃

ア　アンモニアは水素よりも高い温度で気体から液体になる。

イ　同じ重さのエネルギーキャリアから水素を取り出すときに，アンモニアよりも液体水素の方が多くの水素を取り出すことができる。

ウ　同じ重さの水素を取り出すために，輸送するエネルギーキャリアの体積はアンモニアよりも液体水素の方が小さい。

3　**次の文を読み，以下の各問いに答えなさい。**

①コムギは，麺(めん)やパンの原料(げんりょう)など様々なところで使用されています。コムギはどのように栽培(さいばい)されているのでしょうか。コムギの②種子は春や秋に畑にまかれます。秋まきコムギの場合，関東では10月下旬(げじゅん)にコムギの種子がまかれます。11月上旬には地面にコムギの芽が出てきます。霜(しも)が降りる前の11月下旬に葉が４枚になった頃(ころ)，コムギの葉が地面にぺちゃんこになるように踏(ふ)みつける麦踏(むぎふ)みを行います。さらに２月まで１ヶ月に１度のペースで計４回の麦踏み

を行います。３月になり暖かくなると，コムギの茎(くき)が伸(の)びていき，４月中旬には穂(ほ)をつけるようになります。そして，６月には収穫(しゅうかく)されます。

コムギを育てる際に行う，麦踏みにはどのような効果があるのでしょうか。植物がつける③ロゼット葉(よう)に注目して，その効果を考えてみましょう。秋まきコムギの場合，麦踏みは霜が降りる冬期に行われます。秋に芽(め)生(ば)えた植物は冬の厳しい寒さに耐(た)える必要があります。例えば，ヒメムカシヨモギなどは冬期に茎を上に伸ばして葉を広げるのではなく，地面をはうように葉を広げます。このような葉をロゼット葉といいます(図１)。寒い冬場は光合成が上手く行えないことがありますが，ロゼット葉を広げていると冬場でも太陽の光を浴びて葉の温度が上がり，光合成をすることができ，栄養分をためることができると考えられています。

図１　ヒメムカシヨモギのロゼット葉

問１　下線部①のコムギについて，次の(**1**)，(**2**)に答えなさい。

(**1**)　コムギで作る麺やパンに最も多く含まれる主要な栄養素を次の**ア**～**オ**から１つ選び，記号で答えなさい。

ア　炭水化物　　**イ**　タンパク質　　**ウ**　脂質(ししつ)

エ　ビタミンC　　**オ**　アミノ酸

(**2**)　コムギの葉脈はどのような特徴をしているか説明しなさい。

問２　下線部②について，次の(**1**)～(**3**)に答えなさい。

(**1**)　コムギの種子を次の**ア**～**オ**から１つ選び，記号で答えなさい。

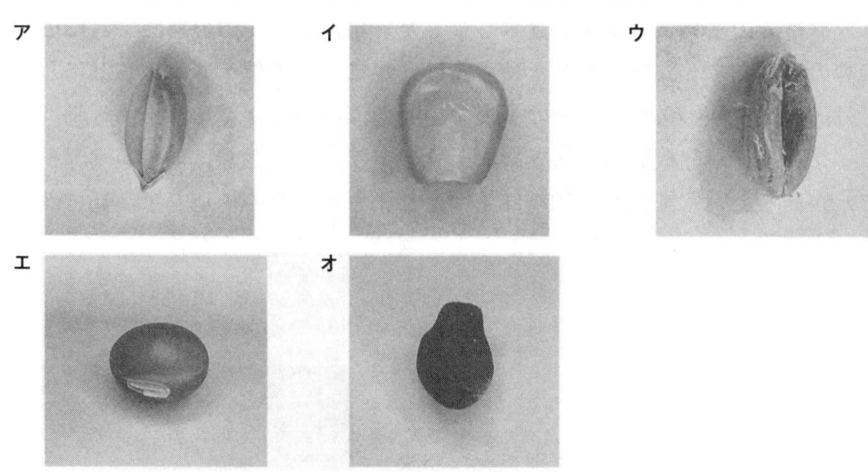

(**2**)　コムギは発芽する際に使う栄養分を種子のどこにためていますか。その種子の部位を答えなさい。

(**3**)　栄養分をためる部位がコムギと同じ種子を(**1**)の**ア**～**オ**からすべて選び，記号で答えなさい。なお，(**1**)で答えた記号は記入しないこと。

問３　下線部③について，ロゼット葉をもつ植物を次の**ア**～**オ**からすべて選び，記号で答えなさい。

ア　ダイズ
イ　ハルジオン
ウ　アサガオ
エ　トマト
オ　セイヨウタンポポ

問４　次の**【実験】**と**【結果】**から麦踏みの効果について，下の(**1**)，(**2**)に答えなさい。

【実験】

６月に平均草丈(くさたけ)(草の高さ)が５cmのオオバコの葉が生えている場所で，踏まない区画と１日あたり20回，50回，100回踏む区画の計４区画を作り，８月の平均草丈を測定した。踏み付けは毎日，８月まで行った。

【結果】

踏んだ回数(１日あたり)	８月の平均草丈
踏まない	16cm
20回	11cm
50回	9cm
100回	8cm

(**1**)　この結果から，植物を踏む回数と草丈にはどのような関係があるか説明しなさい。

(**2**)　冬期にコムギの麦踏みをするとコムギのその後の成長が良くなる理由を**【実験】**と**【結果】**や**問題文**を参考にして考え，説明しなさい。なお，**【実験】**でのオオバコの性質はコムギにも当てはまるものとします。

4

次の文を読み，以下の各問いに答えなさい。

Kさんは，旅行で山岳(さんがく)地域の氷河を見学しました。氷河とは，山の斜面(しゃめん)などに広がっている巨大(きょだい)な氷の塊(かたまり)のことです。興味を持ったKさんは，氷について調べてみることにしました。

問１　地球では，気温の低い場所や日射の少ない場所で天然の氷が見られます。Kさんが調べたところ，インド宇宙研究機関の月探査衛星チャンドラヤーン１号による観測データから，月の両極に氷があるという証拠(しょうこ)が2018年に見つかりました。月の極地で氷が見つかりやすい場所として最も適当なものを次の**ア**～**エ**から１つ選び，記号で答えなさい。

ア　極地にある高山の頂上
イ　極地にある海水面
ウ　極地にあるクレーターの内側
エ　極地にあるクレーターの外側

問２　Kさんは容器に水を入れて，冷凍庫(れいとうこ)で大きな氷を作り，できた氷を取り出して部屋のテーブルに置いた状態でしばらく観察しました。すると，氷から「パキパキ」と音がして割れ目が入る様子が観察できました(**図１**)。次の(**1**)，(**2**)に答えなさい。

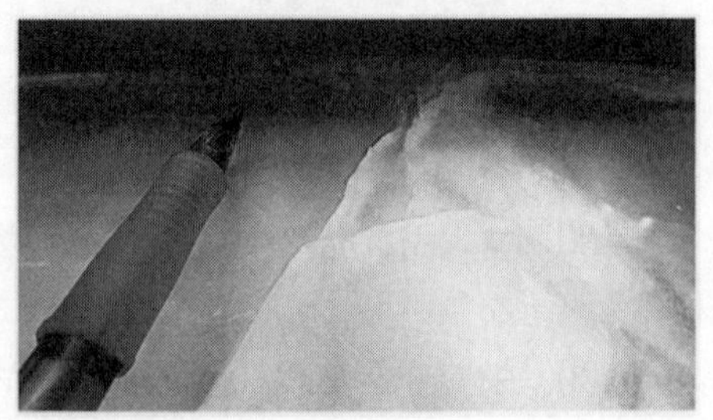

図１　割れ目が入った氷の様子

(1) Ｋさんが作った氷の表面は，冷凍庫から出した瞬間はなめらかで透明だったのですが，すぐにザラザラして白くなっていきました。これはなぜですか。理由を説明しなさい。

(2) 氷が割れるときに音がしたということは，割れるときに振動が発生したということになります。これは，現実の氷河地域で，氷震とよばれる地震が起こることに対応しています。一年中気温が０℃を下回る山岳地域で，谷をうめているような氷河が地震を起こすのはどのような場合だと考えられますか。Ｋさんの氷に割れ目が入った原因と，氷１cm^3あたりの重さと温度の関係(**図２**)にもとづいて答えなさい。

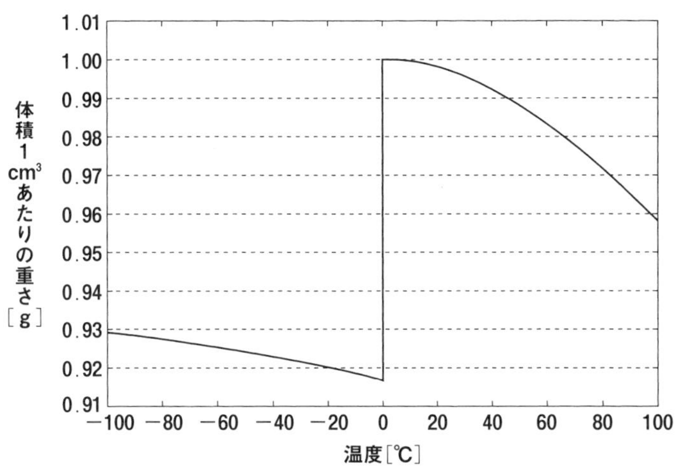

図２　水，氷１cm^3あたりの重さと温度の関係

問３　Ｋさんは，海に浮かんでいる流氷がとけると海水面がどうなるのかを調べるため，**図３**のように，コップに入った０℃の水に１辺５cmの立方体の氷を浮かべて，あふれる寸前の状態にしました。**図３**の氷が水にひたっている分の体積と，氷がすべてとけてできる０℃の水の分の体積をそれぞれ求めなさい。ただし，**図３**において，氷は水面から0.4cmだけ出た状態で水平に浮かんでいました。また，**図２での０℃の氷１cm^3あたりの重さは0.92ｇとして計算し**，必要であれば四捨五入して整数で答えなさい。

図３　０℃の氷水の様子

Ｋさんは０℃くらいの直方体の氷を部屋のテーブルの上に置き，次のような実験をしてみました。図４のように，この氷の上面におもりを置き，おもりの上面までの高さ(図４のａ)と氷の上面までの高さ(図４のｂ)を同時に１分ごとに測りました。おもりの形・大きさは一定で，重さが１kgのときと３kgのときの結果がそれぞれ，表１，表２のようになりました。

２回の実験はどちらも，新しく用意した氷の表面で割れ目のない部分におもりを置き，この実験の間おもりの周りに割れ目が入ることはありませんでした。また，実験が行われている間，おもりはかたむかず真下に沈んでいきました。ここで，Ｋさんは，実験を単純に考えるために，おもりの温度は氷と等しく場所によらず一定で，空気との熱のやりとりはないとすることにしました。

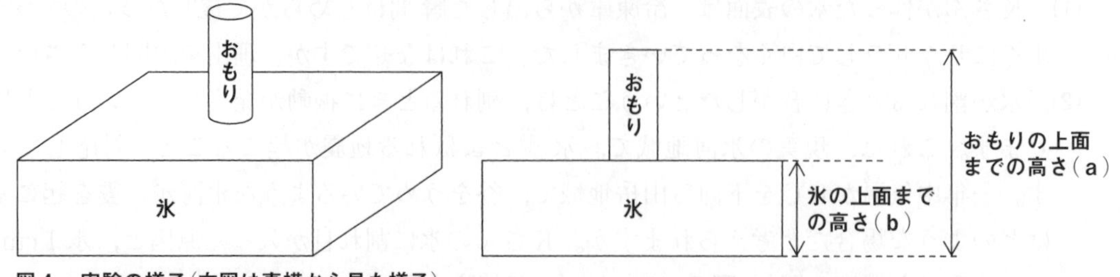

図４　実験の様子（右図は真横から見た様子）

問４　**表１**，**表２**のデータを使って，１kgと３kgのおもりが各時間でどれだけ氷内部に沈んでいるかを，それぞれ解答欄に折れ線グラフで示しなさい。ただし，２つのグラフを区別できるように，それぞれのグラフに「１kg」または「３kg」と書き込むこと。

表１　１kgのおもりを使った実験の結果

時間（分後）	図４のａの変化量（mm）	図４のｂの変化量（mm）	図４のａの変化量とｂの変化量の差（mm）
0	0.0	0.0	0.0
1	0.2	0.1	0.1
2	0.5	0.1	0.4
3	1.2	0.2	1.0
4	1.7	0.2	1.5
5	2.2	0.3	1.9
6	2.6	0.4	2.2
7	2.9	0.4	2.5
8	3.3	0.5	2.8
9	3.6	0.5	3.1
10	3.9	0.6	3.3

表２　３kgのおもりを使った実験の結果

時間（分後）	図４のａの変化量（mm）	図４のｂの変化量（mm）	図４のａの変化量とｂの変化量の差（mm）
0	0.0	0.0	0.0
1	0.9	0.1	0.8
2	2.2	0.1	2.1
3	4.0	0.2	3.8
4	6.1	0.3	5.8
5	7.3	0.3	7.0
6	8.2	0.4	7.8
7	8.9	0.5	8.4
8	9.4	0.5	8.9
9	10.0	0.6	9.4
10	10.5	0.7	9.8

問５　Ｋさんは，今回の実験と同じようなことが，現実の氷河でも起こっているのではないかと考えつきました。氷河とは，河川の水が海まで流れていくように，固体である氷が１日あたり数ｍの速さでゆっくりと動いているものです。次の⑴，⑵に答えなさい。

⑴　Ｋさんは今回の実験で，おもりが氷内部に沈むのは氷がとけていくからで，現実の氷河の底でも同じように氷がとけるはずだと考えました。そうだとすると，現実の氷河の底では，Ｋさんの実験で使ったおもりに代わるものは何だと考えられますか。

⑵　氷河の速さは，氷が厚い地域ほど速い傾向（けいこう）があります。固体である氷河がなぜ動き，厚いものほどなぜ速いのか，理由を説明しなさい。

ほうが、「職業の自由」によって成り立っている近代社会の側から見て都合がよかったから。

ウ　近代以前の社会では、職業ごとにやるべき仕事が決まっていて、人々は職場のしきたりやマニュアルにしたがって仕事をしていくしかなく、仕事上で自分なりの工夫をする余地のない不自由な社会と思われたから。

エ　近代以前の社会では、たとえば武士、農民、商人、職人といった職業や、年齢、性別などによってそれぞれの役割が明確化されていて、その組み合わせで社会が動いており、個性を生かすチャンスなどなかったから。

問八　――線部**8**「『らしさ』の世界のなかで生きていました」とあるが、それはどういうことか。次の中から適当なものを一つ選び、記号で答えなさい。

ア　それぞれの仕事に応じて、ふさわしいふるまいを追い求めて「らしさ」を貫いていくことで、自らの生を充実させられるのだと誰もが考えて生きていたということ。

イ　それぞれの身分に応じて、定められた枠をはみ出さず目立たないようにして「らしさ」を守ることで、平穏に生きていけるのだと誰もが考えて生きていたということ。

ウ　それぞれの階級に応じて、果たすべき役割を積極的に受け持って「らしさ」を表し、その階級の一員として人に認めてもらおうと誰もが考えて生きていたということ。

エ　それぞれの役割に応じて、他の人の助けになることを常に心がけて「らしさ」に徹し、周囲との調和のとれた関係性を誰もが第一に考えて生きていたということ。

問九　――線部**9**「そういう生き方のことを武士道というのです」とあるが、「武士道」とはどのような「生き方」か。次の中から適当なものを一つ選び、記号で答えなさい。

ア　武士の生き方こそが人間にとって真実の正しい生き方であると信じ、立派な武士としてのふるまいを、自分の人生で可能な限り貫こうと心がける生き方。

イ　自分に最も向いている生き方として武士を選び、立派な武士のふるまいをいま生きている自分の手本にすることで、できる限りそれに近づこうとする生き方。

ウ　自分が武士であることを誇りとしながら、いま生きている自分の個性を最大限に発揮して、理想的な新しい武士のあり方を追い求めていこうとする生き方。

エ　自らの武士という役割の中に自分のあるべき姿を見出し、理想の武士像にいまの自分を限りなく近づけることで、目指すべき自分になろうと努める生き方。

まく動いていた社会。

ウ　階級や性別、また年齢に応じて役割の分担が無理のない形でなされており、祭礼などといった伝統を現在にいたるまで大事に受け継いできた社会。

エ　階級や性別、また年齢による区別がしっかりと守られ、なおかつその区別さえ守れば誰もが好きなことをやる自由があり、バランスのとれていた社会。

問四　――線部**4**「世の中の人々の『ものの考え方』を変えたのです」とあるが、どのように変えたのか。次の中から適当なものを一つ選び、記号で答えなさい。

ア　昔ながらの仕事にこだわるよりも、自由な発想で新しい産業を立ち上げるほうがよいという考え方に変えた。

イ　親と同じ仕事についたほうが安全でよいという考え方を、新たに工場で働くことを推奨(すいしょう)する考え方に変えた。

ウ　職業とは決められた家業を引き継ぐものではなく、誰もが自由に選ぶことのできるものだという考え方に変えた。

エ　誰もが工場で働いていいという産業側の都合にそった考え方を、個人の自由平等を尊重する考え方に変えた。

問五　――線部**5**「実のところは、その人の個性をまったく重視していない」とあるが、それはなぜか。その理由として適当なものを次の中から一つ選び、記号で答えなさい。

ア「誰でも、何にでもなれる」とは言っても、結局は家系や年齢、性別によって役割はある程度固定化されており、その中で個性を生かして生きていくことは難しいから。

イ　近代産業社会においては、どの職場でも一定の計算力や理解力などが求められ、自分の持ち味を発揮する以前にそれらの高いハードルを乗り越えなければならないから。

ウ　近代産業社会で求められるものは、仕事や製品の質の高さよりも、いかに効率よく利益を産み出すかであり、個性より力をあわせて一つの仕事をすることが重要だから。

エ「誰でも、何にでもなれる」ということは、ある人の仕事の代わりを別の人ができ、同じ仕事を別の所でもできることで、一人ひとりの持ち味は期待されていないから。

問六　――線部**6**「近代の普通教育」とあるが、それはどのような教育であったか。次の中から適当なものを一つ選び、記号で答えなさい。

ア　産業労働の現場で個性が十分発揮できるように、個々の能力を育てることを何よりも優先してきた教育。

イ　企業が個々人の能力の差を把握(はあく)しやすいよう、成果を数字で評価することに特に重きを置いてきた教育。

ウ　企業の現場で働く際に土台となる一定の能力を、全員に等しく持たせることに特に力を注いできた教育。

エ　個性を企業の現場が求める協調性を損(そこ)なうものとしてとらえ、あえて評価の対象から外してきた教育。

問七　――線部**7**「『個性が抑圧された社会だった』と教えられがちな近代以前の社会」とあるが、「近代以前の社会」がそのように「教えられがち」だったのはなぜか。その理由として適当なものを次の中から一つ選び、記号で答えなさい。

ア　近代以前の社会においては、「誰でも、何にでもなれる」というのは実現不可能な幻想でしかないと考えられており、近代社会のように個人主義、自由平等などという思想が人々の共通認識になっていなかったから。

イ　近代以前の社会は、生まれついた家、階級によって役割が固定化され、一人ひとりの自由平等が保障されない社会だとするれない。またあるいは、二つの紙コップの底に長い糸をつけ、その糸をピンと張って離(はな)れた相手と話したら、「これは糸電話だ」ともいえるでしょう。

必ず「A＝A」になるとはかぎらないものは、真理とはいえません。だとすれば、「真実の生き方」とは、どのようなものだといえるのでしょうか。

おそらく、こうではないかと思います。もし、「本当の自分は、こう生きるべきだ」という理想の姿があったとして、その「理想の自分」と「いま現にある自分」とがイコールになれば、真実の生き方が実現したということになるのではないか。

もちろん、一〇〇％「A＝A」とまではいかないかもしれません。しかし、かなりイコールに近づけることはできるはずです。「自分らしさを一〇〇％に近く発揮できている理想の自分」と「いま生きている自分」とを、なるべくイコールであるようにすることができたとすれば、真実の生き方に限りなく近づくといえるだろうと思うのです。

実は、「理想の自分」と「いま生きている自分」をイコールにしようとする、そういう生き方を、昔の人は「道」と呼んでいたのです。

たとえば「武士道」とは、「自分＝武士」であろうとする生き方のことです。「自分らしさは、武士であることによって発揮できるのだ」と思った人が、自分を武士とイコールにしようとした。**9**そういう生き方のことを武士道というのです。

もちろん、繰(く)り返し述べてきたように、「自分は立派な商人でありたい」と思い、自分と立派な商人とをイコールにするべく生きれば、それは商人道という道になります。

「理想の自分」と「いま生きている自分」とを「A＝A」の関係に近づける。それこそ「道」の思想なのです。

（菅野覚明『本当の武士道とは何か　日本人の理想と倫理(りんり)』）

問一　――線部**1**「近代の産業社会では『誰でも、何にでもなれる』という考えが、社会に広く共有されています」とあるが、「誰でも、何にでもなれる」という考えが、「近代の産業社会」で「広く共有」される必要があったのはなぜか。「近代の産業社会」とはどのような社会であるのかを明らかにした上で、その理由を六〇字以上、八〇字以内で説明しなさい。ただし、次の言葉を必ず用いて答えること。

職業間の流動性

問二　――線部**2**「実際には、まったく逆です」とあるが、それはどういうことか。次の中から適当なものを一つ選び、記号で答えなさい。

ア　近代の産業社会では誰もが何にでもなれるというのは幻想にすぎず、実際には実現不可能な絵空事であるということ。

イ　機械による仕事が標準的な近代の産業社会において人間の仕事は少なく、何にでもなれる自由などないということ。

ウ　近代の産業社会に浸透(しんとう)しているのは、仕事の標準化によって個性を大事にする考え方とは正反対の考えだということ。

エ　誰が何をしてもいいとする近代の産業社会のあり方は、個性の違いに価値を置かず、むしろ軽(かろ)んじているということ。

問三　――線部**3**「区別があって、しかも全体として調和がとれた社会」とあるが、それはどのような社会であったか。次の中から適当なものを一つ選び、記号で答えなさい。

ア　階級間の例外的な移動をのぞき、大多数の人が階級や性別、また年齢の固定された役割を、気は進まないながらも果たすことで安定していた社会。

イ　階級や性別、また年齢による分け方がしっかり定まっており、その違いにしたがって誰もが自分のやるべきことをこなし、うるのです。

ところで、「誰でも、何にでもなれる」という思想は、一見、個人をとても大切にしていて、一人ひとりの自由と平等を保障しているように思えます。しかし、実際はどうでしょうか。**5**実のところは、その人の個性をまったく重視していないのではないでしょうか。

先ほど、近代社会は「多くの部分が『誰にでもできる』ことを前提に組み立てられている」と述べました。「誰にでもできる」ことが前提だということは、取り換えが可能だということです。ある人が辞めたら、別の人を入れればいい。ある会社を辞めても、別の会社で同じ仕事ができる。現実に社会で見られるのは、そういう意味での「自由平等」であって、一人ひとりの持ち味はほとんど関係ありません。

たしかに、学生が就職活動をするようなときには、「個性が必要」などといわれますし、「面接のときには自分を表現しなさい」などということもいわれるでしょう。また、現代のような情報化社会になれば、職種によっては「個性」が求められることもあるかもしれません。

しかし、多くの企業の現場では、会社が求めているのは結局、一定の計算能力や理解力、あるいは職場の仲間たちと力をあわせてやっていける協調性などといった能力です。端的にいって、個性はまったく重視されません。

6近代の普通教育は、もともと産業労働者を育てるために作りあげられた教育ですから、一定の計算能力、一定の言語能力だけが育てばいい。全員が同じ計算能力を持ち、全員が同様な国語の理解力を持っていて、全員が同じような教養の基盤を持っていれば、大勢の社員を雇ったときに会社の仕事がうまく回る。だから、学生たちにそのような能力を身につけさせて卒業させるのが、近代の教育なのです。

近代教育の成果は、通知表やテストの偏差値などの数字で評価されます。しかし、考えてみればわかりますが、数字で個性を評価できるわけはありません。つまり、近代の教育では、個性はそもそも評価の対象になっていないということです。

一方、近年の学校教育では**7**「個性が抑圧された社会だった」と教えられがちな近代以前の社会には、むしろ逆に、「『らしさ』を一〇〇%発揮するにはどうしたらいいか」というものの考え方がありました。

その考え方を象徴する概念こそ「道」なのです。武士道にかぎらず、昔は農民にせよ、商人にせよ、職人にせよ、皆、**8**「らしさ」の世界のなかで生きていました。

武士は武士の道、農民は農民の道、商人は商人の道、職人は職人の道、というように、それぞれの仕事には、それぞれの「道」がありました。

さらに仕事だけではなく、男は男の道、女は女の道というふうに、なんでも「道」というものが生き方の基本的な形式になっていました。

ここで考えるべきは、「真実の生き方とは何か」ということです。誰であっても、「自分はどのように生きるべきか」と考えるとき、「一〇〇%真実の生き方を貫きたい」と思うのではないでしょうか。でたらめな、嘘の生き方をしたいと思う人は、本来、稀であるはずです。

では、「真実の生き方」とは何でしょうか。具体的に答えるのはとても難しいですが、しかし、式に表わすことは簡単にできます。

ヨーロッパの哲学でいえば、絶対の真理というものは、「A＝A」という形をしていればいいということになります。

しかし、たとえば「これは紙コップだ」というとき、その命題は常に「A＝A」にはなりません。なぜなら、「これ（＝紙コップ）」は、必ずしも「紙コップ」としてのみ認識されるわけではないからです。

何かを飲もうとしている人からすると、目前の「これ」は、まごうことなき「紙コップ」でしょう。しかし、キャンプ場などでゴミ拾いをしている人からすれば、「これはゴミだ」ということになるかもしかっていないことを知り、後を託す存在として言葉にせずともそれを伝えてきたつもりだっただけに悔しさがこみあげ、その思いをぶつけようとしたから。

ウ　雨宮がグラウンドキーパーへの強い思いをぶつけてきたことがわかり、あきれた様子をよそおいつつも、今後を任せられる存在と見こんで、雨宮に正面から向き合って自分の思いを伝えようと気を引き締めたから。

エ　雨宮が自分に対して初めて信頼を寄せてきたことで、ぶっきらぼうで乱暴な言い方をしつつも、これならグラウンドキーパーとして雨宮に後を任せられるという思いがわき上がってきて、満足感を噛みしめたから。

二　次の文章を読み、後の問いに答えなさい。

1 近代の産業社会では「誰でも、何にでもなれる」という考えが、社会に広く共有されています。一見、これは個々人の「持ち味」を大切にしているように見えますが、2 実際には、まったく逆です。このことは、仕事のやり方を標準化するような考え方と、表裏一体のものになっているのです。

もちろん、「誰でも、何にでもなれる」というのは、実際には実現不可能な「幻想」でしかありません。にもかかわらず、それが多くの人の共通認識になっているのは、社会の多くの部分が「誰にでもできる」ことを前提に組み立てられているからでもあるのです。

いまの社会は、誰が何をしてもいい、つまり人間が区別なく同じになっている社会です。しかし、昔はそうではなかった。3 区別があって、しかも全体として調和がとれた社会でした。

日本の場合、江戸時代の社会は、武士なら武士、農民なら農民、商人なら商人と、各々が果たすべき役割は明確化していました。もちろん、階級間の流動性がまったくなかったわけではなく、農民や商人の子が武士になるようなケースもずいぶんありましたが、社会の組み立てとしては明確に区分されていました。

また、大人の男性だけができる役割、大人の女性だけができる役割、高齢者だけができる役割、子供だけができる役割など、年齢や性別によって、人それぞれの役割があって、それを組み合わせることで社会は動いていました。いまでも伝統的な祭礼などでは、そのような役割分担がきちんと残っています。

ところが産業革命が起こり、工場で物を大量に生産するあり方が経済を支配し、人間の生活を支配するようになります。そのときに問題になったのが、「工場に働きにくる人がいなければ、新しい産業はできない」ということでした。近代産業化する以前の社会では、やるべき仕事は全部決まっていて、職業間の流動性は高くありませんでした。農家の子供は農家を継ぎ、職人の子供は職人を継ぎ、羊飼いの子供は羊飼いを継ぐのが当たり前の社会です。しかし、その価値観のままでは、新しい工場をつくって新しい産業を立ち上げても、働く人のなり手がありません。

そこで、どうしたか。4 世の中の人々の「ものの考え方」を変えたのです。

近代の個人主義、自由と平等などという思想は、それで生まれてきた考え方でした。「平等」という思想の背景には、「誰でも工場で働けます」という考え方があった。「自由」の背景には、「あなたは羊飼いではなくて、他のものにもなっていい。何にでもなれます」という考え方があった。

「誰でも、何にでもなれる」ということは、別の言い方をすれば「職業の自由」ですが、これがないと近代産業社会が維持できません。いまも実際にそのような考え方を基盤として、産業社会は維持されていすべきことを必ずわかってくれるはずだという強い期待が感じられるが、それが一志の重荷となってしまう危うさも同時に感じられるから。

エ　ピッチャーにしかわからない気持ちを思い出しさえすれば、必ず一志は立ち直れるという主張に強い信念が感じられるが、その断定のしかたが一志の反感を買ってしまう危うさも同時に感じられるから。

問九　――線部**8**「俺も目が覚めた」とあるが、ここでいう「目が覚めた」とは、雨宮のどのような心の動きを言い表したものか。何がきっかけとなって「目が覚めた」のかがわかるように、八〇字以上、一〇〇字以内で説明しなさい。

問十　――線部**9**「乱暴な口調とは裏腹に、その声は湿り気を帯びて、震えていた」とあるが、それはなぜか。その理由として適当なものを次の中から一つ選び、記号で答えなさい。

ア　一志に甲子園の土を運んだのは自分に間違いなく、強い言葉で突き放して話をうやむやにしようとしながらも、あの時かえって一志に悪いことをしてしまったのではないかと、急に不安にとらわれたから。

イ　一志に甲子園の土を運んだグラウンドキーパーは自分であったと見やぶられたことにおどろき、それでもとっさにごまかそうとしたものの、どうにもごまかしきれなくなって、うろたえてしまっているから。

ウ　一志に甲子園の土を運んだのはたしかに自分であり、そのことを言い当てられた動揺(どうよう)を押(お)し殺して開き直ってみせたものの、同じピッチャーとしてあの時の一志に感じた強い共感が急によみがえってきたから。

エ　一志に甲子園の土を運んだのが自分であったと気づかれ、そっけなく話をそらそうとしながらも、自分のひそかな気づかいを一志が忘れがたいこととして覚えているらしいことに、心をゆさぶられたから。

問十一　――線部**10**「自分の心のなかをのぞきみる余裕もなかった」とあるが、このときの雨宮の気持ちとして適当なものを次の中から一つ選び、記号で答えなさい。

ア　再起を決意した一志の力強い言葉に心をゆさぶられ、これからプロのグラウンドキーパーとして生きていきたいという思いがあふれだし、その思いにせき立てられている。

イ　再起に向けて動き出す一志に取り残されてしまったような気がして、今のままでは一人前のグラウンドキーパーになどなれないと、重圧に押しつぶされそうになっている。

ウ　再起を決意した一志と同じように、自分にも気持ちをふるい立たせる言葉を投げかけてほしいと思っていることを長谷に何とか気づいてもらおうと、必死になっている。

エ　再起を決意した一志の言葉に刺激(しげき)を受け、これからは誰に遠慮(えんりょ)することもなく、プロのグラウンドキーパーとして生きていくという覚悟を固め、気持ちを高ぶらせている。

問十二　――線部**11**「上下の唇を一度湿らせて」とあるが、「空気が乾燥している」以外に理由があるとすれば、長谷はなぜそのような動作をしたのだと考えられるか。次の中から適当なものを一つ選び、記号で答えなさい。

ア　雨宮がグラウンドキーパーとしての覚悟をはっきりと口にしたことで、自分の後を継(つ)ごうとする人間が現れたと喜びながらも、一方でその厳しさと難しさを今伝えておかなければならないと考え、気合をこめたから。

イ　雨宮がグラウンドキーパーとしての大事な部分をいまだにわ

イ　カウンセラーや精神科医とは違って、自分たちには人の心など見えるはずもないのだから、グラウンドキーパーとして土と向き合うことに専念すべきだということ。

ウ　自分たちにはカウンセラーのように人の心の中は見えなくて当然なので、相手の心の傷にふれることを恐(おそ)れずに自分が言うべきだと思うことを言うしかないということ。

エ　土の中も心の中も目に見えないことでは同じなのだから、グラウンドの土を掘り起こすように、しっかりと相手の心深くまで届く言葉をかけるしかないということ。

問六　――線部**5**「俺も、一志のように『ははっ』と、なかばあきれて笑った」とあるが、このときの雨宮の気持ちとして適当なものを次の中から一つ選び、記号で答えなさい。

ア　長谷らしい強引(ごういん)さにおどろかされながらも、自分がしたくてもできないことをたやすく長谷が実行していることに対してとてもかなわないと思っている。

イ　一志を放っておけないと気づかってくれるやさしさがありながら、その思いをぶっきらぼうで乱暴にしか表現できない長谷の不器用さを残念に思っている。

ウ　長谷に指摘(してき)されたとおり、一志の親友としてふがいなさは感じているが、ピッチャーではない自分に長谷と同じことができるわけがないと開き直っている。

エ　長谷の強引なやり方は一歩間違えれば逆に一志を深く傷つけてしまうことになりかねないので、今の所たまたまうまくいっていることにほっとしている。

問七　――線部**6**「ピッチャーの気持ちは、ピッチャーにしかわからへん」とあるが、ここで長谷は一志にどのようなことを伝えようとしているのか。次の中から適当なものを一つ選び、記号で答えなさい。

ア　長谷自身のように、自分の力を認めさせることがすべてと考えて周囲に働きかけつづけ、いきなりは無理でも味方を少しずつ増やしていくべきだということ。

イ　長谷自身がそうであったように、周囲の反応やふるまいを気にせずに自分が中心なんだという強い思いで、ひたすら努力をつづけていけばよいということ。

ウ　自分の努力が認めてもらえないなら、それは理解のない周囲が悪いのだから、長谷自身がそうしたように、きっぱりとあきらめてしまえばよいということ。

エ　自分が起点になってすべてははじまるのだから、長谷自身と同じく、とにかく実力で黙らせ、理解者がいなくても問題のない状況(じょうきょう)を作るべきだということ。

問八　――線部**7**「球の重み以上に、長谷さんの投げかける言葉には、鋼鉄みたいな強度があった。まともにぶつかったら、怪我をしかねない重さだ」とあるが、雨宮が長谷の言葉をそのように思ったのはなぜか。その理由として適当なものを次の中から一つ選び、記号で答えなさい。

ア　心を傷つけられて野球をあきらめかけていた一志の心をふたたびふるい立たせるだけの強い情熱が感じられるが、その迷いのない激しさが一志をいっそう追いつめてしまう危(あや)うさも同時に感じられるから。

イ　同じピッチャーの自分だからこそ一志が立ち直るために必要なことを伝えられるはずだという強い自信が感じられるが、一志の気持ちをまったく考えようとしていない危うさも同時に感じられるから。

ウ　自分と同じピッチャーである一志ならば、立ち直るために今オーバーフロー…容器などから液体があふれ出ること。

トンボ…地ならしをするT字型の道具。

問一 〰〰線部a～eのカタカナを漢字に直しなさい。

問二 ――線部1「目が覚めた」とあるが、それはどういうことか。次の中から適当なものを一つ選び、記号で答えなさい。

ア 野球をやめると決めていたが、長谷の投げる圧倒的な球に挑発(ちょうはつ)され、同じピッチャーとして長谷には絶対に負けられないと闘志(とうし)に火がついたということ。

イ 長谷の投げる勢いのある球を受けたことで、これまで気づかないふりをしていた長谷と自分のピッチャーとしての能力の差を強く思い知ったということ。

ウ 長谷が投げる勢いのある球を受けたことで、思うように野球ができない中で失いかけていた、野球をする喜びそのものをひさびさに実感したということ。

エ 球威のある球を受けたことで長谷の回復ぶりを直(じか)に感じ、ピッチャーとして再起を目指す自分にとって、大きな希望を手にしたように思えたということ。

問三 ――線部2「少し恥ずかしそうに目深にかぶり直した」とあるが、長谷はなぜ「恥ずかしそう」なのか。その理由として適当なものを次の中から一つ選び、記号で答えなさい。

ア 手術をして肘が治ったことの喜びで、怪我に苦しんでいたことを思わず言ってしまい、自分の弱さを見せてしまったという思いがわいたから。

イ 自分の肘が手術で治り、また投げられることを喜んでいるのだが、その喜びを柄(がら)にもなく表に出し、大げさな言葉で言ってしまったと思ったから。

ウ 肘の手術によりまた投げられるようになってうれしいが、球威がまだ戻っていない自覚があり、大したことないなとあなどられた気がしたから。

エ 肘の手術がうまくいき、また投げられることがうれしくて、実際の回復度合に合わない、あまりに楽観的な言葉を使ってしまったと感じたから。

問四 ――線部3「雨宮のため息がうるさくてしかたがない～ウザくて、ホンマにかなわん」とあるが、長谷はどういう気持ちでこう言っているのか。次の中から適当なものを一つ選び、記号で答えなさい。

ア 雨宮が、一志のために何かしてやりたいと思いながらも行動に移せず、うじうじと悩(なや)んでばかりいて煮(に)え切らない態度であるのにいらだちを覚え、情けないやつだと思っている。

イ 雨宮が、一志のためにどうしたらよいかを考えあぐね、関係ない自分のことを頼って泣きついてくるのがうっとうしくてしかたないので自分が何とかしてやるしかないと思っている。

ウ 雨宮が、一志のことを心から心配するあまりにため息ばかりついて仕事に集中できないでいることを、グラウンドキーパーとしてのプロ意識に欠けるだめなやつだと思っている。

エ 雨宮が、一志のことを心配してその傷ついた心をどうしたら癒(い)やせるのかと、ただ思案にくれて悩んでいるだけなのをはがゆく思いながら、どうにかしてやりたいと思っている。

問五 ――線部4「俺たちは、カウンセラーやない。グラウンドキーパーなんや」とあるが、それはどういうことか。次の中から適当なものを一つ選び、記号で答えなさい。

ア 親友ならカウンセラーや精神科医のように人の心を探(さぐ)るのではなく、グラウンドの土と闘(たたか)うようにケンカするぐらいのつもりで真正面から対決すべきだということ。

「だったら、なんや?」

9乱暴な口調とは裏腹に、その声は湿り気を帯びて、震えていた。

「俺やったら、なんやっていうんや?」

「ありがとうございます」立ち上がった一志が、ゆっくりと頭を下げた。「二度も助けてくれました。あのときは、絶対にプロになって、甲子園に帰ってきたいと思いました。もちろん、今も……」

「邪魔やっただけや。整備の邪魔やったんや」

「ナイト……」と、両手を口にあてた真夏さんがつぶやいた。

「ただ、それだけや」

「それでも……、いろいろなことをあきらめなくてよかったと、心の底から思います。東京に帰るのは、やめます。両親は関係ない。ほかの部員も関係ない。俺はピッチャーだ。ピッチャーが投げなきゃはじまらない。俺は……、俺は、もっとわがままに振る舞ってもいいんだ」

一志の目が光っていた。

「なんとしてもここに踏みとどまります。ありがとうございました」

俺は寒さに震えていた。10自分の心のなかをのぞきみる余裕もなかった。

嫉妬なんか、いらない。感謝を求めるのでもない。

そんな足手まといの、負の感情はいい加減、脱ぎ捨てたい。俺も自由になりたい。独力で高く飛び立ちたい。

純粋に、土と、芝と向きあいたかった。一人前のグラウンドキーパーになりたかった。プロのグラウンドキーパーになりたかった。

長谷さんが、無言で寮へと引きあげていく。その背中に、あわてて呼びかけた。

「長谷さん!」

「何や……?」

長谷さんが振り返った。

「僕もプロになりたいんです!」

必死で訴えた。

「プロ野球選手みたいに、お医者さんや看護師さんみたいに、ビルや家を建てる人みたいに、電車やバスやトラックを運転する人みたいに、僕もグラウンドキーパーのプロになりたいです」

長谷さんは、あきれかえったと言わんばかりに、宙を見上げた。

「ピッチャーの気持ちは、ピッチャーにしかわからへん」

空気が乾燥しているのか、11上下の唇を一度湿らせて長谷さんがつづけた。

「同じように、グラウンドキーパーの気持ちも、仕事の醍醐味も、グラウンドキーパーにしかわからへん」

長谷さんは言った。

「選手の笑顔によりそうんや」

長谷さんは、俺にもボールを投げかけようとしている。

「選手の涙によりそうんや」

俺はそのボールをそらすまいと、長谷さんの目を真っ直ぐ見すえた。

「冷静に周囲を見渡せ。風や雨や太陽を日々、感じるんや。土や芝によりそうんや。それが、グラウンドキーパーの醍醐味や。ほかの仕事にはない、やりがいや。もうすぐ一年なんやから、雨宮にはわかると思ってたんやけどな」

荒々しく突き放すような口調のわりに、長谷さんはどこかさみしげでもあった。何か大事なものを手渡され、託されたように感じた俺は、相手の目を見つめたまま大きくうなずいた。

(朝倉宏景『あめつちのうた』)

(注) 甲子園ボウル…全日本大学アメリカンフットボール選手権大会の決勝戦。

っていた。お年玉をあげるような、頼りがいのある兄を演じていた。けれど、違った。**8**俺も目が覚めた。

傑がねたましい。

どうしようもなく、くるおしいほど、うらやましい。なんであいつには、生まれた瞬間からすべてが与えられているんだ？　なんで、俺にはなんにもないんだ？

真夏さんへの恋愛感情がかわいく思えてしまうほど、その嫉妬の炎は小さいころから俺の内側でずっと燃え上がっていた。それに見て見ぬふりをしてきた。

俺の心のなかの水分は、その炎ですっかり**d**ジョウハツし、土壌は干からび、ひびわれ、まるで水分をとおさなくなっていた。雨はしみこまず、あふれだし、㊟オーバーフローした。

今さら、気がついた。俺の心のなかにこそ、不透水層は広がっていたのだ。そのことに、ずっと目をそむけつづけてきた。

一志と長谷さんのキャッチボールを目の当たりにして、その深い傷がむき出しにされ、あばかれた。

本当は野球なんか憎くてしかたがないのに、その憎しみや嫉妬のどろどろした感情を認めたくなくて――父さんにどうしても俺の姿を見てほしくて、俺は徳志館高校のマネージャーになった。

そして、甲子園のグラウンドキーパーになった。

本当は、感謝なんか、求めていなかった。ただただ、振り向いてほしかっただけだ。家族の一員になりたかっただけだ。心の土を耕し、掘り起こし、締め固めなければならなかったのは、本当は俺のほうだったのだ……。

「あっ！」と、一志の声が響いて、我に返った。

球を捕りそこねたらしい。一志の前に、ボールが転がっていく。

「もう、見えへんな。やめよう」長谷さんも一志に歩みよっていった。

ボールを拾った一志が、長谷さんを見上げる。夕陽を背にした長谷さんを、まぶしそうに見上げている。

その瞬間だった。一志が顔をしかめる。

しかし、どうも様子が変だった。

「もしかして……、いや……、間違ってたら、ごめんなさい」

一志が何度も前置きをして言葉をつづけた。

「一昨年の夏の甲子園でした。僕が――徳志館が一回戦で負けたあと、土を拾おうとして、でも、なかなか集められなくて……」

その先を聞きたいような、聞きたくないような、そんな**e**フクザツな感情が、俺のなかでせめぎあっていた。

「そのとき、㊟トンボで土を運んできてくれたグラウンドキーパーがいました。この前、大地が話したとおり」

俺はぎゅっと目をつむった。

「それって、長谷さんですよね？」

長谷さんは、拾い上げたリュックサックにグローブをしまいながら、無表情で答えた。

「アホか。俺、ちゃうわ」

「僕は、あのときも、土を持ってきてくれたグラウンドキーパーをこうして見上げていたんです。グラウンドにしゃがみこんだ格好で、逆光で、まぶしくて、顔は全然見えなくて、相手は帽子をかぶってて……」

一志はすがりつくような視線を長谷さんに向けた。

「そして、今も、僕はあなたを見上げています。夕陽を背負った長谷さんを見上げています。ぴたりと重なるんです、イメージが。あのときの、シルエットが」

長谷さんは、依然として無表情で一志を見下ろしている。

「長谷さんなんですよね？　そうなんですよね？」

空に、でっかい体で、ふたたび飛び立ってほしい。

「嫉妬か……」部屋着のままあわてて出てきたせいで、しだいに体の芯から冷えてきた。腕を組むような格好で、両手を両脇の下にはさみこんで震えていた。

　どちらかというと、俺は一志と長谷さんの二人のほうに、強い嫉妬を感じているようだった。

　たいして仲良くもなかったのに、こうしてボールをやりとりするだけで、男同士、もうわかりあえてしまう。あれだけ覇気の失われていた一志の目に――表情に生気が戻っていた。

　俺が何年もかかって c キズき上げた一志との関係を、野球をする者同士なら、一瞬で飛び越えることができてしまう。互いの力量を認めあい、尊重しあうことができる。

「6ピッチャーの気持ちは、ピッチャーにしかわからへん」長谷さんが、ボールを投げながら言った。

　一志が受ける。無言で投げ返す。

「ピッチャーが投げなかったら、試合ははじまらへん。すべては、お前が投げるところから、はじまる。お前が起点や」

　しだいに、あたりが薄暗くなってきた。でも、二人はやめない。

「キャッチャーが、なんぼのもんじゃ。俺らピッチャーが主役や。花形や。お前らは、黙って俺らの球を受けとけ――そういう気概でいかな、簡単に打たれるで」

　グローブと硬球がぶつかる音が、絶え間なく、リズミカルに響く。

「一度折れたら、簡単には戻ってこれへんぞ。だから、踏みとどまれ。最初は、ネットにでも、壁にでも、投げこんだらええ。ひたすら投げこめ。クソみたいなバカは相手にするな」

　7球の重み以上に、長谷さんの投げかける言葉には、鋼鉄みたいな強度があった。まともにぶつかったら、怪我をしかねない重さだ。

それでも、一志は真正面から、その言葉を受けとめる。

「あいつの球を、受けてみたい。とてつもないボールや。そうキャッチャーに思わせたら、勝ちや。あいつの球を打ってみたいって、バッターに思わせたら勝ちや。絶対にお前の味方になってくれるキャッチャー、チームメートが出てくる。お前の努力を認めるヤツは必ずおる」

　長谷さんがつづけた。

「それでも、あかんかったら、そんな腐った部はやめろ。独立リーグでも、なんでも行ったらええ」

　俺は唇を噛みしめた。

　ピッチャーの気持ちはピッチャーにしかわからない。

　プレーヤーの気持ちはプレーヤーにしかわからない。

　たしかに、かつて島さんが言ってくれたとおり、選手の気持ちを想像してみることはできる。けれど、その想像にだって、限界はあるんだ。

　どう頑張ったって、野球を介した傑と父さんの仲に割って入ることはできない。一志と長谷さんのように、ボールを交わしただけで、一足飛びに体の底から魂の部分でぶつかりあえる――そんな男同士の友情をはぐくむことは、到底俺にはできない。

　俺は傑が生まれたときから、ずっと嫉妬していたんだと、否応なく気づかされる。

　父さんと傑のキャッチボールを、うらやましく眺めていた。雨の日、バッティングセンターで傑を褒める父さんを、俺のほうにも振り向かせたくてしかたがなかった。

　傑に――父さんに大事にされる傑に――どうしようもなく嫉妬していた。

　兄として、弟をかわいがっているふりをして、その感情に目をつむ俺は真夏さんを見た。

真夏さんは、手術の件を知っていたらしく、にやりと微笑んでうなずいた。

長谷さんが、ふたたび振りかぶる。ゆっくりと左腿を上げ、大きく両腕を開いた。全身が弓のように緊張して張りつめたその刹那、ためこんだ力を一気に解放した。

来る！

一志がグローブに右手をそえて、身構えた。

糸を引くように、ボールが俺の目の前を横切る。

ズドンと、サンドバッグを殴ったような鈍い音がした。一志がやはり、痛みをこらえるように、唇を引き結んでいる。

しかし、長谷さんは首を軽くひねった。

「まあ、まだ四割ってところやな」

「これで……、四割？」唖然とした。化け物だ。

一志の絶好調時のピッチングだって、威力がないわけじゃない。けれど、長谷さんの球はまるでバズーカだ。

一志が、「ははっ」と、笑う。ただただ、圧倒的な力を見せつけられて、自然と心の奥底から感嘆がもれたようだった。

俺の横に、真夏さんが立った。

「いちおう、一志君と最後になるかもしれへんし、ナイトにも今日の送別会のことつたえたんやけど……」

コートのポケットに両手をつっこんだ真夏さんは、軽く背伸びをしたり、踵を下ろしたり、寒そうに体を上下させていた。背負っているギターのケースも、その動きにあわせて揺れる。

「ここから先は、まるっきりナイトの言葉やで。ウチが言うたんやないで」と、前置きをして、真夏さんが語りはじめた。

3 雨宮のため息がうるさくてしかたがない。一志の心も、グラウンドの土と同じように、目に見えて掘り返せたらいいのに……。そう言って、仕事にも集中せぇへん。ウザくて、ホンマにかなわん。

「アホか。俺ら、カウンセラーでも精神科医でもないんや。心が見えないのは当たり前やろって、ナイトがもう朝っぱらからうるさいねん」

長谷さんの口調を真似ているらしく、低い声で真夏さんがつづけた。

「4 俺たちは、カウンセラーやない。グラウンドキーパーなんや。土やろうが、心やろうが、思いっきり掘り起こしてしまえばええんや。それが、グラウンドキーパーの流儀や。心に傷がついたんなら、天と地を丸ごとひっくり返して、転圧して、固めてしまえばええんやって。なんで、親友の雨宮がそれをできんねん、何をためらってるんやって。真夏、今日、乗りこむぞって、まるでケンカしに行くみたいに言うて」

5 俺も、一志のように「ははっ」と、なかばあきれて笑った。そんなパワープレーが許されるのは、長谷さんだけだ。

（中略）

「でも、ナイトはぶっきらぼうで乱暴に見えて、やさしいねん。むかしっからそうやった」

「ですね」

「このまま、野球をあきらめかねない一志君を放っておけなかったんやろ。それに心を痛めてる大地君を見かねたんやろな」

長谷さん自身が、翼をもがれるような挫折を味わった。自由に飛べなくなった。だからこそ、同じく墜落寸前だった一志の苦境に黙っていられなかったのだろう。

（中略）

もう、真夏さんと長谷さんの深い絆に、嫉妬心はわかなかった。ここまでしてくれた長谷さんも、どうか幸せになってほしい。でっかい

二〇二一年度　海城中学校

【国　語】〈第二回試験〉（五〇分）〈満点：一二〇点〉

注意　字数指定のある問いは、句読点なども字数にふくめること。

一　次の文章を読み、後の問いに答えなさい。

運動のまったくできない雨宮大地（俺）は、自分がマネージャーを務める野球部が甲子園に出場し、そこで目にしたグラウンドキーパーにあこがれてグラウンド整備会社に就職した。一方、同じ野球部のエースピッチャーだった一志は、卒業後も関西の大学で野球をつづけていたが、ある誤解がもとでほかの部員に無視されるようになり、野球をやめて東京に帰る決心をする。二人は送別会をすることになったが、そこへ大地の職場の先輩長谷騎士が真夏とともに現れ、一志をキャッチボールに誘う。長谷は、一昨年夏の甲子園優勝投手だったが、肘を壊してプロを断念し、整備会社に入社していた……。

激しい捕球音が周囲のフェンスに反響する。

おそるおそる一志を見た。

胸の前に構えたグローブのなかに、白球がおさまっていた。一志の、ど真ん中だ。

一志は痛そうに顔をしかめていた。一月の外気で手がかじかんでいるところに、あの球威だ。しかも、ａアツいミットではなく、ふつうのグローブだから、ものすごい衝撃が走ったのだろう。

あわてて一志に駆けよった。

「マジで……、大丈夫？」一志の様子しだいでは、すぐにやめさせるつもりだった。母校のセンバツ出場のニュースですら、拒否反応を示したのだ。

けれど、一志は笑った。わざとらしいつくり笑いではない。ひさしぶりに、歯を見せて、大きく笑ったのだ。

「いや、いい。こんな痺れる感触、ずっと味わってなかったよ。１目が覚めた」

長谷さんに球を投げ返した一志が叫んだ。

「長谷さん！　投げても大丈夫なんですか？」

俺はハッとした。

すっかり忘れていたけれど、長谷さんの肘は故障したままだと思っていた。ところが、長谷さんも一志と同様に、小学生のような笑みを浮かべて答えた。

「肘の再建手術したんや。一ヵ月半くらい前」

俺は「ええ！」と、大声をあげてしまった。まったく気がつかなかったのは、季節が冬で長谷さんがずっと長袖を着ていたからかもしれない。着替えのときも、わざわざ長谷さんの裸なんか見たいと思わないし……。

けれど、手術をしたということは、その肘に痛々しい痕があるはずだ。

「遊離した軟骨をｂジョキョした。俺を苦しめてたもんは、もうない。俺は自由や」長谷さんは、キャップのつばに手をかけ、２少し恥ずかしそうに目深にかぶり直した。

その言葉に、何を感じたのか、一志が天をあおぐ。

「まだ万全やないけどな。ちょっとずつ、こうして投げられるようになってきたわ」

もしかして、㊟甲子園ボウルのときに休みがちだったのは、手術やリハビリをしていたからだろうか。時期的には、ちょうど合致する。

2021年度 海城中学校 ▶解説と解答

算数 ＜第２回試験＞（50分）＜満点：120点＞

解答

1 (1) 4042　(2) 380個　(3) $\frac{13}{23}$　(4) 71071　(5) 28：13　2 (1) エ　(2) シ　(3) 2.8cm　3 (1) **容器Ａ**…５％，**容器Ｂ**…４％　(2) **容器Ａ**…９％，**容器Ｂ**…18％　4 (1) 360m　(2) 2640m　5 (1) 25通り　(2) 12通り　(3) 10通り　6 (1) 416cm^2　(2) 488cm^3

解説

1 計算のくふう，相当算，比の性質，数列，相似，辺の比と面積の比

(1) $A\times B+A\times C=A\times(B+C)$となることを利用すると，$0.2021\times27+2.021\times26.3+20.21\times17.1+202.1\times2.4+2021\times1.56=2021\times0.0001\times27+2021\times0.001\times26.3+2021\times0.01\times17.1+2021\times0.1\times2.4+2021\times1.56=2021\times0.0027+2021\times0.0263+2021\times0.171+2021\times0.24+2021\times1.56=2021\times(0.0027+0.0263+0.171+0.24+1.56)=2021\times2=4042$

(2) １袋（ふくろ）に入っているおはじきの個数を[1]とすると，はじめにあった個数は，$[5]+\boxed{\frac{3}{4}}=\boxed{5\frac{3}{4}}$となる。また，965個あげた後に残った個数は（[3]＋80）個だから，$\boxed{5\frac{3}{4}}-965=[3]+80$と表すことができる。よって，$\boxed{5\frac{3}{4}}-[3]=80+965$，$\boxed{2\frac{3}{4}}=1045$より，１袋に入っているおはじきの個数は，$[1]=1045\div2\frac{3}{4}=380$（個）と求められる。

(3) $\frac{4}{7}=\frac{\square}{23}$とすると，４：７＝□：23となる。ここで，$A:B=C:D$のとき，$B\times C=A\times D$となるので，７×□＝４×23より，□＝４×23÷７＝13.1…と求められる。よって，□を13にする場合が一番近くなるから，$\frac{4}{7}$に一番近い分数は$\frac{13}{23}$である。

(4) 1000÷７＝142余り６より，１以上1000以下の７の倍数は142個あり，1000以下で最も大きい７の倍数は，７×142＝994とわかる。また，最も小さい７の倍数は７なので，これらの和は，７＋14＋…＋994＝（７＋994）×142÷２＝71071と求められる。

(5) 正方形の１辺の長さを，２＋１＝３と，２＋３＝５の最小公倍数である15にすると，下の図１のようになる。図１で，三角形ABQと三角形PBQの面積は等しいから，両方から三角形EBQを除くと，アとイの面積も等しくなる。同様に，三角形PQCと三角形DQCの面積も等しいので，両方から三角形FQCを除くと，ウとエの面積も等しくなる。次に，三角形AEPと三角形QEBは相似であり，相似比は，AP：QB＝10：６＝５：３だから，三角形ABEと三角形EBQの面積の比も５：３になる。また，三角形ABQの面積は，６×15÷２＝45なので，アの面積は，$45\times\frac{5}{5+3}=\frac{225}{8}$と求められる。同様に，三角形PFDと三角形CFQも相似であり，相似比は，PD：CQ＝５：９だから，三角形DFCと三角形FQCの面積の比も５：９になる。また，三角形DQCの面積は，$9\times15\div2=\frac{135}{2}$なので，エの面積は，$\frac{135}{2}\times\frac{5}{5+9}=\frac{675}{28}$とわかる。よって，斜線（しゃせん）部分の面積は，$\Bigl(\frac{225}{8}$

$+\frac{675}{28}\Big)\times 2=\frac{2925}{28}$だから，正方形ABCDと斜線部分の面積の比は，$(15\times15):\frac{2925}{28}=28:13$と求められる。

図１

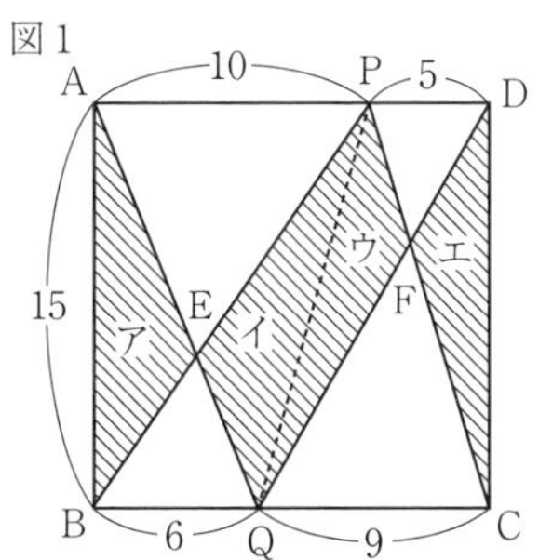

図２

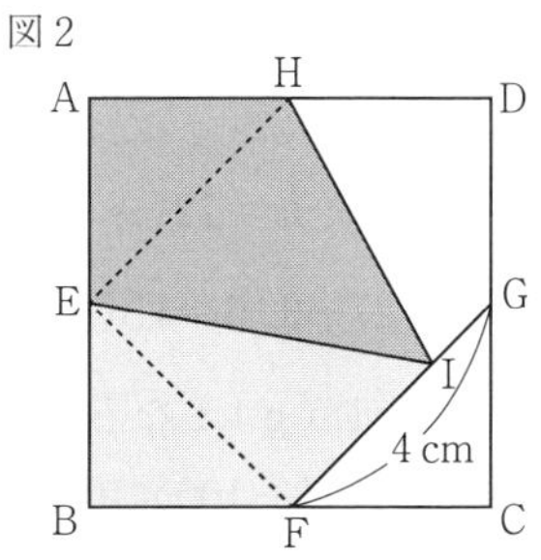

図３

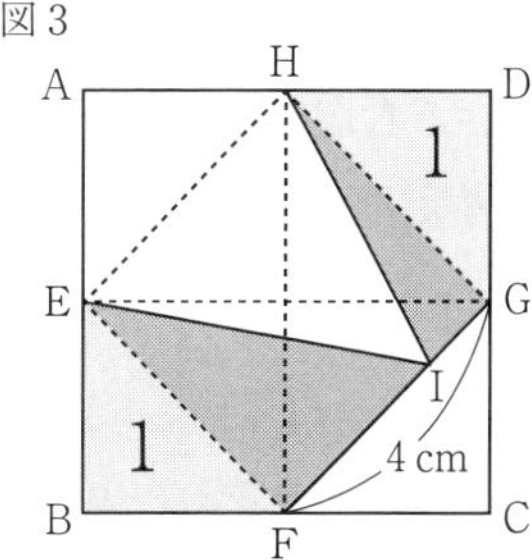

2 平面図形―面積

⑴　上の図２で，EHとFGは平行だから，ＩがFG上のどこにあっても，三角形EIHの面積は変わらない。よって，ＩがFG上のどこにあっても，四角形AEIHの面積も変わらないので，正しいグラフはエである。

⑵　図２で，三角形EFIの底辺をEFとすると，ＩがＦからＧまで動くのにともなって，三角形EFIの高さは一定の割合で長くなる。すると，三角形EFIの面積も一定の割合で増えるから，四角形BFIEの面積も一定の割合で増える。よって，正しいグラフはシである。

⑶　上の図３のように，三角形BFEと三角形DHGの面積を１とすると，正方形ABCDの面積は，$1\times8=8$となる。また，正方形EFGHの面積は，$1\times4=4$であり，三角形EIHの面積は三角形EFHの面積と等しく，$1\times2=2$なので，三角形EFIと三角形HIGの面積の和も２となる。よって，四角形BFIEと四角形DHIGの面積の和は，$1+1+2=4$だから，四角形BFIEの面積は，$4\times\frac{3}{3+2}=2.4$とわかる。したがって，三角形EFIの面積は，$2.4-1=1.4$，三角形HIGの面積は，$2-1.4=0.6$なので，FI：IG＝1.4：0.6＝７：３となり，$FI=4\times\frac{7}{7+3}=2.8$(cm)と求められる。

3 濃度（のうど）

⑴　やりとりのようすを図に表すと，右の図１のようになる。３％の食塩水100ｇと６％の食塩水50ｇに含（ふく）まれている食塩の重さの合計は，$100\times0.03+50\times0.06=6$（ｇ）だから，ア＝$6\div150\times100=4$（％）とわかる。次に，６％の食塩水50ｇと４％の食塩水50ｇに含まれている食塩の重さの合計は，$50\times0.06+50\times0.04=5$（ｇ）なので，イ＝$5\div100\times100=5$（％）と求められる。よって，操作後に入っている食塩水の濃度は，Ａが５％，Ｂが４％である。

図１

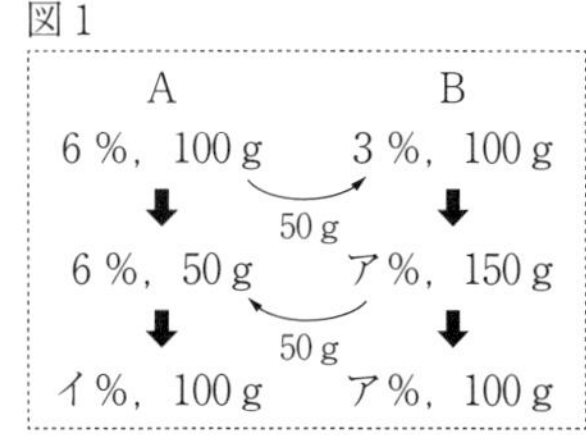

⑵　最後にＡ，Ｂに含まれている食塩の重さはそれぞれ，$100\times0.13=13$（ｇ），$100\times0.14=14$（ｇ）なので，食塩水の重さと食塩の重さをまとめると，右の図２のようになる。100ｇのうちの50ｇを移すとき，全体の，$\frac{50}{100}=\frac{1}{2}$を移すことになるから，残りの食塩水の重さはもとの食塩水の重さの，$1-\frac{1}{2}=\frac{1}{2}$になる。このとき，濃度は変わらないので，含まれている食塩の重さも$\frac{1}{2}$になる。同様に，

図２

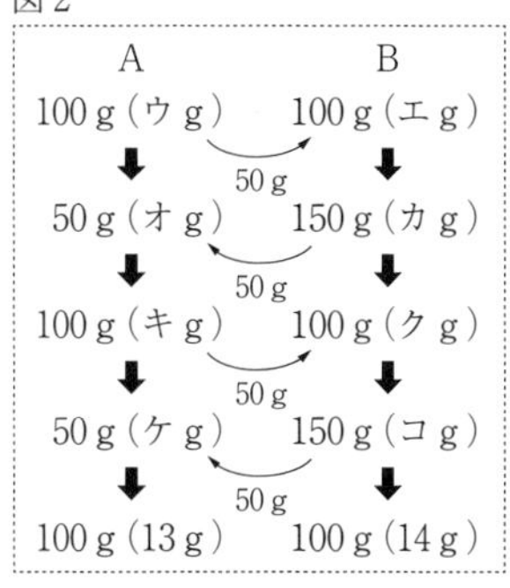

150ｇのうちの50ｇを移すとき，全体の，$\frac{50}{150}=\frac{1}{3}$を移すことになるから，残りの食塩水の重さはもとの食塩水の重さの，$1-\frac{1}{3}=\frac{2}{3}$になる。よって，含まれている食塩の重さも$\frac{2}{3}$になる。つまり，図２で，コ$\times\frac{2}{3}=14$（ｇ）となるので，コ$=14\div\frac{2}{3}=21$（ｇ）と求められる。また，ＡとＢに含まれている食塩の重さの合計はいつでも，$13+14=27$（ｇ）だから，ケ$=27-21=6$（ｇ）とわかる。同様に考えると，キ$\times\frac{1}{2}=6$（ｇ）より，キ$=6\div\frac{1}{2}=12$（ｇ），ク$=27-12=15$（ｇ）となり，カ$\times\frac{2}{3}=15$（ｇ）より，カ$=15\div\frac{2}{3}=22.5$（ｇ），オ$=27-22.5=4.5$（ｇ）となる。したがって，ウ$\times\frac{1}{2}=4.5$（ｇ）より，ウ$=4.5\div\frac{1}{2}=9$（ｇ），エ$=27-9=18$（ｇ）となるので，Ａ，Ｂに最初に入っていた食塩水の濃度はそれぞれ，$9\div100\times100=9$（％），$18\div100\times100=18$（％）である。

4 旅人算，速さと比

⑴　自宅をＡ，公園をＢ，太郎君が忘れ物に気づいた地点をＰ，太郎君が忘れ物を受け取った地点をＱとする。また，自宅から公園までの距離（きょり）を22として２人の進行のようすをグラフに表すと，右のようになる。太郎君が忘れ物を受け取るためにPQ間を往復した時間（ア）は，★印の時間と同じ，10時15分－10時＝15分である。また，このときの行きと帰りの速さの比は，$1.5:1=3:2$だから，行きと帰りの時間の比は，イ：ウ$=\frac{1}{3}:\frac{1}{2}=2:3$とわかる。よって，イ$=15\times\frac{2}{2+3}=6$（分）なので，次郎君がAQ間にかかった時間も６分となる。したがって，AQ間の距離は，$60\times6=360$（ｍ）と求められる。

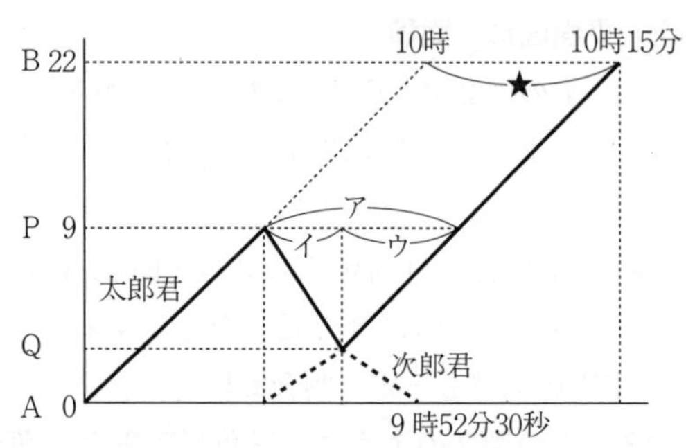

⑵　次郎君がAQ間を往復した時間は，$6\times2=12$（分）だから，次郎君が自宅を出発した時刻（太郎君が忘れ物に気づいた時刻）は，９時52分30秒－12分＝９時40分30秒となる。よって，太郎君がPB間にかかる時間は，10時－９時40分30秒＝19分30秒＝19.5分なので，太郎君のはじめの速さは毎分，$(22-9)\div19.5=\frac{2}{3}$とわかる。すると，太郎君がＰからＱまで進むときの速さは毎分，$\frac{2}{3}\times1.5=1$になるから，PQ間の距離は，$1\times6=6$となり，AQ間の距離は，$9-6=3$と求められる。これが360ｍにあたるので，１にあたる距離は，$360\div3=120$（ｍ）となり，AB間の距離は，$120\times22=2640$（ｍ）とわかる。

5 場合の数

⑴　８点から２点を選ぶ選び方は，$\frac{8\times7}{2\times1}=28$（通り）ある。このうち，問題文中の図のＨとＤ，ＩとＣ，ＥとＢを選ぶ場合は三角形にならないから，三角形は，$28-3=25$（通り）できる。

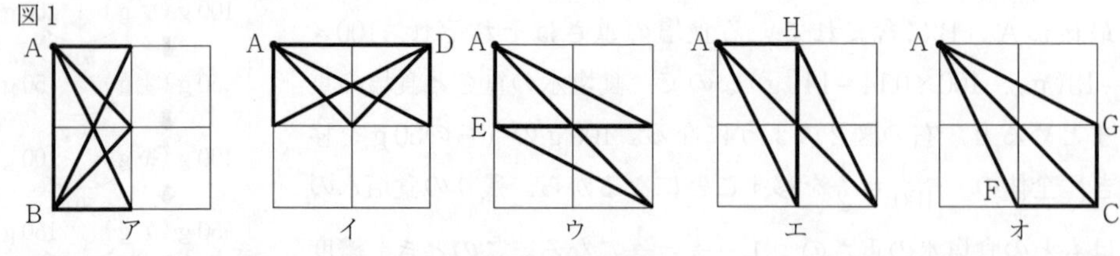

⑵　底辺と高さが２cmと１cmになればよい。上の図１のア，イのように，ABとADを底辺とする三角形はそれぞれ３通りできる。このほかに，ウ，エのように，AEとAHを底辺とする三角形が

それぞれ２通りできる。さらに，オのように，FCとGCを底辺とする三角形が２通りできるので，全部で，$3\times2+2\times3=12$(通り)とわかる。

(3) 右の図２のように，三角形AEIを含むものが，三角形AEI，ABC，ABI，AECの４通りできる。同様に，三角形AIHを含むものも４通りできる。このほかに，右の図３，図４のような三角形があるから，全部で，$4\times2+2=10$(通り)となる。

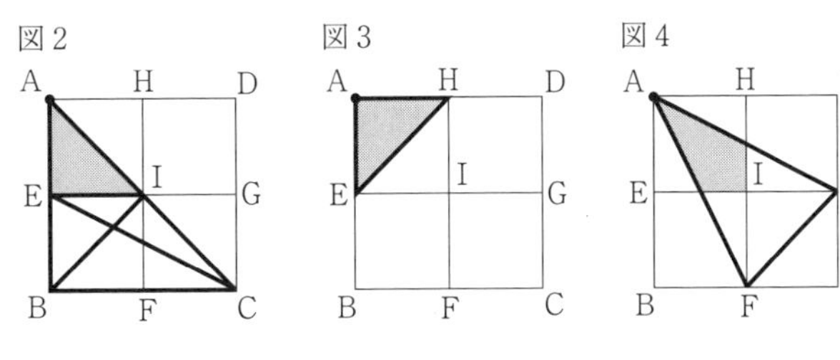

6 立体図形―表面積，体積

(1) 真正面，真横，真上から見た図を１辺の長さが１cmの方眼上に表すと，それぞれ下の図のようになる(立方体ABCD－EFGHにはかげを，ほかの２個の立方体には斜線をつけている)。真正面から見た図で，かげをつけた部分の面積は，$6\times6=36$(cm^2)，斜線をつけた部分の面積は，$6\times8=48$(cm^2)であり，かげと斜線の重なりの部分の面積は，$4\times4=16$(cm^2)だから，真正面から見える面積は，$36+48-16=68$(cm^2)となる。同様に，真横から見た図で，かげをつけた部分の面積は36cm^2，斜線をつけた部分の面積は48cm^{2}であり，かげと斜線の重なりの部分の面積は，$4\times5=20$(cm^2)なので，真横から見える面積は，$36+48-20=64$(cm^2)とわかる。さらに，真上から見た図で，かげをつけた部分の面積は36cm^2，斜線をつけた部分の面積は，$36+36-16=56$(cm^2)，かげと斜線の重なりの部分の面積は，$3\times2+5\times2=16$(cm^2)なので，真上から見える面積は，$36+56-16=76$(cm^2)となる。反対側から見てもそれぞれ同じように見え，これ以外に見えない部分はないから，この立体の表面積は，$(68+64+76)\times2=416$(cm^2)である。

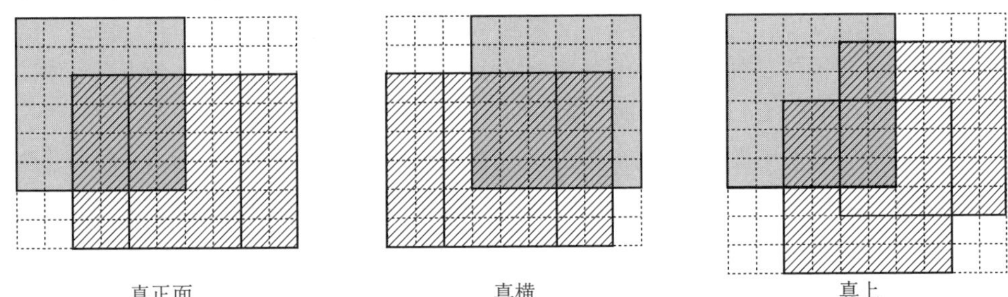

(2) 真上から見た図で，斜線をつけた部分の面積は56cm^{2}であり，この部分の高さは６cmなので，斜線をつけた部分の体積は，$56\times6=336$(cm^3)となる。また，かげをつけた部分の面積は36cm^{2}であり，この部分の高さは６cmだから，かげをつけた部分の体積は，$36\times6=216$(cm^3)である。さらに，かげと斜線の重なりの部分の面積は16cm^{2}であり，真正面から見た図より，この部分の高さは４cmとわかるので，重なりの部分の体積は，$16\times4=64$(cm^3)と求められる。よって，この立体の体積は，$336+216-64=488$(cm^3)である。

社　会　＜第２回試験＞（45分）＜満点：80点＞

解　答

問１　イ　**問２**　ア　**問３**　春節　**問４**　⑴　水屋(水塚，水倉)　⑵　Ｂ　**問５**　(例)　江戸・明治時代の秋田の農民は，収穫量の多い稲種，寒冷地でも栽培できる稲種を求め，旅先でほかの地域の稲種をもらったり，地元の水田を観察して突然変異した優れた稲種を選び取ったりした。　**問６**　(例)　明治時代の秋田県の農家は，手作業で農作業をしたにもかかわらず，全国的には広い面積の水田を経営していた。そのため，稲穂が出る時期の異なる稲種を分散して作付けすることで，稲刈りの時期の集中を防ぎ，家族の労力だけで作業量の多い稲刈りを終わらせた。　**問７**　エ　**問８**　ウ　**問９**　(例)　敗戦後の日本では，水稲総収穫量が伸び悩む一方で，海外からの大量引揚げ者の存在と出生数の増加によって国内人口は急増した。そこで，供給不足が心配された主要農作物を日本の農家に増産させようとして，地域に適した優良な種子を安く農家に提供して栽培させることを目的に，種子法が制定された。
問10　ウ

解　説

農作物の種子を題材にした総合問題

問１　ア　条例などが憲法に違反しているかどうかを判断する権限(違憲審査権)は，裁判所がもっている。　イ　衆議院の解散は天皇の国事行為の１つであるが，国事行為は内閣の助言と承認にもとづいて行われるので，実際には内閣が衆議院の解散を決定すれば，国事行為として衆議院が解散されることになる。よって，正しい。　ウ　国会に法律案を提出できるのは内閣と国会議員で，裁判所にその権限はない。　エ　選挙に立候補できる年齢(被選挙権の年齢)は，国会が法律で定めるもので，地方自治体が独自にこれを条例で定めることはできない。なお，地方自治体における選挙権・被選挙権の年齢は，地方自治法で規定されている。

問２　ア　中国の古い歴史書『三国志』の１つ，『魏書』の中の東夷伝倭人条(一般に『魏志』倭人伝とよばれる)には，２世紀末～３世紀前半ごろの倭国(日本)のようすが記されている。これによると，このころの倭国は乱れ，クニどうしが何年間も互いに攻撃しあっていた。そこで，邪馬台国の女王として卑弥呼を立てたところ，卑弥呼は呪術(呪い)によって人々を上手にまとめた。ここから，戦いに疲れた人々が平和な世の中を望んだことが推測できる。よって，正しい。　イ　「狩りや漁，採集が経済活動の中心」だったのは，邪馬台国が栄えた弥生時代ではなく，縄文時代である。ウ　「東の55のクニ，西の66のクニを平定」という内容は，古墳時代に倭の五王の１人である武(ワカタケル，雄略天皇のことと推定される)が宋(中国)の皇帝に送った文書に記されている。　エ　卑弥呼の行った呪いは，仏教と結びつくものではないと考えられる。

問３　中国の旧正月は春節とよばれ，新暦の正月よりも盛大に祝われる。祝日とされ，都市部で働く人の多くが家族と過ごそうと帰省するため，大規模な人口移動がみられる。

問４　⑴　《写真》は水屋(水塚，水倉)とよばれる建物を写したもの。洪水が発生しやすい河川の中・下流部の集落では，ふだんの住居である母屋とは別に，洪水のさいの避難場所として，高く積み上げた石垣や盛り土などの上に水屋がつくられ，中には避難用の舟や食糧などが備えられた。また，水屋の周囲には，漂流(ひょうりゅう)物が建物にぶつかるのを防ぐため，竹や木が植えられることも多かった。

(2) 《模式図》のようなしくみの堤防は，霞堤(かすみてい)とよばれる。これは，あえて堤防をつなげず，「ハ」の字型に堤防を開くことにより，洪水であふれた水を上流側に流し，下流に流れる水量を減らして水の勢いをそぐとともに，水の勢いが収まったとき，あふれた水が早く川にもどるようにしたものである。よって，堤防が開いているＢの方向が河川の上流とわかる。

問５　《資料２》にある５つの稲種には，収穫できる籾(もみ)の量が多いという共通点がある。また，「一の山」と「西白」は秋田以外の人から「もらったもの」，「文六」と「彦平」は「自分の水田」でみつけた「突然(とつぜん)変異した稲穂から採種したもの」で，「彦平」と「浜平」は「用水が冷たくても栽培」できる稲種であることが読み取れる。これらのことから，秋田の農民は寒さに強く収穫量の多い稲種を求めており，そのために自分の水田を観察したり，遠方を訪れたさいにその地域の稲種をもらったりしていたのだと推測できる。

問６　《資料４》と《資料５》から，秋田県では１戸当たりの水田面積が広く，雄勝郡三輪村では，家族１人当たり30ａを超(こ)える水田を担当する計算になることがわかる。当時の農業は家族経営で，しかも人の手によって全工程を行っていたと考えられるので，農地が広いと負担も大きくなる。特に，田植えや稲刈(いねか)りといった作業は重労働になるので，その時期を分散させるための工夫として，《資料３》にみられるように，異なる稲種を時期をずらして育てていたのだと判断できる。

問７　左端に2000ｍを超える山がそびえるイは，西に飛騨(ひだ)山脈（北アルプス）が連なる長野県長野市を通る断面図，右端に1600ｍほどの山がそびえるウは，東に木曽山脈（中央アルプス）が連なる岐阜県岐阜市を通る断面図だとわかる。残る２つのうち，埼玉県さいたま市は東側に関東平野が広がっているので，アにあてはまる。エが奈良県奈良市を通る断面図で，奈良市は奈良盆地の北部に位置し，西に連なる生駒(いこま)山地は大阪府との境に，東に広がる笠置(かさぎ)山地は三重県との境になっている。

問８　新しい人権は，時代と社会の変化によって生じるようになった新たな問題に対応し，人間としての生存を守るために主張されるようになった権利で，環境権，知る権利，自己決定権などとともに，「私生活をみだりに公開されない権利」であるプライバシーの権利もこれにふくまれる。なお，アは日本国憲法第23条，イは第26条，エは第22条で定められている。

問９　《資料７》からは，終戦後の数年間で引揚(ひきあ)げ者が多く帰国したことが，《資料８》からは，1947～51年に出生数が約42万人増えていることがわかる。一方で，《資料６》より，この時期の水稲総収穫量はそれほど増えておらず，国内の急激な人口増加に対し，米の供給が追いつかなくなる可能性がある状態だといえる。また，本文からは，1952年制定の種子法が「地域ごとの環境に応じた米や麦などの優良な種子を生産・普及(ふきゅう)するように国が都道府県に義務づけ，その費用を国が受け持つことにした法律」であることが読み取れる。これらのことから，種子法の立法のおもな目的は主食となる稲や麦の増産であり，そのための費用を国が負担することで，地域に合った優良品種の栽培をうながすねらいがあったのだと考えられる。《資料９》から，種子法が廃止される前は，安い価格で農家に種子が販売(はんばい)されていたことが読み取れる。

問10　サンフランシスコ平和条約は1951年に締結(ていけつ)され，翌52年に発効した。アは1972年，イは1956年，ウは1950～53年，エ（第五福竜丸事件）は1954年のできごとなので，ウが選べる。

理 科　＜第２回試験＞（45分）＜満点：80点＞

解 答

1 **問１**　2000カロリー　**問２**　630カロリー　**問３**　ア　**問４**　760カロリー　**問５**　0.1　**問６**　0.09　**問７**　ア，イ　2 **問１**　(1)　カ　(2)　イ，ウ　(3)　上方置換法　(4)　カ　**問２**　(1)　イ　(2)　イ　**問３**　ウ　3 **問１**　(1)　ア　(2)（例）　平行脈である。　**問２**　(1)　ウ　(2)　はい乳　(3)　ア，イ　**問３**　イ，オ　**問４**　(1)（例）　踏んだ回数が多いほど，草丈は低くなる。　(2)（例）　麦踏みを行うことで，コムギの草丈が低くなり，ロゼット葉状になることで，冬期でも光合成がしやすくなるから。　4 **問１**　ウ　**問２**　(1)（例）　空気中の水蒸気が氷の表面で冷やされてこおったため。　(2)（例）　気温の変化が大きいことによって氷がぼう張する場合。　**問３**　**ひたっている体積**…115cm³　**とけた体積**…115cm³　**問４**　解説の図を参照のこと。　**問５**　(1)（例）　氷そのものの重さ　(2)（例）　氷河の底で水がとけでるために氷河がすべって動き，氷にかかる重さが増えるほど水が多くとけ出てすべりやすくなるために，氷河の動きが速くなるから。

解 説

1 熱量についての問題

問１　１ｇの水の温度を１℃上げるのに必要な熱量が１カロリーなので，200ｇの水の温度が20℃から30℃に上がるとき，水が受け取る熱量は，１×200×(30－20)＝2000(カロリー)となる。

問２　１ｇのアルミニウムの温度を１℃上げるのに必要な熱量は0.21カロリーであることから，300ｇのアルミニウムの温度が50℃から40℃に下がったときにアルミニウムが放出した熱量は，0.21×300×(50－40)＝630(カロリー)と求められる。

問３　アルミニウムの比熱が0.21なので，問２で求めたように，ある物の温度が１℃上がるときに，ある物が受け取る熱量は，(物の比熱)×(物の重さ)×(物の上昇(じょうしょう)温度)で計算できる。

問４　容器内の水190ｇの温度が20℃から24℃に上昇したので，水が受け取った熱量は，１×190×(24－20)＝760(カロリー)となる。

問５　手順③で100ｇの鉄が100℃から24℃になったので，鉄の比熱を□とすると，鉄が放出した熱量は，□×100×(100－24)となる。水が受け取った熱量と，鉄が放出した熱量は等しいので，□×100×(100－24)＝760(カロリー)が成り立ち，□＝0.1と求められる。

問６　100℃の水１ｇが鉄球の表面についていたとき，100℃の水１ｇと100℃の鉄100ｇが失った熱量の合計と，容器内にあった20℃の水190ｇが受け取った熱量が等しくなる。このときの鉄の比熱を△とすると，１×１×(100－24)＋△×100×(100－24)＝760(カロリー)が成り立つ。したがって，△＝0.09となる。

問７　問３の式より，(鉄の比熱)＝(鉄球が放出した熱量)÷(鉄球の重さ)÷(鉄球の温度変化)となる。アやイのように，鉄球が周りの空気を温めたり，鉄球の放出した熱が容器を温めることにも使われたりすると，容器内の水を温めるのに使われる熱量が減るので，鉄球が放出した熱量を本来の熱量より小さく計算してしまう。そうすると，上の式を用いて計算した鉄の比熱も本来の値より小さくなる。なお，ウやエのように，バーナーの火が容器やその中の水や鉄球を温めたり，鉄球についた糸が水を温めたりすると，見かけ上，鉄球が放出した熱量が大きく計算されるので，上の式を用いて計算した鉄の比熱も本来の値より大きくなる。

2 アンモニアについての問題

問1 (1) アンモニアには刺激臭(しげきしゅう)があり，水に非常によく溶(と)け，水溶液(すいようえき)はアルカリ性を示す。 (2) 塩化アンモニウムと水酸化カルシウムを混ぜて加熱するとアンモニアが発生する。 (3) アンモニアは空気より軽く，水に非常に溶けやすいので，上方置換(ちかん)法で集める。 (4) はじめ，丸底フラスコの中はほぼアンモニアで満たされている。ここにスポイトで水を入れると，アンモニアは水に非常に溶けやすいので，丸底フラスコ内のアンモニアが水に溶ける。そうすると，丸底フラスコ内の圧力が下がり，フェノールフタレイン液を入れた水がガラス管に吸い上げられ，フラスコ内に噴(ふ)き出すことになる。

問2 (1) 図3より，温度が高くなるほどアンモニアの生成率が減少することがわかるので，イは誤りである。なお，図3より，圧力が大きくなるほどアンモニアの生成率が増加しており，図4より，温度が高いほどアンモニアの生成率の上限までに達する時間が短いことがわかる。 (2) イの反応で，二酸化マンガンは過酸化水素が分解して酸素と水になるのを助ける触媒(しょくばい)の役割をしており，自分自身は反応前後で変化しない。

問3 表1より，エネルギーキャリア1 m^3から取り出せる水素の重さは，液体水素よりアンモニアの方が大きい。このことは，同じ重さの水素を取り出すときの体積は，液体水素よりアンモニアの方が小さいことになるので，ウは誤りである。なお，表1より，アンモニアの方が液体水素より沸点(ふってん)が高いので，気体から液体になる温度は水素よりアンモニアの方が高いことがわかる。また，表1より，同じ1kgの重さのエネルギーキャリアから取り出せる水素の重さは，アンモニアよりも液体水素の方が大きい。

3 コムギについての問題

問1 (1) 麺(めん)やパンの材料になるコムギ粉に含(ふく)まれる主要な栄養素は炭水化物で，体の中でエネルギー源となる。 (2) コムギは単子葉類で，葉脈は枝分かれせずにほぼ平行に並んでいる平行脈である。

問2 コムギの種子には，ウのようにたてに1本の溝(みぞ)が入っている。コムギの種子は有はい乳種子で，発芽するときの栄養分ははい乳にたくわえられており，はい乳が種子の大部分をしめている。また，アのイネとイのトウモロコシの種子も有はい乳種子である。なお，エのマメ科の植物の種子とオのアサガオの種子(写真は果実に入っているときに外側になる面を下にして真上から撮(と)ったもの)は，無はい乳種子で，栄養分は子葉にたくわえられている。

問3 ハルジオンやセイヨウタンポポは，地面に葉がへばりつくようにしてロゼット葉を広げ，太陽の光を浴びやすく，風に当たりにくくして冬を過ごす。なお，ダイズやアサガオ，トマトは種子で冬越(ご)しをする。

問4 (1) 結果の表から，植物を踏(ふ)む回数が多くなるほど，草丈(くさたけ)は低くなることがわかる。 (2) 冬期にコムギの麦踏みをすると，コムギの草丈は低くなってロゼット葉のように葉を広げるから，冬期にも太陽の光をよく浴びて光合成をしやすくなる。そうすると，栄養分を多く作ってためることができるので，その後のコムギの成長がよくなると考えられる。

4 氷や氷河についての問題

問１　月には空気や液体の水がないため，太陽の光が当たっているところでは温度が高くなる。極地においても，高山の頂上やクレーターの外側には太陽の光がよく当たるので，地表の温度が上がり，氷はできにくい。また，月の極地に海水はない。しかし，月の極地にあるクレーターの内側には太陽の光が当たらず，温度が低くなるので氷が見つかりやすいと考えられる。

問２　(1)　部屋に置いた大きな氷がまわりの空気中の水蒸気を冷やすので，水蒸気がこおって小さな氷のつぶになって大きな氷の表面にたくさんつき，これがザラザラして白く見える。　(2)　図２のグラフで温度を上げていったときに，体積１cm³あたりの重さが急に上昇した０℃のところでは，氷から水へ状態変化している。０℃以下の氷のときは，温度が上がると体積１cm³あたりの重さが小さくなっているので，温度が変化しても氷の重さは変化しないから，氷は温度が上がるとぼう張して体積が大きくなることがわかる。したがって，冷凍（れいとう）庫で作った大きな氷を部屋のテーブルに置いておくと，まわりの空気で氷が温められて体積がぼう張するが，このとき氷の温度と気温との差が大きいほど，氷の場所によってぼう張の大きさが異なり，氷に割れ目が入る。氷河でも気温の変化が大きい場合，氷河の温度が大きく上がる部分では氷河のぼう張が大きくなるため，氷河が割れて氷震（ひょうしん）が起きると考えられる。

問３　氷全体の体積は，５×５×５＝125(cm³)なので，その重さは，0.92×125＝115(ｇ)であり，この氷がすべてとけて０℃の水になっても，重さは115ｇのまま変わらない。図２より，０℃で体積１cm³あたりの水の重さは1.00ｇなので，115ｇの氷がすべてとけてできる０℃の水の分の体積は115cm³と求められる。一方，はじめに氷が水にひたっていた分の体積は，５×５×(５－0.4)＝115(cm³)だったので，この氷がすべてとけてもコップから水はあふれないことがわかる。

問４　おもりが氷内部に沈（しず）んだ長さは，(ａの変化量)－(ｂの変化量)で求められるので，表１と表２における「図４のａの変化量とｂの変化量の差」の値を点で記し，点と点を直線で結んで折れ線グラフにすると右のグラフのようになる。

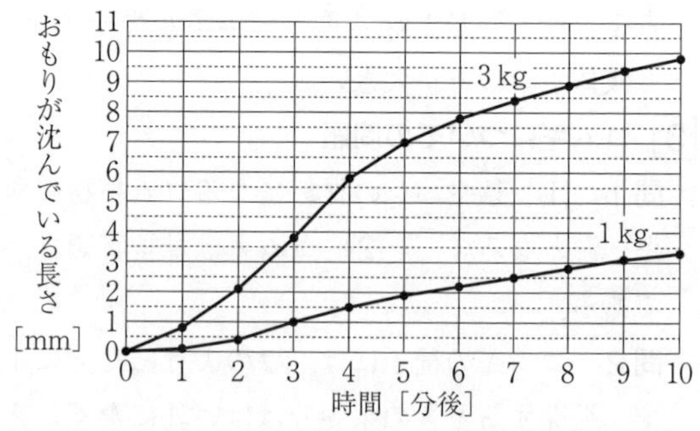

問５　(1)　おもりが氷内部に沈むのは氷がとけていくからだとすると，問４のグラフより，おもりの重さが重いほど氷のとけ方は大きく，沈み方は速くなることがわかる。つまり，氷に重さがかかるところでは氷がとけていくから，現実の氷河の底では氷河の氷そのものの重さによって氷がとけている。　(2)　氷河の底には氷河の氷の重さがかかり，氷河の底がとけて水になるため，この水の上を氷河がすべって動くことになる。氷河の厚さが厚いほど，氷河の底にかかる重さが重くなるから，氷河の底がとけて水になる量が多くなってすべりやすくなり，氷河の動きが速くなる。

国　語　＜第２回試験＞（50分）＜満点：120点＞

解　答

□一　**問１**　下記を参照のこと。　**問２**　ウ　**問３**　イ　**問４**　エ　**問５**　ウ　**問６**

ア　**問７**　イ　**問８**　ア　**問９**　（例）一志と長谷さんがボールを交わしただけで男同士の友情をはぐくむようすを目にして，自分が，野球を介した父さんと傑の仲に感じていたどうしようもないほどの嫉妬心に，目をそむけ続けてきたことに気づかされたこと。　**問10**　エ　**問11**　ア　**問12**　ウ　**二** **問１**　（例）工場で物を大量生産するあり方が経済や人間の生活を支配する近代の産業社会を維持するためには，職業間の流動性を高め，工場に働きに来る人を確保する必要があったから。　**問２**　エ　**問３**　イ　**問４**　ウ　**問５**　エ　**問６**　ウ　**問７**　イ　**問８**　ア　**問９**　エ

●漢字の書き取り

一 **問１**　a　厚　b　除去　c　築　d　蒸発　e　複雑

解説

一 **出典は朝倉宏景の『あめつちのうた』による。**グラウンドキーパーの「俺」（雨宮大地）と野球をやめかけている親友の一志の抱える迷いや負の感情を長谷騎士が吹き飛ばす場面である。

問１　a　音読みは「コウ」で，「温厚」などの熟語がある。　b　取り除くこと。　c　音読みは「チク」で，「建築」などの熟語がある。　d　液体が気化する現象。ここは，嫉妬で「俺」の心が干上がったことを比喩的に表す。　e　事情や関係が入り組んでいるようす。

問２　（中略）の後に，肘を壊し，翼をもがれるような挫折を味わった長谷は，自分と同様，「墜落寸前だった一志の苦境に黙っていられなかったのだろう」と書かれていることをおさえる。つまり，ある誤解がもとでほかの部員から無視され，「野球をあきらめかねない」状態の一志を放っておけなかった長谷は，彼が構えたグローブに強烈な投球をすることで，野球への情熱を思い出させようとしたものと想像できる。その投球を受けた一志は，迷いが吹っ切れたかのように「歯を見せて，大きく笑」い，「こんな痺れる感触，ずっと味わってなかったよ」と話したのだから，ウがふさわしい。

問３　長谷は肘の故障でプロ入りを断念していたが，「一ヵ月半くらい前」に「遊離した軟骨を除去」する手術を受けたと話している。肘が治った喜びを，「俺は自由や」と大げさな表現をしたことに少し照れ，長谷はキャップを目深にかぶり直したのだから，イが選べる。このことからは，長谷の野球に向けられた情熱がどれほど大きいものだったのかがうかがえる。

問４　続く部分で，「親友」のことを心配していながら，その「心」の「傷」に踏みこむことをためらう「俺」を見かね，長谷はじれったさのあまり，今日たまらず乗りこんできたのだと真夏が語っていることをおさえる。「ぶっきらぼうで乱暴に見え」ながらも，実は「やさしい」心を持った長谷は，「俺」と一志の状況をどうにかしてやりたいと心から思っていたものと考えられるので，エが正しい。

問５　直後で「土やろうが，心やろうが，思いっきり掘り起こしてしまえばええんや」と長谷が語っていることに注目する。問４で検討したように，一志の「心」の「傷」にふれることを恐れてばかりいる「カウンセラー」のような「俺」に対し，自分たちは「グラウンドキーパー」なのだから，その「流儀」にしたがい，堂々と向き合えばいいのだと言っている。よって，ウが選べる。なお，ア，イ，エは一志の「心」の「傷」について言及していないため，誤り。

問６　一志の「心」の「傷」にふれることをためらっていた「俺」にひきかえ，「ケンカしに行く

みたいに」乗りこんできたかと思えば一志に球威を見せつけ，彼の迷いを吹き飛ばした長谷の圧倒的な「パワープレー」を思った「俺」は，「ははっ」と笑っている。大胆かつ豪快な行動で問題の解決を図ろうとする長谷に，「俺」はあきれながらも「感嘆」し，とてもかなわないと感じているのだから，アが正しい。イ～エは「俺」が長谷に抱いた「感嘆」の思いが反映されていない。

問７　一志が野球をやめようとした原因が，ほかの部員から無視された点にあることをおさえ，長谷が彼にかけた言葉に注目する。続く部分で長谷は，「ピッチャー」である自分自身こそ試合における「主役」なのだという「気概」を持つべきだと語ったうえで，「クソみたいなバカ」など相手にせず，ネットにでも壁にでも「ひたすら投げ」こみ続けていれば，必ずその「努力を認めるヤツ」が現れるはずだと，一志にアドバイスを送っている。似た境遇にある一志に自分の姿を重ね，長谷は思いを伝えているのだから，イが正しい。

問８　野球をやめて東京に帰るつもりだった一志が，長谷の行動によって迷いが吹っ切れ，最後のほうでは「踏みとどまります」と言っていることをおさえる。問７でみたように，「ピッチャー」として強い覚悟をうながす長谷の言葉には，折れかけていた心をふるい立たせるような力があるが，生半可な野球への情熱ではたちうちできないほど激しくもあるので，「俺」はかえってその思いが一志を追いつめてしまうことにもなりかねないと感じたものと推測できる。よって，アが合う。

問９　たいして仲良くもなかった長谷と一志がボールを交わしただけでわかり合う姿に，「ピッチャーの気持ちはピッチャーにしかわからない」と，疎外感や「強い嫉妬」心を抱いた「俺」は，ふと，野球の才能にあふれ，父親から大事にされていた弟の傑に比べ，「なんにも」持ち合わせていなかった自分のことを振り返っている。つまり，これまで「俺」は傑に対し「頼りがいのある」兄を演じることで本心をごまかし，どうにか自分を保ってきたものの，長谷と一志の関係を目のあたりにしたことで，心の奥底にしまいこんでいた弟への「嫉妬」心が浮き彫りになり，強く意識するようになったのである。これをもとに，「野球を介した弟と父の仲に嫉妬する自分の本心には目をつむってきた俺だが，一志が長谷さんとのキャッチボールを通して野球をやりたいという本心に立ち返ったのを見て，自分の中の嫉妬心に気づいたこと」のようにまとめる。

問10　長谷が，風や雨や太陽を日々感じ，土や芝，そして「選手」の笑顔や涙によりそえる点にグラウンドキーパーのやりがいを感じていることをおさえる。突然一志から，甲子園で負けた後に「土を拾おう」としたとき，「トンボで土を運んできてくれたグラウンドキーパー」が自分ではないかときかれた長谷は，乱暴に否定しつつも「俺やったら，なんやっていうんや？」と声を震わせている。一回戦で負け，土を持ち帰ろうとしていた一志の悲しみや悔しさによりそおうと，グラウンド整備を装って土を運んだ自分の思いを感じ取ってくれていたことに心を揺さぶられ，長谷の「声」は湿り，震えていたのだから，エがふさわしい。

問11　長谷の力強い投球と言葉によって，再び野球へと向き合おうとする一志に触発された「俺」は，傑と父の関係に抱いた「嫉妬」心などよりも，「一人前のグラウンドキーパーになり」たいとの思いがこみあげ，勢いこんで長谷に「僕もプロになりたいんです！」と必死に訴えているので，アがよい。なお，「嫉妬」心などをこえたあふれる思いに突き動かされているのだから，イ～エに書かれた「一志に取り残されてしまったような気」がしたという部分や，「自分にも気持ちをふるい立たせる言葉を投げかけてほしい」という部分，また，「誰に遠慮することもなく」といった，他者を念頭に置いた心情はふさわしくない。

問12 本文の最後で,「俺」が長谷から「何か大事なものを手渡され，託されたように感じた」ことをおさえる。肘の手術で野球に戻れることになった自分の代わりが「俺」に務まると見こんだ長谷は，思いを託すように，集中して「グラウンドキーパー」という仕事の本質を伝えようとしたのだから，ウが合う。

二 **出典は菅野覚明の『本当の武士道とは何か　日本人の理想と倫理』による。**近代の自由と比較しつつ，前近代の社会において，固定化した職業の中で「らしさ」を追求していた生き方を語る。

問1 「産業革命」によって「工場で物を大量に生産するあり方」が支配的となった近代社会においては，多くの働き手が必要とされた。しかし，それ以前の社会では「農家の子供は農家を継ぎ，職人の子供は職人を継ぎ，羊飼いの子供は羊飼いを継ぐのが当たり前」だという価値観に縛られていたため，工場労働者を確保するために,「誰でも，何にでもなれる」という考え方を「広く共有」させ,「職業間の流動性」を高める必要があったのである。これを整理して,「近代の産業社会は工場で物を大量生産することで始まったが，その維持には工場労働者を確保する必要があり，職業の自由という考え方を導入して職業間の流動性を高めたから」のようにまとめる。

問2 「幻想」でしかない「誰でも，何にでもなれる」という考えが多くの人の共通認識になっているのは，社会の多くの部分が「誰にでもできる」ことを前提に組み立てられているからだと続く部分で指摘されている。その社会のあり方は，個々人の「持ち味」を大切にしているとは言い難いのだから，エがふさわしい。

問3 続く部分で，江戸時代の日本では「階級間の流動性」がまったくなかったわけではないが，基本的には「武士なら武士，農民なら農民，商人なら商人」といったように，各々の役割が明確化されることで社会はうまく回っていたと述べられている。よって，イが合う。

問4 問1でみたように，工場労働者の確保のために「職業間の流動性」を高める必要があり，家業を継ぐという考え方を「職業の自由」という考え方に転換させたのだから，ウが選べる。

問5 問2で検討したように,「誰でも，何にでもなれる」というのは，決して個々人の「持ち味」を大切にするわけではなく,「多くの部分が『誰にでもできる』ことを前提に組み立てられている」近代社会においては，むしろ「取り換えが可能」であるということを意味する。つまり，多くの企業で求められている能力は「一定の計算能力や理解力」そして「協調性」などであって，個性に焦点があてられることなどほとんどないというのだから，エが選べる。

問6 続く部分で,「会社の仕事」をうまく回せる「産業労働者を育てるため」,「全員」に同じ程度の計算能力や国語の理解力，基礎的な教養を身につけさせるのが「近代の教育」だと述べられている。よって，ウが合う。

問7 問1，問3でみたように，近代以前の社会における各々の「役割」は明確に決まっていた。一方，近代社会では「誰でも，何にでもなれる」とされていながら，実のところ多くの企業で求められる能力はどこもたいてい似通っており，仕事をやめてもほかの企業で同じ仕事ができる，という意味で「職業の自由」が保障されただけである。それを裏づけるように，近年の学校では「個性」を無視した教育がなされている。近代以前の社会を「個性が抑圧された社会」と表現することは，将来「取り換えが可能」な人材になるための均質な能力を学校で身につけさせるという近代の社会の仕組みから人々の目を背けさせるのには，都合がよかったのだろうと推測できるので，イがよい。

問８　「らしさ」を発揮する「道」の考え方を整理する。江戸時代には「武士の道」「農民の道」「商人の道」「職人の道」「男の道」「女の道」といったように，個々の仕事や性差などで「らしさ」を一〇〇％発揮することをめざす「道」という考えがあった。人々は，今の自分を「理想の自分」に限りなく近づけようとしたのだから，アがふさわしい。イ～エは，「らしさ」の追求が個々の「理想」の追求である点をおさえていない。

問９　問８でもみたように，武士という役割の中で「理想」の自分を追求するのだから，エが合う。

2020年度　海　城　中　学　校

〔電　話〕 (03) 3209―５８８０
〔所在地〕 〒169-0072　東京都新宿区大久保３―６―１
〔交　通〕 JR山手線―「新大久保駅」より徒歩５分
JR中央・総武線―「大久保駅」より徒歩10分

【算　数】〈第１回試験〉(50分)〈満点：120点〉

注意　１．分数は最も簡単な帯分数の形で答えなさい。

２．必要であれば，円周率は3.14として計算しなさい。

1　次の問いに答えなさい。

(1)　次の計算をしなさい。

$$5\frac{3}{10}\div\left\{\left(3-\frac{2}{5}\right)\div3\frac{1}{3}+0.5\times0.875\div1\frac{9}{16}\right\}$$

(2)　10％の食塩水と20％の食塩水と10ｇの水を混ぜて，15％の食塩水を 100ｇ作ります。10％の食塩水は何ｇ必要ですか。

(3)　右の図で，角アの大きさは何度ですか。ただし，同じ印のついた角の大きさは等しいものとします。

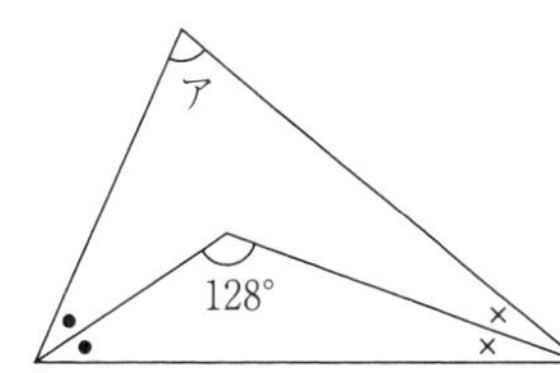

(4)　赤球と白球がそれぞれいくつかあります。赤球と白球の個数の比は５：３で，赤球全体の $\frac{2}{3}$ を取り除き，白球全体の［　　　］を取り除いたところ，赤球と白球の個数は等しくなりました。空らんにあてはまる数を分数で答えなさい。

(5)　右の図のように，１辺の長さが２cm の正方形ABCDと，点Dを中心とする半径が２cm のおうぎ形があります。図のアとイの部分の面積が等しくなるとき，PC の長さは何 cm ですか。

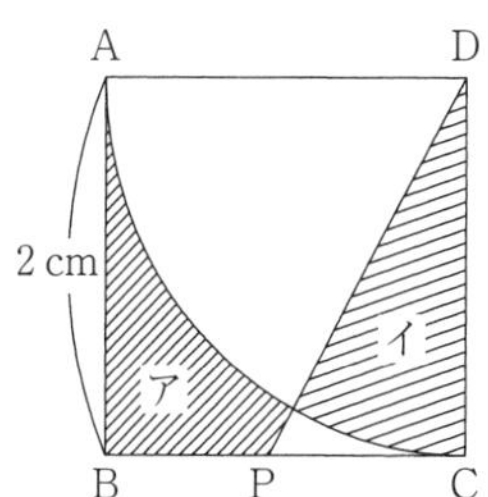

2　１から６までの数字が書かれた６枚のカードがあります。この中から３枚を取り出して並べ，３桁(けた)の数を作ります。次の問いに答えなさい。

(1)　３桁の数は，全部で何個作れますか。

(2)　作ることができる３桁の数で50番目に大きい数を答えなさい。

(3)　３の倍数である３桁の数は，全部で何個作れますか。

3　三角形ABCにおいて，右の図のように，各辺を三等分した点を結んで図形を作ります。次の問いに答えなさい。

(1)　三角形HEFの面積は，三角形ABCの面積の何倍ですか。

(2)　三角形RFGの面積は，三角形ABCの面積の何倍ですか。

(3)　四角形PQRSの面積は，三角形ABCの面積の何倍ですか。

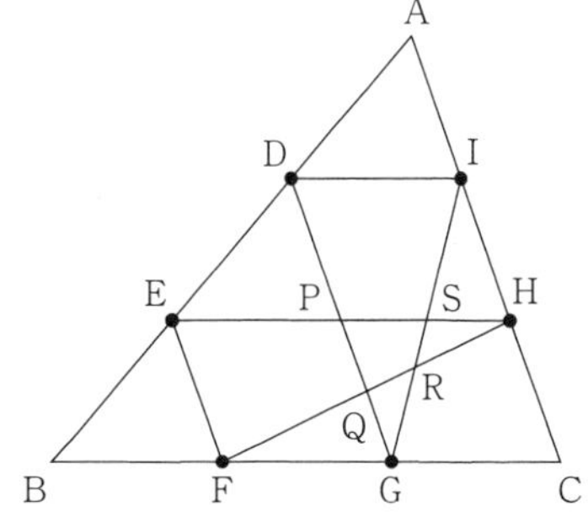

4　Ａ君とＢ君が50ｍプールで800ｍのタイムを競うことにしました。２人は50ｍプールの同じ側から同時にスタートし，何秒後かに初めてすれ違(ちが)いました。その後，２人はそれぞれ１回ずつターンをして，初めてすれ違ってから40秒後に再びすれ違いました。Ａ君がゴールしたとき，Ｂ君はちょうど750ｍのターンをしたところでした。２人はここまでにそれぞれ一定の速さで泳いでいるものとし，２人の体の長さやターンに要する時間は考えないものとして，次の問いに答えなさい。

⑴　２人が初めてすれ違ったのは同時にスタートしてから何秒後ですか。

⑵　Ａ君のタイムは何分何秒ですか。

⑶　Ｂ君は最後の50ｍをこれまでの $\frac{2}{3}$ の速さで泳ぎ，ゴールしました。このとき，Ｂ君のタイムは何分何秒ですか。

5　ある星では，１日が８時間で，１時間が40分です。この星の時計は次の図のようになっており，例えば，図１は３時ちょうど，図２は３時20分を表しています。下の問いに答えなさい。

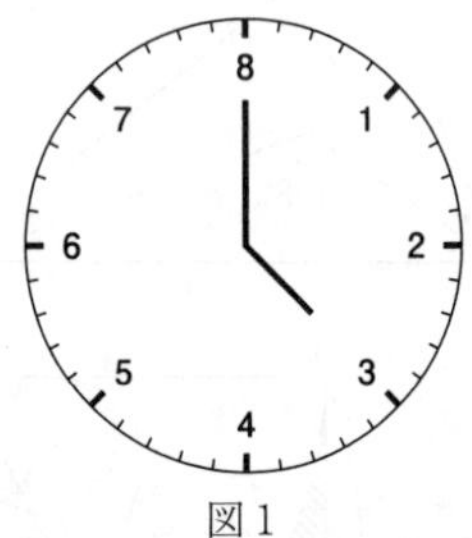

図１

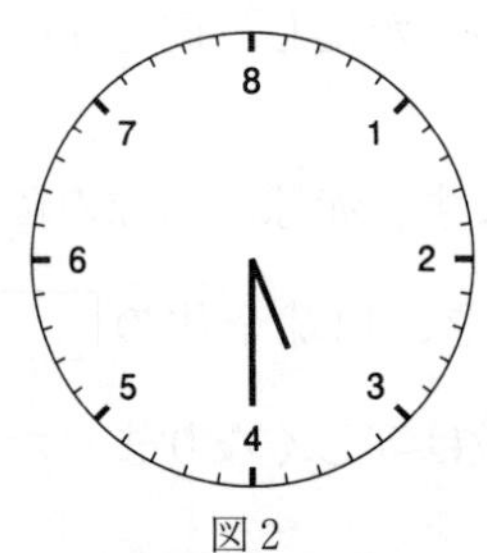

図２

⑴　３時32分のとき，長針と短針がつくる角のうち，小さい方の角の大きさは何度ですか。

⑵　長針と短針のつくる角の大きさが90°となるのは１日で何回ありますか。

⑶　現在４時16分です。次に長針と短針のつくる角の大きさが128°となるのは何分後ですか。

6　右の図のように，直方体を平面ABCDで切った容器があります。底面EFGHはFG＝６cm，GH＝７cmの長方形です。また，AE＝DH＝10cm，BF＝CG＝８cmです。ABCDの部分が空いていて，水を入れることができます。

この容器を傾(かたむ)けて水を入れます。次の問いに答えなさい。ただし，角すいの体積は，(底面積)×(高さ)÷３で求められます。

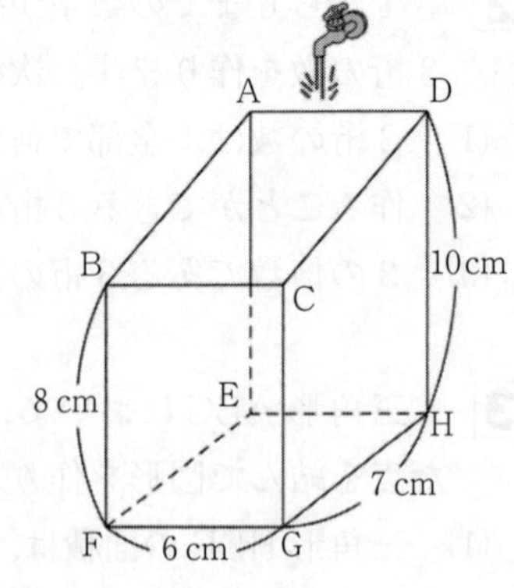

⑴　この容器を傾けて水を入れたところ，水面が３点Ｂ，Ｃ，Ｈを通りました。入れた水の体積は何cm³ですか。

⑵　この容器を傾けて水を入れたところ，水面が３点Ａ，Ｂ，Ｇを通りました。入れた水の体積は何cm³ですか。

⑶　この容器を傾けて水を入れたところ，水面が３点Ａ，Ｂ，Ｈを通りました。入れた水の体積は何cm³ですか。

【社　会】〈**第１回試験**〉(45分)〈満点：80点〉

問題　次の文章をよく読んで，あとの問いに答えなさい。

右の《**写真**》をみてください。受験生のみなさん，この服装に見覚えはありませんか。このような，襟の無いジャケットにひざが隠れる丈のスカートを合わせたスーツは，女性にとって式典で着用する「正装」の定番のひとつとなっています。このスーツには，実はある人物の名前がつけられています。その人物とは「ガブリエル・ボヌール・シャネル(《**写真**》中の後ろにいる女性)」で，フランスの高級ブランド「シャネル」の創業者です。このようなスーツは「シャネルスーツ」とよばれ，1954年にシャネルが発表し，1960年代以降欧米を中心に多くの女性の支持を得て，その後①日本にも広まったものなのです。

《写真》　シャネルスーツを着る女優のロミー・シュナイダーとシャネル

(ELLE「シャネルが愛したおしゃれ女優。ロミー・シュナイダーに学ぶレディモード」より)
https://www.elle.com/jp/fashion/icons/g127307/fpi-fashion-icon-romy-schneider17-0403/

さて，自身の名前がついたスーツを世界中に広めたというだけでも，シャネルは十分「偉業」を成し遂げたといえるのですが，彼女の「最大の偉業」は，女性のファッションを革新したことだけにとどまらず，女性の「生き方」や「価値観」まで変えてしまったことにあるといわれています。では，19世紀から②20世紀にかけてのヨーロッパにおける③女性を取り巻く環境と，彼女の生涯を追いながら，その「最大の偉業」についてみていくことにしましょう。

1883年，フランス西部のソーミュールという田舎町にシャネルは生まれますが，11歳の時に母親が亡くなり，父親はシャネルを孤児院に預けて出ていってしまいました。そして，17歳になるころから洋裁店(洋服を作る店)で働き始めます。そのかたわら，歌手になるという夢を持ち，貴族たちが通う競馬場で歌を披露していました。

しかしシャネルは，裾が床につくようなドレスや，④果物や⑤金属などの装飾が多く施された⑥色とりどりの帽子を選んで着用する上流階級の婦人たちの姿を競馬場で目にして，そのような服装に対して強烈な反発心を抱くようになります。当時の「美しさ」の基準は，「男性が好むものかどうか」で考えられており，女性が脚を人前で見せることは男性にとって「美しくない」行為で，豪華な装飾は男性たちの考える「美しさ」そのものでした。しかし，シャネルの考える「美しさ」の基準は異なっており，自らシンプルな帽子を作って身につけていました。すると，それがシャネルと同じ考えを持っていた女性たちにも注目されるようになり，シャネルの作る帽子には注文が殺到しました。そして25歳の時，ついにパリに帽子店を開くまでになったのです。

その後シャネルはフランス北西部のドーヴィルという⑦リゾート地で新たに店を開き，そこでは叔母や妹とともに，帽子だけではなくシャツやスカートを作って売るようになりました。そして第一次世界大戦中の1916年，シャネルに大きな転機が訪れます。今までにない素材や形を取り入れながらも，当時の女性たちが求める華やかさを持ち合わせた「ジャージードレス」を作ると，それが評判となり，フランス国内だけでなくイギリスや⑧アメリカからも上流階級の女性たちが店に押し寄せて注文をするようになったのです。⑨第一次世界大戦によって国民が総動員された結果，女性たちの生活状況が大きく変化し，ジャージードレスはその変化に合った服装として広く受け入れられました。そして，ジャージードレスはそれまで夫や家庭に縛られ，「守ってもらうべき存在」と広く認識されていた女性の生き方を，服を通してくつがえした象徴としても大きく取り上げられるようになります。これこそがシャネルの「最大の偉業」といわれているものです。

シャネルはその後もデザイナーとして活躍し，87歳でその生涯を終えました。彼女が存命中に世に広めたものは「ショートカット(女性の短髪)」・「黒色のドレス」・「香水」・「ショルダーバッグ」など，現代の女性たちの生活にごく普通に溶け込んでいるものばかりです。また，彼女が残したブランド「シャネル」は，⑩ユニクロをはじめとした多くのファストファッションブランドが台頭する現在のファッション業界においても，いまだに多くの人にとって特別な存在となっています。

～新しい世紀の児である私は，新しい世紀を，服装で表現しようとしたのだ。～

シャネルのいう「新しい世紀」である20世紀には，女性の「自由」や「自立」が大きく前進しました。そして，私たちが生きる21世紀は，これまで当たり前のように使われてきた「女性は～」・「男性は～」といった線の引き方自体を考えなおすべき時代なのかもしれません。海城が目指す「新しい紳士」の素質とはまさしく，このような要請に応えられる力なのではないでしょうか。

問１．下線部①に関連して，日本に西洋服が広まったのは明治時代に入ってからですが，それに大きな役割を果たしたのが，政府が東京の日比谷につくった，**《絵》**のような社交場でした。この社交場の名称を答えなさい。

《絵》

(光村図書『社会６』より)

問２．下線部②に関連して，20世紀に日本で起きた次の**ア**～**エ**の出来事を，年代順にならべかえなさい。

ア．大阪で，日本では初めてとなる万国博覧会が開催された。

イ．中東での戦争を引き金に，第一次オイルショックが起こった。

ウ．日本軍が中国軍を攻撃し，満州を占領した。

エ．小村寿太郎が，関税自主権の回復を実現した。

問３．下線部③について，日本における女性の権利や社会参画に関する次の**ア**～**エ**の文のうち，正しいものを**すべて**選び，記号で答えなさい。

ア．平塚雷鳥(ひらつからいてう)たちによる女性の地位向上運動の結果，1925年には25歳以上の男女が選挙権を得た。

イ．日本で初の女性国会議員が誕生したのは，1946年の総選挙においてである。

ウ．企業(きぎょう)が，妊娠(にんしん)や出産を理由に女性労働者に退職などを求めることは，現在の法律では禁じられている。

エ．育児休暇(きゅうか)を取得することは，女性労働者のみに与えられる権利である。

問４．下線部④に関連して，次の《**地図**》で示されている地域は，ある果物の有数の産地であり，《**グラフ１**》はこの地域で多く生産される果物の都道府県別生産割合(2017年)を示しています。では，《**地図**》上で果樹園が広がっている，山地から平野にかけて広がる地形の名称と，《**グラフ１**》が示す果物の名称を，それぞれ答えなさい。

《**地図**》

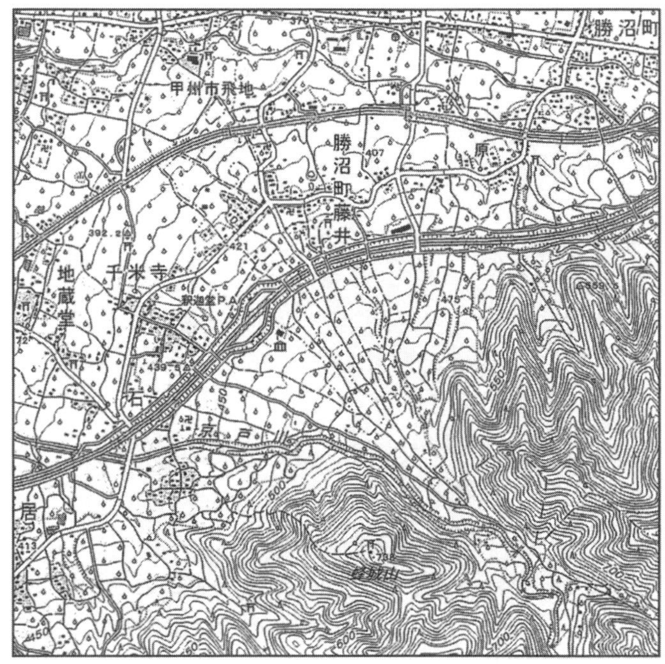

(国土地理院１：25000 地形図「石和」)

《**グラフ１**》

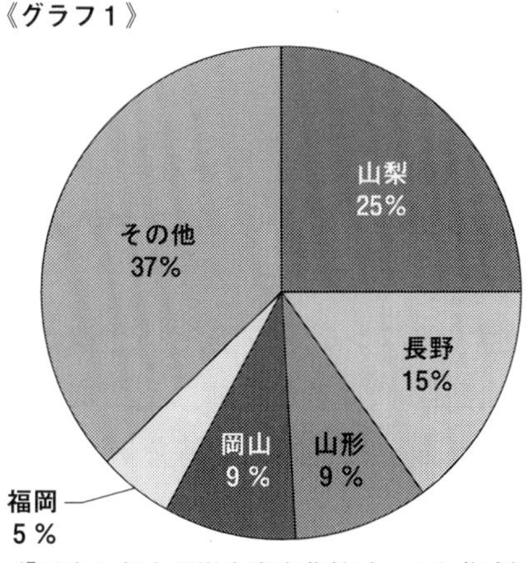

(『平成29年産果樹生産出荷統計』より作成)

問５．下線部⑤に関連して，以下の**《グラフ２》**は，日本の三大工業地帯(京浜・中京・阪神)における，金属をはじめとする工業の業種別出荷額割合(2014年)を示したものです。**《グラフ２》**中のＡ～Ｃと工業地帯との組み合わせとして正しいものを，下の**ア～カ**から１つ選び，記号で答えなさい。

《グラフ２》

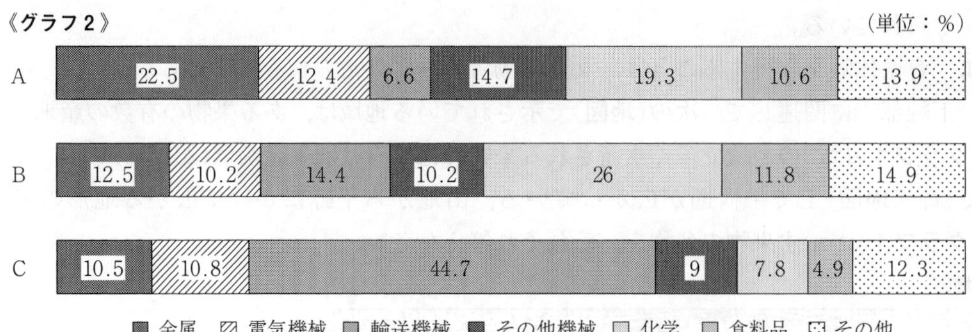

(『平成26年工業統計表』より作成)

	ア	イ	ウ	エ	オ	カ
A	京浜	京浜	中京	中京	阪神	阪神
B	中京	阪神	京浜	阪神	京浜	中京
C	阪神	中京	阪神	京浜	中京	京浜

問６．下線部⑥に関連して，日本では推古天皇の時代に，帽子(冠(かんむり))の色によって朝廷(ちょうてい)に仕える者の位を示す「冠位十二階(かんいじゅうにかい)」という制度が定められました。これについて，次の問いに答えなさい。

(1) この制度が定められたときの政治をおこなっていた，有力な豪族は誰(だれ)ですか。その名前を答えなさい。

(2) この制度が定められた目的を，簡潔に説明しなさい。

問７．下線部⑦に関連して，2016年12月，統合型リゾート(IR)整備推進法案(通称(つうしょう)「カジノ法案」)が成立しました。次の**ア～エ**の文のうち，この法案に関しての議論の内容として正しいものを**すべて**選び，記号で答えなさい。

ア．賛成派は，国内の治安の改善が予想されると主張している。

イ．賛成派は，日本に来る外国人観光客の増加が予想されると主張している。

ウ．反対派は，国内の雇用(こよう)の減少が予想されると主張している。

エ．反対派は，ギャンブル依存症患者(いぞんしょうかんじゃ)の増加が予想されると主張している。

問８．下線部⑧について，アメリカ合衆国に関する次の**ア～エ**の文のうち，**誤っているもの**を１つ選び，記号で答えなさい。

ア．アメリカ合衆国の首都は，太平洋側の北部に位置するワシントンD.C.である。

イ．バスケットボールと野球は，いずれもアメリカ合衆国が発祥(はっしょう)のスポーツである。

ウ．2019年現在，アメリカ国籍(こくせき)を持ち日本に住む人よりも，日本国籍を持ちアメリカ合衆国に住む人の方が多い。

エ．アメリカ合衆国の国旗には50個の星が描(えが)かれているが，これは現在アメリカ合衆国にある州の数を表している。

問９．下線部⑨について，シャネルが1916年に発表したジャージードレスが上流階級の女性たちに広く受け入れられたのは，女性たちが服装を選ぶ基準が大きく変化したからだといわれています。では，基準の変化の内容およびその変化の理由を，**本文**や以下の《**資料１**》～《**資料４**》から読み取れることをふまえ，220字以内で説明しなさい。そのとき，女性たちの生活状況が第一次世界大戦によってどのように変化したかについてふれること。

《資料１》 19世紀末から20世紀初頭にかけてのヨーロッパの女性服

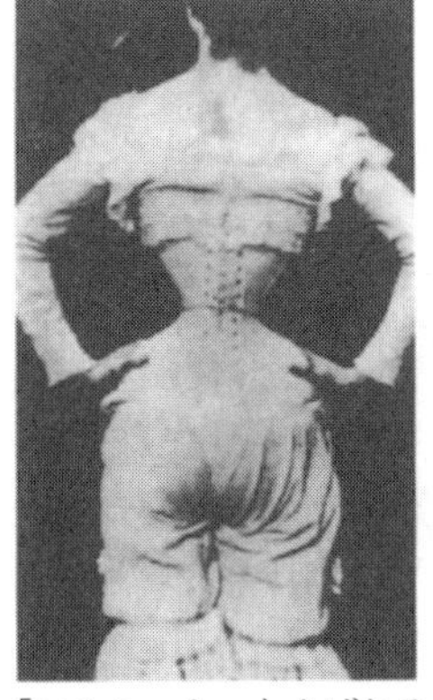

「コルセット」とよばれる，上半身を強く締め付けて体型を細く見せる下着を着用する女性。

上流階級の女性たちが，競馬場や社交場に行くために着用していた服装。ドレスの下にはコルセットを着用している。

《資料２》 ジャージードレスのデザイン

(日置久子『女性の服飾文化史ー新しい美と機能性を求めてー』・深井晃子ほか『増補新装カラー版　世界服飾史』より作成)

《資料３》 ジャージードレスに使われた生地の特徴

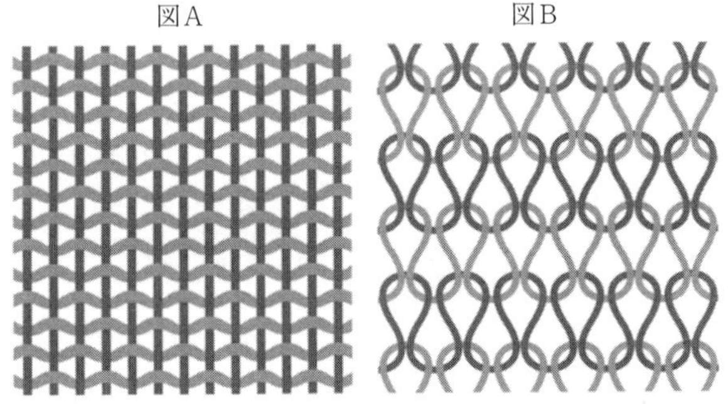

従来，ドレスの生地には図Ａのような織り方のものが多く使用されていたが，シャネルが使用したジャージー素材の生地は，従来と同じ素材を用いながらも，図Ｂのような織り方によって作られていた。

(日置久子『女性の服飾文化史ー新しい美と機能性を求めてー』より作成)

《資料４》 第一次世界大戦中のイギリスにおける女性労働者数の変化

業種	1914年を100としたときの，1918年11月時点で雇用されていた女性労働者の数
路面電車・バス	2325
ガス・水道・電力	1500
製鉄	1147

(林田敏子『戦う女，戦えない女　第一次世界大戦期のジェンダーとセクシュアリティ』より作成)

問10．下線部⑩に関連して，低価格商品の大量販売によって利益を得るファストファッションブランドの多くは，人件費の削減のために工場を中国や東南アジアに置いて服を製作しています。一方，シャネルなどの高級ブランドの多くは，客一人ひとりに合わせて服を手作りする「オートクチュール」を手掛けており，現在でもブランドが発祥した都市の比較的狭い範囲で製作しています。シャネルの場合は，パリ市内でオートクチュールの大部分を製作していますが，その理由を以下の《**資料５**》～《**資料７**》を参考に，130字以内で説明しなさい。

《資料５》 フランス人女優のアナ・ムグラリスがシャネルのオートクチュールを注文したときの感想

シンプルなシルエットで，派手さはないものの刺繍(ししゅう)とレース(糸の縫(ぬ)い方で模様を表現した生地)が圧巻！　流行に左右されないデザインだから，機会があるごとに着ているのよ。オートクチュールで服を注文するって，とても素敵な体験ね。３回のサイズ合わせではその都度(つど)，私のために多くの縫製(ほうせい)職人(生地を縫い合わせる職人)たちが，総動員で取りかかってくれたの。とても感動したわ。できたドレスは非のうちどころがない完璧(かんぺき)さ。まるで魔法(まほう)のよう！　それしか言いようがないわね。

(VOGUE JAPAN「シャネルのオートクチュールを支えるアトリエの新たな挑戦。」の文章をやさしく書き改めました)
https://www.vogue.co.jp/fashion/article/2019-11-11-the-new-challenges-of-the-atelier

《資料６》 シャネルのオートクチュールで作られた服の特色

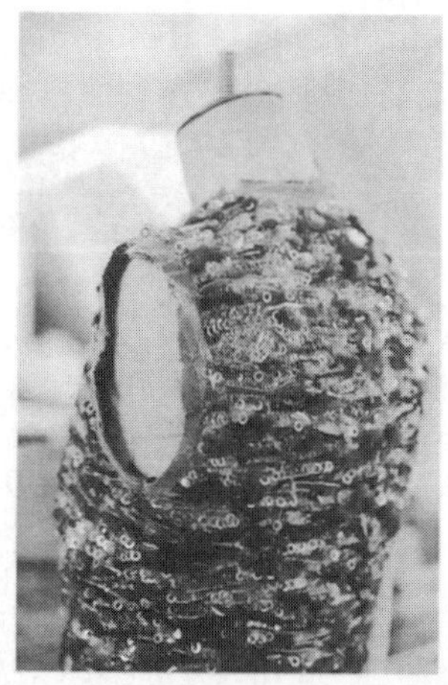

生地には複数の素材や何色もの糸が用いられており，22万ものスパンコール(金属製やプラスチック製の飾(かざ)り)は，シャネルと契約を交わしている工場の職人たちが，手作業で縫い付けている。デザイナー，生地職人，裁断職人，縫製職人が，完成途中の製品に何度も手直しを加え，このジャケット１着を製作するためにおよそ1000時間が費やされた。

(VOGUE JAPAN「シャネル，オートクチュールが出来上がるまで－秘密のアトリエへご案内。」より作成)
https://www.vogue.co.jp/collection/trends/2018-07-11/chanelatelier/cnihub

《資料７》 シャネルのオートクチュールが完成するまでの流れ

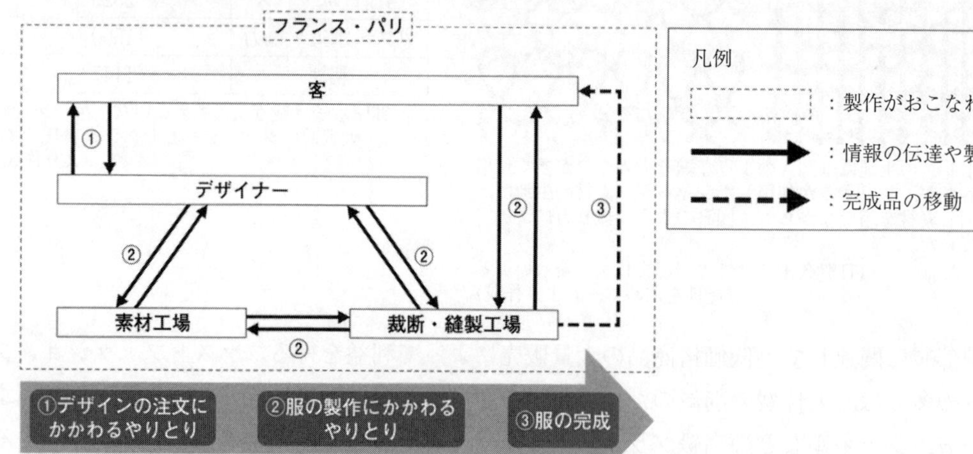

(長沢伸也『シャネルの戦略』より作成)

【理　科】〈第１回試験〉（45分）〈満点：80点〉

1　**次の文章を読んで，各問いに答えなさい。**

熱は，ものによって伝わり方が異なり，その材質によるちがいは，図１のようになります。例えば，フライパンの取っ手に木や樹脂が使われている理由が，図１をみるとわかると思います。

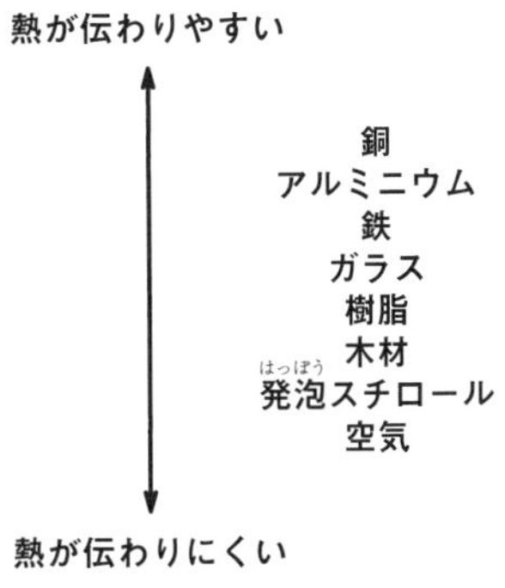

熱の伝わり方は材質だけでなく，もののつくりによっても異なります。家庭でよく使われていた魔法びんは保温性を高める工夫がされています。図２は，魔法びんの断面を，模式的に表しています。内びんと外びんがあり，①内びんと外びんの間は真空に近い状態になっています。また，びんがガラス製の場合は②内びんは金属のはくをつけるなどして鏡のようになっています。このような構造にすることで，熱が外部へ伝わる，つまり熱がにげるのをさまたげています。

ところで，日本の建物の窓には，アルミニウム製のわくに一枚のガラスをはめたものが広く使われています。この窓は熱が伝わりやすく建物の冷暖房の効率を下げる要因のひとつになっています。そのため，③わくやガラスに工夫をすることで冷暖房の効率を上げられることが期待できます。

熱の伝わり方の中のひとつに，（　１　）があります。これは水や空気のように，流れることができるもので起こる現象です。この現象が起こる仕組みについて考えてみることにしましょう。一般に，温度が（　２　）くなるとともに，ものは膨張していきます。これは，同じ（　３　）で比べると，温度が（　４　）い方が軽くなることを意味します。その結果，軽いものは上へ，重いものは下へと移動していくことになります。これが（　１　）と呼ばれる現象です。テレビなどで伝えられる気象情報で，「上空に（　５　）い空気が入りこんでいるため大気の状態が不安定です」，と耳にすることがありますが，これも（　１　）が主な要因です。

熱が伝わりやすい

銅
アルミニウム
鉄
ガラス
樹脂
木材
発泡スチロール
空気

熱が伝わりにくい

図１

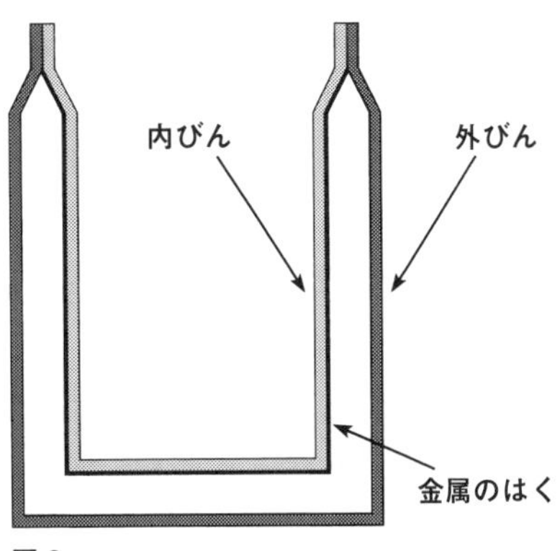

図２

問１　下線部①について，これによって主にさまたげている熱の伝わり方の名称と，なぜさまたげられるのかを簡潔に答えなさい。

問２　下線部②について，これによって主にさまたげている熱の伝わり方の名称と，なぜさまたげられるのかを簡潔に答えなさい。

問３　下線部③について，考えられる工夫を１つ答えなさい。

問４　文章中の（**1**）～（**5**）に適する語句をそれぞれ答えなさい。

問５　気体は，その温度が１℃変化すると，０℃のときの体積の273分の１だけ体積が変化することが知られています。このことを利用して，温度による重さのちがいについて文章の内容を参考にしながら考えると，－６℃の気体の重さは30℃の気体の重さの何倍になりますか。整数か，割り切れない場合は必要であれば約分して分数で答えなさい。

2 **次の文章を読んで，各問いに答えなさい。**

塩酸と水酸化ナトリウム水溶液を用いて，次の実験をしました。

【実験】 ある濃さの塩酸(A)と，別の濃さの水酸化ナトリウム水溶液(B)を合計で100gになるように，下の①～⑪の組み合わせで水溶液を混合した。よくかき混ぜたあと，混合溶液を加熱して，水分をすべて蒸発させた。その後，残った固体(C)の重さをはかって，表にまとめた。

表

実験番号	①	②	③	④	⑤	⑥	⑦	⑧	⑨	⑩	⑪
A[g]	100	90	80	70	60	50	40	30	20	10	0
B[g]	0	10	20	30	40	50	60	70	80	90	100
C[g]	0	0.72	1.44	2.16	2.88	3.60	3.92	4.14	4.36	4.58	4.80

問1 塩酸とは水に何という物質が溶けている水溶液ですか。その物質の名称を答えなさい。

問2 次の(1)～(6)にあげる水溶液の性質のうち，塩酸のみに当てはまるものは「**ア**」，水酸化ナトリウム水溶液のみに当てはまるものは「**イ**」，両方に当てはまるものは「**ウ**」，どちらにも当てはまらないものは「**エ**」で答えなさい。

(1) 青色リトマス試験紙につけると，赤色に変化する。

(2) 加熱して水を完全に蒸発させたときに，固体が残る。

(3) マグネシウムを加えたときに，気体が発生する。

(4) アルミニウムを加えたときに，気体が発生する。

(5) 銅を加えたときに，気体が発生する。

(6) 石灰石を加えたときに，気体が発生する。

問3 **【実験】**で用いた水酸化ナトリウム水溶液(**B**)の濃さは何％ですか。必要であれば四捨五入して小数第1位まで答えなさい。

問4 次の(1)～(4)に答えなさい。

(1) **実験番号②**のときに，残った固体は何ですか。

(2) **実験番号⑩**のときに，残った固体は何ですか。

(3) **問1**で答えた物質が完全に中和されずに残っている**実験番号**を①～⑪からすべて選びなさい。

(4) (3)で選んだ**実験番号**の混合水溶液にBTB溶液を加えたとしたら，何色になりますか。

問5 **【実験】**で用いたものと同じ濃さの塩酸(**A**)と水酸化ナトリウム水溶液(**B**)を，ちょうど中和させて，中性の水溶液をつくろうと思います。**【実験】**と同じように合計で100gになるようにするとき，塩酸(**A**)を何g用いればよいですか。必要であれば四捨五入して整数で答えなさい。

3 **次の文章を読んで，各問いに答えなさい。**

(文1) K君は家族で家庭菜園をしています。今年，K君は苗を作ることにしました。3月下旬，ポットに種まき用の土を入れて，そこに種をまきました。トマト，ナス，ネギの種はとても小さく1つずつまくのが難しいので，ポットの中に複数入れました。ポットは縦に4つ，横に4つのトレイにそれぞれ入れました(図1)。トマトを4ポット，トウモロコシを4ポット，キュウリを4ポット，ナスを2ポット，ネギを2ポット作りました。苗を作る際は，同じ種類

の作物がとなり合うように連続してポットを並べました。

Ｋ君は日当たりの良い庭で苗を育てていました。ある日，夕方になると突然(とつぜん)かみなりが鳴り，ひょうが降ってきました。急いで，ポットが入ったトレイを屋根のあるところに入れました。そうしたら，トレイの向きがわからなくなってしまい，どのポットにどの種がまかれているかわからなくなってしまいました。１週間程がたち，すべてのポットの種が発芽しました。すると，１つの種子から発芽した子葉の数が図２のようになっていました。Ｋ君はトレイの端(はし)に☆のマークをつけて，①子葉の数と子葉の特徴(とくちょう)からポットの苗の種類を推定しました。

図１　使用したトレイとポット

☆

2	2	2	2
1	1	1	2
1	1	1	2
2	2	2	2

図２　各ポットの子葉の数

問１　今回，苗を作った作物のうち根の形状がひげ根になるものを次の**ア**～**オ**からすべて選び，記号で答えなさい。

ア　トマト　　**イ**　トウモロコシ

ウ　ナス　　**エ**　キュウリ

オ　ネギ

問２　下線部①について，ポットで育った苗の種類の配列として正しいものを下の**ア**～**カ**から１つ選び，記号で答えなさい。なお，☆の位置は**図２**でつけたものと同じです。

子葉の特徴

・☆のすぐ下のポットの子葉は卵型をしており，トレイ内の２つの子葉を持つものの中で一番大きかった。

・☆の下３番目のポットの子葉は，他の子葉に比べて細長く，筒状(つつじょう)であった。

ア

☆

トマト	トマト	トマト	トマト
トウモロコシ	トウモロコシ	トウモロコシ	キュウリ
トウモロコシ	ネギ	ネギ	キュウリ
ナス	ナス	キュウリ	キュウリ

イ

☆

トマト	トマト	トマト	トマト
ネギ	トウモロコシ	トウモロコシ	ナス
ネギ	トウモロコシ	トウモロコシ	ナス
キュウリ	キュウリ	キュウリ	キュウリ

ウ

☆

キュウリ	キュウリ	キュウリ	キュウリ
ネギ	トウモロコシ	トウモロコシ	ナス
ネギ	トウモロコシ	トウモロコシ	ナス
トマト	トマト	トマト	トマト

エ

☆

キュウリ	キュウリ	キュウリ	キュウリ
トウモロコシ	トウモロコシ	トウモロコシ	トマト
トウモロコシ	ネギ	ネギ	トマト
ナス	ナス	トマト	トマト

オ

☆

キュウリ	キュウリ	キュウリ	キュウリ
ネギ	トマト	トマト	ナス
ネギ	トマト	トマト	ナス
トウモロコシ	トウモロコシ	トウモロコシ	トウモロコシ

カ

☆

キュウリ	キュウリ	キュウリ	キュウリ
ナス	トウモロコシ	トウモロコシ	トマト
ナス	トウモロコシ	トウモロコシ	トマト
ネギ	ネギ	トマト	トマト

（文２）　Ｋ君は家庭菜園で②ジャガイモとサツマイモも育てています。③イモという名がつくのに，イモのつき方がそれぞれちがうことに興味を持ちました。調べてみたところ，ジャガイモのイモは（　１　）の一部が変化したものであるのに対し，サツマイモのイモは（　２　）の一部が変化したものであることがわかりました。ジャガイモは南米アンデスの高山の原産であり，比較的(ひかくてき)寒さに強く，一方，サツマイモは中央アメリカの熱帯の原産であり，比較的寒さに弱いことがわかりました。Ｋ君は近所の農家の方にジャガイモとサツマイモの育て方について聞いてみたところ，④「ジャガイモは溝(みぞ)をほった中に種イモを植え，土を被せ，成長したら根元に土を寄せるのが良い。そして，サツマイモは高めに土を盛り，その上部に苗を植えるのが良い。こうやって植えてうまく育てると収穫量(しゅうかくりょう)が多くなるよ。」と教えてくれました。

問３　文章中の（**１**），（**２**）に適する語句をそれぞれ答えなさい。

問４　**下線部②**について，花の形でなかま分けをしたとき，**(1)**ジャガイモと**(2)**サツマイモは次の**ア**～**オ**の植物のどれと同じなかまですか。なかまとして最も近いものをそれぞれ１つずつ選び，記号で答えなさい。

ア　ナス　　**イ**　ダイズ　　**ウ**　ニンジン

エ　アサガオ　　**オ**　キュウリ

問５　**下線部③**について，ジャガイモもサツマイモも「イモ」の部分に光合成で作られた栄養を貯めています。その主成分を調べる方法とその結果を答えなさい。

問６　**下線部④**について，ジャガイモとサツマイモはどうして，収穫量を増やすための植え方が異なるのでしょうか。成長の仕方をふまえて，異なる理由を説明しなさい。

4 次の文章を読んで，各問いに答えなさい。

チリやホコリについて調べるために，海城中学校の地面や床に堆積（たいせき）しているチリやホコリを図１中の３か所（正門前，教室内，屋外の通路）で採取しました。以下では，３か所のいずれかで採取したものをそれぞれ堆積物Ａ，堆積物Ｂ，堆積物Ｃと呼ぶことにします。採取した堆積物Ａ～Ｃを顕微鏡（けんびきょう）で見てみると，それぞれ後の図2a，2b，図3a，3b，図4a，4bのように観察され，この観察結果は表１のようにまとめられました。

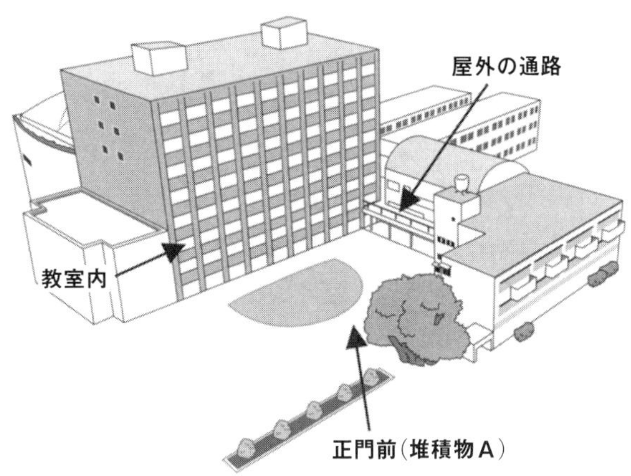

図１　海城中学校と堆積物の採取地点

表１　採取したもののまとめ

採取物	採取地	粒子（りゅうし）の形・種類	粒子の色
堆積物Ａ （図2a，2b）	正門前	角張っている	透明（とうめい）～黒（不透明）まで様々
堆積物Ｂ （図3a，3b）	？	角張っているがやや丸みを帯びている 黒っぽい小さなかけらが 粒子の表面や粒子の間に見られる	透明～黒（不透明）まで様々
堆積物Ｃ （図4a，4b）	？	角張っているものから 丸みを帯びたものまで様々 特に繊維状（せんいじょう）のものや細長くうすいものが多い	透明～黒（不透明）まで様々

※表１中の「？」は，「教室内」もしくは「屋外の通路」のどちらか

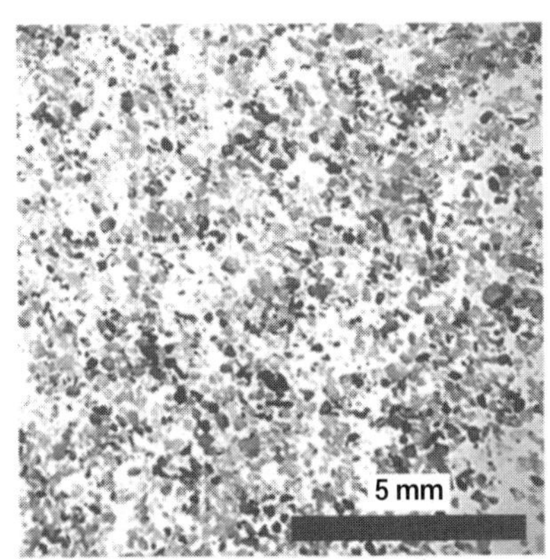

図2a　堆積物Ａの顕微鏡写真（低倍）

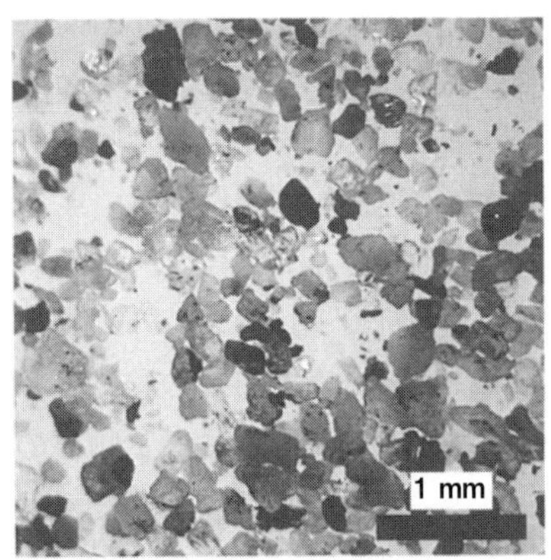

図2b　堆積物Ａ（図2a 中央の拡大図）

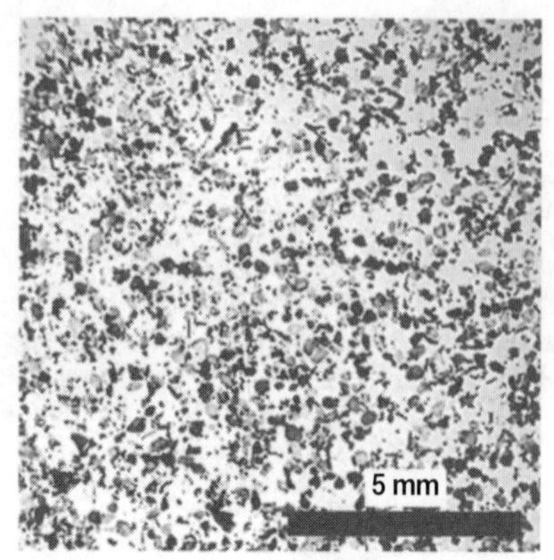

図3a　堆積物Bの顕微鏡写真(低倍)

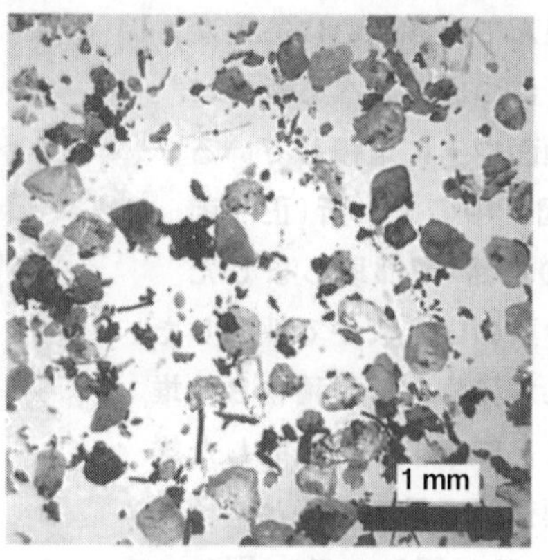

図3b　堆積物B(図3a 中央の拡大図)

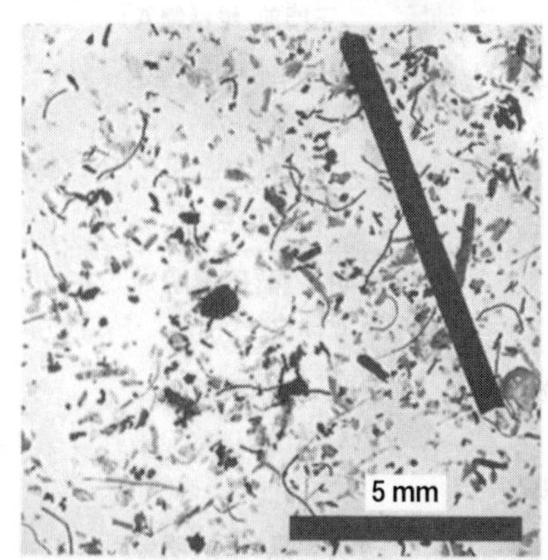

図4a　堆積物Cの顕微鏡写真(低倍)

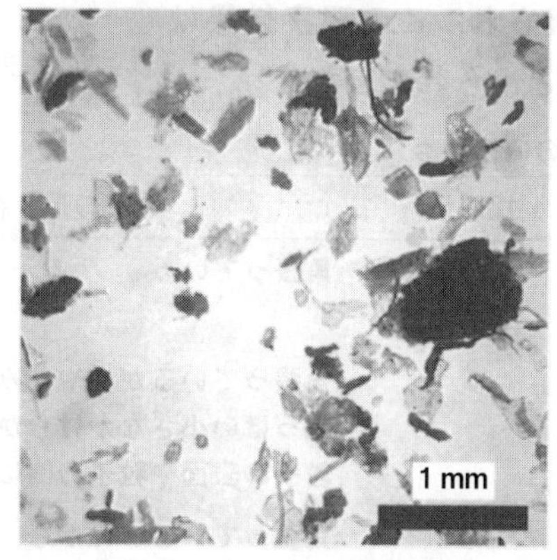

図4b　堆積物C(図4a 中央の拡大図)

問1　採取した堆積物にふくまれている各粒子が何であるのかを調べるときに，顕微鏡で観察する以外の方法もたくさん考えられます。もしあなたが堆積物の粒子の特徴を調べるとしたら，どのような方法で調べますか。顕微鏡で観察する以外の方法と，それによって粒子のどのような性質のちがいが調べられるのか，それぞれ1つずつ答えなさい。

問2　**堆積物A**が地層を構成していた物質のかけらであるとき，**堆積物A**ができるまでに起こった可能性のある現象として最も**不適切なもの**を次の**ア**～**オ**から1つ選び，記号で答えなさい。

ア　風による堆積物の運搬(うんぱん)

イ　河川水による岩石の侵食(しんしょく)

ウ　大気や水による岩石の風化

エ　地震時(じしんじ)の津波(つなみ)による海底堆積物の移動

オ　火山の噴火(ふんか)による地球の中心にある物質の噴出

問3　**堆積物A**の中には，無色透明な粒子がたくさん入っていました。この粒子は，地球内部の岩石がとても豊富にふくんでいる成分からできています。この無色透明な粒子として適切なものを次の**ア**～**エ**から1つ選び，記号で答えなさい。

ア　鉄

イ　石英(もしくはガラス)

ウ　ダイヤモンド

エ　食塩

問４　屋外の粒子は風に乗ったり人間のくつ底についたりしながら，だんだん別の場所に運ばれていきます。**堆積物Ｂ**と**堆積物Ｃ**のうち，**図１**の屋外の通路から採取したものはどちらか，**Ｂ**か**Ｃ**の記号で答えなさい。また，選んだ堆積物のどのような特徴からそう判断したのか，その理由も答えなさい。

問５　ある堆積物中の粒子の大きさとその割合を調べることで，その堆積物がどのようにしてできたかを考えることができます。次の**(1)**，**(2)**に答えなさい。

(1)　**図4b** の**堆積物Ｃ**の一部をスケッチしたものが**図５**です。いま，以下のルールに従って，**図５**の範囲(はんい)で粒子の大きさと数を測定しました。その結果わかった粒子の分布を示したグラフとして，最も適切なものを後の**ア**～**ケ**から１つ選び，記号で答えなさい。

<粒子の大きさと数を測定するときのルール>

①　スケッチ上で縦横に等間隔(とうかんかく)に直線の補助線を引く(図５)。

②　直線どうしの交点１つにつき，その交点が粒子の内側(図５のグレーの部分)に入っているかを調べる。

③　②の交点が粒子の内側に入っているときだけ，その交点の位置に粒子が１個あると数える。

④　③で１個あると数えた粒子の大きさは，図５で見えている範囲の中で最も長い対角線の長さとする。

⑤　②～④の手順を<u>すべての交点</u>１つ１つについて行い，どの大きさの粒子がいくつあるかを数える(測定の例は図６の通り)。

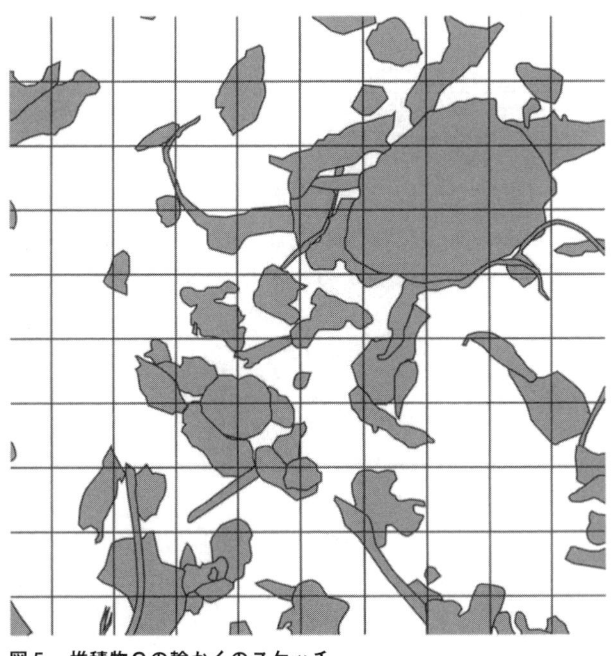

図５　堆積物Ｃの輪かくのスケッチ
(補助線の間隔は縦横とも $\frac{1}{4}$ mm)

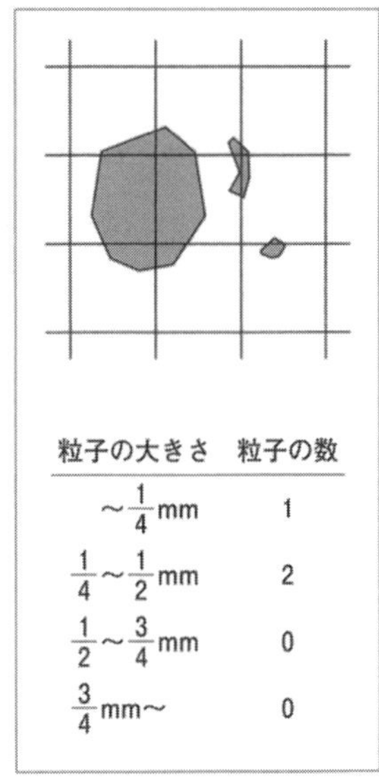

粒子の大きさ	粒子の数
～$\frac{1}{4}$mm	1
$\frac{1}{4}$～$\frac{1}{2}$mm	2
$\frac{1}{2}$～$\frac{3}{4}$mm	0
$\frac{3}{4}$mm～	0

図６　ルールに従って測定した例
(補助線の間隔は縦横とも $\frac{1}{4}$ mm)

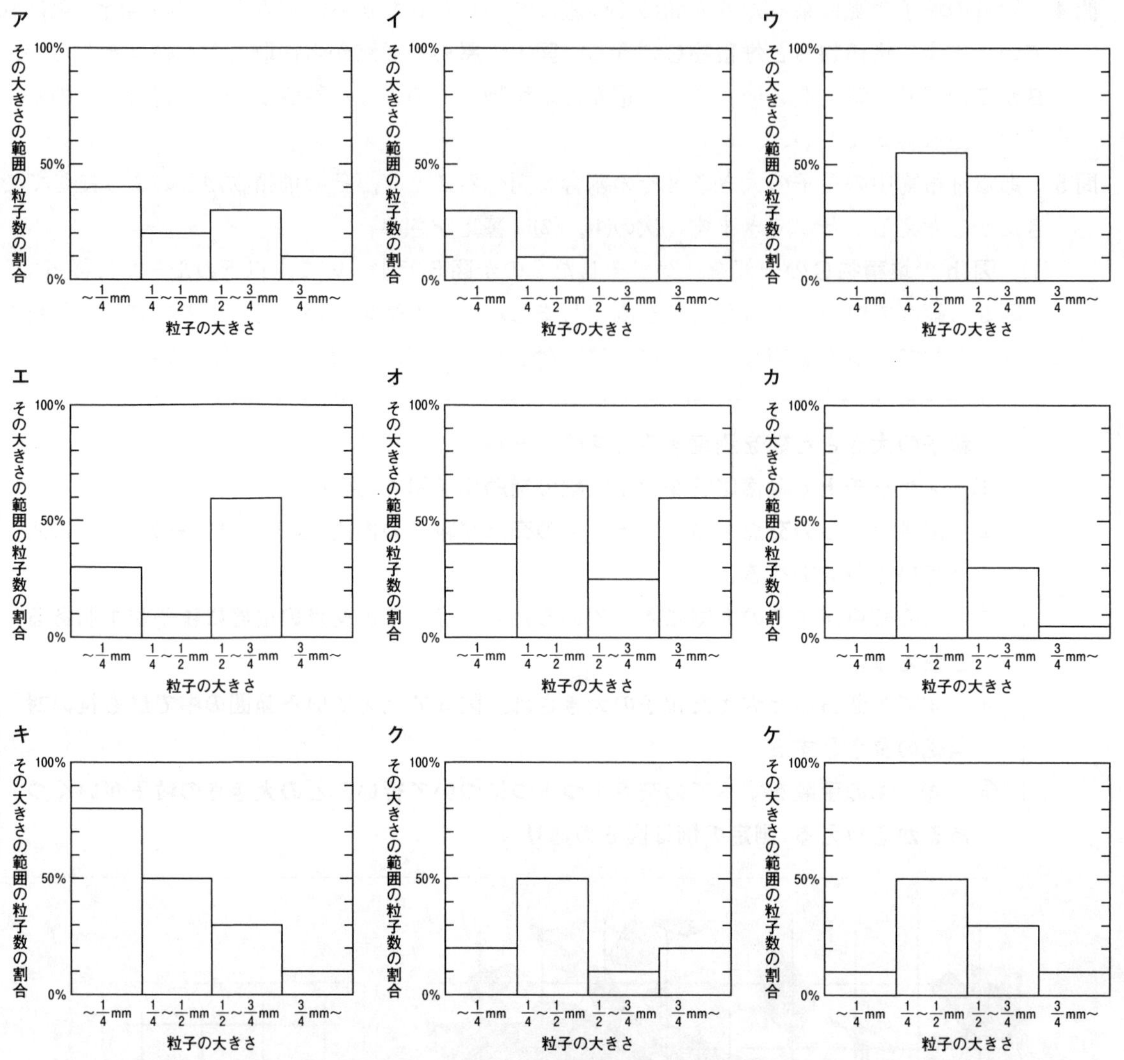

(2) 写真上に引いた縦横の直線でチリ・ホコリ中の粒子の大きさを調べる，という**(1)**のルールに従う方法には決定的な問題点があります。粒子の大きさの決め方および調べる範囲の選び方以外の問題点とその解決策をそれぞれ１つずつ答えなさい。

ア　とりたてて関係もない誰かがある問題に介入（かいにゅう）することで、その人が問題について知ることや、困難を抱えている人々を支援することにもつながっていくから。

イ　その問題について何の関心もない人が気の向くままに関わろうとするだけでも、問題が世の中に広く知れわたるきっかけになる点ではよいことだと言えるから。

ウ　問題の実情を知らない当事者以外の人が倫理的な面から批判を加えることによって、一方的な支援のあり方を見直す機会を生み出すことにつながっていくから。

エ　単なる好奇心（こうきしん）をきっかけに、その問題に関わろうとする人が出てきたとしても、それが結果として当事者の生活を豊かにすることになりさえすればよいから。

問八　――線部**7**「時間のよそ者、という考え方もできる」とあるが、筆者はどういう「考え方」について言おうとしているのか。次の中から適当なものを一つ選び、記号で答えなさい。

ア　ある社会問題が風化しそうな時に、類似した事件について後の世代の人々が社会で取り上げていくことによって、被害者が当時の記憶を語りはじめ、心を救われることがあるという考え方。

イ　ある社会問題が風化しそうな時に、後の世代の中で事件を語り継ごうと行動する人々が現れたり、時間が経ったことで事件について語れるようになる人が出てくることもあるという考え方。

ウ　ある社会問題が風化しそうな時に、後の世代の中から事件の語り手として問題に関わる人々が現れてくる一方で、事件について語ろうとする当事者を批判する人々も現れるという考え方。

エ　ある社会問題が風化しそうな時に、やっと事件について語れるようになった当事者と後の世代の人々が交流する中で、当事者に代わって事件の語り手になっていく人々も現れるという考え方。

問九　――線部**8**「どんなよそ者であっても『わがまま』を言っていい」とあるが、それはどういうことか。次の中から適当なものを一つ選び、記号で答えなさい。

ア　ある社会問題について、いずれは自分の利益になることを期待して、直接の被害者でなくとも口を出すほうがよいということ。

イ　ある社会問題について、自分の立場を気にすることなく、他の批判者と団結して改善の要求をしていくほうがよいということ。

ウ　ある社会問題について、今の自分と関わりがなくとも、必要なことを自分なりに考えて遠慮せず実行したほうがよいということ。

エ　ある社会問題について、現在の自分の利害とは全く関わりのないことにこそ、当事者として関わっていくほうがよいということ。

問十　――線部**9**「すこしだけ距離を置いた支援者の関わりが重要になってきます」とあるが、筆者がこのように考えるのはなぜか。その理由を七〇字以上、八〇字以内で説明しなさい。ただし、次の言葉を必ず用いて答えること。

資源

ウ　貧困に苦しんでいるアフリカの子どもの問題を社会問題と位置づけたところで、日本では子どもが貧困に苦しんでいるという実態はないため、どうしても現実感をともなって考えにくいから。
エ　ほとんどの日本人は、アフリカから遠くはなれた場所にいて、現地の社会問題について直接被害を受けて困った体験をしたわけではないので、自分たちのこととしてとらえるのは難しいから。

問四　――線部**3**「『よそ者』であるけれども関わる必要がある」とあるが、筆者がこのように考えるのはなぜか。その理由として適当なものを、次の中から一つ選び、記号で答えなさい。
ア　ハラスメントは、誰もが加害者や被害者になりえる問題であり、直接関係がないと思っている人もふくめて皆で話し合い考えることで、苦しむ人々を減らし支援することができるから。
イ　ハラスメントは、加害者の性格だけが原因にされやすい問題であり、第三者が話し合いを通じて多様な視点から考え直していくことで、事件の根本的な原因を理解することができるから。
ウ　ハラスメントは、被害者が注目されることの多い問題であり、加害者にも目を向けて両者で話し合う機会を積極的につくることで、被害者に対する真の反省を生み出すことができるから。
エ　ハラスメントは、大半の人々が自分は無関係だと考えがちな問題であり、さまざまな人が参加可能で問題について語りやすい場を設けることで、世論の流れを変えることができるから。

問五　――線部**4**「そこで力になったのが、福島県外で生活している消費者や、原発問題について知識を持つ科学者でした」とあるが、それはなぜか。その理由として適当なものを、次の中から一つ選び、記号で答えなさい。
ア　福島で暮らしている人が原発や食の安全について語り信頼を回復しようとしても、消費者は信じないから。
イ　福島に縁のない人が個人的に意見を言うだけなら、その土地の人を傷つけ利益をそこなうことはないから。
ウ　福島に住み、被害を受けた人々こそが、誰よりも原発や農作物の安全性について不信感を抱いていたから。
エ　福島で被災した人々に気をつかいすぎることなく、食の信頼回復のために意見を述べることができたから。

問六　――線部**5**「スラム住民にもそういう気持ちを与えてしまう可能性がある」とあるが、それはどういうことか。次の中から適当なものを一つ選び、記号で答えなさい。
ア　自分たちの生活を興味本位だけで見学にきて、あからさまにあわれみの目を向ける観光客の横暴さが、スラム住民ににくしみの気持ちを抱かせるおそれがあるということ。
イ　自分たちの生活を見せたところで、観光客は同情するだけでスラムの文化を学んでくれるわけではないことが、スラム住民にむなしさを感じさせるおそれがあるということ。
ウ　自分たちの生活を観光客からものめずらしそうに見られたり、あわれみの言葉をかけられたりすることが、スラム住民にみじめな気持ちを抱かせるおそれがあるということ。
エ　自分たちの生活に同情して、現地でお金を使ってくれる観光客のおかげで何とか生計を立てていることが、スラム住民に後ろめたさを感じさせるおそれがあるということ。

問七　――線部**6**「『おせっかい』という観点からすれば『アリ』ではないでしょうか」とあるが、筆者がこのように考えるのはなぜか。その理由として適当なものを、次の中から一つ選び、記号で答えなさい。

と思いますが、関西では２０１８年に大阪府北部地震があり、私はそこで帰宅困難者になりました。

私は震災のせいで家に帰れなかったり、授業に出られなかった、つまり「被災」したにもかかわらず、自分が被災者とは思えませんでした。実際に被災地のなかでボランティアによる支援を遠慮する人はとても多くて、その人たちは「うちは、だれかに助けに来てもらうほどではない」「自分の地域は今、被害が大きいほうではない」といった理由で**e**コトワるのだそうです。つまり、もっとひどい状態にある人々と比べれば、自分は被害者ではないと思ってしまうのですね。

こうした状況で**9**すこしだけ距離を置いた支援者の関わりが重要になってきます。実際に、大阪府茨木市の震災においても、ボランティアは市外の人がほとんどで、とりわけ過去にボランティアで活動した経験のある災害(注)ＮＰＯの人々は大活躍したと言います。東日本大震災のときも、全国から東北に集まったＮＰＯやボランティア団体の力がなければ、各地の災害救援活動は実現しなかったとも言われています。食料支援やがれきの片付けだけでなく、足湯やお茶会を行ったり、亡くなった人々の思い出が詰まった写真の洗浄など、必ずしも生活に必要じゃない、でも心のケアにつながるような活動が数多く行われたのは、彼らがいい意味で問題のよそ者だったからでしょう。

（富永京子『みんなの「わがまま」入門』）

(注) グローバル化＝社会的・経済的な結びつきが、国や地域を超えて地球規模で深まっていくこと。
非正規雇用＝期間を限定し、比較的短期間での契約を結ぶ雇用形態。
ハラスメント＝他者に対して行われるいやがらせのこと。
スラム＝貧しい人々が固まって住んでいる場所。
ＮＰＯ＝営利を目的とせず社会的活動を行う民間の団体。

問一 〜〜線部**a**〜**e**のカタカナを漢字に直しなさい。

問二 ――線部**1**「『よそ』での経験が、社会問題に対する関心をつくりあげ、『うち』とつながっている、と理解できた」とあるが、それはどういうことか。次の中から適当なものを一つ選び、記号で答えなさい。

ア 途上国の人々を援助する活動に参加したことによって、世界の労働問題は自分たち先進国の経済活動が原因で起きていると理解したということ。

イ 自分たちとは無関係だと思われた海外の社会問題に関わって見識を深めたことで、同様の問題が身近にも存在することに気がついたということ。

ウ 遠くはなれた海外の国で起きている社会問題に関心を向け支援することが、いずれ自分たちの国に利益をもたらすことになると知ったということ。

エ 労働問題を抱える途上国で派遣労働者として働いた経験を通じ、日本国内にも存在する似たような問題への対応の必要性を実感したということ。

問三 ――線部**2**「その問題に対してよそ者である可能性が高い」とあるが、筆者がこのように考えるのはなぜか。その理由として適当なものを、次の中から一つ選び、記号で答えなさい。

ア 実際に日本をはなれて「よそ」での経験を積まなければ社会問題に対する関心は育たないため、問題が起きているアフリカ諸国に直接足を運ばない限り、当事者意識を持つことは難しいから。

イ 日本語で読み書きをしているということは、アフリカ諸国の言葉を知らない可能性が高く、問題を抱える国の言語を理解しない限り、その国の社会問題に関わるのは簡単なことではないから。

よそ者だから関われることは、他にもあります。たとえば、アフリカなどでは、「㊟スラム・ツーリズム」が行われています。現地のガイドの案内のもと、民家や学校、土産物屋やレストラン（というよりは「バー」とか「屋台」とかいった簡易な業態のところも多いと思いますが）などさまざまな場所への訪問を通じて、スラムの文化を理解するための観光です。

貧困が生じている現場を目の当たりにしつつ、現地にお金を払うことで、経済の活性化を図る試みですが、一方でスラム住民の生活が「見せ物」になってしまう点で、倫理的な観点からは批判されています。みなさんも、「うわー、これが日本の高校生の生活かー。こんなにしょぼい教室で勉強してるんだ。かわいそう」と言われたらショックでしょうから、5スラム住民にもそういう気持ちを与えてしまう可能性があるということですね。

もちろん、倫理的にはこの批判の通りで、実際にはスラム・ツーリズムが成立しうる構造そのものを変えていかなきゃいけない。ただスラムの人々はそれで生計を立てていることも否定し難い事実ですし、旅が学びを与える可能性は十分にある。だから、よそ者であることをうまく使った支援や応援のあり方って、6「おせっかい」という観点からすれば「アリ」ではないでしょうか。

空間のよそ者じゃなくて7時間のよそ者、という考え方もできる。ある社会的被害について、「風化」という観点から語られることは、すごく多いですね。それこそ東日本大震災でも、人々の記憶から原発事故が薄れつつあることが問題にされますし、戦争の悲惨さを伝える活動でも、語り手が高齢化し、その経験を後継者へと語り継ぐことが課題視されています。

一方で、時間が経ったからこそ言えることもある。たとえば、セクシャル・ハラスメントの被害などでもそのようなdコウヨウはよく聞かれるところです。当時は振り返るのもつらかったが、今になって捉え直すことができたから被害を明るみに出した、という人もいます。こういう告発に対して、「そんなつらかったなら、なぜ今になって言うんだよ」という批判もあるかもしれませんが、つらすぎることやほんとうに思い出したくもないことって、記憶に蓋をしてしまうんですよね。でも、あるとき何かスイッチが入るというか、類似の事例を目にしてはじめて、噴き上がるように思い出すことがあるんじゃないかと、私はある人から相談されてはじめて気づきました。

ここまでの私の考えをまとめると、「今のお前に関係ねえじゃん」と言われたら、「いや、自分のことじゃないからできるんだ」と堂々と言えばいいのです。たとえば、福島や広島に住んでないとか、この問題の被害者じゃないとか、あるいは被害者であったのがはるか昔であったとか、8どんなよそ者であっても「わがまま」を言っていい。そのような「おせっかい」が、その被害者のために、かつての自分のために、未来、もしかしたら自分が被害者になるときのためになるかもしれない。

（中略）

社会運動論には「資源動員論」という理論があります。社会運動に参加する人々はどんな人かを問う理論とここでは考えてください。

それまでは、怒りや感情が人々を社会運動へと押し進めるのだと言われてきた。しかし、資源動員論を唱えている人はどちらかといえばクールで、「お金とか時間、そういう資源を持っている人が運動に参加するに決まってるやん」と言います。

「そりゃそうだろ」という感じもしますが、この理論をよそ者と当事者の議論に当てはめると、ただたんに資源のある人が運動に参加する、という以上のことが見えてきます。

震災というと２０１１年の東日本大震災をイメージされる方が多い

いう感覚からしか「わがまま」が言えないとなると、私たちが「わがまま」を言ってもいい範囲というのは、どんどん狭まってしまいます。「わがまま」が本来持っている可能性を、自分で狭めてしまうというのかな。

　もちろん、想像力を活かして、一見当事者ではないように見えるけど、じつは自分もその問題の当事者なんだ！　ということは、主張できなくもないでしょう。たとえば戦争の問題でも、「もしかしたら自分が徴兵されるかもしれない」ということもできる。ただ、そうやって自分が問題の当事者である領域を広げる一方で、それでも想像が及ばない「よその世界」というものはあります。

（中略）私たちの想像や視界の**b**トドく範囲には限りがある。いくら想像しようとしても、全然生活環境が違って、私たちの思いもよらないことで苦しんでいる人はたくさんいる。そういう人たちの問題について、当事者でない人は何も口出しできないのでしょうか。自分がその問題によってほんとうに困っている。あるいは、困る可能性がある、という気持ちから出る「わがまま」でなければ、やっぱりうさんくさくて、偽善っぽい、ということになるのでしょうか。

　たとえば、痴漢や㊟ハラスメントの被害がある。こういうときに被害に遭った人だけの立場から痴漢を政治的、社会的な問題にしてしまうと、それ以外の人々——ハラスメントをする側でもされる側でもないと思っている人——にとっては、「あ、じゃあ自分は関係ないじゃん。まあする人はするだろうけど、それは一部のおかしなやつだけじゃん」という感覚になってしまってもおかしくない。実際は、他人にひどいことをしても、それを失礼だと思っていない、という多くの人の間違った認識のうえに成り立っているのだから、「おかしなやつ」に限らず、だれでもハラスメントを生み出す空気をつくっていると言える。だからこそハラスメントをしたこと・されたことのない男性も女性も、**3**「よそ者」であるけれども関わる必要があると言える。

　またパッと見はハラスメントなんかに全然遭わなそうな人だって、被害に遭うことはあるし、その場合表沙汰にはなりにくい。被害に遭うことが想定されやすい人々、たとえば女性や年少者とはまた違う意味で、恥ずかしくて、だれにも話せない、ということもあるのでしょう。このような場合でも、多くのよそ者が痴漢やハラスメントの問題に関わっていたとしたら、すこしは語りやすい空気ができるのではないでしょうか。ある社会問題によそ者が関わることは、被害を受けたと見なされにくい被害者や悩みを抱えた人を救うことにもなるのです。

　よそ者だから貢献できることはけっこういっぱいあります。五十嵐泰正さんが、『原発事故と「食」』（２０１８年）という本を書いています。２０１１年東日本大震災をきっかけに起きた福島第一原発事故後に、福島の農作物は放射能汚染されているのではないか、ほんとうに食べても大丈夫か、と農作物の安全性が問われてきました。この本では長い時間をかけて市民がどのようにその信頼を回復したか、という経緯が書かれているんです。

　このような問題は、福島に住む人や、縁のある人であればあるほど声を発しにくい。なぜかというと、生産者も、もっとも被害を**c**シンコクに受け止めている人々も福島に住んでいるのだから、「私はこう思っている」と言うことは、近くにいるだれかを傷つけたり、だれかの利益を奪うことになりかねない。それぞれに傷も深く、奪われたものも多いからうまくコミュニケーションできない。

　4そこで力になったのが、福島県外で生活している消費者や、原発問題について知識を持つ科学者でした。この本の著者である五十嵐さんも同じく福島の外にいる方で、だからこそ原発事故と食について、実践をまとめた本を書くことができた部分もあるんじゃないかと私は考えています。

瞬香奈枝をにくらしく思ったものの、杏美は無理に香奈枝と張り合わない方がいいと思って、香奈枝ママから自分の気持ちをかくすために笑ってみせた。

問十二　――線部**12**「『我慢』のひと言は、鑢みたいに耳たぶを擦った」とあるが、これは杏美の多美子に対するどのような思いを表していると考えられるか。次の中から適当なものを**二つ**選び、記号で答えなさい。

ア　本当は白雪姫を演じてほしかったという正直な思いを言葉にせず、わが子をノッポで不器量だとさげすむことしかできない多美子の冷たい性格を思い知らされ、悲しい気持ちになっている。

イ　自分をノッポで不器量だと言っていた多美子が発した意外な言葉によって、自ら賢い選択をしたのだと考え納得させてきた自分の思いが台無しにされたことを、つらく不快に感じている。

ウ　自分は白雪姫の役などばかばかしいと本気で思っているのに、役を譲ったことに対して無意味な同情を寄せる多美子にあきれながらも、何とか本心を理解させようと、むきになっている。

エ　賢いと思った自分の選択が多美子を傷つけてしまったことに気づき、ひどくうろたえる一方で、わが子に期待していた母親の思いをふみにじってしまったことを、申し訳なく思っている。

オ　白雪姫役に決まったときはあまりよい反応を示さなかったにも関わらず、役を降りたあとに本当は白雪姫を演じてほしいと思っていたことをほのめかしてきたことに、いら立ちを覚えている。

二　**次の文章を読み、後の問いに答えなさい。**

経済の㊟グローバル化に反対して、途上国支援の活動に関わっていた人が、その後日本で、低**a**チンギンのアルバイトで働いている人を支援する活動に関わるようになったというお話を聞いたことがあります。

それまでは、途上国にある先進国企業の工場で働いている人や、途上国で十分な教育を受けられない人を支援する活動をしていたのですが、その経験を踏まえて周りを見てみると、じつは日本にいる私たちも同じような構造のなかにいることがわかった。大企業の上層部の人々（もちろん、その人たちはその人たちでいろんな苦しみを抱えているわけですが）は、アルバイトや派遣労働者といった㊟非正規雇用の人々を安く使いながら、自らの経済活動をより発展させようとしているという点で、先進国と途上国とを問わず、じつは同じような関係があるんじゃないかという話をしていました。

さらには、途上国の労働者と同じように、アルバイトや派遣労働者はいろいろな事情から、なかなかその立場を抜け出せないことが身をもって理解できた、とその人は言うのです。**1**「よそ」での経験が、社会問題に対する関心をつくりあげ、「うち」とつながっている、と理解できた例といえるでしょう。

それでもどうしても私たちは「よそ者」であるときがあります。たとえば、アフリカの貧しい子どもがかわいそうだ、これは社会問題だ、というと、少なくとも日本語でこの本を書いたり読んだりしている私たちは多くの場合、**2**その問題に対してよそ者である可能性が高い。

他にも、たとえば天災等で自分が被害を受けたとしても、「自分よりもかわいそうな目に遭った人がいる」と思うと、その問題の当事者として振る舞いにくいと感じることもあるでしょう。

ただ、「自分がある社会問題によって、何らかの被害を受けた」とことを、自分にも責任があるかのように感じて苦痛に思っていたが、香奈枝の方から声をかけてきたことで、この気まずさから解放されると思ってほっとしたということ。

問八　――線部**8**「意を決した顔の香奈枝の目はきれいだった」とあるが、この時の「香奈枝」についての説明として適当なものを、次の中から一つ選び、記号で答えなさい。

ア　杏美はもともと白雪姫よりもナレーターをやりたかったのだから、自分が白雪姫をやれなくなった以上、杏美に白雪姫の役を譲らせればいいのだと何の疑いもなく思っている。

イ　白雪姫をやれなくなった自分のことをなぐさめてくれてもいいはずの杏美が、全くふだん通りでいるのが気に入らず、仕返しに冷たい態度を取ってやろうと気持ちを固めている。

ウ　自分が白雪姫をやれなくなったのだから、もともといろいろな能力にめぐまれている杏美は、白雪姫の役ぐらい自分に譲ってくれてもよいのではないかと気持ちが整理できた。

エ　自分は急に白雪姫の役をやれなくなったのに、自分から役を奪った飯田麻耶が平然としていることに納得がいかず、それならば自分も杏美から役を奪ってやろうと心に決めた。

問九　――線部**9**「正式に白雪姫から降りた時、取り返しのつかないことをしてしまったような気がした」とあるが、杏美はなぜ「取り返しのつかない」と感じるほどの後悔を抱いたのか。六〇字以上、八〇字以内で説明しなさい。

問十　――線部**10**「酷く不当なことをされた気がした」とあるが、この時の杏美の気持ちを説明したものとして適当なものを、次の中から一つ選び、記号で答えなさい。

ア　香奈枝からのお願いやお礼を自分からさえぎることで、自分が優位に立てると思っていたが、結果的にはおたがいがいやな思いをしただけだったことが、不本意だと考えている。

イ　香奈枝の希望を聞き入れようとしたことに対し、丁寧なお願いやお礼の言葉があるものだと期待していたが、あいまいな態度でごまかそうとした香奈枝が許せないと思っている。

ウ　一方的に人を巻き込んでおいて、都合が悪くなると身勝手なふるまいで自分に気をつかわせたうえ、何のお礼も言わない香奈枝に、振り回されたようで不快な気持ちになっている。

エ　同情をさそって他人に気をつかわせた挙句、お礼の言葉も言わずうれしそうにふるまう香奈枝を見て、他人に優しく接して損ばかりしている自分に対し、怒(いか)りがこみあげている。

問十一　――線部**11**「多美子は、一瞬黙ってから、ぱかっと箱を開くような笑顔になって」とあるが、この時の「多美子」についての説明として適当なものを、次の中から一つ選び、記号で答えなさい。

ア　多美子は、杏美が白雪姫の役を香奈枝に譲ったと聞いてそのいきさつを一瞬疑問に思ったものの、杏美には白雪姫よりももっとふさわしい役があると自分自身に言い聞かせ、その場をとりつくろって笑ってみせた。

イ　多美子は、杏美が白雪姫の役を香奈枝に譲ったと聞いて少し残念に思ったものの、杏美が友だちとの関係を大事にしたことを感じてうれしくなり、自分も同じ気持ちで香奈枝ママに接しようと思って笑ってみせた。

ウ　多美子は、杏美が白雪姫の役を譲ったと聞いて少し意外に思ったものの、杏美は自分の能力を生かす道をあえて選んだのだと気づいてほめてやりたくなり、その気持ちをこの場で杏美に伝えようとして笑ってみせた。

エ　多美子は、杏美が白雪姫の役を香奈枝に取られたと知って一

ア　杏美にとって、香奈枝は自分に従うだけの都合のいい存在でしかなかったが、いつの間にか香奈枝のわがままに杏美が従うようになりつつあったということ。

イ　杏美からすれば、自分より劣っていて特別な存在であるとも思われなかった香奈枝が、いつの間にか杏美よりもクラスで存在感を示しつつあったということ。

ウ　杏美にとって、いつも一緒の「二人組」で対等の存在であった香奈枝が、今では力を持つようになり、クラスの中での扱いに差ができつつあったということ。

エ　杏美からすれば、香奈枝は何もできない存在で自分が支えてあげる必要があったが、今ではクラスから一目置かれる立派な人間になりつつあったということ。

問五　――線部**5**「甘ったるい食べ物を不意打ちで舌にのせられたような気がした」とあるが、この時の杏美の気持ちを説明したものとして適当なものを、次の中から一つ選び、記号で答えなさい。

ア　あきらめていた白雪姫役が思いがけず演じられるようになったことを喜びつつ、どう演じたらよいのかと迷っている。

イ　いきなり白雪姫役をおしつけてくる香奈枝に不快感を抱き、それでも役を引き受けるしかないとうんざりしている。

ウ　香奈枝と同じ衣裳で演じられるうれしさから立候補を前向きに考える一方で、役自体にはまだ好感を持てずにいる。

エ　自分には縁がないと思っていたはなやかな役を一緒にやろうと急に言われ、照れくさく感じつつとまどっている。

問六　――線部**6**「杏美は香奈枝とつないだ手をぶんぶん振って、勇ましく歩いた」とあるが、この時の「杏美」についての説明として適当なものを、次の中から一つ選び、記号で答えなさい。

ア　ふだんからその可愛らしさに対してあこがれを抱いていた香奈枝とともに、白雪姫役を演じられるようになったことの喜びが全身に広がっている。

イ　香奈枝と同じように白雪姫役を演じることで、香奈枝よりも自分の方が白雪姫にふさわしいことを多美子に必ず認めさせようと意気込んでいる。

ウ　白雪姫という大役を本当に演じられるようになった喜びを改めてかみしめ、可愛い香奈枝と同じように主役を演じるほこらしさを体中で感じている。

エ　多美子とは違い、香奈枝と白雪姫役を演じられるようになったことを喜んでくれた香奈枝ママに感謝し、その期待にこたえようと決意している。

問七　――線部**7**「杏美はようやくこの首輪を外せると思った」とあるが、それはどういうことか。次の中から適当なものを一つ選び、記号で答えなさい。

ア　白雪姫役を降りることになった香奈枝に、自分は何もしてあげられず申し訳ないと思っており、何とか香奈枝を元気づける機会をさぐっていたので、これでやっと香奈枝をはげましてあげられると思ってうれしくなったということ。

イ　白雪姫を演じられないことを香奈枝が納得するはずもなく、いずれは白雪姫役を演じたいと大泣きするだろうと思っていたが、意外にも冷静に話しかけてきたことで、面倒なことに巻き込まれる心配がなくなり安心したということ。

ウ　白雪姫役をめぐって飯田麻耶と香奈枝が対立する様子を見ていられず、自分から役を譲ろうと考えていたところに、香奈枝が機嫌よく話しかけてきたことで、ようやく役を譲ってあげられると思って気持ちがすっきりしたということ。

エ　白雪姫を演じられなくなって香奈枝の機嫌が悪くなっている

「五人でやる役なんて、ばっかみたい」

いくらひらひらしたドレスを着たところで、台詞ふたつの白雪姫より、みっつ喋れるナレーターのほうが、賢い選択なんだ。たとえナレーターは舞台には立たず、その下でマイクを使ってしゃべる役だったとしても。

（朝比奈あすか『君たちは今が世界』）

㊟ リトミック＝音楽を通して子どもの育成をはかる教育プログラム。
不器量＝顔かたちが整っていないさま。

問一 ――線部**1**「自分でもびっくりするくらい、険しい声が出た」とあるが、それはなぜか。その理由として適当なものを、次の中から一つ選び、記号で答えなさい。

ア 自分よりも周囲の人間からの評判がよい香奈枝が、自分よりずっとへたくそな絵を描いていることが気に入らなかったから。

イ 将来美人になりそうというだけで、香奈枝のへたくそな絵が自分の絵よりもほめられるのがくやしく、不公平に感じたから。

ウ 母親に可愛くないと言われた自分の顔を、可愛いとほめられた香奈枝にへたくそに描かれたことが不快で、許せなかったから。

エ 母親から不器量と言われて落ち込んでいる自分を、へたくそな似顔絵ではげまそうとする香奈枝の無神経さに腹が立ったから。

問二 ――線部**2**「なぜか杏美はそんなことを言った」とあるが、「杏美」がそのように言ったのはなぜだと考えられるか。その理由として適当なものを、次の中から一つ選び、記号で答えなさい。

ア 急に香奈枝のことを深い実感を持ってほめ始めた多美子の意図がつかめなかったので、香奈枝の悪口を言ってみることで、多美子の真意がどこにあるかを知りたいと思ったから。

イ 何一つうまくできない香奈枝のことをふだんから心配していたため、何もできなくても可愛ければ全く問題ないと簡単に考えている多美子の考え違いを正したいと思ったから。

ウ 香奈枝は多美子の言うようにたしかに可愛いが、実際はただ可愛いだけで、不用意に人の神経を逆なでするようなところがあるので、手放しでほめられていることに反発したから。

エ 何をやってもうまくできない香奈枝が、可愛いということを多美子にほめられていることは、何をやっても自分がいちばんだと思っていただけに、納得がいかないことだったから。

問三 ――線部**3**「世界が一気に輝いたように感じた」とあるが、それはなぜか。その理由として適当なものを、次の中から一つ選び、記号で答えなさい。

ア 香奈枝にきつい言葉を浴びせたことに罪悪感を抱いていたが、笑顔で話しかけられたことで、香奈枝が何も思っていなかったことが分かり、気持ちが楽になったから。

イ 自分が冷たい態度をとったことを香奈枝が気にしていなかったため、自分の後悔がむだであったことにがっかりしながらも、負い目がなくなってせいせいしたから。

ウ 香奈枝が母親の事情で転園したことを知るまでは、多美子の機嫌をそこねたことを後悔していたが、これからは何も気にせずに香奈枝と仲良くできると思ったから。

エ 昔のひどい行いを香奈枝本人が入学式の日に笑顔で許してくれたため、直接顔を合わせることへの恐怖がなくなり、今後は香奈枝に気をつかわずに済むと思えたから。

問四 ――線部**4**「杏美と香奈枝の力関係は変わりつつあった」とあるが、それはどういうことか。次の中から適当なものを一つ選び、記号で答えなさい。

った。なんでも昨日休んでいた飯田麻耶が、親を通じて電話で白雪姫役に立候補したいと伝えたらしい。

皆の前で、六人でじゃんけんをして、香奈枝が負けた。

大泣きするかと思った香奈枝は無表情で引き下がった。先生が何か言葉をかけていたけれど、香奈枝は黙っていた。

休み時間に杏美が香奈枝に話しかけるとぷいっと横を向かれた。香奈枝は、杏美だけではなく、他の誰ともしゃべらなかった。杏美は、白雪姫役を奪った飯田麻耶が平気な顔で授業を受けているのを、信じられないような思いで見ていた。香奈枝の不機嫌は、何かじわじわとした首輪になって、自分に巻きついてくるようだった。

だから、給食の準備時間に、

「あずちゃん……」

と香奈枝に声をかけられたとき、7杏美はようやくこの首輪を外せると思った。

「あずちゃんは本当は白雪姫、演りたくなかったんだよね？」

8意を決した顔の香奈枝の目はきれいだった。

「あずちゃん、本当は、ナレーター演りたかったんでしょ。だったら……」

「わたし、やめてもいいよ」

皆まで言わせず、杏美は言った。

香奈枝の顔がぱあっと光る。

「え、本当？」

「先生に言いに行こう」

杏美は香奈枝の手を握った。香奈枝の手を、自分から握るのは久しぶりだった。香奈枝が、

「よかった」

と言った。うん、よかった。わたしはもともと白雪姫なんて演りたくなかったんだから。台詞が多いナレーターを演りたかったんだから。

それなのに、先生に許可を得て、9正式に白雪姫から降りた時、取り返しのつかないことをしてしまったような気がした。

ちゃんと頼まれていないし、ちゃんとお礼も言われていない。急にそんな考えが湧いて、香奈枝を責める気持ちがむくむくと湧き上がった。ちゃんと頼ませないように、ありがとうを言わせないように、そうしたのは自分だったのに、どういうわけか、10酷く不当なことをされた気がした。

「あずちゃんが、うちのカナに、白雪姫役を譲ってくれたそうで。本当にありがとうございます。あずちゃんは、優しい子ね」

数日後の公文の帰り道、香奈枝ママが多美子に礼を言うのを聞いていた。

そのことを知らなかった11多美子は、一瞬黙ってから、ぱかっと箱を開くような笑顔になって、

「いいのいいの。うちのなんて、白雪姫って柄じゃないし、香奈枝ちゃんが演ったほうがずっと様になるわよ」

と言った。

それなのに、家に帰ってから、

「杏美が白雪姫役を降りたこと、知らなかったよ。よく我慢したね」

と、杏美に言った。

我慢？

ノッポの杏美には似合わないって、お母さん、何度も言っていたくせに。

「我慢なんかしてないよ！　わたし、白雪姫なんて、本当はやりたくなかったんだから」

多美子は本当は自分に白雪姫をやってもらいたかったのだ。そう思ったら、12「我慢」のひと言は、鑢みたいに耳たぶを擦った。

組」になった。当たり前のことだけど、香奈枝はもう「はじゅちゃん」ではなく「あずちゃん」と、呼べるようになっていた。

秋になり、学芸会で『白雪姫』を上演すると発表された。

配役が発表されると、

「あずちゃん、何の役やる？」

香奈枝に訊かれた。杏美は、ほんの少しだけ白雪姫役に惹かれていたけれど、なぜか、

「ナレーター」

と言った。

「かなちゃんは？」

「あたし白雪姫に立候補する」

きっぱり言う香奈枝の目はみずみずしい野心に満ちていた。

すでに **4** 杏美と香奈枝の力関係は変わりつつあった。香奈枝はクラスで一番背が低く、発想も幼く、絵や字もへたくそで、計算も遅い。何もかも杏美に負けているのに、一向に気にしていないようだ。気が強くわがままで、そのわがままを通す力を持ち始めていた。

「白雪姫なんて、セリフ全然ないじゃん」

香奈枝のまっすぐな物言いが眩しすぎて、杏美はそんなふうに言った。白雪姫役は五人。十の台詞を、五人がふたつずつ担当するのだ。ナレーターには三つ台詞がある。それ以上、台詞のある役はない。皆が平等に目立てるように、先生たちが台本を作ったのだろう。動物だの妖精だの、いろんなのが出てきて、一つ、二つ、皆が喋る。

「だって、ドレス着れるの、白雪姫だけでしょ。それに」

と、香奈枝が思いがけないことを言った。

「あずちゃんも一緒に白雪姫やれば、一緒に練習できるよ」

「え…？」

杏美は困った顔を作った。

「やろうよ、やろうよ」

「でも……どうしようかな」

5 甘ったるい食べ物を不意打ちで舌にのせられたような気がした。

白雪姫役に手を挙げる時、どきどきした。立候補者はぴったり五名。全員仲良く白雪姫になることができて、安堵の息がもれた。

その日の夕方、一緒に通っていた公文教室にお迎えにきた多美子と香奈枝ママに、二人は口々に白雪姫役をやることを報告した。香奈枝ママは「やったね」と言い、香奈枝の手のひらと自分の手のひらをパチンと合わせた。一方、多美子は、

「やあだ、五人の中で杏美だけがノッポじゃないの、入れ替わった時に変な感じになっちゃうじゃない」

とぶつぶつ言った。香奈枝ママは、そんな多美子に苦笑いをしながら、

「あずちゃんと一緒に白雪姫できるなんて、カナ、良かったね。おんなじドレスのお衣裳を着て、写真をいっぱい撮りたいね」

と杏美に声をかけた。

「白雪姫のドレス、親が作るのかしらね……香奈枝ちゃんには似合うでしょうけど、うちはどうかしら……」

まだぶつぶつ言っている多美子だったが、いつもよりはその目が優しく細められている気がした。

――おんなじドレスのお衣裳を着て、写真をいっぱい撮りたいね。

香奈枝ママの言葉が、ポップコーンみたいに軽やかに、耳元で弾け続けていた。

その日、公文教室からマンションの近くの別れ道まで、**6** 杏美は香奈枝とつないだ手をぶんぶん振って、勇ましく歩いた。

しかし翌日の朝の会で先生が、白雪姫の役を決め直すと言ったのだ

二〇二〇年度 海城中学校

【国語】〈第一回試験〉（五〇分）〈満点：一二〇点〉

注意　字数指定のある問いは、句読点なども字数にふくめること。

一 **次の文章を読み、後の問いに答えなさい。**

保育園で、杏美は香奈枝と「仲良し二人組」だった。

思えば、家が近くて母親どうしが顔見知りだったというだけの理由だったが、赤ちゃんの頃から一緒にいて、周囲からも先生からも「仲良し二人組」として扱われると、ちいさな園の中で、その関係はほぼ固定化された。

四歳になっても、香奈枝は「はじゅちゃん」と、舌足らずに呼んだ。

そのころ杏美は保育園の同じ学年の子たちの中で、一番背が高かった。自分でもよく覚えている。㊟リトミックでも体操でも、何をやってもいちばん上手で、みんなができないのが不思議なくらいだった。お絵描きの時間は大得意だった。他の子たちがどうにかして人間を描こうとしても全部お化けみたいになっちゃう時に、杏美は前髪も眉毛も首も、丁寧に描いた。上手ねえ、とおとなに褒められるたび、自分は特別なんだと思った。

ある時香奈枝が、大きくまるを描いて、その中にぐりぐりと目玉らしきものをぬりこんでいた。できあがったものをみんなに向けて言った。

――これ、はじゅちゃん。

にこにこしている香奈枝を見て、カッとなった。

――わたし、そんな顔じゃないよ！

1 自分でもびっくりするくらい、険しい声が出た。その声に、目の前の香奈枝が固まった。

香奈枝は無言で消しゴムを探し、ごしごしと絵を消した。消して消して、その指先が真っ赤になるくらいに力を込めて消しているうち、紙が破けてしまったから、さすがに申し訳なくて、杏美は焦った。けれど、優しい言葉を香奈枝にかけることが、どうしてもできなかった。

あの時のことを、香奈枝は忘れてしまったのだろうか。杏美ははっきり覚えている。あんなに強く反応してしまったのは、同じころ母親の多美子が香奈枝の写真を見ていて、

――この子は将来、美人になるわ。

と言ったからかもしれない。

ため息のこもったようなその声には、深い実感があった。

――でも、かなちゃんは何にもできないんだよ。

2 なぜか杏美はそんなことを言った。

――いいのよ。あれだけ可愛いんだから。

多美子はさらっとそう言ってから、

――あなたは㊟不器量だから、しっかり勉強して、みんなの役に立つ仕事に就かないとね。

と、杏美に言った。

それからしばらくして香奈枝が保育園を退園した。わたしが絵のことで怒ったから、香奈枝を傷つけてしまったのだろうかと、子どもながらにはらはらと後悔した。そのことを多美子に言ったら怒られそうな気がして、杏美はずっと黙っていた。

実際は、香奈枝の母親が仕事を辞めたために、幼稚園に転園したというだけのことだったのだが、幼い杏美にそんな事情は分からなかった。だから、小学校の入学式で香奈枝が満開の笑顔で近づいてきてくれた時、3 世界が一気に輝いたように感じた。ふたりが再び、「二人

2020年度

海城中学校 ▶解説と解答

算数 ＜第１回試験＞（50分）＜満点：120点＞

解答

1 (1) 5 (2) 30g (3) 76度 (4) $\frac{4}{9}$ (5) 0.86cm 2 (1) 120個 (2) 435 (3) 48個 3 (1) $\frac{2}{9}$倍 (2) $\frac{2}{27}$倍 (3) $\frac{1}{27}$倍 4 (1) 40秒後 (2) 10分20秒 (3) 11分22秒 5 (1) 117度 (2) 14回 (3) $23\frac{1}{9}$分後 6 (1) 168cm^3 (2) 210cm^3 (3) 170.8cm^3

解説

1 四則計算，濃度，つるかめ算，角度，割合と比，面積

(1) $5\frac{3}{10}\div\left\{\left(3-\frac{2}{5}\right)\div3\frac{1}{3}+0.5\times0.875\div1\frac{9}{16}\right\}=\frac{53}{10}\div\left\{\left(\frac{15}{5}-\frac{2}{5}\right)\div\frac{10}{3}+\frac{1}{2}\times\frac{7}{8}\div\frac{25}{16}\right\}=\frac{53}{10}\div\left(\frac{13}{5}\times\frac{3}{10}+\frac{7}{16}\times\frac{16}{25}\right)=\frac{53}{10}\div\left(\frac{39}{50}+\frac{7}{25}\right)=\frac{53}{10}\div\left(\frac{39}{50}+\frac{14}{50}\right)=\frac{53}{10}\div\frac{53}{50}=\frac{53}{10}\times\frac{50}{53}=5$

(2) （食塩の重さ）＝（食塩水の重さ）×（濃度）より，15％の食塩水100gに含まれている食塩の重さは，100×0.15＝15(g)とわかる。また，10％の食塩水と20％の食塩水の重さの合計は，100－10＝90(g)であり，この中に含まれている食塩の重さの合計が15gになる。濃度20％の食塩水90gに含まれている食塩の重さは，90×0.2＝18(g)なので，実際よりも，18－15＝3(g)重くなる。濃度20％の食塩水と濃度10％の食塩水を1gずつ交換すると，含まれている食塩の重さは，0.2－0.1＝0.1(g)ずつ減るから，濃度10％の食塩水の重さは，3÷0.1＝30(g)と求められる。

(3) 下の図1で，三角形DBCに注目すると，●印1個と×印1個の大きさの和は，180－128＝52(度)とわかる。よって，●印2個と×印2個の大きさの和は，52×2＝104(度)なので，三角形ABCに注目すると，角アの大きさは，180－104＝76(度)と求められる。

図1

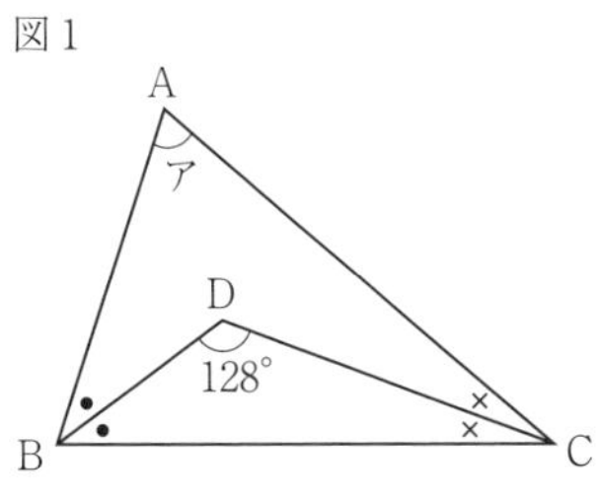

図2

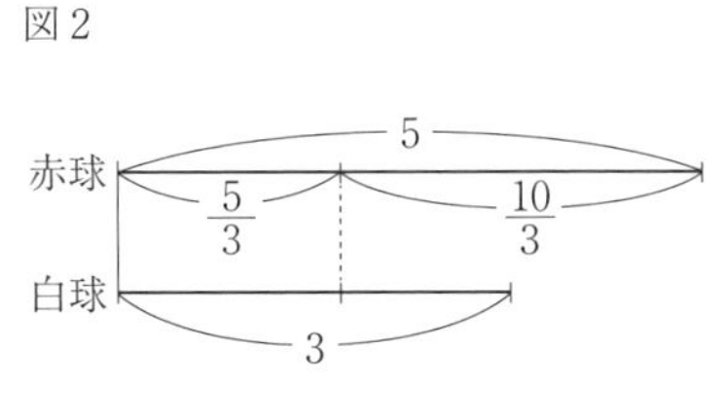

図3

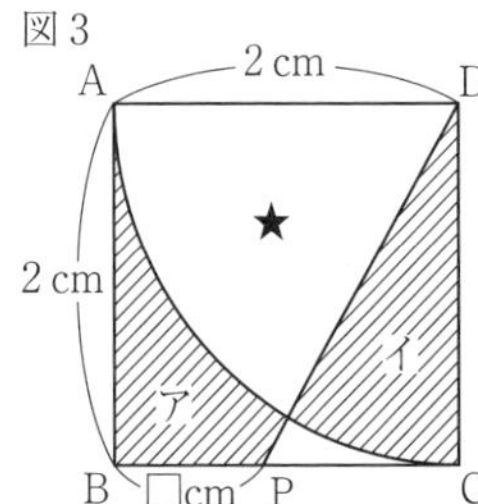

(4) 赤球の個数を5，白球の個数を3とすると，取り除いた赤球の個数は，$5\times\frac{2}{3}=\frac{10}{3}$だから，残りの赤球の個数は，$5-\frac{10}{3}=\frac{5}{3}$となり，上の図2のように表すことができる。よって，取り除いた白球の個数は，$3-\frac{5}{3}=\frac{4}{3}$とわかり，これは白球全体の，$\frac{4}{3}\div3=\frac{4}{9}$にあたる。

(5) 上の図3で，アの部分とイの部分にそれぞれ★印の部分を加えると，台形ABPDと四分円

DACの面積は等しくなる。また，四分円DACの面積は，$2\times2\times3.14\times\frac{1}{4}=3.14(\mathrm{cm}^2)$なので，台形ABPDの面積も$3.14\mathrm{cm}^2$となる。よって，BPの長さを□cmとすると，（２＋□）×２÷２＝3.14（cm^2）と表すことができるから，□＝3.14×２÷２－２＝1.14(cm)と求められる。したがって，PCの長さは，２－1.14＝0.86(cm)である。

2　場合の数

⑴　百の位には６通り，十の位には残りの５通り，一の位には残りの４通りのカードを並べることができるから，３桁（けた）の数は，６×５×４＝120(個)作れる。

⑵　百の位が６の数と百の位が５の数は，５×４＝20(個)ずつある。また，百の位が４の数のうち，十の位が６の数と十の位が５の数は４個ずつある。ここまでで，20＋20＋４＋４＝48(個)なので，50番目に大きい数は，百の位が４，十の位が３の数の中で大きい方から，50－48＝２(番目)の数である。よって，436，435より，435とわかる。

⑶　３の倍数は各位の数の和が３の倍数になり，そのような３つの数の組み合わせは右の図のように８通りある。どの場合も，これらを並べてできる３桁の数は，３×２×１＝６(個)ずつあるから，全部で，６×８＝48(個)と求められる。

・和が６　（１，２，３）
・和が９　（１，２，６），（１，３，５），（２，３，４）
・和が12　（１，５，６），（２，４，６），（３，４，５）
・和が15　（４，５，６）

3　平面図形─相似，辺の比と面積の比

⑴　右の図で，DIとEHとBC，EFとDGとACはそれぞれ平行だから，三角形HEFの面積は三角形HEBの面積と等しくなる。また，三角形ABCの面積を１とすると，三角形ABHの面積は$\frac{2}{3}$である。さらに，三角形HEBの面積は三角形ABHの面積の$\frac{1}{3}$倍なので，三角形HEBの面積は，$\frac{2}{3}\times\frac{1}{3}=\frac{2}{9}$とわかる。よって，三角形HEFの面積も$\frac{2}{9}$だから，三角形HEFの面積は三角形ABCの面積の，$\frac{2}{9}\div1=\frac{2}{9}$(倍)と求められる。

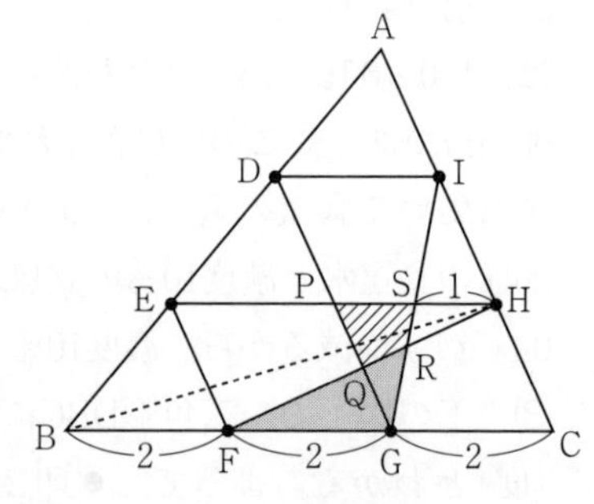

⑵　三角形IGCと三角形ISHは相似であり，相似比は２：１なので，GC(＝FG＝BF)の長さを２とすると，SHの長さは１になる。また，三角形RFGと三角形RHSも相似であり，相似比は２：１だから，FR：RH＝２：１とわかる。よって，三角形RFGの面積は三角形HFCの面積の，$\frac{2}{2+2}\times\frac{2}{2+1}=\frac{1}{3}$(倍)と求められる。さらに，三角形HFCと三角形FHEは合同なので，⑴より，三角形HFCの面積は$\frac{2}{9}$とわかる。したがって，三角形RFGの面積は，$\frac{2}{9}\times\frac{1}{3}=\frac{2}{27}$だから，三角形ABCの面積の，$\frac{2}{27}\div1=\frac{2}{27}$(倍)である。

⑶　三角形PGSの面積から三角形QGRの面積をひいて求める。はじめに，⑴と同様に考えると，三角形DGIの面積は$\frac{2}{9}$になる。また，三角形DGIと三角形PGSは相似であり，相似比は２：１なので，面積の比は，（２×２）：（１×１）＝４：１となる。よって，三角形PGSの面積は，$\frac{2}{9}\times\frac{1}{4}=\frac{1}{18}$とわかる。次に，三角形QFGと三角形QHPは合同だから，GQ：QP＝１：１となり，三角形RFGと三角形RHSの相似から，GR：RS＝２：１である。すると，三角形QGRの面積は三角形PGSの面積の，$\frac{1}{1+1}\times\frac{2}{2+1}=\frac{1}{3}$(倍)となるので，四角形PQRSの面積は三角形PGSの面積の，$1-\frac{1}{3}=\frac{2}{3}$(倍)

とわかる。したがって，四角形PQRSの面積は，$\frac{1}{18}\times\frac{2}{3}=\frac{1}{27}$だから，三角形ABCの面積の，$\frac{1}{27}\div 1=\frac{1}{27}$(倍)と求められる。

4 旅人算，速さと比

⑴　右の図のように，スタートしてから初めてすれ違うまでに２人が泳ぐ距離の和は50ｍの２倍にあたる。同様に，初めてすれ違ってから再びすれ違うまでに２人が泳ぐ距離の和も50ｍの２倍にあたる。この時間がどちらも40秒だから，初めてすれ違ったのはスタートしてから40秒後である。

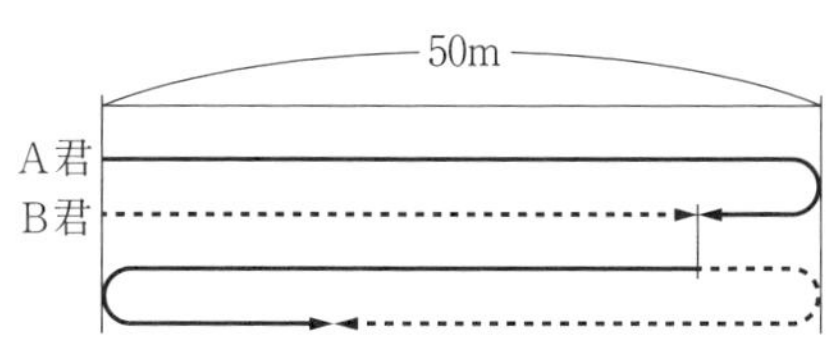

⑵　Ａ君が800ｍ泳ぐ間にＢ君は750ｍ泳いだので，Ａ君とＢ君の速さの比は，800：750＝16：15である。よって，Ａ君とＢ君が同じ時間に泳ぐ距離の比も16：15だから，スタートしてから初めてすれ違うまでの40秒でＡ君が泳いだ距離は，$(50\times 2)\times\frac{16}{16+15}=\frac{1600}{31}$(ｍ)とわかる。したがって，Ａ君の速さは毎秒，$\frac{1600}{31}\div 40=\frac{40}{31}$(ｍ)なので，Ａ君のタイムは，$800\div\frac{40}{31}=620$(秒)と求められる。これは，620÷60＝10あまり20より，10分20秒となる。

⑶　Ｂ君の速さは毎秒，$\frac{40}{31}\times\frac{15}{16}=\frac{75}{62}$(ｍ)だから，Ｂ君の最後の50ｍの速さは毎秒，$\frac{75}{62}\times\frac{2}{3}=\frac{25}{31}$(ｍ)になる。よって，Ｂ君が最後の50ｍにかかった時間は，$50\div\frac{25}{31}=62$(秒)なので，Ｂ君のタイムは，10分20秒＋62秒＝10分20秒＋１分２秒＝11分22秒とわかる。

5 時計算

⑴　下の図①のように，３時ちょうどに両針がつくる小さい方の角の大きさは，360÷８×３＝135(度)である。この後，長針は１時間(40分)で360度動くから，１分間に，360÷40＝９(度)動き，短針は１時間で，360÷８＝45(度)動くので，１分間に，$45\div 40=\frac{9}{8}$(度)動く。よって，長針は短針よりも１分間に，$9-\frac{9}{8}=\frac{63}{8}$(度)多く動くことになる。したがって，32分では，$\frac{63}{8}\times 32=252$(度)多く動くから，３時32分に両針がつくる小さい方の角の大きさは，252－135＝117(度)になる。

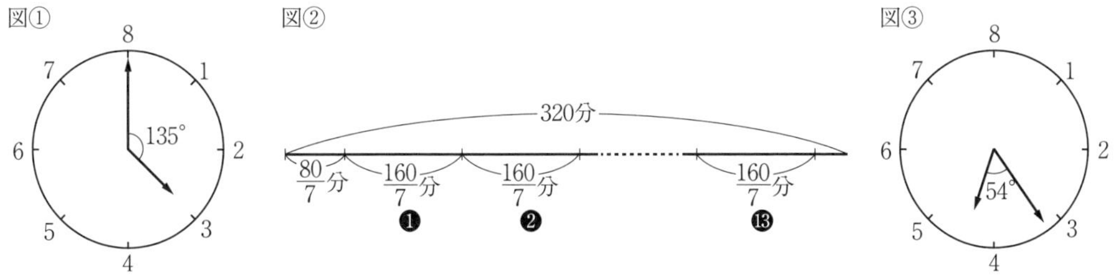

⑵　１回目は，０時０分から長針が短針よりも90度多く動いたときなので，０時０分の，$90\div\frac{63}{8}=\frac{80}{7}$(分後)とわかる。その後は，長針が短針よりも180度多く動くごとに90度になるから，$180\div\frac{63}{8}=\frac{160}{7}$(分)ごとである。また，１日は，40×８＝320(分)なので，$\left(320-\frac{80}{7}\right)\div\frac{160}{7}=13\frac{1}{2}$より，上の図②のように表すことができる。よって，１日で，13＋１＝14(回)あることがわかる。

⑶　４時ちょうどに両針がつくる角の大きさは180度である。また，長針は短針よりも16分で，$\frac{63}{8}\times 16=126$(度)多く動くから，上の図③のように，４時16分に両針がつくる小さい方の角の大きさは，180－126＝54(度)になる。この後，両針がつくる角の大きさが128度になるのは，長針が短針

よりも，54＋128＝182(度)多く動いたときなので，$182\div\frac{63}{8}=23\frac{1}{9}$(分後)と求められる。

6 立体図形―分割，体積

⑴　右の図１で，水面は四角形BEHCであり，かげをつけた部分に水が入っている。これは，底面が三角形CGHで高さがFGの三角柱だから，水の体積は，$7\times8\div2\times6=168(cm^3)$となる。

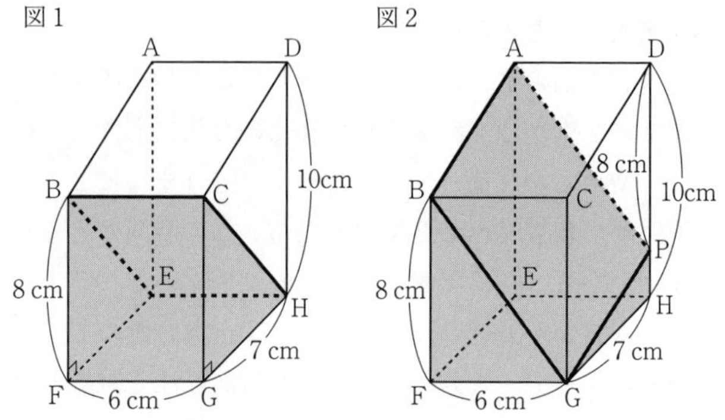

⑵　右の図２のように，Ａを通りBGと平行な直線を引き，DHと交わる点をＰとする。すると，水面は四角形ABGPとなり，かげをつけた部分に水が入っていることがわかる。ここで，三角形BGCと三角形APDは合同なので，水が入っていない部分の体積は，底面が三角形BGCで高さがHGの三角柱の体積と等しくなる。よって，水が入っていない部分の体積は，$6\times8\div2\times7=168(cm^3)$と求められる。また，台形CGHDの面積は，$(8+10)\times7\div2=63(cm^2)$だから，容器の容積は，$63\times6=378(cm^3)$となる。したがって，水の体積は，$378-168=210(cm^3)$とわかる。

⑶　右の図３のように，Ｂを通りAHと平行な直線を引き，FGと交わる点をＱとする。すると，水面は四角形ABQHとなり，かげをつけた部分に水が入っていることがわかる。次に，AB，EF，HQを延長して交わる点をＲとすると，三角すいR－AEHと三角すいR－BFQは相似になる。このとき，相似比は，10：８＝５：４なので，体積の比は，$(5\times5\times5):(4\times4\times4)=125:64$となり，水の体積は三角すいR－AEHの体積の，$(125-64)\div125=\frac{61}{125}$(倍)とわかる。また，EF：FR＝(５－４)：４＝１：４より，FRの長さは，$7\times\frac{4}{1}=28(cm)$となるから，三角すいR－AEHの体積は，$6\times10\div2\times(7+28)\div3=350(cm^3)$と求められる。よって，水の体積は，$350\times\frac{61}{125}=170.8(cm^3)$である。

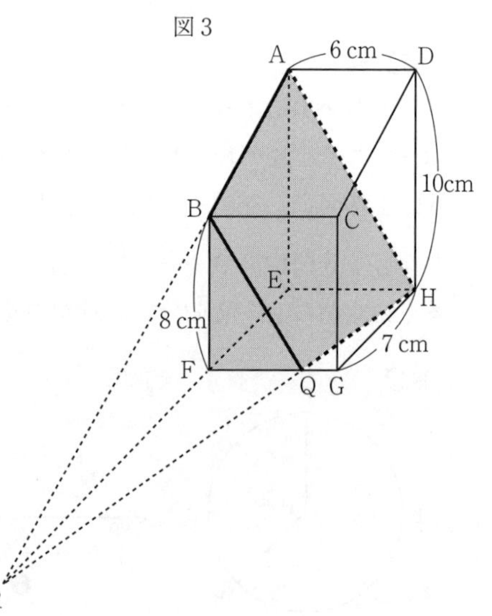

社　会　<第１回試験>（45分）<満点：80点>

解　答

問１　鹿鳴館　**問２**　エ⇒ウ⇒ア⇒イ　**問３**　イ，ウ　**問４**　扇状地，ぶどう　**問５**　オ　**問６**　⑴　蘇我馬子　⑵　(例)　家柄にとらわれず，能力のある豪族を役人に採用するため。　**問７**　イ，エ　**問８**　ア　**問９**　(例)　当時の女性たちは体形を細く見せるための下着や，すそが長く歩きづらいドレスなど，男性たちが求める美しさを重視して服装を選んでいたが，第一次世界大戦によって男性たちが戦地に出ていくようになると，代わりにそれまで働く必要のなかった女性たちも外に出て仕事をするようになった。そのため，シャネルが発表したジャージードレスのように，見た目も華やかさを保ちながらもすそが短く生地の伸縮性にすぐれた，動きやすい服装が好まれるようになった。　**問10**　(例)　パリ市内には現在，高く評価されている服のデザイナーや，それを商品にできる高度な技術を持った職人が存在する。シャネルのオートクチュールがつくられるさいには，そのようなデザイナー，職人などの生産者と客とのあいだで，時間や手間を惜しまず何度もやり取りがなされるため。

解　説

女性の服装の変化を題材にした問題

問１　明治政府は，江戸幕府が幕末に結んだ不平等条約を改正するため，日本の西洋化・近代化をおし進めた。明治時代初期に外務卿・外務大臣を務めた井上馨は，日本が近代化したことを欧米諸国にアピールするため，極端な西洋化政策である「欧化政策」を実施した。その１つとして1883年に東京の日比谷に建てられた洋館が鹿鳴館で，鹿鳴館では《絵》に見られるように，外国人を招いてたびたび舞踏会などが開かれた。しかし，この「鹿鳴館外交」は条約改正にはいたらず，欧化政策は政府の内外から批判を浴び，失敗に終わった。

問２　アは1970年，イは1973年，ウ(満州事変)は1931～33年，エは1911年のできごとなので，年代の古い順にエ⇒ウ⇒ア⇒イとなる。

問３　ア　1925年に成立した普通選挙法では25歳以上の男性に選挙権が認められたが，女性の選挙権は認められなかった。　イ　1945年に衆議院議員選挙法が改正され，20歳以上の男女に選挙権が与えられた。これにもとづいて，翌46年に衆議院議員総選挙が行われ，その結果，39名の女性議員が誕生した。よって，正しい。　ウ　企業が妊娠や出産を理由として女性労働者に退職などを求めることは，男女雇用機会均等法や育児介護休業法で禁止されている。よって，正しい。　エ　育児休暇(育児休業)は女性だけでなく男性でも取得できる。

問４　《地図》で示されている地域は，右下(南東)の山地から左上(北西)に向かって，扇を広げたように斜面が広がっていることがわかる。これは，山地を流れてきた川が急に平地へ出るところで土砂を運ぶ流水のはたらきが弱まり，上流から運ばれてきた粒の大きい土砂が扇形に積もったためで，こうしてできた地形を扇状地という。扇状地は水はけがよいため果樹園に利用されることが多く，《地図》で示された山梨県の甲府盆地ではぶどうやももがさかんに栽培されている。ぶどうは山梨県が生産量第１位で，同じように県域に盆地が広がる長野県が第２位，山形県が第３位となっている。また，マスカットの生産で知られる岡山県も上位に入る。

問５　輸送機械の割合が飛びぬけて高いＣには，世界的な自動車メーカーであるトヨタ自動車の本社や，その関連工場が多く立地する愛知県豊田市をかかえる中京工業地帯があてはまる。残る２つのうち，金属工業の割合が比較的高いＡが阪神工業地帯で，Ｂには京浜工業地帯があてはまる。

問６　(1)，(2)　蘇我馬子は仏教導入をめぐって対立した物部守屋を587年に滅ぼしたのち，592年には崇峻天皇を暗殺し，めいにあたる推古天皇を初の女帝として即位させた。馬子は，推古天皇のおいにあたる摂政の聖徳太子(厩戸皇子)とともに天皇中心の国づくりを進め，聖徳太子は，603年には冠位十二階の制度を，604年には十七条の憲法を定めるなどした。冠位十二階の制度は，家柄にとらわれず，個人の能力や功績に応じて役人に取りたてるもので，役人の位階を大小の12に分け，各階ごとにきめられた色の冠を授けた。

問７　「統合型リゾート(IR)」とは，国際会議場・展示施設・ホテル・商業施設(ショッピングモール)・レストラン・劇場・映画館・アミューズメントパーク・スポーツ施設・温浴施設などが一体になった複合観光集客施設のことである。統合型リゾート整備推進法案(カジノ法案)の審議で，賛成派は国内外から多くの観光客を誘致できること，リゾート開発にともない新たな雇用が生まれること，カジノから得られる税収が国や地方公共団体の財政再建に役立つことを主張した。一方，反対派はギャンブル依存症患者が増えること，治安が悪化すること，犯罪組織が関与する可能性が高いことなどを問題点として指摘した。よって，イとエの２つが正しい。

問８　アメリカ合衆国の首都であるワシントンD.C.(D.C.は「コロンビア特別区」の略称)はアメリカ合衆国東部の都市で，大西洋側に位置しているので，アが誤っている。

問９　本文の中ほどから，シャネルが17歳になった1900年ごろ(《資料１》に示されたような時代)の女性の「美しさ」の基準は，「男性が好むものかどうか」であったことがわかる。ところが，1914年に第一次世界大戦が始まり，男が戦地におもむくようになると，《資料４》にあるように，女性が労働力として期待され，必要とされるようになった。これによって女性の社会進出が進み，それと同時に女性たちが服装を選ぶ基準も大きく変化したのだと推測できる。つまり，《資料１》のような，男性に美しいと思われるための服装は社会で働くためには不向きで，女性にも活動しやすい服装が求められたのである。だからこそ，《資料３》のように伸縮性のある織り方でつくられ，それでいて腰をしぼり，すそは短く動きやすさを追求しながらも優雅に広がり，帽子にも合うといった，従来のスタイルをふまえながらも時代の要求に合った《資料２》のシャネルのジャージードレスが広く受け入れられたのだと考えられる。

問10　問題文や《資料５》，《資料６》からわかるように，「オートクチュール」とよばれる特注の服は，顧客の注文に合わせて「デザイナー，生地職人，裁断職人，縫製職人」らが手作業で仕上げる。１つしかない特注の服の場合，実物のやり取りが必要になると考えられるが，そのためには，それぞれの過程における職人が近くにいたほうがよく，また，その出来栄えを確認し，自分の希望を細かく伝えるためには顧客も近くにいたほうがよい。これを図式にしたのが《資料７》である。このように，オートクチュールのような高級な服は，実物を介して，職人どうし，さらには顧客を交えたやり取りが必要になる。そのため，比較的狭い範囲で生産するほうが効率的で，よい製品をつくる環境が整えやすいのである。

理　科　＜第１回試験＞（45分）＜満点：80点＞

解　答

1　**問１**　伝導／(例)　真空に近い状態なので，熱を伝える物質がほとんどないから。　**問２**　放射／(例)　金属のはくによって熱が反射するから。　**問３**　(例)　ガラスを二重や三重にし，間に熱を伝えにくい空気の層をつくる。　**問４**　**１**　対流　**２**　高　**３**　体積　**４**　高　**５**　冷た　**問５**　$1\frac{12}{89}$倍　**2**　**問１**　塩化水素　**問２**　(1)　ア　(2)　イ　(3)　ア

(4) ウ　(5) エ　(6) ア　**問３** 4.8％　**問４** (1) 塩化ナトリウム　(2) 塩化ナトリウム，水酸化ナトリウム　(3) ①，②，③，④，⑤，⑥　(4) 黄色　**問５** 48ｇ

3 **問１** イ，オ　**問２** ウ　**問３** (1) 茎　(2) 根　**問４** (1) ア　(2) エ　**問５** (例) **方法**…イモの断面にヨウ素液をつける。　**結果**…ヨウ素液をつけた部分が青むらさき色に変化する。　**問６** (例) ジャガイモは種イモの上部に茎がのび，そこにイモができる。一方，サツマイモは苗の下部に根がのび，そこにイモができるから。

4 **問１** (例) **方法**…水の中に入れる。　**性質**…密度　**問２** オ　**問３** イ　**問４** **記号**…B　**理由**…(例) 屋外の堆積物Aのように角張った物質が多く混ざっているから。　**問５** (1) ク　(2) (例) **問題点**…大きな粒子を重複して数えている点。　**解決策**…大きな粒子はざるを使って分けてから，広い間隔の補助線で数える。

解説

1 熱の伝わり方についての問題

問１　熱がものの中を順々に伝わっていく伝わり方を伝導という。ものがないと伝導によって熱が伝わらないので，内びんと外びんの間を何もない(空気すら存在しない)状態にすると，内部の熱が外に逃げるのを防ぐことができる。

問２　ガラス面に金属のはくをつけると，ガラス面が鏡のようになる。放射による熱の伝わり方は，熱が光のように途中(とちゅう)の空間を素通りして伝わるので，鏡の面では光と同じように反射する。そのため，内びんを鏡のようにしておくと，びんの中の熱が反射して再び内側にもどり，外に逃げにくくなる。

問３　ガラスの面を二重や三重にして，ガラスとガラスの間に熱を伝えにくい空気をはさむことにより，熱が伝導によって外に逃げたり外から入ってきたりすることをある程度防ぐことができる。これによって，建物内部の冷暖房(れいだんぼう)の効率を上げることができる。

問４　水や空気のような流動性のあるものは，ものが動くことで熱が全体に伝わる。この伝わり方を対流という。ものの一部分で温度が上がると，その部分は膨張(ぼうちょう)して体積が大きくなる。しかし，重さは変わらないので，同じ体積あたりの重さは軽くなる。すると，軽い部分と重い部分ができ，軽い部分は上へ，重い部分は下へ移動する。これがくり返されて全体が温まる。上空に冷たい空気が入りこむと，冷たい空気は重いので下へ移動し，下の方の暖かい空気との間に対流が起こる。このようすを「大気の状態が不安定」という。

問５　0℃の気体の体積を1とすると，－6℃の気体の体積は，$1\times\left(1-\frac{6}{273}\right)=\frac{267}{273}$，30℃の気体の体積は，$1\times\left(1+\frac{30}{273}\right)=\frac{303}{273}$と表すことができる。よって，体積が1のときの気体の重さは，－6℃では，$1\div\frac{267}{273}=\frac{273}{267}$，30℃では，$1\div\frac{303}{273}=\frac{273}{303}$となる。したがって，－6℃の気体の重さは30℃の気体の重さの，$\frac{273}{267}\div\frac{273}{303}=\frac{303}{267}=1\frac{12}{89}$(倍)になる。

2 水溶液(すいようえき)の性質と中和についての問題

問１　塩酸は，気体の塩化水素が溶(と)けた水溶液である。塩化水素は刺激(しげき)の強いにおいをもつ，水にきわめて溶けやすい有毒な気体である。

問２　(1)　青色リトマス試験紙を赤色に変えるのは酸性の水溶液であるから，塩酸のみに当てはまる。　(2)　加熱して水を完全に蒸発させると，塩酸では何も残らないが，水酸化ナトリウム水溶液では固体の水酸化ナトリウムが残る。　(3)　マグネシウムは，塩酸には溶けて水素を発生するが，水酸化ナトリウム水溶液には溶けない。　(4)　アルミニウムは，塩酸にも水酸化ナトリウム水溶液にも溶けて水素を発生する。　(5)　銅は，塩酸にも水酸化ナトリウム水溶液にも溶けず，気体も発生しない。　(6)　石灰石を塩酸に加えると，二酸化炭素が発生する。しかし，水酸化ナトリウム水溶液に石灰石は溶けない。

問３　実験番号⑪より，水酸化ナトリウム水溶液100ｇを加熱すると，水酸化ナトリウムが4.80ｇ残ることがわかる。よって，水酸化ナトリウム水溶液の濃さは，4.80÷100×100＝4.8(％)である。

問４　(1)　実験番号①〜⑥では，水酸化ナトリウム水溶液が10ｇ増えるごとに，残った固体が0.72ｇずつ増えており，この間は水酸化ナトリウム水溶液がすべて中和している。よって，実験番号②〜⑥で残ったのは，中和によってできた塩化ナトリウム(食塩)だけである。　(2)　実験番号⑥と実験番号⑦の間で，残った固体の増え方がそれまでとは異なっている(0.32ｇしか増えていない)ので，この間で塩酸と水酸化ナトリウム水溶液はちょうど中和し，実験番号⑦では一部の水酸化ナトリウム水溶液が中和されていない(塩酸はすべて中和して残っていない)といえる。したがって，実験番号⑦〜⑩では，中和によりできた塩化ナトリウムと，中和しなかった水酸化ナトリウムが残る。

(3)，(4)　混合溶液中に塩化水素が残っているのは，塩酸だけの実験番号①と，中和後に塩酸の方があまっている実験番号②〜⑥である。これらは酸性を示すので，BTB溶液は黄色を示す。

問５　ちょうど中和するのは実験番号⑥と実験番号⑦の間である。もし，実験番号⑦でも水酸化ナトリウム水溶液60ｇがすべて中和すると，残る固体は実験番号⑥より0.72ｇ増えるはずだが，実際には0.32ｇしか増えてなく，その差は，0.72−0.32＝0.4(ｇ)である。また，ちょうど中和する前(水酸化ナトリウム水溶液がすべて中和される)は水酸化ナトリウム水溶液が１ｇ増えるごとに固体が，0.72÷10＝0.072(ｇ)ずつ増えるのに対し，ちょうど中和した後(中和後に水酸化ナトリウム水溶液があまる)は水酸化ナトリウム水溶液が１ｇ増えるごとに固体が，(4.14−3.92)÷10＝0.022(ｇ)ずつ増える。よって，0.4÷(0.072−0.022)＝８より，ちょうど中和してからさらに水酸化ナトリウム水溶液を８ｇ多くしたのが実験番号⑦になることがわかるので，ちょうど中和するのは，水酸化ナトリウム水溶液を，60−８＝52(ｇ)，塩酸を，100−52＝48(ｇ)としたときである。

３　家庭菜園で育てる植物についての問題

問１　根がひげ根になるのは，子葉が１枚の単子葉類の植物である。ここではネギ(ヒガンバナ科)とトウモロコシ(イネ科)の２つが選べる。

問２　☆のすぐ下のポットは，子葉が２枚で卵形をしているので，キュウリとわかる。トマトとナスの２枚の子葉は細長い。また，☆の下３番目のポットは，子葉が細長い筒状なので，ネギが当てはまる。トウモロコシの子葉はやや太いのに対し，ネギの子葉はひげのように細い。

問３　ジャガイモのイモは地下の茎の先がふくらんででき，サツマイモのイモは根がふくらんでできる。

問４　ジャガイモはナス科の植物，サツマイモはヒルガオ科の植物でアサガオと同じなかまである。なお，ダイズはマメ科，ニンジンはセリ科，キュウリはウリ科。

問５　ジャガイモもサツマイモも，光合成でつくったデンプンをイモに貯めている。イモにデンプンが多くふくまれているかどうかは，ヨウ素液をイモの切断面につけ，青むらさき色を示すことを確かめればよい。

問６　ジャガイモの場合は，種イモから芽と根がのびて成長し，新しくできるイモは種イモより上の方にできる。よって，新しくできるイモが地表に出てしまわないように，成長したら根元に土を寄せるのがよい。また，サツマイモの場合は，苗(なえ)の節目から根が下に向かってのび，そこに新しいイモができるので，苗の下に十分に土があるように，高めに土を盛ったその上に苗を植えるのがよい。

4　チリやホコリの粒子(りゅうし)の観察についての問題

問１　地面や床(ゆか)から採取した堆積(たいせき)物の粒子は，岩石をつくる成分がこわれて細かい粒(つぶ)になったものや，植物や動物のからだ由来の繊維(せんい)状のものなどである。これらの粒子を水の中に入れ，浮(う)くか浮かないか，またはしずむ速さなどから，それぞれの粒子の密度（1cm^3あたりの重さ）をおしはかることができる。

問２　火山の噴火(ふんか)で地表に噴出する物質は，地下のマグマの一部である。地球のつくり全体から見ると，マグマは地表近くの浅いところにあるもので，地球の中心にある物質が地表に噴出することはない。

問３　岩石をつくる成分のうち，無色透明(とうめい)な成分（鉱物）は石英である。地下でマグマがゆっくりと冷えてできる花こう岩のつくりの中によく見られる。

問４　堆積物Ｂは，屋外の正門前で採取された堆積物Ａと似ていて，角張っているものが多く混じっているので，正門前と同じく屋外で採取されたものと推測できる。一方，堆積物Ｃは，繊維状のものが多く，体毛や衣服などの繊維片と思われることから，教室内で採取したものと考えられる。

問５　(1)　ルールにそって測定すると，粒子の内側に入っている交点の数は全部で32個（つまり，粒子の数も32個となる）で，$\frac{1}{4}$mm以下が６個，$\frac{1}{4}$～$\frac{1}{2}$mmが17個，$\frac{1}{2}$～$\frac{3}{4}$mmが３個，$\frac{3}{4}$mm以上が６個ある。それぞれの割合は順に約19％，約53％，約９％，約19％となるので，クのグラフが最も適する。　(2)　図５では，$\frac{3}{4}$mm以上の粒子は実際には１個しかないが，ルールでは６個と数えており，ルールには複数の交点にかかるような大きい粒子があると，重複して数えられてしまうという欠点がある。これを避けるためには，大きな粒子を取り除き，もっと広い間隔(かんかく)の補助線を使って，粒子が複数の交点にかからないようにすればよい。

国　語　＜第１回試験＞（50分）＜満点：120点＞

解　答

一　**問１**　ウ　**問２**　エ　**問３**　ア　**問４**　イ　**問５**　エ　**問６**　ウ　**問７**　エ　**問８**　ア　**問９**　（例）　本当は白雪姫役に心を惹かれており，そのはなやかな役を一度は演じることになっていたのに，お礼を言われることもないまま，自分から香奈枝に役をゆずってしまったから。　**問10**　ウ　**問11**　ア　**問12**　イ，オ　**二**　**問１**　下記を参照のこと。　**問２**　イ　**問３**　エ　**問４**　ア　**問５**　エ　**問６**　ウ　**問７**　ア　**問８**　イ　**問９**　ウ　**問10**　（例）　災害の当事者でない人は，お金や時間といった資源に余裕があるからこそ，支援を遠慮している人にとっても必要な，心のケアにつながる支援を行うことができるから。

●漢字の書き取り

□二 問１　a　賃金　b　届　c　深刻　d　効用　e　断

解説

□一 **出典は朝比奈あすかの『君たちは今が世界』による。**学芸会で演じる白雪姫役をめぐる，香奈枝と杏美のやりとりが描かれている。

問１　大きなまるの中に「目玉らしきもの」をぬりこんだ絵を描いた香奈枝から，「これ，はじゅちゃん」と言われた杏美が，自分でも驚くほど「険しい声」で否定した背景には，二人の顔立ちについて語った母親の多美子の言葉があったことをおさえる。多美子から「将来，美人になる」と評された香奈枝に対し，「あなたは不器量だから～勉強して，みんなの役に立つ仕事に就かないと」と言われたのを覚えていた杏美は，香奈枝に描かれた自分の顔が，まるで多美子の言葉をなぞるように「不器量」だったために腹立たしく感じたのだから，ウが合う。

問２　杏美が，保育園では何でも「いちばん上手」で，おとなに褒められるたび「自分は特別」だと思っていたことに注目する。何でもできる自分ではなく，可愛いだけで「何にもできない」香奈枝を多美子がほめることに杏美は納得がいかなかったのだろうと想像できるので，エがふさわしい。

問３　香奈枝が「保育園を退園」したのは，自分が「絵のことで怒ったから」ではないかと杏美は後悔していたが，「小学校の入学式で香奈枝が満開の笑顔で近づいてきてくれた」ことで，原因が自分にあるわけではなかったのだとわかり，杏美は気持ちが軽くなったのである。よって，アが選べる。なお，「後悔がむだであったことにがっかり」している杏美のようすは見受けられないので，イは誤り。また，杏美が「多美子の機嫌をそこねた」ようすは描かれていないので，ウも合わない。さらに，香奈枝が杏美の「ひどい行い」を覚えていた描写はないので，エもふさわしくない。

問４　問２でみたように，保育園のころは，「何にもできない」香奈枝に対し，何をやってもいちばん優れていた杏美は自分が「特別」な存在だと思っていた。しかし，小学校で再会した香奈枝は，杏美に「何もかも杏美に負けている」ことを「一向に気にして」いないばかりか，「気が強くわがままで，そのわがままを通す力」をクラスで持ち始めていたのである。そのことを「杏美と香奈枝の力関係」が「変わりつつあった」と表現しているので，イが合う。

問５　多美子から「あなたは不器量だから」と言われてきた杏美は，香奈枝から学芸会で何の役をやりたいか訊かれたとき，「少しだけ白雪姫役に惹かれていた」ものの「ナレーター」と答えている。しかし，「一緒に白雪姫」をやろうという香奈枝の誘いを受けて，「どうしようかな」と迷いながらも心が浮き立ち，うっとりと「甘ったるい」気分を味わっているのだから，エがよい。

問６　傍線部５の直後に，立候補者が「全員仲良く白雪姫」役になれたと書かれていることに注目する。自分には縁がないと思っていたはなやかな役に決まった喜びと，香奈枝と一緒に演じられるというほこらしさから，杏美は「香奈枝とつないだ手をぶんぶん振って，勇ましく歩いた」ものと想像できる。よって，ウがふさわしい。

問７　白雪姫役を飯田麻耶に奪われた香奈枝の「不機嫌」が，「何かじわじわとした首輪」のように「巻きついてくる」と感じている杏美のようすに注目する。杏美は，香奈枝が「不機嫌」を手段として，白雪姫役を譲るよう求められているような圧迫感を抱いていたため，香奈枝から声をかけられたとき，そんな気まずい雰囲気から解放されると思ったのである。よって，エがこのいきさつと心情に合う。

問８　前後で，香奈枝が杏美に対し，「あずちゃんは本当は白雪姫，演りたくなかったんだよね？」「本当は，ナレーター演りたかったんでしょ。だったら……」と言っていることに注目する。もともと杏美は白雪姫ではなくナレーターを希望していたはずだと考えた香奈枝は，役を自分に譲ってもらおうと杏美に話しかけたのである。何の迷いもなくそう思っていることが，香奈枝の「目はきれいだった」というところに表れているので，アが正しい。

問９　問５，問６でみたように，「白雪姫役に惹かれていた」杏美は，役が決まったときには喜び勇んでいたこと，また，傍線部９の後では，白雪姫役を譲るにあたって香奈枝から「ちゃんと頼まれていないし～お礼も言われていない」と思ったことをおさえる。香奈枝の不機嫌からくる気まずさから解放されたいがために，自分にとってまたとないようなはなやかな役を，頼まれてもいないのに自ら手放してしまったため，杏美は「取り返しのつかない」ことをしたと思い，「後悔」したのである。これをもとに，「白雪姫の役をやりたかったし，やれることが決まって張り切っていたのに，香奈枝の不機嫌に負けて譲ってしまっただけでなく，お礼も言われなかったから」のようにまとめる。

問10　問５～問９で検討した，白雪姫役をめぐるできごとを整理する。杏美は学芸会でナレーターをやるつもりだったが，香奈枝に誘われ，やる気になったところで白雪姫役を降りることになった。勝手に人を巻き込んでおきながら，都合が悪くなると身勝手なふるまいで自分に気をつかわせた香奈枝に対し，杏美は不満をつのらせているのである。この一連のできごとが「酷く不当なこと」にあたるので，ウがよい。

問11　香奈枝が杏美に白雪姫役を譲ってもらったと「香奈枝ママ」からお礼とともに聞かされた多美子は，何かトラブルでもあったのではないかと不審に思うとともに，本当は娘に「白雪姫をやってもらいたかった」ため，残念な気持ちもあって「一瞬黙っ」たのだろうと推測できる。しかし，すぐ「笑顔」をつくり，「香奈枝ちゃんが演ったほうがずっと様になる」と言うことでその場をとりつくろっているので，アがふさわしい。

問12　「ノッポ」で「不器量」だと言われてきた自分には白雪姫よりも「ナレーターのほうが，賢い選択なんだ」と思い込むことで自分を納得させようとしていたのに，今になって，本心では「白雪姫をやってもらいたかった」ことを多美子がにおわせてきたので，杏美はいら立つとともに，つらく不快に感じているのである。よって，イとオが選べる。

二　**出典は富永京子の『みんなの「わがまま」入門』による。**社会的な問題に関して，当事者ではない「よそ者」でも口出しをしていいし，「よそ者」だからこそ役立つ場合があると述べられている。

問１　**a**　労働への対価。　**b**　ここでは“細部まで注意がいきわたる”という意味。　**c**　切実で重大なようす。　**d**　効き目。　**e**　音読みは「ダン」で，「横断」などの熟語がある。訓読みにはほかに「た(つ)」がある。

問２　「よそ」は海外，「うち」は日本を指す。「途上国支援の活動に関わっていた人」が，途上国の先進国企業の工場で働く人々や，十分な教育を受けられない人を支援した経験にもとづき，先進国である日本を見てみると，大企業が非正規雇用の人々を安く使いながら自らの経済活動をより発展させようとしているという点で，途上国と「同じような構造」にあると気づいたのだから，イが合う。

問３　傍線部２をふくむ段落と，直後の段落の内容を整理する。筆者は「アフリカの貧しい子ども」たちの例をあげたうえで，日本人はそうした「社会問題によって，何らかの被害を受けた」「当事者」ではないため，「わがまま」が言いにくいのだと指摘している。よって，エがふさわしい。

問４　前後から読み取る。「他人にひどいことをしても，それを失礼だと思っていない」多くの人の「間違った認識」がハラスメントを生むのだから，だれもが加害者になり得る一方，「ハラスメントなんかに全然遭わなそうな人だって，被害に遭」い，「だれにも話せない」こともあるだろうと述べられている。そのようなときに，「多くのよそ者が痴漢やハラスメントの問題に関わって」いれば，少しは被害者が「語りやすい空気」になり，支援につながるというのである。つまり，自身が加害者にも被害者にもなる可能性を持っているという前提のもと，多くの「よそ者」が問題に向き合うことで，苦しんでいる人々を救済することができるというのだから，アが選べる。

問５　前の段落で，「福島第一原発事故」の被災者が農作物の安全性について声を上げにくかったのは，「近くにいるだれか」を傷つけ「だれかの利益」を奪いかねなかったからだと述べられていることをおさえる。少し前で，五十嵐泰正さんが『原発事故と「食」』という著書の中で，人々がどのようにして食の信頼を回復したのかを訴えたという例があげられているように，当事者よりもむしろ福島に縁のない人々のほうが「力」になることもあるというのである。よって，エがふさわしい。

問６　「そういう気持ち」とは，日本の高校を見た観光客から「こんなにしょぼい教室で勉強してるんだ。かわいそう」と言われたときに感じるであろう「ショック」を指す。それと同じように，「スラム・ツーリズム」で「住民の生活」を見た観光客に「かわいそう」とあわれまれたなら，「スラムの住人」もまたみじめな気持ちを抱くはずだというのだから，ウが選べる。

問７　筆者は，「よそ者であることをうまく使った支援や応援」が，「おせっかい」という観点からすれば「アリ」だと述べている。問４，問５で検討したように，ある社会問題に「よそ者」が介入することで，被害者の支援につながることもあるため，そうした「おせっかい」はあってよいというのである。よって，アが正しい。

問８　続く部分で，「時間のよそ者」の例として，高齢化した戦争体験者から「風化」しつつある「経験」の語りを受け継ぐ人や，「時間が経った」ために振り返るのもつらかった「被害」を明るみに出すことができたセクシャル・ハラスメントの被害者があげられている。イが，この例を正確にとらえている。

問９　前後で説明されている。ある社会問題について，今の自分に関係がなかったとしても，その被害者や，かつての自分，そして被害者となるかもしれない未来の自分のために，堂々と介入すればよいというのだから，ウがよい。

問10　「距離を置いた支援者」とは「よそ者」のことを指す。「資源動員論」と，本文の最後で述べられたボランティアという「よそ者」に注目する。昔は社会的な怒りや感情が社会問題に関わる動機と言われたが，「資源動員論」を唱えた人は「金」「時間」といった資源の余裕が社会運動に参加する要素だとしている。そういう「よそ者」の余裕が「必ずしも生活に必要じゃない～心のケア」につながるような活動を生み，「ボランティアによる支援を遠慮する」多くの被災者を癒したというのである。これをもとに「お金や時間などに余裕があるよそ者だからこそ，生活に直結しない足湯やお茶会などの発想も生まれ，支援に遠慮がちな被災者の心をいやすボランティア活動ができるから」のようにまとめる。

Dr.福井の
入試に勝つ！ 脳とからだのウルトラ科学

勉強が楽しいと，記憶力も成績もアップする！

みんなは勉強が好き？　それとも嫌い？——たぶん「好きだ」と答える人はあまりいないだろうね。「好きじゃないけど，やらなければいけないから，いちおう勉強してます」という人が多いんじゃないかな。

だけど，これじゃダメなんだ。ウソでもいいから「勉強は楽しい」と思いながらやった方がいい。なぜなら，そう考えることによって記憶力がアップするのだから。

脳の中にはいろいろな種類のホルモンが出されているが，どのホルモンが出されるかによって脳の働きや気持ちが変わってしまうんだ。たとえば，楽しいことをやっているときは，ベーターエンドルフィンという物質が出され，記憶力がアップする。逆に，イヤだと思っているときには，ノルアドレナリンという物質が出され，記憶力がダウンしてしまう。

要するに，イヤイヤ勉強するよりも，楽しんで勉強したほうが，より多くの知識を身につけることができて，結果，成績も上がるというわけだ。そうすれば，さらに勉強が楽しくなっていって，もっと成績も上がっていくようになる。

でも，そうは言うものの，「勉強が楽しい」と思うのは難しいかもしれない。楽しいと思える部分は人それぞれだから，一筋縄に言うことはできないけど，たとえば，楽しいと思える教科・単元をつくることから始めてみてはどうだろう。初めは覚えることも多くて苦しいときもあると思うが，テストで成果が少しでも現れたら，楽しいと思えるきっかけになる。また，「勉強は楽しい」と思いこむのも一策。勉強が楽しくて仕方ない自分をイメージするだけでもちがうはずだ。

Dr.福井（福井一成）…医学博士。開成中・高から東大・文Ⅱに入学後，再受験して翌年東大・理Ⅲに合格。同大医学部卒。さまざまな勉強法や脳科学に関する著書多数。

2020年度　海　城　中　学　校

〔電　話〕　(03) 3209－５８８０
〔所在地〕　〒169-0072　東京都新宿区大久保３－６－１
〔交　通〕　JR山手線－「新大久保駅」より徒歩５分
JR中央・総武線－「大久保駅」より徒歩10分

【算　数】〈第２回試験〉（50分）〈満点：120点〉

注意　１．分数は最も簡単な帯分数の形で答えなさい。
　　　２．必要であれば，円周率は3.14として計算しなさい。

1　次の問いに答えなさい。

(1)　次の計算をしなさい。

$$\left(1.3-\frac{1}{10}\right)\times 0.125-\left[1\frac{1}{5}\times\left\{\frac{1}{4}-0.25\times\left(4.5-3\frac{2}{3}\right)\right\}\right]\div 2$$

(2)　１以上100以下の整数のうち，５でも７でも割り切れない整数は何個ですか。

(3)　ある本を１日目に全体の $\frac{1}{3}$，２日目に残りの $\frac{4}{9}$，３日目に162ページ読んだら，残りは全体の $\frac{1}{27}$ でした。この本は全部で何ページですか。

(4)　右の図で，MがABの真ん中の点であるとき，角アの大きさは何度ですか。

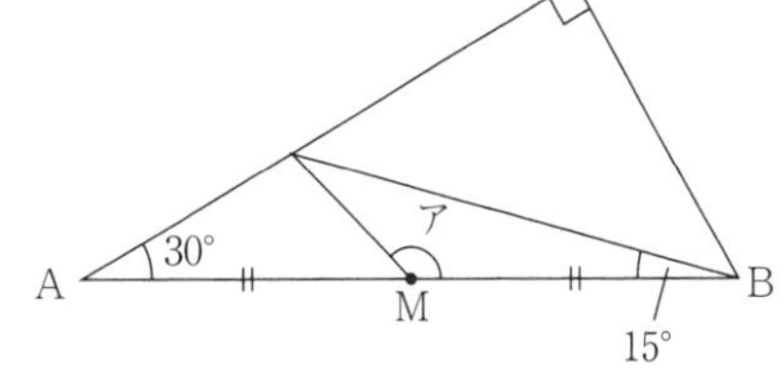

(5)　直径に１本の線がひかれた歯車A，B，Cが横一列に並んでかみ合っています。歯車A，B，Cの歯の数はそれぞれ45，72，120です。次の図のように，はじめそれぞれの歯車にひかれた線は１本につながっていました。歯車Aを１分間に15回転の速さで回転させるとき，再び線が１本につながるのは何秒後ですか。

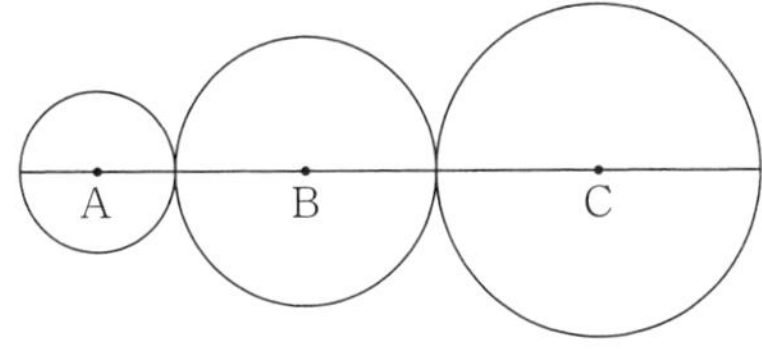

2　三角形ABCの辺BC，CA，AB上にそれぞれ点P，Q，Rがあり，BP：PC＝4：3，CQ：QA＝3：5，AR：RB＝2：3です。APとQRが交わった点をSとするとき，次の問いに答えなさい。

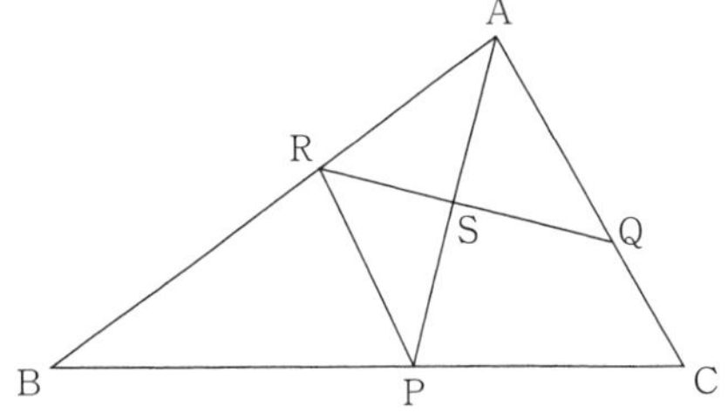

(1)　三角形ARPの面積は，三角形ABCの面積の何倍ですか。

(2)　RS：SQを最も簡単な整数の比で表しなさい。

3　ある競技場は午前９時に開場します。開場前に何人かの行列ができていて，行列には１分間に10人の割合で人が加わります。

２つの入場口を開くと，午前９時24分に行列がなくなり，３つの入場口を開くと，午前９時15分に行列がなくなります。１つの入場口で１分間に入場できる人数は一定であるとして，次の問いに答えなさい。

(1)　午前９時にできていた行列の人数は何人ですか。

(2)　行列を午前９時６分までになくすためには，入場口を少なくともいくつ開けばよいですか。

4　表面(おもて)に「K」「A」「I」「J」「O」と書かれたカードがそれぞれ５枚ずつ，計25枚あります。それぞれのカードの裏面には，アルファベットごとに１から５の異なる数字が１つずつ書かれています。例えば，５枚あるKのカードの裏面には，１から５の異なる数字がそれぞれ１つずつ書かれています。A，I，J，Oについても同様です。この25枚のカードから５枚を選ぶとき，次の問いに答えなさい。

(1)　表面はすべて異なるアルファベットであり，裏面もすべて異なる数字となるような，５枚のカードの選び方は何通りですか。

(2)　裏面に書かれた数字の合計が６となるような，５枚のカードの選び方は何通りですか。

(3)　表面に書かれたアルファベットは２種類であり，裏面に書かれた数字は３種類となるような，５枚のカードの選び方は何通りですか。

5　次の図のような対角線の長さが12cmの正方形を底面とする，高さが12cmの直方体ABCD-EFGHがあり，対角線ACとBDの交点をOとします。このとき，下の問いに答えなさい。ただし，角すいの体積は，(底面積)×(高さ)÷3で求められます。

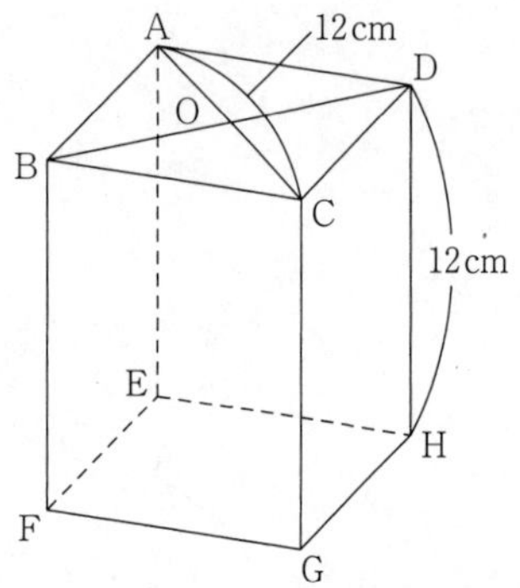

(1)　四角すいO-EFGHの体積は何cm^3ですか。

(2)　四角すいO-EFGHの表面積は何cm^2ですか。

(3)　FDを軸として，三角形OFHを回転させたときにできる立体を考えます。この立体を平面BFHDで切断したとき，その切断面の面積は何cm^2ですか。

6 下の図のような装置があります。

はじめ，容器Ａには高さ６cm のところまで水がたまっており，容器Ｂは空(から)です。(＊)

容器Ａに，蛇口(じゃぐち)から毎分 72cm³ の割合で水を注ぎ始め，同時に底についている排水管(はいすいかん)から毎分 48cm³ の割合で水を排(はい)出し，その水は容器Ａと同じ形をした容器Ｂに注ぎ込まれます。

容器Ｂには底面からある高さのところに給水ポンプがついており，給水ポンプの高さに水がとどいたときから一定の割合で水を吸い上げ，その水は再び容器Ａに注ぎ込まれます。

容器Ａが満水になったところでこの装置はとまることとします。このとき，下の問いに答えなさい。ただし，水が排水管や給水ポンプを移動する時間は考えないものとします。また，給水ポンプの体積も考えないものとします。

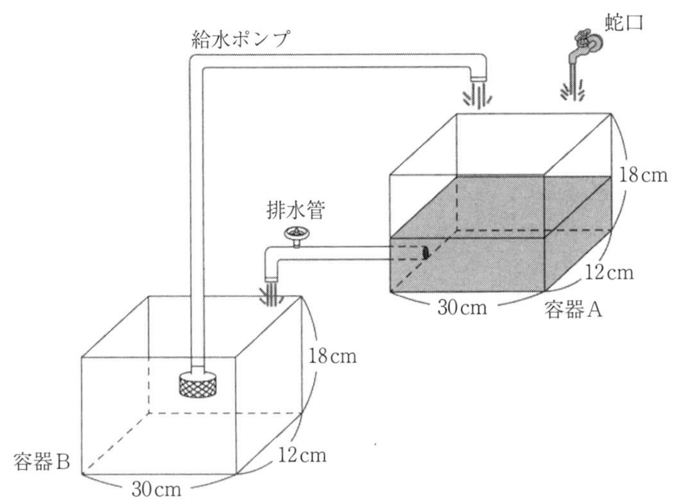

(1) 給水ポンプの吸い上げる水の量を毎分 13.8cm³ にしたところ，給水ポンプが水を吸い上げてからこの装置がとまるまで，容器Ｂの水面の高さは 7.6cm 上昇しました。装置がとまるまでの時間の経過と容器Ａ，Ｂの水面の高さの関係を表したものがそれぞれグラフ１，グラフ２です。

このとき，［ア］，［イ］，［ウ］，［エ］にあてはまる数はいくつですか。

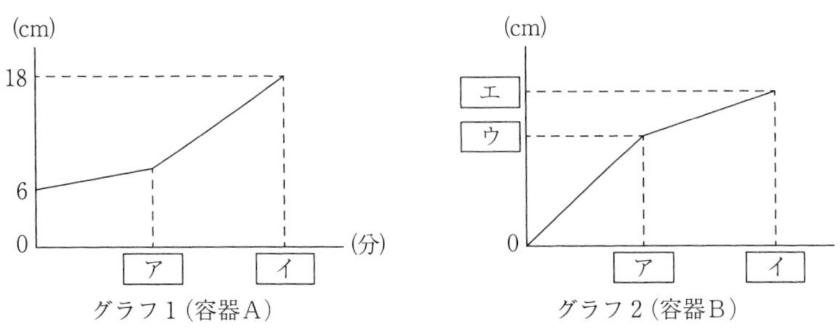

(2) 再び(＊)の状態に戻します。給水ポンプの吸い上げる水の量を調節したところ，装置がとまったとき，容器Ｂも満水になりました。このとき，給水ポンプが吸い上げる水の量は毎分何 cm³ ですか。

【社　会】〈第２回試験〉（45分）〈満点：80点〉

問題　次の文章をよく読み，あとの問いに答えなさい。

《写真１》 明治時代の四阪島製錬所

（住友金属鉱山ウェブサイトより）
https://www.smm.co.jp/csr/activity_highlights/environment/highlights5.html

みなさんは，小学生のときに，四大公害病のことを学んできましたね。いずれも高度経済成長期に大きな社会問題となり，裁判で公害を発生させた「企業」の責任が厳しく問われたことなどを学んだのではないでしょうか。一般に，企業は「①お金もうけ(利益)を目的とする組織」と考えられていますが，こうした事例からもわかるように，決して利益を目的とするだけの存在であってはなりません。企業といえども，社会の一員ですので，利益をあげつつも，その活動が社会に暮らす人々の生活環境を壊さないように配慮する「社会的責任」を持っているのです。これらが日本において意識され始めたのは，最近のことではありません。例えば，明治時代の「②足尾鉱毒事件」や「別子煙害問題」などは，日本の公害史の始まりともいわれています。これらの事件・問題を通じて，日本には企業とその社会的責任について，非常に長い間向き合ってきた歴史があるのです。ここでは別子煙害問題を例に，煙害を起こした「住友」という企業がどのように社会的責任に向き合ってきたのかを，見ていくことにしましょう。

住友は，江戸時代から現在の愛媛県新居浜市で，別子銅山を開発し，③銅の生産を行ってきました。銅を生産するということは，鉱山から「銅鉱石」を掘り出すことだけを意味しているのではありません。なぜなら，掘り出されたままの銅鉱石には，多くの不純物が含まれていて，それらを取り除き，金属として使える形にする作業が必要だからです。この作業を「製錬」と呼びます。そのため，住友は別子銅山で銅鉱石を掘り出すだけでなく，製錬も行い，銅を生産してきたのです。そして，明治時代には，西洋式の技術を取り入れた結果，次々と新しい銅鉱脈が見つかるようになり，掘り出される銅鉱石の量も，足尾銅山に次いで国内２番目となり，急激に増加していきました。

ところがこの銅生産には，多くの問題がありました。銅鉱山の経営には多くの木材が必要で，明治初期には別子銅山の一部がはげ山となるなど，森林破壊が起こっていました。例えば，鉱山内の通路である④「坑道」を作るための木材が必要ですし，鉱山⑤労働者の家屋などにも木材が必要でした。また，家庭の燃料の薪や炭も必要でした。それらのすべては別子銅山の周囲の山林から切り出されていたのです。加えて，銅を製錬する過程で出る煙には，有害な亜硫酸ガスが含まれていました。それは製錬所付近の⑥田畑を汚染する煙害を引き起こし，地元住民は困り，怒りをあらわにする人もいました。

そこで，こうした問題の解決のために住友本社から派遣されたのが伊庭貞剛です。すでに住友が別子銅山関連の事業で，地元の労働者を多く雇っていたので，伊庭は，住友が新居浜を離れると住民の働き口がなくなってしまうことも想定し，新居浜での事業を継続しつつ，これらの問題に取り組むことにしました。煙害問題に関しては，すぐに被害を減らすには，煙害の発生源である製錬所を移転させるしかありません。伊庭は最初，新居浜の市街地から離れた別子銅山の周辺に移転させることを検討しました。しかし，⑦長期的な視点に立ったうえで，わざわざ無人島である四阪島を開発させ，1905年に《**写真１**》のように製錬所を移転させました。さらに，そこへ毎日従業員や必要となる水・物資を運ぶ船を運航させるようにしました。森林破壊に関しては，植林活動を継続的に実施(じっし)していくことにしました。そして伊庭は，こうした経験から，現在の「企業の社会的責任」という考え方につながるような会社の方針を文書にして掲(かか)げました。

鈴木馬左也(すずきまさや)が伊庭のあとを継ぐと，さらに銅製錬での煙害を完全になくすことが目指されました。鈴木は煙害に対する賠償金(ばいしょうきん)を払(はら)ったとしても，住友が事業を行ううえで有害な煙を出し続けることは，根本的に会社の方針に反することだと考えました。そこで，鈴木は煙から有害物質を取り除く⑧技術開発に力を入れるべきと主張しました。そして，実際にそうした技術が発明され，有害物質を取り除く中で，化学肥料の原料となる物質が副産物として出されるようになりました。新たな設備費用を考えると，この副産物を他の会社に売った方が利益が出るとも見込(みこ)まれましたが，鈴木は住友の会社の方針にのっとり，自社で化学肥料を製造することを決めました。1915年に住友肥料製造所は新居浜の沿岸部で操業を開始し，２年後には全国生産量の８％がこの工場から供給されるようになりました。

その後，住友は新居浜を拠点(きょてん)に発展を続け，林業事業と肥料製造事業はそれぞれ，現在の住友林業と住友化学という会社が引き継いでいます。公害を引き起こしてきた歴史から生み出された，⑨住友の会社の方針は，「企業の社会的責任」のあり方を考えていくうえで，１つのヒントを与(あた)えてくれる事例かもしれません。一方で，「企業の社会的責任」のかたちは様々で，ほかにも，企業が利益の一部を使い，イベントを企画(きかく)し，そこに人々を無料で招待したり，法律を厳正に守ったりすることなども，そのかたちの１つといえます。このように，持続可能な社会を求める現代では，社会を構成する様々な団体や会社，機関，そして私たち一人一人の行いが，世の中にどう影響(えいきょう)するか視野に入れて行動すべきなのかもしれませんね。

問１．下線部①について，次の《**グラフ１**》は平成30年度の日本の国家予算の歳出(さいしゅつ)を示したものです。《**グラフ１**》のＡ～Ｃにあてはまるものの組み合わせとして正しいものを，下の**ア**～**エ**から１つ選び，記号で答えなさい。

《**グラフ１**》

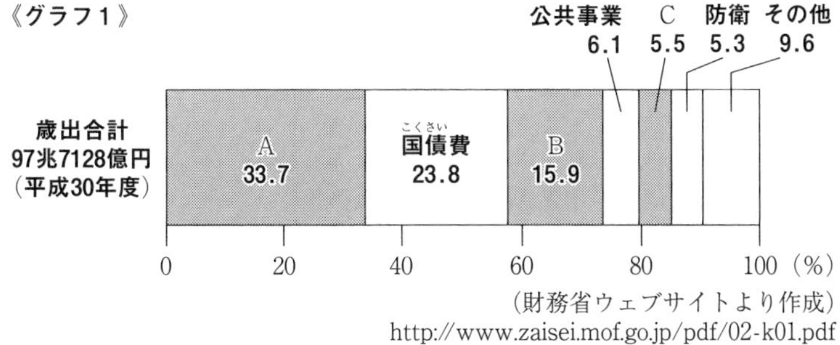

（財務省ウェブサイトより作成）
http://www.zaisei.mof.go.jp/pdf/02-k01.pdf

	A	B	C
ア	地方財政の援助	社会保障	教育と文化・科学の振興
イ	地方財政の援助	教育と文化・科学の振興	社会保障
ウ	社会保障	教育と文化・科学の振興	地方財政の援助
エ	社会保障	地方財政の援助	教育と文化・科学の振興

問２．下線部②から出た鉱毒が主に流れた河川の名称と，その場所を示した《**地図**》中の記号Ａ～Ｃの組み合わせとして正しいものを，次の**ア**～**カ**から１つ選び，記号で答えなさい。

ア．渡良瀬川－Ａ

イ．渡良瀬川－Ｂ

ウ．鬼怒川－Ｃ

エ．鬼怒川－Ａ

オ．荒川－Ｂ

カ．荒川－Ｃ

《地図》

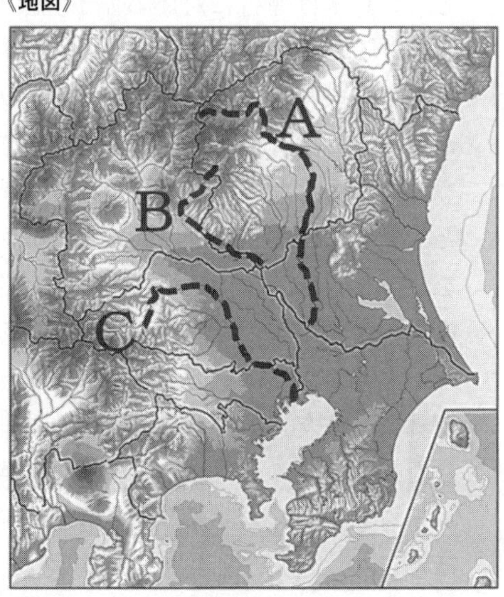

(「デジタル地図帳 Ninomap」をもとに作成)

問３．下線部③について，以下の問いに答えなさい。

(1)　次の《**グラフ２**》は銅を含む1885年と1900年の輸出品の内訳ですが，空欄には同じ輸出品が入ります。この輸出品を下の**ア**～**エ**から１つ選び，記号で答えなさい。

《グラフ２》

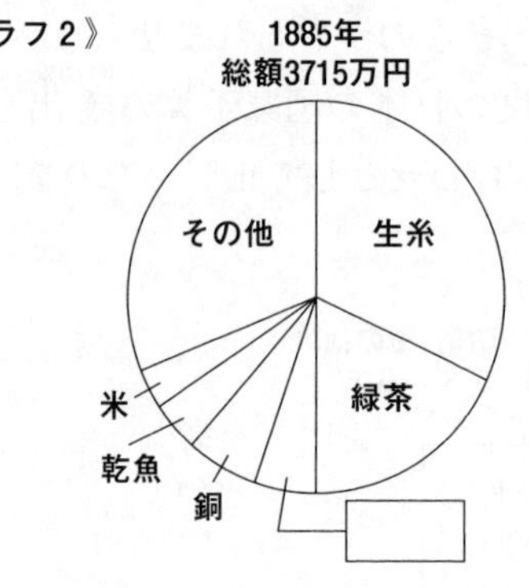

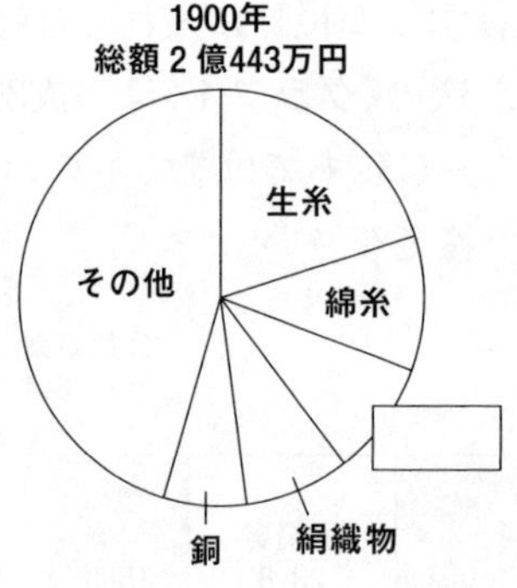

(『日本貿易精覧』をもとに作成)

ア．砂糖　　**イ**．綿花　　**ウ**．鉄類　　**エ**．石炭

(2)　奈良時代に，現在の埼玉県秩父市付近で銅が発見され，朝廷に納められました。奈良時代の租税制度について述べた文のうち，正しいものを次の**ア**～**エ**から１つ選び，記号で答えなさい。

ア．特産物を都まで運ぶことも義務であった。

イ．防人は都の防衛を行う兵役であった。

ウ．庸は地方で10日間の労働か布を納める税であった。

エ．租は稲を都に納める税であった。

(3)　青銅器に関係する文のうち，**誤っているもの**を次の**ア**～**エ**から１つ選び，記号で答えなさい。

ア．米作りや鉄器が伝わったのと同じ時期に青銅器も中国大陸や朝鮮半島から伝来した。

イ．銅鐸は祭りのときに使用された道具と考えられている。

ウ．「ワカタケル大王」の名が刻まれた銅剣がさきたま古墳群から発見された。

エ．古墳の石棺の中から副葬品として銅鏡が発掘されている。

問４．下線部④について，別子では用材不足が目立つ中で，木材の使い方も見直しがなされました。例えば明治20～30年頃からは坑道を補強する枠木の切り出し方が工夫されています。工夫された（明治時代になって導入された）枠木の切り出し方は《**資料１**》のＡ，Ｂのどちらと考えられるでしょうか。解答欄のＡ，Ｂどちらかに○をつけ，解答欄の文に続く形で，その理由を簡単に説明しなさい。

《**資料１**》　**枠木の切り出し方**（断面図の木材はすべて同じで，同縮尺のもの）

原木

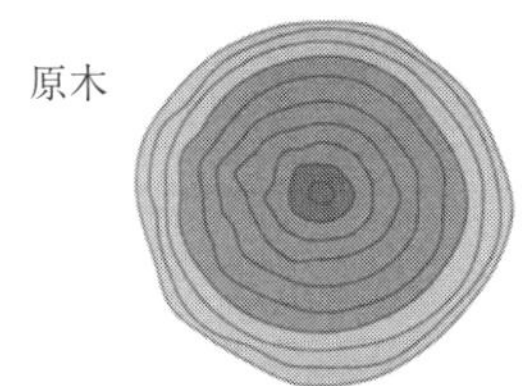

Ａ

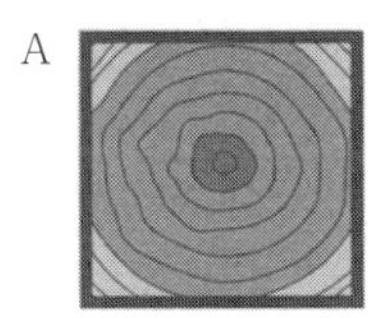

Ｂ

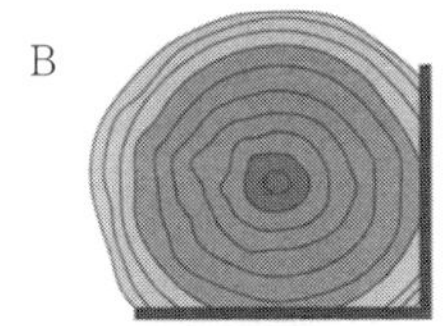

※ ━━ 切り出す断面

問５．下線部⑤について，内閣には労働についての仕事を担当している「省」があります。この「省」が担当する仕事を，次の**ア**～**エ**から１つ選び，記号で答えなさい。

ア．国民の健康に関する仕事

イ．経済や産業に関する仕事

ウ．地方自治に関する仕事

エ．消費者の権利に関する仕事

問６．下線部⑥について，下の《**写真２**》のように田畑の形を改良することを何といいますか。４文字で答えなさい。

《**写真２**》

（これらの航空写真は，ほぼ同じ範囲を撮影したものです。）

（航空写真は「地理院タイル」による）

問７．下線部⑦について，伊庭が四阪島を移転先に選んだ理由を，**本文**と《**資料２**》～《**資料４**》を参考に，160字以内で説明しなさい。その際，伊庭が長期的な視点に立って予想したことを明らかにしたうえで，別子銅山と四阪島の立地条件を比較しながら述べること。

《資料２》 銅製錬所の移転先と当時の交通網

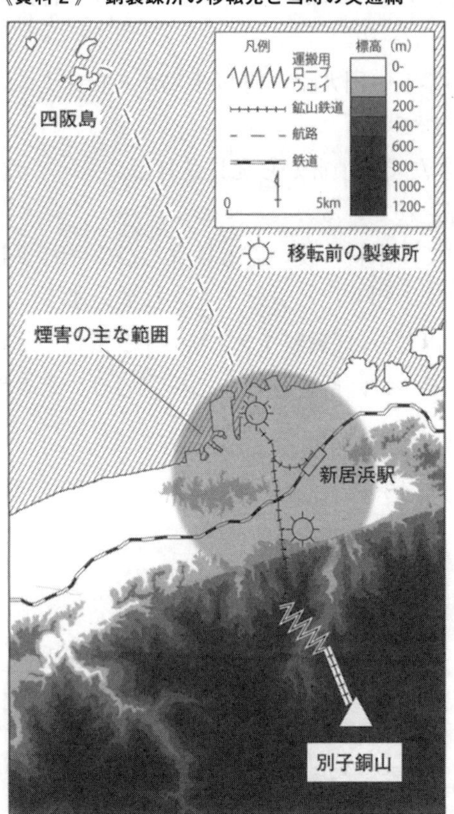

（地理院地図の「標高タイル」と『住友別子鉱山史上巻』をもとに作成）

《資料３》 別子銅山産出の銅鉱石から取り出される銅の割合

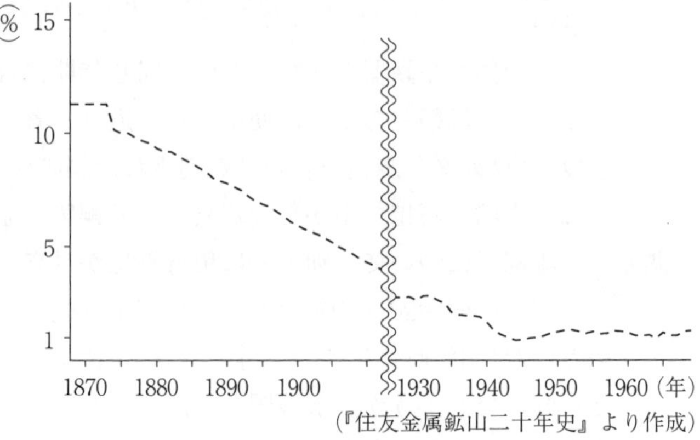

（『住友金属鉱山二十年史』より作成）

《資料４》 四阪島製錬所で製錬した銅鉱石の産地の変化

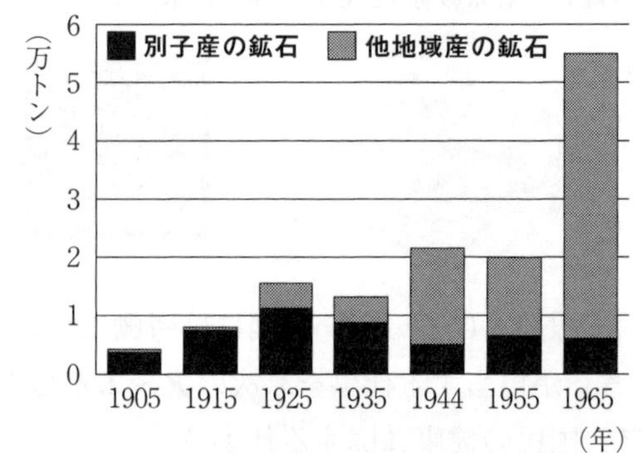

（『住友別子鉱山史別巻』より作成）

問８．下線部⑧について，技術開発によって，私たちの暮らしは大きく変わってきました。例えば，洗濯（せんたく）の道具や機械の開発によって，洗濯の方法は大きく変化しています。以下のA～Cの洗濯に関する道具や機械を古いものから順番にならべかえた時，２番目に開発されたものを記号で答えなさい。また，これらを説明した下の**ア～ウ**の文のうち，正しいものを**すべて**選び，記号で答えなさい。なお，正しいものがない場合は解答欄に×を書くこと。

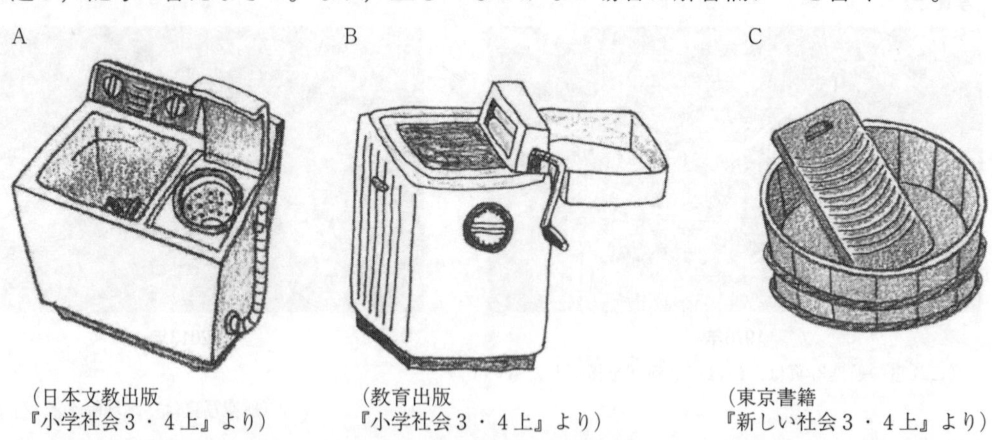

A（日本文教出版『小学社会３・４上』より）　B（教育出版『小学社会３・４上』より）　C（東京書籍『新しい社会３・４上』より）

ア．Aは２槽（そう）式になっており，洗濯する衣類の素材によって２つを使い分けていた。

イ．Bについているハンドルとローラーを回すことで，洗濯機の回す力や洗濯の種類を調整した。

ウ．Ｃは汚れを確かめて洗うので，無駄な水を使いにくい。

問９．下線部⑨について，住友の会社の方針とはどのようなものだったのでしょうか。**本文**と**《資料５》**～**《資料８》**から，植林事業と肥料製造事業が「住友の利益」と「地域への社会貢献」のそれぞれにどのような役割を果たしたのかを具体的に指摘したうえで，２つの事業に代表される住友の会社の方針を190字以内で答えなさい。

《資料５》 木を育て，出荷するまでの流れと別子銅山付近における植林本数の推移

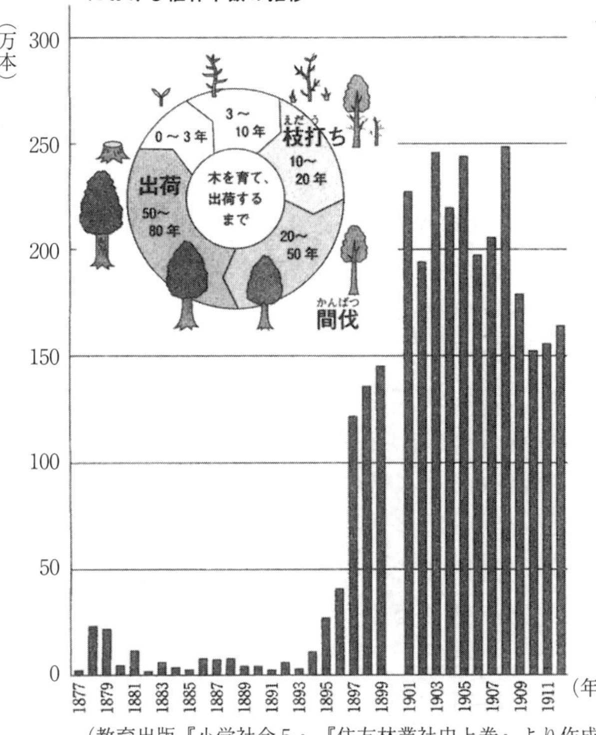

(教育出版『小学社会５』，『住友林業社史上巻』より作成)

《資料６》 肥料価格の推移

		1917年	1923年	1929年
肥料の種類	大豆かす	2.79	2.32	2.37
	化学肥料	1.87	1.85	1.37

(円／10貫(約37.5kg))

(『東京深川市場月別平均高値市況』より)

《資料７》 別子大水害について

1899(明治32)年に別子大水害が発生した。この水害は，銅鉱山の坑道入口周辺の集中豪雨と風速33ｍの暴風が襲ったことで土石流が発生し，鉱山労働者やその家族など513人の死者を出した大惨事であった。製錬設備や社宅など住友が整備した施設は壊滅的な被害を受けた。また，下流にも被害が出た。

(『住友林業社史上巻』をもとに，やさしく書き改めました)

《資料８》 愛媛県における肥料利用について

第一次世界大戦後に化学肥料が普及した。化学肥料は効力が著しいため争って購入された。特に大正８，９年では，化学肥料は普及し始めたばかりで流通量が少なく，天然肥料に頼るしかない農家も多かった。しかし，昭和以降は量産によって化学肥料も普及した。愛媛県は肥料の大量移入県であった。

(『愛媛県史』をもとに，やさしく書き改めました)

【理　科】〈第２回試験〉（45分）〈満点：80点〉

1　**次の文章を読んで，各問いに答えなさい。ただし，数値を答える問いは，必要であれば四捨五入して整数で答えなさい。**

Ｋ君は美術館へ行きました。そのとき，昔の芸術家が利用していた「カメラ・オブスクラ」というものを知りました。興味を持ったＫ君はカメラ・オブスクラについて調べてみました。以下はＫ君がまとめた文章です。

「カメラ・オブスクラ」とは，ラテン語で暗い部屋という意味で，写真機を「カメラ」と呼ぶのはこの言葉に由来している。その原理はピンホールカメラと同じである。

古くから日食などの太陽観測に用いられていたが，15世紀ごろになると，絵を描くための装置としてカメラ・オブスクラが芸術家の間で活用されるようになった。はじめは，図１のように大きな箱(部屋)を用意し，壁に小さな針穴を開けて反対側の内壁に像をうつすというものだった。

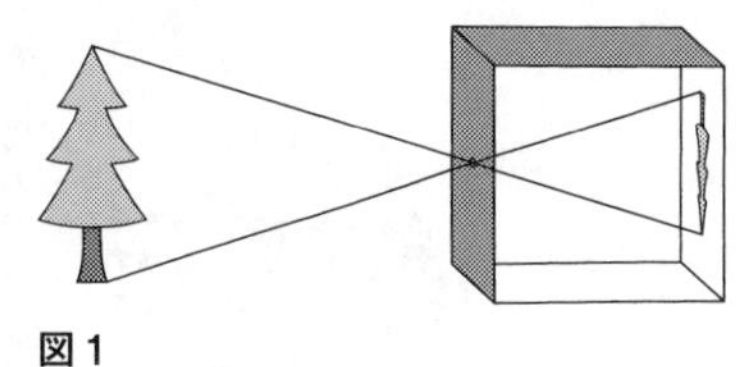

図１

その後，穴に①凸レンズを当てるとよりはっきりとした像がうつることがわかり，小型で実用的なものになった。図２のような小型カメラ・オブスクラでは，鏡を使って光を上方に反射させ，箱上面のガラスの上に薄い紙(トレーシングペーパー)を置いて像をうつし，それをなぞることで，実際の景色とそっくりに絵を描くことができた。

図２

19世紀に入り，小型カメラ・オブスクラを利用した最初の写真機(カメラ)が発明され，景色を写真として保存できるようになった。

問１　下線部①について，次の**ア**～**ウ**は凸レンズを用いたカメラ・オブスクラに関する説明文です。これらのうち，ピンホールカメラには**当てはまらない**ものを１つ選び，記号で答えなさい。ただし，鏡は使わないものとします。

ア　光の通る穴を大きくすると，像は明るくなる。

イ　像がはっきりうつる位置(光の通る穴と像との間の距離)が決まっている。

ウ　像はさかさまにうつる。

Ｋ君は，段ボール，凸レンズ，鏡，透明な板などを使って図２と似たカメラ・オブスクラを作ってみました(図３)。そして，友人Ｓ君が道端に立つ景色(図４)の像を薄い紙にうつしてなぞってみることにしました。その際，②鏡の位置Ｘを調節して，薄い紙に景色がはっきりうつるようにしました。

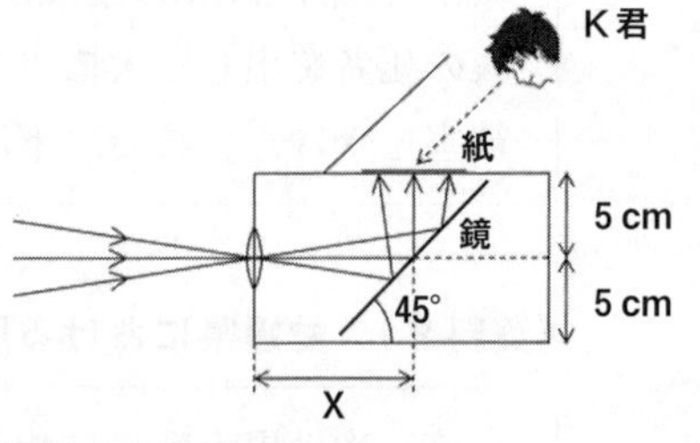

図３

Ｋ君は遠近感のある絵が描けました。絵の中では，Ｓ君の長さが３cm，杉の木の長さが５cmとあまり変わらないことにＫ君は驚きました。また，このことから③実際の杉の木の高さを算出してみました。

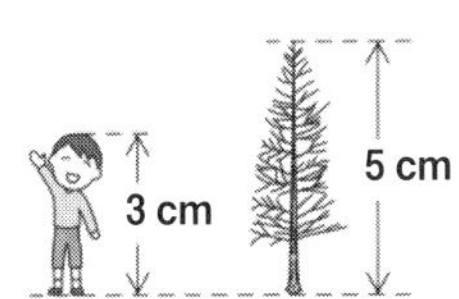

図４

問２　Ｋ君が直接見る景色は**図４**です。**図３**のように，このカメラ・オブスクラを通すと，Ｋ君にはどのように像が見えますか。次の**ア**～**エ**から１つ選び，記号で答えなさい。

ア

イ

ウ

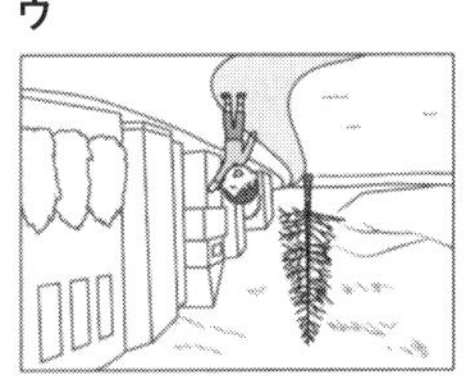

エ

問３　Ｋ君が使用した凸レンズにおいて，**図５**のように凸レンズと物体の距離を **a**［m］，凸レンズと像の距離を **b**［cm］とするとき，**a** の値と像がはっきりうつる **b** の値との間には下のグラフ(**図６**，**図７**)のような関係があります。Ｓ君の身長を 150cm として，あとの(**1**)～(**5**)に答えなさい。

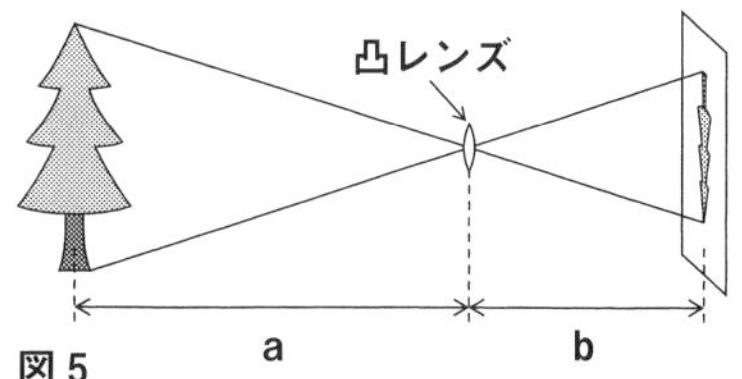

図５

グラフからは次のことが分かります。

・物体が凸レンズに近いとき，**a** の値を変えると **b** の値は大きく変化する。(**図６**)

・物体と凸レンズが離(はな)れているとき，**a** の値に関係なく **b** の値はほとんど一定になる。(**図７**)

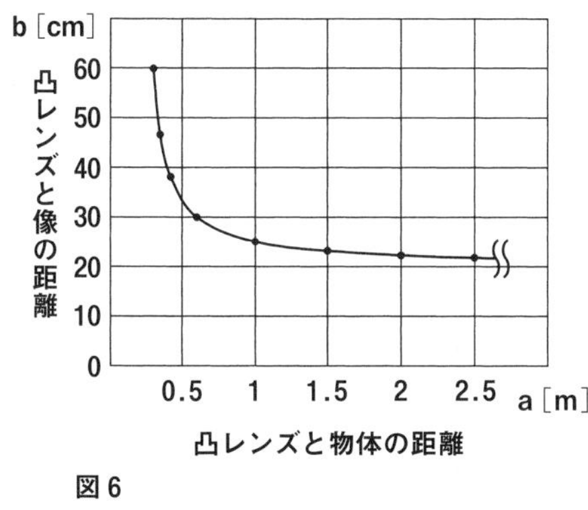

図６

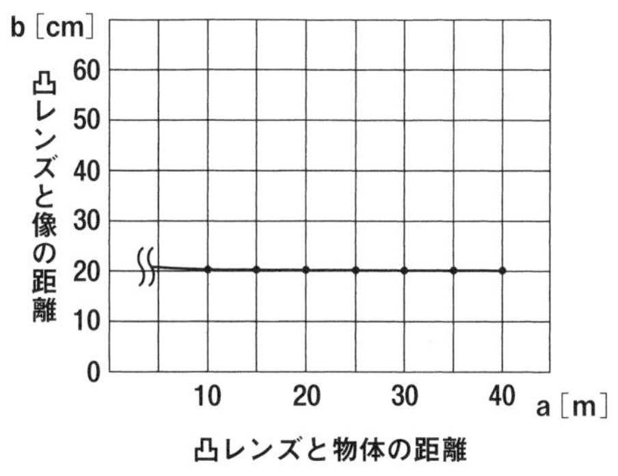

図７

(**1**)　**下線部②**について，Ｋ君は，**図３**の鏡の位置 **X**（凸レンズと鏡の中心との間の距離）を何 cm に調節しましたか。

(**2**)　凸レンズからＳ君までの距離は何ｍですか。**図５**を参考にして答えなさい。

(**3**)　**下線部③**について，Ｋ君は杉の木の高さを算出するために，凸レンズからＳ君までの距離と凸レンズから杉の木までの距離を歩数で計りました。その結果，Ｓ君までは14歩，杉の木までは56歩でした。このことより，実際の杉の木の高さを何ｍと算出できますか。

(4)　K君は，このカメラ・オブスクラを屋内でも使ってみました。凸レンズから１m離れた高さ12cmのコップを見たところ，はっきりとコップの像が見えませんでした。そこで鏡の位置**X**を調節したところ，はっきりとコップの像がうつりました。**図３**の鏡を(1)の**X**の値から左右どちらに何cm移動させたのでしょうか。「右へ１cm」のように答えなさい。ただし，鏡の角度は変えないものとします。

(5)　(4)のときのコップの像の長さは何cmですか。

2

次の文章を読んで，各問いに答えなさい。

水は０℃以下で（　１　）し，氷へと変化します。容器に水を入れ，氷に変化させると，水のときの水面の位置よりも上部が少し盛り上がった状態になります（図１）。この変化には水や氷を構成する分子と呼ばれる非常に小さな粒(つぶ)が関係しています。

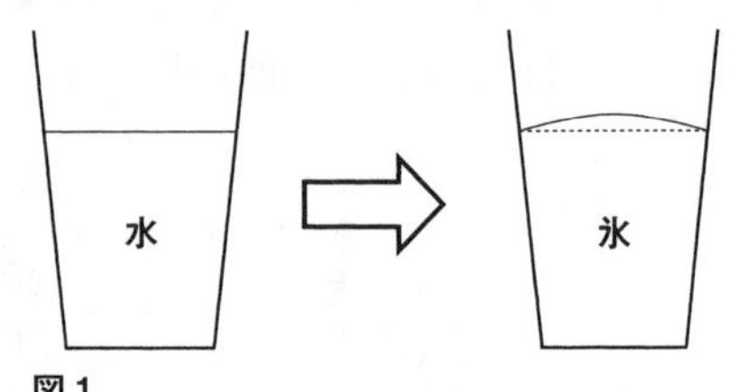

図１

水も氷も，分子がいくつも集まってできています。図１のような変化が起こるのは，分子の大きさが変わったからではなく，集まった分子と分子の間のすき間の大きさが変わったからです。どちらのすき間も非常に小さく，肉眼で観察することはできませんが，この非常に小さなすき間が（　２　）の方が大きい構造となっているため，図１のような変化が起こります。そのため，水は１cm³あたりの重さが1.0gであるのに対して，氷は１cm³あたりの重さが0.92gであり，１cm³あたりの重さに差が生じています。

現在は冷蔵庫についている製氷機などで，とても低い温度の環境(かんきょう)をつくり，急速に冷却(れいきゃく)して簡単に氷をつくることができますが，昔はそうではありませんでした。冬の寒さにより池などの水から自然にできた氷を切り出し，利用していました。このように自然の寒さでできる氷を天然氷と言います。天然氷は現在も日本の数か所でつくられており，冷蔵庫でつくる氷よりもかたく，<u>より透明であること</u>が特徴(とくちょう)として挙げられます。

問１　文章中の（１），（２）に入る最も適当な語句をそれぞれ答えなさい。

問２　一般に家庭用の冷蔵庫でつくった氷には白いにごりが見られますが，天然氷は文章中の**下線部**にあるようにより透明でほとんどにごりが見られません。天然氷にほとんどにごりが見られない理由として考えられるものを次の**ア**～**ウ**からすべて選び，記号で答えなさい。

ア　ゆっくりと水が凍(こお)るから。

イ　水が凍るときの周囲の温度がとても低いから。

ウ　不純物を多く含(ふく)んでいるから。

問３　水に物質を溶(と)かしたものを水溶液(すいようえき)といいます。それぞれ固体である**物質A**および**物質B**を水に溶かしたときの溶解度は右の**図２**のグラフのように表されます。次の(1)～(4)に答えなさい。

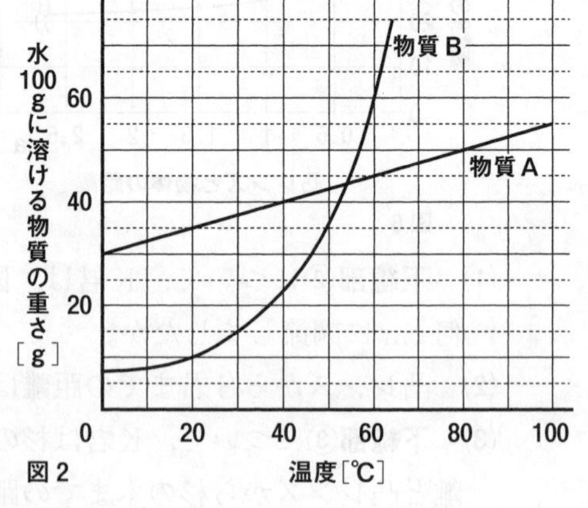

図２

(1)　氷100cm³がとけて20℃の水になったとき，この水に**物質B**は何gまで溶かすことができますか。必要であれば四捨五入して小数第１位まで答えなさい。

(2) **物質A**および**物質B**をそれぞれ沸(ふっ)とうした水150gに50gずつ溶かしました。これらの水溶液を冷却したとき，より高い温度で結晶(けっしょう)が生じるのは**物質A**と**物質B**のどちらですか。

(3) 温度を80℃に保ち，**物質A**の飽和(ほうわ)水溶液100gをつくりました。この水溶液を冷却し，ろ過したところ10gの結晶が得られました。このとき，水溶液の温度は何℃になっていますか。整数で答えなさい。

(4) 温度を60℃に保った水に**物質B**を50g加えたところ，すべて溶けました。この水溶液を30℃まで冷却し，ろ過したところ20gの結晶が生じていることが分かりました。ろ過後の水溶液が下にある状態で，ろ紙の上から60℃の水50gをろ紙の上の結晶が溶けるように，まんべんなくゆっくり注ぎました。ここで得られた水溶液の温度を60℃に保つとき，あと何gの**物質B**を溶かすことができますか。必要であれば四捨五入して整数で答えなさい。

3 **次の文章を読んで，各問いに答えなさい。**

(文1) タンパク質，脂肪(しぼう)，炭水化物は三大栄養素とよばれており，食物の中にさまざまな割合で含まれています。

売られている食品の栄養成分表示の中に「kcal」という単位をみたことがある人も多いと思いますが，これは「キロカロリー」と読み，熱量(エネルギー)の単位です。炭水化物とタンパク質はそれぞれ1gあたり4kcal，脂肪は1gあたり9kcalのエネルギーをもつことがわかっています。12歳(さい)の男性は1日あたり2500kcal程度のエネルギー摂取(せっしゅ)が必要といわれていますが，特定の栄養素のみからエネルギーを得るのはよくないでしょう。表1～表3はチーズ，せんべい菓子(かし)，サラダチキン(とりのむね肉を味付けしたもの)のいずれかの栄養成分表示を示したもので，三大栄養素以外の内容は省略しています。

これら三大栄養素はそれぞれ口を含むさまざまな消化器官を通る過程で段階的に消化(分解)されます。例えば，タンパク質はまず(1)から分泌(ぶんぴつ)される(2)とよばれる消化酵素(こうそ)である程度分解された後，(3)液に含まれるトリプシンとよばれる消化酵素等によってさらに分解され，最終的に小腸で(4)にまで分解されて吸収されます。

表1

栄養成分表示(個包装あたり)	
エネルギー	67.0kcal
タンパク質	1.6g
脂質(ししつ)(脂肪)	1.0g
炭水化物	12.0g

表2

栄養成分表示(個包装あたり)	
エネルギー	59.0kcal
タンパク質	3.7g
脂質(脂肪)	4.7g
炭水化物	0.2g

表3

栄養成分表示(個包装あたり)	
エネルギー	37.0kcal
タンパク質	7.8g
脂質(脂肪)	0.3g
炭水化物	0.4g

問1 文章中の(**1**)～(**4**)に入る最も適当な語句をそれぞれ答えなさい。なお，(**1**)には消化器官の名称(めいしょう)，(**4**)には物質の一般名称が入るものとします。

問2 タンパク質，脂肪に関する記述として最も適当なものを次の**ア**～**ウ**から1つずつ選び，記号で答えなさい。

ア 最もエネルギー効率の高いエネルギー源であり，クルミに多く含まれる。

イ 筋肉等からだをつくる物質の材料であり，ダイズに多く含まれる。必要に応じてエネルギー源となる。

ウ　最も利用されやすいエネルギー源であり，米に多く含まれる。

問３　栄養成分表示と食品の正しい組み合わせを次の**ア**～**カ**から１つ選び，記号で答えなさい。

	表１	表２	表３
ア	チーズ	せんべい菓子	サラダチキン
イ	チーズ	サラダチキン	せんべい菓子
ウ	せんべい菓子	チーズ	サラダチキン
エ	せんべい菓子	サラダチキン	チーズ
オ	サラダチキン	チーズ	せんべい菓子
カ	サラダチキン	せんべい菓子	チーズ

問４　**表２**の食品において，全エネルギーのうち何％が脂肪に由来しますか。必要であれば四捨五入して小数第１位まで答えなさい。

（文２）　三大栄養素はいずれも体内においてエネルギー源となります。わたしたちのからだを構成する細胞(さいぼう)は，酸素を用いてこれら栄養素を二酸化炭素にまで分解する過程で生命活動のエネルギーを得ています。これを呼吸（細胞呼吸）とよびます。

ここで，呼吸商とよばれる値が次のように決められています。

$$\text{呼吸商}=\frac{\text{放出される二酸化炭素の体積}}{\text{吸収される酸素の体積}}$$

例えば，炭水化物の一種であるブドウ糖が細胞内で二酸化炭素にまで分解される場合，

吸収される酸素の体積：放出される二酸化炭素の体積＝1：1

という結果になるので，呼吸商は1.0となります。一方，脂肪の一種であるトリパルミチンが細胞内で二酸化炭素にまで分解される場合，

吸収される酸素の体積：放出される二酸化炭素の体積＝145：102

という結果になるので，呼吸商は（　５　）となります。

一般に炭水化物の呼吸商は1.0，タンパク質の呼吸商は0.8，脂肪の呼吸商は（　５　）となることがわかっています。それぞれの動物が呼吸（外呼吸）によって取り入れる酸素の体積と放出する二酸化炭素の体積から呼吸商を算出することで，その動物が三大栄養素のうちどれを主に用いてエネルギーを得ているかがわかります。一般的(いっぱんてき)な傾向(けいこう)として<u>呼吸商の値は【　　　　】と考えられます</u>。

問５　文章中の（**５**）に入る最も適当な数値を，必要であれば四捨五入して小数第１位まで答えなさい。

問６　文章中の**下線部**について，次の⑴～⑶に答えなさい。

⑴　【　】に入るものとして最も適当なものを次の**ア**～**ウ**から１つ選び，【　】を埋(う)めて文を完成させなさい。

ア　肉食動物より草食動物の方が大きい

イ　肉食動物より草食動物の方が小さい

ウ　肉食動物も草食動物も変わらない

⑵　⑴で，そのように答えた理由を，「呼吸商」の一語を必ず用いて説明しなさい。

(3)　ウマがえさ不足になってしまったとき，えさが十分にあるときと比べて呼吸商は変化します。大きくなるか小さくなるか，理由とともに答えなさい。

4　**次の文章を読んで，各問いに答えなさい。**

地球には生命が存在するのに適した量の大気や水があり，生命はその中で長い時間をかけて進化してきました。地球以外に生命が存在できる天体はあるのでしょうか。

地球に最も近い天体は，地球の衛星である①月です。今からおよそ半世紀前の1969年７月に，アポロ11号に乗った宇宙飛行士が人類史上初めて月に着陸し，②「静かの海」から石を持ち帰りました。月には，近い将来人類が長期滞在する計画がありますが，生命は存在していないと考えられています。

地球に一番近い惑星は，夜空でひときわ明るく見える（　1　）で，表面温度がおよそ500℃にも達します。また，三番目に地球に近い水星は，昼は430℃，夜は －170 ℃ほどになります。これらはいずれも生命が存在するのに適した環境とはいえないでしょう。それに対し，二番目に地球に近い（　2　）は，これまでたびたび生命存在の可能性が話題にのぼってきた惑星です。夜空で赤く光って見える（　2　）は，表面温度が最高で20℃程度で，かつて表面に液体の水が存在していたこともわかっています。この惑星は，将来的に人類の移住が検討されており，月に（　2　）への中継基地をつくる計画もあります。

太陽系の外には生命はいるのでしょうか。地球から太陽までの距離はおよそ１億5000万 kmですが，③太陽の次に近い恒星はケンタウルス座 α 星という星で，地球からおよそ4.3光年の距離にあります。この星は，ケンタウルス座の中でケンタウルスの左前脚にあたる部分に位置しており，東京の緯度のみに対応している星座早見盤には載っていません。④ケンタウルス座α星は主に南半球で見られる星であり，南緯29度より南では一日中地平線の下に沈むことがありません。ケンタウルス座α星は，実際には⑤ケンタウルス座α星A，ケンタウルス座α星B，プロキシマケンタウリという３つの恒星からなっており，⑥プロキシマケンタウリの周りには惑星の存在が確認されています。⑦惑星の表面に液体の水が存在できるような温度となる領域のことをハビタブルゾーンといいますが，プロキシマケンタウリの惑星の１つはハビタブルゾーンの中にあって，表面に液体の水が存在する可能性が指摘されています。

問１　文章中の（**1**），（**2**）に入る最も適当な語句をそれぞれ答えなさい。

問２　**下線部①**について，月の表面の模様は世界各国で様々なものに例えられてきました。たとえば，日本では古くから「餅つきをするうさぎ」に例えられます。月の表面の様子を地球からはっきりと見て取ることができ，その模様が世界各国で様々なものに例えられてきたことの理由として，**直接関係ないと考えられる**ものを次の**ア～オ**から１つ選び，記号で答えなさい。

ア　地球に対して月はほぼ同じ面を向け続けている。

イ　月にはほとんど空気がない。

ウ　月の表面には海と呼ばれる部分と，陸（高地）と呼ばれる部分があり，それぞれ構成している岩石が異なる。

エ　月が自転する周期と地球の周りを公転する周期は同じである。

オ　月は昼夜の表面温度の差が大きく，赤道付近で昼は110℃，夜は－170℃になる。

問３　**下線部②**について，アポロ11号は月の玄武岩(げんぶがん)を地球に持ち帰りました。玄武岩の特徴に関して述べた次の文の［Ａ］～［Ｃ］に入る語の組み合わせとして最も適当なものを下の**ア**～**ク**から１つ選び，記号で答えなさい。

玄武岩は，［　Ａ　］というつくりをした［　Ｂ　］であり，［　Ｃ　］っぽく見える。

	Ａ	Ｂ	Ｃ
ア	**はん状組織**	**火山岩**	**黒**
イ	**はん状組織**	**火山岩**	**白**
ウ	**はん状組織**	**深成岩**	**黒**
エ	**はん状組織**	**深成岩**	**白**
オ	**等粒状組織**	**火山岩**	**黒**
カ	**等粒状組織**	**火山岩**	**白**
キ	**等粒状組織**	**深成岩**	**黒**
ク	**等粒状組織**	**深成岩**	**白**

問４　**下線部③**について，ケンタウルス座α星は，地球から見て太陽のおよそ何倍遠くにありますか。最も適当なものを次の**ア**～**オ**から１つ選び，記号で答えなさい。ただし，１光年とは，光の速さで１年間に進む距離のことです。光は１秒間に30万 km の速さで進み，１年間は3000万秒として計算しなさい。

ア　2.6万倍　　**イ**　６万倍　　**ウ**　26万倍　　**エ**　60万倍　　**オ**　260万倍

問５　**下線部④**について，次の⑴，⑵の問いに答えなさい。

⑴　南極付近で見える星の動き方を示した図として最も適当なものを次の**ア**～**エ**から１つ選び，記号で答えなさい。

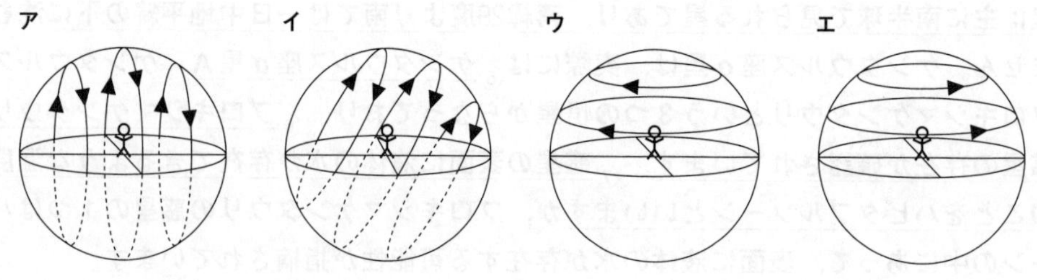

⑵　次の文中の［　］を埋め，文を完成させなさい。

ケンタウルス座α星を観測しようとすると，少なくとも［　　　］緯［　　　］度より南の場所に行く必要がある。

問６　**下線部⑤**について，ケンタウルス座α星Ａの大きさと表面温度は，ともに太陽と同じくらいです。ケンタウルス座α星Ａについて述べた文として最も適当なものを次の**ア**～**カ**から２つ選び，記号で答えなさい。

ア　赤く見える。

イ　青白く見える。

ウ　黄色く見える。

エ　直径は地球の100倍程度である。

オ　直径は地球の1000倍程度である。

カ　直径は地球の10000倍程度である。

問７　**下線部⑥**について，太陽系の外にある惑星は系外惑星（けいがいわくせい）と呼ばれます。この系外惑星を1995年に検出した功績により，ミシェル・マイヨールとディディエ・ケローという２人の科学者が2019年のノーベル賞を受賞しました。彼（かれ）らが受賞した賞として最も適当なものを次の**ア**～**ウ**から１つ選び，記号で答えなさい。

ア　ノーベル物理学賞　　**イ**　ノーベル化学賞　　**ウ**　ノーベル地球惑星科学賞

問８　**下線部⑦**について，惑星が恒星から得るエネルギーの量以外にも，惑星の表面温度を決める要因があります。惑星の表面温度を決める要因に関して述べた次の文章中の［ Ａ ］～［ Ｃ ］を埋め，文章を完成させなさい。ただし，（１），（２）には**問１**で答えた語句が入ります。

（　１　）の［ Ａ ］は地球の92倍ほどの濃（こ）さであるのに対して，（　２　）の［ Ａ ］は地球の0.006倍ほどの濃さです。このような違いを生む主な原因は，惑星の大きさにあります。地球はその［ Ｂ ］によって，地球上の物体を引き付けていますが，（　２　）の半径は地球の半分ほどしかないため，［ Ｂ ］が地球に比べて小さく，［ Ａ ］を十分に保持できません。一方で地球と同じくらいの半径を持つ（　１　）は，［ Ａ ］を十分に保持することができます。しかも，（　１　）の［ Ａ ］の96.5％は二酸化炭素なので，［ Ｃ ］，表面温度が高くなります。

てどのような体験をすることをいうのか。次の中から適当なものを一つ選び、記号で答えなさい。

ア　本を読むことで、目の見えない人が目の見える人の書いた視覚的な描写に接し、自分たちが通常は意識したり記憶したりしていない視覚的な情報によって、目が見える人と同じようにこの世界を捉えることができるようになる。

イ　目の見える人は、目の見えない人の日常がどんなものかを書いた本を読むことで彼らの世界を知り、目の見えない人もまた、目の見える人が書いた本を読むことで彼らが通常どのように世界を捉えているかを知ることができる。

ウ　読書を通じて、目の見えない人は通常意識しない視覚的な情報を通してこの世界に触れ、目の見える人は目の見えない人の感じる違和感を通して自分たちの視覚に片寄った描写に気づくことで、お互いに世界の捉え方が変わる。

エ　目の見えない人が読書を通じて感じる違和感を知ることで、目の見える人たちが、自分たちが視覚に頼るあまりにものを見た目だけで捉え、触覚、嗅覚なども用いてものの本質的な部分を捉えていなかったことに気づかされる。

空間全体の中でどう配置されているかまで広く伝えうる情報になっている。

エ　目の見えない人にとって「テーブルが五つ」という描写は店内にテーブルがいかに少ないかを伝える情報になっているが、見える人にとってその描写はテーブルの少なさだけでなく、テーブルの居心地のよさまで広く伝えうる情報になっている。

問四　――線部**3**『『レストランの規模』を読者に伝える』とあるが、目の見えない人に「レストランの規模」を伝えるには、どのような情報が書かれていることが望ましいか。そのことについて具体的に書かれている一文を探し、初めの五字をぬき出しなさい。

問五　――線部**4**「その背後にあるのは、経験の質的な差異です」とあるが、どういうことか。次の中から適当なものを一つ選び、記号で答えなさい。

ア　「自然だ」と感じるレストランの描写が目の見えない人と見える人とで違うのは、レストランに入った瞬間に無意識に把握する情報の違いのせいであるということ。

イ　不自然に感じないレストランの描写が目の見えない人と見える人とで違うのは、レストランで食事をするときにどう楽しむかという楽しみ方の違いのせいであるということ。

ウ　違和感がないと感じるレストランの描写が目の見えない人と見える人とで違うのは、レストランに行ったときに意識するものごとの違いのせいであるということ。

エ　臨場感を感じるレストランの描写が目の見えない人と見える人とで違うのは、レストランに入って食事をする際に意識し、記憶している情報の違いのせいであるということ。

問六　――線部**5**「見える人が行う描写について『落ちている』と感じる」とあるが、中瀬さんがこのように感じるのはなぜか。その理由として適当なものを、次の中から一つ選び、記号で答えなさい。

ア　目の見える人は、その空間の広さや視覚的な美しさ、物の数ばかりを描写し、大切な居心地のよさには触れないから。

イ　目の見える人が行う描写は、視覚的な描写が中心で、目の見えない人にも理解できるような配慮に欠けているから。

ウ　目の見える人の触覚や嗅覚による描写は、目の見えない人の通常感じている世界に比べてうまく描けていないから。

エ　目の見える人の描写は視覚的で、目の見えない人が通常意識している触覚や嗅覚による情報が描かれていないから。

問七　――線部**6**「言葉の定義そのものが違っている」とあるが、どういうことか。次の中から適当なものを一つ選び、記号で答えなさい。

ア　ある言葉に触れたとき、五感で感じたものをどれくらいはっきりイメージできるか、目の見える人と見えない人では違っているということ。

イ　ある言葉に触れたとき、五感のどこでどのように感じ取ったものを思い起こすか、目の見える人と見えない人では違っているということ。

ウ　ある言葉に触れたとき、その言葉の意味を他人に対してどのように説明するか、目の見える人と見えない人では違っているということ。

エ　ある言葉に触れたとき、その言葉が指し示している対象は何か、目の見える人と見えない人では違っているということ。

問八　――線部**7**「『異なる体の出会い』としてそれを捉えてみることも、多くの発見をもたらしてくれます」とあるが、これは、たとえば「目の見える人」と「目の見えない人」とが、読書を通しりません。一方、触覚は全身に広がっており、「どこで感じたのか」（手のひらなのか、背中なのか、足裏なのか）という位置の情報も、そこには含まれています。となると、記憶に関しても、位置の情報が何らかの形で再生されるのではないか。

　中瀬さんも言います。「椅子の触感とかは、座ったときの感覚がよみがえる感じですね」。それはまるで、「背中で思い出している」ような記憶のあり方です。（中略）

　このように読書は、ときとして、書き手と読み手のあいだの体の違いを、明瞭にあぶりだす機会になります。それは小さな違和感を生み出しますが、中瀬さんにとってこの違和感は、「自分に合っていない」という嫌悪につながるというよりは、見える人の世界と自分の世界の違いを発見し、探求するきっかけになっています。（中略）

　感覚は純粋に生理的なものではありません。文字を含め、人類が生み出した技術は、人間の生理的な能力を拡張するためにあると言われます。本を読めば、自分が経験したことのないことを擬似的に経験することができ、その知識はその人の感じ方、世界の捉え方を変えます。障害と読書というと、「情報保障」のような福祉的な視点が中心になりがちですが、7「異なる体の出会い」としてそれを捉えてみることも、多くの発見をもたらしてくれます。

（伊藤亜紗『記憶する体』）

問一　＝＝線部a～eのカタカナを漢字に直しなさい。

問二　――線部1「目が見える人の文章を読んだときに、小さな違和感を感じることがある」とあるが、中瀬さんは「目の見える人の文章」をどう感じると言っているか。次の中から適当なものを一つ選び、記号で答えなさい。

ア　目の見えない自分がふだんの生活の中でさほど重要と思っていない、ゆえに書かれていても退屈を感じるだけのテーブル席の数についての情報が細かく記述されていると感じる。

イ　目の見えない自分がふだんの生活の中で特に関心をもたない、ゆえにさほど意味があるとも思えないテーブル席の数などに関する情報がこと細かく記述されていると感じる。

ウ　目の見えない自分がふだんの生活の中で意識していない、ゆえにいくら説明されても理解できないテーブル席の細かな様子などについて延々と記述されていると感じる。

エ　目の見えない自分がふだんの生活の中で経験することのない、ゆえにその目的も分からない席を数えるという行為について細かく記述されていると感じる。

問三　――線部2「そこに『質』の問題も関わっている」とあるが、たとえば「テーブルが五つ」という描写は、目の見えない人と見える人にとって、それぞれどのような「質」の情報になっていると筆者は言っているか。次の中から適当なものを一つ選び、記号で答えなさい。

ア　目の見えない人にとって「テーブルが五つ」という描写は単にテーブルの数を伝えるに過ぎない情報になっているが、見える人にとってその描写はテーブルの数だけでなく、テーブルが存在する場所全体の雰囲気までも広く伝えうる情報になっている。

イ　目の見えない人にとって「テーブルが五つ」という描写はその場にあるテーブルの数だけを伝える情報になっているが、見える人にとってその描写はテーブルの数だけでなく、そのテーブルがどのような見た目かまで広く伝えうる情報になっている。

ウ　目の見えない人にとって「テーブルが五つ」という描写は店内にテーブルがいかに多いかを伝える情報になっているが、見える人にとってその描写はテーブルの多さだけでなく、それが

「規模」を把握しているはずです。

　中瀬さんも言います。「たとえば初めてのレストランに行ったとしますよね。そうすると、広そうなレストランなのか、こじんまりしたレストランなのかは、なんとなく雰囲気で分かります」。ただ、それを「席数」という数では表現しないだけです。

　加えて、見える人が席数を描写するのは、レストランに入ったときに、「自分（たち）の席を選ぶ」意識があることとも関係しているでしょう。店のなかで、どこに空席があり、どこが人数にふさわしく、かつどこが最も居心地がよさそうか。つまり目の見える人の多くが、レストランに入った瞬間、「テーブル」に意識を奪われているのです。

　だからこそ「席数」の描写があっても不自然には感じない。これに対し、目の見えない人は、特に初めて入るレストランでは、自分で席を決めるのではなく、介助者や店員に案内されて席につく、という形になります。つまり、「テーブルの状況を把握しなくちゃ」という習慣がない。こうした意識の違いも、描写の違いの**b**イチインであると考えられます。

　このように、目の見えない人と見える人では経験のパターンが違っており、だからこそ、「自然だ」と感じる描写のパターンも違ってきます。そのギャップが「細かい」というような量的な多少として感じられたとしても、**4**その背後にあるのは、経験の質的な差異です。

　実際、中瀬さんは、**5**見える人が行う描写について「落ちている」と感じる情報もあると言います。中瀬さんの経験の記憶からすれば「あって当然」の情報が、書き込まれていないのです。

　中瀬さんは言います。「本の描写では、椅子が何脚で机が何脚で、ということは書いてあるんですが、材質や座り心地はあんまり書いていない。テーブルも、四角いか丸いかはあんまり書いてない。触覚とか匂いとか、そういうものは見える人の書く本からは落ちている気がします」。

　近代**c**イコウの文学において、描写とは基本的には「視覚的な描写」を意味します。絵画のように、あるいは演劇のように、場面や人の行為を、読者の目の前にありありと見せること。これが描写の役割とされてきました。それゆえ、触覚や嗅覚の情報は、相対的に「落ちやすい」。もちろん、「**d**ハナをつく匂いが漂ってきた」のように、描かれることもあるでしょう。しかしそれはあくまで視覚的な描写に対しては**e**ホソク的な位置にとどまります。

　一方、中瀬さんの場合は違う。とらえるのは、触覚や嗅覚の情報によって構成される世界です。「自分の場合は、ベンチに座ったら、お尻がくぼんでいるなとか、ずいぶん柔らかいなとか、どういう座り心地なのかは意識する、というか勝手に入ってきちゃうんです」。

　ちょっと極端な言い方をすれば、**6**言葉の定義そのものが違っている、とでも言えばいいでしょうか。「椅子」と言われたときにイメージするものが、見える人と見えない人では違っているのです。「あの行きつけのレストランの椅子」と言われたら、見える人であれば、椅子の色や形、素材を思い出すでしょう。

　しかし中瀬さんは違います。「椅子の背がカクカクしていたかとか、椅子を引いたときの重さとか、思い出しますね」。「あとは手触り。木って言ってもトゲが刺さりそうなやつなのか、山小屋みたいな（丸太の）凸凹のやつなのか、ニスっぽいきれいなやつなのか、そういったことは手触りで覚えていますね」。

　このような触覚的な記憶についての話を聞くと、「そもそも記憶とはどこにあるのか」という哲学的・脳科学的な大問題にぶちあたります。

　視覚的な記憶を思い出す場合、少なくとも私たちの実感としては、「頭に思い浮かべる」のであって「目で思い出している」わけではあ

ウ　最後くらい一緒にバカみたいな遊びをしようという「俺」の提案がうれしくて、これからやろうとすることへの子どもらしい期待が顔中にあふれている。

エ　この日まで背伸びして大人っぽくふるまっていたが、「俺」がわざわざ追いかけて来てくれたことがうれしくて、思わず子どもらしい素顔が顔を出した。

二　次の文章を読み、後の問いに答えなさい。

ある人が書いた文章を、別の誰かが読む。（中略）異なる体の記憶が、別の、しかも条件の異なる体と出会う。この接触は、違和感を生み出すこともあれば、逆に体を変えるような学びの機会になることもあります。そうした「自分のものでない記憶との出会い」について、考えてみたいと思います。

中瀬恵里さんは、全盲の読書家です。先天的に全盲ですから、そもそも「見る」ということがどういうことかを経験的には知りません。それゆえ、1目が見える人の文章を読んだときに、小さな違和感を感じることがあると言います。

たとえば小説で、レストランの店内の様子が描写されていたとします。「店の扉をあけると、カウンターのほかにテーブル席が五つあった」。たとえばこんな何気ない描写であったとしても、中瀬さんにとっては、違和感を感じると言います。

それはどんな違和感か。「細かい」と中瀬さんは言います。「本を読むとすごく情報が細かい。ふだん知らないようなことも書いてあって、『へー、テーブルが五つ』みたいな(笑)。行きつけのお店でも数えたことないような情報が入ってくるから、細かいな、と思います」。

「細かい」という反応は、中瀬さんが実際にレストランに行くときの経験の記憶と、本で描写されている情報を比較することから生じています。中瀬さんは、行きつけのお店であってさえ、わざわざ席の数を確認したことはない。ゆえに思い出そうとしても思い出すことができない。それは意識していない、記憶していない情報です。

ところが、目が見える人が書いた文章には、平然と席の数が「五つ」と明示してある。自分が意識・記憶していない情報が描いてあるがゆえに、中瀬さんはそれを「細かい」と感じているのです。

注意しなければならないのは、この差異が、単純な情報の「量」には還元できないということです。

確かに目が見える人の記述は、中瀬さんが意識・記憶していない情報も含まれているという意味で、情報量が多いように思えます。しかし「テーブルが五つ」という情報によって、目が見える人が何を伝えようとしているかを考えれば、2そこに「質」の問題も関わっていることが分かります。

目が見える人がレストランの席数を記述するとき、多くの場合それは3「レストランの規模」を読者に伝えることが目的でしょう。もちろん、aスイリ小説などでは「5」という数そのものが重要になる場合もありますが、たいていは数は手がかりにすぎません。「五席」であればかなり小さな、こじんまりしたレストランでしょうし、「二〇〇席」となればファミレスのような、店員さんが端末を持って注文を取りに来るような機械化された店をイメージします。席数という情報を手がかりに、目が見える人は、店舗の空間的な広さやタイプ、料理の価格帯、想定されるコミュニケーションなどについてのイメージをふくらませます。

では全盲の方がレストランに行くとき、彼らはこうした「店の規模」に関する情報を得ていないかというと、必ずしもそういうわけではないでしょう。お客さんの会話のトーン、ＢＧＭや環境音が反響する具合、あるいは頬にあたる空気の流れを手がかりに、彼らは瞬時に

エ　簡単には消えない形で胸にきざみ込まれた。

問十一　――線部**11**「俺が百井にいちばん言いたかったのは……」とあるが、この時「俺」は、どのような思いから、どのようなことを百井に「言いたかった」と考えられるか。解答らんの文末に合うように、八〇字以上、一〇〇字以内で答えなさい。ただし、解答には次の二語を必ず用いること。

大人・子ども

問十二　――線部**12**「俺はまぶたの汗をぐいっとぬぐって、まっすぐに百井を見た」とあるが、この時の「俺」のどのような様子を言ったものか。次の中から適当なものを一つ選び、記号で答えなさい。

ア　百井に本気で伝えたいと思っていることがあるので、それを余計なことを考えず一心にぶつけようとしている。

イ　百井に追いついて最後に話す機会ができたので、今度こそきちんと伝えるために冷静になろうとしている。

ウ　ようやく自分のわだかまりを言葉にできたので、百井の反対を押し切れるように真剣に話そうとしている。

エ　大人びている百井に幼稚(ようち)な提案をするのは少しためらわれるので、勇気をふりしぼって伝えようとしている。

問十三　――線部**13**「なんてめちゃくちゃな言い分だ」とあるが、どういう点が「めちゃくちゃ」なのか。次の中から適当なものを一つ選び、記号で答えなさい。

ア　「バカみたいな遊び」をやろうとさそっておきながら、それを中学生にもなって「全力で」やろうと言っている点。

イ　「勉強」だけのつき合いで別れが近づいても淡々と過ごしていたのに、最後に急に「遊ばねえ？」と言っている点。

ウ　「遊ぶ」というのは自分のやりたいことをやりたいようにやるものなのに、それを「ちゃんと」と言っている点。

エ　「最後」なのだから本当は内容や価値のあることこそすべきなのに、「くだらないこと」をしようと言っている点。

問十四　――線部**14**「恥ずかしさが胸をよぎって」とあるが、なぜそのような気持ちになったのか。次の中から適当なものを一つ選び、記号で答えなさい。

ア　ほんの少し前にあっさりと別れておきながら、今度は息を切らし必死に追いかけてきて、汗だくのまま一方的にしゃべる自分を、百井がぽかんと見ていたから。

イ　もともと勉強を通してのまじめなつき合いであり、百井もだからこそ自分と友達になったのに、実は遊びたかったのだということを百井に知られてしまったから。

ウ　いつまでも忘れてほしくないと思っているのは自分だけで、むしろ百井の方は最後まで淡々としていて、特別な感情はわいていないのかもしれないと思ったから。

エ　最後にただただ二人の楽しい思い出をつくって別れたいという思いは、自分一人だけのもので、百井はまったくそれを望んでいないのではないかと思ったから。

問十五　――線部**15**「まぎれもない、子どもの百井の顔だった」とあるが、百井のどのような心情が表れたものか。その説明として適当なものを、次の中から一つ選び、記号で答えなさい。

ア　本当は全力で遊んでみたいと思いながら言い出せずにいたが、その気持ちに「俺」が気づいてくれたことに感動し、子どものような喜びが表情に表れた。

イ　最後くらい一緒にガキみたいに遊ぼうと言われ、「俺」と一緒に遊んだ小学校時代のことを思い出し、なつかしさに自然と子どものころの表情になった。

ってはいるものの、自分たちにふさわしい気のきいた送り出し方がなかなか思いつかず、ただ時間ばかりが過ぎてしまいあきらめかけているから。

問七　――線部７「俺たちは心なしかいつもより饒舌で、そして、陽気だった」とあるが、なぜか。その理由として適当なものを、次の中から一つ選び、記号で答えなさい。

ア　もうすぐ最後の別れだが、いつもよりもにぎやかにすることで、相手は友達の一人にすぎず、いなくなっても平気だと互いに無理に装っているから。

イ　もう会わなくなると分かった上で、いつも以上に明るく調子を合わせることで、つい泣きそうになる気持ちを互いに何とかおさえようとしているから。

ウ　別れの時が近づいたと感じながら、いつもよりもはしゃぐことで、ふだん通りの雰囲気を壊さないようにしようと互いに少し無理をしているから。

エ　一緒に帰るのも最後だが、いつも以上に盛り上がることで、別れぎわに何を言おうかと高まってきた緊張をゆるめようと互いに思っているから。

問八　――線部８「俺はふう、とため息をついた」とあるが、ここには「俺」のどのような気持ちが表れているか。次の中から適当なものを一つ選び、記号で答えなさい。

ア　自分の思いを完全には伝えきれなかったという後悔は残るものの、いかにも別れにふさわしい感動的でかっこつけた言葉は口にせずにすんだことには満足している。

イ　自分の気持ちをうまく伝えられなかった心残りはあるものの、二人の最後にふさわしい言葉を言わなければならないという重圧からは解放されて少しほっとしている。

ウ　無理せず自分の実感に見合った言葉で別れることができたことは誇らしく思うものの、ありきたりな言葉しか出てこなかった点については少し落ち込んでいる。

エ　最後は特に感情的になることもなくあっさり別れてしまったものの、別れた後急に百井を失ってからのことが思いやられて言いようもないさみしさにおそわれている。

問九　――線部９「まあ、そんなもんだよな。結局は」とあるが、ここには「俺」のどのような気持ちが表れているか。次の中から適当なものを一つ選び、記号で答えなさい。

ア　百井がいなくなった実感がわかないまま、今後も悲しむことなく、百井のことを自然に忘れてしまえるはずだと自分に言い聞かせている。

イ　百井がいなくなったことがぴんとこなくて、百井をそのまま忘れてしまいそうな自分の冷たさにおどろきながらも、そんな自分を受け止めようとしている。

ウ　百井がいなくなった痛みを感じられないことに拍子抜けしながらも、百井が自分にとってそれほど大きな存在ではなかったことを納得しようとしている。

エ　百井がいなくなった喪失感を感じられないまま、百井の印象も段々とうすれていってしまうことを仕方がないことだと受け入れようとしている。

問十　――線部10「急にすとんと、胸に落ちた気がした」とあるが、この表現はどういうことを言っているのか。次の中から適当なものを一つ選び、記号で答えなさい。

ア　突然押さえきれない思いで胸がいっぱいになった。

イ　不意にはっきりと納得のいく形で理解できた。

ウ　ふとどうでもいいことに思えてわだかまりが消えた。

「ラッキー」だと肯定(こうてい)しているところ。

問三 ――線部**3**「勉強って、みんな平等だろ？　それって、すごいことじゃんか」とあるが、どういうことを言っているのか。百井の家庭環境(かんきょう)から考えてここで言う「平等」とはどういうことかを明らかにしながら、それがどういう点で「すごいこと」なのかを、六〇字以上、八〇字以内で答えなさい。

問四 ――線部**4**「自分の足で生きる方法を、子どもに教えられるようになりたい」とあるが、百井はどのような思いからこのように言っているのか。次の中から適当なものを一つ選び、記号で答えなさい。

ア　百井自身が小学校の担任から教わったように、学歴社会である日本で生きていくためには勉強が大切であることを子どもたちに教えたいという思い。

イ　百井自身が親の事情に左右されたり、親の言いなりになったりせずに自身の力で生きていこうと考えていて、子どもたちもそう導きたいという思い。

ウ　自分と同じ貧しい家に生まれた子どもたちでも、引け目を感じることなく学校生活を送れるように、誰にも平等な学校教育を実現したいという思い。

エ　自分のように転校や友達との別れといったつらい出来事にあっても、それに負けずに強く生きていけるような子どもたちを育てたいという思い。

問五 ――線部**5**「遠いな、と思った」とあるが、この時「俺」は百井のことをどう感じているか。次の中から適当なものを一つ選び、記号で答えなさい。

ア　自分の得意・不得意を早々に見きわめ、不得意なことに時間をかけるより得意分野の勉強で未来を切り開こうと一心に努力する百井を、自分よりかなり大人だと感じている。

イ　早くから勉強は不利な環境を打開するための手段になると考え、長期的な視野をもって勉強を続けて一回一回の試験の結果に一喜一憂(いっきいちゆう)しない百井を、自分より大人だと感じている。

ウ　めぐまれない今の環境では達成できることも限られていると早くから自分の将来に見切りをつけ、人生に多くを期待していない百井を、自分よりかえって大人だと感じている。

エ　自分の今いる環境をうらんだり悲しんだりせず、その環境の中でいだける夢を早くから見つけてそのために迷わず努力している百井を、自分よりはるかに大人だと感じている。

問六 ――線部**6**「それでも、これでいいんだと～自分にそう言い聞かせた」とあるが、このように自分に言い聞かせているのはなぜか。その理由として適当なものを、次の中から一つ選び、記号で答えなさい。

ア　百井の様子から最後までいつも通りに接した方が良いとは思うものの、お互いの心に残るような送り出し方が他にあるのではないかという思いが日ごとにわき上がってくるのをどうすることもできずにいるから。

イ　百井が喜ぶのは大げさな送り出し方ではなく、淡々とした送り出し方だろうと思って実行してはいるものの、日がたつごとに本当に百井が喜んでくれているのか少しずつ自信がなくなってきてしまっているから。

ウ　親友がいなくなるので本当はセンチメンタルな気分にひたって別れを惜しみたいと思ってはいるものの、日がたつにつれて何事にも冷静な百井に拒絶(きょぜつ)される気がして余計に言い出しにくくなってしまっているから。

エ　特別なことをしないまま親友の百井と別れてはいけないと思

「ガキみたく、全力でさ。走ったり、叫んだり。そういう、バカみたいな遊び。……だってさ、俺、お前とちゃんと遊んだことといっぺんもないじゃんか。最後くらい、勉強じゃなくて、くだらねえこと一緒にしようぜ。だって俺ら、まだ中学生じゃんか」

懸命に言い連ねながら、13なんてめちゃくちゃな言い分だ、と自分であきれた。

でも、まぎれもない本心だった。

百井はきっとこの先も、急いで大人になろうとするんだろう。それは、悪いことじゃない。だけど、覚えていてほしかった。本当に大人になった時、ああ楽しかったな、って、今日のことを思い出してほしかった。

肩で息をする俺を、百井が、ぽかんとした顔で眺めている。

それを見て、俺は急に心細くなってきた。こんなの、ひとりよがりなんじゃないか、百井はこんなことこれっぽっちも望んでないんじゃないか。そんな不安が、今さらのように押し寄せてくる。14恥ずかしさが胸をよぎって、俺は、とうとううつむきかけた。

けれど、その時だった。

「……うん！」

うれしそうな百井の声がすぐそばで弾けて、俺ははっと顔を上げた。

おずおずと、前を見る。

百井はきらきらと目を輝かせて、笑っていた。

まるで、とっておきのいたずらを持ちかけられたみたいに。わくわくしてたまらない、今すぐにでも走り出したいって気持ちが見える。

それは、15まぎれもない、子どもの百井の顔だった。

（水野瑠見『十四歳日和』）

問一　――線部1「『うん。ありがとう』」とあるが、百井はなぜそう言うのか。その理由として適当なものを、次の中から一つ選び、記号で答えなさい。

ア　同情されたくない自分の気持ちを「俺」が感じ取った上で、わざと突き放すような言葉を放ってこの暗い話を終わらせようとしてくれたと思い、ありがたかったから。

イ　本当は同情してほしい自分の気持ちに「俺」が気づいてくれていて、突き放すような言葉の中に甘えずに頑張れという激励の気持ちが感じられ、ありがたかったから。

ウ　同情されることを求めていない自分の気持ちを「俺」がくみ取った上で、あえて突き放すような言葉を返してきたことが理解でき、ありがたかったから。

エ　本当は同情を求めている自分の気持ちを「俺」が読み取ってくれていて、一見突き放すような言葉の中にも同情の気持ちが感じられ、ありがたかったから。

問二　――線部2「変な先生だよね。先生っぽくないっていうか」とあるが、どういうところが「変」で「先生っぽくない」のか。次の中から適当なものを一つ選び、記号で答えなさい。

ア　転校していく生徒には通常はなむけの言葉をおくるものなのに、この先生はわざわざ「勉強だけはしっかりしろよ」と忠告めいたことを口にしているところ。

イ　転校していく百井をいかにも勉強ができない生徒としてあつかい、お前には「一発逆転」をねらうしかないと本人に向かってその現状をつきつけているところ。

ウ　学校の先生としては、堅実で手堅い人生を送るように生徒を導くはずなのに、「一発逆転」などという手っ取り早く成功を収める方法をすすめているところ。

エ　学校の先生なら、人間を学歴だけで評価するような考え方を批判するのがふつうなのに、それを生徒に向かって大真面目に結局、俺が選んだのは、そんなありきたりな一言だった。

「うん。矢代くんもね」

と、百井は、きまじめな顔でうなずいた。

そうしてお互い、「じゃあな」って手をふり合って、背中を向ける。

拍子抜けするぐらい、あっさりとした別れぎわだった。

しばらくチャリを押しながら歩いてみて、百井の足音も聞こえなくなったころ、8俺はふう、とため息をついた。深呼吸してふり向くと、アスファルトの道の上に、百井の姿は、もうなかった。

ペダルに足をかけながら、俺はぼんやりと、頭の端で考える。

春休みが終わって学校に行っても、もう百井はいないんだ。

そう理解はしていても、なぜだか実感がわかなかった。

というか、実際三年生になってみても、卒業するころになっても、ずっとぴんとこないような気さえする。そうして永久にぴんとこないまま、俺は百井のことを、次第に忘れていくんだろう。

――9まあ、そんなもんだよな。結局は。

妙に冷静な気持ちで、そう思った時だった。

どこからか甲高い笑い声が響いてきて、俺はびくっと肩を跳ねさせた。と、顔を上げたとたん、ランドセルを背負った小学生たちが、すれちがいざまに、俺のわきを全速力で駆けていった。どうやら、近所の小学校も、今日が終業式だったらしい。

「ちょっと待ってよ、置いてかないでよ」

と、いちばん背の低いメガネの男の子が叫ぶと、「バーカ、お前がトロいんだって！」「早く来いよ！」と仲間らしいふたりが叫び返す。メガネの子は、どうしてなかなか負けん気が強いらしく、「うるさい！」と言い返して、すぐさまふたりの後を追いかけていった。

竜巻のような三人組の背中が、みるみる遠ざかっていくのを眺めながら、俺はふと、自分がガキだったころのことを思い出した。

毎日あちこち走り回って、わけもなく大声で叫んでみたりして。友達とどつき合って、ゲラゲラ笑って。思い返してみても、バカみたいだ。でも、あのバカみたいな一瞬一瞬が必死で、ただ、一生懸命だったこと。

楽しかったな――。

そう思った瞬間、俺は、はっと息をのんだ。わだかまっていたもどかしさの理由が、10急にすとんと、胸に落ちた気がしたからだった。

――ああ、そうか。11俺が百井にいちばん言いたかったのは……、

気づいたらもう、じっとしてはいられなかった。

チャリを方向転換させ、勢いをつけてペダルを踏み込む。どうか百井を見つけられますようにと、心の内で念じながら。

全力で走った。

そりゃもうめちゃくちゃに、本気の本気で、チャリを飛ばした。

だから道の先に、ひょろっとした百井の背中を見つけた時、俺はどっと安堵したんだ。

「もーもいー！」

俺が叫ぶと、百井が弾かれたようにふり返った。びっくりしたようにどんぐりまなこを見開いて立ち止まった百井の前に、俺は急ブレーキで停車する。

「どうしたの、矢代くん」

ぜえぜえと息を切らしてハンドルに額を預ける俺をのぞきこんで、けげんそうに百井が問いかけてくる。何度か深呼吸して息を整えると、12俺はまぶたの汗をぐいっとぬぐって、まっすぐに百井を見た。

「……今からさ、遊ばねえ？」

ひとりでに、言葉が口をついて出る。「え？」と百井はなおもけげんそうにまばたきをしたけれど、構わず俺は、一気につづけた。

休み時間には、他愛もない話題で、笑い合う。

放課後になると、百井はまっすぐ帰るか図書室に向かい、俺はいつもどおり部活に行った。そして、「だりー」「眠みー」とたけるたちと言い合って、真っ暗な通学路を自転車で走った。

何も変わらない、淡々とした日常。

くり返される昨日が、まんま今日で、そっくり明日だった。**6**それでも、これでいいんだと、俺は部屋の日めくりカレンダーをちぎるごとに、自分にそう言い聞かせた。

——だって俺、センチメンタルに別れを惜しむキャラでもないし。

ていうか、別に死に別れってわけでもないし。

それに百井だって、すっきり送り出してもらったほうが、よっぽど気分がいいだろう。分かってる。だけど同時に、これでいいのか、というもどかしさが心の片すみにくすぶっているのもまた、嘘じゃなかった。

どうしてなのか、自分でも、よく分からなかった。

置いてかれることへのあせり？

ひとり大人になってく、百井へのやっかみ？

それもある……かもしれないけど、それだけじゃない。それだけじゃないんだ。なぜなのかは、いくら考えても、つかめないままだったけど。

（中略）

そうこうしているうちに、三学期最後の日がやってきた。

つい一週間くらい前までは身が切れそうなほど寒かった気がするのに、今日は制服の背中が、うっすら汗ばむほどの陽気だ。

「なーんかさー、ザワ先のヤツ、わりとあっさりしてたよなあ。お別れ会とか、百井への叱咤激励とか、なんかしらあるかと思ってたのに。なにせ、体育会系だし」

カラカラと自転車を押しながら、俺はぼやいた。百井が隣で苦笑いする。

「それは、僕が頼んだんだよ、先生に。お別れ会とかあいさつとか、そういうのは仰々しくて恥ずかしいからやめてください、って。かなりしぶられたけど」

「そういうとこ、やっぱひかえめだよなー、百井って」

「うん。謙虚だからね、僕は」

「いやいや、謙虚って自分で言ったら、謙虚じゃねえよ」

代わり映えのしない道のりを歩きながら、**7**俺たちは心なしかいつもより饒舌で、そして、陽気だった。沈黙をうめようとするみたいに、俺も百井もつまらない冗談を言って、べつだんおもしろくもなんともないのに、声を立てて大げさに笑った。

けれどいくら名残惜しんだところで、通学路は、いつもの長さのままだ。十五分も歩けば、簡単に、別れ道についてしまう。

「矢代くん。じゃあ、僕、こっちだから」

踏切を越して、しばらく歩いた先の交差点に差しかかった時、百井が言った。

「……あ、そっか」

気の抜けたような返事をして、俺はこの日、初めてちゃんと正面から、百井を見た。裾が短くなりすぎて、くるぶしまで見えているズボン。相変わらずのぼさぼさ頭……そういう百井のいでたちを見下してた日々が、急に、昔のことのように思えた。

何か言わなくちゃ、と俺は思う。

これで最後なんだから。感動的な、かっこつけられるような何かを

——、

「ま、元気でやれよ」

俺の口真似(くちまね)をしてうなずくと、百井は、何かを思い出すみたいにふっと目を細めた。

「……ていうか、小三の時の担任が、変な人でさ」

「担任？」

「そう。僕が転校することになった時、その先生、言ったんだよね。『百井、お前、勉強だけはしっかりしろよ』って」

「なんか、ありきたりな台詞(せりふ)だな」

「うん、そう思うよね。僕も正直、うざいなって思った。けどその後先生、こう言ったんだ。『なんだかんだ言っても、日本は学歴社会だ。でもな百井、それってすごいラッキーじゃないか？　勉強ってのはだれにでも与(あた)えられた、一発逆転のチャンスなんだからさ』って、すごい真剣(しんけん)な顔で」

ぽかんとする俺の顔を見て、百井はかすかにほっぺをゆるめた。

「**2**変な先生だよね。先生っぽくないっていうか。でも、僕としては、目からうろこだったんだ。すごくびっくりした。そっか、自分なんかにも逆転のチャンスがあるのかーって」

それを聞いたとたん、俺は、いつかの百井の言葉を、ようやくちゃんと理解できたような気がした。――**3**勉強って、みんな平等だろ？　それって、すごいことじゃんか。

「そっから僕、勉強、頑張るようになったんだ。もともと賢(かしこ)いわけじゃないから、努力でなんとかしなきゃって必死だった。そのぶん、他の子たちみたいに遊んだりできなかったけど」

「……だから、ドッジもあんなにヘタクソだったのか」

力なく冗談(じょうだん)めかしてそう言った俺に、けれど百井は、「そうだね、うん。きっとそう」と笑って、暗くなった空を見上げた。

「僕、将来、学校の先生になりたいんだよね。そんで、**4**自分の足で生きる方法を、子どもに教えられるようになりたい。現実から逃(に)げずに、うまく乗り切れるように」

それはただの夢物語ではなくて、誓(ちか)いのように、俺には聞こえた。

そうか、としか答えることができなかった。それ以外に、俺に、なんて言えただろう？

「ヘビーな話でごめん。けど、そういう事情だから仕方ないんだ。僕が、自分で決めたことでもあるんだし。今さら後には引けないし」

なんにも悪くないくせに、申し訳なさそうに眉(まゆ)を下げる百井に、俺はいたたまれなくなった。だからあえて、「でも百井、入学して最初の実力テストは、お前、俺より順位下だったじゃん」と話をそらして、おどけてみせた。

百井は一瞬(いっしゅん)きょとんとして、それから、ああ、と手を打った。

「あれね。僕、休んでたから。新学期早々、インフルエンザで」

「……マジで？」

「うん。だからそれは、矢代くんの不戦勝」

がくっとうなだれる俺を見て、百井は愉快(ゆかい)そうに天へ向かって息を飛ばす。

その大人びた横顔が、少しだけ、にくらしかった。

だって、俺ははっきり落胆(らくたん)してたから。ライバルだって、友達だって思ってたヤツが、春にはどっか遠くへ行ってしまうこと。そして、百井がその未来を割り切って、ちっともめそめそしてないことに。

5遠いな、と思った。

俺より何十歩も何百歩も先の場所に、百井はいるんだ。きっと、ずっと前から。

それから終業式までの日を、俺も百井も、今までとまったく同じように過ごした。

朝会えば、「おはよー」「うっす」と定番のあいさつを交(か)わす。

二〇二〇年度　海城中学校

【国　語】〈第二回試験〉（五〇分）〈満点：一二〇点〉

注意　字数指定のある問いは、句読点なども字数にふくめること。

一　次の文章を読み、後の問いに答えなさい。

矢代大地（「俺」）は中学二年生。入学直後の実力テストで学年一位になったが、その後はどんなに頑張っても二位だった。悔しがる大地だが、とあるきっかけで、常にトップの生徒が教室では影のうすい百井裕樹であることを知ってショックを受ける。が、トップであることをひけらかすこともなく、常に謙虚な百井の人がらにふれ、大地は百井との関係を深めていく。そんなある日、一緒に県内トップの進学校へ進学するつもりでいた大地に、百井は中三になる四月に引っ越すことになったと告げる。

「とっくに気づいていると思うけど、僕ん家ってお金ないんだよね」

と、ゆっくり歩きながら、百井はぽつぽつとしゃべった。

「もともと父親は、運送会社で働いてたさ。もうばりばりの肉体労働系。けど途中で腰を痛めちゃって、やめるしかなくなっちゃって」

「……そうなんだ」

「そこからが大変だった。うちの父親、高校中退で学歴も資格もないから、なかなか次の仕事が見つからない。やっと決まった会社も労働条件悪くて、しょうがなく母親もパートに出るようになったんだけど、そのうち言い争いとかも増えてきて」

百井は、乾いて血のにじんだくちびるをなめると、さらにつづけた。

「結局、小三の時に離婚した。そっから母親とふたりで別の町に移り住んで、団地に住んでたけど、小六の終わりにそこの建て替えが決まって、中学からはこの町に越してきたってわけ。ま、今のアパートも前と同じくらいひどいけど」

「……それで」

「やっと落ち着いたと思ったら、今度は母親が、再婚したい相手がいるってさ。別にそれを止めようなんて思わないけど、僕だって、今さら他人と住むなんて嫌だよ。親の事情でふり回されるのも、言いなりになるのも。だから頼んだんだ、自分から。再婚するなら、僕を、じいちゃん家に行かせてほしい、って」

「…………」

「ふつうさあ、子どものほうを取ると思うじゃん？　でもそうじゃなかったんだよね、うちは」

そこでいったん言葉を区切ると、百井はめずらしく、おどけた表情を俺に向けた。

「……ひょっとして、同情した？」

「しねーよ、バカ。うぬぼれんな」

内心ぎくりとしたけれど、わざと突き放すような口調で俺は言った。

百井は俺から目をそらし、1「うん。ありがとう」とつぶやいた。だから俺は平然を装って、「つうか、お前、よくグレないよなあ。えらいじゃん」と茶化してみせた。

「だよねえ。自分でもそう思うよ」

百井はしみじみと言って、うなずいた。

「けど、ちっちゃい時は、かなりひねくれてたんだよ。勉強だって大嫌いだったし」

「うっそ、マジで？　想像つかねー」

「マジマジ。勉強するようになったのって、小三の時からだもん」

2020年度

海城中学校 ▶解説と解答

算数 ＜第２回試験＞（50分）＜満点：120点＞

解答

1 (1) $\frac{1}{8}$　(2) 68個　(3) 486ページ　(4) 135度　(5) 16秒後　**2** (1) $\frac{8}{35}$倍　(2) 64：75　**3** (1) 1200人　(2) 7個　**4** (1) 120通り　(2) 25通り　(3) 600通り　**5** (1) 288cm^3　(2) 288cm^2　(3) 105.6cm^2　**6** (1) ア 54　イ 134　ウ 7.2　エ 14.8　(2) 毎分7.5cm^3

解説

1 **四則計算，倍数，相当算，角度，反比例**

(1) $\left(1.3-\frac{1}{10}\right)\times0.125-\left[1\frac{1}{5}\times\left\{\frac{1}{4}-0.25\times\left(4.5-3\frac{2}{3}\right)\right\}\right]\div2=\left(\frac{13}{10}-\frac{1}{10}\right)\times\frac{1}{8}-\left[\frac{6}{5}\times\left\{\frac{1}{4}-\frac{1}{4}\times\left(\frac{9}{2}-\frac{11}{3}\right)\right\}\right]\div2=\frac{12}{10}\times\frac{1}{8}-\left[\frac{6}{5}\times\left\{\frac{1}{4}-\frac{1}{4}\times\left(\frac{27}{6}-\frac{22}{6}\right)\right\}\right]\div2=\frac{3}{20}-\left\{\frac{6}{5}\times\left(\frac{1}{4}-\frac{1}{4}\times\frac{5}{6}\right)\right\}\div2=\frac{3}{20}-\left\{\frac{6}{5}\times\left(\frac{1}{4}-\frac{5}{24}\right)\right\}\div2=\frac{3}{20}-\left\{\frac{6}{5}\times\left(\frac{6}{24}-\frac{5}{24}\right)\right\}\div2=\frac{3}{20}-\left(\frac{6}{5}\times\frac{1}{24}\right)\div2=\frac{3}{20}-\frac{1}{20}\times\frac{1}{2}=\frac{3}{20}-\frac{1}{40}=\frac{6}{40}-\frac{1}{40}=\frac{5}{40}=\frac{1}{8}$

(2) 1以上100以下の整数のうち，5で割り切れる整数は，100÷5＝20(個)あり，7で割り切れる整数は，100÷7＝14余り2より，14個ある。また，5でも7でも割り切れる整数，つまり，5×7＝35で割り切れる整数は，100÷35＝2余り30より，2個あるので，5か7で割り切れる整数は，20＋14－2＝32(個)ある。よって，5でも7でも割り切れない整数は，100－32＝68(個)ある。

(3) 右の図1で，1日目に読んだ残りは全体のページ数の，$1-\frac{1}{3}=\frac{2}{3}$なので，2日目に読んだページ数は，全体の，$\frac{2}{3}\times\frac{4}{9}=\frac{8}{27}$となる。よって，3日目に読んだ162ページは全体の，$1-\frac{1}{3}-\frac{8}{27}-\frac{1}{27}=\frac{1}{3}$にあたるから，全体のページ数は，$162\div\frac{1}{3}=486$(ページ)と求められる。

図1
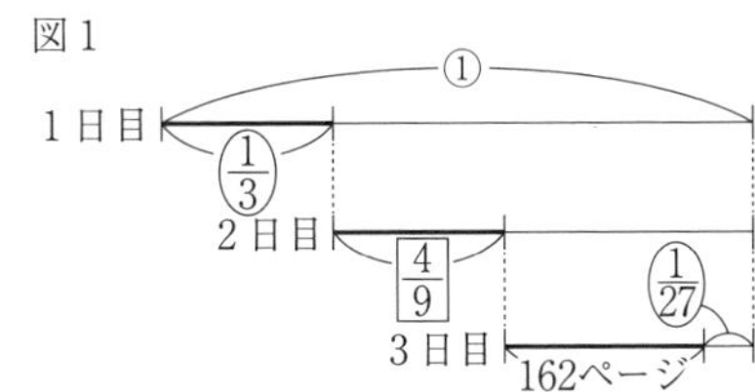

(4) 右の図2で，角ABC＝180－(90＋30)＝60(度)より，三角形ABCは正三角形を2等分した直角三角形だから，AB：BC＝2：1となる。また，MはABの真ん中の点なので，MB＝BCより，三角形MBCは正三角形とわかる。また，角CBD＝60－15＝45(度)より，三角形BCDは直角二等辺三角形なので，BC＝DCである。すると，MC＝DCになるから，三角形CDMは二等辺三角形であり，角DCM＝90－60＝30(度)なので，角DMC＝(180－30)÷2＝75(度)となる。したがって，角アの大きさは，60＋75＝135(度)と求められる。

図2
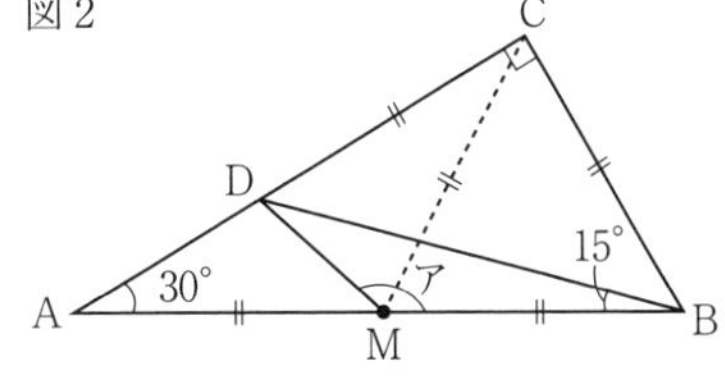

(5) A，B，Cの歯の数の比は，45：72：120＝15：24：40だから，同じ時間で回転する数の比は，

$\frac{1}{15}:\frac{1}{24}:\frac{1}{40}=\frac{8}{120}:\frac{5}{120}:\frac{3}{120}$より，８：５：３になる。また，それぞれの歯車が半回転するごとに線は真横になるので，Ａが，８÷２＝４(回転)，Ｂが，５÷２＝2.5(回転)，Ｃが，３÷２＝1.5(回転)すれば，３つの歯車の線が再び１本につながる。よって，求める値は，$60\times\frac{4}{15}=16$(秒後)とわかる。

2 平面図形―辺の比と面積の比

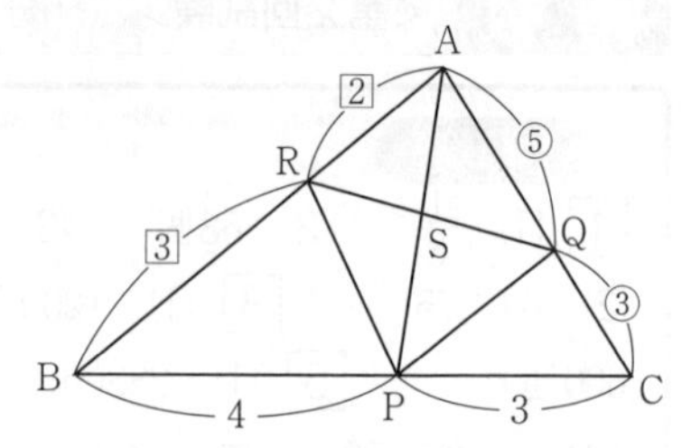

⑴　右の図で，BP：PC＝４：３より，三角形ABPと三角形APCの面積の比は４：３なので，三角形ABPの面積は三角形ABCの面積の，$\frac{4}{4+3}=\frac{4}{7}$(倍)となる。また，AR：RB＝２：３より，三角形ARPと三角形RBPの面積の比は２：３になるから，三角形ARPの面積は三角形ABPの面積の，$\frac{2}{2+3}=\frac{2}{5}$(倍)となる。よって，三角形ARPの面積は三角形ABCの面積の，$\frac{4}{7}\times\frac{2}{5}=\frac{8}{35}$(倍)とわかる。

⑵　三角形ARPと三角形AQPの底辺をどちらもAPとしたとき，RS：SQは高さの比にあたる。そこで，RS：SQは三角形ARPと三角形AQPの面積の比に等しいことがわかる。⑴と同様に考えると，三角形APCの面積は三角形ABCの面積の，$\frac{3}{4+3}=\frac{3}{7}$(倍)で，三角形AQPの面積は三角形APCの面積の，$\frac{5}{3+5}=\frac{5}{8}$(倍)だから，三角形AQPの面積は三角形ABCの面積の，$\frac{3}{7}\times\frac{5}{8}=\frac{15}{56}$(倍)となる。よって，三角形ARPと三角形AQPの面積の比は，$\frac{8}{35}:\frac{15}{56}=\frac{64}{280}:\frac{75}{280}=64:75$だから，RS：SQ＝64：75と求められる。

3 ニュートン算

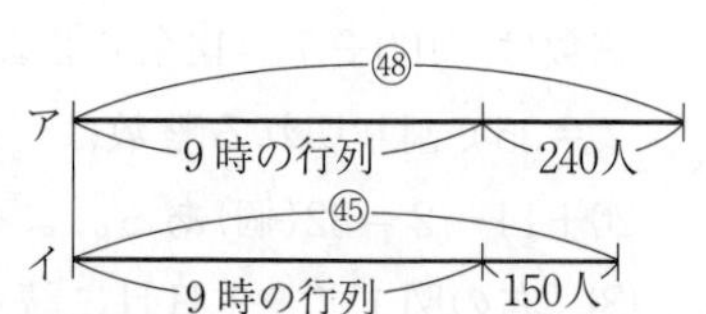

⑴　１個の入場口で１分間に入場できる人数を①とする。２個の入場口を開くとき，行列がなくなるまでの24分間で新たに，10×24＝240(人)が行列に加わり，その間に，①×２×24＝㊽の人数が入場して行列がなくなったから，右の図のアのようになる。また，３個の入場口を開くとき，行列がなくなるまでの15分間で新たに，10×15＝150(人)が行列に加わり，その間に，①×３×15＝㊺の人数が入場して行列がなくなったから，図のイのようになる。よって，㊽－㊺＝③にあたる人数が，240－150＝90(人)なので，①＝90÷３＝30(人)とわかる。したがって，㊽＝30×48＝1440(人)だから，９時にできていた行列の人数は，1440－240＝1200(人)と求められる。

⑵　９時６分までに行列をなくすためには，１分間に減る行列の人数が，1200÷６＝200(人)以上になればよいから，１分間に入場できる人数が，200＋10＝210(人)以上になればよい。また，⑴より，１個の入場口で１分間に入場できる人数は30人なので，入場口を少なくとも，210÷30＝７(個)開けば，９時６分までに行列をなくすことができる。

4 場合の数

⑴　Ｋ，Ａ，Ｉ，Ｊ，Ｏのカードを１枚ずつ選ぶとき，Ｋの数字は１～５の５通り，Ａの数字はＫの数字以外の４通りある。同様に，Ｉの数字は残りの３通り，Ｊの数字は残りの２通り，Ｏの数字は残りの１通りになるので，選び方は，５×４×３×２×１＝120(通り)ある。

⑵　２＋１＋１＋１＋１＝６より，数字の合計が６となるのは，２のカードを１枚，１のカードを４

枚選ぶときである。２のカードがKの場合，１のカードはK，A，I，J，Oの５枚から４枚を選べばよいので５通りになる。２のカードがA，I，J，Oの場合も同様に５通りずつできるから，数字の合計が６となるような選び方は，５×５＝25(通り)ある。

(3)　たとえば，K１，K２，K３，A１，A２のようになる場合を考える。まず，Kにあたる同じアルファベット３枚の選び方は５通り，Aにあたる同じアルファベット２枚の選び方は残りの４通りだから，アルファベットの組み合わせは，５×４＝20(通り)になる。次に，１と２のカードは２枚ずつあり，３のカードは１枚であることに注目すると，１と２にあたる２種類の数字の選び方は，５×４÷２＝10(通り)，３にあたる１種類の数字の選び方は残りの３通りなので，数字の組み合わせは，10×３＝30(通り)となる。よって，２種類のアルファベットと３種類の数字となるような選び方は，20×30＝600(通り)とわかる。

5　立体図形―体積，表面積，分割

(1)　下の図１で，四角すいO－EFGHの底面は対角線が12cmの正方形なので，底面積は，12×12÷２＝72(cm²)となる。また，高さは12cmだから，体積は，72×12÷３＝288(cm³)と求められる。

(2)　四角すいO－EFGHの表面積は，三角形OFGと合同な４つの三角形の面積と，正方形EFGHの面積の和になる。図１のように，正方形EFGHの対角線の交点をPとすると，三角すいO－PFGの展開図は下の図２のようになる。図２の正方形の面積は，12×12＝144(cm²)，三角形OPFとOPGの面積の和は，12×６÷２×２＝72(cm²)，三角形GFPの面積は，６×６÷２＝18(cm²)だから，三角形OFGの面積は，144－72－18＝54(cm²)とわかる。よって，四角すいO－EFGHの表面積は，54×４＋72＝288(cm²)と求められる。

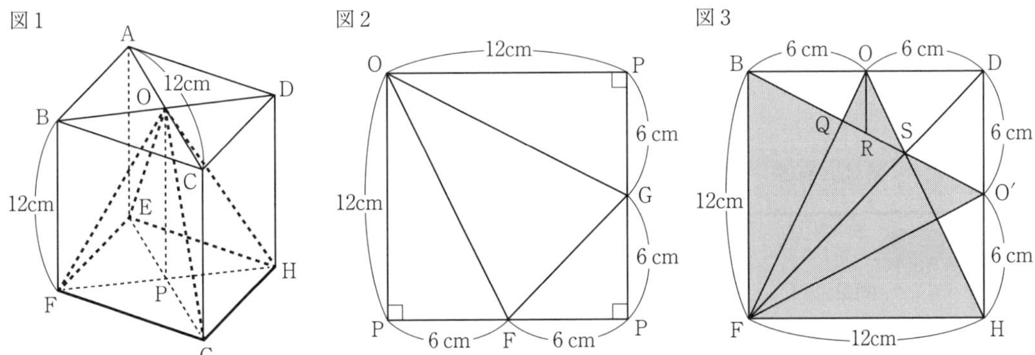

(3)　三角形OFHを回転させてできる立体の切断面は，上の図３のかげをつけた部分になる。まず，三角形ODSと三角形HFSは相似なので，DS：SF＝OD：FH＝１：２より，三角形ODSと三角形OFSの面積の比は１：２となる。すると，三角形OFDの面積は，６×12÷２＝36(cm²)だから，三角形OFSの面積は，$36\times\frac{2}{1+2}$＝24(cm²)とわかる。次に，OからDHと平行に引いた直線がBO′と交わる点をRとすると，三角形BORと三角形BDO′は相似なので，OR：DO′＝BO：BD＝１：２より，OR＝$6\times\frac{1}{2}$＝３(cm)となる。さらに，三角形BFQと三角形ROQの相似より，FQ：QO＝FB：OR＝12：３＝４：１なので，三角形BFQと三角形BQOの面積の比は４：１となり，三角形BFQの面積は，$6\times12\div2\times\frac{4}{4+1}$＝28.8(cm²)とわかる。したがって，三角形OFSと三角形BFQの面積の和は，24＋28.8＝52.8(cm²)だから，かげの部分の面積は，52.8×２＝105.6(cm²)と求められる。

6 グラフ―水の深さと体積

⑴ 問題文中のグラフのアは，Ｂの水面が給水ポンプの高さまできて，給水ポンプが水を吸い上げ始めた時間を表しており，グラフのイは，Ａが満水になって装置がとまる時間を表している。ア分後からイ分後までＢの水面は7.6cm上昇（じょうしょう）し，ＡとＢの底面積はどちらも，30×12＝360(cm^2)なので，Ｂの増えた水の量は，360×7.6＝2736(cm^3)である。この間，Ｂの水の量は毎分，48－13.8＝34.2(cm^3)の割合で増えるので，ア分後からイ分後までの時間は，2736÷34.2＝80(分)とわかる。また，はじめに，Ａには６cmの高さまで水が入っているので，水があと，360×(18－６)＝4320(cm^3)増えると，Ａは満水になる。ア分後からイ分後までの80分間に，Ａの水は毎分，72－48＋13.8＝37.8(cm^3)の割合で増えるから，この間に増えたＡの水は，37.8×80＝3024(cm^3)となる。よって，ア分後までに増えたＡの水は，4320－3024＝1296(cm^3)であり，ア分後までＡの水は毎分，72－48＝24(cm^3)の割合で増えるから，アは，1296÷24＝54(分)と求められる。したがって，イは，54＋80＝134(分)となる。さらに，54分後までＢの水は毎分48cm^{3}の割合で増えるので，54分後のＢの水面の高さ(ウ)は，48×54÷360＝7.2(cm)となる。そして，ウからエまで水面は7.6cm上昇したから，エ＝7.2＋7.6＝14.8(cm)である。

⑵ ＡもＢも満水になるときまでに，ＡとＢの増えた水の量の合計は，360×18＋4320＝10800(cm^3)であり，１分間にＡとＢで増える水の量の合計は，蛇口（じゃぐち）から１分間に入る水の量と同じ72cm^{3}だから，ＡとＢが満水になったのは，10800÷72＝150(分後)とわかる。また，⑴より，Ｂの給水ポンプの高さは7.2cmで，給水ポンプが水を吸い上げ始めた時間は54分後となる。このときからＢが満水になるまでの，150－54＝96(分間)で増えたＢの水は，360×(18－7.2)＝3888(cm^3)だから，この間，Ｂの水は毎分，3888÷96＝40.5(cm^3)の割合で増えたことになる。よって，給水ポンプが吸い上げた水の量は毎分，48－40.5＝7.5(cm^3)と求められる。

社 会 <第２回試験>(45分)<満点：80点>

解 答

問１ エ　**問２** イ　**問３** ⑴ エ　⑵ ア　⑶ ウ　**問４** Ｂ(が新たに導入された切り出し方であり，)(例) 無駄に木をそぎ落とさないので，効率的に使うことができるから。 **問５** ア　**問６** 耕地整理(ほ場整備)　**問７** (例) 将来，別子銅山から産出される銅鉱石の質が悪くなった場合，別子銅山周辺は，海から何度も積み替えが必要で交通の便が悪いが，四阪島は，船で直接外部から原材料や製品の入出荷ができる。銅採掘業が衰退しても，四阪島で他地域産の銅を製錬することによって，新居浜での事業を継続でき，煙害の発生源を市街地から遠ざけることができるから。　**問８** Ｂ，ウ　**問９** (例) 植林事業は間伐材や用材を出荷することで利益が得られ，土砂災害の危険を減らし，鉱山や新居浜市の安全を確保する目的があった。また，肥料製造事業は，普及し始めた効力の高い肥料を量産して販売し利益を出し，値上がりする天然肥料よりも安価な化学肥料を製造し，農家の経済的負担を減らす目的があった。これらは，長期的に会社の利益を上げながら，事業を通じて社会貢献をするという経営理念を代表する。

解　説

企業の社会的責任を題材とした問題

問１　少子高齢化の急速な進行にともない，近年の日本の国家予算の歳出では，社会保障費の占める割合が最も多い。また，税収だけでは予算をまかなえないため，借金である国債を発行してこれを補っているが，その返済にあてる国債費が２番目に大きな割合を占める。地方自治体には財政難のところも多く，これを援助するための地方交付税交付金が３番目で，ついで公共事業費，教育と文化・科学の振興にあてる文教および科学振興費の順となっている。

問２　明治時代に起こった足尾鉱毒事件では，栃木県西部にある足尾銅山から流れ出た鉱毒が，付近を水源とする渡良瀬川を汚染し，川の魚が大量死したり，流域の田畑が荒廃したりする被害が出た。渡良瀬川は，群馬県と栃木県の県境付近を流れて群馬・栃木・茨城・埼玉の４県にまたがる渡良瀬遊水地に流れこみ，埼玉県と茨城県の境で利根川に合流する。よって，Ｂにあてはまる。なお，Ａは鬼怒川，Ｃは荒川である。

問３　(1)　1900年の輸出品に綿糸があることから，その原料となるイの綿花は輸入品だったと判断できる。また，アの砂糖は，原料となる作物が現在でもほぼ沖縄県と北海道のみで生産されていることを考えると，輸出品になることはないと推測できる。さらに，グラフは２つとも，八幡製鉄所が操業を開始した1901年より前のものなので，ウの鉄類も輸出品にはならないとわかる。よって，エの石炭が選べる。明治時代には国内各地で炭鉱の開発が進んだこともあり，石炭は重要な輸出品の１つとなっていた。　(2)　ア　地方の特産物を納める調と，労役の代わりに布を納める庸は，成年男子が都まで運ばなければならなかった。　イ　防人は北九州の防衛にあたる兵士のことで，都の警備にあたる兵士は衛士である。　ウ　庸は，都での10日間の労役の代わりに布を納める税である。　エ　租は，地方の役所に稲を納める税である。　(3)　1968年，埼玉県行田市にあるさきたま古墳群の中の稲荷山古墳から，鉄剣が出土した。1978年にＸ線撮影を行った結果，鉄剣に115の文字が刻まれていることがわかり，その中に「ワカタケル大王」(雄略天皇のことと推定される)と読み取れる文字があることが判明した。よって，これを「銅剣」とするウが誤っている。

問４　木材の四方を切断しているＡの方法と比べて，Ｂの方法は切断する面が少なく，そぎ落とす木の量が少なくてすむ。そのため，木材を効率的に使えるうえ，作業も簡単になると考えられる。

問５　雇用や労働条件など，労働についての仕事は厚生労働省が担当している。厚生労働省は国民の健康や保健衛生に関する仕事も担当しているので，アがあてはまる。なお，イは経済産業省，ウは総務省，エは内閣府の外局である消費者庁にあてはまる。

問６　形が不規則で広さもまちまちな田畑を，ある程度面積をそろえて規則的な形に整えることを，耕地整理あるいはほ場整備という。耕地整理では，田畑の形の変更だけでなく，農道の整備や用水路・排水路の整備なども行われる。これによって，かんがいがしやすくなったり，農業機械が使いやすくなったりするので，農作業を効率よく行えるようになる。

問７　本文と《資料２》から，四阪島が新居浜の市街地から離れた位置にある無人島であることや，別子銅山から製錬所まで銅鉱石を輸送するのに鉱山鉄道や運搬用ロープウェイなどを利用しなければならないこと，さらに，製錬所を新居浜から移転させると新居浜の労働者たちが仕事を失うことになる点を伊庭貞剛が考慮していたことなどがわかる。また，《資料３》からは，製錬所が四阪島に移転した1905年の時点で，すでに別子銅山産出の銅鉱石から取り出される銅の割合が減少を続けていたことがわかり，これは別子銅山から産出される銅鉱石の質が低下していることを意味している。以上のことから，まず，製錬所を市街地から遠ざけることによって，煙害の被害を減らそうというねらいが読み取れる。また，製錬所を原材料や製品の運び出しが容易な島に置くことで，銅鉱石を他地域から持ちこむようになっても新居浜の製錬事業を続けることができ，地元住民の雇用を守ることができるという意図も読み取ることができる。なお，《資料４》を見ると，四阪島製錬所で製錬した銅鉱石のうち，別子以外の地域を産地とするものが占める割合が，1940年代以降大きく増えている。これは，「長期的な視点に立った」うえで実施された伊庭らによる事業が適正なものであったことを示している。

問８　最も古いのはＣのたらいと洗濯板で，電気洗濯機が普及する1950年代ごろまで，一般家庭で広く使われていた。たらいと洗濯板を用いた洗濯は，すべてを手作業で行うので手間はかかるが，汚れを見て洗えるので，無駄な水は減る。よって，ウは正しい。次に古いのはＢで，これは洗濯槽のみがついた１槽式の洗濯機である。この洗濯機は，ハンドルでローラーを回し，ローラーの間に衣類を通すことで脱水を行うしくみになっている。よって，イは誤っている。最も新しいのはＡで，左の洗濯槽で洗った衣類を，右の脱水槽で脱水する２槽式になっている。よって，アも誤っている。

問９　本文から，「銅鉱山の経営には多くの木材が必要で」，その木材をすべて「周囲の山林から切り出」していたため，森林破壊が起こったことがわかる。森林には，降った雨水をたくわえるダムのはたらきがあるが，これが失われた結果，《資料７》のような大水害が発生したのだと考えられる。《資料５》からは，この大水害のあと，植林本数が大幅に増えたことが読み取れる。また，植林事業を継続することは，林業による利益が生まれると同時に，雇用や生産物を地域にもたらす。肥料製造事業については，本文に，「煙から有害物質を取り除く」過程で「化学肥料の原料となる物質が副産物として」生まれ，これを売らずに「自社で化学肥料を製造すること」にしたとある。《資料８》からは化学肥料の「効力が著しい」ことが，《資料６》からは天然肥料である「大豆かす」に比べて化学肥料のほうが価格が安いことがわかる。つまり，住友が生産した化学肥料は，農家に安く効力の高い肥料を提供したという点で，社会に貢献したことになる。このように，会社の事業が自社に利益をもたらすだけでなく，地域への持続的な社会貢献にもつながることで，企業の社会的責任をはたすということが，住友の会社としての方針だといえる。

理　科　＜第２回試験＞（45分）＜満点：80点＞

解　答

１　**問１**　イ　　**問２**　イ　　**問３**　(1)　15cm　　(2)　10m　　(3)　10m　　(4)　右へ５cm　　(5)　３cm　　**２**　**問１**　**１**　凝固　　**２**　氷　　**問２**　ア　　**問３**　(1)　9.2ｇ　　(2)　物質Ｂ　　(3)　20℃　　(4)　100ｇ　　**３**　**問１**　**１**　胃　　**２**　ペプシン　　**３**　すい(液)　　**４**　アミノ酸　　**問２**　**タンパク質**…イ　　**脂肪**…ア　　**問３**　ウ　　**問４**　71.7％　　**問５**　0.7　　**問６**　(1)　ア　　(2)　(例)　肉食動物は呼吸商の小さいタンパク質や脂肪を多く含む肉を食べ，草食動物は呼吸商の大きい炭水化物を多く含む植物を食べるため。　　(3)　(例)　からだをつくり上げている呼吸商の小さい脂肪やタンパク質を用いてエネルギーを得るようになるため，呼吸商は小さくなる。　**4**　**問１**　**１**　金星　**２**　火星　**問２**　オ　**問３**　ア
問４　ウ　**問５**　(1)　エ　(2)　北(緯)29(度)　**問６**　ウ，エ　**問７**　ア　**問８**　**A**　大気　**B**　重力　**C**　(例)　温室効果が強くはたらくことによって

解　説

1　カメラ・オブスクラのしくみについての問題

問１　ピンホールカメラでは，針穴を通過した光がスクリーンに達すると像が映る。針穴を通過する光の量は一定なので像が大きくなると暗くぼやけるが，スクリーンの位置がどこでも像は映る。凸(とつ)レンズによる像は，物体とレンズの間の距離(きょり)に応じてはっきりとした像ができる位置が決まっている。

問２　図３で光線の進み方に着目すると，下側からくる光線は鏡で反射してＫ君に近い側に届き，逆に上側からくる光線は鏡で反射してＫ君から遠い側に届く。つまり，針穴を通過して上下左右が逆転した光線は，鏡で反射することで，Ｋ君から見ると上下は実物と同じに見え，左右だけが逆に見えるようになる。

問３　(1)　Ｓ君と凸レンズとの間の距離は十分遠いので，図７より，像は凸レンズから20cmのところにできると考えられる。したがって，鏡の中心と紙の間が５cmなので，X＝20－５＝15(cm)である。　(2)　身長150cmのＳ君が３cmの像となって見えており，その比は，150：３＝50：１である。図５のような，実物と像を底辺，凸レンズを頂点とした三角形の相似の関係で考えると，凸レンズと像の距離(図５のb)は20cmとなるから，凸レンズからＳ君までの距離(図５のa)は，20×50＝1000(cm)，つまり，10mである。　(3)　凸レンズと像の間の距離をＫ君の歩数で表すと，$14\times\frac{1}{50}=\frac{7}{25}$(歩)となる。よって，杉の木の像は５cmなので，実際の杉の木の高さは，$5\div\frac{7}{25}\times56$＝1000(cm)，つまり10mと求められる。　(4)　図６より，凸レンズとコップの距離が１mのとき，像の位置は凸レンズから25cmと読み取れる。よって，このとき，X＝25－５＝20(cm)となるので，鏡を５cm右に移動したことになる。　(5)　凸レンズからコップまでと像までの距離の比は，１m：25cm＝４：１なので，像の長さは，$12\times\frac{1}{4}$＝３(cm)である。

2　水の状態変化，ものの溶(と)け方についての問題

問１　**１**　水は０℃以下になると，液体(水)から固体(氷)へすがたを変える。この変化を凝固(ぎょうこ)という。　**２**　水は液体の状態よりも固体の状態のときの方が分子と分子の間のすき間が大きくなるため，氷になると体積が増える。

問２　冷蔵庫でつくる氷が白くにごっているのは，急速に冷却(れいきゃく)されるため，水に溶けていた空気が細かい泡(あわ)となって中に残るからである。それに対して，天然氷の場合は，ゆっくりと水が凍(こお)るため，中に空気の泡が残らず，より透明(とうめい)な氷になる。

問３　(1)　氷100cm^{3}の重さは，0.92×100＝92(ｇ)で，これがとけて水になっても，重さは同じ92ｇである。物質Ｂは20℃の水100ｇに10ｇまで溶けるので，20℃の水92ｇには，$10\times\frac{92}{100}$＝9.2(ｇ)まで溶ける。　(2)　水150ｇに物質50ｇを溶かしたとき，$50\times\frac{100}{150}$＝33.3…より，水100ｇにつき約33ｇを溶かしている。そこで，図２で溶解度が約33ｇとなる温度を調べると物質Ｂの方が高いので，より高い温度で結晶(けっしょう)が生じるのは物質Ｂの方である。　(3)　80℃の水100ｇで飽和(ほうわ)水溶液をつくると，物質Ａは50ｇまで溶けるので，100＋50＝150(ｇ)になる。飽和水溶液が100ｇの場合は

10ｇの結晶が得られるので，飽和水溶液が150ｇの場合には，$10\times\frac{150}{100}=15$(ｇ)の結晶が得られることになる。よって，このとき水溶液には，50－15＝35(ｇ)の物質Aが溶けているので，図２より，温度は20℃とわかる。　(4)　30℃まで冷却したとき，飽和水溶液には物質Bが，50－20＝30(ｇ)溶けている。物質Bは30℃の水100ｇに15ｇまで溶けるので，この飽和水溶液中の水の重さは，$100\times\frac{30}{15}=200$(ｇ)とわかる。また，60℃の水50ｇに物質Bは，$60\times\frac{50}{100}=30$(ｇ)まで溶けるから，ろ紙上の結晶20ｇは60℃の水50ｇにすべて溶ける。よって，得られた水溶液は，60℃の水，200＋50＝250(ｇ)に50ｇの物質Bが溶けたものとなっている。60℃の水250ｇに物質Bは，$60\times\frac{250}{100}=150$(ｇ)まで溶けるので，あと，150－50＝100(ｇ)の物質Bを溶かすことができる。

3　三大栄養素についての問題

問１　タンパク質は，胃から分泌される胃液中のペプシンという消化酵素によって最初にある程度消化されたあと，すい臓から分泌されるすい液中のトリプシンなどの消化酵素によってさらに消化され，最終的にアミノ酸にまで分解されて小腸で体内に吸収される。

問２　アは脂肪，イはタンパク質，ウは炭水化物についての文章である。

問３　表１の食品は炭水化物が多く含まれているので，米からつくられるせんべい菓子である。表２の食品は３つの食品のうち脂質の割合が最も大きいのでチーズである。表３の食品はタンパク質の割合が高いことからサラダチキンである。

問４　表２の食品に含まれる4.7ｇの脂肪には，９×4.7＝42.3(kcal)のエネルギーがあるから，42.3÷59.0×100＝71.69…より，71.7％と求められる。

問５　呼吸商の式にあてはめると，102÷145＝0.70…より，0.7となる。

問６　(1)，(2)　肉食動物のえさは動物のからだであり，主にタンパク質や脂肪でできている。これらの呼吸商は0.7～0.8と小さいので，肉食動物の呼吸商は小さいといえる。一方，草食動物のえさは植物で，それには光合成によってつくられたデンプンなどの炭水化物が多く含まれているため，草食動物の呼吸商は１に近いと考えられる。　(3)　草食動物であるウマのえさが十分にあるときの呼吸商は１に近いと考えられるが，えさ不足になると，からだをつくるタンパク質や脂肪をエネルギー源として使うようになるため，呼吸商は小さくなる。

4　天体についての問題

問１　地球に一番近い惑星は，「夜空でひときわ明るく見える」ことから，地球のすぐ内側で公転している金星とわかる。また，二番目に近い惑星は，「夜空で赤く光って見える」ので，地球のすぐ外側で公転している火星である。

問２　月の表面温度は昼夜で差が大きいが，このことと地球から見た月の表面の模様とに直接の関係はない。

問３　玄武岩は，マグマが地表や地表付近で急に冷えてできた火山岩の一種で，全体に黒っぽい色をしている。非常に小さい粒の集まりの中に比較的大きな結晶がまだらに散らばったつくりをしており，これをはん状組織という。

問４　4.3光年の距離は，30万×3000万×4.3＝3870000000万(km)であり，これは地球から太陽までの距離(１億5000万km)の，3870000000万÷15000万＝258000(倍)とわかる。したがって，ウの26万倍が最も近い。

問５　(1)　南極付近では，天頂が地球の地軸の南側をのばした先にあり，星は地面にほぼ平行に天頂のまわりを回って見える。地球は西から東に向かって自転しているので，エのように右回り(時計回り)に回る動きに見える。　(2)　右の図は，南緯29度の地点における星空の範囲を表している。この地点で１日中地平線の下に沈まない星の範囲は，図に示すように地軸の南端を中心として29度以内の範囲にある星であるから，ケンタウルス座α星は，赤道の真上の方向から南に61度(＝90－29)の方向にあることがわかる。北半球でこの星を見ようとすると，この星が地平線上に現れるようになる北緯29度の(ケンタウルス座α星が高度０度，天頂の方向がケンタウルス座α星から北へ90度となる)地点より南にいく必要がある。

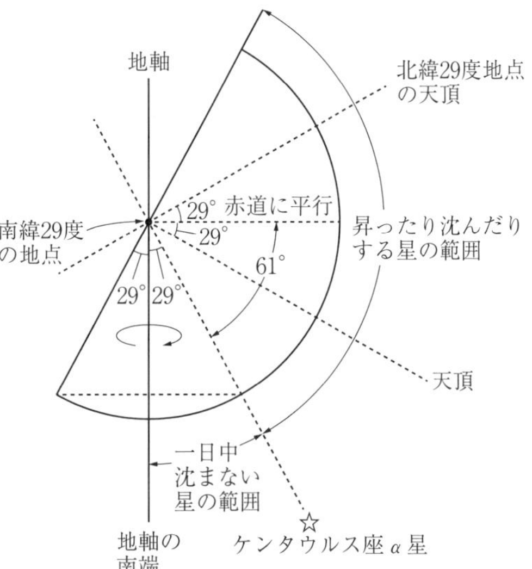

問６　太陽の表面温度と同じ表面温度であれば，太陽と同じ黄色に見える。また，太陽の直径は地球のおよそ109倍なので，ケンタウルス座α星の大きさも地球の100倍程度といえる。

問７　天文に関係する業績に対して贈られるノーベル賞は，物理学賞である。物理学と天文学は密接な関係があり，物理学の理論が天体現象の観測によって確かめられる場合が多い。

問８　金星は，大気が非常に濃く，そのほとんどは二酸化炭素であり，二酸化炭素がもつ温室効果(熱を吸収してたくわえること)が強くはたらいているため，表面温度がとても高い。一方，火星は，大きさが小さいために重力も小さく，表面の大気を十分に引きつけられず，大気が非常にうすい。

国　語　＜第２回試験＞（50分）＜満点：120点＞

解　答

一　**問１**　ウ　**問２**　エ　**問３**　(例)　勉強は，お金がない家に生まれても親が離婚していても関係なく平等にできるものであり，それによって誰にでも一発逆転のチャンスがあるという点ですごいということ。　**問４**　イ　**問５**　エ　**問６**　ア　**問７**　ウ　**問８**　イ　**問９**　エ　**問10**　イ　**問11**　(例)　百井が急いで大人になろうとするのは悪いことではないが，時には子どもらしく遊んで楽しい思いをすることも必要だろうという思いから，最後くらい「俺」と，勉強ではなくてバカみたいな遊びを一緒にしよう(と言いたかった。)　**問12**　ア　**問13**　エ　**問14**　エ　**問15**　ウ　二　**問１**　下記を参照のこと。　**問２**　イ　**問３**　ア　**問４**　お客さんの　**問５**　ウ　**問６**　エ　**問７**　イ　**問８**　ウ

●漢字の書き取り

三　問１　a　推理　b　一因　c　以降　d　鼻　e　補足

解　説

一　**出典は水野瑠見の『十四歳日和』による。**「俺」(大地)は，ライバルで友達と思っていた百井から，中三になる四月に家庭の事情で引っ越すことを告げられる。

問1　家庭の事情を話してくれた百井から，「同情した？」と言われた「俺」は，「しねーよ，バカ。うぬぼれんな」と「わざと突き放すような口調」で答えている。それが，「同情」されたくないという自分の気持ちをくんだうえでの返答だと気づいたため，百井は「ありがとう」と言ったのである。よって，ウが選べる。

問2　転校することになった百井に，「日本は学歴社会」だが，それはとらえようによっては「だれにでも与えられた，一発逆転のチャンス」であり，「ラッキー」なことなのだと「先生」は教えている。「小三」を相手に，教師が学歴社会を積極的に是認するのはあまりないことなので，百井は「変」だと言っているのである。エが，この発言をもっとも正確にまとめている。

問3　百井が引っ越すことになった当時の家庭環境を整理する。「僕ん家ってお金ないんだよね」と言っているとおり，小三の時に両親が離婚し，母親とふたりで生活をすることになった百井は，経済的に恵まれない環境にあることがうかがえる。そんな状況でも，公的な教育機関で「平等」に学べ，さらに，本人が「勉強」を頑張ればチャンスもつかめるため，百井は「すごいこと」だと言っている。これをふまえてまとめるとよい。

問4　問2，問3で検討したように，小三の時の担任から，だれでも勉強を頑張ればチャンスがあると教わった百井は，努力を積み重ね，今では学年トップである。子どもは親の都合に左右されてしまうというのを身をもって知った百井は，将来，自身が教師になることで，子どもに「自分の足で生きる方法を」「教えられるようになりたい」のだから，イがふさわしい。

問5　問4で見たように，百井は恵まれない家庭環境のなかで勉強を頑張っており，将来は教師になりたいという目的を持つようになった。話を聞いた「俺」は，自分にとって「ライバル」でもあり「友達」でもあると思っていた百井が，自身の置かれた環境を「割り切って」前を向き，「何十歩も何百歩も先の場所に」いる「大人びた」存在だったことを知り，「少しだけ，にくらし」く，「遠い」と感じたのだから，エがよい。

問6　百井の引っ越しを知ってから，「三学期最後の日」の「俺」がとった行動までを整理し，「俺」の本心を読み取る。問1～問5で検討したように，「俺」は百井から，厳しい家庭環境のため「中三になる四月に引っ越すこと」を打ち明けられた。その後は二人とも「今までとまったく同じ」ように「淡々と」過ごし，「俺」は自分に「これでいい」と言い聞かせる一方，「これでいいのか」ともどかしく思っていた。そして「三学期最後の日」，いったん別れた後で百井を追いかけた「俺」は，「本当に大人になった時，ああ楽しかったな，って，今日のことを思い出して」ほしいという気持ちをこめ，今から遊ぼうと百井を誘っている。この一連の経緯から，別れに際して百井は特別なことを望まないだろうと思いつつも，何か思い出になる別れ方があるのではと，もどかしがっていた「俺」の気持ちが読み取れる。よって，アがふさわしい。

問7　百井との別れの日，彼の希望で「仰々し」いあいさつもなく学校を出た後，別れ道まで歩きながら「俺」たちは「心なしかいつもより～陽気」に話しているのだから，しんみりしないようにとお互いが気づかっていることがうかがえる。ウが，このようすをもっともよくとらえている。

問8　「何か言わなくちゃ」「これで最後なんだから。感動的な～何か」と思いながらも，「俺」は結局「元気でやれよ」とありきたりなことを言っただけで，百井とあっさり別れている。この時，百井との別れにふさわしい言葉をかけなくてはならないという緊張が解け，「俺」は「ため息をついた」のだから，イが選べる。

問９　直前に注目する。新学期には「もう百井はいない」と理解しても「実感」がなく，「永久にぴんとこない」まま「百井のことを，次第に忘れていくんだろう」と「俺」は考えている。納得がいかなくともその現実を受け入れようと，「まあ，そんなもんだよな」と思っているので，エが合う。

問10　「胸に落ちる」は，“納得できる”“理解できる”という意味なので，イがよい。

問11　この後で，「俺」が百井に言ったことや思ったことを整理する。百井に追いついた「俺」は，「遊ばねえ？」「ガキみたく，全力でさ～バカみたいな遊び」「最後くらい，勉強じゃなくて，くだらねえこと一緒にしようぜ。だって俺ら，まだ中学生じゃんか」と言っている。そこには，百井が「この先も，急いで大人になろうとする」のは「悪いことじゃない」が，「本当に大人になった時，ああ楽しかったな」と今日のことを思い出してほしいという「俺」の願いがこめられているものと想像できる。

問12　問６～問９でも見てきたように，「俺」は百井との別れに際し，淡々とした百井に合わせて特別なことはしないという態度をとっていたが，何かもっと言うべきことや，すべきことがあるようで，もどかしさを感じていた。そんななか，「百井にいちばん言いたかった」ことに気がついた「俺」は，百井を追いかけ，自分の思いを伝えようと「まっすぐ」に彼を見たのだから，アが正しい。

問13　直前の「俺」のせりふに注目する。自分にとって大切な存在である百井との別れの時にもかかわらず，「最後くらい～くだらねえこと一緒にしようぜ」と言ったことが，理屈に合わず「めちゃくちゃ」だというのである。よって，エがよい。

問14　直前に「ひとりよがりなんじゃないか，百井はこんなことこれっぽっちも望んでないんじゃないか」という「俺」の不安が描かれていることをおさえる。一緒に遊んで楽しい思い出を残そうという「俺」の提案が，百井にとっては余計なことだったのではないかと思ったのだから，エが合う。

問15　「俺」からの誘いを受けた百井は「うん！」と「うれしそうな」声をあげ，「きらきらと目を輝かせ」，笑顔になっている。その表情に「とっておきのいたずらを持ちかけられた」時のような，「わくわくしてたまらない」気持ちが表れていたのだから，ウがよい。

二　**出典は伊藤亜紗の『記憶する体』による。**目の見えない人が，目の見える人の書いた文章を読んだとき，どんなことに違和感を覚えるのか，それはどのように両者の世界の捉え方を変えるのかを語っている。

問１　**a**　既知の前提をもとに未知のことがらを推し量ること。　**b**　一つの原因。　**c**　ある基準になる時から後。　**d**　「鼻をつく」で，“強いにおいが嗅覚を刺激する”という意味。　**e**　不足分を補うこと。

問２　続く部分に注目する。小説における，店の「テーブル席が五つあった」という描写は，中瀬さんにとっては行きつけのお店でも数えたことがない細かな情報である。つまり，中瀬さんは「経験の記憶」と本の「描写」を比較したうえで，自分にとって大して意味を持たない情報が「細か」く書かれていることに「違和感」を覚えているのだから，イが合う。

問３　「テーブルが五つ」という情報を通して，「目が見える人が何を伝えようとしているか」を考えると，それは単なる「量」ではなく，「『質』の問題も関わっている」と筆者は述べている。続く部分に，「テーブルが五つ」と記述することで，目の見える人には「こじんまりした」店の規模が伝わったり，「想定されるコミュニケーションなどについてのイメージ」がふくらんだりするとあるので，アがよい。

問4　少し後で，「全盲の方」が「店の規模」に関する情報をどのようにして得ているかが述べられている。目の見えない人は，「お客さんの会話のトーン，BGMや環境音が反響する具合，あるいは頬にあたる空気の流れを手がかり」として「瞬時に『規模』を把握している」と書かれているので，この部分がぬき出せる。

問5　目の見える人は，レストランに入ったさい，まず自分の「席を選ぶ」ことを考えるため，瞬時に「テーブル」を意識する。一方，目の見えない人は，介助者や店員に案内されて席につくのだから，テーブルの状況を把握しようとする習慣がなく，むしろ椅子の材質や座り心地などに意識が向くと述べられている。つまり，「自然だ」と感じるレストランの描写が，目の見える人と見えない人とで異なるのは，それぞれが何を意識するかの違いによるのだから，ウが選べる。

問6　直後で，中瀬さんの経験の記憶からすれば「あって当然」の情報が，小説には書き込まれていないとしたうえで，目の見えない人は「触覚や嗅覚の情報」によって構成される世界をとらえるのに対し，小説においては「視覚的な描写」が主体であると述べられている。つまり，目の見える人は「場面や人の行為を，読者の目の前にありありと見せること」を軸に描くというのである。よって，エがよい。

問7　続く部分で，筆者が「行きつけのレストランの椅子」を例にあげて説明していることに注目する。目の見える人は「色や形，素材」などを「視覚的」に思い出す一方，目の見えない人は「触覚的」に思い出すと述べられている。つまり，「レストランの椅子」という言葉一つとっても，目の見える人と見えない人では，五感のどこでどのように感じたものを思い起こすのかが違うというのだから，イが合う。

問8　同じ段落で説明されている。目の見えない人は，目の見える人の文章に抱く違和感を通して「世界の捉え方」の違いを「発見」し，問6で検討したような異なる感覚での世界の捉え方を「疑似的に経験する」のである。読書は，そういう「感覚」を「拡張」することにつながる。目の見える人にとっても，目の見えない人の違和感を知ることは，同じように「世界の捉え方」を変えるのだから，ウが合う。

2019年度　海　城　中　学　校

〔電　話〕 (03) 3209－５８８０
〔所在地〕 〒169-0072　東京都新宿区大久保３－６－１
〔交　通〕 JR山手線－「新大久保駅」より徒歩５分
JR中央・総武線－「大久保駅」より徒歩10分

【算　数】〈第１回試験〉 (50分) 〈満点：120点〉

(注意)　１．分数は最も簡単な帯分数の形で答えなさい。
　　　　２．必要であれば，円周率は3.14として計算しなさい。

１　次の問いに答えなさい。

(1)　0.13×22.4－1.31×1.3＋13×0.107 を計算しなさい。

(2)　容器Ａには濃(のう)度が分からない食塩水，容器Ｂには21％の食塩水が入っています。容器Ａの食塩水 100ｇ と容器Ｂの食塩水 200ｇ を混ぜたところ，容器Ａの食塩水の 1.5 倍の濃度の食塩水ができました。容器Ａの食塩水の濃度を求めなさい。

(3)　静水時での速さが一定である船があります。この船が，一定の速さで流れている川の上流のＡ町と下流のＢ町を往復したところ，Ａ町からＢ町までは18分，Ｂ町からＡ町までは24分かかりました。この川の流れの速さは，この船の静水時での速さの何倍ですか。

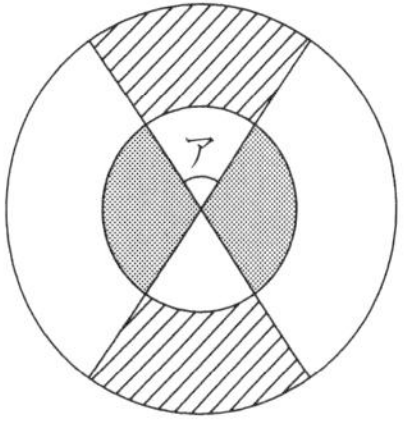

(4)　右の図のように，中心が同じ２つの円があります。小さい円の半径は１cm，大きい円の半径は２cm です。▨ 部分と ▩ 部分の面積が同じになるとき，角アの大きさを求めなさい。

(5)　図のように，平行四辺形 ABCD の対角線 BD を３等分する点をＥ，Ｆとし，AE と辺 BC が交わる点をＧ，AF と辺 CD が交わる点をＨとします。このとき，平行四辺形 ABCD と五角形 EGCHF の面積の比を最も簡単な整数の比で求めなさい。

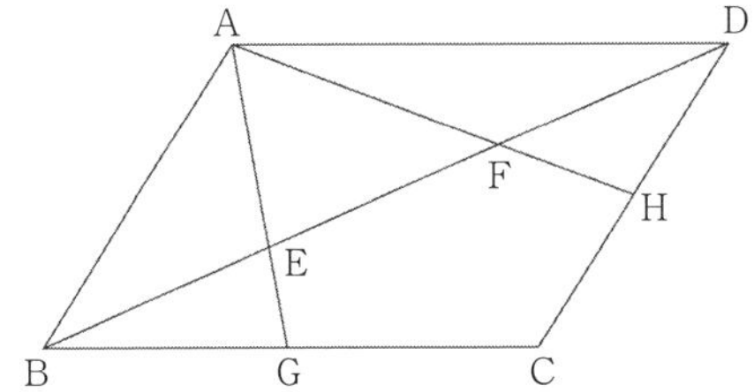

２　図のような正方形 ABCD の頂点Ａにコマを置き，大小２つのサイコロを使って決められた数だけ，反時計回りに頂点から頂点へコマを進めていきます。

　例えば，２だけ進めるときはコマは頂点Ｃにとまり，５だけ進めるときはコマは頂点Ｂにとまります。このとき，次の問いに答えなさい。

(1)　大小２つのサイコロの出た目の和だけコマを進めるとき，コマが頂点Ｄにとまる目の出方は何通りありますか。

(2)　大小２つのサイコロの出た目の積だけコマを進めるとき，コマが頂点Ａまたは頂点Ｃにとまる目の出方は何通りありますか。

3　図のように，１辺の長さが18cmの立方体ABCD-EFGHがあり，辺BF上に点P，辺CG上に点Qがあります。BP＝９cm，CQ＝６cmのとき，次の問いに答えなさい。ただし，角すいの体積は，(底面積)×(高さ)÷3で求められるものとします。

(1)　３点D，P，Qを通る平面と辺AEが交わる点をRとするとき，ARの長さを求めなさい。

(2)　３点D，P，Qを通る平面でこの立方体を切ったとき，点Eをふくむ立体の体積を求めなさい。

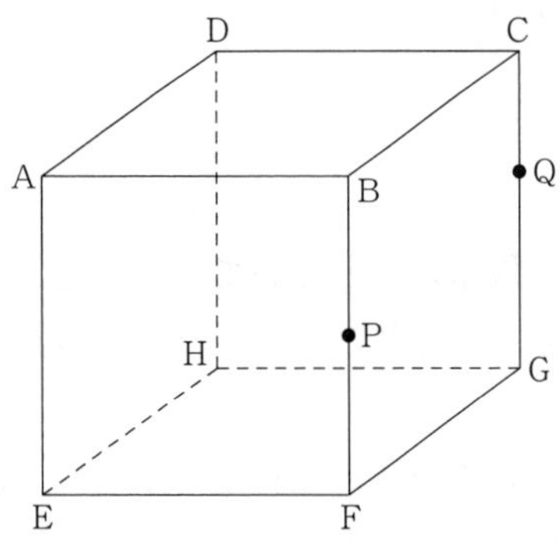

4　次の問いに答えなさい。

(1)　図のように，１辺の長さが６cmの正方形ABCDがあります。辺AB，BC，CD，DAの真ん中の点をそれぞれE，F，G，Hとします。半径１cmの円Pの中心は，AB，BC，CD，DA，EG，HFの上をすべて動きます。このとき，円Pの円周が通った部分の面積を求めなさい。

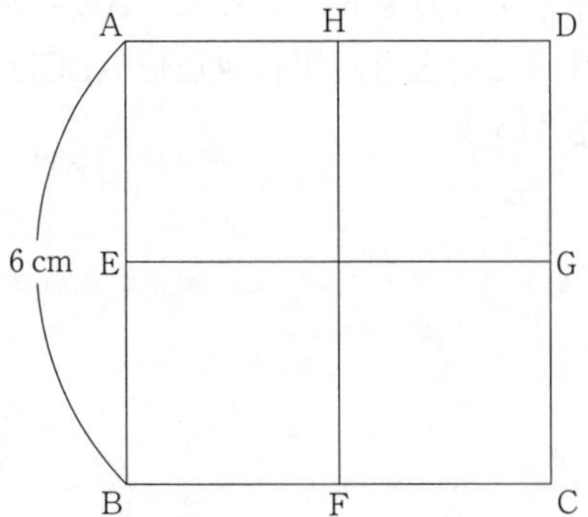

(2)　図のように，半径１cmの円Oがあります。半径５cmの円Qの中心は，円Oの内部と周上をすべて動きます。このとき，円Qの円周が通った部分の面積を求めなさい。

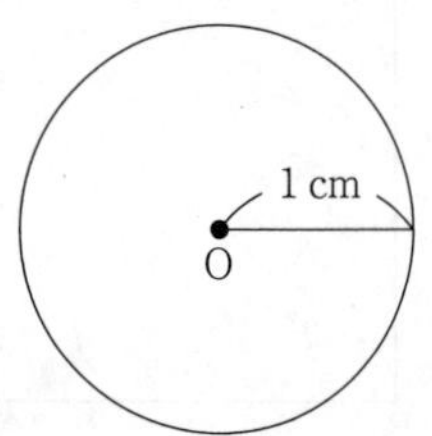

5 図のように，直方体の容器の中に直方体のブロックが置かれています。BC 間に一定の割合で水を注ぎ，この容器がいっぱいになるまで水を入れることにしました。しかし，EF 間に水が流れ出している途中で水の出が悪くなってしまいました。そのため，EF 間の水の高さが９cm になるまで16秒多くかかり，容器に水がいっぱいになるまで88秒多くかかってしまいました。右下のグラフは水を入れ始めてから容器がいっぱいになるまでの時間と辺 AB で測った水の深さの関係を表しています。このとき，次の問いに答えなさい。ただし，水は出が悪くなった時点からも一定の割合で注がれることとします。

(1) CD の長さを求めなさい。

(2) EF の長さを求めなさい。

(3) 水の出が悪くなったのは，水を入れ始めてから何秒後ですか。

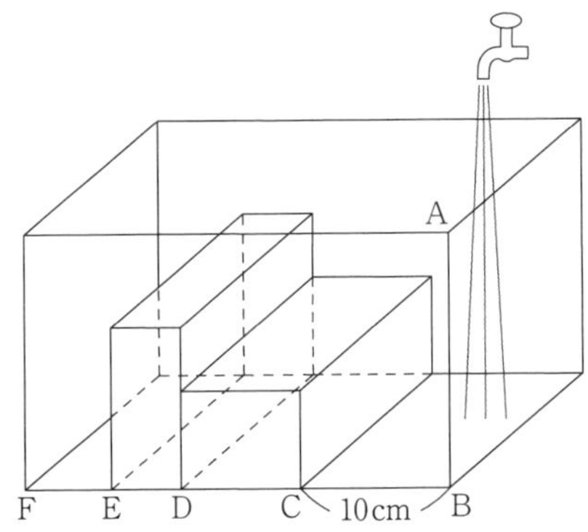

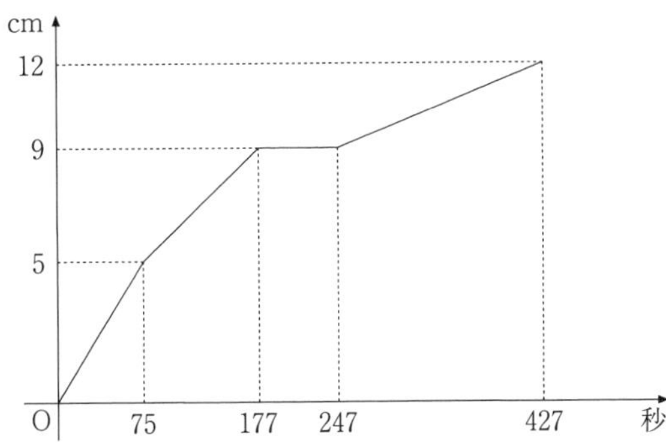

6 整数 n について，n の n を除く約数の和を［n］で表すことにします。

例えば，６の６を除く約数は１，２，３なので，［６］=1+2+3=6 です。また，［１］=0 とします。

(1) ［１］，［２］，［３］，［４］，［５］，［６］，［７］，［８］，［９］，［10］の平均を求めなさい。

(2) ［x］=1 となる整数 x の中で，100に最も近い整数を求めなさい。

(3) 連続する整数のうち，小さい方を x，大きい方を y として，［x］+［y］=y となるような整数 y を考えます。例えば，x として７，y として８があります。このような整数 y の中で，100以上150以下の整数を１つ求めなさい。

【社　会】〈第１回試験〉　(45分)　〈満点：80点〉

問題　次の文章をよく読んで，あとの問いに答えなさい。

今，観光が注目を浴びています。海外から日本を訪れる観光客が急増し，私たちの社会に大きな変化をもたらしつつあります。しかし，観光と社会のかかわりは今に始まったことではありません。ここで観光の歴史をひもといてみましょう。

人類最古の観光は巡礼だという説があります。巡礼とは，神聖な場所を訪れ，聖なるものに近づこうとする宗教的行為のことです。たとえば，①イスラム教では聖地メッカを一生のうちに一度は訪れることがイスラム教徒の義務であるとされており，現在でも巡礼月(イスラム暦の12月)には世界中からイスラム教徒がメッカを訪れます。

日本では，神社や寺を訪れて神仏を拝む行為は古くから行われていました。②遠方の神社や寺に参拝するようになったのは平安時代後期ごろからだとされ，しかもそれは貴族などごく一部の人々だけが行っていたものでした。鎌倉時代になると東国の武士の間でも「熊野詣」(紀伊半島南部の熊野三山を参拝すること)が流行しました。

江戸時代になって，五街道をはじめとする交通網が発達し，また人々の生活が豊かになってくると，庶民の間にも伊勢神宮への参拝が広がっていきました。その帰りに各地の名所をめぐったり名物料理を味わったりして道中を楽しみました。17世紀末に長崎と江戸を往復した③オランダ商館の医師ケンペルは，日本の街道は毎日信じられないほど多くの人々が旅行していることや，街道で生計を立てている人々が多いことに驚いたと書き残しています。また，18世紀になると，各地の見所を絵図で紹介する「名所図会」や，旅の心得をしるした「旅行用心集」などが出版されるようになりました。

ところで，私たちはなんとなく「観光」という言葉が古くから使われていたように思っていますが，使われ始めたのは意外と新しいのです。それは幕末のころで，古代中国の書物にある「観国之光(その国の情勢を観る)」という言葉が語源だといわれています。明治時代のはじめに，いわゆる④岩倉使節団がアメリカ合衆国やヨーロッパ諸国を視察しました。その際の報告書である『米欧回覧実記』の中表紙には，岩倉が筆で「観光」と記しました(**右参照**)。

『米欧回覧実記』の中表紙の「観光」

(国立国会図書館デジタルコレクション http://dl.ndl.go.jp/ より)

1930年には鉄道省に「国際観光局」が設置され，政府の機関に初めて「観光」という言葉が用いられることになりました。これも，外国人旅行客を誘致して「日本の国情を観てもらう」という意味で用いられたと考えられます。国際観光局は，日本への観光を積極的に海外に宣伝し，それを受けて⑤静岡県伊東市の川奈ホテルや新潟県妙高市の赤倉観光ホテル，⑥熊本県阿蘇市の阿蘇観光ホテル，宮城県松島町の松島ニューパークホテルなど外国人向けの宿泊施設が日本全国に建設されました。

「観光」という言葉に，現在のような「(国内も含めた)旅行」の意味が定着したのは，戦後の

⑦高度経済成長期とされています。そして，1980年代後半からは円高の影響もあって海外旅行に行く人が急速に増加していき，現在では年間のべ1700万人前後の日本人が海外へと旅行に出かけています。

近年のもう一つの特徴としては，⑧海外から日本を観光に訪れる旅行客数が急増しているということがあげられます。日本政府は2003年に「ビジット・ジャパン」キャンペーンを始め，訪日外国人旅行者の増加を目指してきましたが，⑨2015年にはその数が1900万人を超え，45年ぶりに，日本人海外旅行者数を逆転するまでになりました。政府は，訪日外国人旅行者数について，今後も急速な増加が見込まれるとして，2020年に年間4000万人，2030年に年間6000万人という目標を掲げています。観光による人々の移動を受け入れながら，日本の社会も大きく変化していくことでしょう。

問１．下線部①に関連して，イスラム教徒の生活について述べた文として**ふさわしくないもの**を，次の**ア**～**エ**から１つ選び，記号で答えなさい。

ア．イスラム教徒は，豚肉を食べることや酒を飲むことが禁じられており，食肉も聖典の定めにしたがって扱われたものだけを食べる。

イ．トルコでは女性が外出するときは顔や体をおおう黒い衣服を身につけることが多いが，サウジアラビアでは女性の服装は比較的自由でさまざまである。

ウ．ラマダン(イスラム暦の９月)の約１か月間は，日の出から日没までの間は飲み物や食べ物を口にしないが，小さな子どもや病人などは断食を行わなくてもよいとされている。

エ．イスラム教徒はアッラー(神)を信じ，メッカの方角に向かって１日５回礼拝することが聖典に定められている。

問２．下線部②について，平安時代後期には，白河上皇(上皇とは退位した天皇をいう)は９回，鳥羽上皇は21回，後白河上皇は34回も「熊野詣」をしました。上皇たちが「熊野詣」に熱心になったのはなぜでしょうか。**《資料１》**・**《資料２》**を参考に，当時の社会を生きる上皇たちがどのような心情になっていたのか，仏教において当時の世の中がどのような時代ととらえられていたのかにふれて，120字以内で説明しなさい。

《資料１》　平安時代後期の平安京のようすについて

安田政彦『平安京のニオイ』(吉川弘文館，2007年)によれば，914年から1027年までの間に，平安京では22回の大火，20回の流行病，22回の暴風雨や大雨・洪水，３回の大日照り，２回の大地震，１回の大飢饉が起こったそうです。天皇の住居である内裏は960年から1015年までの間に８回も火事で焼けましたが，その多くが放火による巻き添えだったといわれています。また，『日本紀略』という歴史書によれば，995年に流行した感染症では，天皇の側近であった「中納言以上の貴族が８人亡くなった」と記されています。997年に流行した天然痘(致死率の高いウイルスの感染による病気)についても，「京都では，男も女も死者がとても多くなっている。天皇から庶民まで，身分や年齢に関係なく，天然痘から免れることはない」と記されています。

《資料2》 熊野三山について

和歌山県南部の山間に位置する熊野本宮大社，熊野速玉大社，熊野那智大社をあわせて，「熊野三山」といいます。「熊野三山」にはそれぞれ神が祭られていますが，平安時代には日本の人々を救うためにインドの仏が日本に神の姿であらわれたのだとする考えがありました。それによれば，「熊野三山」の中心とされる熊野本宮大社は阿弥陀如来(阿弥陀仏)が神の姿になって祭られているというのです。

問3．下線部③について，ケンペルは『江戸参府旅行日記』を著し，1691年に江戸に向かう旅の途中で見た富士山を「世界中でいちばん美しい山」であると書き残しています。江戸時代に，右の絵を含む富士山の多様な情景を題材にした浮世絵を描いたのは誰ですか。その名前を答えなさい。

(シカゴ美術館ウェブサイト https://www.artic.edu/collection より)

問4．下線部④について，岩倉使節団は1871年11月に出発し，1873年9月に帰国しました。岩倉使節団が出発する前に明治政府が行った改革を，次の**ア**～**エ**から1つ選び，記号で答えなさい。

ア．学制の公布
イ．廃藩置県の実施
ウ．地租改正の実施
エ．徴兵令の公布

問5．下線部⑤に関連して，次のページの図は，静岡県伊東市，新潟県妙高市，熊本県阿蘇市，宮城県松島町の月別平均降水量と月別平均気温をあらわしたものです。このうち，静岡県伊東市の気候を示しているものを，次のページの**ア**～**エ**から1つ選び，記号で答えなさい。

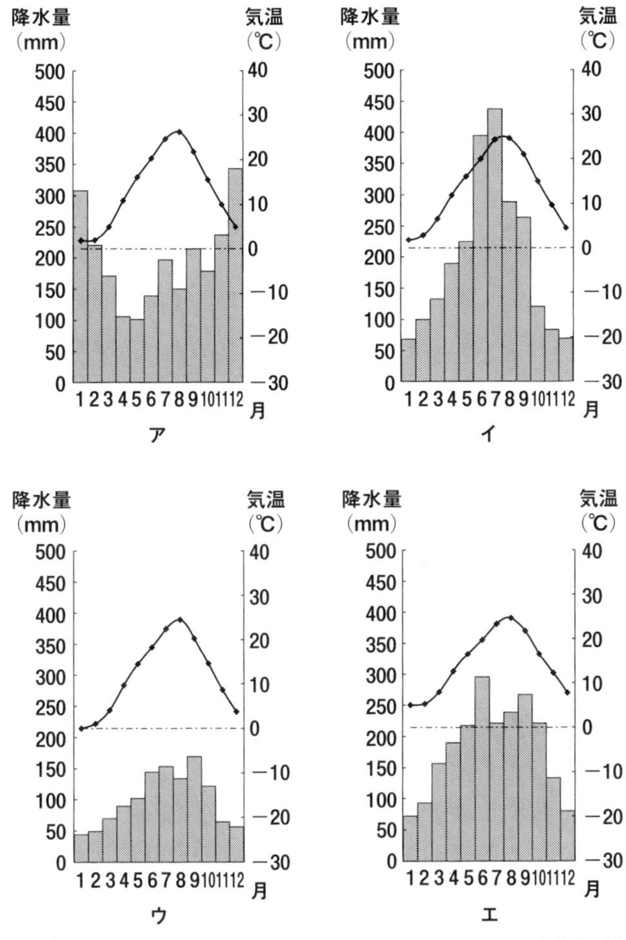

(CLIMATE-DATA.ORG https://ja.climate-data.org/ より作成)

問６．下線部⑥について，下の表は，大分県，鹿児島県，熊本県，長崎県，宮崎県の人口・農業生産額・海面漁獲量・工業生産額をあらわしたものです。このうち，熊本県にあたるものを，次の**ア〜オ**から１つ選び，記号で答えなさい。

	人口(万人)	農業生産額(億円)	米(%)	野菜(%)	畜産(%)	海面漁獲量(百トン)	工業生産額(十億円)
ア	138	1,553	7.9	33.5	31.9	2,960	1,562
イ	179	3,348	10.8	38.0	33.3	203	2,474
ウ	117	1,287	16.8	28.4	35.3	354	4,559
エ	111	3,424	4.6	22.7	61.2	1,259	1,528
オ	166	4,435	4.3	12.6	64.0	775	1,913

人口：2017年，農業生産額：2016年，海面漁獲量：2015年，工業生産額：2014年

(『データブック オブ・ザ・ワールド 2018』より作成)

問７．下線部⑦について，日本は，1955年から1973年にかけて急速な経済成長をとげました。その中で，政府は1960年に産業を発展させる長期経済計画を発表しました。その計画の名前を漢字で答えなさい。

問８．下線部⑧に関連して，日本を訪れた外国人の権利保障についての説明として**誤っているもの**を，次の**ア〜エ**から１つ選び，記号で答えなさい。

ア．外国人も，生命・身体の自由を侵害されない権利が保障されている。
イ．外国人も，プライバシーの権利が保障されている。
ウ．外国人も，日本で裁判を受ける権利が保障されている。
エ．外国人も，日本で選挙する権利や選挙される権利が保障されている。

問９．下線部⑨に関連して，2015年に政府は，それまで旅館業法の適用を受けてきた「民泊」(一般の住宅に宿泊料を取って宿泊客を泊めるサービス)に関する規制を緩和する方針を決め，2018年６月15日に「住宅宿泊事業法(民泊新法)」を施行しました。これについて，以下の問いに答えなさい。

(1) 民泊には，都市部でマンションの一室などを使って行われるものから，地方の農家やリゾート地の民家などで行われるものまで，いろいろなタイプがあります。政府が民泊に関する規制を緩和する方針を決めたのはなぜだと考えられるか，都市部での民泊について，**本文**と《**資料３**》・《**資料４**》を参考にしながら，130字以内で説明しなさい。

《資料３》 大阪府の宿泊施設についての新聞記事

大阪府の宿泊施設稼働率83%　６月，４カ月連続全国トップ

大阪府・大阪市と経済団体が出資する大阪観光局は８日，府内宿泊施設の客室稼働率が６月は83.8%となり，４カ月連続で都道府県別で首位だったと発表した。訪日外国人客(インバウンド)を含め大阪市内だけでなく，同市以外で宿泊する客が増えたためとみられる。(中略)

６月の施設別稼働率はビジネスホテルが86.8%で全国１位，シティーホテルも85.8%で石川県と並ぶ１位だった。一般に80%を超えると予約が取りにくくなるといわれている。(後略)

(日本経済新聞 2015年９月９日の記事を元に作成)

《資料４》 訪日外国人全体の旅行消費の推移

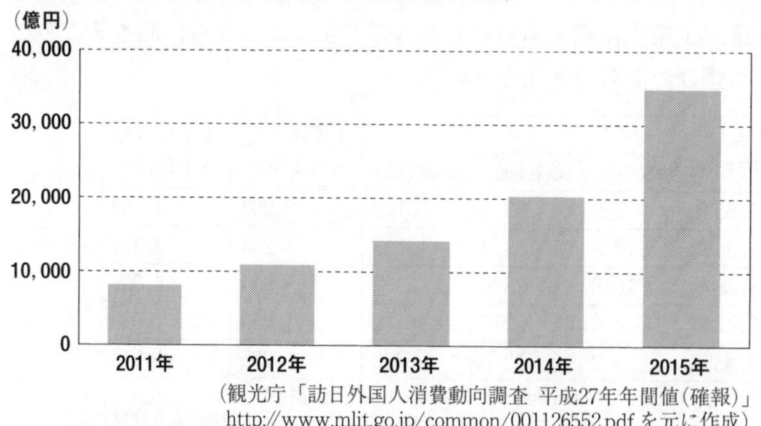

(観光庁「訪日外国人消費動向調査 平成27年年間値(確報)」
http://www.mlit.go.jp/common/001126552.pdf を元に作成)

(2) 住宅宿泊事業法(民泊新法)では，法律による全国一律の基準に加え，各地方自治体が条例によって独自にルールを定めることができ，海城中学校のある新宿区は条例を制定しています。新宿区は条例によって，民泊がもたらすどのような影響を防ごうとしていると考えられるか，次のページの《**資料５**》・《**資料６**》を参考にしながら，100字以内で説明しなさい。

《資料５》 用途地域について

都市における住居，商業，工業といった土地利用は，似たようなものが集まっていると，それぞれにあった環境が守られ，効率的な活動を行うことができます。しかし，種類の異なる土地利用が混じっていると，互いの生活環境や業務の利便が悪くなります。

そこで，都市計画では都市を住宅地，商業地，工業地などいくつかの種類に区分し，これを「用途地域」として定めています。

用途地域指定のうち，住居専用地域とは，良好な生活環境を保護するために，建てられる建物が戸建て住宅やマンションを中心に定められている地域のことで，ホテルや旅館の営業は認められていません。

（国土交通省「土地の使い方と建物の建て方のルールの話」
http://www.mlit.go.jp/crd/city/plan/03_mati/04/index.htm を元に作成）

《資料６》 新宿区が独自に条例で定めた民泊ルールの要点

●届出住宅の公表

宿泊者や近隣住民が届出住宅を認識しやすいよう，届出住宅の所在地，連絡先，近隣住民への周知を実施した日等について，区ホームページ等で公表します。

●周辺住民への事前説明

事業を営もうとする者は，住宅宿泊事業の届出をする７日前までに，近隣住民に対して，書面による周知を行い，区に報告しなければなりません。

●廃棄物の適正処理

宿泊者が出すごみは，住宅宿泊事業者及び住宅宿泊管理業者が，自らの責任で適正に処理しなければなりません。

●住宅宿泊事業実施の区域と期間の制限

住居専用地域では，月曜日の正午から金曜日の正午までは住宅宿泊事業を実施することができません。住居専用地域以外では，曜日を問わず，法の規定どおり年間180日まで事業を実施することができます。

（新宿区「住宅宿泊事業と新宿区のルールについて」
http://www.city.shinjuku.lg.jp/kenkou/eisei03_002086.html を元に作成）

【理　科】〈第１回試験〉（45分）〈満点：80点〉

1　**次の文章を読んで，以下の各問いに答えなさい。**

おもり（直径２cmの鉄球）と，細くて伸(の)びない丈夫(じょうぶ)な糸を用いて振り子を作りました。図１のように，糸はおもりの表面に固定された，ごく小さな輪に結びつけました。また，図２のように地面に対して垂直な壁(かべ)にくぎを打ち，おもりが壁にふれないようにくぎに糸を結んで，その点を振り子の支点Ｏとしました。以下の問題では振り子は小さく振らせるものとして，運動する間，糸がたるむことはなかったものとします。

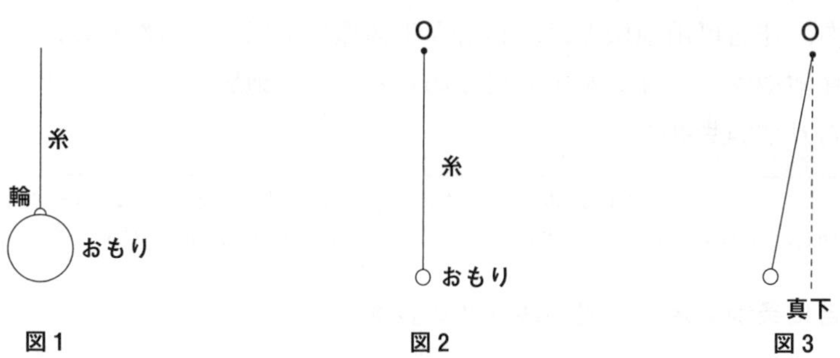

図１　図２　図３

【実験１】

図３のように糸が張った状態でおもりを持ち上げて，静かに手をはなして振り子を運動させた。このとき，振り子の周期（１往復にかかる時間）を知るために，ストップウォッチを使って，おもりが10往復するのにかかる時間を測った。振り子の長さ（※）を変えたところ，この時間は次の表のように変化した。

※…「振り子の長さ」とは，支点からおもりの中心までの長さのことである。

【結果１】

振り子の長さ[cm]	50	100	（Ａ）
10往復の時間[秒]	（Ｂ）	20	22

さらに振り子の長さを様々に変えながら測定した結果，

（10往復の時間[秒]）×（10往復の時間[秒]）÷（振り子の長さ[cm]）…★

の計算で得られる値は振り子の長さによらずほぼ同じになることが分かった。

問１　**【実験１】**で，振り子の長さが100cmのとき，★の値を求めなさい。なお，必要であれば四捨五入して整数で答えなさい。

問２　**【実験１】**の結果を示した表で，（**Ａ**），（**Ｂ**）の数値として最も近いものを，次の**ア**～**カ**からそれぞれ１つずつ選び，記号で答えなさい。

ア　120
イ　140
ウ　160
エ　12
オ　14
カ　16

問３　振り子の長さと周期の関係を，次の(**1**)，(**2**)のような軸をとってグラフに示すと，どのようになりますか。下の**ア**～**オ**からそれぞれ最も近いものを１つずつ選び，記号で答えなさい。

(**1**)　縦軸：(周期[秒])×(周期[秒])　横軸：(振り子の長さ[cm])

(**2**)　縦軸：(周期[秒])　横軸：(振り子の長さ[cm])

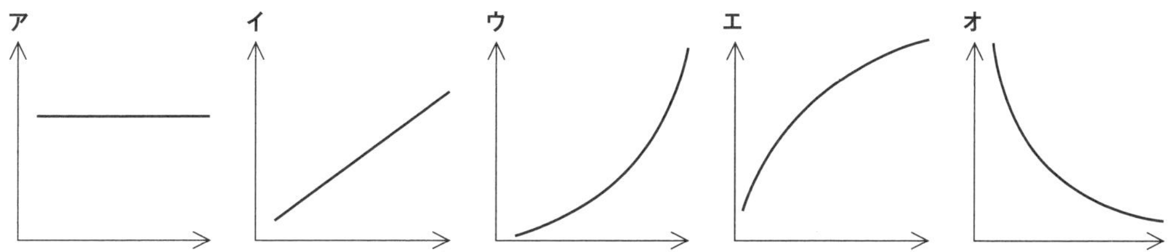

問４　**【実験１】**の振り子の長さが100cmの状態から，糸の長さを変えずに，おもりを次の(**1**)，(**2**)に替えたとき，周期はもとのおもりのときと比べてどのようになりますか。下の**ア**～**ウ**からそれぞれ１つずつ選び，記号で答えなさい。

(**1**)　直径２cmのアルミ球

(**2**)　直径３cmの鉄球

ア　長くなる　　**イ**　変わらない　　**ウ**　短くなる

問５　**【実験１】**では振り子の周期を知るために，10往復に要する時間を測ってそれを10で割って求めています。この理由を説明した次の文章中の(**C**)，(**D**)に適当な数値をそれぞれ答えなさい。なお，必要であれば四捨五入して小数第１位まで答えなさい。

人間は，見て判断してからストップウォッチのボタンを押すまでに時間がかかるため，ストップウォッチを止めるタイミングがずれてしまう。例えば正確に2.0秒という１周期分の時間を測ろうとしたとき，止めるタイミングがずれて2.1秒と測られてしまったとする。このとき，正確な値に対する誤差の大きさの割合は（　C　）％である。測る時間が１周期分であろうと10周期分であろうと，ストップウォッチを止めるときに生じるずれの大きさは，変わらないはずである。ここで，正確に20.0秒という10周期分の時間を測ろうとし，１周期分のときと同じだけずれて20.1秒と測られてしまったとする。このとき，測定値20.1秒を10で割って求めた１周期分の時間の，正確な値に対する誤差の大きさの割合は（　D　）％である。（　D　）は（　C　）より小さいため，１往復よりも10往復の時間を測った方がより精度のよい結果が得られることが分かる。

【実験２】

振り子の長さを100cmにし，図４のように支点Oから真下に50cmの位置Pに振り子の糸が触れるように壁にあらたにくぎを打っておく。この状態でおもりを図３のように持ち上げて静かに手を離した。すると，おもりは往復運動をくりかえした。

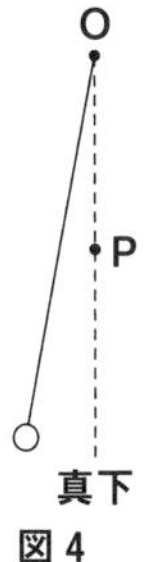

図４

問６　**【実験２】**で，おもりが最初に手をはなれてから次にその位置に戻るまでの時間はいくらですか。**【実験１】**の表の数値(**問２**で答えたものを含む)を用いて求めなさい。なお，必要であれば四捨五入して小数第１位まで答えなさい。

問７　**【実験２】**で，おもりが最初に手をはなれてから次にその位置に戻るまでの間のおもりの速さの変化をグラフ(縦軸を「速さ」，横軸を「おもりから手をはなしてからの経過時間」としたもの)に示すと，どのような形になりますか。最も近いものを次の**ア**～**ウ**から選び，記号で答えなさい。

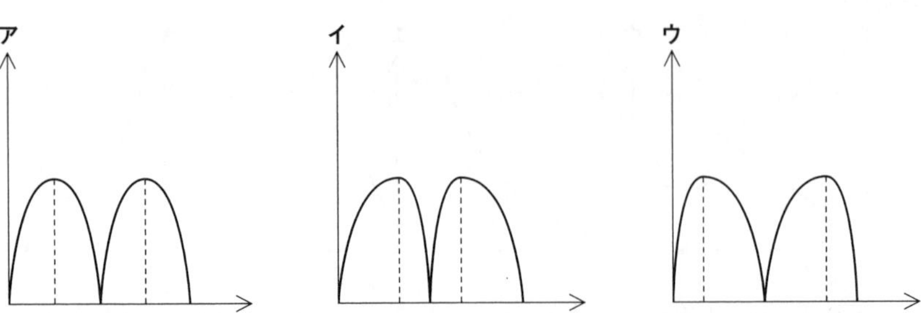

２　**次の文章を読んで，以下の各問いに答えなさい。**

昨年(2018年)の５月，エリシス社がこれまでにはないまったく新しい①アルミニウムの製錬(せいれん)方法の商業化を目指すことを発表しました。

製錬とは，原料となる鉱石から金属をつくる方法です。自然界に存在する多くの金属は，酸素と結びついた状態，つまり酸化物として存在しています。この酸化物から酸素を取り除くと，金属が得られます。例えば，②酸化銅に炭素の粉末を混合して加熱をすると，二酸化炭素を発生しながら銅を得ることができます。

飛行機や車のボディ，アルミ缶(かん)，窓枠，スマートフォンなど私たちの身のまわりにはアルミニウムの製品が多く使われています。2016年には，世界で約5800万トンのアルミニウムが製錬によってつくられています。これまでのアルミニウムの製錬方法は，130年以上前に確立されたホール・エルー法という方法で，アルミニウムの原料鉱石から精製した③酸化アルミニウムを氷晶石(ひょうしょうせき)とともに電気炉(でんきろ)でとかし，それを炭素電極で④電気分解をする方法です。この電気分解の過程では，酸化アルミニウムから生じた酸素が電極の炭素と結びつくことで，大量の二酸化炭素を排出(はいしゅつ)します。2012年の調査によると，⑤アルミニウムを１トンつくるために排出される二酸化炭素は12.7トンだと見積もられています。さらに，アルミニウムの製錬には多くの電気が必要なので，発電方法にもよりますが，その電気を発電する過程においても多くの二酸化炭素を排出しています。2015年の報告によると，⑥アルミニウムを１トンつくるためには，一般家庭３世帯の年間消費電気量に相当する電気が必要になります。

今回発表されたアルミニウムの新しい製錬方法では，炭素を使わない新しい素材の電極を用いることで，製錬するときに二酸化炭素を排出しないだけではなく，酸素を排出することが可能になるといわれています。この新しい製錬方法が商業化されるのは2024年頃ということですが，将来的には⑦製錬の過程と発電の過程で二酸化炭素をまったく排出しないでアルミニウムをつくることができると期待されています。

問１　**下線部①**について，アルミニウムに関する次の記述**(1)**～**(4)**のうち，正しい記述には「○」，誤りを含む記述には「×」と答えなさい。

(1)　塩酸に溶けて水素を発生する。

(2)　水酸化ナトリウム水溶液と反応する。

(3)　磁石を近づけると，くっつく。

(4)　銅よりも熱をよく伝える。

問２　**下線部②**について，酸化銅の粉末と炭素の粉末を混合して試験管**X**に入れ，下図のように加熱する実験を行いました。次の(**1**)〜(**3**)に答えなさい。

(1)　下図の試験管**Y**には，発生した気体が二酸化炭素であることを確かめるための溶液が入っています。この溶液の名称(めいしょう)を答えなさい。

(2)　(**1**)の溶液は，二酸化炭素と反応してどのように変化をするか答えなさい。

(3)　加熱をしていると，試験管**X**の口のところには少量の水がたまっていました。この水は，炭素の粉末から出てきたものです。酸化銅ではなく炭素の粉末から水が出てきたことを確かめるためには，どのような実験を行えばよいでしょうか。簡潔に答えなさい。

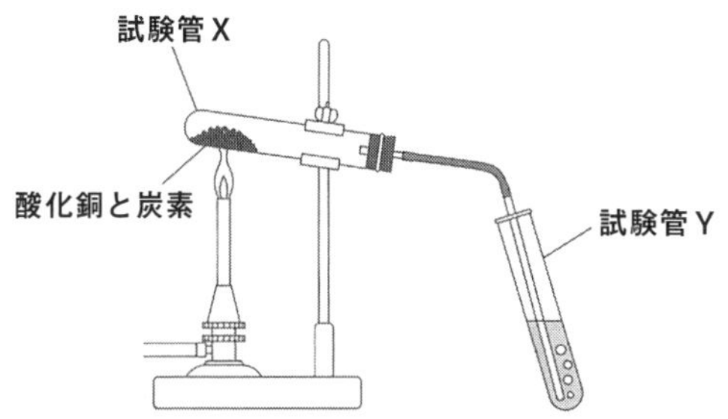

問３　**下線部③**について，次の文章を読んで下の(**1**)，(**2**)に答えなさい。

「溶ける」と「融ける」は，どちらも「とける」と読みますが，意味が異なります。「溶ける」は「水に塩化ナトリウムが溶ける」というように，溶解(ようかい)することを表す言葉です。一方，「融ける」は「氷を加熱すると融けて水になる」というように，融解(ゆうかい)つまり固体から液体へ変化することを表す言葉です。

ここで，氷と塩化ナトリウムをよく混ぜたものを考えます。−10℃付近では氷も塩化ナトリウムも固体ですが，これを少しずつ加熱していくと，氷が $_a$<u>とけて</u>水になります。塩化ナトリウムは，水に $_b$<u>とけて</u>塩化ナトリウム水溶液となります。

ホール・エルー法では，固体の酸化アルミニウムと固体の氷晶石をよく混ぜたものを約1000℃に加熱した溶液に対して電気分解を行います。酸化アルミニウムの融点は約2000℃，氷晶石の融点は約1000℃なので，1000℃付近まで加熱をすると（　A　）が $_c$<u>とけ</u>ます。ここに（　B　）を $_d$<u>とか</u>して，電気分解する溶液をつくります。

(1)　文章中の**下線部a**，**b**の意味として適するものの組み合わせとして正しいものを次の**ア**〜**エ**から１つ選び，記号で答えなさい。

	a	b
ア	溶解	溶解
イ	溶解	融解
ウ	融解	溶解
エ	融解	融解

(2)　文章中の(**A**)，(**B**)に適する物質および**下線部c**，**d**の意味として適するものの組み合わせとして正しいものを次の**ア**〜**ク**から１つ選び，記号で答えなさい。

	(A)	(B)	c	d
ア	酸化アルミニウム	氷晶石	溶解	溶解
イ	酸化アルミニウム	氷晶石	溶解	融解
ウ	酸化アルミニウム	氷晶石	融解	溶解
エ	酸化アルミニウム	氷晶石	融解	融解
オ	氷晶石	酸化アルミニウム	溶解	溶解
カ	氷晶石	酸化アルミニウム	溶解	融解
キ	氷晶石	酸化アルミニウム	融解	溶解
ク	氷晶石	酸化アルミニウム	融解	融解

問４　**下線部④**について，次の水溶液(1)，(2)を電気分解したときに，電源装置のプラス極につないだ方の電極から発生する気体は何ですか。

(1)　塩酸

(2)　水酸化ナトリウム水溶液

問５　**下線部⑤**，**⑥**について，現在，日本国内においてホール・エルー法によるアルミニウムの製錬は行われていませんが，もしこの方法でアルミニウムを１トンつくる場合，ホール・エルー法の電気分解によって排出される二酸化炭素と，電気分解に必要な消費電気量を発電するときに排出される二酸化炭素の合計は何トンになりますか。必要であれば，四捨五入して小数第１位まで答えなさい。ただし，この発電にもちいたエネルギー別の構成比は，天然ガス50％，石炭30％，石油10％，その他二酸化炭素を排出しないエネルギー源10％とします。また，一般家庭１世帯の年間消費電気量を発電するときには，天然ガスのみで火力発電した場合には二酸化炭素が2.2トン，石炭のみで火力発電した場合には二酸化炭素が４トン，石油のみで火力発電した場合には二酸化炭素が３トンそれぞれ排出されることとします。

問６　**下線部⑦**について，発電の過程で二酸化炭素をまったく排出しない発電方法を１つ答えなさい。

3　**次の文章を読んで，以下の各問いに答えなさい。**

地球上にいるほとんどの動物や植物は，約24時間のサイクル（概日(がいじつ)リズム）で活動しています。例えば，昼間，洞窟(どうくつ)の奥にいるコウモリは，夕方の適切な時刻に洞窟から出て行くことができます。このように，生物に時間を知らせるシステムを体内時計といいます。体内時計の存在が初めて報告されたのは，①マメ科植物のオジギソウという植物です。18世紀，フランスの天文学者が②オジギソウの葉が昼間に開き，夜に葉を閉じ，枝（葉柄(ようへい)）を垂らす現象（就眠(しゅうみん)運動）に注目しました。太陽の光の影響で就眠運動はおこると考えられていましたが，オジギソウを暗室に持っていくと，暗闇の中でも，昼間に葉を開き，夜に葉を閉じるなど就眠運動はおこり，それが何日もくりかえされました。そこで，オジギソウ自身の中に，体内時計があると考えられるようになりました。

1984年，ショウジョウバエを使って，体内時計をつかさどる「時計遺伝子」や「時計タンパク質」が発見されました。後に，これらのはたらくしくみはヒトを含む多くの生物と共通していることが明らかにされました。その功績から，2017年，アメリカの研究者３人に③ノーベル生理学医学賞が贈(おく)られました。

問１　**下線部①**のマメ科植物であるインゲンマメについて，水にひたした種子の断面図を表した模式図を次の**ア**～**エ**から１つ選び，記号で答えなさい。

ア

イ
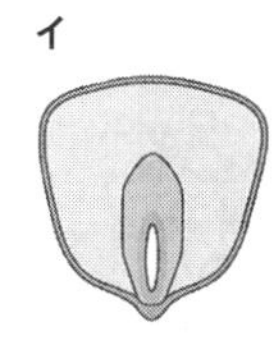
ウ

エ

問２　**下線部②**について，オジギソウは葉などに触れると就眠運動とほぼ同様に葉を閉じ葉柄が垂れていきます(**図１**)。葉柄の付け根部分は，他の茎(くき)の表面部分と比べると柔(やわ)らかく，関節のような役割をしており，この部分を「葉枕(ようちん)」といいます。**図２**は，その「葉枕」の断面を模式的に示したものです。葉枕の中心部には維管束がはしり，葉枕を構成している細胞を上側と下側とに分けています。下の(**1**)，(**2**)に答えなさい。

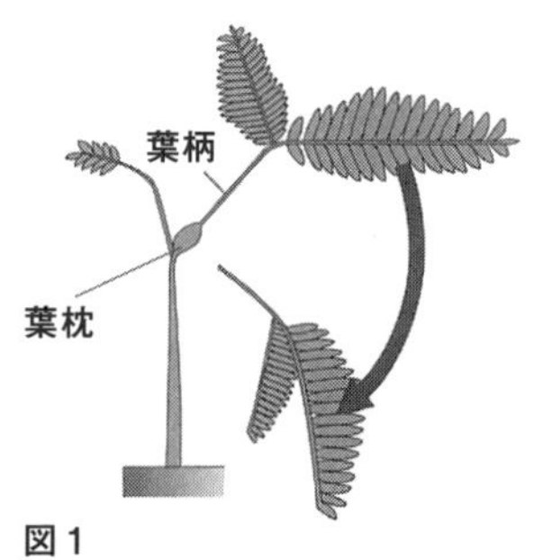

図１

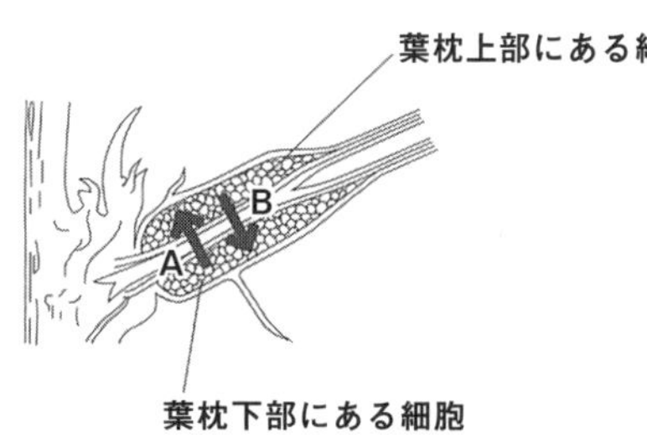

図２

(**1**)　葉枕の上部と下部の細胞に，はじめ均等に存在していた水が移動することで葉柄は垂れます。そのときの水の移動方向を**図２**の**A**，**B**から選び，記号で答えなさい。

(**2**)　葉枕の上部と下部の細胞の大きさに触れながら，葉柄が垂れるしくみを簡潔に答えなさい。

問３　**下線部③**について，2018年のノーベル生理学医学賞は日本人が受賞しました。その人の名前を次の**ア**～**エ**から１つ選び，記号で答えなさい。

ア　利根川(とねがわ)　進(すすむ)　　**イ**　山中(やまなか)　伸弥(しんや)
ウ　大村(おおむら)　智(さとし)　　**エ**　本庶(ほんじょ)　佑(たすく)

問４　体内時計に関して，次の実験を行いました。下の(**1**)～(**3**)に答えなさい。

【実験】　**温度や湿度などが一定に保たれた条件で，６時に点灯し，18時に消灯するように，１日のうち12時間は明るくして明暗のサイクルをつくった。このサイクルでマウスを５日間飼育し，その後，６日目の６時に点灯せず，以後は一日中完全に暗くした。その間の，次のページの図３のようなマウスの輪回し行動などの活動量を記録した。**

【結果】　**次のページの図４は，横軸を12時から始まる時刻，縦軸を観察日数とし，観察日数ごとに活動の見られた時間帯に活動量を太線で表したものである。また，明るくしている時間帯(明期)は白，暗くしている時間帯(暗期)は灰色の背景で示した。明期，暗期が12時間ずつの24時間サイクルでは，マウスは暗期にだけ活動し，夜行性であることが分かった。７日目からは活動している時間の長さは変わらずに，10日間かけて活動開始時刻が18時から14時まで移動していた。**

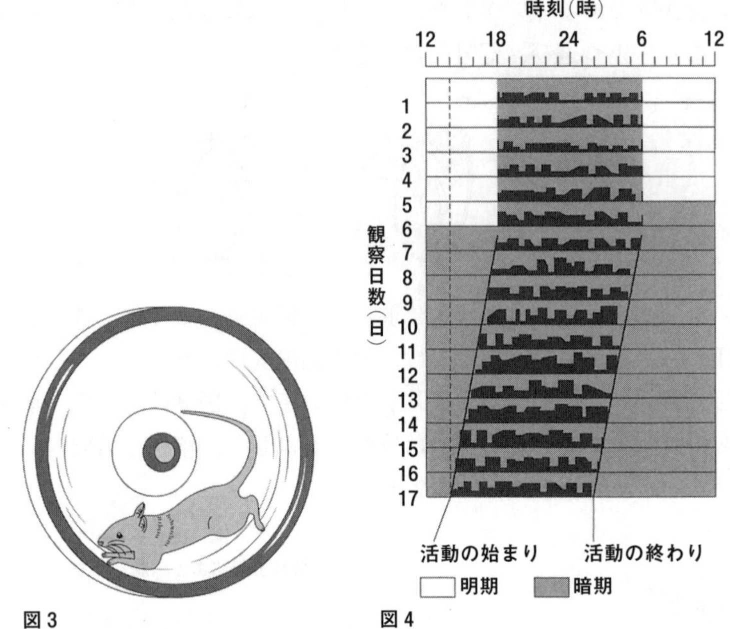

図３　　　図４

(1)　マウスと同じ夜行性の動物を次の**ア**～**オ**から３つ選び，記号で答えなさい。

(2)　**図４**の７日目以降の結果から，マウスの概日リズムは何時間何分か計算しなさい。

(3)　**図４**の１日目から５日目では，ある刺激によってマウスの体内時計が調整され，マウスは明期，暗期が12時間ずつの24時間のサイクルに合わせて活動しています。マウスの体内時計はどんな刺激（しげき）によって，どのように調整されているのですか。簡潔に説明しなさい。

4　**次の文章を読んで，以下の各問いに答えなさい。**

①水は気体，液体，固体と状態を変化させながら地球上を循環（じゅんかん）しており，その過程で様々な現象をひきおこします。例えば，流れる水のはたらきによって地形がつくられることもその一つです。

流れる水には侵食（しんしょく），運搬（うんぱん），堆積（たいせき）という３つの作用があります。どの作用が強くはたらくかは，水の流れる速さによって決まります。②川底の傾きが大きく，流れが速い山間部では，主に侵食作用が働き，（　１　）がつくられます。③山を抜けて平野に入るところでは，河川の流れ

が遅くなって堆積作用が強まり，（ 2 ）がつくられます。このとき，はじめに粒径(りゅうけい)の大きい礫(れき)が堆積することから（ 2 ）は水はけがよい土地になり，果樹園に利用されることが多くなります。一方，河口に近い場所では（ 3 ）がつくられます。（ 3 ）は比較的粒径の小さい堆積物(たいせきぶつ)からなり，保水力があるため水田などに利用されることが多くなります。

ある川の河口近くで川底の堆積物を採集し，顕微鏡(けんびきょう)で観察して描(か)いたスケッチを図１に示します。ここに見られる堆積物は，上流にある岩石が風化，侵食されて小さな粒になり，それが運搬され，この場所に堆積したものです。そのため，例えば④図１中に石英(せきえい)や角閃石(かくせんせき)，黒雲母(くろうんも)の粒が含まれている場合，上流にはマグマが冷え固まってできた火成岩があることが予想されます。

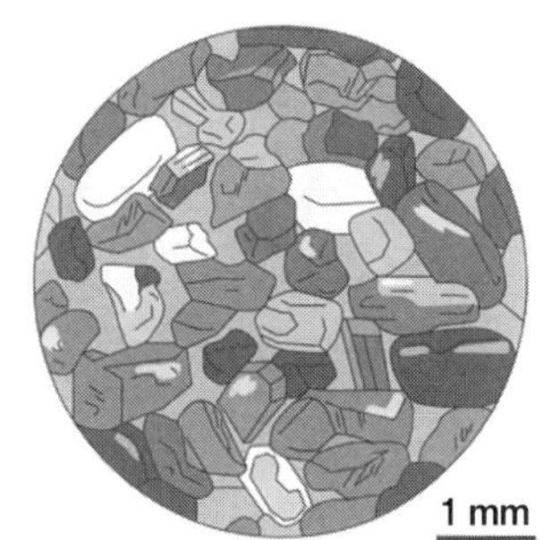

図１

海底に運搬された堆積物が長い時間をかけて固まると⑤堆積岩(たいせきがん)になります。さらに，プレートの動きなどによって，堆積岩や火成岩がつくられたときとは違う環境に置かれると，もともとの岩石の性質が変わることがあり，そのような岩石は変成岩と呼ばれます。変成岩がさらに地下深くに運ばれると，マグマのもとになっていくと考えられます。このように，⑥岩石も非常に長い時間をかけて，姿を変えながら循環していると考えることができます。

問１　文章中の（**1**）～（**3**）に入る，最も適当な地形の名称をそれぞれ答えなさい。

問２　**下線部①**について，次の**(1)**，**(2)**に答えなさい。

(**1**)　**図２**は地球上の水の循環の様子を，簡略化して模式的に表したものです。**図２**中の **あ** に当てはまる数値を答えなさい。

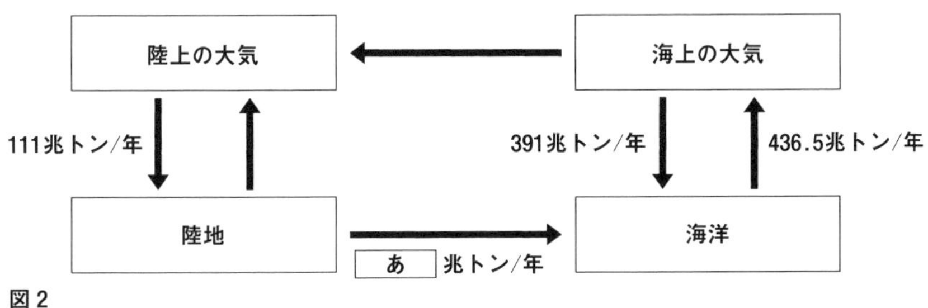

図２

(**2**)　地球上の水を循環させているおおもとの原因として最も適当なものを次の**ア～オ**から１つ選び，記号で答えなさい。

ア　川の流れ　　**イ**　潮の満ち引き
ウ　太陽から届く熱　　**エ**　地球の自転
オ　地球内部の熱

問３　**図３**は，水中で堆積物の粒子(りゅうし)が動きはじめたり動きが止まったりする流速と，粒子の大きさ(粒径)との関係を，水路を使った実験によって調べて示したものです。この図から読み取れることとして適当なものを下の**ア～カ**からすべて選び，記号で答えなさい。ただし，図中の２つの曲線は，次のように描かれています。

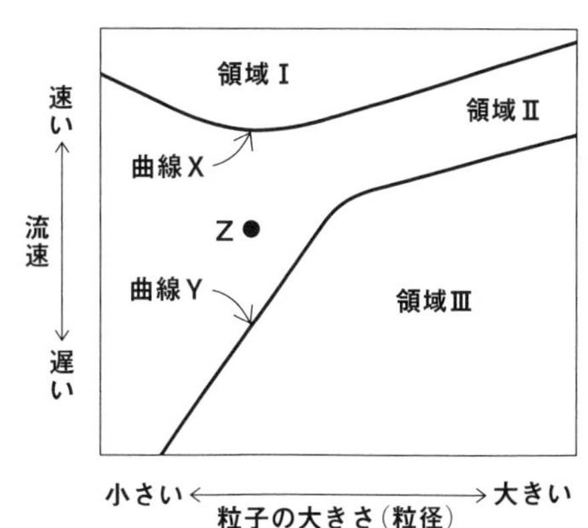

図３

曲線Ｘ：水路に粒子を置き，少しずつ流速を上げていった場合，この流速を上回ったときに粒子が動き始める。

曲線Ｙ：流速が速く，粒子が流れている水路で少しずつ流速を下げていった場合，この流速を下回ったときに粒子の動きが止まる。

ア　文章中の**下線部②**の記述と関係が深い**図３**中の領域は，**領域Ⅰ**である。
イ　文章中の**下線部②**の記述と関係が深い**図３**中の領域は，**領域Ⅲ**である。
ウ　文章中の**下線部③**の記述と関係が深い**図３**中の領域は，**領域Ⅱ**である。
エ　文章中の**下線部③**の記述と関係が深い**図３**中の領域は，**領域Ⅲ**である。
オ　**図３**中の**Ｚ**の点の流速，粒径にある粒子は，すべて動いている。
カ　**図３**中の**Ｚ**の点の流速，粒径にある粒子は，すべて止まっている。

問４　**図４**は，大雨の後の海岸付近の様子を，飛行機内から撮影した写真です。
大雨の後の海がこの写真のようになる理由を説明しなさい。その際，「侵食」，「運搬」という語を用いなさい。

図４

問５　**下線部④**について述べた文として，最も適当なものを次の**ア**～**エ**から１つ選び，記号で答えなさい。

ア　石英と角閃石は白っぽい色をした鉱物で，黒雲母は黒っぽい色をした鉱物である。
イ　**図１**に見られる粒は，地下深部でゆっくり冷え固まったために丸みを帯びた形をしている。
ウ　**図１**の大きさの粒が固まって堆積岩になった場合，砂岩と呼ばれる。
エ　石英の粒の中には，微小(びしょう)な化石が含まれる場合がある。

問６　**下線部⑤**について，堆積岩には，岩石が風化，侵食されて小さな粒になったものが固まってできたもののほかに，火山灰が固まってできたものや，生物の遺骸(いがい)が固まってできたものなどがあります。生物の遺骸が固まってできた岩石の名称を１つ答え，その岩石のもととなる生物の名称も１つ答えなさい。

問７　**下線部⑥**について，岩石を循環させているおおもとの原因として最も適当なものを次の**ア**～**オ**から１つ選び，記号で答えなさい。

ア　川の流れ　　**イ**　潮の満ち引き　　**ウ**　太陽から届く熱
エ　地球の自転　　**オ**　地球内部の熱

から一つ選び、記号で答えなさい。

ア　日常生活の中では、身の安全や目的のために必要な情報以外は、意識的に見ないようにしているから。

イ　その人が見ようとするものや、独自の感覚、持っている一連の知識によって見えるものは異なるから。

ウ　人間は自らの経験やすぐれた認知能力にもとづき、いつも自分にしか見えないものを見ようとしているから。

エ　人によって認知のしくみが違うので、自分に見えているものと他人に見えているものは絶対的に異なるから。

問九　――線部**8**「見えていないものや～芸術を楽しむことができる」とあるが、ここに表れた筆者の考えはどのようなものか。次の中から適当なものを一つ選び、記号で答えなさい。

ア　人間は自分にとって必要なものしか見ていないが、むしろ不要だと思われるものに注意をこらすことこそが、芸術的な感性の高まりをうながすことにつながり、その人だけに見えている世界を自分一人で楽しめるようになるという考え。

イ　人間の認知のしくみにはわかっていない点が多く残されているが、だからこそ人間には無限の可能性があり、私たちが目にしている世界に新たな解釈(かいしゃく)をもたらす、すばらしい芸術が生み出される楽しみもまた残されているという考え。

ウ　人によって見えているものはそれぞれ違い、そのたくさんの違いの中に宿っている、新鮮な感覚を刺激するようなおもしろさを見過ごさずにとらえることから芸術が生まれ、それに親しむことによって人生もまた豊かになるという考え。

エ　芸術家とはふつうの人と違うものの見方や考え方ができる人のことであるが、そのような感覚を持つ人が多ければ多いほど、目に見える世界を正しく認知できる人が増え、芸術や文化が新たな方向へと発展する原動力になるという考え。

報の取捨選択をおこなっている人が「アーティスト」なのではないかということ。

エ　生きていくために必要不可欠な情報や記号ではなく、ふだんは人が気にもかけないような物事に関心をいだき、それを魅力的なものとして発信することができる人が「アーティスト」なのではないかということ。

問五　――線部**4**「背格好の似た別人に遠くから手を振って、気まずい思いをすることもある」とあるが、なぜこのようなことが起こるのか。その理由として適当なものを、次の中から一つ選び、記号で答えなさい。

ア　待ち合わせの相手はよく知っている人で、わざわざその背格好などをしっかり思い起こさないまま探すので、別人であっても似ている人がいたら、瞬時に本人だと認識してしまうから。

イ　ふだんは、一人ひとりの背格好や服装など気にもかけていないのに、待ち合わせのために無理やりあいまいな記憶に頼って探すので、似た別人を本人だと思い違いをしてしまうから。

ウ　待ち合わせの際には、あらかじめ想定している相手の背格好などの情報を付近の人にあてはめようとするので、その情報との共通点が多い人を、目的の相手だと誤解してしまうから。

エ　待ち合わせをしている時は、相手と早く会いたいとあせって注意深く見極めたりしないため、背格好や服装が似ている人がいたら、瞬時に待ち合わせの相手だと早合点してしまうから。

問六　――線部**5**「それがやがて～目に飛びこんでくるようになった」とあるが、なぜそのようになったのか。その理由として適当なものを、次の中から一つ選び、記号で答えなさい。

ア　何度もきのこの採集をしているうちにきのこの生えている場所もわかってきて、闇雲に歩き回らなくても、探すべき場所を正確に判断して、まちがいなく探せるようになるから。

イ　きのこを採集する経験の中で身につけたさまざまな知識が働くことによって、きのこの生息する場所を、多くの手がかりや確かな根拠を手にしなくても察知できるようになるから。

ウ　自然に生息するきのこを自分の目で見る経験を重ねるうち、倒木のすみや草むらの陰などの見つけにくい場所に生えているものでも、はっきりその形を見分けられるようになるから。

エ　きのこ採集に出かける前に、目的地に関する多くの情報を分析することで、あちこち探し回らなくてもあらかじめきのこの生息しそうな場所を特定したうえで探せるようになるから。

問七　――線部**6**「ふだんの物のとらえ方と少し違う、原初的な感覚」とあるが、それはどのようなものか。次の中から適当なものを一つ選び、記号で答えなさい。

ア　周囲にただようささいな雰囲気の違いに、自分でも明確に言葉にできないような感覚で反応するような、人々がまだ自然に頼って生きていた時代から持っていたであろうもののとらえ方。

イ　目や耳ではっきり確認する前に、わずかな匂いをかぎとっていちはやくその存在を察知するような、狩猟生活を営んでいたころの人々が持っていたであろう動物的なもののとらえ方。

ウ　対象に関する整理された知識がたくわえられることによって、はっきりと言葉では意識していなくてもなんとなくその存在に気づいてしまうような、言葉を必要としないもののとらえ方。

エ　色や形といった、はっきりと言葉に置きかえられるものに頼らず、肌で感じ取れるわずかな変化だけでものの存在に気づくような、言葉を学習する前の人間のみが持つもののとらえ方。

問八　――線部**7**「自分の見ている世界がかなり偏ったものである」とあるが、それはなぜか。その理由として適当なものを、次の中でも、8見えていないものやゆがんでとらえているものがたくさんあるからこそ、芸術が生まれ、芸術を楽しむことができるのだと思う。

（齋藤亜矢「要、不要」）

㊟ 映像＝筆者は、これよりも前の部分で「selective attention test」（選択的注意テスト）という動画について説明している。
キャプション＝映像にそえた説明のための字幕。
地衣類＝コケなどの、岩石や樹の上に生育する植物群。
フィールドワーク＝野外など現地で調査や研究を行うこと。

問一 〰〰線部a～eのカタカナを漢字に直しなさい。

問二 ――線部1「白服とボールだけに注意を向けているからゴリラが見えない」とあるが、そのようなことが起こるのはなぜか。その理由として適当なものを、次の中から一つ選び、記号で答えなさい。

ア ゴリラは目に入ってはいるものの、映像の指令に従ってバスケットボールのパスの回数を数えるために、選手とボールばかりを見ることになるから。
イ 白い服と黒い服の選手たちが交わす、バスケットボールのパス回しの見事さに目をうばわれてしまうので、横切ったゴリラが目に入らなくなるから。
ウ 映像に出てくるキャプションにうながされ、ゴリラが現れる瞬間を確かめようとすればするほど、かえってボールの動きに気を取られてしまうから。
エ 私たちは必要なものにしか注意を向けないので、パスの中を横切るゴリラを認識していても、不必要な情報として気に留めないようにしているから。

問三 ――線部2「しっかり見ようとすればするほど、見えなくなっている」とあるが、どういうことか。次の中から適当なものを一つ選び、記号で答えなさい。

ア 注意してものを見ようとすればするほど、無駄な力ばかりが入って視野がせまくなり、かえって対象が見えにくくなってしまうということ。
イ ものの動きが複雑になればなるほど、対象の動きをしっかり追おうとするので、かえって必要な情報がとらえられなくなってしまうということ。
ウ 一瞬も目を離さずに対象の動きを追いかけようとすると、かえって視線が安定せず、動きを正確にとらえられなくなってしまうということ。
エ 真剣に見ようとすればするほど、見ようとする対象に注意が集中することになり、それ以外のものは認識できなくなってしまうということ。

問四 ――線部3「人に見えていない『おもしろい』を抽出して表現につなげるのが、アーティストなのだろう」とあるが、それはどのようなことか。次の中から適当なものを一つ選び、記号で答えなさい。

ア わざわざ注意を向ける必要のない、人に見えていないような情報の方が「おもしろい」のだとわかっていて、いつもその情報に注意をこらしているような人が「アーティスト」なのではないかということ。
イ ふだんの生活には不要な情報に目を向ける余裕があり、それを自分一人だけでおもしろがっているのではなく、他人にそのおもしろさをわかりやすく説明できる人が「アーティスト」なのではないかということ。
ウ もともと情報の伝達のためにつくられた人工物以外のものからも情報を読み取ることができ、その中でつねに瞬間ごとの情況によってまったく違う。

たとえば、電車に乗るために急いでいるときには、すれ違う一人ひとりの顔の情報はいちいち必要ない。でも、b**カイサツ**口で待ち合わせの相手を探しているときには、その付近にいる人の背格好や顔、髪型や服装などに注意を向ける。このとき、相手の顔や容姿についての一連の知識（スキーマ）が呼び起こされ、それと照らしあわせることで、すみやかに認識できる。もっともそのせいで、4背格好の似た別人に遠くから手を振って、気まずい思いをすることもある。

必要な情報を瞬時に察知して認識するために、その状況やc**ブンミャク**に関連したスキーマを準備しておく。文章に誤字があっても気づかずに読めてしまうのも、知っている単語のスキーマにあてはめて認識しているからだ。

（中略）

知識が増えるとスキーマも充実するので、わずかな手がかりからでも察知し、認識しやすくなる。この「知る」ことで見えてくるという感覚は、野生生物の㊟フィールドワークのときにも強く実感することだ。

学生のころ、授業をきっかけにしばらくきのこ採集に通っていたら、きのこの察知能力が少し身についた気がした。はじめは山のなかを闇雲にうろうろ、きょろきょろして歩き回り、ようやく見つけるという感じだった。5それがやがてなにげなく山道を歩いていても、ふと、きのこが目に飛びこんでくるようになった。

きのこの好む場所がわかってきただけでなく、きのこを採集するぞ、となると、目がきのこモードになって検出力が上がる感じだ。いわば、きのこスキーマが発動した状態なのだろう。地面や木のd**ミキ**、倒木のすみ、少し離れた草むらの陰。なんとなく「！」と感じて、よく見ると、そこにきのこがある。

ときどきバードウォッチングに通っていたこともあって、そのときには鳥の検出力が少し上がった。この場合も、鳥見をするぞ、と思うと目が鳥モードになる。木の上などになんとなく「！」と感じて、にらんでいると、鳥が枝を移る動きで居場所がわかるのだ。もっとも、鳥にくわしい人は、格段にすぐれた鳥察知能力をもっている。一緒に鳥見に行くと、街中の公園でも、こんなに多くの種類の鳥がいるのかと驚かされた。

生き物の存在を察知するときは、形より先に、質感や動きで察知しているような気がする。あるいはなんか匂う、というときもある。スキーマのなかに、質感や動きや匂いが含まれているからなのだろう。いずれも、「なんとなく」という感じなのは、「何か」として認知する、つまり意味処理される前の認知e**カテイ**で注意を向けているということなのかもしれない。

それは、6ふだんの物のとらえ方と少し違う、原初的な感覚のようにも感じる。旧石器時代の人びとや縄文人など、狩猟採集生活をしていた人たちは、おそらく相当感度の高いセンサーをもって、獲物や採集物をとらえていたはずだ。

数年前、公園でふと「！」のセンサーが働いて、なにげなく上を見た。すると高い木の枝に、なぜかおにぎりがちょこんと置いてあった。手が届かないので写真を撮って拡大してみると、フィルム未開封の直火焼きたらこおにぎりだ。ヒトかカラスか、謎のままだったが、いずれにしても相当うっかりものだ。と思ったが、いや、自分もそういう不要なものに気をとられているから、うっかり電柱にぶつかったりするのだと反省した。

人間の認知のしくみについて知れば知るほど、絶対的なものなど何もないという気持ちになる。7自分の見ている世界がかなり偏ったものであることには自覚的でいたい。

二　次の文章を読み、後の問いに答えなさい。

㊟映像は、指令からはじまる。「白い服のグループがパスを回した回数を数えてください」。そして、白い服と黒い服のグループがそれぞれ、バスケットボールでパスを回しはじめる。相手のグループの間を縫うように流動的に立ち位置をずらし、バウンドパスも入れたりするので、結構集中が必要だ。映像が終わると、正解の回数が示される。よし、あたり。ほっとしたところで「ところで、あなたはゴリラを見ましたか?」という㊟キャプションが現われる。ん？　映像が巻き戻し再生される。あろうことか、パスをしている人びとの横から着ぐるみのゴリラが悠々と現れて、真ん中で堂々と胸を叩いてから通り過ぎてゆく。

はじめて見たときは衝撃的だった。あんなに真剣に見ていたのに、まったくゴリラが見えていなかった。

わたしたちはふだん、目に入るたくさんのもののなかから、そのとき必要なものだけを選んで注意を向けている。その「選択的注意」のおかげで、雑踏のなかで知り合いを見つけたり、がやがやした居酒屋で相手の話す声を聞きとったりすることができる。**1**白服とボールだけに注意を向けているからゴリラが見えない。

（中略）

ちゃんと見ているつもりでも、見えていないものがたくさんある。むしろ、**2**しっかり見ようとすればするほど、見えなくなっているのだ。見えないゴリラに気づく人も一定数いるが、バウンドのパスとそうでないパスを別々に数えるなど難易度を上げると、気づかない人が増えるという。

無駄な情報を切り捨て、必要な情報だけに目や耳を向ける。瞬間ごとに情報の取捨選択をおこなうのは、**a**ノウの限られた容量を効率よくつかうためだ。

では、ふだんの生活のなかで必要な情報ってなんだろう。外を歩きながら考えた。道路に出て、まず、ぶつかったり、転んだりしないように気をつけるべきは、段差、電柱などの障害物、すれ違う人の動き。道路を横断するときには、横断歩道の位置や信号の色、近づいてくる車の動きも確認が必要だ。そして目的地に向かうために、案内板や地図を確認し、目印となる曲がり角のパン屋さんやお店の看板を探す。もともと情報を伝達するためにつくられた人工物は要チェックだ。

でも、それ以外の多くのものは、わざわざ注意を向ける必要がないものばかりだった。傘をもつべきか判断するのに晴れか雨か空を見上げる必要はあるが、はるか上空の渡り鳥のV字編隊に気づく必要はない。街路樹は障害物として認識する必要はあるが、㊟地衣類がこっそり彩っていることに気づく必要はない。

今度は公園の森のなかに入る。道路を歩いていたときよりも必要な情報が少なくなり、不要な情報に目を向ける余裕が出てきた。カラスがかっこよく滑空して地面にすとんと舞い降りる瞬間や、アリの巣穴が暗号のように並んでいるところ、クスの木の枝ぶりが、何があったのだろうというような不思議な曲がり方をしているのも目に入る。

ふいに、上から何かくるくると優雅に回りながら落ちてきた。なんだろう、カエデの種かなと思って拾いあげるとブナの木の小枝だ。左右交互に少しねじれてついた葉が、プロペラのような回転の力を生みだしていたのだろう。

おもしろいなあと思った。そして、気づけば「おもしろい」と感じるものはすべて、不要な情報だった。

自分の場合は一人でおもしろがっているだけだけれど、**3**人に見えていない「おもしろい」を抽出して表現につなげるのが、アーティストなのだろう。

さて、何が必要で何が不要かは、そのときの行動の目的や周囲の状今は、マレーシアで読んだ本を日本で見つけて懐かしく思っていること。

エ　マレーシアにも日本の本がそろっていたことでマレーシアも日本と同じだと安心したが、日本でマレーシアにいたころ読んだ本を見つけた今は、マレーシアとちがう日本に不安を感じていること。

問十一　――線部11「怖くない、怖くない。わたしは自分に言い聞かせ、ずんずんと目指す席まで進んだ」とあるが、この時の「わたし」の思いはどのようなものか。次の中から適当なものを一つ選び、記号で答えなさい。

ア　上級生ばかりの教室に入っていくだけでも気後れしそうになるのに加え、気を悪くしている佐藤先輩に話しかけなければならないので、勇気をふりしぼり、自分の心を奮い立たせようと思っている。

イ　上級生の教室に入っていくのは恐ろしかったが、今落ちこんでいるはずの佐藤先輩を元気づけるためには自分がここでふみとどまらなければならないと決意し、自らの気持ちをはげまそうと思っている。

ウ　上級生の教室にたった一人で入っていくことには心細さを感じるが、自分を吟行に誘ってくれた佐藤先輩ならたとえ上級生でも恐れる必要はないと、自分で自分の心を落ち着かせようと思っている。

エ　上級生の教室に入っていかなければならないうえに、おこっている佐藤先輩に声をかけるのは緊張するが、自分の思いは必ず伝わるはずだという自信もあるので、堂々とカードを渡そうと思っている。

問十二　――線部12「わたしの伝えたいこと」とあるが、それはどういうことか。解答らんの文末に合うように、二五字以内で答えなさい。

問十三　――線部13「少しきまり悪そうに目をそらされた」とあるが、佐藤先輩はどのような気持ちで「目をそら」したのか。次の中から適当なものを一つ選び、記号で答えなさい。

ア　転校生だった自分には「わたし」の気持ちが分かるはずなのに、腹を立てて冷たく接してしまった自分をかえりみて気はずかしく思う気持ち。

イ　自分が理不尽(りふじん)に腹を立てていて、「わたし」はまったく悪くないにもかかわらず、一方的に謝らせてしまったことに対し申し訳なく思う気持ち。

ウ　心の中では「わたし」のことをまだ許していないのだが、人前なので謝罪を受け入れざるを得ない状況(じょうきょう)になってしまい不満に思う気持ち。

エ　本当はもう「わたし」のことなどどうでもいいと考えていたが、はっきりそう言うと「わたし」を傷つけてしまうだろうと気まずく思う気持ち。

記号で答えなさい。

ア　自分と吟行に行くことを他人に知られたくないと「わたし」が思っていると知り、裏切られた思いでおこっている。

イ　自分が吟行に誘うことで「わたし」につらい思いをさせていたと知り、もう二度と迷惑はかけまいと思いつめている。

ウ　自分で誘っておきながら待ちぼうけをくわせたことで、「わたし」に合わせる顔がなく、申し訳ない気持ちでいる。

エ　自分の吟行の誘いを迷惑がったり、反対に吟行に行かないとおこったりする「わたし」の身勝手さにとまどっている。

問六　――線部**6**「わたし、サイテーだ」とあるが、どのようなところを「サイテー」だと考えているのか。六〇字以上、八〇字以内で説明しなさい。

問七　――線部**7**「何かもっと大事なものの終わり」とあるが、どのようなことを表しているか。次の中から適当なものを一つ選び、記号で答えなさい。

ア　友達と一緒に悪口を言ってしまったことで、取り返しのつかないほど佐藤先輩を傷つけたかもしれないということ。

イ　佐藤先輩と一緒に吟行に行ったり、親しく接したりするような関係にはもう戻れないかもしれないということ。

ウ　佐藤先輩に目をかけてもらいながら、同級生とも仲よくすることができなくなってしまうかもしれないということ。

エ　実は頼(たよ)りにしていた佐藤先輩に見放され、これからは孤独(こどく)な学校生活を送るようになるかもしれないということ。

問八　――線部**8**「わたし……マレーシアに帰りたい」とあるが、そう思ったのはなぜか。その理由を六〇字以上、八〇字以内で説明しなさい。その際、**マレーシアにいたころと日本に帰ってきた今とのちがいが明らかになるようにすること。**

問九　――線部**9**「その本、私も好きだよ」とあるが、この時七海さんは、沙弥に向かってなぜ「その本」が「好き」だと言ったのか。次の中から適当なものを一つ選び、記号で答えなさい。

ア　中学生のころ、主人公の女の子に自分を重ねてその本を読むことで、自分とは異なる別の人生を味わうことができ、幸せな気持ちになれたから。

イ　昔から本が好きで休日に図書館巡りをしていた時に、この本がたいていの図書館に置いてあり、多くの本の中でも特に親しみを感じていたから。

ウ　中学生のころに感動したその本の凛とした姿を目にすると、大人になった今も身が引きしまる思いがし、司書としての仕事に張りが出るから。

エ　自分が中学生のころ、気持ちのゆれ動くような出来事があった時に、その本が心の支えとなって気持ちが立て直せたという経験があったから。

問十　――線部**10**「今はそれの逆」とあるが、どういうことか。次の中から適当なものを一つ選び、記号で答えなさい。

ア　マレーシアの日本人学校では日本でよく読んだ本を図書室で見つけることで心が安らいだが、日本に帰ってきた今は、マレーシアでよく読んだ本を図書室で見つけることでつらい気持ちになること。

イ　マレーシアの日本人学校に編入したばかりのころは、日本でよく読んでいた本が図書室にたくさんあったが、日本の学校の図書室ではマレーシアでよく読んでいた本はなかなか見つからないこと。

ウ　日本からマレーシアに行った時には、日本でよく読んだ本を発見してほっとしていたが、マレーシアから日本に帰ってきたものか。次の中から適当なものを一つ選び、記号で答えなさい。

ア　もともと吟行にはあまり行きたくなかったのだが、かといってその気持ちを朋香にうまく説明するのも難しく、とっさに言葉が出てこないまま混乱している。

イ　うそをついてまで朋香の誘いを断ることには抵抗があるが、一方で木曜に吟行に行くかどうかもまだ決めかねており、どっちつかずの気持ちのまま迷っている。

ウ　吟行に行く約束より朋香とかわしたバスケ部見学の約束の方が先だったと思い出し、そのことについてきちんとした言い訳をしなければと思ってあせっている。

エ　木曜に吟行に行くことについては朋香に話したくないのだが、一方で習い事があるとうそをつくこともしたくないので、どう言えばよいか分からず困っている。

問二　――線部**2**「この人は短歌を詠むくせに空気を読まない」とあるが、それはどういうことか。次の中から適当なものを一つ選び、記号で答えなさい。

ア　本当は一緒に短歌を詠みに行きたくないという「わたし」の気持ちを、佐藤先輩がまったく分かってくれないということ。

イ　クラスのみんなが、佐藤先輩に「督促女王」というあだ名をつけて怖がり、嫌がっていることに気づいていないということ。

ウ　クラスのみんなの前で佐藤先輩に話しかけられたくないと思っている「わたし」の気持ちを感じとってくれないということ。

エ　「わたし」が入ろうと思っているバスケ部の活動日が木曜で、吟行に行く日と重なっているのに気づかってくれないということ。

問三　――線部**3**「そう言った瞬間、我に返った」とあるが、この時の「わたし」の気持ちはどのようなものか。次の中から適当なものを一つ選び、記号で答えなさい。

ア　朋香たちの前で無理やり吟行に誘う佐藤先輩に対して、ここ数日がまんしてきたイライラが思わず口をついて出てしまったことに気づき、あせっている。

イ　朋香やクラスメイトに短歌を詠む変わり者だと思われるのがはずかしくて、佐藤先輩に失礼なことを言ってしまったことに気づき、申し訳なく思っている。

ウ　朋香やほかのクラスメイトとの友人関係を守ろうとして必死になるあまりに、佐藤先輩にひどいことを言ってしまったことに気づき、後悔している。

エ　朋香と同じクラブに入るために吟行の約束を破ったことで佐藤先輩からおこられるかもしれず、軽はずみな発言だったと気づき、おじけづいている。

問四　――線部**4**「わたしは少し口をとがらせた」とあるが、これは「わたし」のどのような気持ちを表したものか。次の中から適当なものを一つ選び、記号で答えなさい。

ア　佐藤先輩がわざわざ誘ってくれたのに、教室ではっきり返事をしなかった自分が悪いのだと反省する気持ち。

イ　教室では聞こえないふりをし通したが、実は自分は約束通りに来ていたのだということを強く訴えたい気持ち。

ウ　吟行を楽しみにしていてずいぶん長い間待っていたのに、佐藤先輩が来てくれなかったことを残念に思う気持ち。

エ　自分から三時半に図書室に来るように言っておきながら、約束をすっぽかした佐藤先輩のことを非難する気持ち。

問五　――線部**5**「佐藤先輩はわたしのほうを見ず、本の背ラベルに目を向けたまま言った」とあるが、ここには「佐藤先輩」のどのような気持ちが表れているか。次の中から適当なものを一つ選び、よ。」

わたしと仲よくなろうと……？

もし、それが本当だったら。単に出席番号が三十一だからだけじゃないとしたら……。

わたしはひどいことを言ってしまった。

そう思ったとき、本鈴が鳴った。

「教室に戻れそう？」

わたしはうなずいた。

教室に戻る途中、埃の転がる廊下を急ぎ足で進みながら考える。

佐藤先輩に謝らなきゃ。

どうにか、仲直りをする方法……。

気持ちを伝えるにはどうすればいい？

月曜日の朝、わたしは三年A組の後ろの扉をそろりと開けた。

佐藤先輩の目印はつややかなロングヘア。教卓の目の前の席で本を開いているのが、すぐ目に入った。

「失礼します！」

思った以上に大きな声が出て、教室にいる人たちの視線がわたしに集まる。

11 怖くない、怖くない。わたしは自分に言い聞かせ、ずんずんと目指す席まで進んだ。佐藤先輩は振り返らないままだ。

「あの、これ！」

わたしは㊟タンカードを渡した。

「何？」

「この間の続きを見てみてください。わたしの短歌が書いてあります。」

それだけ言うと、佐藤先輩の言葉を待たずに、教室を出た。

12 わたしの伝えたいことは、あの短歌に託してあるから。

『ジャランジャラン　願いを込めてもう一度いっしょに歩いてみたい道です』

伝わりますように。

放課後、待ち合わせているわけじゃないけれど、わたしは図書室にいた。佐藤先輩に会えるとしたらここだから。

「何？　ジャランジャランって？」

声のほうを見ると、佐藤先輩が本棚に寄りかかって腕組みをしていた。

「ジャランは、『道』。ジャランジャランで『散歩』っていう意味になります！」

来てくれた。

それだけのことがうれしくて、わたしは図書室なのも忘れて大きな声で答えた。

そして大きく息を吸う。

「ごめんなさい！」

耳にかけていたボブの毛先がぱさりと落ちる。

「わたし、吟行楽しみにしてたのに、なのに、周りにどう見られるか気にして……。すごくかっこ悪かったです。」

「顔上げなよ、もう気にしてないから。」

「ほんとですか。」

佐藤先輩の顔を見ると、13 少しきまり悪そうに目をそらされた。

（こまつあやこ『リマ・トゥジュ・リマ・トゥジュ・トゥジュ』）

㊟ タンカード＝短歌を書き留めておくカード。初めての吟行の時に、佐藤先輩から渡された。

問一 ――線部1「じゃ、ないんだけど……、木曜日はちょっと用事があって」とあるが、この時の「わたし」の気持ちはどのような暮らし始めると何を見ても新鮮で、サイダーの泡みたいな刺激があった。

扉を完全に閉じる前に走りだしちゃうバス。

舗装がボッコボコのアスファルト。

屋台で売られているカエル肉の料理。

鼻にパンチを食らわすドリアンが山積みになった出店。

バッサバッサと葉が生い茂るヤシの木たち。

大自然と都会がとなり合わせにあって、街の中心にはペトロナスツインタワーと呼ばれるトウモロコシみたいな形のビルがそびえ立つ。

蜘蛛の巣みたいな大きなヒビを窓ガラスに入れたまま走っている電車もあったっけ。

解放感、というのかな。

ここに来ることができてすごくラッキーだと思った。

みんなで同じものを持たなくちゃ、同じようなタイムで走らなきゃ、同じものをおいしいと思わなきゃ。

マレーシアに来る前のわたしはそんな思いにとらわれていた。それは四年生の後半あたりからわたしの胸に蜘蛛の巣のように張りついていた。

でもここは、人とちがっていても仲間外れにされちゃうような場所じゃない。マレーシアで、わたしたち兄妹が入った日本人学校もそうだった。

インターナショナルスクールってガラじゃないよね、とか言ってお父さんとお母さんが決めた学校だったけれど、学年の隔てはなくて自由だった。一つ二つの歳の差なんて気にせず、よく一緒に遊んでいた。

なのに、今のわたしときたら。

人とちがうことを怖がって、人とちがうことを否定して。

こんな自分、嫌だ。

「花岡さん。」

とん、とん。七海さんは横からわたしの背中を優しくたたき、

「**9**その本、私も好きだよ。」

ほんわかした口調で言った。

「私が中学生のころに発行された本なの。主人公の女の子に、自分を重ねて読んでた。」

わたしはまじまじと七海さんの顔を見る。

大人の人の年齢ってよく分からないけど、七海さんはまだお姉さんって呼べるくらいには若い。白い肌には少しソバカスがあって、赤いフレームの眼鏡の奥の目がどんぐりみたいに丸くて茶色い。

それでも、この人が中学生のころって、きっと十年以上前の話だ。

「私は、昔から本が好きだったから、休みの日は一日中、自転車に乗って図書館巡りをしてたの。たいていの図書館にその本は置いてあった。それがすごく心のよりどころになった。嫌なことや悲しいことがあって自分の心がグラグラになっても、その本は私が行く先々で、どこでも同じ凛とした姿で図書館にある。それを見ると、安心して、私も自分の気持ちを立て直すことができたの。」

マレーシアの日本人学校の図書室にも、この中学校の図書室にも。

遠く離れた場所でも、この本は変わらない……。

そういえば、マレーシアの日本人学校に編入したばっかりのころ、日本でよく読んでいた本が図書室にそろっていて、何だかほっとしたっけ。

10今はそれの逆だなんて笑ってしまう。

「佐藤さんね、編入してきたあなたのことを気にしてたよ。佐藤さんも転校生だったから、花岡さんの心配や緊張を和らげようとして、それで吟行に誘ったんじゃないかな。ただ、不器用だから、あんな命令口調になってたけど、花岡さんと仲よくなりたかったんだと思う

「わたし、周りから自分がどう呼ばれてるかなんて知ってるよ。いばって督促状を持ってくるから、督促女王。どの教室も、わたしが入っていくと嫌そうな顔をする。」

「わたしは……。」

「いいよ、自分の身を守りなよ。わたしとちがって、中学生活まだまだ続くんだから。居心地いい寝床は必要だよ。」

佐藤先輩はくちびるだけで微笑んでいた。怖いと思った。だってそれは、本当の笑顔じゃないと分かったから。

昼休みだけじゃない、7何かもっと大事なものの終わりのような予鈴が鳴る。

「それじゃあ。」

佐藤先輩はわたしの横をすり抜けた。

「じゃあ七海さん、戻りますね。」

「お疲れさま。今日はもう一人の当番の服部さん来なかったわねえ。」

「来週はサボらないように言っておきます。」

佐藤先輩と七海さんのやり取りが耳に届く。

わたしも教室に戻らなくちゃ。でも、動けない。

そのとき、本棚に並んでいる一冊が目に留まった。

何だか懐かしさが胸に広がって、それがマレーシアの日本人学校の図書室で読んだ小説だと少し遅れて気がついた。

その本を見つめていると、

「あら、花岡さん。もう本鈴鳴るよ。教室戻って……ていうか、どうしたの?」

七海さんに声をかけられた。

「あ、えと、その。これ借りたくて。」

わたしはとっさにごまかし、人さし指をかけて本棚からその本を抜き出した。

この本を胸に抱えて目を閉じたら、マレーシアの日本人学校の図書室にワープできればいいのに。

そんなファンタジーの世界のようなことを考えたら、涙が出てきた。

「この本、マレーシアで通ってた学校の図書室にもあったんです。

8わたし……マレーシアに帰りたい。」

わたしは日本に帰ってきてから、周りの目ばかりを気にしている。どうして。どうして。

わたしは悔しかった。

飛行機で運ばれる間に、自分の性格が変わってしまったような気がする。

マレーシアはいろんな民族がごっちゃに暮らしている多民族国家だ。わたしは、マレーシアには東南アジア系の顔の人たちだけが住んでいると思っていた。でも、そうじゃなかった。

電車に乗っても、一つの車両にいろんな人たちがいた。

トゥドゥンと呼ばれるベールを被ったイスラム教徒の女性たち。そのトゥドゥンはカラフルで、数人で身を寄せている後ろ姿は、きれいな羽の鳥たちみたいに見えた。

その前でおしゃべりしているのは、わたしたちとよく似た中華系の人たち。(でも、髪型や服のセンスとか、どこか日本人とちがう。)

ドアに寄りかかっているのは、目のぱっちりしたインド系のお兄さんたち。

マレーシア語も、英語も、どこの国か分からない言葉も混ぜこぜで聞こえてきた。

そんな車内から、窓の外の景色以上に目が離せなかった。

タブンカ、なんていう言葉はまだよく知らなかった。でも、一つハッキリ言えることは、わたしの気分がかなり上がったということ。

すごい、すごい、すごい。

「ああ、うん。なんていうか、まあ……。」

朋香ちゃんの顔に疑問の表情がうかぶ。

「だからバスケ部来られないのか。仲いいんだね。」

「そういうわけじゃないよ!」

わたしは、必死に首を横に振る。

朋香ちゃんを失いたくない。

佐藤先輩へのイライラが募る。

やめて、教室で話しかけないで。わたしまで変わり者だと思われちゃうから。

3 「無理やり連れていかれるだけなんだよ。ほんとは迷惑!」

そう言った瞬間、我に返った。

言いすぎた。

わたしがあわてて教室を見回すと、もう佐藤先輩はいなかった。

大丈夫。聞こえてない、よね。

(中略)

放課後、指定された時間に図書室に行くと、どこにも佐藤先輩の姿はなかった。

待ってみるけれど、三時四十五分になっても、四時になっても現れない。

「あの、督そ……、佐藤先輩どこにいるか知りませんか?」

カウンターでパソコンに向かっていた司書の七海さんにきいてみた。

「さあ……今日は見てないね。明日の昼休みは図書委員の当番で来るけど。三年A組の教室のぞいてみたら?」

ああ分かりました、と答えたものの、ちょっと気が引けた。上の学年のクラスをのぞくのってすごく勇気がいる。

図書室から出て、教室の扉にはまっている窓から佐藤先輩の姿を捜した。いない。数人が窓際に集まって何かしゃべっているだけだった。

残念、かも。

わたしはいつの間にか吟行を楽しみにしていたみたいだ。

翌日の昼休み、佐藤先輩は図書室の書架の整頓をしていた。

「昨日、吟行するんじゃなかったんですか?」

わたし、待ってたんですけど、ということをアピールするように、
4 わたしは少し口をとがらせた。

「もう行かないよ。」

「え?」

「花岡さんと吟行はしない。」

5 佐藤先輩はわたしのほうを見ず、本の背ラベルに目を向けたまま言った。

「わたしといるところを見られるの、嫌なんでしょ?」

ああ。

昨日の給食の時間、自分の口から飛び出た言葉を思い出す。

『無理やり連れていかれるだけなんだよ。ほんとは迷惑!』

あの言葉が聞こえていたなんて……。

6 わたし、サイテーだ。

「ごめんなさい。あの……。」

ちがうんです、と言おうとしたけれど、言えなかった。

何も、ちがわないじゃないか。

下級生からも変わり者扱いされている佐藤先輩と、仲よくしていることを周りに知られるのが嫌だった。

わたしまで変わり者のカテゴリーに入ってしまうと思ったから。

なのに、二人でいるときは仲よくしたいなんて、虫がいい。

佐藤先輩の気持ちなんて考えていなかった。

二〇一九年度　海城中学校

【国語】〈第一回試験〉（五〇分）〈満点：一二〇点〉

（注意）字数指定のある問いは、句読点なども字数にふくめること。

一　**次の文章を読み、後の問いに答えなさい。**

花岡沙弥は、中学二年の九月にマレーシアの学校から転校してきた。二学期が始まって早々、中学三年の図書委員で督促女王の異名を持つ佐藤先輩に呼び出され、吟行（短歌を詠むために外へ出かけること）に連れて行かれる。そこで初めて短歌を詠み、興味を持った沙弥は、毎週木曜に佐藤先輩のパートナーとして一緒に吟行に行く約束をするのだが……。

「さーや、今日バスケ部見学に来る？」

翌週の木曜日、給食の時間。朋香ちゃんに言われるまですっかり忘れていた。そういえば誘われていたんだった。

「あ、えーっと。ごめん。今日はちょっと。」

「そっかあ、残念。」

転校生のわたしは、今月中に部活を決めることになっている。部活は強制じゃないけど、中二のほとんどは何かしらの部に入っているみたいだった。

「バスケ部って木曜日が活動日なんだっけ？」

「うん。週二回。月曜と木曜だよ。わりとゆるくて楽なんだ。」

ダメだ、吟行とダブってる。佐藤先輩との吟行は、毎週木曜日だ。

「何か、習い事があるの？」

「**1**じゃ、ないんだけど……、木曜日はちょっと用事があって。」

佐藤先輩と一緒に短歌を詠むことにしたの、なんて言えない。だって、督促女王なんて変なあだ名つけられちゃうような人と仲よくしているなんて知られたくない。

そのとき、勢いよく扉が開いた。振り返らなくても誰か分かる。

だって今日は木曜日。督促女王こと、佐藤先輩が登場する日だ。

一週間前とまったく同じシチュエーション。わたしはとっさに目をそらして、わかめごはんを一気にかき込む。顔が隠れるように、食器を斜めに傾けて。

来るな、来るな、話しかけないでよ。

わたしの願いははねのけられ、

「今日も三時半に図書室でね。」

佐藤先輩がわたしの横で立ち止まって言った。

わたしは聞こえないふりをした。

「聞いてる？　三時半に出発するよ。」

2この人は短歌を詠むくせに空気を読まない。

わたしは、チラリと顔を上げ、

「はい……。」

首をけがしているカメのようにひかえめにうなずいてみせた。

「どこに出発するんすかっ？」

オカモトくんが佐藤先輩にきいた。

「ヒミツ。」

にやっと笑った佐藤先輩が離れると、恐れていた事態がやってきた。

「さーや、今日、督促女王と何の約束してるの？」

「いや、とくに……。」

「でも、出発って言ってたよ？」

2019年度 海 城 中 学 校 ▶解説と解答

算 数 ＜第１回試験＞（50分）＜満点：120点＞

解 答

[1] (1) 2.6 (2) 12％ (3) $\frac{1}{7}$倍 (4) 45度 (5) 3：1 [2] (1) 10通り (2) 27通り [3] (1) 3 cm (2) 4374cm³ [4] (1) 59.14cm² (2) 62.8cm² [5] (1) 7 cm (2) 4 cm (3) 207秒後 [6] (1) 3.2 (2) 101 (3) 128

解 説

[1] 計算のくふう，濃度，流水算，面積，辺の比と面積の比

(1) $A\times B+A\times C=A\times(B+C)$となることを利用すると，$0.13\times22.4-1.31\times1.3+13\times0.107=1.3\times0.1\times22.4-1.3\times1.31+1.3\times10\times0.107=1.3\times2.24-1.3\times1.31+1.3\times1.07=1.3\times(2.24-1.31+1.07)=1.3\times2=2.6$

(2) 容器Aの濃度を[1]として図に表すと，下の図１のようになる。図１で，容器Aと容器Bの食塩水の重さの比は，100：200＝１：２だから，アとイの比は，$\frac{1}{1}:\frac{1}{2}=2:1$となる。また，ア＝[1.5]－[1]＝[0.5]なので，イ＝[0.5]×$\frac{1}{2}$＝[0.25]となり，[1.5]＋[0.25]＝[1.75]にあたる濃度が21％とわかる。よって，[1]にあたる濃度（容器Aの濃度）は，21÷1.75＝12（％）と求められる。

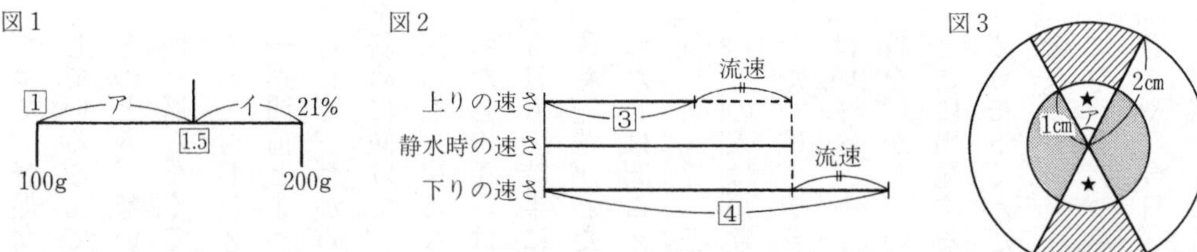

(3) 下りと上りにかかった時間の比は，18：24＝３：４だから，下りと上りの速さの比は，$\frac{1}{3}:\frac{1}{4}=4:3$となり，上の図２のように表すことができる。この比を用いると，流れの速さは，([4]－[3])÷２＝[0.5]，静水時の船の速さは，([3]＋[4])÷２＝[3.5]となるので，流れの速さは静水時の船の速さの，$0.5\div3.5=\frac{0.5}{3.5}=\frac{5}{35}=\frac{1}{7}$（倍）である。

(4) 上の図３で，斜線部分とかげの部分の面積が同じだから，斜線部分と★の部分の面積の和と，かげの部分と★の部分の面積の和も同じになる。また，かげの部分と★の部分の面積の和は，$1\times1\times3.14=3.14$（cm²）なので，斜線部分と★の部分の面積の和も3.14cm²となり，$2\times2\times3.14\times\frac{ア\times2}{360}=3.14$（cm²）と表すことができる。よって，$2\times2\times\frac{ア\times2}{360}=1$，$\frac{ア}{45}=1$より，ア＝1×45＝45（度）とわかる。

(5) 下の図４で，三角形AEDと三角形GEBは相似であり，相似比は，DE：BE＝２：１だから，AE：EG＝２：１となる。そこで，三角形GEBの面積を１とすると，三角形ABEの面積は２となる。

図4

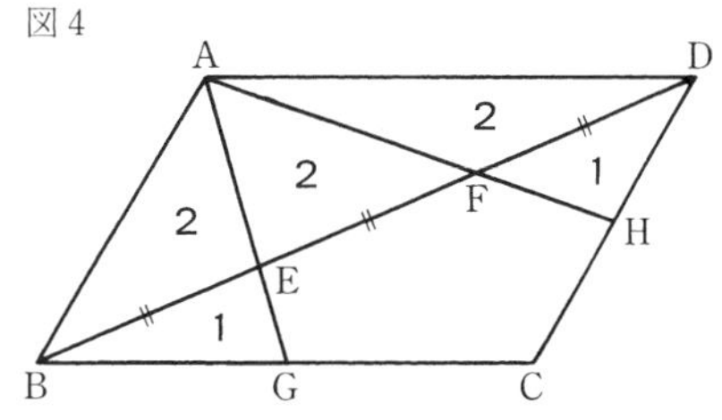

また，BE，EF，FDの長さは等しいので，三角形AEFと三角形AFDの面積も2となる。次に，三角形ABFと三角形HDFも相似であり，相似比は，BF：DF＝2：1だから，AF：FH＝2：1となり，三角形DFHの面積は1とわかる。よって，三角形ABDの面積は，2＋2＋2＝6なので，三角形DBCの面積も6であり，五角形EGCHFの面積は，6－(1＋1)＝4と求められる。したがって，平行四辺形ABCDと五角形EGCHFの面積の比は，(6＋6)：4＝3：1である。

2 場合の数

・和が3（1，2）
・和が7（1，6），（2，5），（3，4）
・和が11（5，6）

(1) 2つのサイコロの目の和は，6＋6＝12以下である。そこで，コマが頂点Dにとまるためには，2つのサイコロの目の和が{3，7，11}のいずれかになればよい。このような目の出方は，右上の図のように5通り考えられる。どの場合も，大小のサイコロの目の出方が2通りずつあるので，全部で，5×2＝10(通り)となる。

(2) 出た目の積が偶数(ぐうすう)のときはAまたはCでとまり，積が奇数(きすう)のときはBまたはDでとまるから，2つのサイコロの目の積が偶数になればよい。また，(偶数)×(偶数)＝(偶数)，(偶数)×(奇数)＝(偶数)，(奇数)×(奇数)＝(奇数)より，2つの目が奇数の場合だけ積が奇数になる。目の出方は全部で，6×6＝36(通り)あり，そのうち積が奇数になる出方は，3×3＝9(通り)あるので，積が偶数になる出方は，36－9＝27(通り)と求められる。

3 立体図形―分割，体積

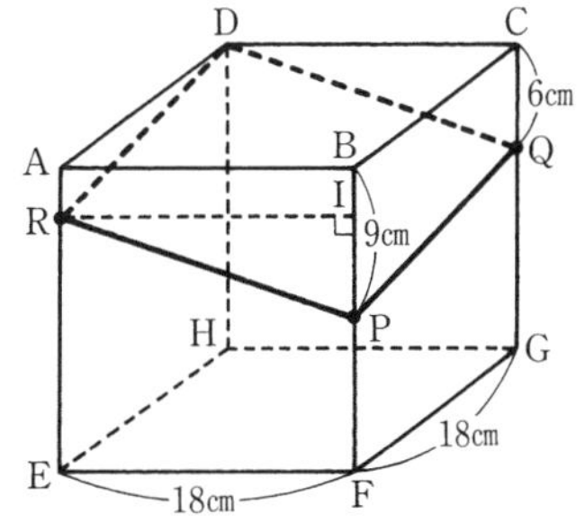

(1) 右の図のように，DとQ，QとPはそれぞれ同じ面上にあるから，直接結ぶことができる。次に，Pを通りQDと平行な直線が辺AEと交わる点がRになる。ここで，三角形DQCと三角形RPIは合同なので，PIの長さは6cmである。よって，BIの長さは，9－6＝3(cm)だから，ARの長さも3cmとわかる。

(2) PFの長さは，18－9＝9(cm)だから，点Eをふくむ立体を向きを変えて上下に2つ重ねると，高さが，18＋9＝27(cm)の直方体になる。点Eをふくむ立体の体積はこの直方体の体積の半分なので，18×18×27÷2＝4374(cm^3)と求められる。なお，REの長さは，18－3＝15(cm)，QGの長さは，18－6＝12(cm)であり，点Eをふくむ立体の高さの平均が，(18＋15＋9＋12)÷4＝13.5(cm)であることから，点Eをふくむ立体の体積は，18×18×13.5＝4374(cm^3)と求めることもできる。

4 平面図形―図形の移動，面積

図1

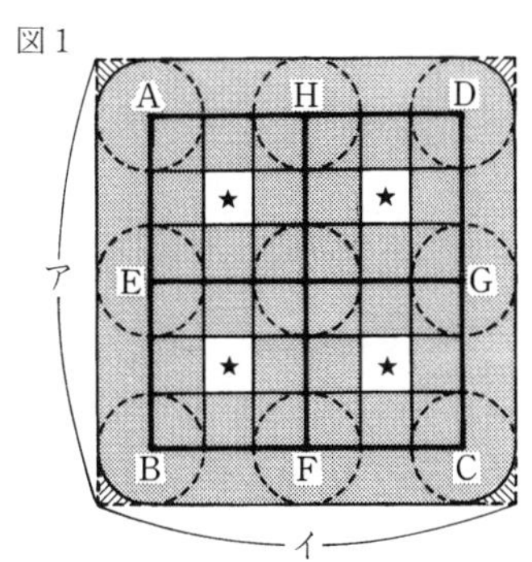

(1) 円Pの円周は右の図1のかげをつけた部分を動く。ア，イの長さは，6＋1×2＝8(cm)だから，図1の図形全体の面積は，8×8＝64(cm^2)となる。また，斜線部分を4つ集めると，1辺の長さが，1×2＝2(cm)の正方形から半径1cmの円を除いたものになるので，斜線部分の面積の合計は，2×2－1×1×

3.14＝0.86(cm^2)とわかる。さらに，★印をつけた正方形の１辺の長さは，６÷２－１×２＝１(cm)だから，★印をつけた正方形の面積の合計は，１×１×４＝４(cm^2)である。よって，かげをつけた部分の面積は，64－(0.86＋４)＝59.14(cm^2)と求められる。

(2)　はじめに，円Oの右上の部分について，円Oから最もはなれる部分と円Oに最も近づく部分を考える。円Qの中心が下の図２のＩからＪまで動くとき，円Qの円周はOから，１＋５＝６(cm)はなれた太線の部分を通る。これはOを中心とする半径６cmの円周の一部であり，これよりも円Oからはなれることはない。次に，円Qの中心が下の図３のKからＬまで動くとき，円Qの円周はOから，５－１＝４(cm)はなれた太線の部分を通る。これはOを中心とする半径４cmの円周の一部であり，これよりも円Oに近づくことはない。円Qの中心が円Oの内部を通るときは図２と図３の太線の間の部分を通るので，円Qの円周が通ることができるのは下の図４のかげをつけた部分になる。これは，半径６cmの円と半径４cmの円にはさまれた部分だから，その面積は，６×６×3.14－４×４×3.14＝(36－16)×3.14＝62.8(cm^2)である。

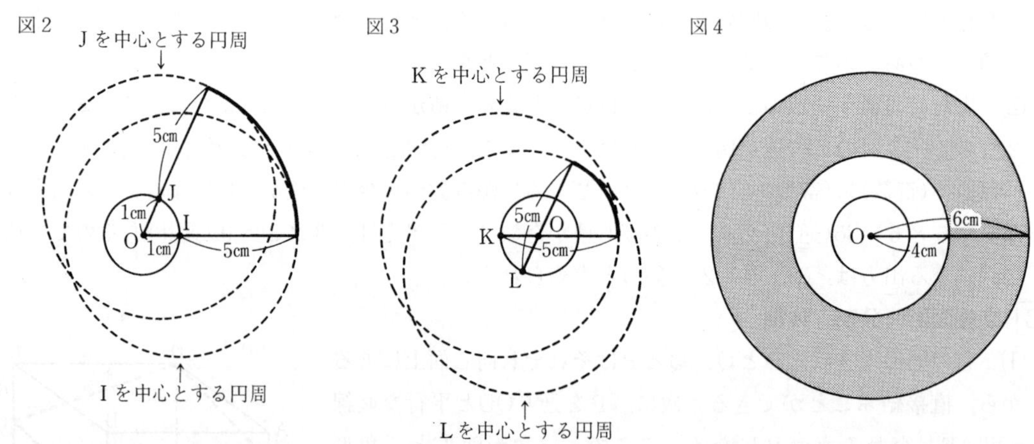

5　グラフ―水の深さと体積，つるかめ算

(1)　右の図の①～④の順に水が入る。問題文中のグラフから，①の高さは５cm，②の高さは，９－５＝４(cm)，④の高さは，12－９＝３(cm)とわかる。また，①がいっぱいになるのにかかった時間は75秒，②がいっぱいになるのにかかった時間は，177－75＝102(秒)である。さらに，③がいっぱいになるのにかかった時間は，247－177＝70(秒)であるが，このうち，水の出が悪くなったために多くかかった時間が16秒だから，水の出が悪くなっていなければ，70－16＝54(秒)でいっぱいになったことになる。同様に，④がいっぱいになるのにかかった時間は，427－247＝180(秒)であるが，このうち，水の出が悪くなったために多くかかった時間は，88－16＝72(秒)なので，水の出が悪くなっていなければ，180－72＝108(秒)でいっぱいになったことになる(③と④を合わせて88秒多くかかっている)。①と②を比べると，容積の比は水を入れた時間の比に等しく，75：102＝25：34であり，高さの比は５：４なので，底面積の比(横の長さの比)は，$\frac{25}{5}$：$\frac{34}{4}$＝10：17とわかる。よって，②の横の長さ(DB)は，10×$\frac{17}{10}$＝17(cm)だから，CDの長さは，17－10＝７(cm)と求められる。

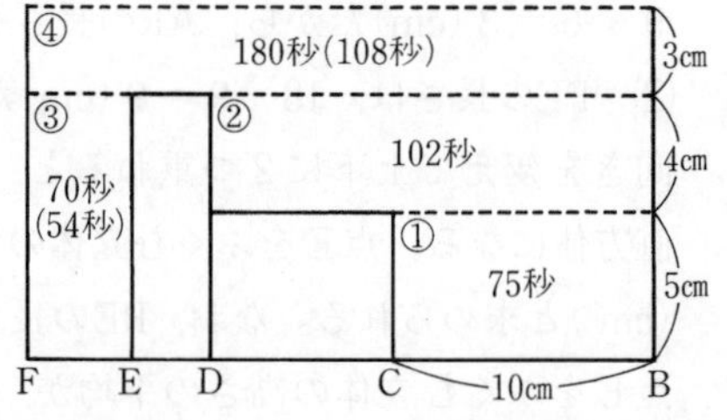

(2)　①と③を比べる。水の出が悪くなっていなければ，③は54秒でいっぱいになったので，①と③の容積の比は，75：54＝25：18である。また，高さの比は５：９だから，横の長さの比は，$\frac{25}{5}$：$\frac{18}{9}$＝５：２とわかる。よって，EFの長さは，10×$\frac{2}{5}$＝４(cm)となる。

(3)　④で，水の出が悪くない場合と悪い場合の時間の比は，108：180＝３：５なので，悪くない場合と悪い場合の１秒あたりに出る水量の比は，$\frac{1}{3}$：$\frac{1}{5}$＝５：３となる。よって，悪くない場合の水量を毎秒５，悪い場合の水量を毎秒３とすると，④の容積は，５×108＝540となる。また，③と④の容積の比は，水の出が悪くないときの時間の比に等しく，54：108＝１：２だから，③の容積は，540×$\frac{1}{2}$＝270となる。そこで，③は，はじめ毎秒５の割合で水を入れ，途中(とちゅう)から毎秒３の割合で水を入れたところ，270の水を入れるのに全部で70秒かかったことがわかる。毎秒３の割合で70秒入れたとすると，３×70＝210の水が入り，実際よりも，270－210＝60少なくなる。毎秒３のかわりに毎秒５の割合で入れると，１秒あたり，５－３＝２多く入るので，毎秒５の割合で入れた時間は，60÷２＝30(秒)と求められる。つまり，水の出が悪くなったのは③に30秒入れたときだから，入れ始めてから，177＋30＝207(秒後)である。

6　整数の性質，約束記号

(1)　素数の約数は１とその数自身だから，[素数]の値は必ず１になる(たとえば，５の約数は１と５なので，[５]＝１となる)。よって，[２]，[３]，[５]，[７]の値はすべて１になる。これ以外の数を調べると，[４]＝１＋２＝３，[６]＝１＋２＋３＝６，[８]＝１＋２＋４＝７，[９]＝１＋３＝４，[10]＝１＋２＋５＝８なので，[１]～[10]の合計は，０＋１＋１＋３＋１＋６＋１＋７＋４＋８＝32となり，[１]～[10]の平均は，32÷10＝3.2と求められる。

(2)　[x]＝１となるのはxが素数の場合だけだから，100に最も近い素数を答えればよい。よって，100以下では97，100以上では101となり，このうち100により近い数は101である。

(3)　xが素数の場合，[x]＝１なので，１＋[y]＝yと表すことができる。つまり，<u>yを除くyの約数の和が，yよりも１小さくなる数</u>をさがせばよいことになる。ところで，右の図のように，１に２を次々とかけてできる数の和は，その次の数よりも１小さくなるという性質がある。たとえば，１から８までの和は，その次の数である16よりも１小さくなる。この性質を利用すると，１から64までの和は，その次の数である128よりも１小さくなることがわかる。また，２×２×２×２×２×２×２＝128の約数は{１，２，４，８，16，32，64，128}だから，[128]＝１＋２＋４＋８＋16＋32＋64＝128－１＝127となる。よって，100以上150以下の整数で，上の＿にあてはまる数yは128とわかる。このとき，x＝127であり，これは素数なので条件に合い，[127]＋[128]＝１＋127＝128となる。なお，これ以外に「100以上150以下で連続する整数」という条件に合う数はない。

１＋２＋４＋８＋16＋32＋64＋128＋…
１＋２＝３　　　　…４－１
１＋２＋４＝７　　…８－１
１＋２＋４＋８＝15…16－１

社　会　＜第１回試験＞（45分）＜満点：80点＞

解　答

問１　イ　　**問２**　(例)　平安時代後期には自然災害や放火，流行病がたびたび発生して，上皇たちは突然の死や苦しみながら死ぬことをおそれた。この時代は仏教がすたれて社会が混乱する末法の時代とされ，この世に希望をもてない上皇たちは熊野詣で死後の極楽往生を願ったから。
問３　葛飾北斎　**問４**　イ　**問５**　エ　**問６**　イ　**問７**　国民所得倍増計画　**問８**　エ　**問９**　(1)（例）訪日外国人旅行者数は今後も急速な増加が見こまれているが，特に都市部ではその増加分に応えるだけのホテルなどの宿泊施設が不足している。その不足分を民泊によって補うことで，増加する訪日外国人による旅行消費を取りこぼさないようにしようとしたから。
(2)（例）平日の住宅地にも民泊利用者がひんぱんに出入りしたり，民泊利用者によってごみが勝手に出されたりすることで，良好な生活環境が保たれるべき住居専用地域で住民の生活環境が悪化するのを防ごうとしている。

解　説

観光を題材とした総合問題

問１　イスラム教徒(ムスリム)は，イスラム教の聖典『クルアーン(コーラン)』の教えにもとづき，衣服や食，習慣など生活のさまざまな場面で厳しい戒律(いましめや規則)に従って暮らしている。イスラム世界では，外出するにあたって女性は肌を見せないようにするため，全身をすっぽりおおう服を着たり，スカーフなどで髪や顔を隠したりするのが一般的である。イスラム教の聖地メッカがあるサウジアラビアは戒律が厳しく，女性は外出のさいに「アバヤ」とよばれる黒い服で全身をおおうことが義務づけられているが，「政教分離」をかかげるトルコでは服装は比較的自由で，公共の場所では顔を隠すことを禁じられている場合もある。よって，イがふさわしくない。

問２　《資料１》から，平安時代後期の平安京では，天災や大飢饉，放火，天然痘のような致死率の高い伝染病があいつぎ，人々が死ととなり合わせで生きていたことがわかる。また，《資料２》には，「熊野三山」に神が祭られており，平安時代にはその神が「日本の人々を救うためにインドの仏が日本に神の姿であらわれたのだとする考え」があったと書かれている。平安時代後期には，1052年から，仏教がすたれて釈迦の法が行われなくなる末法の時代となり，社会が混乱するという末法思想が流行した。そのため，阿弥陀仏を信じ，死後に極楽浄土へ往生することを願う浄土信仰が広がった。上皇たちはたびかさなる災いに末法の時代の到来を感じ，現世への希望がもてなくなっていたため，「熊野詣」を行って阿弥陀如来にすがり，死後の極楽往生を願ったのだと考えられる。

問３　葛飾北斎は江戸時代後半の化政文化のころに活躍した浮世絵師で，さまざまな場所から見える富士山の情景を描いた46枚の連作「富嶽三十六景」の作者として知られる。資料はその中の１枚「神奈川沖浪裏」である。

問４　廃藩置県は，明治政府で重職にあった大久保利通や木戸孝允らが提唱し，1871年７月に実施された。同年11月に大久保と木戸は岩倉使節団に副使として参加し，条約改正の予備交渉と欧米視察に出発している。なお，アは1872年，ウとエは1873年のできごと。

問５　太平洋側の気候に属する静岡県伊東市では，梅雨や台風，南東季節風の影響で夏の降水量が多くなる。また，沖合を流れる暖流の日本海流(黒潮)の影響で，冬でも比較的温暖である。よって，エがあてはまる。なお，アは日本海側の気候に属する新潟県妙高市の雨温図。イは熊本県阿蘇市の雨温図で，太平洋側の気候の特徴を示しているが，内陸に位置するため冬の寒さが厳しい。ウは太平洋側の気候に属する宮城県松島町で，北に位置するため冬の気温が低い。

問６　５県のなかで海面漁獲量が最も多いアには，島が多く，沿岸漁業を中心に漁業がさかんな長崎県があてはまる。また，畜産の割合が多いエとオは，豚や肉用若鶏(ブロイラー)，肉用牛の飼養頭(羽)数が全国有数の宮崎県と鹿児島県で，農業生産額がより多いオが鹿児島県，エが宮崎県である。残るイとウのうち，県庁所在地の熊本市が政令指定都市となっており，人口が多いイが熊本県で，ウが大分県となる。大分県は沿岸部に製鉄所や石油化学コンビナートが立地し，工業生産額が多い。

問７　1960年，岸信介内閣が改正日米安保条約を強行採決して総辞職すると，代わって池田勇人内閣が発足した。池田内閣は，1961年度から1970年度までの10年間で実質国民所得を倍増しようという国民所得倍増計画を発表し，経済政策をおし進めた。その結果，日本の高度経済成長は計画以上に進展し，10年を待たずに目標は達成された。

問８　日本で長く暮らしている外国人でも，日本国籍を取得していない場合，選挙する権利(選挙権)や選挙される権利(被選挙権)は認められない。よって，エが誤っている。

問９　(1)　本文中に，「訪日外国人旅行者数について，今後も急速な増加が見込まれる」とある。また，《資料４》からわかるように，訪日外国人全体の旅行消費は年々増えており，これは訪日外国人旅行者の増加にともなって今後も増えることが予想される。しかし，《資料３》にあるとおり，現状でも都市部では宿泊施設の予約が取りづらく，今後訪日外国人旅行者が増えた場合，さらに宿泊施設の不足が深刻になり，宿泊施設の予約が取れないために訪日を断念するケースが出ることも考えられる。そうなると，宿泊施設があれば得られたはずの旅行消費を取りこぼすことになってしまう。こうした状況を生まないため，政府は民泊に関する規制を緩和し，ホテルなどの宿泊施設の不足を民泊で補って解消しようと考えたのである。　(2)　(1)の問題文にあるように，民泊は「都市部でマンションの一室」などを使って行われる。新宿区の場合，マンションは《資料５》にあるように「住居専用地域」にあり，ここでは「良好な生活環境を保護する」目的から，本来は宿泊事業が認められていない。そこで，民泊を行う場合のルールを条例で定め，民泊によって住民の生活環境が悪化するのを防ごうとしているのである。《資料６》からは，「月曜日の正午から金曜日の正午」まで民泊を禁止して平日の住民の生活に影響しないようにしたり，民泊利用者が出すごみ処理の責任者を明確にしたりして，住民の生活環境が悪化するのを防ごうとしていることが読み取れる。

理　科　<第１回試験>（45分）<満点：80点>

解　答

1　**問１**　4　**問２**　*A*　ア　*B*　オ　**問３**　(1)　イ　(2)　エ　**問４**　(1)　イ　(2)　ア　**問５**　*C*　5　*D*　0.5　**問６**　1.7秒　**問７**　イ　**2**　**問１**　(1)　○　(2)　○　(3)　×　(4)　×　**問２**　(1)　石灰水　(2)　(例)　白くにごる。　(3)　(例)　酸化銅の粉末のみと炭素の粉末のみをそれぞれ別の試験管Ｘに入れ，図と同様に加熱する。　**問３**　(1)　ウ　(2)　キ　**問４**　(1)　塩素　(2)　酸素　**問５**　20.5トン　**問６**　(例)　水力発電　**3**　**問１**　ア　**問２**　(1)　A　(2)　(例)　水が上部の細胞に移動し，下部の細胞が縮まることによって，葉柄を支えられずに垂れる。　**問３**　エ　**問４**　(1)　ア，ウ，エ　(2)　23時間36分　(3)　(例)　光によって，マウスの体内時計が戻され，24時間のサイクルに合わせている。 **4** **問1** **1** V字谷 **2** せん状地 **3** 三角州 **問2** (1) 45.5 (2) ウ **問3** ア，エ **問4** (例) 川の流速や流量が増すと，強い侵食作用で岩石がけずられ，平常より多くの粒子が河口に運搬されて海がにごるため。 **問5** ウ **問6** (例) 岩石名…石灰岩，生物名…フズリナ **問7** オ

解説

1 振り子の動きについての問題

問1 結果1より，振り子の長さが100cmのとき，10往復の時間は20秒なので，★の値は，20×20÷100＝4となる。

問2 ***A*** ★の値は振り子の長さによらずほぼ同じになるのだから，22×22÷*A*＝4となる。よって，*A*＝22×22÷4＝121なので，最も近い値はアの120である。 ***B*** 同様に考えると，*B*×*B*÷50＝4，*B*×*B*＝200となる。したがって，14×14＝196，15×15＝225より，*B*は約14と考えられる。

問3 (1) ★の式より，(10往復の時間)×(10往復の時間)は振り子の長さに比例していることがわかるから，(周期)×(周期)も振り子の長さに比例するといえる。グラフはイのような原点(左下の0)を通る右上がりの直線となる。 (2) 結果1で，振り子の長さが150cmのときの10往復の時間(□とする)を求めると，□×□÷150＝4，□×□＝600，24.5×24.5＝600.25より，約24.5とわかり，右の表のようにまとめられる。これより，10往復の時間の増え方は振り子の長さの増え方よりも小さく，さらに，振り子の長さが長くなるほど10往復の時間の増え方は小さくなっていると考えられ，グラフはエのような曲線となる。この関係は振り子の長さと周期の間でも同様である。

振り子の長さ[cm]	50	100	150
10往復の時間[秒]	約14	20	約24.5

問4 (1) 実験1に，振り子の長さとは支点からおもりの中心までの長さのことと述べられている。また，周期は振り子の長さだけで決まり，おもりの重さには関係しない。直径2cmの鉄球を同じ直径のアルミ球に替(か)えたときは，振り子の長さが変わらないので，周期も変わらない。 (2) 鉄球の直径が大きくなると，振り子の長さが長くなるので，周期は長くなる。

問5 ***C*** 誤差の大きさは，2.1－2.0＝0.1(秒)だから，0.1÷2.0×100＝5(％)である。 ***D*** 測定値20.1秒から求められる周期は，20.1÷10＝2.01(秒)，正確な周期は，20.0÷10＝2.0(秒)，誤差は，2.01－2.0＝0.01(秒)なので，0.01÷2.0×100＝0.5(％)となる。

問6 周期の半分は長さ100cmの振り子として，残りの半分は長さ50cmの振り子として振れる。長さ100cm，50cmの振り子の周期はそれぞれ，20÷10＝2.0(秒)，14÷10＝1.4(秒)なので，実験2の振り子の周期(おもりが最初に手をはなれてから次にその位置に戻(もど)るまでの時間)は，2.0÷2＋1.4÷2＝1.7(秒)になる。

問7 おもりが最初に手をはなれてから，真下にきて速さが最大になるまでにかかる時間は，長さ100cmの振り子の周期の$\frac{1}{4}$なので0.5秒である。また，おもりが真下から振れの反対側の端(はし)まできて速さが0になるまでにかかる時間は，長さ50cmの振り子の周期の$\frac{1}{4}$なので0.35秒となる。そして，逆方向に振れるときは，真下にきて速さが最大になるまでに0.35秒，真下から最初の位置に戻るまでに0.5秒かかる。したがって，グラフはイのようになる。

2 アルミニウムの製錬(せいれん)についての問題

問１　(1), (2)　アルミニウムは，塩酸にも水酸化ナトリウム水溶液にも溶けて水素を発生する。　(3)　磁石にくっつくのは鉄などの一部の金属だけで，アルミニウムはくっつかない。　(4)　銅の方がアルミニウムよりも熱や電気をよく伝える。

問２　(1), (2)　二酸化炭素を石灰水に通すと，石灰水が白くにごるので，石灰水は二酸化炭素を確認するためによく利用される。この白いにごりは，石灰水と二酸化炭素が反応してできた炭酸カルシウムの小さな粒である。　(3)　同じ装置で，試験管Ｘに酸化銅の粉末だけを入れた場合と，炭素の粉末だけを入れた場合の２通りの実験を行うとよい。すると，炭素の粉末の場合には水が出てくるが，酸化銅の粉末の場合には水が出ないことが確認できる。

問３　(1)　ａの「とける」は，固体の氷が融けて液体の水になる変化(状態変化)であるから融解である。また，ｂの「とける」は，塩化ナトリウムが水に溶けこんでいるので溶解である。　(2)　固体の酸化アルミニウムと固体の氷晶石の混合物を1000℃付近まで加熱すると，氷晶石が融点(固体から液体になる温度)に達して融解する。そして，液体となった氷晶石に固体の酸化アルミニウムが溶解して，電気分解する溶液ができる。

問４　(1)　塩酸は気体の塩化水素が溶けこんだ水溶液であり，これを電気分解すると，陽極(電源装置のプラス極につないだ方の電極)から気体の塩素，陰極(電源装置のマイナス極につないだ方の電極)から気体の水素が発生する。　(2)　水酸化ナトリウム水溶液を電気分解すると，水が分解されて，陽極からは酸素，陰極からは水素が発生する。

問５　一般家庭１世帯の年間消費電気量を発電するときには，天然ガスによる発電で，2.2×0.5＝1.1(トン)，石炭による発電で，４×0.3＝1.2(トン)，石油による発電で，３×0.1＝0.3(トン)，これらを合計して，1.1＋1.2＋0.3＝2.6(トン)の二酸化炭素が発生する。よって，アルミニウムを１トンつくるさいに排出される二酸化炭素は，12.7＋2.6×３＝20.5(トン)となる。

問６　化石燃料などを燃やして発電する火力発電では二酸化炭素の排出がさけられないが，自然にあるエネルギーを利用する水力発電，地熱発電，太陽光発電，風力発電などや，核燃料(ウランなど)を用いる原子力発電，酸素と水素の反応を利用した燃料電池では，発電の過程そのものにおいて二酸化炭素が発生しない。

３　生物の体のつくりとはたらきについての問題

問１　アはインゲンマメ，イはトウモロコシ，ウはカキ，エはイネのようすである。

問２　下部の細胞の水が上部の細胞に(Ａの向きに)移動すると，上部の細胞はふくらんで重くなり，下部の細胞は縮んで軽くなる。このため，下部の細胞は葉柄を支えられなくなり，葉柄が垂れる。

問３　2018年，本庶佑は免疫のはたらきをおさえるしくみを発見し，さらにこれをがん治療に応用した功績により，ノーベル生理学医学賞を受賞した。なお，アの利根川進は1987年，イの山中伸弥は2012年，ウの大村智は2015年のノーベル生理学医学賞受賞者。

問４　(1)　アのカブトムシ，ウのコアラ，エのムササビが夜行性の動物として選べる。ただし，コアラは主に朝夕に活動する。イのハトとオのシマリスは昼行性である。　(2)　７日目以降，活動開始時刻が10日間で４時間(240分)移動したことが述べられているので，１日あたりでは，240÷10＝24(分)早くなっている。したがって，概日リズムは，24時間－24分＝23時間36分と求められる。
(3)　光を当てた最初の５日間は24時間の概日リズムを維持しているが，光を当てなくなった７日目以降は24時間の概日リズムがくずれたことから，体内時計の調整には光の刺激が関わっていると考えられる。つまり，光の刺激によって体内時計が24時間のサイクルに調整されていることが読み取れる。

4 水の循環，流水のはたらき，岩石についての問題

問1　**1**　川が山間部を流れる上流では，川底の傾きが大きく流れが速いため，川底をどんどん侵食して，Ｖ字谷とよばれる深い谷が形成されやすい。　**2**　川が山を抜けて平野に入るところでは，流れが急にゆるやかになるため，堆積作用が強まって主に粒径の大きな土砂が積もり，せん状地を形成することがある。　**3**　河口付近では，流れがゆるやかなので運搬されてきた多量の土砂が堆積する。そして，その堆積によって流れの中に島のような地形ができることがあり，その形から三角州とよばれる。

問2　(1)　海から陸(海上の大気から陸上の大気)への水の移動量と，陸から海(陸地から海洋)への水の移動量が同じであるため，海水の量がほぼ一定に保たれている。海上の大気から陸上の大気への水の移動量は，436.5－391＝45.5(兆トン／年)だから，陸地から海洋への水の移動量も45.5兆トン／年である。　(2)　海洋や陸地からの水の蒸発は，太陽から届く熱によって起こる。また，海上の大気(その中にふくまれる水蒸気)が陸上に移動するのも，太陽から届く熱によって大気が循環することによる。

問3　ア，イ　曲線Ｘより上の領域Ⅰでは，止まっている粒子が動き始める。これは下線部②の侵食作用と関係が深い。　ウ，エ　曲線Ｙより下の領域Ⅲでは，動いている粒子が止まる。これは下線部③の堆積作用と関係が深い。　オ，カ　Ｚの点は領域Ⅱにあるが，ここは領域Ⅰより下なので，止まっている粒子は止まったままとなり，領域Ⅲより上なので，動いている粒子は動いたままとなる。つまり，動いている粒子と止まっている粒子の両方が見られる。

問4　図４では，河口の海岸付近で海水がにごっている様子が見られる。大雨の後は，川の流速や流量が一時的に増して侵食作用や運搬作用が強まり，ふだんより多くの土砂が海に運ばれてくるため，海水がにごる。

問5　ア　角閃石は緑がかった黒色の鉱物である。　イ　粒が丸みを帯びた形をしているのは，川に運搬されている間に角が取れるからである。　ウ　図１に見られる粒の大きさは１mm前後で，礫，砂，泥のうち，この大きさの粒は砂にあたるから，これらの粒が固まって堆積岩になった場合は砂岩とよばれる。　エ　石英はマグマが冷えるときに結晶となった鉱物なので，その中に化石がふくまれることはない。

問6　石灰岩は，フズリナやサンゴなどといった大昔の生物の遺骸が固まってできた(水中で炭酸カルシウムが沈殿してできる場合もある)。また，チャートという岩石は，二酸化ケイ素を主成分とする殻をもったホウサンチュウなどの遺骸が堆積してできた。

問7　地下のマグマが冷えると岩石をつくり，その岩石がこわれて小さな粒子になり堆積すると堆積岩がつくられ，それらの岩石がプレートの動きによって地下深くに運ばれると，地下の高熱で再びマグマとなる。よって，岩石を循環させているのは地球内部の熱といえる。

国　語　＜第１回試験＞（50分）＜満点：120点＞

解　答

□一 **問１**　エ　**問２**　ウ　**問３**　ウ　**問４**　エ　**問５**　ア　**問６**　（例）　二人でいるときは仲よくしたいと思いながら，周りから変わり者扱いされるのを恐れるあまり佐藤先輩の気持ちも考えずにひどいことを言ってしまうようなところ。　**問７**　イ　**問８**　（例）　マレーシアではみんなと同じでなくてもいいと思えたのに，日本に帰ってきた今では人とちがってしまうことを恐れて周りの目ばかり気にしている自分が嫌だったから。　**問９**　エ　**問10**　ウ　**問11**　ア　**問12**　（例）　佐藤先輩と，もう一度いっしょに吟行に出かけたい（ということ。）　**問13**　ア　□二 **問１**　下記を参照のこと。　**問２**　ア　**問３**　エ　**問４**　エ　**問５**　ウ　**問６**　イ　**問７**　ア　**問８**　イ　**問９**　ウ

●漢字の書き取り

□二 **問１**　a　脳　b　改札　c　文脈　d　幹　e　過程

解　説

□一 **出典はこまつあやこの『リマ・トゥジュ・リマ・トゥジュ・トゥジュ』による。**帰国子女の沙弥は，転校した学校で会った佐藤先輩と吟行を始めるが，それを周囲にかくそうとして起きたできごとが描かれている。

問１　前後から読み取る。沙弥は，朋香ちゃんからの「バスケ部見学」の誘いを断り，「何か，習い事があるの」かとたずねられても言葉を濁している。また，「督促女王なんて変なあだ名つけられちゃうような」佐藤先輩と「仲よくしているなんて知られたくない」とあることもふまえると，沙弥は「変わり者」の佐藤先輩との関係はかくしたいと思う一方，朋香ちゃんにうそはつきたくないという葛藤があるものと推測できる。よって，エがこの状況に合う。なお，沙弥は吟行を優先しているので，アとイは合わない。また，吟行をすることはかくしたいのだから，ウもふさわしくない。

問２　「空気を読む」は，“雰囲気から状況を察する”という意味。問１でも見たように，沙弥は「変わり者」の佐藤先輩との関係を周囲にかくそうとしているので，話しかけられても「聞こえないふり」をしていた。しかし，佐藤先輩は「空気を読ま」ず，沙弥に対し念を押してきたのだから，ウがふさわしい。なお，沙弥は「バスケ部見学」より吟行を優先しているので，アとエは正しくない。また，翌日佐藤先輩は自分が「督促女王」と呼ばれていることを知っていると言っているので，イも合わない。

問３　「我に返る」は，冷静さを取り戻すこと。佐藤先輩と同じような「変わり者」に見られてしまうことで，大切な朋香ちゃんを失いたくないと思った沙弥が，佐藤先輩に誘われることを「ほんとは迷惑」だと言い，保身に走った場面である。自分を守るため，思わず「言いすぎ」てしまったことに気づいたのだから，ウが合う。ウ以外は，「無理やり連れていかれる～ほんとは迷惑」と言った理由を正確にとらえていない。

問４　「口をとがらせる」は，唇を突き出す動作で，不満や非難を表す。直前で，沙弥が「昨日，吟行するんじゃなかったんですか？」と言っていることからわかるとおり，昨日，「三時半に出発

する」と言った佐藤先輩の指示にしたがって図書館に来たのに，すっぽかされたことを非難しているので，エが正しい。なお，アとウは「口をとがらせた」表情に合わない。昨日，沙弥は教室で先輩に「はい」と答えているので，イの「聞こえないふりをし通した」はふさわしくない。

問５　沙弥の「無理やり連れていかれるだけなんだよ。ほんとは迷惑！」という言葉を，佐藤先輩が聞いていたことや，「いいよ，自分の身を守りなよ～居心地いい寝床は必要だよ」と話していることから，佐藤先輩は，沙弥がクラスで身を守るために「迷惑」だと言ったことも察したうえで拒絶しているものと推測できる。また，傍線部10の直後にあるように，佐藤先輩は，自分と同じ転校生という立場にある沙弥を気遣い，不器用だけれど仲よくなろうとしていたことも読み取れる。つまり，吟行で親しくなったはずの沙弥が「迷惑」だと言ったことにショックを受け，昨日の約束をすっぽかし，今も沙弥を見ないで「花岡さんと吟行はしない」と拒んだものと考えられるので，アが選べる。なお，ア以外は，保身に走った沙弥にそっぽを向く先輩の態度，拒絶の言葉に合わない。

問６　クラスで自分の身を守るために思わず言ってしまった「迷惑」だという沙弥の言葉が，佐藤先輩に聞こえていたと知った場面である。続く部分に注目する。督促女王というあだ名で「変わり者扱いされている佐藤先輩」と親しいことを周りに知られたくないと思う一方，「二人でいるときは仲よくしたい」と思う「虫がいい」自分，「佐藤先輩の気持ちなんて考えていなかった」自分のことを，沙弥は「サイテー」だと考えている。これをもとに，「保身に必死なあまり先輩の気持ちも考えず，無理に誘われて迷惑なんだというアピールを友達にはしながら，先輩と二人のときは素知らぬ顔で仲よくしようとしているところ」のようにまとめるとよい。

問７　沙弥は，「昼休み」の終わりを知らせる「予鈴」が，佐藤先輩との関係の「終わり」を告げているように感じている。沙弥が朋香ちゃんの「バスケ部見学」の誘いより「吟行」を優先していたことから，内心では佐藤先輩との吟行を楽しみにし，大事なものと思っていたことが読み取れるので，イがよい。

問８　続く部分に注目する。沙弥は，多民族国家のマレーシアでは「いろんな人たち」がまぜこぜに暮らし，「人とちがっていても仲間外れにされちゃうような場所じゃな」く，「解放感」に満ちていたと回想している。それとは逆に，日本では「人とちがうことを怖がって，人とちがうことを否定して」いる自分が「嫌だ」と思っている。以上をふまえ，マレーシアと日本での自分を対照してまとめるとよい。

問９　七海さんの話を整理する。沙弥が手にした本は七海さんも中学生のころに読んだもので，その「凜とした姿」を図書館で見ては，グラグラな「気持ちを立て直すこと」ができたと言っている。つまり，佐藤先輩と気まずくなってしまった沙弥にも，「気持ちを立て直す」助けになればと思って話したのだから，エが合う。

問10　沙弥は，マレーシアでは日本で読んだ本が図書館にあるのを見て「ほっとした」のを思い出している。今は逆に，マレーシアの図書室で見た本を手に取って「懐かし」く感じているので，ウがふさわしい。

問11　佐藤先輩に「謝らなきゃ」と考えた沙弥が，気持ちを伝えるための「タンカード」を渡そうと三年Ａ組の教室に行った場面である。教室にいる人たちの視線が集まるなか，「怖くない」と自分に言い聞かせ，思いが「伝わりますように」と願う気持ちで「ずんずん」佐藤先輩の席に向かっているので，アが正しい。なお，イの「佐藤先輩を元気づける」，ウの「佐藤先輩なら～恐れる必要はない」，エの「自分の思いは必ず伝わる」は，本文の内容に合わない。

問12 「ジャランジャラン　願いを込めてもう一度いっしょに歩いてみたい道です」という短歌に，沙弥の気持ちが託されている。最後の大段落の会話から，沙弥が佐藤先輩と「もう一度いっしょ」に「散歩」したい，つまり「吟行」に出かけたいという思いを込めて詠んだ短歌だと読み取れる。

問13 「きまり悪い」は，恥ずかしくて居心地が悪いようす。約束をしていないにもかかわらず，沙弥は図書館へ来て，佐藤先輩に対し正直な気持ちを話すとともに謝っている。それを聞いた佐藤先輩の，「顔上げなよ，もう気にしてない」という言葉からは，いっしょに吟行に行きたいと願う沙弥の思いが通じているものとわかる。また，佐藤先輩は，沙弥と仲よくなりたいと思いながらも「不器用」なので，彼女を非難したのがきまり悪く，ぶっきらぼうな口調になっているのである。アが，この状況や佐藤先輩の性格に合う。

二 **出典は齋藤亜矢の「要，不要」による**。見ているつもりでも見えていなかったり見間違ったりする認知の仕組みについて具体例をあげて説明し，そこから芸術が生まれることを語っている。

問１ a　頭のなかにあり，考えたり覚えたりするはたらきを受け持つ部分。　b　駅で切符などを調べること。　c　ものごとの論理的なつながり。　d　音読みは「カン」で，「幹部」などの熟語がある。　e　ものごとが変化し，進行し，発展していく道すじ。

問２ 白服とパスの回数にのみ「注意」が向くのは，映像の最初にあった「白い服のグループがパスを回した回数を数えてください」という「指令」にしたがったことによる。これは，「目に入るたくさんのもの」のなかから「無駄な情報を切り捨て，必要な情報だけに目や耳を向ける」，「選択的注意」とよばれる認知の仕組みだと説明されている。「ゴリラ」は「指令」にはなく，目に入っても「選択的注意」から外れていたのだから，アが選べる。

問３ 「指令」にしたがって「しっかり見よう」とするのは「白服とボール」，目に入っても「見えなくなっている」のはそれ以外のものである。これは，問２でみた「選択的注意」という認知の仕組みなので，エがふさわしい。エ以外は「選択的注意」をおさえていない。

問４ 前の部分で説明されている。「おもしろい」こととは，気をつけるべき障害物や目印となる看板などではなく，街路樹を彩る地衣類やアリの巣穴といった，ふだんの生活のなかでは「不要な情報」である。生活に必要な情報ではなく「おもしろい」ことを「抽出して表現」するのが「アーティスト」だというのだから，エが合う。

問５ 「待ち合わせの相手」を誤って認識するまでの手順を整理する。待ち合わせの場合，相手を「瞬時に察知して認識する」ために，「顔や容姿についての一連の知識(スキーマ)」を「準備」しておく。ところが，「待ち合わせ」場所付近にいる人々に「準備」したスキーマをあてはめることで「背格好の似た」人と見間違ってしまうのだから，ウが合う。ウ以外は，スキーマについての説明が不正確。

問６ 前の段落で，「スキーマ」が充実すると「わずかな手がかりからでも察知し，認識しやすくなる」と説明されている。また，直後では，きのこ採集に通ううち「きのこの好む場所」がわかっただけでなく，「なんとなく」存在を感じたところに「きのこがある」という「察知能力」が高まったことが述べられている。このことを，筆者は三つ後の段落で「意味処理される前の認知過程で注意を向けている」と解説しているので，イがふさわしい。

問７ 直前の「それ」が指す，前の段落の内容を整理する。形より先に，質感や動きや匂いなどで

「なんとなく」察知する，つまり，「意味処理される前の認知過程で注意を向けているということ」が，「原初的な感覚」だと説明されている。アが，これをもっとも正確にとらえている。

問８　「選択的注意」「スキーマ」「原初的な感覚」が，認知にかかわる点をおさえる。それが，目に入っていても認識できなかったり，見間違ったり，なんとなく感じたりするといった現象を起こすので，イが合う。

問９　問４でみたアーティストの説明，問８で検討した「見ている世界」がさまざまであることをふまえる。人によって見えていないもの，ゆがんで見えるものがあり，アーティストはそこから「おもしろい」ものを「抽出して表現」する。また，人々は表現された芸術を「楽しむ」のだから，ウが合う。ウ以外は，芸術の生まれ方，芸術を楽しむことを正しくとらえていない。

Memo

Memo

2025年度用

中学スーパー過去問

■編集人　声の教育社・編集部
■発行所　株式会社 声の教育社
〒162-0814　東京都新宿区新小川町8-15
☎03-5261-5061㈹　FAX03-5261-5062
https://www.koenokyoikusha.co.jp

※本書の内容についての一切の責任は当社にあります。内容・解説・解答・その他は当社ホームページよりお問い合わせ下さい。

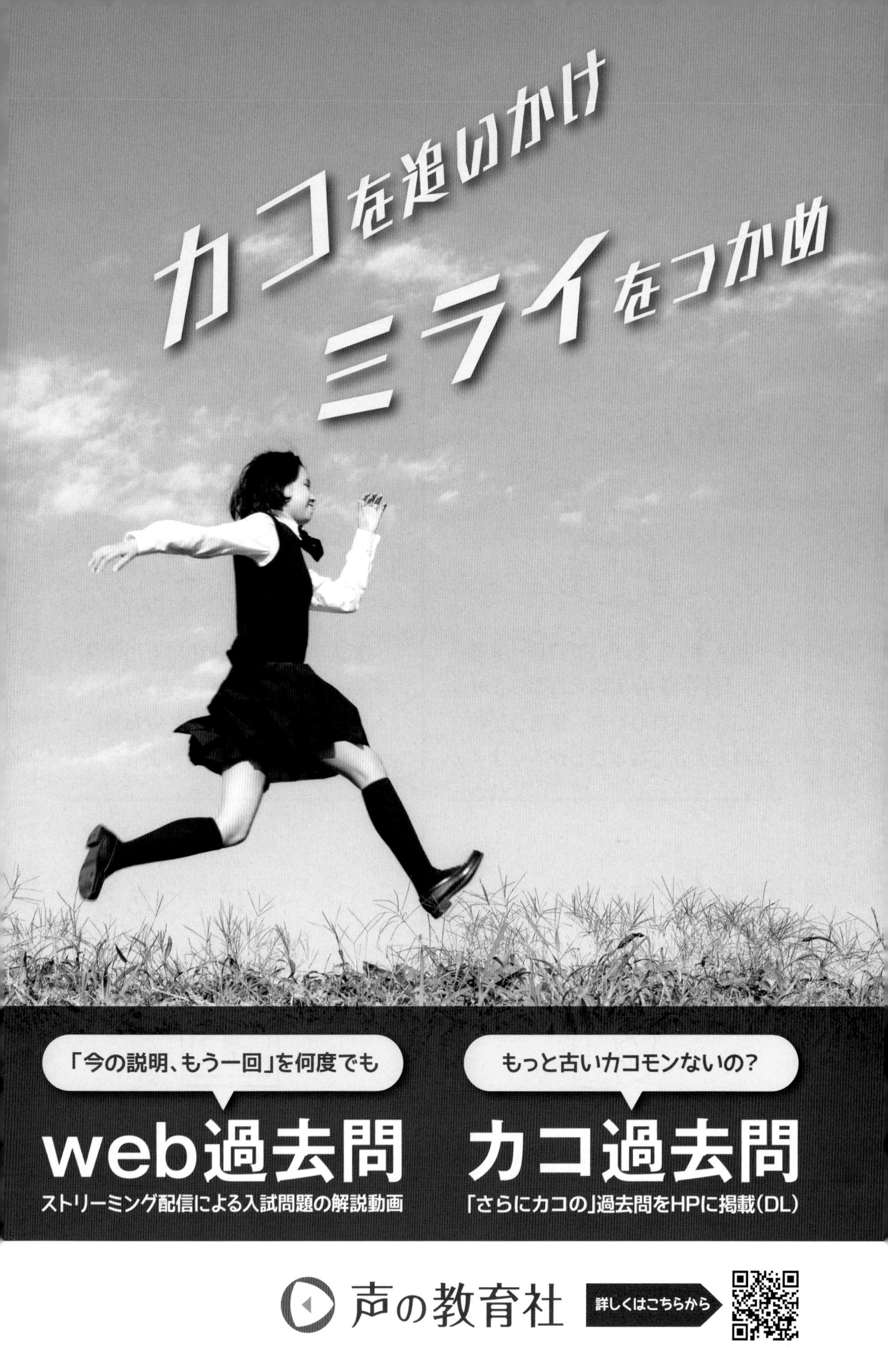
カコを追いかけ
ミライをつかめ
「今の説明、もう一回」を何度でも
web過去問
ストリーミング配信による入試問題の解説動画
もっと古いカコモンないの？
カコ過去問
「さらにカコの」過去問をHPに掲載（DL）
声の教育社
詳しくはこちらから

よくある解答用紙のご質問

01

実物のサイズにできない

拡大率にしたがってコピーすると，「解答欄」が実物大になります。配点などを含むため，用紙は実物よりも大きくなることがあります。

02

A3用紙に収まらない

拡大率164％以上の解答用紙は実物のサイズ（「出題傾向＆対策」をご覧ください）が大きいために，Ａ３に収まらない場合があります。

03

拡大率が書かれていない

複数ページにわたる解答用紙は，いずれかのページに拡大率を記載しています。どこにも表記がない場合は，正確な拡大率が不明です。

04

１ページに２つある

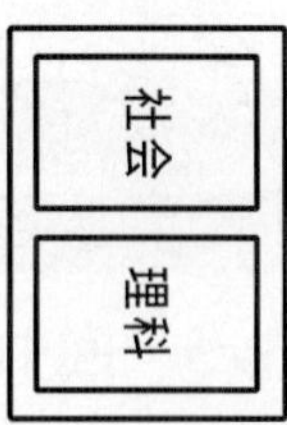

１ページに２つ解答用紙が掲載されている場合は，正確な拡大率が不明です。ほかの試験回の同じ教科をご参考になさってください。

海城中学校

【別冊】入試問題解答用紙編

禁無断転載

解答用紙は本体からていねいに抜きとり、別冊としてご使用ください。

※ 実際の解答欄の大きさで練習するには、指定の倍率で拡大コピーしてください。なお、ページの上下に小社作成の見出しや配点を記載しているため、コピー後の用紙サイズが実物の解答用紙と異なる場合があります。

●入試結果表

年度	回	項目	国語	算数	社会	理科	4科合計	合格者
2024	第１回	配点(満点)	120	120	80	80	400	最高点
		合格者平均点	85.5	86.9	45.0	45.1	262.5	338
		受験者平均点	76.5	71.5	40.5	38.2	226.7	最低点
		キミの得点						242
	第２回	合格者平均点	90.1	92.1	52.9	52.0	287.1	最高点 344
		受験者平均点	81.4	75.9	45.0	44.6	246.9	最低点
		キミの得点						267
2023	第１回	配点(満点)	120	120	80	80	400	最高点
		合格者平均点	82.7	80.9	51.2	50.9	265.7	319
		受験者平均点	73.2	65.3	44.5	47.4	230.4	最低点
		キミの得点						250
	第２回	合格者平均点	77.6	81.2	60.6	53.1	272.5	最高点 331
		受験者平均点	68.3	68.2	52.9	45.3	234.7	最低点
		キミの得点						254
2022	第１回	配点(満点)	120	120	80	80	400	最高点
		合格者平均点	82.1	85.1	44.2	52.6	264.0	315
		受験者平均点	71.6	71.5	38.3	46.7	228.1	最低点
		キミの得点						245
	第２回	合格者平均点	88.5	91.1	51.2	54.3	285.1	最高点 340
		受験者平均点	78.6	75.3	44.6	47.3	245.8	最低点
		キミの得点						267
2021	第１回	配点(満点)	120	120	80	80	400	最高点
		合格者平均点	83.5	83.0	47.6	47.2	261.3	312
		受験者平均点	73.8	66.1	42.0	41.6	223.5	最低点
		キミの得点						241
	第２回	合格者平均点	84.1	85.4	48.8	59.9	278.2	最高点 341
		受験者平均点	72.9	69.2	41.9	53.3	237.3	最低点
		キミの得点						258
2020	第１回	配点(満点)	120	120	80	80	400	最高点
		合格者平均点	76.5	88.5	51.7	52.4	269.1	331
		受験者平均点	67.6	73.4	44.9	46.8	232.7	最低点
		キミの得点						247
	第２回	合格者平均点	85.6	78.8	44.5	48.8	257.7	最高点 324
		受験者平均点	75.4	62.0	37.2	39.5	214.1	最低点
		キミの得点						234
2019	第１回	配点(満点)	120	120	80	80	400	最高点
		合格者平均点	82.2	88.5	48.6	51.5	270.8	316
		受験者平均点	74.3	75.3	43.6	47.2	240.4	最低点
		キミの得点						253

※ 表中のデータは学校公表のものです。ただし、４科合計は各教科の平均点を合計したものなので、目安としてご覧ください。

声の教育社

２０２４年度　海城中学校

算数解答用紙　第１回

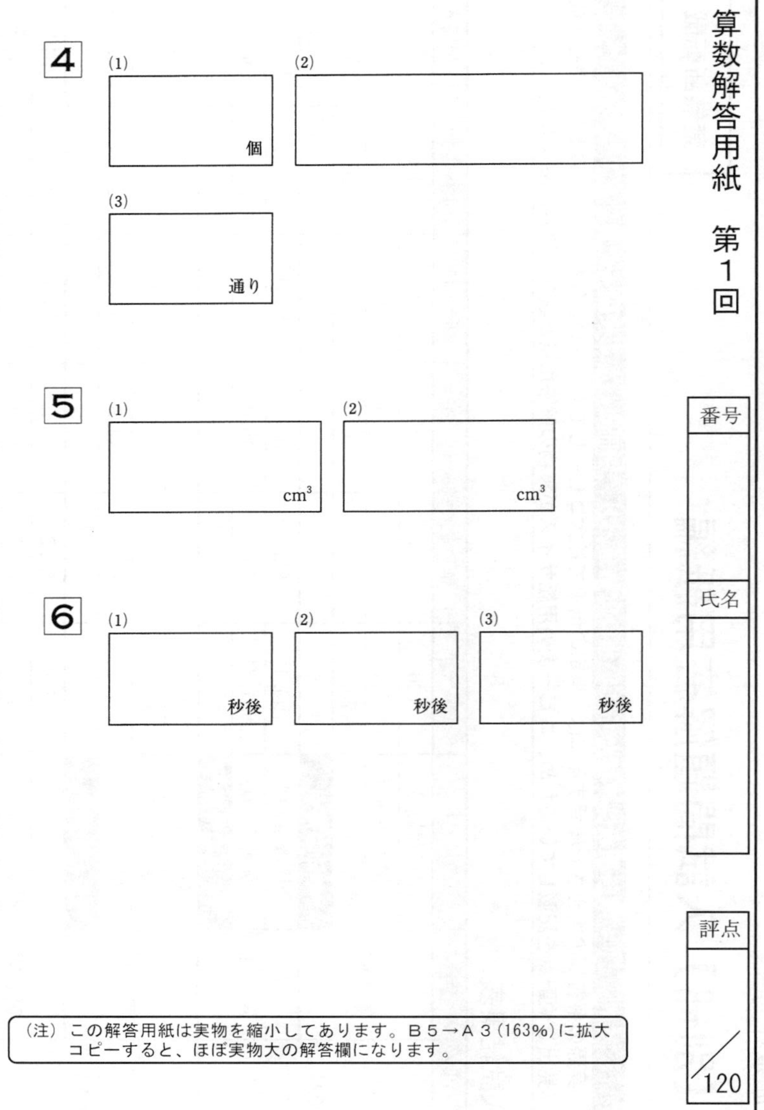

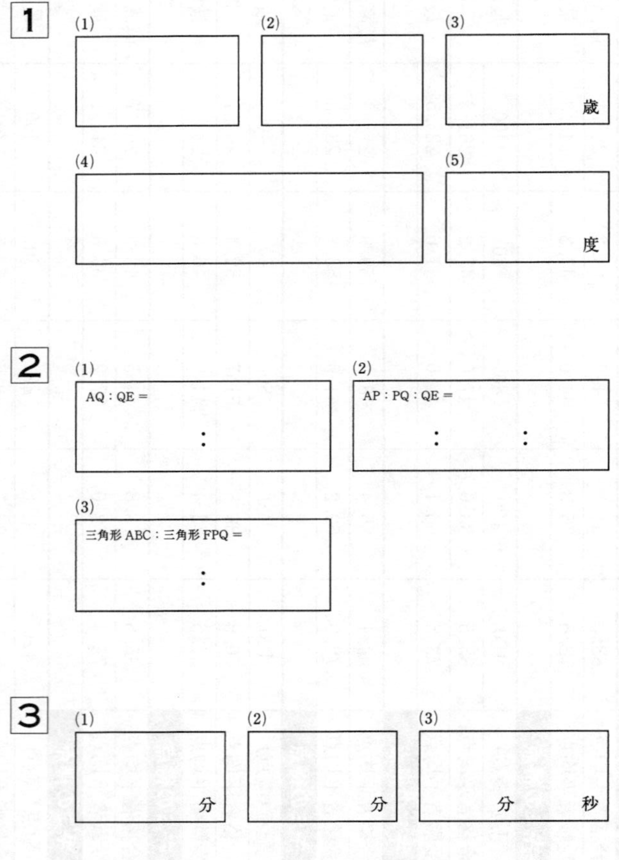

〔算　数〕120点(推定配点)

1, 2　各６点×8＜1の(4)は完答＞　3　(1), (2)　各６点×2　(3)　７点　4　(1)　６点　(2), (3)　各７点×2＜(2)は完答＞　5　各７点×2　6　(1), (2)　各６点×2　(3)　７点

２０２４年度　海城中学校

社会解答用紙　第１回

番号		氏名	

評点	／80

問１.

問２.　運動名　草案名

問３.

問４.　(1)　(2)

問５.　(1)　(2)

問６.

100

190

A B C D E

A B C D E

問７.

100

160

A B C D E

A B C D E

（注）この解答用紙は実物を縮小してあります。Ｂ５→Ａ３（163％）に拡大コピーすると、ほぼ実物大の解答欄になります。

〔社　会〕80点（推定配点）

問１～問５　各５点×8<問５の(1)は完答>　問６，問７　各20点×2<それぞれ部分点あり>

２０２４年度　海城中学校

理科解答用紙　第１回

番号 | 氏名 | 評点 ／80

1

問1 秒　問2 秒　問3 秒 m

問4 秒　問5 秒

問6 機器１は毎秒　m の速さで、機器２｛ に近づいている ・ から遠ざかっている ｝。

2

問1 (1) (2)　問2 %　問3 g

問4 (1)
(2) %

問5 (1) g (2) X Y Z

3

問1 A B 記号　問2 (1) X

問2 (2)

問3

問4

問5 記号
理由

4

問1　問2　問3

問5 (1)

問4 (1)

(2)

問5 (2)

(3)

（注）この解答用紙は実物を縮小してあります。Ｂ５→Ａ３(163%)に拡大コピーすると、ほぼ実物大の解答欄になります。

〔理　科〕80点(推定配点)

1　問１～問３　各２点×４　問４～問６　各３点×３　2　問１～問３　各２点×４　問４　各３点×２　問５　(1)　３点　(2)　各２点×３　3　問１　各２点×３　問２　(1)　２点　(2)　３点　問３～問５　各３点×３<問３，問５は完答>　4　問１　３点<完答>　問２～問４　各２点×４　問５　各３点×３

２０２４年度　海城中学校

国語解答用紙　第一回

番号　氏名　評点 /120

一

問一　問二　問三
問四　問五
問六　文字を書くときに
問七　問八　問九
問十　問十一　問十二

二

問一　a　b　c　d　e
問二　問三　問四
問五　問六　問七
問八　問九　問十
問十一　集団の中で人間は

（注）この解答用紙は実物を縮小してあります。Ｂ５→Ａ３（163%）に拡大コピーすると、ほぼ実物大の解答欄になります。

〔国　語〕120点（推定配点）

一　問１～問５　各４点×５　問６　15点　問７～問12　各４点×６　二　問１　各２点×５　問２～問10　各４点×９　問11　15点

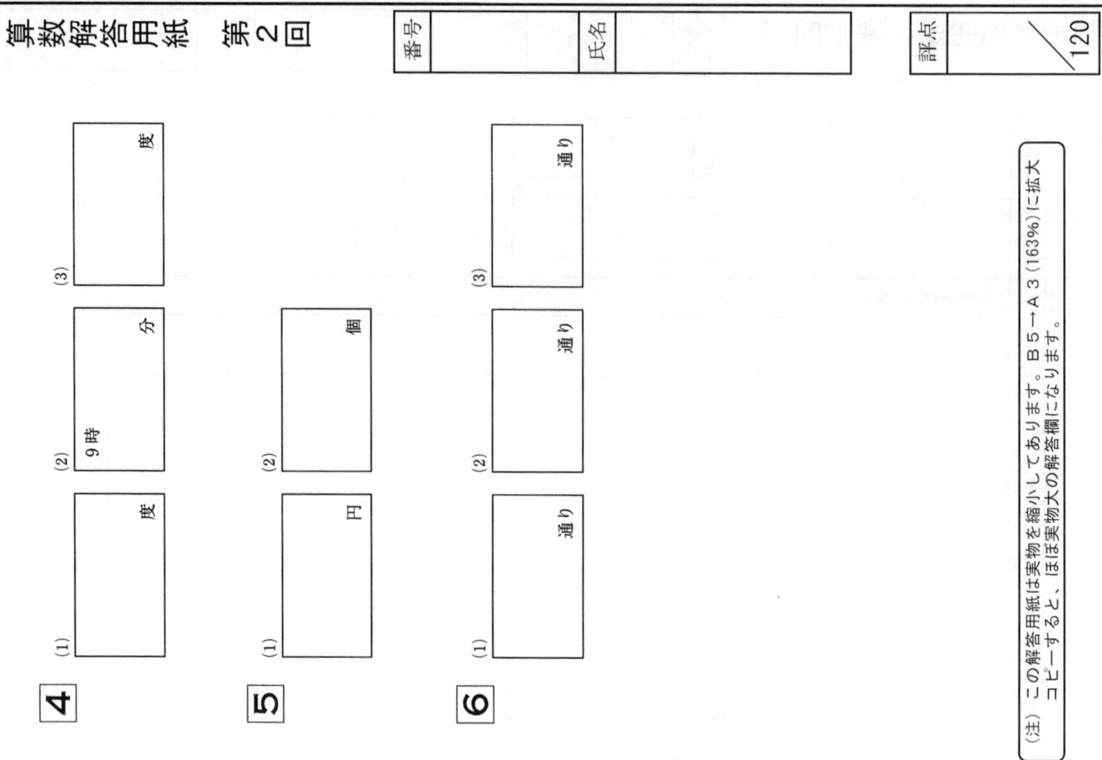

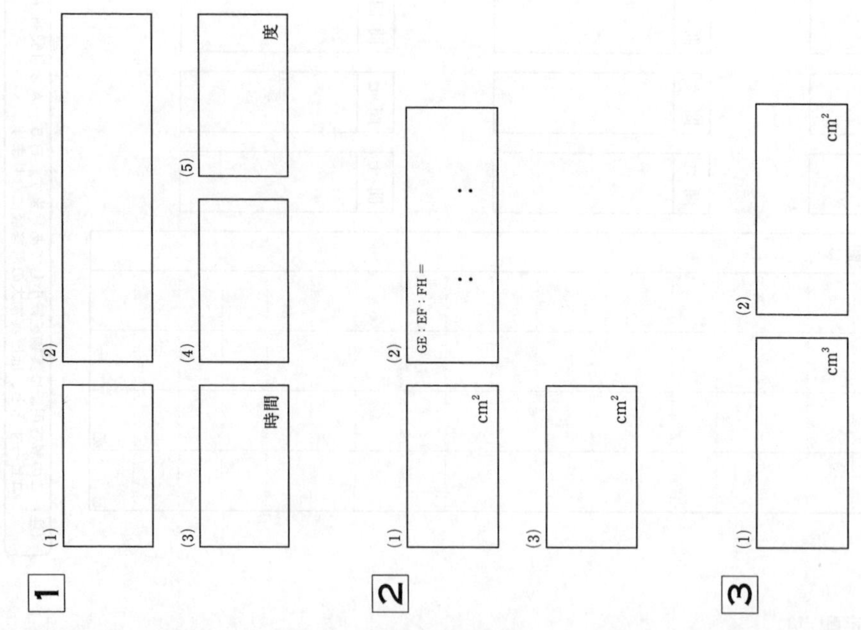

〔算　数〕120点(推定配点)

1　各6点×5<(2)は完答>　2　(1)　6点　(2)，(3)　各7点×2　3～6　各7点×10

２０２４年度　海城中学校

社会解答用紙　第２回

番号		氏名	

評点	／80

問1. A　B　C

問2.

問3.

問4.

100

190

A B C D E

A B C D E

問5.

100

160

A B C D E

A B C D E

問6. ⇒　⇒　⇒

問7.

問8. (1)　(2)

（注）この解答用紙は実物を縮小してあります。Ｂ５→Ａ３（163%）に拡大コピーすると、ほぼ実物大の解答欄になります。

〔社　会〕80点(推定配点)

問１　各４点×３　問２，問３　各５点×２<問２は完答>　問４，問５　各20点×２<それぞれ部分点あり>　問６，問７　各５点×２<問６は完答>　問８　各４点×２

2024年度　海城中学校

理科解答用紙　第2回

番号　氏名　評点　／80

1

問1 cm³　問2　問3 g　問4 cm

問5 g　問6　問7

2

問1 名称　記号　問2 g

問3 A　B

問4 g　問5 g　問6 g　問7 g

3

問1

問2 (1)　(2)　(3)　(4)

問3　問4　問5

問6 肝臓　胆のう　すい臓　胃　(2)

問7 (1)　(2)　(3)

4

問1

問2 (1) 1　2

(2)

問3　問4　問5

問6 20 m　20 m　北　西　建物　東　南

問7 記号　正しい語

（注）この解答用紙は実物を縮小してあります。B5→A3（163%）に拡大コピーすると、ほぼ実物大の解答欄になります。

〔理　科〕80点（推定配点）

1　各2点×7　2　問1～問6　各2点×8　問7　3点　3　問1　3点　問2～問5　各2点×7　問6　3点　問7　各2点×3　4　問1　2点　問2　(1)　各2点×2　(2)　3点　問3～問5　各2点×3　問6，問7　各3点×2<問7は完答>

２０２４年度　海城中学校

国語解答用紙　第二回

番号　氏名　評点　/120

一

問一　問二　問三
問四　問五　問六
問七　問八　問九
問十　問十一　問十二

問十三　自分に対して　［ ］　という気持ち。

二

問一　a　b　c　d　e

問二　問三　問四
問五　問六　問七

問八　リカちゃん人形は　［ ］　ということ。

問九　問十

（注）この解答用紙は実物を縮小してあります。172％拡大コピーをすると、ほぼ実物大の解答欄になります。

〔国　語〕120点(推定配点)

一　問1～問12　各4点×12　問13　14点　二　問1　各2点×5　問2～問7　各4点×6<問5は完答>　問8　16点　問9, 問10　各4点×2

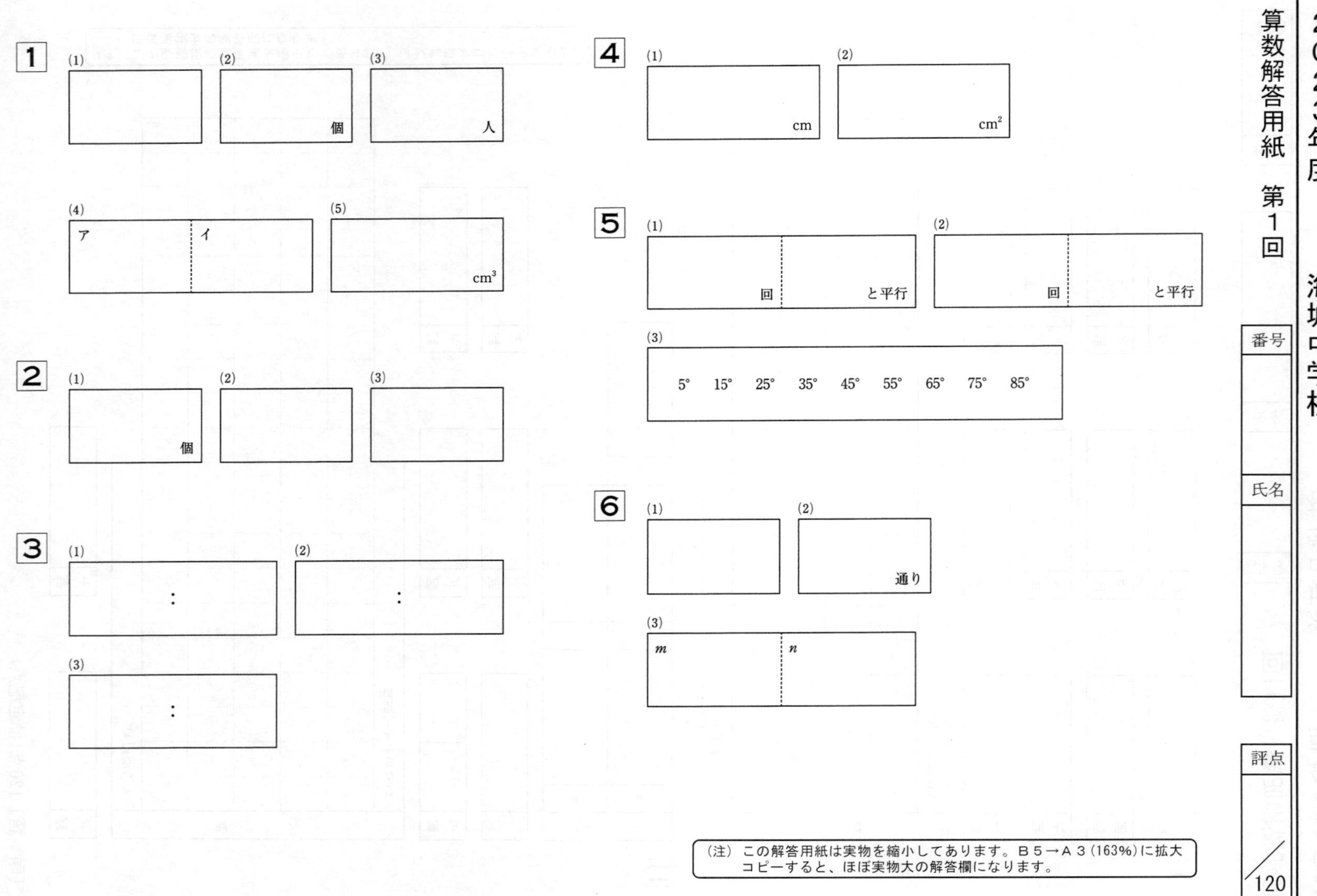

〔算　数〕120点(推定配点)

1〜4　各6点×13＜1の(4)は完答＞　5, 6　各7点×6＜5は各々完答, 6の(3)は完答＞

2023年度　　海城中学校

社会解答用紙　第1回

番号		氏名	

評点	／80

問1. (1) 100 150

A A
B B
C C
D D
E E

(2)

問2.	2番目		4番目	

問3.

問4.　　問5.

問6.　　問7.　　問8.

問9. (1) 70

A A
B B
C C
D D

(2)

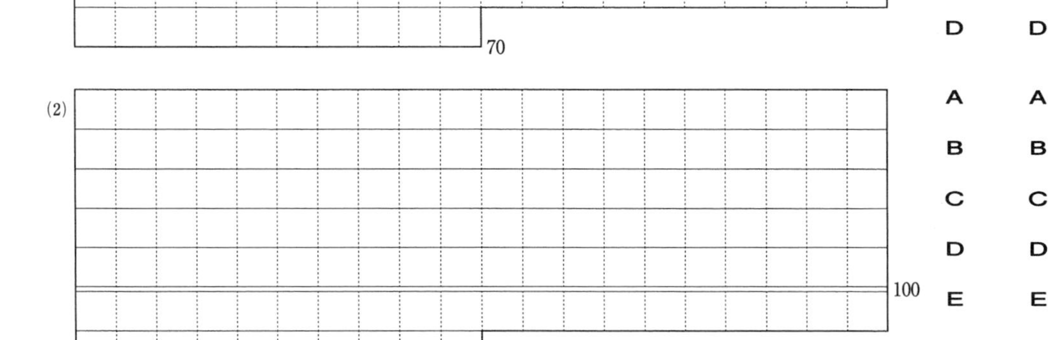

100 130

A A
B B
C C
D D
E E

(注) この解答用紙は実物を縮小してあります。B5→A3(163%)に拡大コピーすると、ほぼ実物大の解答欄になります。

〔社　会〕80点(推定配点)

問1　(1)　20点＜部分点あり＞　(2)　3点　問2～問8　各3点×7＜問2は完答＞　問9　(1)　16点＜部分点あり＞　(2)　20点＜部分点あり＞

2023年度　海城中学校

理科解答用紙　第1回

番号		氏名	

評点	／80

1

問1

問2　電球A　A　電球B　A　電球D　A

問3　F　G　H　＋電源装置－

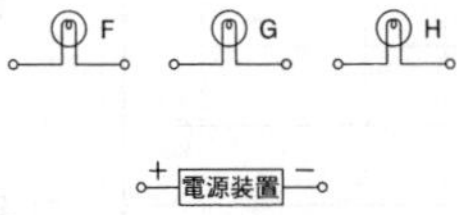

問4　V

問5　A

問6　倍

問7

問8　A

2

問1

問2　g

問3　(1)　(2)

問4

問5

問6

問7　(1)　(2)

3

問1　(1)　(2)　→　→　→　→　→　(3)　(4)

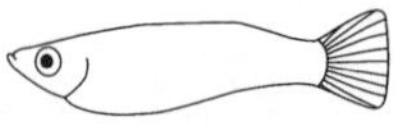

問2　(1)　(2)

問3

問4　(1)　(2)

4

問1

問2

問3　(1)　(2)　%　(3)　X　Y　Z

問4

問5　石C　石D

問6

（注）この解答用紙は実物を縮小してあります。B5→A3(163%)に拡大コピーすると、ほぼ実物大の解答欄になります。

〔理　科〕80点(推定配点)

1～4　各2点×40＜1の問1，2の問7の(2)，3の問1の(2)は完答＞

二〇二三年度　海城中学校

国語解答用紙　第一回

番号　氏名　評点 ／120

一

問一　問二　問三
問四　問五　問六
問七　問八　問九
問十

二

問一　a　b　c　d　e
問二　問三　問四
問五　問六　問七
問八　問九　問十
問十一

（注）この解答用紙は実物を縮小してあります。B5→A3（163%）に拡大コピーすると、ほぼ実物大の解答欄になります。

〔国　語〕120点(推定配点)

一　問1〜問9　各5点×9　問10　16点　二　問1　各2点×5　問2〜問10　各4点×9　問11　13点

2023年度　海城中学校

算数解答用紙　第2回

番号 | 氏名 | 評点 /120

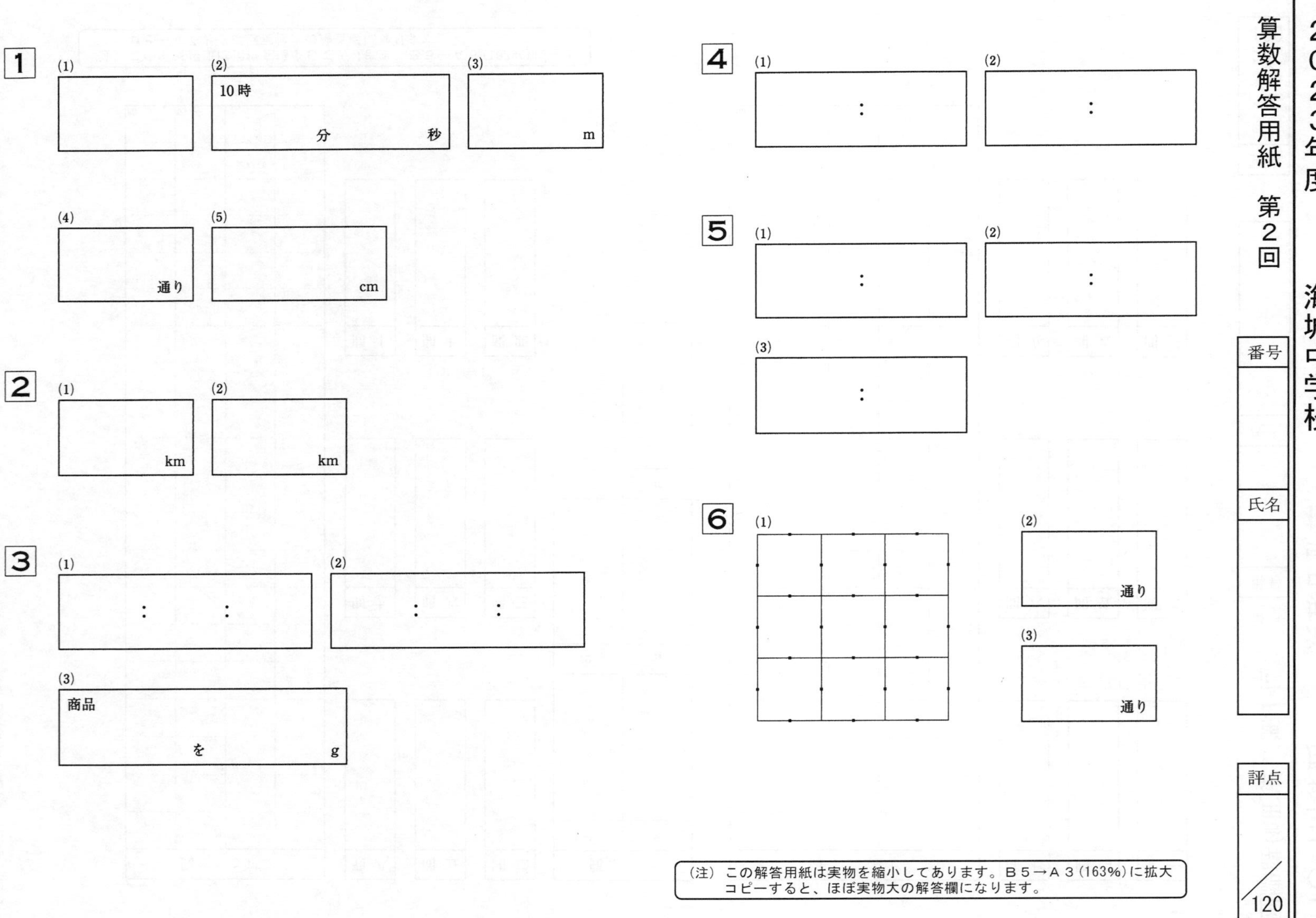

（注）この解答用紙は実物を縮小してあります。Ｂ５→Ａ３（163％）に拡大コピーすると、ほぼ実物大の解答欄になります。

〔算　数〕120点(推定配点)

1～4　各７点×12　5，6　各６点×６

２０２３年度　　海城中学校

社会解答用紙　第２回

番号		氏名		評点	／80

問1. A国　B国

問2.　問3.　問4.

問5. (1) 2番目　4番目　(2)

問6.

問7.

100

200

220

A A
B B
C C
D D
E E

問8.

100

130

A A
B B
C C
D D

問9.　問10.

（注）この解答用紙は実物を縮小してあります。Ｂ５→Ａ３（163%）に拡大コピーすると、ほぼ実物大の解答欄になります。

〔社　会〕80点(推定配点)

問1～問4　各4点×5　問5　各5点×2<各々完答>　問6　4点　問7　20点<部分点あり>　問8　16点<部分点あり>　問9，問10　各5点×2

２０２３年度　　海城中学校

理科解答用紙　第２回

番号		氏名		評点	／80

1

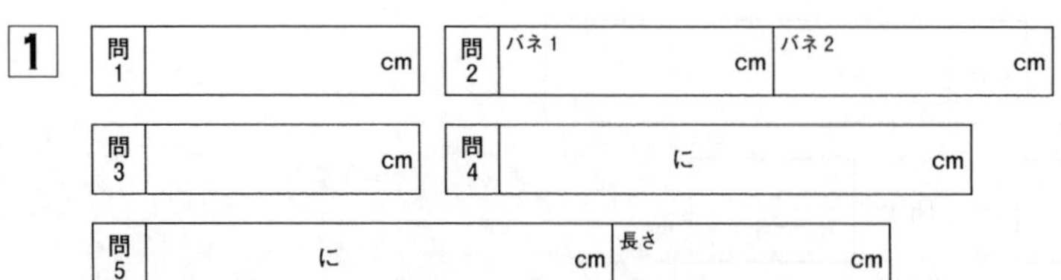

2

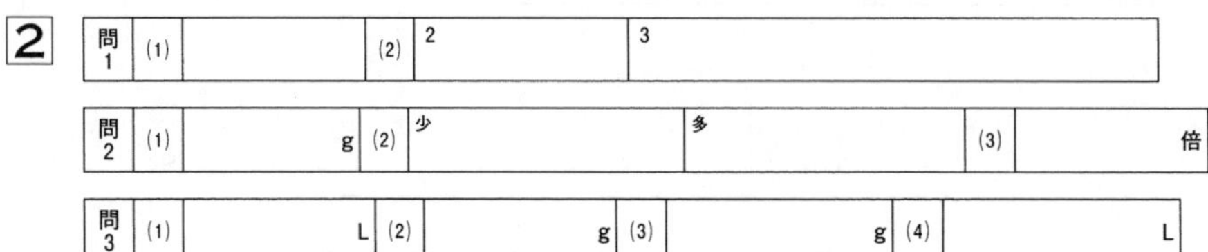

3

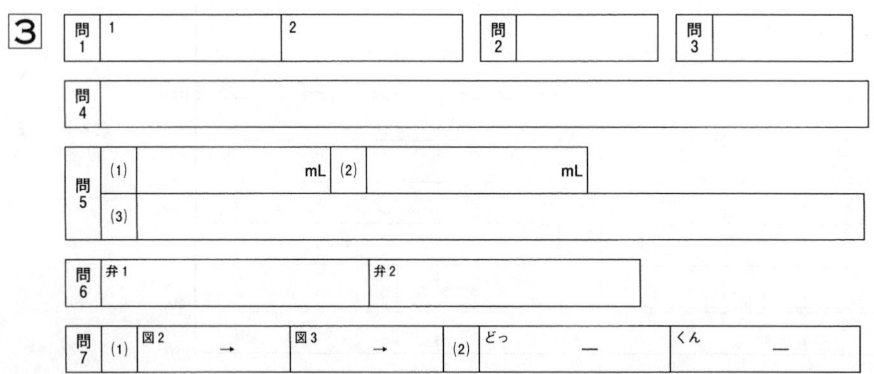

4

問1

問2

問3 (1) (2) (3)

問4

問5

問6 m

問7

（注）この解答用紙は実物を縮小してあります。Ｂ５→Ａ３(163%)に拡大コピーすると、ほぼ実物大の解答欄になります。

〔理　科〕80点(推定配点)

1　各２点×７　2　問１　各２点×３　問２　(1)　２点　(2)　各１点×２　(3)　２点　問３　各２点×４

3, 4　各２点×23<3の問６は各々完答>

二〇二三年度　海城中学校

国語解答用紙　第二回

番号　　氏名　　評点　／120

一

問一　問二　問三

問四　問五　問六

問七　問八　問九

問十　問十一

問十二　料亭の漫画は（70・90）

二

問一　a　b　c　d　e

問二　問三　問四

問五　問六　問七

問八（50・70）

問九

（注）この解答用紙は実物を縮小してあります。B5→A3（163%）に拡大コピーすると、ほぼ実物大の解答欄になります。

〔国　語〕120点（推定配点）

一　問1〜問11　各4点×11　問12　18点　二　問1　各2点×5　問2〜問7　各5点×6　問8　13点　問9　5点

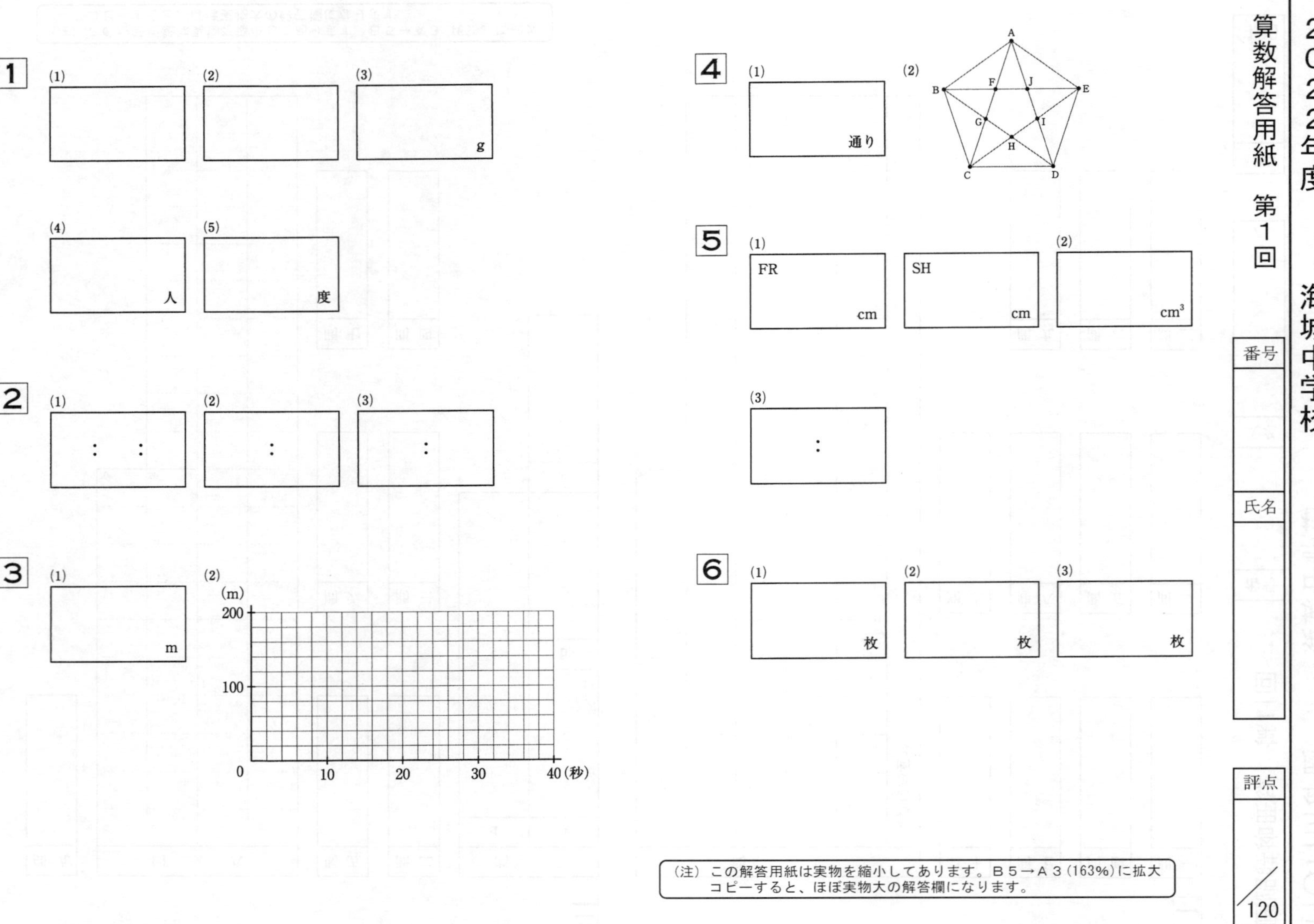

〔算　数〕120点(推定配点)

1～3　各6点×10　4　各7点×2　5　(1), (2)　各6点×3　(3)　7点　6　各7点×3

２０２２年度　海城中学校

社会解答用紙　第１回

番号		氏名	

評点	／80

問1.

名前	位置

問2.（130字）100 130

A A
B B
C C
D D

問3.

問4.

写真	説明文

問5.

問6.（90字）90

A A
B B
C C

問7.

問8.（130字）100 130

A A
B B
C C
D D
E E

問9.

問10.

（注）この解答用紙は実物を縮小してあります。Ｂ５→Ａ３（163%）に拡大コピーすると、ほぼ実物大の解答欄になります。

〔社　会〕80点（推定配点）

問１　各２点×２　問２　16点＜部分点あり＞　問３～問５　各５点×３＜問４，問５は完答＞　問６　12点＜部分点あり＞　問７　４点　問８　20点＜部分点あり＞　問９　４点　問10　５点

２０２２年度　海城中学校

理科解答用紙　第１回

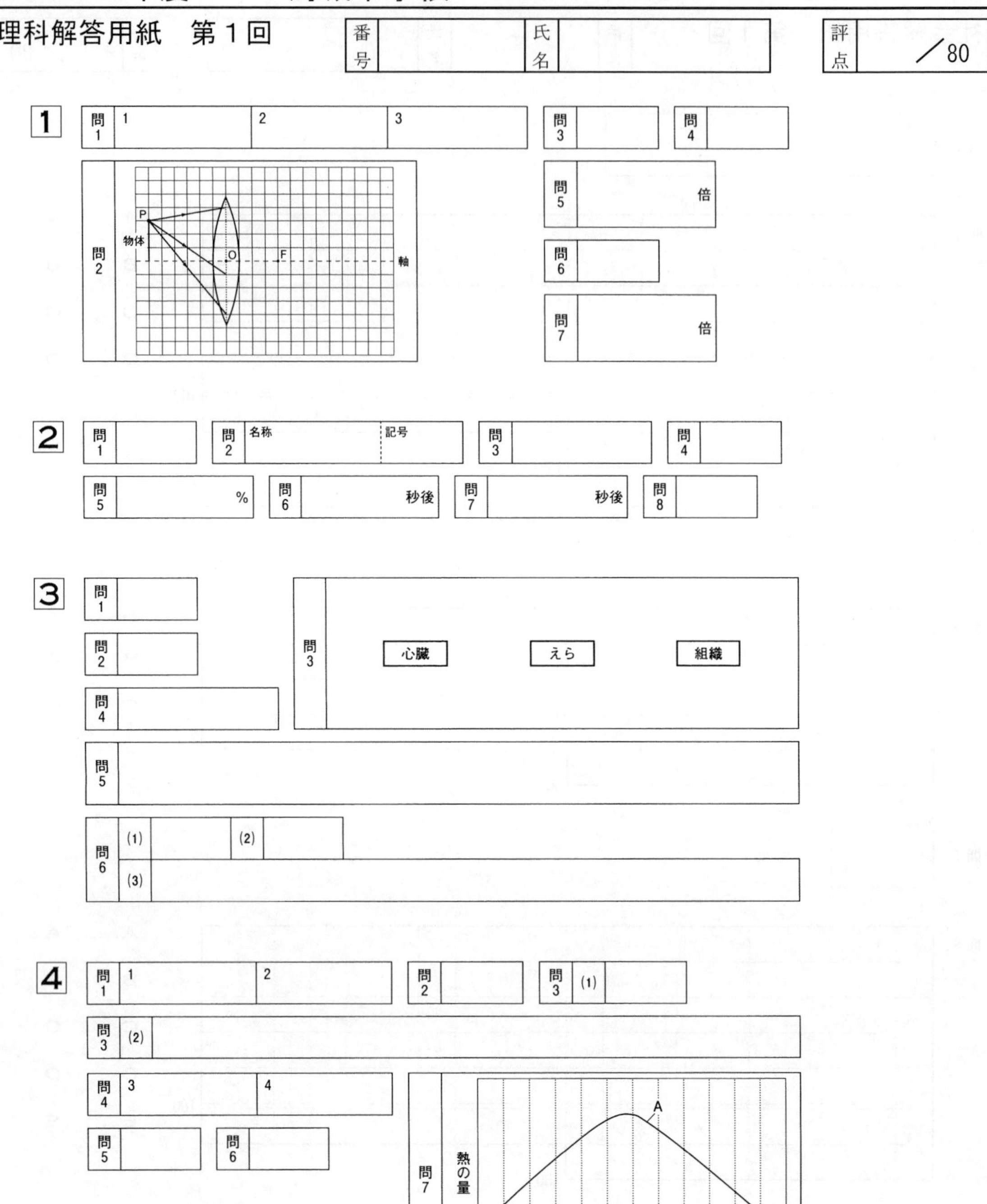

（注）この解答用紙は実物を縮小してあります。Ｂ５→Ａ３（163%）に拡大コピーすると、ほぼ実物大の解答欄になります。

〔理　科〕80点（推定配点）

1 問１　各２点×３　問２　３点　問３，問４　各２点×２　問５　３点　問６　２点　問７　３点　2 問１〜問４　各２点×４＜問２は完答＞　問５〜問７　各３点×３　問８　２点　3 問１〜問４　各２点×４　問５　３点　問６　(1)，(2)　各２点×２　(3)　３点　4 問１，問２　各２点×３　問３　(1)　２点　(2)　３点　問４〜問６　各２点×４　問７　３点

二〇二二年度　海城中学校

国語解答用紙　第一回

番号　氏名　評点 /120

一

問一　問二　問三
問四　問五　問六
問七　問八
問九　問十
問十一　60　80
問十二

二

問一　a　b　c　d　e
問二
問三　問四　問五
問六　問七　問八
問九
問十　1　25
2　60　80

（注）この解答用紙は実物を縮小してあります。179％拡大コピーをすると、ほぼ実物大の解答欄になります。

〔国　語〕120点(推定配点)

一　問1～問10　各4点×10　問11　12点　問12　4点　二　問1　各2点×5　問2～問9　各4点×8
問10　1　7点　2　15点

2022年度 海城中学校

算数解答用紙 第2回

番号		氏名		評点	/120

1
(1)
(2) 円
(3) g
(4) 分
(5) cm^3

2
(1) 分速 m
(2) m

3

(1)

千の位	百の位	十の位	一の位

(2)

千の位	百の位	十の位	一の位

(3)

千の位	百の位	十の位	一の位

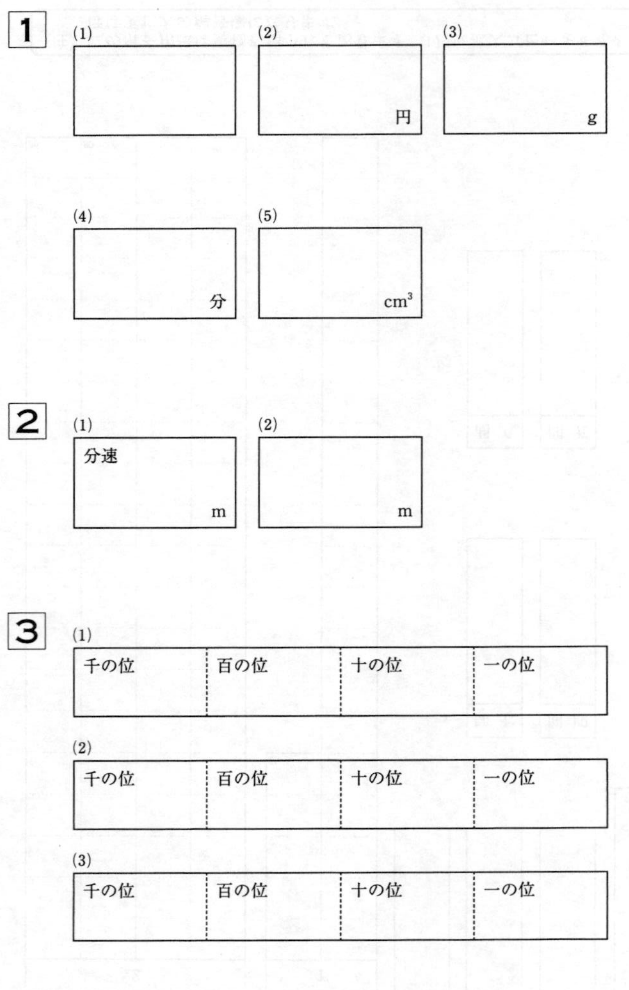

4
(1) cm^2
(2) cm^2

5
(1) cm^3
(2) cm^3
(3) cm^3

6
(1) 通り
(2) 通り
(3) 通り

（注）この解答用紙は実物を縮小してあります。Ｂ５→Ａ３（163%）に拡大コピーすると、ほぼ実物大の解答欄になります。

〔算　数〕120点(推定配点)

1　各6点×5　2　(1)　6点　(2)　7点　3～6　各7点×11

２０２２年度　　海城中学校

社会解答用紙　第２回

番号		氏名		評点	／80

問１．

問２．

70

A　A

B　B

C　C

問３．(1)　(2)

問４．　問５．

問６．

100

120

A　A

B　B

C　C

D　D

問７．　問８．

問９．

問10．

100

160

A　A

B　B

C　C

D　D

E　E

(注)　この解答用紙は実物を縮小してあります。Ｂ５→Ａ３（163％）に拡大コピーすると、ほぼ実物大の解答欄になります。

〔社　会〕80点(推定配点)

問１　４点＜完答＞　問２　12点＜部分点あり＞　問３～問５　各４点×４＜問３の(2)は完答＞　問６　16点＜部分点あり＞　問７～問９　各４点×３　問10　20点＜部分点あり＞

２０２２年度　　海城中学校

理科解答用紙　第２回

番号		氏名	

評点	／80

1

問1	m

問2	m

問3	毎秒　m

問4	

問5	（　，　）

問6

	①	②	③	④	⑤
A					
B					
C					
D					
E					

2

問1		問2		問3	色

問4　実験１で混ぜ合わせた２つの水溶液が［　　　　］ことを確認し、実験２の温度変化が中和によるものであることを確認するため

問5	℃	問6		問7	℃	問8	

3

問1	(1)		(2)		(3)	

問2	

問3	名称	部分

問4		問5	

問6	

4

問1	月中	問2	度

問3	(1)		(2)		(3)	
	(4)		(5)			

（注）この解答用紙は実物を縮小してあります。Ｂ５→Ａ３（163%）に拡大コピーすると、ほぼ実物大の解答欄になります。

〔理　科〕80点（推定配点）

1　各３点×6　2　問１～問３　各２点×３　問４～問８　各３点×５　3　問１　各２点×３　問２，問３　各３点×２＜問３は完答＞　問４　２点　問５，問６　各３点×２＜問５は完答＞　4　各３点×７

二〇二三年度　海城中学校

国語解答用紙　第二回

番号　氏名　評点 /120

一

問一　問二　問三

問四　問五　問六

問七　問八　問九

問十（50）（70）

問十一　問十二

二

問一　a　b　c　d　e

問二　問三　問四

問五　問六　問七

問八　彼女の文章は、ただの作文ではなく、（60）（80）という点で、小説の本質的なあり方を表したものだと思ったから。

問九　問十

（注）この解答用紙は実物を縮小してあります。B５→A３（163%）に拡大コピーすると、ほぼ実物大の解答欄になります。

〔国　語〕120点（推定配点）

一　問１～問９　各４点×９　問10　12点　問11，問12　各４点×２　二　問１　各２点×５　問２～問７　各５点×６　問８　14点　問９，問10　各５点×２

2021年度　海城中学校

算数解答用紙　第1回

番号　　氏名　　評点 /120

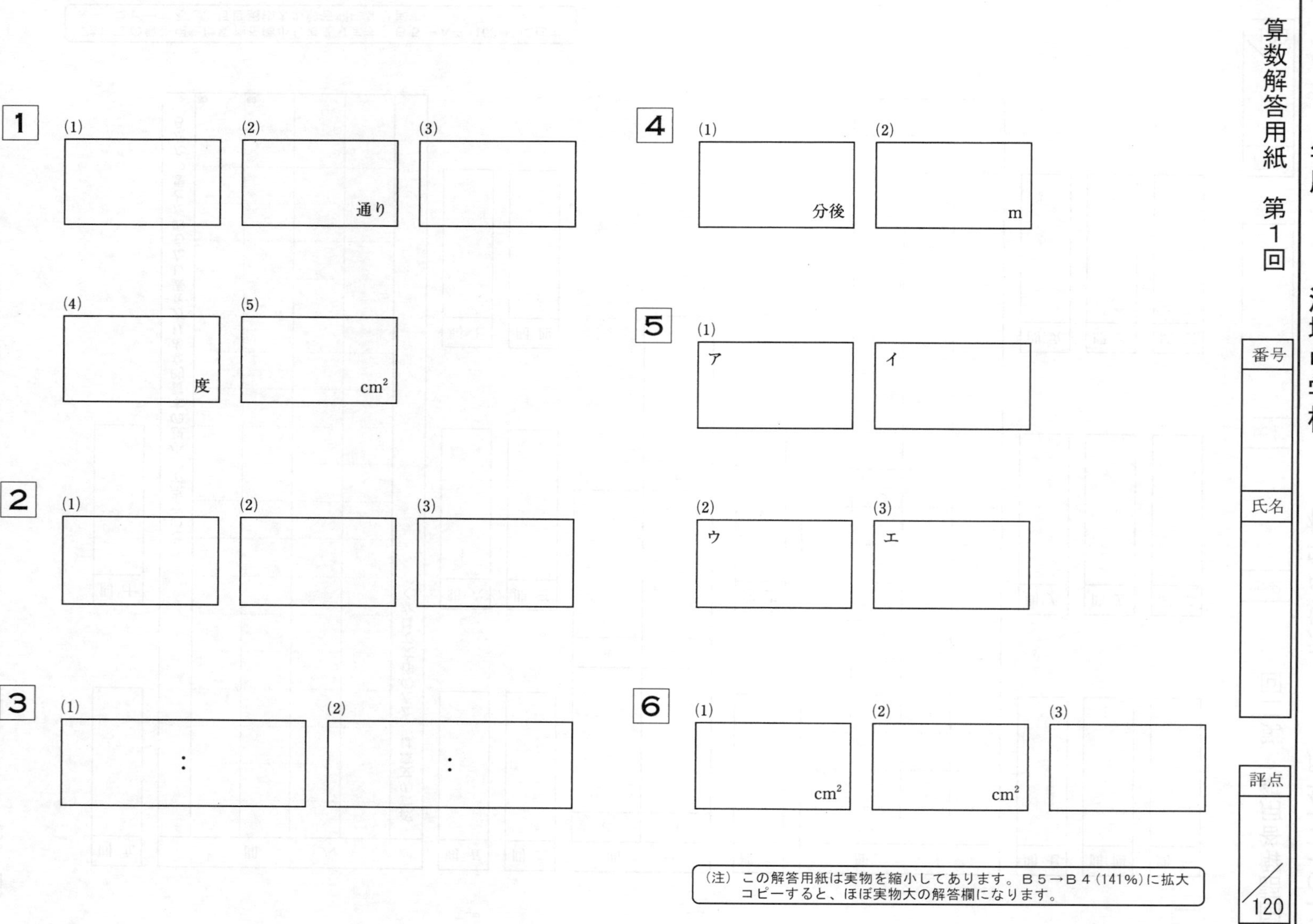

1 (1) (2) 通り (3) (4) 度 (5) cm²

2 (1) (2) (3)

3 (1) ： (2) ：

4 (1) 分後 (2) m

5 (1) ア イ (2) ウ (3) エ

6 (1) cm² (2) cm² (3)

（注）この解答用紙は実物を縮小してあります。B５→B４(141%)に拡大コピーすると、ほぼ実物大の解答欄になります。

〔算　数〕120点(推定配点)

1～3 各６点×10　4 各７点×２　5 (1), (2) 各６点×３ (3) ７点　6 各７点×３

２０２１年度　海城中学校

社会解答用紙　第１回

番号		氏名	

評点	／80

問1.　問2.

問3.　⇒　⇒　⇒

問4. (1)　(2)

問5.

A B C D E　A B C D E

100

190

問6.

A B C D E　A B C D E

100

160

問7.　8月　産地

問8.　問9.　問10.

（注）この解答用紙は実物を縮小してあります。B５→A３(163%)に拡大コピーすると、ほぼ実物大の解答欄になります。

〔社　会〕80点(推定配点)

問1～問4　各4点×5<問3は完答>　問5，問6　各20点×2<それぞれ部分点あり>　問7～問10　各4点×5

２０２１年度　　海城中学校

理科解答用紙　第１回

番号　氏名　評点 ／80

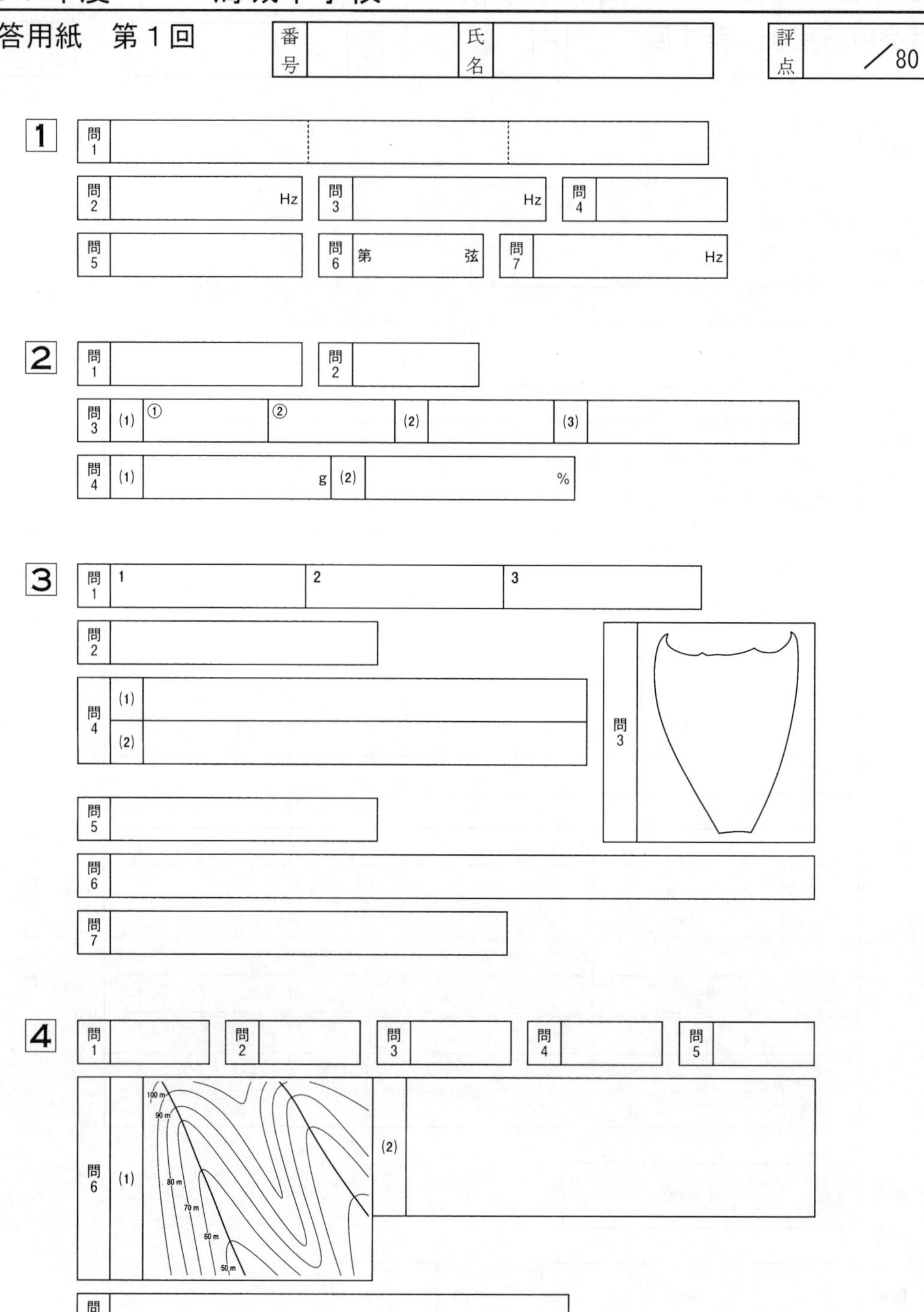

（注）この解答用紙は実物を縮小してあります。Ｂ５→Ａ３(163%)に拡大コピーすると、ほぼ実物大の解答欄になります。

〔理　科〕80点(推定配点)

1　各３点×7<問１は完答>　2　問1～問３　各２点×6　問４　各３点×2　3　問１, 問２　各２点×4<問２は完答>　問３　３点　問４～問６　各２点×4　問７　３点　4　問１～問５　各２点×5　問６, 問７　各３点×3

二〇二二年度　海城中学校

国語解答用紙　第一回

番号　氏名　評点　／120

一

問一　問二　問三

問四　問五

問六　問七

問八　問九

問十　「僕」は、（50）（70）ことに気づいていった。

二

問一　a　b　c　d　e

問二　①　②　問三

問四　問五　問六

問七　始め　〜　終わり　ような経験。

問八（80）（100）

（注）この解答用紙は実物を縮小してあります。Ｂ５→Ａ３（163%）に拡大コピーすると、ほぼ実物大の解答欄になります。

〔国　語〕120点（推定配点）

一　問1〜問5　各5点×5　問6　各4点×2　問7〜問9　各5点×3　問10　15点　二　問1，問2　各2点×7　問3〜問7　各5点×5　問8　18点

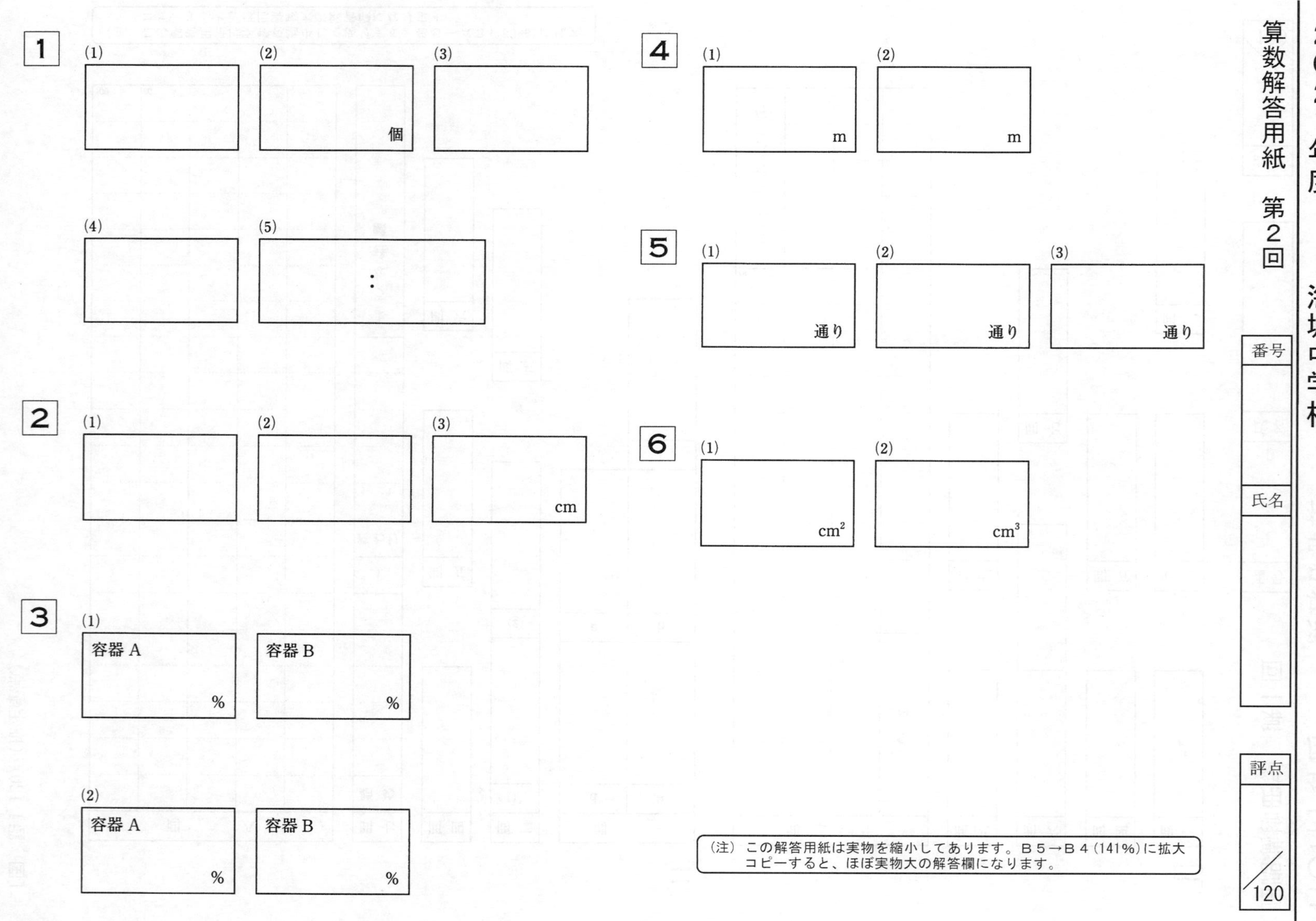

〔算　数〕120点(推定配点)

1　各6点×5　2　(1), (2)　各3点×2　(3)　7点　3～6　各7点×11

２０２１年度　海城中学校

社会解答用紙　第２回

番号		氏名	

評点	／80

問1.　問2.　問3.

問4.（1）　（2）

問5.

90

A B C D E　A B C D E

問6.

100
120

A B C D E　A B C D E

問7.　問8.

問9.

100
140

A B C D E　A B C D E

問10.

（注）この解答用紙は実物を縮小してあります。Ｂ５→Ａ３（163%）に拡大コピーすると、ほぼ実物大の解答欄になります。

〔社　会〕80点(推定配点)

問１，問２　各２点×２　問３　４点　問４　(1)　４点　(2)　２点　問５，問６　各20点×２<それぞれ部分点あり>　問７，問８　各２点×２　問９　20点<部分点あり>　問10　２点

2021年度　　海城中学校

理科解答用紙　第2回

番号		氏名	

評点	／80

1

問1　カロリー　問2　カロリー　問3

問4　カロリー　問5　問6

問7

2

問1　(1)　(2)　(3)　(4)

問2　(1)　(2)　問3

3

問1　(1)　(2)

問2　(1)　(2)　(3)

問3

問4　(1)　(2)

4

問1

問2　(1)　(2)

問3　ひたっている体積　cm³　とけた体積　cm³

問4

おもりが沈んでいる長さ［mm］ 0 1 2 3 4 5 6 7 8 9 10 11

時間［分後］ 0 1 2 3 4 5 6 7 8 9 10

問5　(1)　(2)

（注）この解答用紙は実物を縮小してあります。B5→A3（163%）に拡大コピーすると、ほぼ実物大の解答欄になります。

〔理　科〕80点（推定配点）

1 問1，問2　各3点×2　問3　2点　問4～問7　各3点×4<問7は完答>　2 問1，問2　各3点×6<問1の(2)は完答>　問3　2点　3 問1，問2　各2点×5<問2の(3)は完答>　問3，問4　各3点×3<問3は完答>　4 問1，問2　各2点×3　問3～問5　各3点×5<問4は完答>

二〇二二年度　海城中学校

国語解答用紙　第二回

番号　氏名　評点 /120

一

問一 a b c d e

問二　問三　問四

問五　問六　問七

問八

問九 (80) (100)

問十　問十一　問十二

二

問一 (60) (80)

問二　問三　問四

問五　問六　問七

問八　問九

（注）この解答用紙は実物を縮小してあります。B５→A３(163%)に拡大コピーすると、ほぼ実物大の解答欄になります。

〔国　語〕120点(推定配点)

一 問１　各２点×５　問２～問８　各４点×７　問９　15点　問10～問12　各４点×３　二 問１　15点　問２～問９　各５点×８

2020年度　海城中学校

算数解答用紙　第1回

番号 ｜ 氏名 ｜ 評点 /120

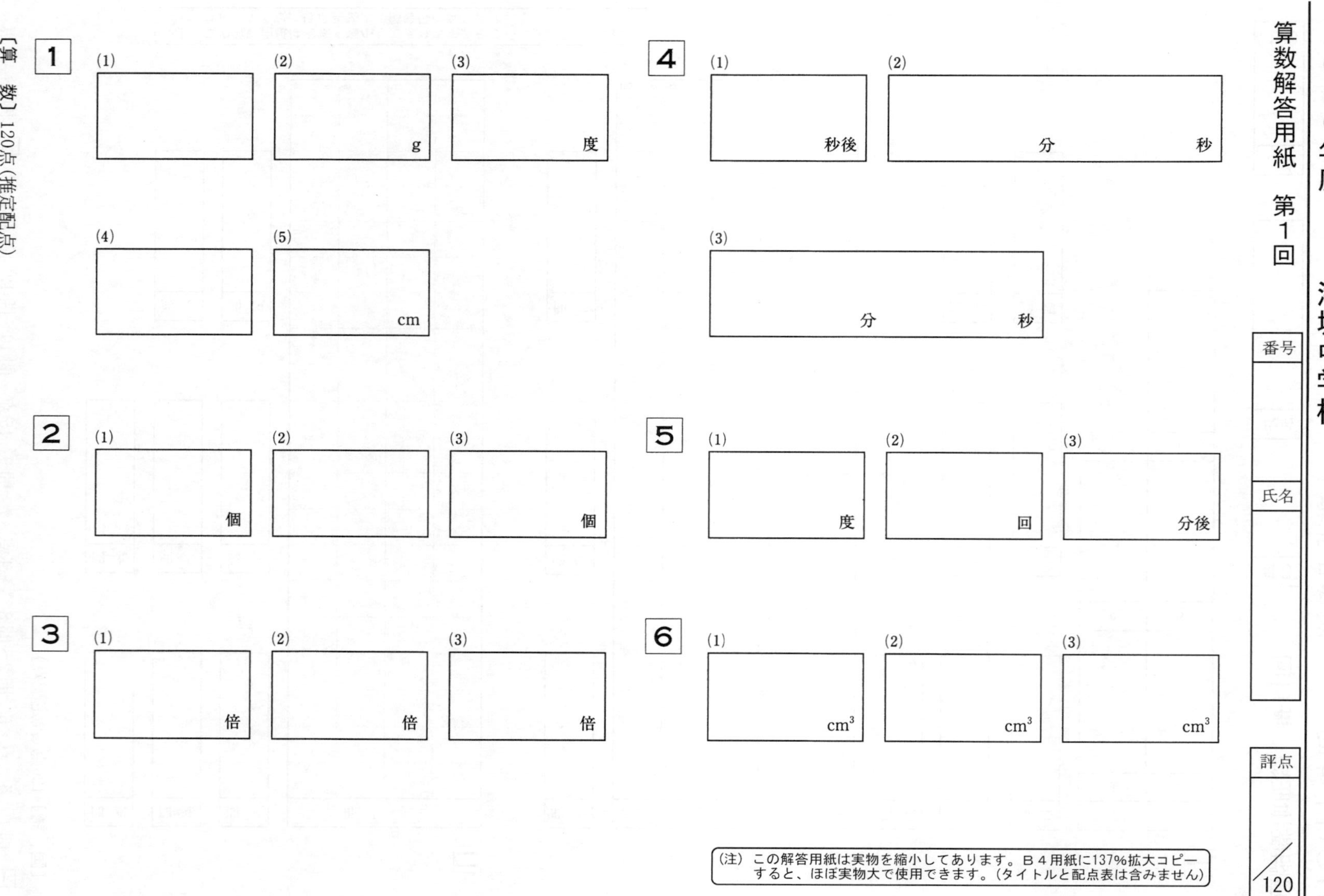

1 (1) (2) g (3) 度 (4) (5) cm

2 (1) 個 (2) (3) 個

3 (1) 倍 (2) 倍 (3) 倍

4 (1) 秒後 (2) 分 秒 (3) 分 秒

5 (1) 度 (2) 回 (3) 分後

6 (1) cm^3 (2) cm^3 (3) cm^3

(注) この解答用紙は実物を縮小してあります。Ｂ４用紙に137%拡大コピーすると、ほぼ実物大で使用できます。(タイトルと配点表は含みません)

〔算　数〕120点(推定配点)

1～6　各６点×20

２０２０年度　海城中学校

社会解答用紙　第１回

番号		氏名	

評点	／80

問１.

問２.　⇒　⇒　⇒

問３.

問４.　地形　果物

問５.

問６.　(1)

(2)

問７.

問８.

問９.

100

200

220

A B C D E

A B C D E

問10.

100

130

A B C

A B C

(注) この解答用紙は実物を縮小してあります。Ａ３用紙に156%拡大コピーすると、ほぼ実物大で使用できます。(タイトルと配点表は含みません)

〔社　会〕80点(推定配点)

問１～問４　各５点×5<問２，問３は完答>　問５　４点　問６，問７　各５点×3<問７は完答>　問８　４点　問９　20点<部分点あり>　問10　12点<部分点あり>

２０２０年度　　海城中学校

理科解答用紙　第１回

番号		氏名	

評点	／80

1

問1	名称	
問2	名称	
問3		
問4	1	2	3
	4	5	
問5	倍	

2

問1	
問2	(1)	(2)	(3)
	(4)	(5)	(6)
問3	%
問4	(1)	
	(2)	
	(3)	(4) 色
問5	g

3

問1		問2	
問3	(1)	(2)	
問4	(1)	(2)	
問5	方法		
	結果		
問6			

4

問1	方法	性質
問2		
問3		
問4	記号	理由
問5	(1)	
	(2)	問題点
		解決策

（注）この解答用紙は実物を縮小してあります。Ａ３用紙に145%拡大コピーすると、ほぼ実物大で使用できます。（タイトルと配点表は含みません）

〔理　科〕80点（推定配点）

1～4　各２点×40<2の問４の(3)，3の問１，4の問１，問４は完答>

二〇二〇年度　海城中学校

国語解答用紙　第一回

番号		氏名	

評点	/120

一

問一　問二　問三

問四　問五　問六

問七　問八

問九（60／80）

問十　問十一

問十二

二

問一	a		b		c	
	d		e			

問二　問三　問四

問五　問六　問七

問八　問九

問十（70／80）

（注）この解答用紙は実物を縮小してあります。Ａ３用紙に161％拡大コピーすると、ほぼ実物大で使用できます。（タイトルと配点表は含みません）

〔国　語〕120点(推定配点)

一　問1～問8　各4点×8　問9　15点　問10～問12　各4点×4　二　問1　各2点×5　問2～問9　各4点×8　問10　15点

2020年度 海城中学校

算数解答用紙 第2回

番号 | 氏名 | 評点 /120

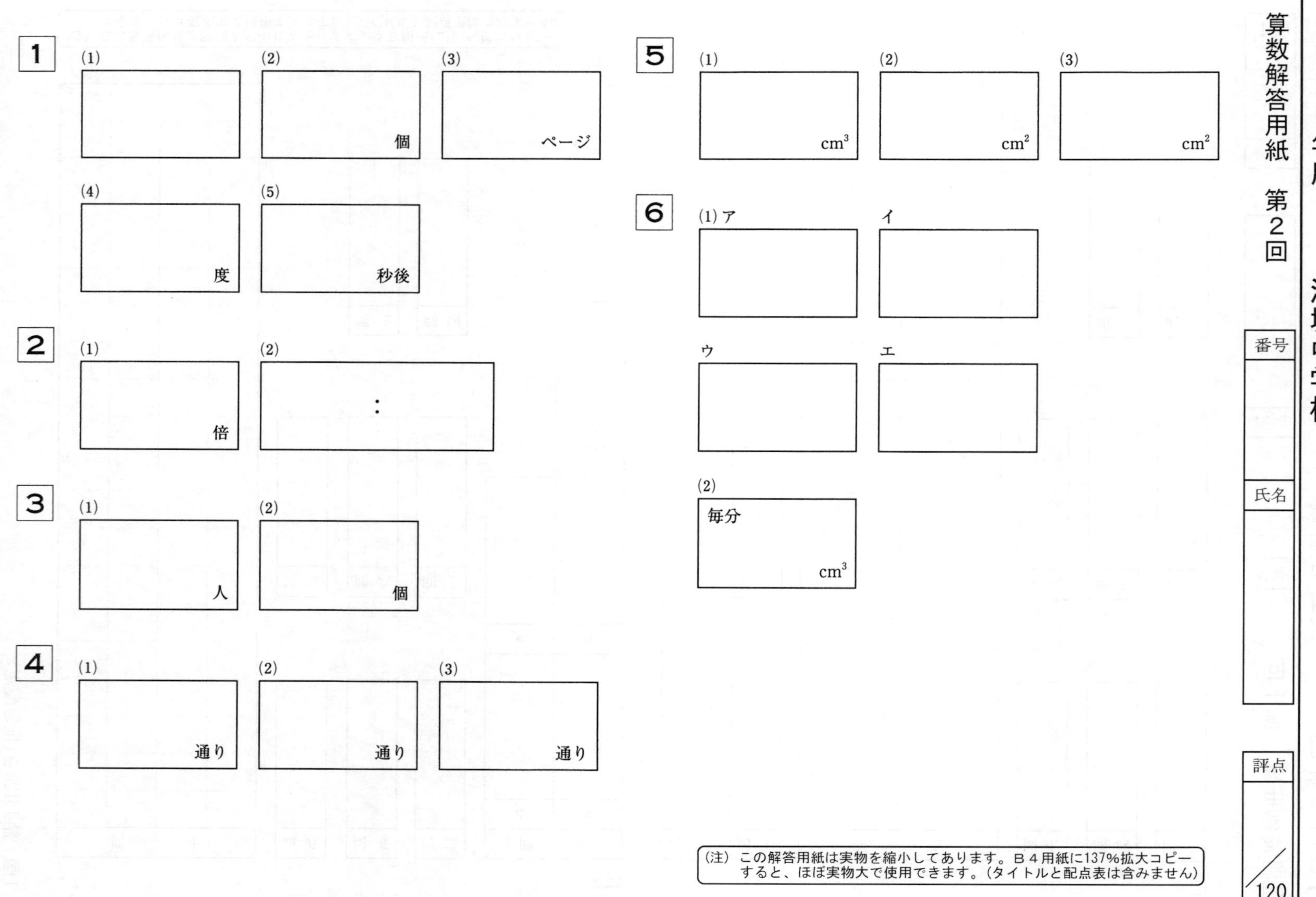

(注) この解答用紙は実物を縮小してあります。B４用紙に137%拡大コピーすると、ほぼ実物大で使用できます。(タイトルと配点表は含みません)

〔算　数〕120点(推定配点)

1～6　各６点×20

2020年度　海城中学校

社会解答用紙　第2回

番号		氏名	

評点	／80

問1.　　問2.

問3.　(1)　(2)　(3)

問4.　A ・ B　が新たに導入された切り出し方であり、

問5.　　問6.

問7.　（100・160）

A　A
B　B
C　C
D　D
E　E

問8.　2番目　記号

問9.　（100・190）

A　A
B　B
C　C
D　D

(注) この解答用紙は実物を縮小してあります。A３用紙に159%拡大コピーすると、ほぼ実物大で使用できます。(タイトルと配点表は含みません)

〔社　会〕80点(推定配点)

問1　4点　問2～問6　各5点×7<問4は完答>　問7　20点<部分点あり>　問8　5点<完答>　問9　16点<部分点あり>

2020年度　海城中学校

理科解答用紙　第2回

番号		氏名		評点	／80

1

問1		問2	

問3	(1)	cm	(2)	m	(3)	m
	(4)	へ　cm	(5)	cm		

2

問1	1	2	問2	

問3	(1)	g	(2)		(3)	℃	(4)	g

3

問1	1	2	3　液	4

問2	タンパク質	脂肪	問3		問4	%	問5	

問6	(1)	
	(2)	
	(3)	

4

問1	1	2	問2		問3	

問4		問5	(1)		(2)	緯　度

問6		問7	

問8	A	B
	C	

（注）この解答用紙は実物を縮小してあります。Ａ３用紙に152%拡大コピーすると，ほぼ実物大で使用できます。（タイトルと配点表は含みません）

〔理　科〕80点（推定配点）

1 問1，問2　各2点×2　問3　(1)～(3)　各2点×3　(4)，(5)　各3点×2　2 問1，問2　各2点×3＜問2は完答＞　問3　(1)，(2)　各2点×2　(3)，(4)　各3点×2　3 問1～問5　各2点×8＜問2は完答＞　問6　(1)　2点　(2)，(3)　各3点×2　4 各2点×12＜問6は完答＞

二〇二〇年度　海城中学校

国語解答用紙　第二回

番号　氏名　評点 /120

一

問一　問二

問三 (60, 80)

問四　問五　問六

問七　問八　問九　問十

問十一 (80, 100)

と言いたかった。

問十二　問十三　問十四　問十五

二

問一　a　b　c　d　e

問二　問三　問四

問五　問六　問七　問八

（注）この解答用紙は実物を縮小してあります。A３用紙に154%拡大コピーすると、ほぼ実物大で使用できます。（タイトルと配点表は含みません）

〔国　語〕120点(推定配点)

一　問1, 問2　各4点×2　問3　14点　問4～問10　各4点×7　問11　16点　問12～問15　各4点×4　二　問1　各2点×5　問2～問8　各4点×7

２０１９年度　海城中学校

算数解答用紙　第１回

番号		氏名		評点	/120

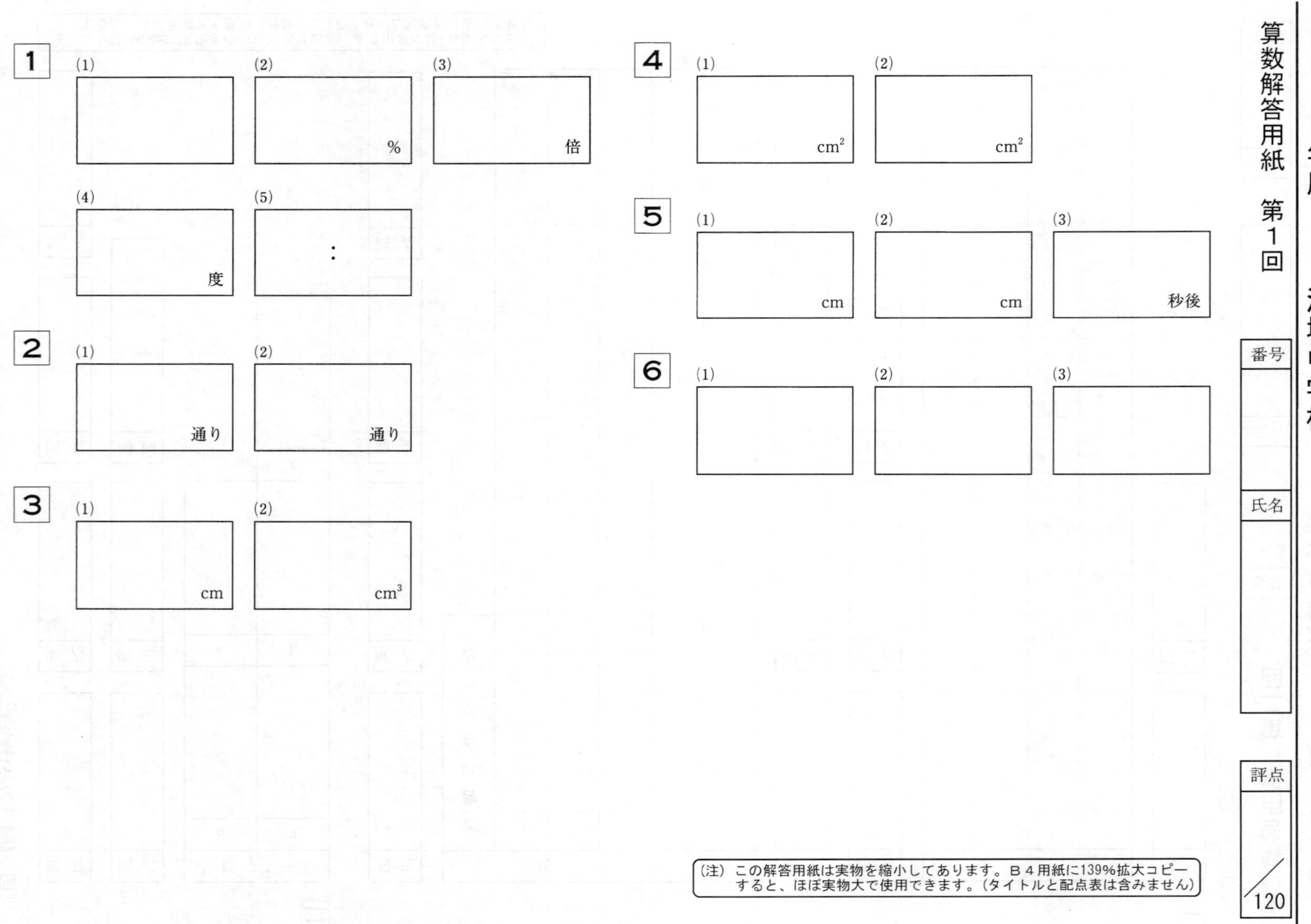

1
(1)
(2) %
(3) 倍
(4) 度
(5) ：

2
(1) 通り
(2) 通り

3
(1) cm
(2) cm^3

4
(1) cm^2
(2) cm^2

5
(1) cm
(2) cm
(3) 秒後

6
(1)
(2)
(3)

（注）この解答用紙は実物を縮小してあります。Ｂ４用紙に139%拡大コピーすると、ほぼ実物大で使用できます。（タイトルと配点表は含みません）

〔算　数〕120点（推定配点）

1～5　各７点×14　6　(1)，(2)　各７点×２　(3)　８点

２０１９年度　海城中学校

社会解答用紙　第１回

番号　氏名　評点　／80

２０１９年度　海城中学校

理科解答用紙　第１回

番号　氏名　評点　／80

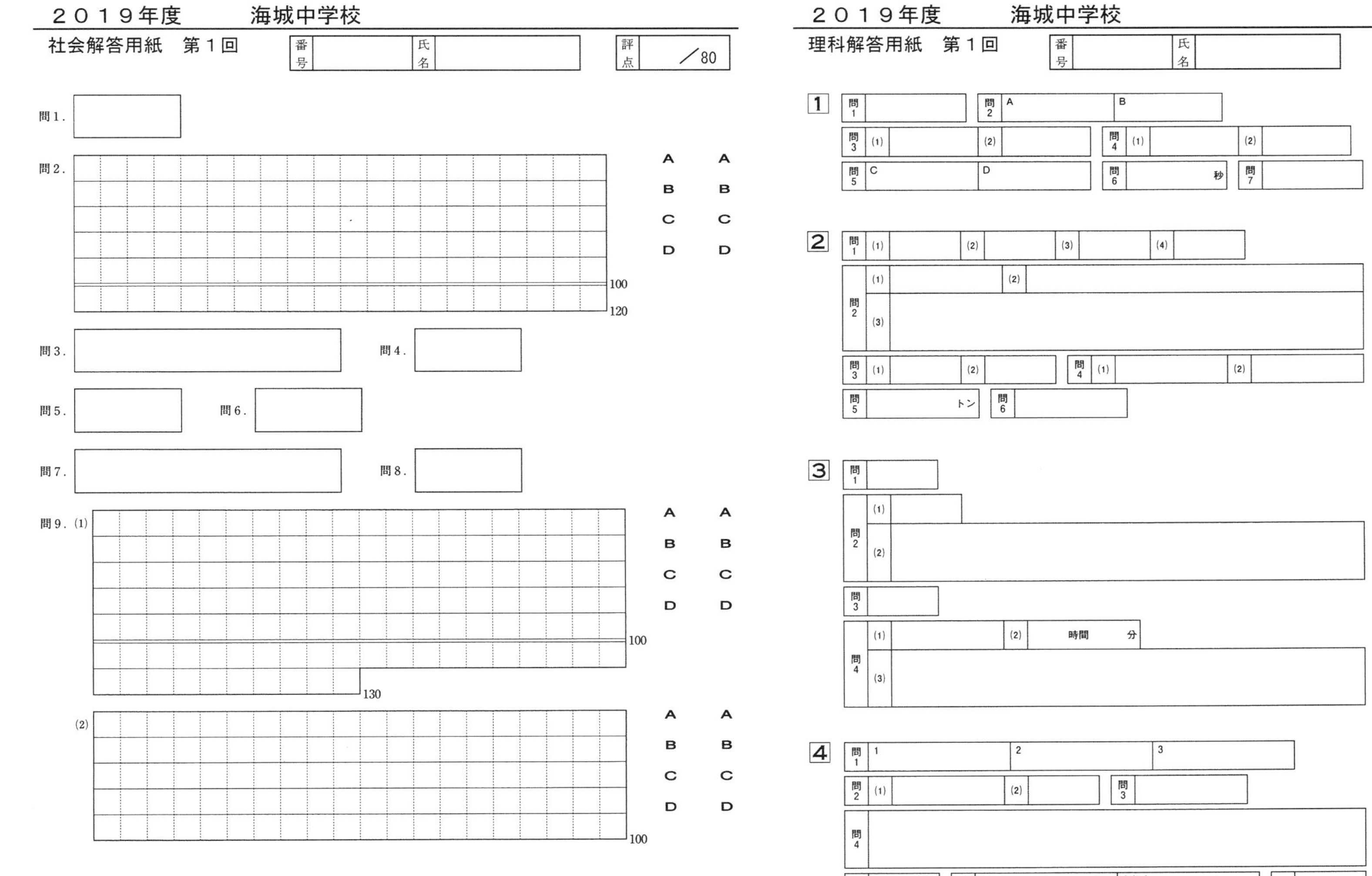

〔社　会〕80点(推定配点)

問1　5点　問2　15点＜部分点あり＞　問3　6点　問4〜問6　各5点×3　問7　6点　問8　5点　問9　(1)　16点＜部分点あり＞　(2)　12点＜部分点あり＞

〔理　科〕80点(推定配点)

1　各2点×11　2　問1　各1点×4　問2〜問6　各2点×9　3，4　各2点×18＜3の問4の(1)，4の問3は完答＞

二〇一九年度　海城中学校

国語解答用紙　第一回

番号　氏名　評点 /120

一

問一　問二　問三

問四　問五

問六 (80)

問七

問八 (80)

問九　問十　問十一

問十二 (25) ということ。

問十三

二

問一 a b c d e

問二　問三　問四

問五　問六　問七

問八　問九

(注) この解答用紙は実物を縮小してあります。175%拡大コピーすると、ほぼ実物大で使用できます。(タイトルと配点表は含みません)

〔国　語〕120点(推定配点)

一 問1～問5　各4点×5　問6　12点　問7　4点　問8　12点　問9～問11　各4点×3　問12　6点　問13　4点　二 問1　各2点×5　問2～問9　各5点×8